U0569432

中華梟雄大傳

宦官军阀卷

[主编] 邹博

綫裝書局

卷首语

宦官，是专供皇帝及其家族役使的官员。又称阉人、阉官、内官、内臣、内侍等。在中国封建社会消亡之前，太监作为帝王与后宫的奴仆，成就了王公贵族安逸舒适的生活。

综观太监，大致有三种：一是迫于生计，以图生存；二是被迫阉割，转卖宫中；三是自阉进宫，以图发迹。这些人一方面是专制制度的受害者，一方面又因其畸形心理和阴暗人格，反过来害人，甚至祸国殃民。他们媚上欺下，恃强凌弱，一般兼有奴性和狼性的人格特征，往往是治事治国无方，阿谀奉迎有术；举贤荐能无策，进谗害人有道；扶善安良无谋，拨弄是非有计；荣辱与共无心，结党营私有胆。其代表人物，当数秦朝指鹿为马的赵高，东汉专权骄奢的张让，唐朝一代巨奸仇士良，明朝残忍阴险的魏忠贤，清朝权倾朝野的李莲英等。

一部宦官史，也是一部中华王朝史。但随着封建王朝的解体，在中国历史上又出现了一个特殊的群体，他们就是曾经给中华民族带来深重灾难的军阀集团。说到军阀，就要从袁世凯说起。

清朝时，奉天（今辽宁）直隶（今河北）山东等沿海省份通称“北洋”，负责这一地区对外通商和外交事务的官员叫“北洋大臣”。袁世凯任直隶总督兼北洋大臣时把他在天津小站编练的新建陆军，改称为“北洋军”，所以人们把以袁世凯为头子的武装政治集团称为北洋军阀。北洋军阀曾在民国历史上统治十六年之久，经历袁世凯、段祺瑞、曹锟、吴佩孚、张作霖四个军阀王朝，有什么“临时大总统”“大总统”“临时执政”“大元帅”，中间还冒出两个皇帝，走马灯似的换了四十几届内阁，乱哄哄地你方唱罢我登场，演出了一幕幕争权夺利、钩心斗角的丑剧。一部军阀史，也是一部乱世枭雄的历史。

目　录

宦官篇

军阀篇

宦官篇

赵高:太监宰相 指鹿为马

【人物档案】

姓名:赵高
生卒:前259年~前207年
朝代:秦朝
职务:中车府令、郎中令、丞相。
主要作品:《爰历篇》
主要成就:立始皇幼子胡亥为帝、望夷宫之变。

评价:始皇致乱之道,在用赵高。夫阉尹之祸,如毒药猛兽,未有不裂肝碎胆者也。(苏轼)第一流的书法家、文字学家,也是精通法律的专才,他体魄高大强壮,骑术车技精湛,武艺非同寻常,是秦帝国宫廷中不可多得的文武双全的人材。(现代学者李开元)

墓葬:河南省平顶山汝州市纸坊乡东赵落村。(待考证)

赵 高

【枭雄本色】

赵高本赵国贵族后裔,秦灭赵时被掠入秦,父子先后被阉,少年赵高饱尝人世辛酸。入宫后暗立复仇之志,忍辱负重,悉心侍候少公子胡亥,深得秦始皇赏识。

公元前210年,秦始皇病死沙丘,赵高策划阴谋,巧言厉色拉李斯下水,瞒天过海,矫诏逼杀公子扶苏,将大将军蒙恬兄弟下狱,成功帮助胡亥篡位。事后升为郎中令,控制朝纲。接着,赵高充分施展其凶残手段,诛杀异己,腰斩同盟者李斯,他指鹿为马,玩秦二世于股掌之上,最后发动政变,逼杀二世。千古一帝秦始皇在天之灵怎能明白,铁打的大秦江山竟然会毁于一阉人赵高之手?

【风云叱咤】

工于心计 谄媚邀宠

公元前228年,赵国被秦国的大将王翦消灭,赵王沦为了秦国的阶下囚。赵高的祖上赵氏属于赵国宗室的一个远支,勉强称得上是一个贵族。赵国被灭之后,赵氏宗族就以亡国臣民的身份被强迫迁徙到了秦都咸阳，赵高的父母也在其中。后来，赵高的父亲因为触犯了刑律而被判处宫刑，赵高的母亲也因此而受到了株连，被收入官府里做了奴婢。而赵母跟他人“野合”生下来的包括赵高在内的一群子女都承袭了赵姓。

因为父亲是罪犯，母亲又为人奴婢，因此就决定了赵高的社会地位和命运，年龄稍长后，赵高兄弟数人也一律被处以宫刑，并被安排在秦国的王宫里做了内宫厮役，供人差使。从这里可以看出，赵高的童年是非常不幸的。也就是因为这样的凄惨的生活环境，使赵高的心中早早种下了仇恨的种子。

赵高虽然地位低下，可是却并不想使自己一生都处于卑微的地位。他的野心很大，总是梦想着有朝一日能改变自己悲惨的命运。在当时，也经常有阉宦之人因种种原因而跻身于执政者的行列。更何况赵高虽然被处以宫刑，可是他的身体并不孱弱，智力也不比常人差。恰恰相反，赵高生得身躯伟岸，膂力超人，再加上他工于心计，又很会察言观色，见风使舵，所以常常使自己左右逢源。他的那张嘴巴为他带来很大的好处，获得很多人的夸奖，秦始皇对此也有所耳闻。

秦始皇注重法治，赵高了解到了这些后，就想办法来投其所好，于是他开始努力钻研起当时的各种法律来。时间不长，他便对许多的案例都烂熟于胸，更加难能可贵的是他还练得一手好篆字，这样一来，就使得他在众多的宦者中脱颖而出。

秦始皇统一全国后，听从了李斯的建议，统一全国的文字，把那些繁琐且六国不能统一的大篆都改成小篆。于是他命令丞相李斯写下了《仓颉篇》、赵高写下了《爰历篇》、太史令胡毋敬写下了《博学篇》，然后以此作为小篆的范文，在全国范围内颁行使用。从这件事中我们可以发现，赵高在秦始皇心目中的地位已今非昔比。

秦始皇自登基以来，就希望自己的一统江山能够万代相传下去，所以他以严法治国，凡是和他持有不同政见以及反抗者，都一律用严厉的酷刑进行惩罚。这一切都让精明至极的赵高看在眼里。于是他在秦始皇面前始终装成很守规矩、效忠皇帝的姿态，同时又表现得精明强干，时常给秦始皇献计献策。这样一来，秦始皇对他就更加青睐了。可是赵高并不以此为满足，他盘算得更多，眼光也更长远。为了自己今后的地位，他已经开始考虑谁最有可能继承皇位了。他在暗中不断观察秦始皇和诸位儿子之间的关系，并进行了反复的权衡，可谓是费尽了心思。秦始皇的长子叫扶苏，为人品性耿直忠厚，最有可能成为皇位继承人的人选，可是他总是劝谏父皇要以宽政来待民，不主张用重刑酷法。这使得秦始皇对扶苏有些不大喜欢。尤其是在“焚书坑儒”事件过后，扶苏上疏，对他的父皇说：“如今天下刚刚平定下来，四方各地人心都还没有归伏，读书人崇敬孔子，可您却用重法来惩治他们，这样一来，恐怕会人心不安，天下难以太平。”但是秦始皇刚愎自用，他听不进扶苏的意见，到后来就越来越烦他了，正在这时，正在北方边境镇守的蒙恬将军统领的30万大军里需要一个监军，秦始皇马上就把扶苏给派了过去，由他充当监军。扶苏走后，在秦始皇身边的这些儿子里最讨秦始皇喜欢的就是那位年仅十多岁的幼子胡亥了。胡亥从一出生起，就一直生活在深宫禁地，身边都是妇人或是宦官，所以他不谙世事人情，自己也没什么主见，每日里只知道声色犬马、吃喝玩乐，其他的就什么也不知道了。赵高对这一切都看在心里，认为今后胡亥可以被自己利用，于是自此之后，他就对胡亥用上了心思。因为他知道，自己只要把胡亥哄得开心了，就能更加取信于秦始皇。等到秦始皇百年之后，自己也才能有所依靠。

为了达到自己的目的,赵高挖空了心思,想方设法地笼络胡亥,为这个二世祖提供一切可以游乐的方便,果然,时间不长,他就把胡亥哄得欢喜无比。胡亥一见到他,就非要和他一起玩耍,有时赵高有事,胡亥也拉着他不肯放他走。秦始皇看到儿子如此喜欢赵高,于是就让赵高教胡亥学习书法、法律等知识。实际上赵高就成了胡亥的老师。赵高见自己的计谋已经开始见效,心里大为高兴。可是他的心不满足于此,他要进一步对其加以教唆,好使自己更好地利用和控制胡亥,奠定自己未来的基础。

然而赵高再怎么聪明,也还是有失算的时候,有一次,他触犯了刑律,按照当时的秦律规定,是要判处死罪的。秦始皇把这桩案件交给了当时位列上卿的蒙毅查办。蒙毅是蒙恬的弟弟,因为没有猜透秦始皇的用意,所以他也不敢徇私枉法,于是就秉公办理,判处赵高死刑。来到刑场上,眼看着开斩的时刻就要到了,胡亥来了。原来他在秦始皇面前为赵高百般求情,让他放过赵高这一次,秦始皇考虑到平日里赵高办事得力,且又忠于主子的分上,最终改变了主意,于是免去了赵高的死刑,又使他官复原职。

秦始皇的权威至高无上,可以说随心所欲,为所欲为,至于这朝令夕改的事,对他来说也是司空见惯的了。然而他这次的改变却造成了极其严重的后果,因为赵高通过这件事已然同蒙氏兄弟结下了深仇大怨。这次事件使赵高认识到,秦始皇驾崩之后,如果是扶苏即位,那蒙氏兄弟很自然就会受到重用,这样一来,自己的结局也就可想而知了,所以他现在也没有什么好犹豫的了,他把自己全部的希望都押到了胡亥身上。也许秦始皇根本就不曾想到,他那欲使秦朝江山传承万代的梦想,会因为自己的一念之差而留下了无法消除的隐患。

从公元前210年年初开始,秦始皇开始了他一生中的最后一次出巡。这次出巡的队伍比以往任何一次都要庞大壮观。他的近臣左丞相李斯、中车府令赵高及上卿蒙毅等都跟随在身边,右丞相冯去疾则居守在咸阳,料理一些政务。这时他的小儿子胡亥也嚷着要跟去,秦始皇本不答应,经赵高在旁多方劝说,秦始皇最终才点头应允。就这样,这支浩浩荡荡的队伍从咸阳出发,途经武关、云梦泽,然后弃岸登舟,沿江东下,过了浙江,在会稽山祭祀了大禹之后,接着就往北行,经过一番长途跋涉后来到了琅邪(今山东胶南)。秦始皇已经到琅邪来过几次了,他相信离这里不远的海上,也就是民间传说中的蓬莱仙境,一定会有长生不老之药。作为手握天下生杀大权的秦始皇一直都在费尽心机获取长生不老药。这次来到这里,秦始皇再次向蓬莱仙境那个地方进行拜祭。

因为一路的劳累颠簸,秦始皇已然感到自己体力难支,再无意到其他地方去巡游了,于是他传下诏令,立即返回咸阳。当队伍来到平原津时,他越发觉得自己体力难支,他已经预感到死神正在向自己走来。虽然自己不甘心,可这也是无可奈何的事情。于是他便在途中选定好了皇位的继承人。他命人给大儿子扶苏写了一封诏书,让他见诏后马上回咸阳主持他的丧事,并接替自己的皇位。诏书写好之后交给了赵高,可是赵高并没马上交给使者,而是私自扣了下来。

沙丘之变　假造得势

秦始皇的病情日益恶化。到了七月,秦始皇终于在沙丘(现在的河北省广宗县)平台离开了人世,时年50岁。沙丘距离咸阳还有两千里之遥。秦始皇在临死前并没有公开谁是皇位的继承人,而且当时国内的形势非常混乱,秦始皇去世的消息一旦传了出去,很可能引起天下大乱,其后果难以想象。这时,丞相李斯是群臣中的最高决策者了,他当时就采取了最稳妥的做法,那就是秘不发丧,并命队伍火速往咸阳赶。这样一来,秦始皇的尸体被停放在车上,服侍秦始皇的太监也像平日一样坐在车上,传递和回复着百官的奏章,就如同秦始皇还活着那样。当时,秦始皇去世的事只有李斯、胡亥、赵高和几个近侍的太监知道,其他大臣全都被蒙在鼓里。

赵高处心积虑寻找的机会终于来到了,他开始了阴谋活动,把皇帝的遗诏私下里打开查阅,发现是让公子扶苏继任皇帝位,而且对蒙氏兄弟也都委以重任。赵高心怀不轨:扶苏是个有才干的人,又有蒙氏兄弟相助,如果他登上皇位,自己肯定会前途渺茫,再加上自己留给扶苏的印象不好,而且自己还同蒙氏兄弟有深仇大恨……所以万万不能让扶苏当上皇帝。为了要达到自己的目的,赵高便决定更改秦始皇留下的遗诏,在诏书中改立胡亥为帝。秦始皇的遗诏中对胡亥没做任何安排,也没有分封其他的皇子,这一点正好可以加以利用,煽动胡亥的私心。如此一来,既可以最大限度地讨好胡亥,又能掩人耳目,以胡亥给自己做挡箭牌,由此免去了自己篡权的嫌疑,同时还可争取到李斯的支持。

赵高拿定了主意,他怀揣着秦始皇的遗诏来见胡亥。他在胡亥面前装出一副痛心疾首的样子,说:“皇上驾崩时,没有给其他公子留下任何片言片语,只给长公子扶苏留下一封诏书。扶苏一到,就会继任为皇帝,可是您却没有一寸土地,您说这该如何是好?”胡亥年幼,且未经世事,不知赵高耍的什么阴谋诡计,加上他本来就不是太子,没有什么能力,且胸无大志,听了这话之后,并没有什么强烈的反应,只是叹了一声,说:“这就是命啊,没办法,父皇很了解我们,这样的结果,我没有什么可多说的。”赵高一见,就给他打气,说:“公子这样想可就不对了。眼下执掌天下人生死的大权,都在你、我和李斯的手里攥着,这样一个千载难逢的好机会你可不要错过了。你想一想,做别人的臣子和使别人臣服于自己,可是大不相同啊!商汤革命,周武伐纣,做臣下的最终都杀了他们的君主,可是天下人都称颂他们这是仁义之举;那卫国的君主也是因为杀了自己的父亲才得到君位的,可是卫国的臣民无不称颂他的恩德,即使是孔夫子,也都把这件事记上了一笔,而并没有把这当成是一种大逆不道的事情。所以,要想成就大事,就不能拘泥于小节,有大德行的人不能在乎一些小过失。如果只考虑小节而忘了大利,将来一定会后患无穷。处事优柔寡断,行举犹豫不决,将来也必定会为此后悔不已。而那些行事果断的人,即使鬼神见了也都要敬让三分,所以这种人就一定会取得成功。你想做哪种人,可要三思啊。”经过赵高的这番蛊惑,胡亥的心果然被打动了,于是他就问赵高:“现在父亲去世的事情尚未对天下发布,丧礼也还没有举行,此时恐怕不宜和丞相商量此事吧?”赵高马上又对他进一步地劝诱,他说:“机会不会是时时都会有的,而且往往是稍纵即逝,错过了也就什么都来不及了。这事得不到丞相的支持也是不好成功的,这样吧,他那儿我马上去说,您就不用为此挂心了。”胡亥的欲望至此也就被完全给煽动起来了。

客观地说,秦始皇生前未明立太子可说是他一次极大的失策,这就给阴谋家赵高以可乘之机。如果丞相李斯能够对这次阴谋加以制止的话,赵高的阴谋也是极

难得逞的，可丞相李斯偏偏又是名利欲很强的人，他不想让自己的权势受到任何的损失。

赵高老谋深算，他早就看透了李斯的这个弱点。所以赵高找到李斯进行了一番密谈。赵高对争取李斯极有把握，一见到李斯就开门见山地说："如今皇上已经驾崩，遗诏是要公子扶苏回咸阳主持丧葬仪式，并继承皇帝之位。如今这诏书还没发出，这件事别人都不知道。现在遗诏和玉玺都放在胡亥那儿，由谁来继任皇帝，这只要你我的一句话了。"很自然，李斯也成了赵高的同谋。

沙丘之变对于赵高来说不过是小试牛刀，他奸诈无比的伎俩还在后头。自从沙丘之变后，胡亥、赵高两个人做事都是紧密配合，一个想坐稳皇位，一个则为了扫除将来最有可能阻止篡位的一切障碍。尽管他们的最终目的不同，可是眼前的利益却是相同的。为了让人们不致引起对胡亥是否是皇位的继承人的怀疑，赵高怂恿胡亥为秦始皇举行了极为隆重的葬礼，他们按照秦始皇先前的遗愿，把他的遗体埋葬在役使70余万刑徒、经营数十年的骊山之下的墓穴里。

有一天，胡亥把赵高召来，然后心事重重地对他说："人活在世上，就如同几匹烈马拉着车子穿过一条山洞那么快，真是太短暂了。如今，我既然贵为天下无人可及的皇帝，就应该趁此纵情享乐，随心所欲。"胡亥的话马上得到了赵高的赞成，他立即附会说："这才是英明的君主所为呢，其实这件事我早就想到了，只不过因为一些别的原因，使我一直没敢向陛下提出来。"胡亥马上迫不及待地追问："到底什么原因，你快些说出来，不论你说什么，我都会恕你无罪的。"赵高那双不怀好意的眼珠子转了一圈，然后装出很神秘的样子对胡亥说："我们的沙丘之谋，可能会引起诸公子及大臣的怀疑，这些你应该能想到。诸位公子无一不是您的兄长，可是眼下却屈居您之下，都向你跪拜称臣，你想他们会就此甘心吗？朝中的大臣都是先帝在时安置的，现在如果得不到提升和重用，那他们心里能乐意吗？还有蒙恬兄弟，现在虽然被囚禁，谁敢保证不会生变，有朝一日他们发动叛乱，可就很难收拾了。所以我一想到这些，就日夜不安，生怕有什么意外事情发生。如果这些障碍不被除去，陛下又如何能安安稳稳地尽情享受呢？"

恣意妄为　一手遮天

赵高的这一番话，句句说到了胡亥心里，他同意赵高分析的这些情况，他便问赵高应该怎么办才好。赵高显露出一丝阴冷的微笑，他其实早就有了主张，这时就毫不犹豫地倾囊而出说："我认为对这些人一定不能手软，只有用严刑酷法，把这些人除掉，才能使得你安枕无忧。接下来，就采用'贫者富之，贱者贵之，亲信者近之'的办法，提拔一批让我们信得过的人，把他们安置在重要岗位，这样一来隐患也就被消除了，所受到提拔的人就会对陛下感恩戴德，您从此也就可以在宫中高枕无忧，任意去做自己想做的事情了，到时也就无人出来加以阻拦了。"胡亥认为赵高的建议很正确，他连连称赞，并让赵高据此来主持制订一些具体的法规和实施办法。

赵高的第一个目标便是兵权在握的蒙恬、蒙毅兄弟，蒙氏素来就跟赵高有积怨。蒙氏的祖上为齐人。祖父蒙骜在秦昭王时，便由齐国来到了秦国，为秦昭王效命，官拜上卿，曾屡次率兵出征，为秦国攻城略地，东征西讨，立下了赫赫战功。蒙氏兄弟的父亲蒙武也是秦国的大将。蒙恬青少年时就才学出众，做过一些官职，因为他是将门之后，精通武略，所以被朝廷封为将军，而后他参与了灭六国、统一天下的战争，多次立下战功，官至“内史”之职，是当时咸阳及关中地区的最高行政长官。因中原无战事，他就被秦始皇派往北疆镇守边境，以拒匈奴，同时又督导修筑长城的事情，他戍守千里边防达十多年之久，可以说是饱尝艰辛。蒙恬之弟蒙毅在咸阳也深得秦始皇的信任。在秦始皇帝最后一次出巡的时候，蒙毅虽然也跟随前往，可是他因受命去祈祷山川神灵，以佑皇帝长寿，所以在秦始皇死时，没能及时赶回来，否则赵高等人的阴谋还未必能得逞。如果蒙氏兄弟不除，就会使赵高有芒刺在背的感觉，所以他一定要除之而后快。在发生沙丘之变时，虽然赵高等人伪造的诏书宣布蒙恬、扶苏被赐自尽，可是因为怀疑诏书有诈，蒙恬与蒙毅不肯自尽，因此兄弟俩便先后给囚禁起来了。此时，为了能除去两个人，赵高就向胡亥挑拨说：“其实先帝当初也想要立你为太子，因为蒙毅的反对，所以才没有实现。”

昏庸的胡亥一听，便认为赵高所说的是真的，于是恼羞成怒，立即下令将蒙毅处死，然后派人到了阳周，将蒙恬赐以死罪，这样一来，秦朝便失去了两位能臣。

民间名目繁多的各种苛捐杂税越来越多，越来越重，贫苦的农民再也忍受不下去了，终于引发了陈胜、吴广领导的农民起义，可是胡亥却仍不知悔改，当右丞相冯去疾、左丞相李斯等上疏规劝胡亥停止营造阿房宫，减省赋敛徭役时，却遭到胡亥一顿怒斥：“我才当了两年皇帝，天下就出现了如此多的盗贼反叛，都是你们这些人没有尽心尽力，现在反过来劝我，那我还要你们这些人有什么用呢!”当时就下令治他们的罪。冯去疾和将军冯劫因为难以忍受屈辱，都相继自杀。其他的朝臣也是被撤的撤、被杀的杀，剩下来的也就没几个了。

赵高就趁着这个时机，把自己的大批亲信都安置在了朝中的重要位置。他的兄弟赵成担任中车府令；他的干女婿阎乐担任了咸阳令；其他的朝中要职如御史、侍中、谒者等，都换成了赵高的人。他们之间相互勾结，沆瀣一气，朋比为奸，在朝中形成一个强大的权力集团，无人敢惹。紧接着，赵高又把屠刀对准了秦始皇的诸子。在他的阴谋毒计之下，秦始皇在咸阳的12个儿子被全部杀死了，而后赵高又在杜邮碾死了胡亥的10位姐妹。秦始皇的儿子将闾兄弟三人也被禁囚在了内宫里，胡亥还派人对将闾说：“你们兄弟几人根本不像臣的样子，罪当死。”将闾当时对来人说：“我作为先帝之子，从来没敢违背阙廷之礼、廊庙之位，我真不明白我为什么不像臣子的样子？我只想知道我犯的是什么罪，然后我才甘心去死。”使者说：“我不想跟你辩论什么，我是奉皇帝之命来行事的，别的就不用多说了，你还是好自为之吧。”将闾不由仰天大呼：“苍天啊！我到底是犯了什么罪啊?”说完，这兄弟三人含泪拔出剑来，自杀身亡。

此时的赵高已然大权在揽，实际上就等于是一位无冕皇帝了。公元前208年的冬天，处在风雨飘摇之中的秦都咸阳呈现出一片肃杀的气氛。因为在咸阳的刑场中央绑着一批即将被处决的人犯，这件事惊动了咸阳全城的人。围观者人山人海，都在窃窃地私语着。虽然人们此时的心思各不相同，但他们都注视着中间的那位满头银发、老泪纵横的死囚，这个老者就是咸阳城内无人不知、多年来一直权倾朝野的大人物——当朝丞相李斯。可谁能料到，他竟然会落得个腰斩于市、夷灭三族的下场。有的人为此叹息不已，有的则嗤之以鼻，显露出不无快意的神色，好像李斯能得到这样的下场似乎早在他们意料之中的。李斯怎么会有这样悲惨的结局呢？其实这也是赵高一手策划的。

有一天，赵高找到李斯，满脸哭丧地说："丞相啊，如今天下造反的人是越来越多了，可是皇上却压根儿不把这事放在心上，还成日里忙于修筑阿房宫，也不理朝政，只知道在宫内玩乐，侍弄那些狗呀、马呀什么的。我想要对他进行劝谏，可是我职卑位贱，说出来的话他哪能听得进去啊。您作为先帝时的重臣，说出来的话有分量，所以你出来劝谏，肯定会管用。"李斯毕竟是个文人，心计不如赵高，再加上他本来也就是为了保住自己的相位，并没有赵高那样的篡逆之心，他还是希望秦王朝能够顺利延续下去的，所以听了赵高的话后，他就说："您说得没错，天下如此大乱，我身为秦朝的丞相，理应有这样的责任。可是，陛下常年居于深宫，不愿让人去见他，因此我很难找到进谏的机会。"赵高见李斯果然中了自己的圈套，于是就假意地说道："这样吧，如果丞相真想要劝谏的话，我就给您留意着，只要陛下闲下来时，我就马上过来禀报就是了。"

赵高深知胡亥讨厌别人在他玩儿兴正浓时来打扰他。可是奸诈的赵高偏就瞅准胡亥在后宫拥姬抱妾、寻欢行乐的时候来通知李斯，说皇帝现在有时间，可以去见他。李斯慌忙整好衣冠，来到了宫门口，要求见皇上。可此时胡亥玩得正兴起，他的贸然求见，使得胡亥极为扫兴。如此一连几次，这可把胡亥给激怒了，他张口骂道："李斯这东西，也太不知趣了，我没事时，不来奏事，我玩得正开心时，偏来奏事，一次又一次地扫我的兴，这不是见我年轻好欺负吗！"赵高乘机进谗说："总这样下去，对陛下可是个很大的危险啊！"然后，他又罗织了三条足以为李斯带来杀身之祸的罪名，他对胡亥说，李斯因为参与了沙丘之变，事后没能升官加爵，所以就心存不满，他一心想要割地称王呢。他又说李斯的儿子李由身为三川郡守，当吴广等盗贼西进路过三川时，没有对叛匪加以围剿，这是因为陈胜和丞相的老家相邻，这也算是"老乡惜老乡"吧，并说李由跟叛军有书信往来，只是现在还没拿到可靠的证据。第三条罪说李斯功高震主，权力甚至重于皇帝。当时正在气头上的胡亥便信以为真，马上就要治李斯的罪，并派人到三川查实李由通贼一事。

李斯知道这件事后，才如梦初醒，知道中了赵高的奸计。于是他急忙来见胡亥，想要澄清事实。可是这时胡亥躲在宫中只顾嬉戏，哪里肯见他啊。李斯无奈之下，只得上疏，揭露赵高搬弄是非，贪得无厌，有图谋不轨之心，是一个相当危险的人物。可是李斯的这种表现在胡亥眼中无疑更像是倒打一耙。他对赵高的信任已然超过了任何人了，于是他驳斥李斯说："尽管赵高是一个宦官，可是他并不因为自己处境的安逸而为所欲为，对我是忠心耿耿。而且他品行廉洁，能自我约束，所以才会取得今天这样的位置。他如此一个贤明的人，为什么你要对他进行攻击呢？我继帝位时还很年轻，见识少，又不懂如何治理天下，多亏赵高帮助我治理天下，应对朝中的事务。如果没有赵高，不知道我的天下会是什么样子，没有赵高，恐怕无人能担此重任。赵高精明强干，能体察民情，对我极是顺从，以后不准你再说他的坏话。"此事过后，胡亥便告诉了赵高。赵高因而更恨李斯了，他乘机又进谗说："李氏父子可能早就有谋叛之心，我担心我死之后，他也会像田常（田常于鲁哀公十四年杀了齐简公，使齐国大权落入田氏之手）那样杀死陛下，夺取你的皇位。"胡亥听到这，脸色大变，他马上下旨把李斯抓起来，并交由赵高来审理此案。

歹毒的赵高首先以李斯父子谋叛的罪名逮捕了李斯，投入大牢中，同时又将李斯家族以及他家中的那些门客统统地收捕归案。接下来，他就对李斯进行了严刑逼供。李斯禁不住赵高酷刑相逼，便招了个假供。李斯幻想着日后能够进行申诉，凭自己的功劳会得到胡亥的赦免。然而他的想法太天真了。宫廷内外,朝廷上下都布满了赵高的亲信,他写的那些申诉书,全都落到了赵高的手中。赵高把这些申诉状撕得粉碎,并说:“一个死囚犯怎么还可能给皇帝上疏呢?”赵高也知道李斯招的是假供,为了不让他有机会翻案,他就让自己的亲信扮成御史、侍中,轮番对他进行提审。李斯不知道这都是赵高布置好的,还以为真是朝廷让自己申冤的呢?他便如实相告。可是审判官便说李斯不老实,又对其施行惨绝人寰的拷打,直到李斯对假口供不再改口为止。到了后来,秦二世胡亥派人来对李斯的口供进行核实,李斯便认为又是跟前几次一样,只要说了真情就会遭到更厉害的刑罚。他就再也不敢改口供了,对自己的那些谋反罪名都一一承认了。

赵高把李斯的供词呈给胡亥,胡亥认为赵高查处叛贼有功,大加褒奖。此时,被胡亥派去调查李由通贼的使臣从三川回到了咸阳,原来李斯的儿子李由已经被起兵反秦的项梁给打死了。但赵高把真情都给隐去了,伪造了一份李由叛变的材料,谎说李由已被就地正法。在赵高一手遮天的精心策划下,李斯的罪名终于确定,他再也无法改变自己的命运了。

李斯的罪名根据秦朝律令应该处以极刑,于是胡亥下令处李斯以腰斩之刑,同时灭其三族。在行刑之前,李斯不由得仰望苍天,悔恨不已,他对身边的二儿子说:“我多么希望咱们父子俩能够再像你小时候那样,牵着黄狗,架着猎鹰一起到上蔡的东门去打兔子呀,可是如今看来,这一切都已经不可能了。”李斯这一席话生动地道出了他发迹后在夹缝中求生存,从而失去了常人乐趣的那种无奈。

指鹿为马　顺生逆亡

当李斯被赵高用奸计除掉后,赵高眼前已经是没有什么障碍了,他官拜中丞相,凡是朝事无论大小,都要由赵高来裁决。这时,大秦王朝的江山已经是风雨飘摇,朝不保夕了。赵高认为自己篡位的机会已经成熟了,于是他就在秦宫上演了一幕宫廷闹剧。有一天,赵高把一头鹿牵到宫里献给了胡亥,并说:“臣有一匹马想献给陛下。”胡亥当时一看,笑着说:“丞相你弄错了,这不是马啊,而是一头鹿啊。”说着,他就转身问两旁的人。许多人都来奉承赵高,说这是一匹马,有一些人并没作声,还有几个人据实说这是鹿。秦二世听了这话,还认为自己是生病了,所以才会误把马当成了鹿。于是他就把宫里面掌管占卜推算的太卜给找了来,让他给自己占一卦。

因为太卜早就受到了赵高的指使,所以他就按照赵高的意思对胡亥说:“陛下因为在春秋季节祭祀天地的时候,尊奉宗庙鬼神时斋戒不够认真,没有恪守禁忌,以至于今天连鹿、马都分不出来。如今,您必须再次施行斋戒之礼,而且一定要严肃认真。”胡亥听了太卜的一番胡话,信以为真,第二天他便去上林苑中进行斋戒之礼。胡亥刚一走,赵高就把那些说实话的人给杀了。自此之后,秦宫上下无不噤若寒蝉。赵高此时篡位就如探囊取物那样容易了。而胡亥在上林苑中,虽然是在施行斋戒,实际上却是打猎玩耍。他在追猎物的过程当中,竟一箭将误入苑中的路人给射死了。赵高听说这件事之后,他就让女婿阎乐去对胡亥说:“不知道是谁杀了一个人,却将尸体给移到了上林苑里面。”胡亥听了这话后,连自己都觉得很不自在。

赵高这时又亲自出面了，他以特别关心的口吻对胡亥说："听说陛下在上林苑中射杀了一名无辜的人，这可是上天所不允许的，这样一来，鬼神都不会接受祭供的，上天也会降灾祸于陛下。"胡亥听了，不由地吓得脸色大变，他急忙问："那我应该怎么办才好呢？"赵高说："唯一的办法就是您离开皇宫，这样才能躲过灭顶之灾。"胡亥毫无疑义，立即撒手政事，在赵高的引领下，来到了城东南八里地之外的望夷宫中去避灾了。

胡亥愚蠢透顶，当然不知道赵高的狼子野心。而赵高费尽心机演出的这场指鹿为马的闹剧，实际上就是想要篡权夺位。他虽然铲除了蒙氏兄弟、秦始皇的诸公子以及李斯等朝中大臣，可是他只是在上层集团中清除了政敌，而中下层及宫内外还会有多少反对者存在呢？于是他就想出这样的方法来检视人心所向，以便于进一步铲除异己，为篡夺帝位扫清道路。还有一点就是赵高觉得自己在骗得胡亥的绝对信任和攫取了丞相要职之后，有些人并不服，所以他就用"指鹿为马"这个妙法，当着皇帝的面在群臣中显示出自己的突出地位和一言九鼎的影响力。甚至就是我"指鹿为马"，你皇帝也奈何不得的。由此，他也进一步检验胡亥被愚弄和信赖自己的程度。另外，他想早日设法将胡亥诱出秦宫加以谋害。

赵高的这一招可说是登峰造极。秦宫上下，朝中文武官员，无不人人自危，个个都看赵高的眼色行事。此时的赵高可以说是为所欲为，无人敢说半个不字了。而此时的秦天下，已经是烽火连天，农民领袖陈胜、吴广在刚开始起义的时候，只是率领着数百人揭竿而起，而在不到半年的时间里，他们就屡挫强敌，势力大增，义军横扫黄河南北，极大的摇撼了秦氏王朝的根基。后来陈胜、吴广虽然被剿灭了，可是农民起义的大潮已经无法遏制。在众多的农民义军当中，要数以项羽为首的反秦义军势力最强，所到之处攻无不克，战无不胜。尤其是巨鹿一战，使秦军实力大减，其精锐丧失殆尽。

胡亥闻知后，派出使者去斥责当时秦军的首领章邯，章邯害怕遭到惩处，他就派长史司马欣到咸阳来说情，结果他在宫外一直等了三天，也没有被宣入宫中觐见，赵高根本就不想让胡亥听到他们的解释。司马欣早就耳闻赵高之能事，他担心遭到赵高的暗算，就立即返回军中。可是他不敢自原路返回，就选择了另外一条道路。果真不出他所料，赵高迅速派出人顺着原道追赶，可是没能赶上。司马欣回来后对章邯说："如今是赵高把持了朝政，您若有功于秦桧被杀，无功于秦则也必死无疑。"章邯经过再三的考虑。终于率领着他的20万人马投降了项羽，这又给了摇摇欲坠的秦王朝一个沉重的打击。

倒行逆施　自取灭亡

之后不久，由刘邦所率的反秦义军杀到了武关。出于战术上的考虑，刘邦派人跟赵高取得了联系。赵高向刘邦提出灭秦之后与刘邦平分关中的要求，刘邦没有应允。赵高担心此事外泄，便先发制人，发动政变。他把弟弟赵成和女婿阎乐找来，经过一番密谋之后。赵成为内应，身居咸阳令的阎乐指示一部分人化装成义军，去攻打望夷宫，赵高则指挥全局。赵成先到望夷宫内散布谣言，说关东强盗已经打到了城中，这样一来，就使得宫中人心惶惶。与此同时，阎乐让手下人化装成的义军，把胡亥的母亲抓了起来，藏到赵高的府中，而阎乐则率领着一千多兵士，以

追贼为名，直奔到胡亥住的望夷宫。到了宫门前，阎乐立即责问守殿的卫士首领，为什么强盗进了宫门也不加以阻止。卫士首领还想要分辩，阎乐上前一刀把他砍死，带领士兵冲进宫中开始行凶，宫内顿时血肉横飞。这时赵成也率兵来到，他一箭就把皇帝座后的帷帐射落，胡亥吓得魂飞魄散，瘫软在龙椅上。此时，那些侍从们早就不知道跑到哪里去了，只有一位宦官如木鸡似的呆立在他的身后。

阎乐冲了过来，他指着胡亥斥骂道："你这个暴君，残杀天下无辜百姓，耗费了无数民脂民膏，如今逼得天下人都起来反抗，现在你看该怎么办！"早就吓得面无人色的他向阎乐请求要见赵高一面，被阎乐断然拒绝。此时的胡亥还心存幻想，希望赵高能给自己一官半职，阎乐极不耐烦地说："我是奉丞相之命来处死你的，我劝你还是快点自尽吧！"胡亥这才明白，逼他自杀的正是自己无比信赖的丞相赵高。此时他虽然痛心疾首，但是后悔已经没用了。他最后看了一眼宫殿和面前怒目逼视自己的阎乐等人，终于拔剑自刎。之后赵高从胡亥身上摘下了玉玺，而后登上大殿，想要宣布登基。可是一连三次上殿，都没有朝臣来应。赵高这时才意识到，因为自己倒行逆施，群臣已经无人理会他了，无奈之下，他只得取消了称帝的打算，派人把子婴给请了出来。

此时，赵高实际上还梦想着自己日后能够割地为王。可是子婴对赵高的为人十分了解，也明白他的险恶用心。于是便把宦官韩谈和自己的两个儿子找了来，对他们说："赵高杀了皇帝，害怕群臣杀他，所以就假仁假义地立我为王。我听人说赵高和叛贼有联系，他还梦想着在灭秦后在关中称王，他一定早就把阴谋设计好了，等我在拜谒祖庙的时候把我给杀死。我打算以有病为由不去祖庙，等到他来催我的时候，你们就一起把他给杀死。"

赵高要子婴斋戒五日之后即正式登位。眼见日期已到，赵高就派人来请子婴受印登基。可是子婴却推说自己有病，不肯前来，如此一连几次。赵高无奈之下便亲自去请，进门就说："拜谒祖庙可是件大事，无论如何您也得去。"他哪知道子婴早就做好了杀他的准备，赵高话音刚落，子婴的两个儿子和亲信宦官等人就一拥而上，将赵高乱刀砍死。子婴当着文武百官的面宣布了赵高的罪状，诛其三族，其党羽也被尽灭。至此，耍了一辈子阴谋的赵高，最后终于落得如此下场。赵高死后，子婴立即派兵五万，去驻守峣关（今陕西省商县北），阻挡刘邦大军。刘邦用计绕过峣关正面，从东南侧杀人，歼灭守军，进驻灞上。子婴见大势已去，于公元前206年10月，率领群臣，手捧国玺、兵符、节仗，俯身站在咸阳城门外，向刘邦投降。刘邦将子婴监管在咸阳城内。同年12月，项羽率大军进入咸阳，将子婴杀死。秦朝至此宣告灭亡。赵高乱臣贼子的形象遗臭万年，遭到千百代人的唾骂。

石显：位过其任　惑主取宠

【人物档案】

姓名：石显

字号：字君房

生卒：？～前32年

籍贯：济南（今章丘区西）人

朝代：西汉

职务：中书仆射、中书令。

评价：深谙世事，精通律法，是一个有文化的太监；伙同外戚史家，诬陷萧望之离间皇亲宗室；独揽朝政，勾结朋党，中饱私囊，欺压百姓，残害忠良，使得西汉王朝从"昭宣中兴"盛世中迅速衰落。

【枭雄本色】

石显出生在豪门望族，依仗家中权势胡作非为，最终因触犯法律而被施以"腐刑"。进宫当了太监，由于攀附上宫中大太监弘恭，并利用阿谀奉承的手段，因此一路高升，当上了中书仆射。黄龙元年（公元前49年），汉宣帝病逝。27岁的太子刘奭即位，称为汉元帝。汉元帝软弱无能，毫无心机，属于庸碌之辈。石显与弘恭在宦海沉浮多年，认为自己窃取权柄的机会来了。于是他们依靠溜须拍马的本事，极力讨好汉元帝。在取得信任后，便开始收买拉拢朝中官员，建立自己的势力网，并依靠手中权柄排斥异己，将辅政大臣等迫害致死。弘恭死后，石显当上了中书令，为了增强自己的势力，他与外戚勾结到一起，采取胁迫的形式控制了朝中的大部分官员，仆射牢梁、少府五鹿充宗、御史中丞伊嘉等人都被石显所控制。此时的石显更加为所欲为，宦官势力与朝中正直大臣间的冲突也日益激烈。但汉元帝偏听偏信，总是相信石显的片面之词，许多正直大臣惨死在石显手中。导致朝中百官人人自危，没有人敢陈述自己意见，害怕召来杀身之祸。石显专权期间还贪赃枉法，造成吏治腐败，贪污成风，民不聊生。

俗语说：不是不报，时辰未到。公元前33年5月，汉元帝过世，太子刘骜登基，称汉成帝。他非常憎恨宦官，在百官上疏揭发石显的恶行后，汉元帝罢免了宦官石显等人的官职。百姓听说石显被罢官，无不奔走相告。当年冬天，石显病死在老家济南。

阿谀奉承　苦心钻营

石显出身于书香门第的大地主家庭，济南（今属山东章丘）人。小时候的石显在家人的宠爱下要风得风要雨得雨，逐渐养成了以自我为中心的性格，心情不好时便拿家中的佣人出气。随着年龄的增长，石显越发嚣张跋扈，他依仗家中的势力，在当地无恶不作，经常欺负穷苦百姓，当地人无不在背地里骂他为恶少。有一天，石显带着家中打手又在外面招惹是非，因一件小事与当地的另一贵族发生冲突，并闹到了当地官府，因对方的势力比石显家大，加上石显平日的所作所为触犯众怒，因此被官府判处腐刑（阉割生殖器）。一个男人遭受此刑便失去了娶妻生子的权力，变成了不男不女的中性人，在当时属于奇耻大辱。石显遭受宫刑之后，生理和心理发生了极大的变化，残忍、贪婪、复仇占据了他的身心。

按照惯例，人们在遭受宫刑之后，就会被送到宫中服役。石显也就顺理成章地来到皇宫里，当上了一名普通太监。曾经目中无人、为所欲为、天天有人侍候的公子哥，突然间变成了太监，离开家人去侍候别人，生活环境的巨变使石显骄横的性格有所收敛。他刚进宫时是宫院里身份最低的小太监，被安排做一些杂活。此时，石显改变了以往的恶习，抱着谨慎的态度处世，谦和待人，并且寻找机会攀附权贵。他依靠自己善于钻营的本领，很快就结交了宫中的第一个狐朋狗友——弘恭。弘恭，沛县（今属江苏）人，进宫前研读过经史，通晓汉律，因犯法受腐刑进宫。弘恭为人圆滑，处世老练，在宫中很吃得开，也成为石显心目中的楷模。在与弘恭结交后，石显很快就学到了弘恭阿谀奉承、尔虞我诈的处世经。通过石显的苦心钻营，加上弘恭的鼎力相助，没用多长时间，石显便由普通的服役太监升为中黄门，专门在禁宫中做事。

因为有了一定的身份和头衔，地位较之以前也有了很大的提升，这大大激发了石显的权力欲望。在随后的时间内，石显和弘恭狼狈为奸，想方设法讨好上司，很快又爬到中尚书的职位。专门服侍皇帝，掌管文书，地位颇为重要。有一年，汉宣帝在宫中的众多太监中选拔尚书长官，由于弘恭通晓法令，熟知当朝的典章制度，又能说会道，善于溜须拍马，被皇帝视为最合适的人选，升任他为中书令，石显也得以升迁，被任为中书仆射，成为弘恭的副手。在汉朝，所有宦官的职称前都被加上“中”字。所以弘恭、石显担任的官职被称为中书令、中书仆射。

奸计初逞　扫除障碍

石显进宫已有多年，在这。其间，他一直紧紧追随弘恭，也看透了宦海沉浮和官场世故。此时的石显已经由当年年少无知的厮役，变成了钻营利禄的老手。他不仅舌巧嘴尖，左右逢源，同时精通朝中政务，又能揣测出汉元帝话语中真正的含意，而且还会依靠自己娓娓动听的说辞歪曲大臣们的真正意图，趁机将其推入陷阱或置于死地。石显的这套本领非常有用，很快就骗取了汉元帝的欢心和宠信。随

着皇上的日益宠信，石显的权力也日益增大，埋藏多年的骄横本性在石显身上慢慢暴露出来，他也逐渐开始了夺取朝政大权的行动。要想夺取朝政大权，首先便是削弱辅政大臣的权力。为此，石显和弘恭越发地献媚讨好汉元帝，在获得极大的信任之后，他们便依仗自己熟悉朝政的优势，想方设法刁难抵制辅政大臣的意见。石显和弘恭的所作所为引起了许多正直官员的极力反对，于是朝中便形成了两股对抗势力：一股是以石显和弘恭为首的中书势力；另一股是以肖望之和周堪为首的朝臣势力。两股势力明争暗斗，对抗越来越激烈。以肖、周为首的正直官员认为弘、石操纵的中书署是邪恶势力，长此下去会破坏朝纲。但他们却迂腐地认为：应该以光明正大的手段铲除邪恶。于是，他们决定在早朝上名正言顺地提出，应当废除中书，不再任用宦官，而由士人担任中书官职。他们在起草的奏章中说：中书署是百官的基石，国家的重要部门，应当选用公正廉明的大臣来掌管。以前先帝游宴后庭，任用宦官，并非出自汉家制度，也不符合古制。现在，皇上英明，应当罢免中书署的宦官，改用士人担任，以合乎古制。这是一份重磅的奏章，正直的大臣们打算以此说服汉元帝。

可是这样一来，汉元帝的面前便有了敌对双方：恩师与宠臣。恩师是朝中的重臣，汉元帝不便拒绝他们的意见，但他又不忍抛弃宠臣。汉元帝柔弱的性格在此时体现得淋漓尽致，通过再三思量，汉元帝采取了折中的态度：不过大地改动朝廷规矩，于是废除中书的这件事便搁置起来。

在此之后，石显等人加快了陷害肖望之的步伐。当时，肖望之等正直大臣推荐了许多儒生为官。有一位叫郑朋的儒生，为了得到高官厚禄，便迎合肖望之。他得知肖望之曾经反对外戚史高勾结宦官石显擅权，于是，便上疏指责车骑将军史高结党营私，祸国殃民，并列举了许多外戚子弟的罪行。奏章上去后，肖望之特地接见郑朋，郑朋认为自己的出头之日已经来临，便极尽奉承之能事，把肖望之比作周公，还说管仲、晏婴见到他也会自惭形秽，自叹不如。肖望之见他擅长溜须拍马，属于小人，并没有推荐，而是将与郑朋一起待诏（等待录用的后备官员）的李宫提升为黄门郎。郑朋上下游走，积极活动许久，都因品行不正没被任用，他因此怀恨在心，四处散播谣言，发泄自己对肖望之的不满。随后他又投靠了自己攻击的对象史高，他在为自己以前的奏章辩白时说："我常年居住在关东，怎能知道外戚的事呢？以前的所为都是肖望之等人让我干的。"石显知道这件事后，认为郑朋可为己用，于是就制定了一个罪恶的计划。随后，石显派人找来郑朋和一名叫毕龙的人，指使他们上疏诬告肖望之阴谋杀害车骑将军史高。并告诉他们，在肖望之休假时，由郑朋呈递奏章。石显认为，奏章上去后，皇上就会令中书令审核，到那时，自己便可以全权处理此事，随意给肖望之定罪。

事情果然按石显想好的方向发展，石显被皇上任命调查此事。石显马上找来肖望之，但对他掩盖了事情的真相，只是例行公事般地从侧面询问一些事情，肖望之无意间谈出了自己对外戚的看法："外戚在位，骄奢淫逸。想要匡正国家，必须抑制外戚，这并不是什么过错。"别有用心的石显刻意曲解肖望之的话，他在给汉元帝的奏章中写道："肖望之勾结朝臣，结成朋党，多次攻击朝中大臣，其本意是想离间皇上与皇戚间的关系，以此达到专擅权势的目的。为臣不忠，诬上不道，谒者召致廷尉（谒者押入监狱）。"汉元帝登基不久，对朝中的某些公文用语不太熟悉，他以为“谒者招致廷尉”是让廷卿查问查问的意思，所以在马马虎虎地看了一眼后，便批准了奏章。

没过几天，汉元帝有急事召见肖望之和周堪，有臣子回报：“已经将二人关入狱中。”汉元帝大为吃惊，忙问谁私自关押的他们，回答是：“皇上在奏章中批准将其押入大牢。”汉元帝这才明白“招致廷尉”的真正意思，也知道官样文章中有不少名堂。于是，汉元帝严厉斥责了石显等宦官，同时下令：“马上让肖望之等人出狱理事！”这件事对石显的触动很大，他由此感觉到，单凭自己的力量难以扳倒肖望之等正直大臣。同时又想到：既然肖望之对外戚干政不满，我何不联合外戚共同将其除去，然后再将外戚铲除呢？主意一定，石显便和弘恭商量拉拢史高的计策。并共同来到史高府上，离间史高与肖望之的关系。

史高本就打算除掉肖望之，石显的进言正好符合他的本意。于是在石显的授意下，史高面见汉元帝说：“皇上即位不久，英名还没有传遍天下，没想到却先有了误罪师傅的恶名。皇上既然已经将他们下狱，就应该予以适当的惩处，以此证明皇上无错。”这番言语是教唆汉元帝，应该将错就错，以掩饰自己的过失。汉元帝听了车骑将军史高的话，认为很正确，便点头称是。为了证明皇上是不会犯错误的，汉元帝违心的下旨，免去了肖望之等人的官职，统统贬为庶民。

事情过后，汉元帝不断自责，总认为自己对师傅的处理不妥当，并开始有些后悔。几个月后，汉元帝降旨：国家要兴盛，重要的是尊师重道，前将军肖望之辅佐朕八年，功不可没，赐肖望之为关内侯，食邑六百户。汉元帝召回肖望之，并打算日后封为丞相，同时也召回周堪，打算任命为谏大夫，但是，石显等人百般阻挠，最终只做了郎官。当年冬天，陇西发生地震，房屋倒塌无数，百姓也死了许多。为了借汉元帝之手把肖望之置于死地。石显、弘恭、史高等人趁机散布谣言，声称：任用肖望之等人，引起上天震怒，陇西地震便是上天震怒的结果。

大臣刘向通晓天文地理，又正直敢言，曾做过谏大夫。他和肖望之的关系比较密切，此时见众多小人诬陷肖望之，心中颇为不平，本想直接上奏章替肖望之辩白，又担心遭到其他人的猜忌，说自己是肖望之的同党，权衡利弊，刘向只得托其他大臣将自己写好的奏章呈给汉元帝。他在奏章中写道：“陇西地震，实为石显、弘恭所致。前将军肖望之等人，忠正无私，是国家的良臣，他们希望天下太平，始终努力为国操劳，因此得罪宦官石显和贵戚史高。如今，皇上欲重新重用肖望之，宦官石显等人又散布谣言，并说不能重用犯过错误的大臣，这是错误的。”同时刘向还引用《春秋》经义和汉家故事，以此来说明宦官祸乱朝纲，应当斥退宦官石显等人；重用肖望之，等于为贤者开路，在众人的努力下，天下才会太平无事，灾害自会消失。刘向的奏章刚刚呈给皇上，石显、弘恭便得到消息，他们也猜出奏书可能是刘向所写。于是，立即求见汉元帝，说应该找出真正的上疏之人。糊涂的汉元帝未加思考，便答应了石显的建议，经过查实后，刘向被革职下狱。肖望之听说刘向被抓，估计自己难免遭殃，急忙让儿子肖伋上疏，陈述前次遭黜，应当予以申雪。汉元帝接到奏章后，召集文武大臣商讨解决的办法。官员见皇上的脸色不好，同时又怕石显等人事后报复，便一致诉说肖望之不但不知悔改，反而有失体统地让儿子上疏诉冤，应当治他不敬之罪，逮捕下狱。汉元帝见众多大臣都斥责肖望之，也就认定他真的有罪，但他却迟疑起来，并说道：“太傅性情刚直，他是不会服罪入狱的！”石显抓住时

机，在一旁插言道：“肖望之身为辅政大臣，不思报效国家，反而在辅政期间排斥外戚，以达到自己独掌朝政的目的，幸亏皇上开恩，没有按律处罚他，还赏赐爵邑，让他继续参与朝政。肖望之却自恃是皇上的老师，不思悔改，竟然唆使儿子上疏申冤，他这是将过错全推给皇上，他这是以为皇上不会治他的罪。如果不教训他，打消他的嚣张气焰，即使皇上施以厚恩，他也认为是理所当然，这怎能显示出皇上的恩典呢?”

汉元帝一听，没有了主意，茫然问道：“肖太傅刚强、清高，如果他不愿受辱，自杀怎么办?”石显非常肯定地对皇上说：“肖望之是老臣，应该懂得爱惜自己的生命，他不会为此轻易自杀的，皇上大可放心”。汉元帝再三思量，最终还是批准了石显的上奏。石显下殿后，急忙将汉元帝批示的诏书密封起来，交给谒者，让他马上交给肖望之，让他明白诏书是真的。随后，又命令太常火速率领执金吾（掌握京师治安）兵马包围肖府。

初元二年（公元前47年）十二月。肖望之看着汉元帝的诏书，忧郁之情难以名状，思想上经过一番斗争之后，他下定决心自杀，以示自己的清白。夫人在一旁流着眼泪劝道：“这可能不是皇上的真意，还是搞清楚之后再做决定吧!”肖望之又问同他议事的学生朱云，自己该怎么办。朱云刚烈，注重自己的名节，他认为宁可自杀，也不要被捕受辱。正在这时，石显派来的兵马已经将肖府团团包围，这就失去了查询诏书真假的时间。肖望之不甘心遭受入狱的羞辱，长叹一声，说道：“我曾官至宰相，今年也已经快60岁了，没想到此时还要遭受入狱的羞辱，我堂堂大丈夫，怎能苟延残喘，那样不是太卑鄙了吗?”说好吧，拿出毒酒一饮而尽。汉元帝听说肖望之自杀身亡，大惊失色，脱口说道：“我就怀疑他不肯人狱受辱，果然不出所料，贤师他自杀了!”随后痛哭流涕，就连午饭都没有吃，伤感之情无法言表。汉元帝一怒之下，召来石显，训斥他考虑不周，害死贤师。石显的目的已经达到，他见皇上发怒，便假装非常愧疚，主动免冠谢罪。软弱的汉元帝见状心想：自己已经失去恩师，不可再失去宠臣。此事不了了之。

但肖望之自杀的消息传开后震惊朝野，京城内外都在议论此事，许多传言都说石显是逼死了栋梁忠臣的元凶。舆论的势头越来越高，石显成为天下学子舆论共同攻击的目标，他为此深感不安。

颠倒是非　残害忠良

肖望之死后没多久，弘恭就暴病而亡，因此石显取而代之当上了中书令。为了摆脱舆论的攻击，石显一刻不停地思考着解决办法，有一天，他突然想到了贡禹，于是决定利用贡禹的盛名来淡化人们对自己斥责。贡禹，字少翁，琅琊（今山东诸城）人，官拜谏大夫，曾先后向汉元帝上疏数十篇，陈述朝政的时弊，并提倡节俭，反对贪污，在京城一带颇有盛名。

石显先派人带上礼物去拜见贡禹，表示愿意与之结交，随后又亲自上门拜访，行为举止毕恭毕敬，态度谦和诚挚。贡禹在石显一再的奉承下，不好意思拒绝，只好默认了与石显的交情。此后，石显公开向朝廷推举贡禹，贡禹本来就很有才，再加上权臣举荐，顿时官运亨通，平步青云，先后担任光禄大夫、长信少傅、御史大夫等职，位列三公。在这段时间里，石显隐藏了自己阴险的一面，为人处事都保持谦虚恭敬的态度。石显的这一招果然奏效，他尊重士人的假象迷惑了许多人，不时出现称颂石显的话语。

时间一长，人们也就逐渐淡忘了肖望之的死因，认为石显尊贤举能，不会使用卑劣地手段去陷害别人，更有甚者，说石显根本就没有陷害肖望之。贡禹虽然是直言进谏之臣，也给皇帝上了许多封谏书，但其中却没有涉及石显的内容，由此可见他与石显的关系非同一般。贡禹不是石显的朋党，但他和石显有私交，所以他也间接地帮了石显的大忙，使石显摆脱了逼死肖望之的罪责。

石显在皇上的日益宠信下，不断拉拢朝臣，许多胆小怕事、贪图富贵的小人纷纷投靠了他。这就使得中书的势力日益增强。而正直派队伍却因主帅肖望之的死而元气大伤。当时被罢官贬为庶民的刘向不甘奸佞当道，恐怕周堪、张猛等正义人士遭到迫害，便再一次上密章进谏。奏章中详细列举了经传中的灾异变迁，其本意是要汉元帝罢黜身边的邪恶之徒，起用公正廉洁之人。可是，再机密的奏章也需经中书转呈皇上，石显看到刘向的密章后，立即与外戚紧密勾结，不断向周堪施加压力，想迫使他向中书势力屈服。但周堪生性正直，虽然知道自己势孤力单，很难与之抗衡，但他宁折不弯，决心坚持到底。

永光元年（公元前 43 年）四月，太阳黑子“大如弹丸”。石显指挥同党趁机大造舆论，说这都是因为周堪、张猛等人办事不力才导致出现了异常的天象。没有主心骨的汉元帝真心想重用师傅周堪，但石显等人不断在他耳边诉说周堪的坏处，汉元帝也开始迷惑不解，不知所措了。

当时，汉元帝非常信任长安令杨兴，于是便召见杨兴，并问他：“为什么有许多官员都攻击周堪呀？”杨兴是一位见风使舵的势利小人，他以为汉元帝怀疑周堪，所以赶紧迎合道：“周堪没有什么才能，根本担负不了朝廷的重任，就算坐地方官能力也不够。听其他官员说，周堪和刘向相互勾结，企图离间皇上与史高大人的关系，像他这样的臣子就应该处死。之前我们说他的好话，是怕皇上落下迫害老师的罪名。”

“事到如今，应该怎么办呢？”汉元帝问道。“臣以为最好的计策便是夺去他的实权，但赐予他爵邑，这样，既表明皇上没有忘记恩师，又可牢牢控制周堪。”杨兴回答。汉元帝听后虽然没有表态，但却加重了自己心中的疑惑。

随后，城门校尉诸葛丰在石显的授意下，也向汉元帝上疏，编造理由说周堪和张猛的坏话。汉元帝知道诸葛丰的为人，非但没有听信他的话，反而下诏道：“诸葛丰与周堪、张猛同朝为官，曾经多次称赞周、张的才能，但他性情残暴，犯下大错。朕不忍严厉处治他，才将其降职为城门校尉。如今，他不思悔改，反而怨恨朝中重臣，还说些没有根据的话，像他这种出尔反尔之人，朕怎能相信，念在他年老体衰，不忍加以惩处，罢官贬为庶民。”

虽然汉元帝有心重用周堪，但诋毁他的朝臣太多，在众多的反面说辞下，汉元帝也不知道应该如何对待恩师周堪了。当年夏季天气反常，进入与月后依然很冷。奸诈的石显此时突然想到了排挤周堪的办法。于是他借助天变，指挥手下党羽同时上疏，认为出现异常的天象是周、张任意用事造成的。汉元帝面对众人的说辞，失去了判断能力，于是听信谗言，把周堪贬为河东（今山西夏县）太守，张猛为槐里

(今陕西兴平)令。周堪、张猛的被贬,助长了石显的嚣张气焰。当时,贾捐之是名小官,曾上疏指出石显的众多劣迹。石显刻意压制他,使他在好几年里也没能升迁。后来,由于贾捐之与人协商对付石显的计策失败,被石显陷害至死。

在周堪、张猛被贬官的第二年,关陇地区出现日食和地震。在早朝上,汉元帝问大臣匡衡:“自朕登基以来,为何灾异不断呢?”匡衡饱读诗书,他引证经义,议论朝政得失。汉元帝听后,心中非常高兴,便任命匡衡为光禄大夫。这时,汉元帝突然想起周堪和张猛,认为自己冤枉了他们,便将石显召来问道:“你不是说周堪、张猛专权造成的天象变异吗?如今他们都被贬在外,为什么又出现了更大的变异哪?这又是谁在专权?”石显无话可说,只是跪在地上支支吾吾的搪塞,不断地叩头求饶。

汉元帝当即下令:周堪、张猛回朝就职。张猛担任太中大夫、给事中。周堪为光禄大夫、领尚书事。这就是说,周堪已经进入了中书机构的领导层。但这时的中书依然由石显把持。因为他是中书的最高长官,而下面的仆射牢梁和另外五名尚书也都是他的党羽。这就使得中书机构成了一个独立王国。周堪名为领尚书事,但他却什么事也做不了,是完全被架空的角色。没过多久,汉元帝偶感风寒,在调养期间不太过问朝政,周堪很难见到皇上,他的官职虽然比石显高,但任何事情都要通过石显转奏,而皇上的指示也要石显来传达。如此一来,朝政就完全落在石显手中。虽然周堪看着石显随意改动圣谕,但是因为抓不到真凭实据,他也无能为力,后来因为急火攻心,再加上年迈体弱,不久就病重无法起床,最后活活气死了。周堪死后,张猛更是势单力孤,也很快遭到石显诬陷,并被逼迫自杀于公车署内。

石显将自己的大敌逐一除去后,就开始对付郎官京房等人。京房,字君明,东郡顿丘(今河南清丰)人,以治《易经》闻名,京氏易学是汉代四大易学流派之一。京房见石显嚣张跋扈,专权乱政,导致吏治败坏,他就精心制订了一整套整顿吏治的方案,取名为“考功课吏法”,汉元帝看到这套方案后大为称赞,并同意实行,但在实际的推行中却遇到了数不清的阻力。尤其是石显及其党羽,他们为了自己能随意贪赃枉法,坚决抵制这套“考功课吏法”。由于两方相持不下,汉元帝便让朝中大臣与京房在温华殿讨论“考功课吏法”草案。由于石显等人势力庞大,于是控制了整个局势,这项草案没有得到认可。

京房知道石显深受汉元帝的宠信,而要想推行此法,就必须除掉石显,思前想后,眼前唯一的出路便是做好汉元帝的思想工作。有一天,汉元帝召京房进宫,听他讲述经学和历史事件。京房故意问汉元帝:“皇上博学多才,定然知道周朝的幽、厉二王!但皇上是否知道他们危亡的真正原因呢?”“他们昏庸,将奸佞小人当成了贤人,并且委以重任。”汉元帝答道。京房又问:“我们是如何知道二王用的是奸佞小人呢?”汉元帝对京房的提问非常感兴趣,便又答道:“我们根据当时乱世的情况,才得出这个结论。”京房知道皇上产生了兴趣,就进一步说:“照此看来,贤能治国,不贤只能乱国。幽、厉二王为什么不广求贤能之士,而甘愿信任小人导致出现祸乱呢?”汉元帝笑道:“适逢乱世,往往国主用人不明。否则,怎会出现危亡主子呢!”“那齐桓公和秦二世都曾讥幽、厉二王,但他们也用人非贤,最终导致国家大乱。他们为什么不以幽、厉二王为戒,早一点醒悟呢?”京房接着问。汉元帝回答道:“国家所用之人是否贤能,并不是明主能看清楚的,况且齐桓公和秦二世算不上明君！”

京房见自己问话的目的已经达到，他马上跪在地上，免冠叩头道：“春秋二百四十年，其间灾异迭出，这都是在垂戒未来。现今，陛下继位多年，日月失明，山崩泉涌，地震石陨，水旱之灾不断，瘟疫蔓延，百姓饥寒交迫，这与春秋时期非常相似，今日为治还是为乱？”汉元帝思考了一下，坦然回答说现今也很乱，京房趁机说：“各地灾害不断，百姓流离失所，而皇上却经常外出游猎，贪好消遣之事。微臣以为，皇上应该体察民情，与民同忧乐。至于造成今日之乱的起因，应该是皇上身边有不贤之人！”

汉元帝却说自己任命的大臣都是能人，没有可以乱世的不贤。京房请求皇上三思，并且说，后人看我们和我们看古代一样。汉元帝思考半晌却问道：“如今，何人可以致乱？”京房没有回答，在汉元帝的一再追问下，京房支支吾吾地说，皇上应该注意身边亲信的近臣。京房的意思已经很明白的在指石显，他以为汉元帝会从此醒悟，驱逐石显等人。没想到，汉元帝只是低声叹气，并没有说什么。京房苦口婆心地劝说，并没能对皇上起到作用，因为汉元帝已经被石显的各种狡诈手段所迷惑，身处迷局不能自拔。有石显当道，考功课吏法无法推行。

虽然汉元帝依然信任石显，但他却被京房所说的话打动了，于是他打算先搞“考功课吏法”试点。石显为了将京房调离皇帝身边，然后设计除掉他，便趁此机会向汉元帝提议，让熟悉考功课吏法的京房亲自前去指挥。汉元帝不明真相，认为是件好事，马上采纳石显的建议，任命京房为魏郡（今河北磁县）太守。京房看穿了石显的险恶用心，知道此去凶多吉少，于是在启程赴任前连上三道奏章，揭露石显的阴谋。但汉元帝都没有在意。

京房走后，石显老话重提，说淮阳宪王结党诽谤朝政，企图取而代之，而京房、张博就是淮阳宪王的支持者。汉元帝听后大怒，立即下令将京房、张博等人全部处死，家族人员发配边疆。支持京房“考功课吏法”的许多大臣都受到牵连，均被罢官。

随后，石显又将矛头指向御史中丞（有权弹劾各级官员）陈咸。陈咸是相县（今安徽濉溪）人，饱读诗书、博学多才，他不满石显迫害朝臣的行径，多次上疏弹劾石显，在奏章中罗列出石显专横跋扈，败坏朝纲的种种罪行。石显看在眼里，恨在心中。为了寻找时机排挤陈咸，石显专门派出密探，刺探陈咸的过失。当时，身为丞相的韦玄成胆小怕事，为了保住自己的乌纱帽，尽力讨好石显。陈咸有一位好朋友叫朱云，生性耿直，他多次上疏，声称丞相韦玄成是无能的庸才，只知道容身自保，请汉元帝以国事为重，重新任命丞相，这件事后来被韦玄成知道了，于是就怀恨在心。有一次，汉元帝召见群臣，问丞相韦玄成，朱云为官期间表现如何，韦玄成趁机报复朱云，尽说他的坏话，其言词暴虐无状。当时陈咸也在场，他感到事态严重，退朝后急忙将此事告诉朱云，并催促朱云上疏为自己辩护，请求皇上派御史中丞重新核实。没想到石显探听到这件事，他马上派人转告丞相韦玄成。朱云的奏章送到宫中后，石显劝说皇上，将这件事转给丞相直接处理。汉元帝同意后，丞相韦玄成立即派遣兵士捉拿朱云。朱云事先得到消息，到陈咸家避难。石显得到消息后，和丞相韦玄成一起出面，罗列一系列罪名，把陈咸和朱云逮捕入狱，经皇上批准，对二人处以髡刑（剃发），发配边关服劳役，同时让自己的亲信伊嘉担当御史中丞。

在随后的几年时间里，阴险毒辣的石显又想方设法陷害了大量的贤良大臣，被罢官、入狱、杀头者不计其数。朝中百官都非常惧怕石显，人人自危。

迷惑帝王　掌控朝纲

石显在大肆清除政敌的同时，深知外戚与皇室有裙带关系，政治势力非常庞大。所以他不断争取外戚和朝中显贵的力量，以扩大自己的中书势力网，保证独揽朝政的局面。

汉元帝有一名昭仪，叫冯媛，长相俊俏，又精明勇敢，因此深受汉元帝的宠爱。有一次，汉元帝带领后宫女子观看斗兽取乐。突然，一只大熊逃出围栏扑向汉元帝，随行人员惊慌逃窜。而冯媛却面无惧色，非常勇敢地挡在汉元帝前面。幸亏卫士及时赶到，杀死大熊。事情过后，汉元帝问冯媛："当时，众人都在惊慌逃命，你为什么要独自阻挡大熊？"冯媛的回答令汉元帝嗟叹不已："妾只是一名手无缚鸡之力的弱女子，怎能有力气与同大熊搏斗呢！我曾听人说，猛兽只要吃到人，就不会再去攻击其他人，妾站在皇上前面阻挡，想以身相替。"从此，汉元帝更加宠爱冯媛。

冯媛的父亲冯奉世在镇压陇西羌民反叛时立下战功，被任命为左将军，冯媛的兄弟们也都位居高官，因此，冯氏家族在朝中的势力很大。石显为了攀附冯氏，巩固自己的地位，就向汉元帝推荐冯逡（冯媛的兄长）。汉元帝召见冯逡后，打算任命他为侍中。谁知为人正直的冯逡根本不买石显的账，反而在汉元帝面前陈述了石显专权误国的种种恶行。他这样做其结果也不难想象：冯逡没有被升官，而是被罢官。攀附冯氏碰壁后，石显怀恨在心，就想将冯奉世父子除去。没多久，御史大夫李延青病故，大臣们都推举冯逡的兄长冯野王接任此职。当汉元帝征求石显意见时，石显冠冕堂皇地说："野王的才能是有目共睹的，朝中大臣无不服气，但是，野王是冯昭仪的兄长，如果皇上任用野王，恐怕世人会说皇上任用宫亲。"汉元帝听后，居然认为言之有理，并对群臣说："封野王为御史大夫，世人会说我徇私情委任后宫亲属。"石显的所有说辞居然都作为不起用野王的理由写进了诏书。野王知道其中缘故，却也无可奈何，不免叹息道："别人都以女宠而身居要职，而我冯氏兄弟却因此而不能升官。"这样一来，石显就以充足的理由压制了冯氏兄弟。

石显的所作所为，得罪了很多人，他也深知自己不得人心，许多大臣都在盯着自己，寻找自己的过失，如果自己稍有差错，定会招来群臣的攻击，为了让汉元帝不听他人对自己的攻击，石显处心积虑地想出了一个花招。当时汉宫的制度是夜幕关闭宫门，严禁人员出入。有一天，石显特意外出办事，临出发前，他向汉元帝请示道："皇上，此次出行，时间较长，恐怕回来时天色已晚，宫门关闭，请允许我以皇上的诏令让把守宫门的官员打开宫门。"汉元帝信以为真，点头答应了。当天，石显在外游玩，故意深夜回宫，来到宫门前，他声称皇帝同意自己晚归。守门官员只得打开宫门，石显迈着四方步，大摇大摆地走进宫中。事情过去没几天，便有人上奏章，说石显矫造诏书私开宫门。汉元帝看完奏章，微笑着递给石显。石显看罢，装作惊慌失措的样子跪在汉元帝面前，很委屈地哭泣道："皇上信任奴才，才将国家大事交给我处理。朝中的官员都很嫉妒皇上对奴才的信任，想方设法陷害我。像这样的事情，已经不止一次了。皇上是英明的君主，能明白事情的真相。奴才出身微贱，无才无德，很难让百官满意，不如让我放弃中书令的职务，到后宫做些端茶送水的杂活，那样就不会遭到他人的攻击。恳请皇上恩准我的请求，以保全奴才的性命。”天性柔弱的汉元帝怎能经得起这种悲悲切切地诉说，他急忙宽慰石显。汉元帝以为，石显精通朝政，没有骨肉之亲，又不勾结外官，完全可以信赖。大臣们跟他过不去，全都是出于妒忌，像这次宫门之事便是明证。此后，大臣们越是弹劾石显，汉元帝就越宠爱信任他，而且还厚加赏赐。

汉元帝体质极差，又好声色犬马，所以经常生病，为了医治疾病，他便在内宫调养身体。而把朝政全都交给了石显，文武百官有事都要先向石显汇报，由他转达皇上，皇上的话再由他传达出来，其中皇上的话占有多大比例，其他人很难知晓。对此，满朝文武无不敬畏他。

此时，在石显的恩威兼施下，他已经网罗了大批朋党：仆射牢梁、少府五鹿充宗、侍中许章、御史中丞伊嘉、陈顺、华龙、万章等人。这些人都是身披官服、头戴高冠的国家蛀虫。他们相互利用，横行霸道，形成一股庞大的恶势力。有一首民谣，反映了石显集团专权的实况：“牢邪石邪，五鹿客邪！印何汇汇，绶若若邪！”

宦官失势　报应不爽

公元前33年，汉元帝病重，经医治无效，死于长安未央宫。当年六月，太子刘骜继承皇位，称为汉成帝。成帝的生母为皇太后，大舅王凤为大司马将军、二舅王崇为安成侯、五个小舅也都封侯，其他子弟都在朝中担任要职，皇太后的侄子王莽也在此时逐渐高升。于是外戚王家成为西汉建国以来最为显赫的家族。俗语道：一朝天子一朝臣。宦官得宠于当时的专制君主，主存，他便能继续得宠专权；主死，他便随之失势，这是不争的事实。所以，成帝即位之初，就以石显服侍先帝劳苦功高为名，加封他为长信太仆，秩中二千石，地位虽然有所高升，却被调离中书，失去了权柄。

几个月后，朝中大臣纷纷上疏陈述石显过去的恶行。成帝根据大臣的揭发，将专权达十余年之久的石显及其党羽全部罢官。至此，石显的恶势力顷刻间瓦解，上至文武官员、下至黎民百姓，无不拍手称快，京城中的百姓奔走相告：“伊徙雁，鹿徒菟，去牢与陈实无贾。”

石显被罢官后，回归故里。失去权势的他回想起以前风光的自己，不禁感慨万千。公元前33年冬，石显去世。成帝在位。其间，没有再封赏宦官，四年之后，也就是公元前29年，专门由宦官任职的机构中书被撤销。

石显虽然死了，但是他对西汉王朝由盛转衰却负有不可推卸的责任。他因为取得了汉元帝的过分宠信而得到中书令的身份，继而又网罗党羽，形成势力网，专擅朝政，排除异己，致使朝中大臣无不为自保而敷衍公事。石显结党营私，贪赃枉法，最终造成地方吏治腐败，贪污成风，导致民不聊生，西汉王朝也因此走向了末日。

单超：玩弄权术　富贵而终

【人物档案】

姓名：单超

生卒：？~160 年

籍贯：河南（今河南洛阳）人

朝代：东汉

职务：宦官、中常侍、车骑将军。

评价：东汉历史上的“五侯”之一，奉诏诛外戚梁冀大将军及其宗亲党徒，以功得以封新丰侯，食邑 20000 户。不久，单超得病，桓帝又授给他车骑将军。第二年，单超病故，皇帝亲赐棺木，棺中陪葬玉器许多，并赐给侯及将军印绶，还派专人办理其丧事。由将作大匠负责建筑坟茔。出殡之日，桓帝又派五营骑兵、将军、侍御史护送灵柩。

【枭雄本色】

汉宫里面，宦官多至千百，几不胜数，彼弄权，此夺宠，互相争斗，迭起不休。单超自入宫至病死约 60 余年，先后历经五帝、一太后临朝，非但没有获罪致死，反因啮臂之盟、诛灭梁氏一族而封侯拜将，富贵而终。这皆得益于其自幼入宫，见多识广，且善动心机，凭借机敏的嗅觉，以保住身家性命为本，在宫内外相交周游、玩权弄术，在权力争斗的漩涡中浮游。

【风云叱咤】

初入宫门

单超（？~160 年），东汉宦官，河南洛阳人。东汉后期，是中国历史上最黑暗的时期之一。外戚、宦官递相专制朝政，骄横跋扈，穷奢极欲，敲骨吸髓般地盘剥各族人民。单超既入汉宫，难免要涉足黑暗势力的深渊，在这权力之宫中角逐一生了。

单超入宫初始，只是杂役。他年少聪颖，手勤脚快，又善于察言观色，迎合众人心理，颇受宫内众人的喜爱。

汉安帝延光三年（124 年），阎皇后等人因前番设计毒死太子生母李氏，恐太子长成以后，察悉毒谋而图报复，欲将太子除去。宦官大长秋江京、樊丰等一班权阉，便寻事生风，将太子保之乳母王男、厨监邴吉，诬以死罪，借以诬陷太子。阎后又日夜至安帝前，诉说太子之过之恶。安帝本爱阎后，况又有乳母王圣、幸臣江京、樊丰从旁证实，立废太子保为济阴王，使居德阳殿西仲下。小黄门樊登便调单超为侍监，侍候济阴王保，实则命单超监视济阴王，禁止宫人、宦官和朝臣与其往来，谨防其东山再起。

自此，单超朝夕不离德阳殿，想方设法看护济阴王。虽有樊登之命，但单超善于曲意逢迎，适时迎合济阴王心理，以娱乐消遣时光，为其去忧解愁，济阴王亦喜欢超矣。

延光四年（125 年）二月，汉安帝驾崩宛城，阎太后、阎显、江京、樊丰等设计迎立幼童北乡侯懿为幼主。懿因塞而病，数日而亡。中常侍孙程因与江京、樊丰等不和，因见樊丰虽死，江京尚存，想自己出头也总非易事，不如趁势迎立济阴王，把阎显、江京等一概推倒，乃是绝好机会，稳得封侯掌权。于是，密约中黄门 18 人于德阳殿西钟下，与诸人议定密谋，截衣为誓。次日夜间，诸人先谋杀内侍江京、刘安、陈达等人，后迎立济阴王保，拥其登位，是为顺帝。孙程等颁诏遣人诛杀阎景、樊登，收捕阎显与显弟耀、晏等人，一并处死。顺帝颁诏令宦吏参考旧仪，规定新制，并大封功臣，授孙程等 19 人为侯。

单超因系樊登所用，中黄门苗光要杀之以除根。顺帝因其平日照顾细心周到，且多以娱乐趣味解己之郁闷忧烦，赦令免罪，并令单超身边侍候。

几次风险，使单超目睹了权势争斗的阴险奸毒和残酷，深知稍不留意便有性命之忧，越加小心服侍顺帝，同时曲尽己能献媚于权阉、贵人、后妃，施小恩小惠于众宫人、宦官，以求自保。

投机钻营

机势争斗，瞬息万变，东汉后朝更是如此。内宫后妃，为保荣华富贵，亦多与外戚、朝臣、权阉拉帮结派，参与权势的角逐。身为宦官的单超，当然知道交好后妃、贵人对自己的利害关系。

顺帝永建六年（131 年），顺帝年已 18 岁，应该册立皇后了。这时后宫已经有了 4 位贵人，并且都得顺帝的宠爱，使帝左右为难，不知如何办好，竟要祈神卜卦，测定后位。尚书仆射胡广与尚书郭虔、史敞等联名进谏，进言以德贤为准，4 位贵人中堪为国母者即该册立为后，顺帝尚犹豫未决。外戚、宦官、朝臣便争相奏立，不时也有毁誉之词、抬己诬他之语，借以达到各自争权夺势之目的，几乎使顺帝做不得其他朝政之事。单超见机行事，投帝所好，进奏道："奴婢想陛下不要烦恼，陛下深知诸位贵人，自当决诸己意，册定后位。这样，一是陛下圣断，宫内、天下定然欣幸；二是也免去连日来诸人的奔走；三者，此事毕，陛下当可理朝政、议大事、治天下了。"一席话，使顺帝顿开茅塞，惊讶地望着单超，超急跪奏道："奴婢不知朝政大事，胡言乱语，死罪，死罪！不过，奴婢见陛下若不册定皇后，恐难以安静下来，伤了陛下身心，只盼早日裁定后位，便是如此。"顺帝连声说："好，好！便当如此。"乃特就四个贵人中选出一位梁氏女来册作中宫。梁女名妠，父名商，袭父乘氏侯雍遗爵，官拜黄门侍郎。永建七年（132 年）正月，特在寿安殿中，册立梁贵人为皇后；赐后父商安车驷马并增国土，迁官执金吾；布诏大赦，改元阳嘉元年。单超擢升小

黄门。

册立皇后之后，单超较前更加讨好皇后和三位贵人。汉安元年，虞美人喜生一王子，超进言道，娘娘有此一子，陛下和皇后心无忧矣，娘娘今后也无忧了。汉安三年(144)，顺帝立虞美人之子炳为太子，改元建康。超向梁皇后贺喜道：太子亦如娘娘亲儿，还要仰望娘娘诲教，将来以报娘娘深恩呢！帝大赦天下。单超又擢升中黄门。

妙除九侯

宦官19侯，除孙程等人陆续病亡，尚有黄龙等9人。这些人前番徙就封国后遇大赦返宫，但没有放弃作恶，反与帝之乳母山阳君宋娥，相交蛊蔽，贿赂公行。还有小黄门曹节、曹腾、孟贲等为顺帝所宠，揽权用事。甚至后兄梁冀及冀弟不疑，帝与之往来结为至交。大将军梁商，亦未尝禁止，反令儿辈通好权阉，作为护符，朝臣莫敢与抗。

时有太尉王龚，每每恨宦官揽权用事，干预朝政，便上书极陈诸阉过恶，请即放逐。顺帝尚未裁断，单超即奏道："陛下，宫内诸人，虽有不齐，但似奴才辈，只知服侍陛下、娘娘，不知他事。若似太尉王龚所言，也有过也，不知用何人服侍陛下也！"顺帝置奏书于一侧，不了了之。

又有中常侍张逵，素行狡黠，善能希旨承颜，得邀主眷，只是同诸阉相比，势力单薄，相形见绌，满怀不平，便串通山阳君宋娥及黄龙等9侯，诬奏大将军梁商与曹腾、曹节、孟贲等阴图废立，请即加防。顺帝却正容答道："必无此事！朕想汝等共怀妒忌，故有此言！"逵等都不禁失色，当即退出。只是张逵因妒生恨，因恨生惧，自思一不做，二不休，不如冒险一试，先除曹腾、孟贲，再做后图。当下捏造伪诏，收捕腾贲下狱。顺帝闻知，勃然大怒，立饬拿住张逵，交付法司，一经拷讯，水落石出，便将张逵推出市曹，一刀两断。单超趁机进言道："陛下，山阳君、黄龙等侯眼中，只知有恩于陛下，而未尝有君臣之别啊！"顺帝本不欲惩处宋娥、黄龙等人，细思单超所言，却是事实，便诏令，乳母宋娥，夺爵归田；黄龙等9侯，遣令就国，永不归都，削去国土四分之一；释出曹腾、孟贲，守职如故。自是阉党19侯或死或黜，退出争斗。

排除异己

永和六年(141年)，大将军梁商因病而亡。帝特赐东园寿器，并玉匣什物、钱、布等，予谥忠侯。诏令商长子梁冀嗣封乘氏侯，并承父职为大将军，冀弟不疑为河南尹，且进周举为谏议大夫，一是报商旧绩，一是从商遗言。

建康元年(144年)八月，顺帝染病，数日即崩，终年三十。群臣奉太子炳即位，尊梁后为皇太后。两龄嗣子，如何亲政？当然援照前例，由皇太后梁氏临朝；进赵峻为太傅，李固为太尉，参录尚书。

李固善治朝政，处事匡正，威望素著，顺帝在位时，即上书指陈外戚、宦官专政之弊，今干政之黄门内侍，多半为其黜遣，因是结怨于诸阉。偏大将军梁冀，大异于其父，专欲好猜，恣意妄为，忌妒李固、杜乔等朝臣，结好于曹腾、孟贲、唐衡等诸阉，

相互为奸，其作蜚语，架诬固、乔二人，奈何梁太后素知二人忠直，不肯听信，李、杜方才无事。

质帝本初元年(146年)，李固终因抵制梁冀之诸奸恶歹毒做法，被冀视作眼中钉、肉中刺，诏令免职。桓帝建和元年(147年)，守正不阿，数次抗争于冀的杜乔，亦被冀借故免职。

李、杜二人，其以往所为，权阉、外戚本就视为大患。今虽免职，应见二人居住都中，亦如芒刺在背，不除不快。单超审时度势，心生一计，先与宦官唐衡、左馆说道："公等二人知吾等性命不长否？想那李固、杜乔二人在位之时，吾辈多为其遣黜，今虽免职，倘来日复出，我等性命休矣！"唐、左二人急问道："这便如何?"超答道："我等皆是侍候陛下与娘娘的啊！"二人听毕，即共入内进谗道："陛下前当即位，李固、杜乔，首先抗议，谓陛下不应奉汉宗祀，真正可恨！"恒帝听了，也不禁愤怒起来。超又语小黄门曹腾、曹节、孟贲道："公等知吾等性命之忧否?"腾等惊答道："不知也！"超言道："公等还记得前太尉王龚、常侍张逵所奏之事否，其时尚有李固、杜乔二人也要吾等性命，只是李、杜二人在位时没有时机罢了，现二人虽免职，倘有朝一日复出，吾等将死无葬身之地矣！"语毕，见诸人之惊惶之色，进而言道："现帝年幼，朝中诸事皆凭大将军梁冀决断，公等以为如何?"腾、贲等会意而去。

恰值甘陵人刘文与南郡妖贼刘鲔交通，讹言清河王当统天下，意欲立蒜邀功，当下劫住清河相谢暠，持刀胁迫道："我等当立王为天子，君当为公，否则与君不便！"暠不肯听从，怒目相叱，致被二贼杀死。清河王蒜，素来严谨，颇有纪律，闻得相国被劫，忙令王宫卫兵，出去救护，卫士等见暠被杀死，当然奋力与斗，刘文、刘鲔遭缚，推至清河王面前，还有何幸，自然奉命伏诛。

梁冀闻报，便借机诬称清河王蒜实与李固、杜乔二人、二刘等通谋，谋逮捕治罪。朝廷听信奸人蜚语，劾蒜不能无罪，坐贬为尉氏侯。蒜本无反意，遭此冤诬，愤不欲生，竟仰药自尽。梁太后素知乔忠，不许捕乔，冀即收固下狱，迫令诬供。李固怎肯承认？梁太后尚未允许，梁冀竟擅传诏命，可怜一位为国尽忠的李子坚，竟死于非命。次日，冀又捕乔下狱，当夜暴亡。梁冀又将固、乔二人尸首置诸城北，榜示四衢，说他串通叛道，故加死刑。诸阉闻知，皆得欢欣。

结冤梁不疑

大将军梁冀之弟不疑，前番其父商病亡后，顺帝报商旧绩，恩封河南尹。时因单超、小黄门左悺命公干，不想随从宦官与护卫军士在京都已恣意妄为，横行惯了，到此怎能刹住，反倒更是无法无天，胆大妄为了。只要作威作福于平民百姓，或是小商小贩、当地任何他人也就罢了，不期正撞上梁不疑姬妾之弟，双方大打出手，几致命案，不疑仰仗其姊梁皇后临朝、其兄大将军梁冀之势，收捕了几名宦官和军士于狱中。单超、左悺心想，不疑胆再大，也不敢扣留宦官和护卫军士，不料即将返都也没有消息，不免惊慌起来。超深知，朝中势力强者莫若外戚梁氏，此时莫若低首屈膝于梁氏，以图来日再报不迟。遂同左悺一起，到不疑处踵门谢罪，不疑知此事闹大于己也无益处，此时已教诸人知其势矣，也就借阶而下，施礼道："区区小事，何劳二位常侍亲身，吾意只在教训诸小辈矣。"方才放了宦官和护卫军士。

啮臂诛梁氏

且说大将军梁冀，鸢肩豺耳，两眼直视，口吃不能畅言，少时游荡无行；酒色自娱，凡博弈蹴鞠诸技，却是般般精通，又鼓臂鹰走狗，骋马斗鸡，此外却无甚才能。不过略通书记。为了椒房贵戚，得到显阶。偏又与其父大不相同，贪婪骄恣，所有正人君子，俱为冀所不容。甚或其不满意之幼主，亦敢用毒杀之，全无人伦之道、君臣之礼。

永嘉元年（145 年）正月，百僚连日贺新。贺事已毕，幼主炳（即冲帝）忽罹重病，一瞑不醒，年仅 3 岁。梁太后依李固之议，即夕发丧，并征清河王蒜、渤海王子缵，同入京师。蒜已年长，缵只 8 岁。李固等诸臣欲立长者为君，特语冀道："今当立嗣君，宜择年长有德及躬与政事、夙有经验的人才，方可主治国家，愿将军审详大计，如周霍立文宣，毋效邓阎二后，私立幼君！"梁冀不肯听从，经与太后秘议，竟迎缵入南宫，授封建平侯，即日嗣位，是谓质帝，仍由太后临朝，遣蒜还国。

哪知质帝年虽幼冲，却是聪明得很，常因朝中会议，公卿满廷，独目顾梁冀道："这才正是跋扈将军呢！"梁冀听了此言，大为愤恨，暗想如此少主，已是这般，若得至长成，如何了得！不如除去了他，另立一人。心机一起，便大逆不道，公然弑君。于是暗嘱内侍，置毒饼中，呈将进去，质帝吃了数枚，即呜呼哀哉。

丧事毕，李固恐梁冀另立幼主，遂邀司徒赵广、司空赵戒一同署书，致书与冀，请立新主。

梁冀得书，方召百官入议。李固等请立清河王蒜。梁冀本想拥立梁太后之妹丈蠡吾侯志，好做那双重国舅，永久擅权。不料三公会议，多主立清河王蒜，与自己意见甚不相合，急切间又不便开口，只得闷闷无言。梁冀默然无话，怎能成议。等公卿诸人退后，时已天晚，吃过夜膳，冀正自踌躇，忽有中常侍曹腾等人见，投梁冀所好道："将军累代为椒房姻戚，秉摄万机，宾伍如云，免不得稍有过失，清河王蒜素行严明，若果得立，恐将军必致受祸！不如立蠡吾侯志，富贵当可长保哩！"梁冀皱眉道："我亦有此意，但公卿等未肯赞成，奈何？"腾复说道："将军握有重权，令出必行，何人敢违？"梁冀不待说毕，愤然起座道："我……我意决了！"腾等欣然辞去。翌晨，梁冀重集公卿，倡议立蠡吾侯志，怒目轩眉，语甚激切，胡广、赵戒以下俱为震慑，同声应道："惟大将军命！"独李固与杜乔，坚持初议，尚有辩驳，梁冀自知不便让其多言，竟厉声喝道："罢会！……罢会！"语毕竟入。梁冀先向梁太后请下诏书，将固策免，然后至夏门亭迎入蠡吾侯志，即夕即位，是为桓帝。梁太后犹临朝政，越年改元建和。

且说建和二三年间，国政虽出权门，内外尚幸无事，惟灾异常有所闻。建和三年（149 年），太后不豫，于是归政于桓帝，大赦天下，改元和平。太后归政不日即逝，所有朝廷政治，名为桓帝亲政，实际是在梁冀掌握之中。

梁冀只知嫉忠害良，专行不轨，无寸功于朝廷。和平元年，且得增封食邑万户，连前封合三万户。弘农人宰宣，巧为迎合，竟上言大将军功比周公，应加封妻孥，今既封诸子，妻亦宜加号邑君。有诏依议，遂封梁冀之妻孙寿为襄城君，兼食阳翟租，岁入五千万，加赐赤绂，仪比长公主。这位襄城君孙寿，却是个非常淫悍的妇人。

孙氏宗亲,都是贪婪之辈,各遣私人调富户,诬以他罪,令出金钱自赎,稍不满意,辄予死徒。

元嘉元年(151年)元旦,桓帝御殿,受文武百官朝贺,梁冀带剑入朝,忽左班闪出一人,大声叱冀,不令其进入,且使羽林虎贲诸将,把梁冀佩剑夺了下来。突如其来的事情,倒也使梁冀心惊肉跳,急跪伏阶前,叩头请罪,尚书张陵,即劾梁冀目无君上,应交廷尉论罪。桓帝未予严谴,但令处罚梁冀薪俸一年,借赎愆尤,梁冀不得不拜谢而退。

梁冀本是当道豺狼,桓帝还得以麟凤相待,意欲再加褒崇,实则桓帝欲观朝臣动静。于是,便特令公卿议礼。时有赵戒、袁汤、胡广,迭为太尉,光禄勋吴雄为司徒,太常黄琼为司空。胡广本模棱两端,因见梁氏势盛,遂称梁冀功德过人,应比周公,赐以山川土田。独司空黄琼进议道:"可比邓禹,合食四县!"于是有官吏折衷众议,奏定加梁冀殊礼,入朝不趋,履剑上殿,谒赞不名,礼比萧何,增封四县,礼比邓禹,赐金帛奴婢彩帛车服甲第,礼比霍光,每朝会与三公并席,十日一评尚书事。梁冀得此荣宠,还是贪心不足,心下怏怏。

永寿四年(158年),仲夏日食,太史令陈授上言日食变异,咎在大将军梁冀。梁冀立将陈授下狱,打死杖下。当时,飞蝗成灾,遍及京师,桓帝不知自省,但务改元。到了夏尽秋末,南匈奴及乌桓鲜卑,连同入寇,使京兆尹陈龟为度辽将军,出镇朔方。陈龟临行上书,请桓帝惩奸罚恶,奖善用贤。桓帝倒也有些省悟,改选幽并二州刺史,并自营郡太守都尉以下亦有所变更;蠲除并凉一年租赋,民方得活。及陈龟到任,即除恶扬善,督民自生,州郡官吏不敢妄为,鲜卑、乌桓亦不再犯边,节省朝廷费用,岁约亿万。偏大将军梁冀不容陈龟,诬奏陈龟诅毁国威,沽取功誉。陈龟因此坐罪免官。未几,桓帝复征陈龟为尚书,龟却累劾梁冀罪状,请即加诛,桓帝只得不睬。陈龟自知终将为冀所害,索性绝食而亡。

桓帝皇后梁氏,专宠后庭,靠了姊兄荫庇,恣极奢华,所有帷帐服饰,统是光怪陆离,为前代皇后所未备。后既无子嗣,多好妒忌,每闻宫人怀孕,往往设法陷害,难得保全。桓帝不免衔恨,只因心惮梁冀,未敢发作,不过是足迹罕至中宫,惹得梁后郁郁成疾,至延熹二年(159年)七月,一命归阴。惟梁氏一门,前后7人封侯,3女得为皇后,6女得为贵人,父子俱为大将军,夫人女食邑称君又有7人,子尚公主又有3人,外加卿将尹校共57人,真是一时无两,备极尊荣。

怎知梁冀专擅威柄,独断独行,无论大小政治,统归他一人裁决,宫卫近侍,都是梁家走狗,莫不希旨承颜。凡遇百官迁召,必先进谒梁冀之门,上笺谢恩,然后敢转诣尚书,受命赴任。桓帝闻梁冀累杀无辜,也为惋惜;再加梁冀声色过人,每经朝会,只有梁冀可以发言,天子且不好抗议,因此桓帝积畏生忿,常怀不平。

前和熹皇后从子邓香,生女名猛,秀丽动人,香中年病殁,妻宣再嫁梁纪。梁纪乃梁冀之妻孙寿母舅,孙寿见邓猛色美,便引入内宫,得封贵人。梁冀欲认猛为己女,使她改为梁姓,又恐邓猛姊夫邴尊方为议郎,或有漏泄情事,因使门客刺死邴尊,且欲将猛母宣一并刺死,才好灭口。宣家在延熹里,与中常侍袁赦毗邻。梁冀遣刺客夜登袁赦屋顶,欲越入宣家,袁赦闻屋上有声,疑是盗贼,立即鸣鼓叫人,围捕刺客,总算不易拿住一人,面加拷问,方知由梁冀差来,意在刺宣。袁赦急往宣家报明。宣因己女已得封贵人,便入宫与语。贵人即转告桓帝,桓帝怒不可遏,长久

积冤涌上心头。恰帝身边只有小黄门唐衡相随，顾环目四周而问唐衡道：“宫内诸人，何人与梁氏不和？”唐衡急答道：“中常侍单超、小黄门左悺，前因冀弟不疑结冤；中常侍徐璜，黄门令具瑗亦与梁氏有嫌，不过口未敢言，容忍至今。”桓帝不待说毕，便摇手道：“我知道了！”当下即刻还宫。

桓帝决心已定，即召单超、左悺入室，低声与语道：“梁将军兄弟专柄朝政多年，骄奢横暴，杀人无度，胁迫内外，公卿以下，无人敢抗，朕意欲将他除去，常侍等意下如何？”二人齐声答道：“祸国奸贼，当诛已久，臣等才皆庸劣，还乞圣裁！”桓帝又道：“常侍等以为可诛，与朕意同，但须秘密定谋，方无他患！”单超自思，朝廷中势力，后妃已弱；宦官中自己已无抗争对手；朝廷大臣正直有为者已为梁冀或杀或黜，也难有作为；今只有外戚梁氏最强，不趁此机会灭绝梁氏一族，更待何时？便进言道：“陛下果欲除奸，亦非真是难事，但恐陛下不免狐疑！”桓帝道：“奸臣胁国，理应伏辜，还有何疑？”于是更召徐璜、具瑗入内，与定密议，且由桓帝亲啮单超之臂，出血为盟。单超复又奏道：“陛下即已决计，幸勿多言，梁氏耳目甚多，一旦败露，祸不可测！”说毕，与诸人急退去。

只这一番密议，果然有人报知梁冀，只是所谋情事，尚未泄露。梁冀已心疑单超等人，即使中黄门张恽入省宿卫，预备不虞。单超使具瑗饬吏收恽，说他无故入省，欲图谋不轨，当即拥桓帝御殿，同时召诸尚书入谕密谋，并诏使尚书令尹勋，持节出勒丞郎以下，使皆执械守住省阁，尽收符节，缴入省中。又由黄门令贝瑗招集左右卫士及虎贲羽林剑戟士，合得1000余人，会同司隶校尉张彪，前去围禁梁冀宅第。并诏令光禄勋袁盱收缴梁冀大将军印绶，降封梁冀为都乡侯。梁冀仓皇失措，仰药自杀。妻孙寿亦无路逃生，也将药酒饮下，一同毙命。梁冀之子河南尹梁胤与叔父屯骑校尉梁让、京从卫尉梁淑、越骑校尉梁忠、长水校尉梁戟等尽被诸人拘捕；还有孙寿内外宗亲，亦皆连坐，无论老幼，全体诛戮，弃尸市曹。公卿、列校、刺史、二千石等坐死数十人。太尉胡广、司徒韩缜，司空孙朗，并因阿附梁冀，一并坐罪，减死一等，免为庶人。四府故吏、宾客，黜免至300余人，朝廷为空。这事起自仓促，中使交驰，官府市衢，鼎沸数日，才得安定，百姓莫不称庆。诏令官吏按验梁冀家产，变卖充公，合得30亿。诏减天下税租半数，所有梁氏私园，悉令开放，给予贫民耕植，普及隆恩。

并颁诏天下，策文云：梁冀奸暴，浊乱王室，孝质皇帝聪明早茂，冀心怀忌畏，私行杀毒；永乐太和，系尊莫二，冀又遏绝，禁还京师，使朕离母子之爱，隔顾复之恩，祸深害大，罪衅日滋。赖宗庙之灵，及中常侍单超徐璜具瑗左悺唐衡尚书令尹勋等，激愤建策，内外协同，漏刻之间，桀逆枭夷，斯诚社稷之祐，臣下之力。宜班庆赏，以酬忠勋，其封超等5人为县侯，勋等7人为亭侯；其有余功足录，尚未邀赏者，令有司核实以闻。

诏封单超为新丰侯，食邑二万户；徐璜为武原侯，具瑗为东武阳侯，各万五千户；左悺为七蔡侯，唐衡为汝阳侯，各万三千户，这便叫作五侯。尚书令尹勋以下，计有功臣七人，皆封亭侯。单超复奏称小黄门刘普、赵忠等，亦并办诛奸，应加封赏，乃复封刘赵以下8阉人为乡侯，自此外戚势力已衰，宦官权力日盛一日，势且不可收拾了。

计谋第五仲

前大鸿胪陈蕃，免官逾年，又由朝廷复征为光禄勋。陈蕃因见桓帝封赏不循汉制，内宠日多，更不禁愤然欲言，即上疏进谏，总幸蒙桓帝采用一二条，放出宫女500多人，降邑侯邓万世、黄携为乡侯，复起前太常杨秉为河南尹。

再说单超之弟单匡为济阴太守，倚其兄之势，横行霸道，贪赃枉法，为兖州刺史第五仲所闻，便令从事卫羽察验，查出赃五六十万瑀，即已书奏劾单匡。单匡未免惊惶，密嘱刺客任方伺机刺死卫羽。哪知卫羽早已有备，把任方抓获，囚系洛阳。单匡复恐杨秉干预，再寻根究底，于是密令任方越狱逃亡。尚不免要召秉责问，杨秉直言答道："任方本非元凶，罪在单匡，但使人逮捕单匡入都，下狱拷讯，自然水落石出，无从逃匿了！"这一番议论，本来是公正无私，偏单超朝权在握，反诬杨秉私放任方，嫁祸单匡，竟将杨秉免官坐罪，输作左校（工匠奴），且将第五仲构以罪名，充徙朔方。

却说第五仲见忤权阉，被徙朔方，已是冤屈得很，哪知单超更是计中有计，叫他前往朔方，实是一条死路，不使其生还。原来朔方太守董援，乃是单超外孙，一闻第五仲将到，自然暗暗谋划，即欲寻事究因将第五仲处死。第五仲曾为高密侯相，曾优待门下掾孙斌。孙斌此时已入京当差，侦知单超之谋，即对友人闾子直、甄子然说道："盗憎主人，由来已久；今第五使君当投裔王，偏有单超外孙董援做此郡守，是明明前去送死哩！我意欲追还使君，令得免难；若我果奉使君回来，计惟付汝二人，好为藏匿，方可无虞！"闾、甄二人齐声应诺，于是孙斌率侠客数人，星夜追赶第五仲。行至太原，幸得赶上，当然格毙押送吏差，由孙斌下马让与第五仲，孙斌随后步行，一昼夜行400里，才得脱归，就将第五仲交与闾甄二家，匿处数年。至单超病死，徐州从事臧旻为第五仲讼冤，始得邀赦还乡。

单超等5侯权焰熏天，恣意骄横，皆起宅第，筑楼观，穷之极巧，备极繁华；又多取良人美女，充作姬妾，衣必锦罗，饰必金玉，几与宫中妃嫔相似，所有仆从婢娼，亦毕乘车出入，倚势作威。5侯只苦不能生育，于是收养螟蛉，或取自同宗，或乞诸异姓，甚至买奴为子，谋袭封爵，兄弟姻戚，都得重势攀援，出宰州郡。单超弟单安得为河东太守，单安子单匡，得为济阴太守。这些权阉及其家属，统是无德无能，但知作威作福，可怜那无辜百姓，枉受折磨，无从呼吁。

延嘉二年（160年），单超病死，诏赐东园秘器及棺中玉具；到了出葬时候，复发五营骑士，与将作大匠，筑造坟茔，更令将军侍御史护丧，备极显赫。

张让:敛财弄权　独霸朝纲

【人物档案】

姓名:张让
生卒:? ~189 年
籍贯:颍川(今河南禹县)人
朝代:东汉
职务:宦官
评价:张让在位期间,搜刮暴敛、骄纵贪婪见称,灵帝极为宠信,常谓“张常侍是我父”。最后因诛杀宦官,走投无路投河自尽。

张　让

【枭雄本色】

东汉末,以张让为首的十常侍宦官集团独霸朝纲,权倾天下。张让,颍州(今河南禹县)人。他从宫中一杂役太监,逐步爬上太监首领中常侍。他怂恿昏君汉灵帝刘宏设立“西园卖官所”,公开卖官敛财。又在汉宫西苑设“裸游馆”,专供灵帝淫乐,哄得灵帝喜笑颜开。他“僭越”朝制,把自家庄园建得比皇宫还高,又怕灵帝发现,挖空心思拿“天子不可登高,登高必遭大祸”来蒙骗灵帝,这个昏君竟然确信,还口口声声称张让为父,真是昏君奸臣乃一路货色。

张让率领十常侍,颠倒黑白除异己,捏造罪名滥杀朝臣,终于引起以何进为首的外戚集团不满。张让又先下手为强,诱杀何进,导致京师卫军变乱,杀尽宫中几千太监,张让也走向绝路,投身黄河。

【风云叱咤】

皇权旁落　十常侍专权乱汉宫

张让,颍川(今河南禹州)人。当他尚在年幼时即经人推荐进入尚书省做杂役。按汉代制度,皇帝及室内人员居住在内宫,非皇室人员未经圣诏是不能进入内宫的。朝臣的奏疏或文件主要通过尚书省再转递给皇帝,皇帝要发布的诏书,也是由尚书省起草下传,有时皇帝也直接到尚书省处理政务。

在尚书省与内宫之间有一道黄色内墙隔开。内宫与尚书省以及外界的联系就由宦官负责,故负责此务的宦官被称作“黄门”。根据这些宦官的地位及其职责的不同,又分别被称为“小黄门”“中黄门”等。史载,张让“桓帝时为小黄门”。这是宦官中权势地位较为显赫的职务。汉制规定此职仅有20个名额,非执役日久或立功劳者,很难人选。经过20年的韬晦钻营,在他35岁时,才爬到了这个显赫的位置上。张让之所以如此发迹,则完全是由东汉特定的历史条件决定的。

永康元年(167年),汉桓帝刘志因纵欲过度而驾崩了。临终前,他还立下遗诏封他平时最喜爱的第9个妃子田圣为“贵人”。汉桓帝死后因窦皇后没有生育子女,就立了皇室中年仅12岁的解渎亭侯刘宏为皇帝,是为灵帝,窦皇后以太后摄政。

桓帝死后,窦太后与桓帝的宠姬以及举荐这些妃子进宫的宦官之间的矛盾公开化了。在汉桓帝的灵柩还停在宫内时,窦太后即借故把田圣杀了。不久,她又提出废除其他妃子的贵人资格。这些举动敲山震虎,是冲着掌权宦官曹节、王甫、张让等的。于是宦官们联合起来,指责窦太后在桓帝尸骨未寒即动手杀害桓帝宠姬,实是大逆不道的行为。慑于曹节、王甫、张让等宦官集团的势力,窦太后被迫放弃了这一行动。

窦太后深知宦官的权势和力量,因此,决定依靠父亲窦武并拉拢官僚集团以铲除曹节、张让的势力。但是大将军窦武和太傅陈蕃的行动计划被管理朝廷文书的官吏捅了出来,宦官朱瑀又把他们给太后的奏章偷了出来。于是,宦官们联合起来歃血为盟,决定抢在窦武之前动手。建宁元年(168年),曹节强迫灵帝“拔剑踊跃”冲在前面,同时矫诏收捕窦武、陈蕃等人。窦武在大兵追击之下被迫自杀,陈蕃也被抓入大牢而死。一场谋划已久打击宦官计划流产了。

张让因平息窦武、陈蕃有功而由小黄门升为中常侍。中常侍是宦官中权势最大的职位,虽只是年二千石的官,但却负责管理皇帝文件和代表皇帝发表诏书,是皇帝最为亲近的人。汉初,中常侍没有固定的编制,但惯例是设4人,年俸一千石。灵帝却陡增至12人,他们是:张让、赵忠、夏恽、郭胜、孙璋、毕岚、栗嵩、段珪、高望、张恭、韩悝、宋典。他们以张让、赵忠为首,皆贵盛无比,分封为侯,并与其时任大长秋和领尚书令的大宦官曹节、任黄门令的大宦官王甫相为表里,把持朝政,行凶作恶。灵帝光和四年(181年),曹节死,赵忠以中常侍代领大长秋,张让也成为“监奴典任家事”的宫廷总管。张、赵二人的权势,达到顶峰。他们不仅封侯贵宠,连他们的父兄子弟也借光被放到各地做大官。当时人把张让、赵忠为首的12中常侍专权称作“十常侍”。昏庸的汉灵帝曾对人说:“张常侍(张让)是我父,赵常侍(赵忠)是我母。”这已成为千古不衰的笑柄。

施淫威　捏造罪名杀朝臣

在张让、赵忠把持朝政时期,他们又把权势已经很大的宦官贵宠、权势、地位、财产等等,发展到了空前的高度。在这一时期,宦官恃权仗势,横行淫威,肆虐朝

政，突出的就是对当时名士袁绍、陈耽、傅燮的打击排挤。

袁绍，汝南汝阳（今河南商水）人，字本初，出生名门望族。自其高祖袁安做汉司徒以来，世居三公，门生故吏遍天下。袁绍本人姿貌威容，不应辟命，而是倾心折节交结宾客死士，以致士无贵贱莫不争赴其庭，登门拜访者络绎不绝。他的这些举止，在掌权的宦官看来，简直就是一种挑战，严重威胁着宦官们的宠贵地位。张让、赵忠曾对其他黄门说："袁本初坐声价，不应呼召而养死士，不知此儿欲何所为乎！"袁绍的叔父袁隗时任太傅的高官，听说此事后，竟吓坏了，回府后把袁绍唤来狠狠地责骂一顿说："你要毁掉我们家了！"逼迫袁绍应辟为大将军何进的府掾，以救灭族之祸。由此也可见，张让、赵忠宦官集团的淫威之盛了。

灵帝光和五年（182 年），司徒陈耽被宦官诬害身死。事情的起因是：这一年，因为各地刺史、太守等地方行政长官贪污横暴，为民蠹害，闹得太不像话了，朝廷委派太尉许馘、司空张济主持纠举阿枉不法的地方官吏。许、张二人胆小怕事，畏惧宦官威势，又见财心动，还收了贿赂，便曲意奉承宦官意旨，对阉宦的子弟、宾客之贪污秽浊、劣迹昭然者，亦不敢过问，只是"虚纠边远小郡清修惠化者二十六人"，来做替罪羊，致使吏民愤愤不平，赴京告状，申诉冤枉。陈耽见此，挺身而出，向灵帝上疏揭露张让、赵忠与许械、张济勾结营私、狼狈为奸的丑行。张让等宦官对其耿耿于怀，十分怨恨。不到两个月，陈耽以莫须有罪名被罢免职务，接着对他加以诬陷，不久被下大狱，屈死牢中。

张让、赵忠执掌权柄，手段毒辣，蹂躏朝廷，故朝臣们不是趋炎附势，便是噤若寒蝉。但也有一二朝臣，为民族脊梁，敢于拂其逆鳞，具有惊人的胆量和勇气。如侍御史桓典，对口含天宪、手握大权的宦官，就无所回避，执法刚正，人皆畏惮。可也正因他触忤了张让等宦官的利益，有功也好，有劳也好，却一直得不到提升。

宦官恃权仗势之烈，随手拈来一例即可说明。张让有一个管理家事的监奴，不仅能较通货赂，威形煊赫，甚至能干涉典选，作用私人。扶风（今陕西西安）人孟佗，家资丰厚，想通过张让求到官职，但无门路可走，正苦于无奈，经友人介绍，认识了这位监奴，便倾囊巴结，馈赠财物无计其数，但从不开口要求什么。监奴及其他张让家奴都觉得过意不去，便主动问孟佗有什么要求，一定相助。孟佗回答别无所求，只希望监奴能当众拜他一拜。当时，每天登门求见张让的人，光是马车就有成百上千辆。一天，孟佗来到张让府邸，可连大门口都难于接近，监奴看到后，急忙率领一帮仆从即头迎拜于路上，恭敬地扶着孟佗的马车进入大门。众多来访者都看在眼里，以为孟佗是张让的亲信，都纷纷转来巴结他，所送金银珠宝数倍于他原有家产。孟佗也因得这位监奴的力荐而被任为凉州刺史。由此可见，张让、赵忠宦官集团淫威之盛、权势之大了！

媚主意　首创"西园卖官"所

灵帝刘宏，是汉章帝刘妲的玄孙，曾祖父刘开以皇子封河间王，祖父刘淑以王子封渎亭侯，父亲刘苌袭爵。父死，刘宏袭爵。他虽为皇室宗亲，但其时刘姓分支众多，其中只有少数贵盛，其余都式微了，刘宏便是其中之一，故其贪财欲望无限。张让、赵忠宦官集团也是欲壑无限，肆意敛财，这与灵帝的私欲难满不谋而合。于是张让、赵忠宦官集团便投灵帝所好,为灵帝广事聚敛,自己也乘机巧取豪夺。

早在汉桓帝时,为了弥补宫廷财政匮乏的局面,宦官已暗中卖官爵。光和六年(183年),张让又怂恿灵帝公开在西园设立官爵买卖所。如果说以前只是把一些低级官吏秘密买卖,现在已是"自关内侯、虎贲、羽林"等也可公开出卖了,且根据官爵大小高低及油水肥瘦,分等收钱。官位的标价是以官吏的年俸计算的,如年俸二千石的官位标价是二千万石,年俸四百石的官位标价是四百万石,也就是说官位的价格是官吏年收入的一万倍。张让是"西园卖官"的开创者,也是卖官的操纵者。在公开标价的后面,他又私自叫宦官亲信卖公卿级的官职:公,价要1000万钱;卿,价要500万钱。到了中平二年(185年),朝廷公卿和地方刺史、太守,以至三公,往往都被中常侍、阿保(即保姆)入钱西园而得之。段颖、张温等人虽然功劳很大,声望也很高,却也都是先交足了钱,才登上公位的。这年三月,廷尉崔烈想当司徒,便走了个"后门",享受了个"优待价",是因他通过阿保交了五百万钱。到册拜之日,灵帝亲自临轩观看,百官到齐了,灵帝又后悔钱收少了,竟无不惋惜地对亲幸说:"悔不少靳,可至千万!"可见灵帝贪财的欲望是何等的强烈!事后,崔烈的儿子对崔烈说:"大人实在不该当这个三公了。外面议论纷纷,都嫌这个官有铜臭味。"铜臭,这个典故就是从这儿开始产生的。

张让设立西园卖官制度后,官位可以用金钱买到,许多腰缠万贯的地方豪强人仕做了大官。自然,原来可以通过征辟入仕的读书人就因无钱而多被排挤出官僚行列了。因此,卖官制度又使本来已经很尖锐的宦官与官僚集团的矛盾进一步激化了。卖出的官位价格十分昂贵,而官吏的任期却又很短,以致新官上任后并不是急于为民办事,而是想方设法以各种名目侵夺财富,搜刮民脂民膏,以捞回本钱。张让有个弟弟叫张朔,凭借张让的关系,当上了野王(今河南沁阳)县令。这里地处京畿洛阳,是一个富庶的地方。张朔到任后贪赃枉法,想尽法子收括民脂民膏。他还是一个十恶不赦的流氓无赖。他想知道胎儿在母亲肚子里是什么样子,竟当场剖开孕妇的肚皮。但他依仗张让在宫里撑腰,一般官吏也奈何他不得,于是更变本加厉,为所欲为。此时有一位被称之"天下楷模"的士大夫领袖李膺被新命为司隶校尉。这是一个负责察看京师百官及决断京畿附近大案的有权的大官。当李膺巡视到野王县后,张朔惊慌失措,便逃到哥哥张让府上避难。李膺查核了张朔的罪状并得悉他躲在张让府邸的空心柱子内,便亲自带人闯入张让家,把张朔抓了回来。经审讯取得口供后就立即处决了。张让向灵帝诉"冤",李膺当场列举了许多张朔的罪行。灵帝见人已被处死也就不再追究了,只得对张让说:"这是你弟弟罪有应得,李膺并没判错。"张让无可奈何,但报复的念头却深深地埋在了心底。不久,张让等宦官又大兴党锢之狱,把李膺为首的大批官僚打入大牢,李膺也被借机处死了。

溺声色　皇帝太监一路货

张让为首的宦官集团,不仅为了保住自己的地位和政治上的既得利益,实行黑暗统治,而且贪得无厌,广派父兄、子弟、姻亲、宾客、心腹于各州郡县为官,侵掠百姓,施尽各种敛财手段,积聚了大批财产。为了保证向外搜刮的畅通无阻且名正言

顺,他们就需要一把硕大无边的保护伞,这就要托庇于皇权。因而阿媚汉灵帝就是他们手中甩出的一张王牌。

光和三年(180年),灵帝刘宏已经27岁。现有的皇家苑囿他已经玩腻了,他要造新苑。本来在西汉时代,洛阳附近就造了上林苑,那里是"崇山矗矗,深林巨木",里面栽种奇花异草,养殖珍禽异兽,有醴泉,有盘石,"玫瑰碧琳,珊瑚丛生。"各种水果长年有果,樱桃春天摘,卢桔夏天收,刚从西域引进的蒲陶(葡萄)也是一架连着一架。顺帝阳嘉元年(132年)又造西苑,桓帝延熹二年(159年)再造显扬苑,还有平乐苑、鸿德苑,一苑更比一苑富丽堂皇,广阔无比,豪华气派。灵帝对此意犹不足,便派人去城外测量,欲再造新苑。是时,光禄勋杨赐谏止,说:"臣闻陛下派出使者丈量城南民田,准备造苑。掠夺农民肥田沃土,废弃百姓田园,不符合爱民如子之义。今城外已有苑五六处,可以逞情意顺四节。应以夏禹住简陋宫殿为榜样,以抚慰万民"。"四节"是指皇帝每年四季进行狩猎活动,即春搜、夏苗、秋狝、冬狩。灵帝此时犹豫,便向张让等宦官讨主意。张让说:"战国时,齐宣王曾问孟子:'文王的苑囿方圆只有70里,民以为小,我的苑囿仅5里,民以为大,不知何因?,孟子说:'文王之囿虽大,与民共享,所以民不嫌大;您的苑囿虽小,自己独用,所以民以为大。'"灵帝听了张让的一通生拉硬扯,认为有了根据,于是下令动工造苑。

张让、赵忠宦官集团专权用事,皇帝却也活得恬然自得。灵帝只知玩乐敛财,其余事就放手给宦官们了。酒池肉林,郑姬赵女,灵帝也有点腻了,于是想"微服"到宫外的市场和街道上去逛逛。这一下可吓坏了张让他们,因为张让、赵忠等宦官们狐假虎威,大肆搜刮民财,在洛阳附近大兴土木,建造园囿,规模样式甚至都一点不亚于皇帝的。他们怕灵帝外出发现,所以就不敢让灵帝上街。于是,张让就找了一个理由说,近来京城盗贼猖獗,恐怕外出有危险。灵帝一听,害怕性命难保,也就打消了逛街的念头。于是,张让等就变着法子让灵帝玩:在后宫仿造街市、市场、各种商店、摊贩,然后让灵帝穿上商人的衣服,去游逛这人造的"市肆"。让一部分宫女扮成各种商人在叫卖,另一部分扮成顾客购买。还有的扮成卖唱的、耍猴的等。灵帝穿着商人服装,在这人造的集市上走来走去,或在酒店中饮酒作乐,或与店主、顾客相互吵嘴、打架、厮斗,好不热闹。灵帝混迹于此,十分尽兴,至于朝政之事还有什么心思去考虑呢?

过了一些日子,灵帝又打不起精神来了,市场也不去逛了。怎么办?张让看着悒悒不乐的灵帝坐在殿上不时地发脾气呵斥小黄门,心机一动,就又想出了一个新招。一天,一位老宦官指着殿门外,对正欲发怒的灵帝说:"陛下,请看谁来了?"只见一条大花狗,头罩进贤冠,脖子上持着绶带,摇头摆尾地走进大殿里。灵帝仔细端详了一会,才看出是一条狗,便忍不住哈哈大笑起来,嘴里连连说道:"好一个狗官,好一个狗官!"宦官们见此,都捂着嘴笑,唯有列班的文武百官,笑也不是,怒也不是。

张让、赵忠为首的宦官们知道这一闹剧也只能使皇帝高兴几天而已。故未等灵帝玩狗兴衰,就又想出一个新点子。他们找来4头瘦得皮包骨头的老驴,拉着一辆矮小的车,灵帝坐在车中,让它在宫中到处跑以逗乐。开始,由驭手驾车,后灵帝又亲自驾车。由于灵帝喜欢,大臣们也都仿效。不久,这种四驴拉小车游戏便传到宫外，整个洛阳城的达官贵人都玩起了驴车，以至闹得一时间“洛阳驴贵”。待到整个洛阳湮没在驴车的尘土之中时，灵帝的“驴车热”早已降温。他自己又想出了个玩法：自称无上将军，手挥战刀、马鞭，在平乐观前“指挥打仗”。那时，战场上战事确实不断，想必这位“无上将军”是断然不会真去前线指挥打仗的。

宦官们黔驴技穷，再也想不出更妙的娱乐方法了。他们不得不去请教张让。数日后，在张让的授意下，西苑又建起一座“裸游馆”。建成后，请灵帝去游玩，进馆后，只见数百名年轻姑娘，都是特选的14~18岁的美妙女子，个个光着上身，穿着短裤，在馆中打闹游玩。灵帝一见，身不由己，便入其中，和她们一起嬉戏玩耍，好不尽兴。这项游戏，还算维持了相当的时间。

结私党　颠倒黑白除异己

张让为首的宦官集团的行径也大大激化了广大劳动人民与统治阶级之间的矛盾。从建宁元年(168年)到中平元年(184年)的十多年时间内，见文于史籍记载的农民起义不下十几起。如建宁元年九江爆发的起义，“连月不解”；建宁三年(170年)冬，济南爆发起义；熹平元年(172年)十一月，会稽(今浙江绍兴)人许生自称“越王”，其子许昭自称“大将军”，在句章(今浙江宁波)起义；熹平四年(175年)，益州发生起义；光和三年(180年)，江夏(今湖北武汉)蛮人起义；同年，苍梧、桂阳也爆发起义。差不多与此同时，陇西人宗建在枹罕(今甘肃临夏)起义，建立政权，自称“河首平汉王”，坚持了三十多年的割据斗争。光和七年(184年)，一场席卷全国的东汉农民大起义——黄巾起义，在全国蓬勃发展起来了。张让也与黄巾起义军有密切的联系。东汉后期原来的黄老之学蜕变为初期道教而发展起来，在皇宫内也出现崇拜老子的现象。而黄巾军的领袖张角等就是各自称天师、以道教为号召的义军首领。张让可能是因信仰道教而与义军建立了关系。此外，张让等宦官也已觉察到汉政权统治已很不稳定，民间尽是流传“岁当甲子，天下大乱”的传言，张让为防止汉政权被推翻而先期与黄巾军拉关系以自保。张让与黄巾军秘密往来，难免露出一些蛛丝马迹，故当中平六年(189年)，青州、徐州一带黄巾起义再次全面爆发时，中常侍吕强就提出诛杀皇帝身边的“阿媚之臣”、大赦党人的建议。对这样的话灵帝当然不愿听。张让闻知，更是大恨在心。于是，与中常侍夏恽等合谋构陷吕强，说他常与党人诋毁朝政，兄弟几个人都是贪秽之徒。灵帝偏听则信，因此发怒，使中黄门手执武器召押吕强。吕强心知被张让等陷害，皇帝又昏庸不明，便在“丈夫欲尽忠国家，岂能对狱吏乎”的情况下，自杀身亡。张让等还不解气，又在灵帝面前编谎说：皇帝召见吕强，他还不知为啥事就自杀；可见他心里有鬼，定是做了什么不可告人的奸邪之事。灵帝听信诬言，致使吕强宗亲皆被收捕入狱，家产全悉没收。郎中张均也上书灵帝说：张角之所以能兴兵作乱，百姓又乐意跟随他，其原因就在以张让为首的“十常侍”把自己的魔手伸触各地，贪赃枉法，侵夺百姓无所不为，百姓有苦无处讲，有冤无处诉，所以才谋议造反，聚而为盗。应当斩杀十常侍，把他们的头颅悬挂在南郊，向天下百姓谢罪，再派使者布告天下，这样不动干戈，而造反的百姓自然会消失。但是，灵帝还是偏袒张让等宦官，还把张钧的奏书给张让等过目。刁滑的张让看过奏书后，顿足痛心，表示愿意拿出自己所有

的家资,资助军队镇压黄巾军。

灵帝见张钧的上书感动了宦官,又十分生气地对张钧说:“你真是一个狂人,十常侍难道一个好人也没有吗?”

张钧再次上书,语气犹如以前,灵帝干脆看也不看。张让等人见张钧不罢休,合谋买通了廷尉、侍御史、诬陷张钧与黄巾军勾结,结果张钧反被打入牢狱,很快就被处死。

张让宦官集团与灵帝之间是一损俱损、一荣俱荣的关系,故为保持已有的禄位,张让必想方设法控制皇帝,排斥异己。

豫州刺史王允在镇压黄巾军过程中,从缴获的物品中发现有宦官张让的宾客及另外一些宦官写给黄巾军的信件。王允不敢隐瞒,报告了灵帝。灵帝见他一向宠信的宦官私通黄巾军,便怒责张让:“你们常讲党人为人不轨,现在国家有困难,党人挺身而出为我分忧,而你们却暗中与黄巾军串通,你讲该杀不该杀!”张让一面谢罪,一面又把与黄巾军往来的事推到已故的常侍王甫、侯览身上。经张让巧言分辨,加上张让与灵帝的特殊关系,张让并没因此获罪。事后,张让对王允怀恨在心,借故中伤,将王允逮捕入狱。这时,又恰巧赶上灵帝下诏大赦天下,王允被释放出来重做刺史。可不到一个月,张让又以莫须有的罪名将王允逮捕。当时司徒杨赐认为王允一向清高,不想使他入狱受辱,就派人对王允说:“你所以一个月内两次入狱,都是因为揭露了张让才至于如此,请您自己多加保重。”王允的朋友们赶来,哭着向王允敬献毒酒,希望他能死在这里,而不要在张让手中受辱而死。王允认为自己无罪,料张让也不能怎么样他,便坐上槛车坦然而去。王允入狱后,朝臣莫不叹息,大将军何进、太尉袁隗、司徒杨赐联名上书,向灵帝请求宽大处理,王允才幸免一死。

左中朗将皇甫嵩,在镇压黄巾军时,路经邺(今河北临漳),见张让搭档赵忠建造的住宅高大堂皇,超越规定,遂将其没收了。这事一下子触恼了赵忠,加上先前他因给5000万钱贿赂而得罪张让。于是,张、赵二人就在灵帝面前大进谗言,胡说皇甫嵩连战无功,浪费大量军费。灵帝听信谗言,将皇甫嵩征回,收去其印绶,削夺封户六千,以致曾任信都县令的阎忠对皇甫嵩说:“今竖宦群居,同恶如市,上命不行,权归近习,昏主之下,难以久居。”

张让的父亲病故后,归葬颍川故里,参加葬礼的人很多。因其势焰熏天,几乎全部所辖地盘都有人参加。但州郡名士却没有前去的。张让认为这是自己的耻辱,十分恼怒。后名士陈寔一人前往吊唁。张让见此方转喜,脸色才有些好看。后来,党锢祸起,陈寔被牵连入狱,张让左右活动,使陈寔保住了性命。张让此举绝非是为党人抱不平,恰恰相反,他是想要天下人知道:顺张让者昌,逆张让者亡。

招祸乱　引火烧身投黄河

封建社会中皇帝是皇权的象征和代表,外戚凭借皇太后或皇后的关系控制小皇帝以达到操纵政权的目的,而宦官则又依恃亲近皇帝的关系凌驾于百官之上。所以,一旦皇帝更替,在确立谁为皇帝的问题上,一场宦官与外戚之间的厮杀就难以避免了。

中平六年(189年)四月丙辰日,34岁的汉灵帝刘宏死于洛阳宫内嘉德殿。在确立皇位问题上,引起了一场大规模的统治集团内部斗争。张让在这次斗争中又扮演了主要角色。

汉灵帝的皇长子刘辩为何皇后所生,次子刘协则是宠妃王美人所生。按常制,刘辩是汉灵帝的当然接班人。但是何皇后出身微贱,原是一个屠户女儿,其父名真,很会经营,家产日丰。有钱之后,何真总想攀援一个权贵之家,以取得一靠山。凑巧,这年宫中招选采女,何真之女身材修长,姿容妙曼。于是,何屠夫倾囊而出,贿赂来挑选采女的张让,将其女选入宫中。几年后,其女因生子被册封为皇后,父母兄弟也都因此受了封赐。何皇后生了皇子刘辩深得灵帝宠爱,自己以宠恃骄,日益专横跋扈起来。她越受宠爱,就越想专宠,不准许灵帝再宠爱他人。但皇帝她管不了,于是就迁怒于其他妃嫔。久而久之,后宫无人不知她专横霸道,嫉妒心盛,人人都惧她三分。前五官中郎将王苞的孙女,此时也应选入宫。她肌肤莹艳,骨肉婷匀,心性聪敏,善解人意,其姿色不次于何皇后,且能写会画,知书达礼,更显出大家闺秀的风范来。这样的美人,灵帝自然不会放过,于是不免冷落了何皇后。不久,王姑娘也有了身孕,灵帝当然高兴,特给他晋号美人,恩宠有增无减。

何皇后本来对灵帝宠爱王美人就气得七窍生烟,如今又听说王美人身怀六甲,更是令她歇斯底里,欲置王美人死地而后快。当王美人怀刘协时,何皇后企图把胎儿打下来,此事使灵帝十分生气。当王美人生皇子刘协后,何皇后又狠心鸩杀了王美人。为此,灵帝决定废除何皇后的皇后资格。何皇后又惊又怕,急忙又使出当年进宫时的手法,以重金贿赂张让等宦官,让其从中斡旋、说情。因灵帝特宠张让,何皇后终于得免,保住了皇后的凤冠。灵帝怕何皇后再害王美人的儿子刘协,就把他寄养到永乐宫,由其母董太后抚养。刘协才安然无恙,免遭暗算。

灵帝每当夜深人静,常常思念王美人,于是撰成《令仪颂》《追德赋》两篇,词句缠绵,如泣如诉。一个绝代佳人在后宫的争宠中香消玉殒,爱屋及乌,灵帝更同情从小失去母亲的刘协。由于对何皇后的不满,灵帝也嫌恶何皇后生的长子刘辩,认为他是"轻佻无威仪",不宜当皇帝。

汉灵帝是个优柔寡断的人,虽然对何皇后鸩杀王美人怒不可遏,但他始终左右为难,下不了决心立谁为太子。这时,灵帝宠信的宦官上军校尉蹇硕看透了灵帝的矛盾心理,他忌恨何皇后之兄何进的权势,就力劝灵帝立刘协。灵帝虽点头称是,却迟迟不下诏书。直到灵帝重病卧床不能视朝,半个月中不召大臣,一日,却突然单独召蹇硕入寝宫听命,说:"我自知不久于人世了,现在何进位高权重,若立刘辩,恐他日后更加如虎添翼。我已下决心立次子刘协,你速去办成此事!"

临终受命的蹇硕,要扶持刘协继承皇位又谈何容易。

汉灵帝在世时,已感觉到世运不济,东汉政权岌岌可危,他亲手组建了一个以"西园八校尉"为核心的卫戍部队,任命"壮健而有武略"的小黄门蹇硕为上军校尉,统帅这支部队。从表面上看,蹇硕的权力很大,但在事实上蹇硕仅是一个低级军官。他是借灵帝的威力发号施令的。蹇硕与何皇后的矛盾很深,他也深知何皇后的兄弟何进是兵权在握的大人物。在嫡长制的世袭制度下,刘辩是长子,是皇位的当然继承人,而现在要废嫡立庶,是有悖常理的。为此,蹇硕决定先下手为强,诛杀何进后再立刘协。

是时,汉灵帝的灵柩停放在殿中,蹇硕在四周密布伏兵,俟何进入殿拜奠时乘机动手将其杀死。然而,蹇硕阴谋不果。

当何进接旨进宫,行至宫门时,正巧碰上司马潘隐。这真是天助何进,命不该绝。何进与潘隐本是故交,关系很好。何进向他打个招呼就想进去,却见潘隐挤眉弄眼,举手示意叫他别进去。何进不知缘由,心中不解,稀里糊涂地跟着潘隐退出宫中,问他何故如此?潘隐见左右无人,急急忙忙地说:"将军不知,蹇硕想诛杀您,迎立皇子刘协为帝,您快想办法吧!"

何进一听,不禁大惊,赶紧返回营中调兵去了。

何进布置妥当,匆匆来到何皇后宫中,把灵帝欲立刘协、蹇硕欲杀自己的事说了。何皇后一听也又惊又怕。但她位居正宫,占有优势,于是与其兄何进一起拥兵入宫,升朝议政,宣布14岁的皇长子刘辩为皇帝,史称汉少帝。何皇后以太后身份临朝,何进与太傅袁隗辅政,负责军国事务。

何进权势炙手可热。他忌恨蹇硕,想杀死他,扫除宦官,这样就无人敢和他对抗了。

蹇硕已先失一着,受制于何进,自然不甘心,也知道何进不会放过自己,于是,也在秘密策划推翻何进。

两边都紧锣密鼓,互相算计对方。一日,蹇硕写好一封密信,派同党郭胜交给中常侍赵忠、宋典等。信中说何进秉国专朝,商议共捕杀之。中常侍中不少人与何太后关系密切,如张让与何进为姻亲,郭胜与何进为南阳老乡,素相关照。这里,郭胜拿着蹇硕的信没去交给中常侍的人,而是直奔大将军的府第,把密信交给了何进。可怜蹇硕终不能成事,被何进命黄门逮捕处死。何进又代蹇硕统领卫戍部队。

何进以皇帝舅舅资格辅政。不久,又拉拢了"累世宠贵,海内所归"的袁绍、袁术,权力日益膨胀,这自然引起朝中一些人的不满。原来,骠骑将军董重是董太后的从子,权势本与何进相当,这时形势急转直下,看着何进横行朝廷,心中十分不平。那董太后原也想立刘协为帝,自己好作威作福,可美梦已破,也愤恨不已。这天她在自己的宫中对人说:"她何皇后依仗其兄为将军,便敢如此张狂,目中无人,我要是让骠骑将军砍下何进的头,那还不易如反掌,到那时看她怎么办!"

谁知这里话音刚落,那面已有人报知何太后。太后又气又急,忙召何进入宫商议对策,两人又设毒计想除董氏。

何进指使其弟何苗及三公,向皇上奏了一本,由太后下诏,请永乐宫董太后归还本国。董太后自然不愿。何进就又派人胁迫董太后出宫。无奈老太太坚决不从,何进与何太后一想,也别再费口舌了,干脆一不做二不休,使人潜入董宫,偷偷下了毒药。第二天一早,传出噩耗:董太后暴崩。群臣心中虽十分清楚,可谁也没有敢言一句。董太后一死,何进又派兵围住骠骑将军董重的宅府。董重自知难逃厄运,只好自杀了事。这样,董氏一门顷刻烟消云散。何氏兄妹大获全胜。

蹇硕、董氏虽除,但宦官的势力并未彻底铲除,还潜在很强的力量。袁绍看到这一点,便向何进献计道:

"先前窦武想杀宦官,不但没成,反被宦官所害,原因就是谋事不密。现在您大权在握,正是天赐良机,请您好好考虑,千万不要错过这个好机会。"

何进听后认为很有道理,便入宫和何太后商议,请她下诏尽除宦官。何太后沉吟半晌才说：

“宦官统领禁军，是汉家古制，不可废除。再说先帝刚死，我也不便与人共事。此事以后再说吧。”

何进听了这番话，也不敢再争，唯唯诺诺退出宫中。等候在外的袁绍听说此事，力劝何进定下决心铲除宦官。何进本是屠夫出身，是个少谋略且优柔寡断的人，不能当机立断，袁绍几次进言，他都未置可否，事情就这么拖下去了。

宦官头目张让、赵忠等，自蹇硕死后，终日惶惶，他们知道何进的心思，所以非常恐惧。于是用大量的金银珠宝，贿赂何太后之母舞阳君及何进弟弟何苗。母子二人得了好处，便从中替他们在何太后面前说好话。因此，何太后更是犹豫不决，下不了诛灭宦官的决心。

袁绍见何进一副懦夫模样，终不能成大事，于是私自行事，诈托何进之命，致书州郡，命其抓捕宦官亲属，归案定罪。又建议何进，召集天下豪杰带兵入京，迫使何太后同意诛杀宦官。何进以为然，于是召集并州牧董卓屯兵上林苑，泰山太守王匡、东郡太守桥瑁屯兵城皋，又派武孟都尉丁原火烧孟津，一时火光冲天，映照京师洛阳，并扬言要入城诛杀宦官，为国除害。何太后仍然犹豫不决。何苗又对其兄何进说：“当初我们弟兄俩一块从南阳来，不但穷，而且地位低，依靠宦官才得以富贵。国家之事，谈何容易！覆水不可收，您应该三思而行。”袁绍怕何进变卦，就威胁说：“我们已达成灭宦协议，事情已安排好，如再犹豫恐有不测。为什么不早些动手呢？”于是何进任命袁绍为司隶校尉，王允为汉南尹。袁绍又令洛阳官吏司察宦官，催促董卓速进兵何太后驻地平乐观以相胁。何太后见状，十分害怕，于是被迫解散中常侍、小黄门，嘱他们归还故乡，只把几个与何进关系好的宦官留在宫中。张让也被勒令禁止入宫。

从四月起，何进为躲避蹇硕暗杀而没有进过长乐宫。八月，何进却长驱直入长乐宫面晤太后。这使那些被何进吓得胆战心惊的宦官更增添了恐怖之感。张让即派人潜伏在长乐宫偷听何进与太后的谈话，得悉这次何进进宫又是为了密谋诛杀宦官之事。张让、段珪、毕岚等中常侍一听，被逼上了死路，干脆先把何进干掉。于是命令数十个私党，各怀利刃，分别埋伏在嘉德殿门外。然后，派人诈传太后诏令，召何进议事。何进还以为太后同意了自己的请示，欣然前往，刚到殿门，就被抓起来。张让指着何进说：

“当今天下混乱也并不完全是我们宦官的过错。先帝曾多次准备废除何太后的皇后资格，还是我们宦官叩头求情，才保住太后以及你何进的地位，我们这样做是为了什么呢？还不是为了使你们作为我们的依靠。你这忘恩负义的家伙，现在却要动手杀恩人，这不是太过分了吗？你们口口声声说我们宦官贪赃枉法，难道你们外戚和官僚们个个都是清白的吗？”说罢，即命尚方监渠穆拔剑刺杀了何进。

张让杀死何进后即矫诏任命前太尉樊陵为司隶校尉，原少府许相为河南尹。诏书下到尚书省时，尚书省官员产生了怀疑，提出请何进出来共同议事。张让见事到如今，无须掩饰，干脆叫中黄门把何进的头颅扔到尚书省，说：“何进谋反，已伏诛矣。”

何进部曲将领吴臣、张章获悉何进被杀，急忙调集军队包围了皇宫。虎贲中郎将袁术也率兵攻打宫殿，放火烧了南宫九龙门及东西宫，逼迫宫中交出张让等人。

张让等人吓得心惊肉跳，慌慌张张地去见何太后，也没说何进已死，只说他谋反焚宫。何太后也惊慌失措，被张让、段珪等挟着，与少帝刘辩、陈留王刘协一起，从复道逃入北宫。

尚书卢植为何进旧友，此时早已守在北宫，一见张让、段珪等胁迫太后、少帝出来，即大声断喝："珪等逆贼，既害死大将军，还敢劫持太后吗?"段硅抬头一见，只见卢植披甲持戈于宫前，吓得慌忙放了太后。何太后从窗子跳了出去。

这里，袁绍等也带人冲入宫中。他命令军士见宦官就杀。最后只要见着没有长胡须的男子挥刀就砍，不少不是宦官而没留胡须的男子就这样做了刀下冤鬼，一时间 2000 多条生命尸横宫中，但却不见张让、段珪。原来，张让、段珪见外兵已入宫中，知道大势已失，就与几个亲信，劫迫少帝兄弟步出北门，夜走小平津，逃到了黄河岸边。这里只听见后边追兵喊声震天吓得他们手脚都不会动弹了。卢植和河南中部掾闵贡等追赶上来，指着张让、段硅道："乱臣贼子，尚想逃生，今天逃不了了！"

张让、段珪自知难免一死，转身向少帝跪下哭泣说："我们死了，愿陛下自爱吧。"说完，就投身滚滚东去的黄河之中。

至此，张让、赵忠为首的宦官集团全部覆灭。东汉为非作歹 100 余年的宦官也被尽数歼灭。

高力士:太监军师　出类拔萃

【人物档案】

姓名:冯元一

别名:高力士

生卒:684年~762年

朝代:唐朝

籍贯:潘州(今广东省高州市城区)人

职务:宦官、骠骑大将军、开府仪同三司,追赠扬州大都督。

爵位:齐国公

主要成就:参与平定韦后之乱、太平公主之乱。

评价:力士当上,我寝则稳。(李隆基)

墓葬:陪葬唐玄宗泰陵(陕西省渭南市蒲城县东北十五公里处五龙山余脉金粟山南)

高力士

【枭雄本色】

高力士是有唐一代最有权谋的太监之一。他从一流浪少年,遭阉入宫后得侍女皇武则天,目睹深宫中种种险恶和残酷,逐渐领会了一套处世绝学。

"神龙革命"中他随机应变,择主而事投靠李隆基,将主子武则天拉下台。后又出谋划策,助李隆基先后诛杀韦后和太平公主,终成唐明皇手下最忠实的心腹奴才。不过,高力士在创造唐朝"开元盛世"的过程中出过不少力,献过不少良策,这在中国历代太监中也算是出类拔萃的高人了。

高力士在历史舞台上演出的最精彩一出戏是他一手撮合了杨玉环与唐玄宗的旷世姻缘。是他成就了杨贵妃,也是他在马嵬坡缢死了杨贵妃。成也力士,败也力士。真是美人一笑媚千古,空留长恨在人间。

【风云叱咤】

流浪少年　遭阉入宫侍女皇

高力士，本姓冯，原名元一，唐武则天光宅元年（684 年）生于高州良德（今广东省高州东北）。北燕正始三年（409 年），汉人冯跋杀高云，据龙城，自称天王，建立北燕政权。北燕太平二十二年（430 年），冯跋弟冯弘杀死其王兄，自立为王，改年号为太兴。然而，他仅做了 6 年国王，便被北魏灭亡，最后逃到高丽，客死他乡。他的子孙也因此从北方迁徙到了岭南广东一带定居，冯元一便是他的后代。

冯元一的曾祖父叫冯盎，唐朝初年，都督广、韶等十八州，为总管，并被封为耿国公。冯元一的祖父冯智玳曾任潘州刺史。冯元一的父亲冯君衡，官不大，仅为潘州府的参军，但负责军务事宜，颇有实权。一门三代，均为朝廷官员，这在潘州也是数一数二光祖耀宗、富甲一方的大户人家。冯盎病逝之后，冯家家道开始衰落。武则天长寿二年（693 年），监察御史万国俊诬告岭南流人造反，冯君衡受到牵连，被指控为："心怀怨望，袒护族人，图谋不轨。"朝廷借机打击冯家在边夷的势力，命新任潘州刺史查办此案，刺史率军包围冯家，以"叛逆""矫诬"罪拘捕冯君衡，宣布削除其一切官职，"裂冠毁冕，藉没其家"。不久，冯君衡被处死。冯君衡死时，留下 3 个子女，最小的儿子冯元一年仅 10 岁，冯元一的母亲麦氏，出身于名家。她的祖父是隋朝大将麦铁杖，追随隋炀帝和杨素转战南北，战功显赫，被授予一品官阶——开府仪同三司；后来远征高丽，战死疆场，被赠为光禄大夫、宿国公，谥为武烈。麦氏出嫁前为小姐，出嫁后当少奶奶，从不为生活操心，此次遭遇大难，一时间六神无主，手足无措。封建社会，一人犯法，株连九族，所以麦氏也受到了娘家的冷落，陷入了无援无助的生活绝境。为了不至于双双饿死，麦氏只好含泪与元一分别，各奔生路。在分手时，麦氏抱着力士的头痛哭不已，她流着眼泪叮嘱力士：孩儿，现在咱们就要分别，日后不知还能相见否，但要记住您胸前有七颗黑痣，人说这是富贵之征兆，若母亲不死，能与孩儿相逢，此即为凭证，你一定要记住。年少的力士不知大祸将要临头，似懂非懂地点了点头，含着眼泪与母道别。在别离之际，麦氏拿出一双金环，自己留下一只，另一只交于力士，让他好好保存，以此作为相思之物。力士与母亲离别后，流落街头。

唐朝时，宫廷为了保证阉儿的来源，还在岭南的福建、广东等地，实行阉儿进贡制度。每年，各地官府将因父兄犯罪没收入官府的俊秀少年或买来的幼儿，加以阉割后送入京城，充作奴才；还有的地方官吏为了讨好帝王后妃，通过各种途径，收集伶俐聪明儿童，单独进献，作为贡礼。流浪街头的冯元一，也悲惨地遭到了残害。先是他被人拐卖，东家为了讨好权贵，不顾冯元一的苦苦哀求，残暴地把他阉割了。

武则天圣历元年（698 年），岭南爆发了少数民族叛乱，武则天派李千里为岭南讨击使，率大军前往镇压。平息叛乱后，李千里班师回朝，为了讨好武则天，他下令在岭南征集阉儿，元一遂被送往李千里的帐下。

冯元一被劫到李千里那里后，随即换改名为力士，从此没有了自己的真实姓名，在那样的社会，穷人的名字又算得了什么呢？李千里为讨好武则天，便把冯力士当作奉品，送往长安。武则天见力士眉清目秀，乖巧伶俐，十分喜欢，李千里被封为右金吾将军。

阉儿进宫后，大多数从事饲养禽畜、洒扫种植、侍奉奔走等最低层的工作。能够跻身上层，穿朱着紫是极少数，力士就属于这极少数中的幸运儿。他入宫后，成了武则天的身边内侍，地位虽然低下，但门庭却很显耀。

古语说："伴君如伴虎"，的确如此。力士在宫中亲眼目睹了官场的种种险恶，今天作威作福的人，说不定明天就成了刀下之鬼，至于杀死一个地位低下的奴才宦官，更如同捻死一个臭虫一般。其时，武则天的面首张易之、张昌宗兄弟把持控鹤府事家，淫秽宫中。力士经常奉武则天之命出入于控鹤府，因不堪忍受这些无耻男人的侮辱，而冒犯了他们，结果被狠狠地鞭笞了一顿，还被逐出宫廷，真是船漏偏遭顶风雨，生活对他未免太残酷了些。

力士流浪街头，陷入了困境，在他最困难的时候，得到了宦官高延福的收留庇佑，也算因祸得福，为其日后的发迹找到了一个好的提携。

力士被高延福收养为义子，改姓高，为高力士。高延福在当时是一名有强硬后台的宦官。

高延福，渤海人，原为武三思的家奴，后被武三思荐入宫廷，担任奚官丞，他对宫中事务、矛盾了如指掌，加之城府颇深，因而官运亨通，很快升为六品官，担任了宫闱令。高延福出自武三思家，自然与武三思关系甚密，高力士因此之故，常以私人之交来往于武氏家族，久而久之，与武三思打得火热。高延福来往武三思家的时候，总要带上高力士，这样高力士不仅有了讨好武三思的机会，而且结识了不少的达官贵人。正因为这层关系，高力士的地位得到了提高。一年之后，在武三思的周旋、推荐下，武则天再度把高力士召回皇宫，入侍左右。在皇宫大院内，高力士逐渐长大成人，他身材魁梧，高六尺五寸，长得一表人才。他吸收了上次被逐的教训，办事小心谨慎，唯命是从，加之知书识字，善于揣摩皇帝的心思，能够传达皇帝的诏书，深为武则天赏识，遂提拔他为宫闱丞，负责处理宫中的一些杂事。

而现在的武则天日益衰老，病情加重，她生怕有所不吉，便匆匆返回神都洛阳。洛阳是女皇统治全国的象征，如果她死在洛阳，她也算百无一憾了。

长安三年(703 年)，高力士随武则天回到神都洛阳，过了两年，高力士 23 岁时，经历了一场著名的政变。

目睹宫廷政变　择主而事投明皇

自武则天称帝以来，高宗诸子与武后诸侄之间，拥李派与拥武派之间，朝廷重臣与女皇嬖宠之间，充满着种种矛盾和斗争。有一段时间，以武承嗣为首的诸武势力占了上风，他们培植党羽，勾结酷吏，陷害忠良，但也受到了正直朝臣的不满与抵制。在吉顼、李昭德、狄仁杰、张柬之、魏玄同等的坚决主张下，武则天召回访庐陵王李显，准备立为太子。这对武承嗣是一个致命的打击，他怏怏不乐。武承嗣死后，诸武(主要是武三思)和太子李显、相王李旦之间的斗争不再突出了，而矛盾则愈来愈集中到二张身上。长安五年(705 年)，武则天病危，居于洛阳宫长生殿，张柬之以宰相身份，与崔玄纬、敬晖、桓彦范、袁恕己等密谋策划，拉拢右羽林大将军

李多祚，制定了政变计划。正月二十二日，张柬之、崔玄、桓彦范等率左右羽林兵500人，聚集于洛阳宫北门（亦称玄武门），李多祚、王同皎（皇太子的女婿）等到东宫扶拥皇太子李显上马，奔到玄武门会合，政变军兵斩关而入禁宫，诛杀张易之、张昌宗于迎仙院庑下，逼女皇武则天逊位。正月二十四日，武则天传位于太子李显。次日，唐中宗正式即位于通天宫。二月，复国号曰“唐”，礼仪制度皆如唐高宗水淳以前故事，并将“神都”洛阳改回为东都，至此，历史上唯一的女皇帝武则天的政治统治完全结束了。在诛杀二张的过程中，高力士父子始终是个旁观者，他们未受到任何牵连，但他们也看到了危机的存在，因为梁王武三思恃宠专权，得罪了不少朝廷大臣，将来会不会与二张有相同的下场，还很难预料。所以，在这多事之秋，他们更不能轻易趋炎附势，助纣为虐，必须与武三思保持一定距离。是年冬，武则天病故归天，李显即位。复位后的唐中宗，庸懦无能，朝政被韦皇后等人把持。韦皇后欲效法武则天干政夺权，委任武三思为司空，安乐公主、太平公主都参与朝政。此外，武三思的重要党徒宗楚客、纪处讷、宗晋卿等身居要职，把持朝纲，武氏势力大有东山再起之势。景龙元年（707年），皇太子李重俊约集羽林大将军李多祚、将军李思冲等，矫诏处死武三思等四十余人，韦皇后又逼令中宗杀死太子李重俊。此后韦皇后更加肆无忌惮，与女儿安乐公主一起出卖官爵，大树党羽，大有废唐自立之势。景云元年（710年），安乐公主为了让韦后临朝称制，自己做皇太女，与韦后合谋毒死中宗，统兵五万，准备拥戴韦后登基。在这李氏王朝飘摇之际，唐睿宗李旦的第三个儿子临淄王李隆基，与姑母太平公主等人率领羽林军冲入皇宫，杀死韦皇后和正在对镜画眉的安乐公主以及武氏集团重要党羽。随后，在太平公主的干预下，唐睿宗李旦恢复帝位。

在这一连串流血事件过程中，深居皇宫的高力士，耳闻目睹了武氏集团的灭亡过程，深为自己的性命担忧，他必须找到一个可靠的后台。经过权衡，他选择了年轻气盛、精明强干的李隆基。在李隆基以临淄王出任潞州（今山西省长治市）别驾时，高力士便去交结李隆基，李隆基虽有大志，亦有才干，出于政治斗争的需要，也需多方延揽人才，更需要及时掌握宫中情况，对于高力士的倾心相结，李隆基更是优礼相加。

武韦集团被消灭后，唐睿宗李旦即位，立三子李隆基为皇太子，李隆基对高力士颇有好感，奏请父皇把高力士调往东宫，“日侍左右”，并提拔他为朝散大夫、内给事。从此，高力士便不离李隆基左右，时刻关注着李隆基的安危，成为李隆基最忠实的家奴和心腹宦官。

诛杀太平公主　高力士立功受封

唐睿宗即位后，他的妹妹太平公主与太子李隆基一起参议朝政。由于公主的特殊功勋与地位，加上她“沉断有谋”，善弄权术，议政处事能力超过其兄，所以睿宗对太平公主的话言听计从。一时间，提升、贬黜宰相以下的官员，只要太平公主发一句话即成定论。太平公主权势的显赫，必然引起满怀壮志、自有一套政治主张的太子的愤怒，因而矛盾开始激化。

太平公主到处散布“太子非长，不当立”的言论，阴谋废黜李隆基，而让李隆基的哥哥李成器取而代之。景云二年(711 年)正月,太平公主在光范门召集宰相大臣,突然发难,露骨地宣称要废黜太子,但即遭到忠正刚直的宰相宋暗的抗争:“太子有大功于社稷,公主为何忽然要废黜他?岂不让天下人耻笑!”太平公主理屈词穷,一时无言对答。然而她并不肯善罢甘休,又利用占术之人向睿宗进谗言:“五日之内,必有急兵入宫”。宰相张说一针见血地指出:“这是小人挑拨离间,有意陷害太子”,睿宗因而没有轻信。

与此同时,拥护太子的宰相姚崇、宋璟秘密向睿宗提了三条建议:一、外任宋王李成器和豳王李守礼(唐高宗长孙)为刺史,使之离开京师;二、以李隆基两个弟弟岐王李隆范和薛王李隆业分别为东宫左、右卫率,“以事太子”;三、将太平公主及其丈夫武攸暨安置东都洛阳。景云二年(711 年)二月初一,睿宗基本上采纳了三点建议,宣布以李成器为同州刺史,李守礼为豳州刺史,以李隆范和李隆业为东宫左、右卫率。虽然太平公主被就近安置于浦州(今山西永济),但毕竟采取的是强干弱枝的做法,从而巩固了太子的实力地位。二月初二,睿宗又采纳宰相张说的进言,令太子监国,代行国务。李隆基在这一回合的较量中获得了胜利。

太平公主是不甘心自己的失利的,她被外置蒲州不到两个月,就派人向睿宗报告得了重病,睿宗于是又派人把她接回京师。睿宗的袒护,使太平公主更加变本加厉地营私结党,安插亲信,排除异己。她对姚崇、宋璟恨之入骨,故上奏说他们“离间骨肉,请加罪黜”。睿宗为了平息她的不满,便贬姚崇为申州刺史、宋璟为楚州刺史。姚崇、宋璟离京之时,高力士受太子之命前去送行。两位老臣要高力士提醒太子,注意太平公主还有其他阴谋,决不能等闲视之,要韬光养晦,等待时机。高力士一一答应,回到东宫便报告了太子。

先天元年(712 年)七月,天上出现彗星,太平公主趁机唆使星象家向睿宗报告:“彗星流入太微,危及帝座星,帝座及前星有灾,皇太子要谋做皇帝。”太平公主本意是想中伤太子,挑拨睿宗父子关系。岂料弄巧成拙,睿宗于二十六日正式宣布传位太子,八月三日李隆基登上皇位。太平公主一计不成又想一计,她劝睿宗“虽传位,犹宜自总大政”,睿宗首肯,实际上做了太上皇。

唐玄宗即位后,有宰相七人,四出公主门下的说法。当时,依附于太平公主的是窦怀贞、萧至忠、岑羲、崔湜,支持唐玄宗的是郭元振和魏知古,还有一位陆象先中立。可见,太平公主势力的强大。此外,依附于公主的还有太子少保薛稷、雍州长史新兴王李晋、左羽林大将军常元楷、知右羽林将军李慈、左金吾将军李钦、中书舍人李猷、右散骑常侍贾膺福、鸿胪卿唐烺等人。公主集团收买禁军将领,控制了南牙诸卫兵,勾结宫人无氏,在唐玄宗饮服的“赤箭粉”里放进毒药,阴谋毒死玄宗篡权。

高力士侍从皇帝左右,对当时面临的生死存亡形势十分着急。他特意安排几个可靠的内侍对玄宗的饮食严格监管,不敢有丝毫大意。他对玄宗说:“不去庆父,鲁难未已”。中书侍郎王琚也进言:“事情紧迫,不可不发”。被罢去宰相职位远在东都洛阳的张说,也是万分焦急,他派人秘密给玄宗献来一把佩刀,暗示要先发制人,割断公主势力。被排挤出京师、时为荆州长史的崔日用特地回京提出“先定北军,次收逆党”的策略。玄宗担心“惊动太上皇”,崔日用一针见血地指出,如果“逆党”阴谋得逞,天子的大业将毁于一旦,且有被杀的危险,哪还谈什么“天子之孝”。

这番议论十分中肯。因而被唐玄宗完全采纳。

先天二年(713年)秋,公主集团决定在七月四日发难,由左羽林大将军常元楷和知右羽林将军李慈率领禁兵,突入唐玄宗朝见群臣的武德殿,窦怀贞、萧至忠和岑羲等宰相在南牙举兵响应,想一举废去玄宗而夺得大权。在此关键时刻,宰相魏知古把公主的阴谋计划秘密禀告了玄宗。唐玄宗马上命高力士紧急召集岐王隆范、薛王隆业、宰相郭元振、龙武将军王毛仲、殿中少监姜皎、太仆少卿李令问、尚乘奉御王守一、果毅李守德、中书侍郎王琚等秘密入宫,共议大事。这些人都是玄宗的坚定支持者,其中王毛仲、李守德掌握万骑军营的兵权,李令问掌管皇家马厩。经过紧张、严密的筹划,玄宗决定在太平公主政变前一天,先发制人。

七月三日晚,弯月勾勾,繁星密布,长安城寂静如常,而在皇城武德殿内,刀光剑影,杀气腾腾,玄宗密令内给事高力士、龙武将军王毛仲等数十亲信,率亲兵三百人,整装待发。一声令下,三百精兵手持刀剑,悄然杀出武德殿,冲入虔化门,埋伏四周,然后召见太平公主党徒常元楷、李慈,二人未觉,放胆入门。高力士、王毛仲率兵涌出,捉下两人,常、李未明白事由,即刻被斩首。之后分兵冲入内客省,活捉贾膺福、李猷,在朝堂拿下萧至忠、岑义,一并斩首于承天门内的朝堂之下,窦怀贞闻变出逃,被追兵逼至山沟,走投无路,自缢而死。太平公主慌乱逃跑,逃避三日,被高力士、王毛仲在南山寺中捕获,押回宫中,玄宗令其自杀,其他党羽全被诛尽。至此,持续了几十年的唐朝宫廷内乱方告结束,李隆基从韦皇后、太平公主手中夺取了李唐大权,进一步加强了唐政权,为开元盛世的出现奠定了牢固的政治基础。在这两次宫廷斗争中,作为宦官的高力士积极投靠支持李隆基,并身体力行,出谋划策,参预了平乱斗争,显示了他相当敏锐的政治眼光,为中唐的政治安定做出了应有的贡献。

太平公主的势力被彻底铲除后,唐玄宗满心喜悦,开始嘉奖那些大功之臣,当然高力士也在其中,被授予银青光禄大夫、右监门卫将军、知内侍省事。

右监门卫将军可是十六卫将军之一,从三品官阶,担任宫廷禁卫实权,此外他还兼任内侍监,负责传达圣旨与掌管内务。高力士29岁就官居三品,跻身达官大臣之列,可谓青春得志、炙手可热。

身居深宫　权倾朝野

开元晚期,唐玄宗怠于政事,冀求神仙,腐化奢侈,日益走向昏庸。玄宗荒于理政,就把许多政事交给高力士去办。

对于高力士的忠诚,玄宗深为嘉赏,对于他的精明、果敢,玄宗更是深信不疑,因此,高力士成为唐玄宗生活中不可缺少的一部分。他曾经对大臣们说:“我家老奴,岂不能揣我意”。因而高力士日夜留在宫中,很少出去。每四方表奏,必须先递呈高力士,然后才上奏玄宗,小事即由力士处理,势倾朝野上下,高力士实际上承担了宰相的职权。由于高力士地位的特殊性,为他柄国弄权提供了良好的机会,朝中一些大臣争相攀附,以求得高力士在玄宗面前替自己说好话,谋得高官显贵。高力士当然也明白这层道理,他清楚地知道,要想永保特权,巩固自己的地位,除了皇帝的宠信外,还需要与朝中大臣相来往,培植亲信,让他们永远感恩戴德,替自己说话，这样自己的势力才能得到巩固。当时，许多朝廷大臣，都通过高力士的门路取得了将相职位，如李林甫、宇文融、牛仙客、杨国忠、安禄山、高仙芝等等，但高力士是一个既聪明又谨慎的人，他知道事情如果做得太露骨、太过分，会引起唐玄宗的猜忌，于己不利，所以在进行这些交易的时候，手段极其高明，几乎不露痕迹。虽然高力士在朝中作威作福、飞扬跋扈，但他性情温和且少过，又善于把握分寸，不敢太骄横，因而玄宗一直信任他，士大夫也不十分痛恨他。

天宝初年，唐玄宗封高力士为冠军大将军、右监门卫大将军，晋爵渤海郡公。天宝七年（748 年），玄宗加高力士为骠骑大将军，从一品。阶虽高，不过是勋官。天宝十四年（755 年），玄宗特地置内侍监二员，由高力士和袁思艺担任。这是职事官，虽然秩正三品，但比勋官重要。这一年，高力士已 72 岁高龄。

那么，在中唐朝廷之中，高力士是怎样借助手中的特权，营私舞弊，进行权力交易的呢？

李林甫登上宰相宝座，走的是一条极不光彩的钻营之路，借助高力士就是其中关键的一环。李林甫不仅善于巴结权贵，还善于巴结权贵的夫人。朝中侍中裴光庭夫人，乃是武三思之女，李林甫便对其暗中献媚，以致使裴妻武氏“尝私林甫”。待裴光庭死，李林甫便迫不及待地欲继相位。武氏更是鼎力相助，请高力士帮助达此目的。高力士出自武三思家，对武氏所求自然非常效力。不过，此等大事，高力士也不敢干预，只好见机行事。结果，玄宗采纳了中书令萧嵩的建议，决定任用韩休为相。高力士立即将这一消息透露给了武氏，并说正在起草诏书。武氏又以最快的速度通知了李林甫。善于投机钻营的李林甫赶到韩府报喜，向他祝贺，以此讨得了韩休的欢心。韩休任相后，便向玄宗荐举李林甫，说其有“宰相才干”。终于，李林甫官拜黄门侍郎，后又升礼部尚书，同中书门下三品，位列朝中三宰相之一。

借助高力士援引登上高位的还有安禄山。开元二十四年（736 年），安禄山为平卢讨击使、左骁卫将军。幽州节度使张守珪派他讨伐奚、契丹叛乱，安禄山恃勇轻敌，盲目挺进，结果大败，如按军法，当斩首。张守珪惜其骁勇，将他交由朝廷处理。当时，玄宗与宰相们都在洛阳。宰相张九龄奏曰：“禄山狼子野心，而有逆相，臣请因罪戮之，冀绝后患。”玄宗问高力士，可否看出什么反相？高力士答道：“奴才看不出禄有反相。”结果，唐玄宗仅免去安禄山的官职。高力士无形中帮了安禄山的大忙。天宝元年（742 年），安禄山再任平卢节度使。次年正月，安禄山第一次入朝至长安，由于他奏对称旨，说什么“臣若不行正道，事主不忠，食臣心”，玄宗重赏之，加封骠骑大将军。此后，安禄山贿赂与献媚双管齐下，李林甫、高力士没少拿他的珠宝，杨玉环更成了他的“养母”，因而步步高升。在安禄山得宠之际，高力士与他保持着较多的往来，并没有提醒玄宗对其进行必要的防范，或抑制其势力的扩张，因而养虎为患，高力士有不可推卸之责。

显富贵　太监也娶妻

高力士发迹之后，开始追求荣华富贵，他在京都盖了一个很大的宅院，四周都由禁军护卫，在京都周围购买大片田园，俨然成为一个豪门富贵。

高延福老老实实做了一辈子宦官，只不过是个从七品的宫闱令。这太不公平

了，高力士首先要报答养父的求助之恩。在他的疏通和援引下，高延福的官位连连升迁，从七品的宫闱令一直升至从四品的中大夫。开元十一年(723年)，高延福去世。高力士尽养子之道，大办丧事。唐玄宗特派使者前来吊唁，并赠绢三百匹。朝中大臣们也纷纷前来，十分荣光。高力士一身丧服，跪跑九叩，极其悲痛。此举备受世人称道，也得到了玄宗的褒扬。唐玄宗特授予高延福正二品上柱国勋官，备极哀荣。当时大名鼎鼎的文人孙翌为高延福撰写墓志铭，盛赞死者"行不违仁，言必合礼"之德，更称赞高力士"茹荼长号"的孝心和"尽力王室，志存匡辅，元勋烂然"之功。高力士可谓名利双收。高力士为豪富，但物质上的富庶，并没有掩盖其内心的空虚和不安。特别是幼年与母亲失散，一直折磨着他那颗不健全的心灵。开元初，他派人到岭南寻找母亲，几经反复，终于在陇州(今陕西、甘肃一带)一带找到了失散多年的母亲，母子俩经过验证后，终于相认了，高力士又是高兴又是辛酸，泪水、笑语终日相伴。玄宗听说力士找到了母亲，甚为高兴，立即召见麦氏，待以殊礼，封麦氏为越国夫人，因其生父已死，追赠为广州大都督。时养父高延福夫妇尚在，力士便让母亲与高延福夫妇住在一起，又大兴土木，建筑楼台，让母亲安度晚年。十年后，麦氏病死，京中文武百官送吊的很多，金吾大将军程伯献，披麻戴孝，仰天痛哭，比死了自己的亲娘还要痛，可见官员巴结高力士情形之一斑。

俗话说："饱暖思淫欲。"高力士光祖耀宗，位极人臣，但总觉得缺点什么。思前想后，才明白缺的是女人。为了满足他奢淫和变态的心理，高力士到处打探美女，决心猎艳娶妻。京城小官吕玄晤，有个女儿长得颇有姿色，远近闻名。高力士托人前去做媒，想不到吕玄晤二话没说便答应了这门亲事。原来吕玄晤入仕多年，仍是一个不起眼的小官，时常自叹苦命，没有贵人提携。岂料，天上掉下个高力士，吕玄晤自然要紧紧抓住不放。择吉日良辰，点洞房花烛，高力士与吕女拜堂成亲。这就是历史上有名的"宦官娶太婆"事件之一，对后代宦官影响甚大。高力士对于此一美艳新妇，能否行周公之礼，史文未详，不便臆测。但他的虚荣心得到满足这是自然的，而吕玄晤却得到了大大的实惠。由于高力士的多方关照，吕玄晤连升几级，从无名小卒平步青云，升到了四品官阶的少卿。数年后，居然升到三品官阶的岐州刺史，威震一方。继吕玄晤一人得道之后，吕家个个鸡犬升天。吕玄晤的几个儿子也都封为要职，官至王傅。而吕女自从"嫁"了高力士，忍受着难以启齿的寂寞和痛苦，她强颜欢笑，过着非人的生活，时光吞噬了她的青春和生命。没过几年，吕女忍受不了人世间的折磨，一命归天。吕女的死，惊动了长安城，朝野上下，达官显贵，争相吊祭，参加送葬的人群把大道都堵塞了，从高府到墓地，沿途车马络绎不绝。

高力士还像别的大宦官一样，收养了干儿子、干女儿，以备将来继承他庞大的家业和爵位。从现有资料来看，他至少收养了两个以上的养子和一位养女，还有若干养孙。养子高悦礼后来秉承其养父之恩，官至正议大夫、前将佐少将，被封为渤海开国公。

在开元、天宝间，高力士虽然权倾天下，在他不健全的心灵驱使下，奢侈腐化，敲诈勒索，干出了一些十恶不赦的坏事，但因他处事小心，对玄宗忠贞不贰，深得玄宗宠信，玄宗对他奢侈豪华、寻欢作乐、玩弄权术也没过多责难。

揣摩主意　推出杨贵妃

高力士之所以久居内宫,受宠玄宗,关键在于他能看风使舵,察言观色,能不断为玄宗出谋划策,揣摩玄宗的心思,对玄宗忠心耿耿。

自从宠爱的武惠妃死后,宫女几千人,没有一个能中唐玄宗的心意。玄宗常常郁郁寡欢,独自一人在愣愣发呆。深深地知道主子意图的高力士,于是秘密到宫外四处选美。可是,曾经沧海难为水,选来的美女依然没有一个能令风流天子开怀大笑。玄宗感情上出现了空白,一方面对武惠妃追思不已,另一方面为没中意的新人而懊恼。一晃,3 年过去了。

开元二十八年(740 年)十月,高力士向玄宗推荐了寿王李瑁的妃子杨玉环,说她无论姿色仪态,风度举止,都堪称冠绝一代。这话,令唐玄宗心旌摇动,魂不守舍。于是,玄宗命高力士回长安寿王府将杨玉环接到骊山温泉宫相会。向来被人们尊为真龙天子的皇帝老儿,此时再也不顾及什么礼义廉耻了,竟然准备勾引、调戏儿媳了。

杨玉环被高力士带到了骊山,唐玄宗一见,为其美色惊呆了,史称:“既进见,玄宗大悦”,令奏《霓裳羽衣曲》。杨玉环随着音乐翩翩起舞,风情万种。玄宗赐杨玉环温泉沐浴,他却在旁欣赏出水芙蓉。白居易歌咏:“天生丽质难自弃,一朝选在君王侧。回眸一笑百媚生,六宫粉黛无颜色。”唐玄宗完全为之倾倒。

骊山相会 18 天,耳鬓厮磨,卿卿我我,如胶似漆,如痴如醉,难舍难分,毕竟是老公公“扒灰”、儿媳偷情而已,要做个长久夫妻,还得高力士这个“伯乐”再施手段。

玄宗返回兴庆宫,杨玉环暂回寿王府,这仅是表面文章。暗中,高力士献计利用正月二日太后忌辰的机会,以为太后“祈福”的名义,将寿王妃度为女道士。这年底,玄宗颁布《度寿王妃为女道士敕》文,说杨玉环“以兹求度”,诚心诚意,其“雅志难违,用敦宏道之风”,特敕恩准。第二年正月初二,杨玉环正式当了女道士,而不再是寿王妃的身份了。寿王无可奈何之下只好接受了这个既成事实。唐玄宗在冠冕堂皇的辞令之下,掩盖了公公霸占儿媳的不光彩行为。

杨玉环当了女道士,玄宗特赐号为“太真”,破例地将她迎入大明宫内,别置宫内道观。唐玄宗与杨玉环偷情更加方便了。不到一年时间,杨玉环的宠遇如武惠妃,宫中呼为“娘子”,所受礼仪如同皇后一样了。

天宝四年(745 年)八月初六,唐玄宗刚过 61 岁的生日,就在凤凰园正式册封杨玉环为贵妃。一人得宠,合家升迁。唐玄宗追赠杨玉环死去的生父杨玄琰,从兵部尚书加至太尉、齐国公。杨玉环的叔父杨玄珪,由光禄卿累迁至工部尚书,正三品。杨玉环亲兄杨铦,初任殿中少监,后迁鸿胪卿,从三品,再授三品、上柱国。杨玉环从兄杨锜,初任侍御史,后娶太华公主(武惠妃幼女),以侍御史兼领驸马都尉。杨玉环的 3 个姐姐分别嫁给崔家、裴家、柳家,玄宗封崔氏为韩国夫人、裴氏为虢国夫人、柳氏为秦国夫人,“皆赐第京师,宠贵赫然”。杨玉环的从祖兄杨钊,短短 5 年,从小小的“判官”升为御史中丞,爬到仅次于宰相李林甫与御史大夫王铁的重臣地位。唐玄宗为了表彰杨钊的聚敛之功,赐名曰“国忠”,给了他最大的荣宠。

杨玉环入宫得宠之后，百官趋附，每次出巡，由高力士牵马执鞭，中外都争先恐后地贡献衣饰珍玩，谁送得多谁就可以当官。当时有一首民谣说：

生男勿喜女勿悲，君令看女作门楣。

唐玄宗与杨贵妃的爱情缠绵，为后世多少文人骚客咏诗赞美，又使后代多少才子佳人摇头叹息。白居易在《长恨歌》中这样写道：

承欢侍宴无闲暇，春从春游夜专夜；

后宫佳丽三千人，三千宠爱在一身。

玄宗从此"春宵苦短日高起，从此君王不早朝"。

天宝五年(746 年)，由于唐玄宗选美并与佳丽调情，杨贵妃妒火中烧，大闹一场，从而冲撞了皇帝。唐玄宗一气之下，令高力士将杨玉环遣送出宫。仅过片刻，玄宗不见贵妃，心里就不是滋味；到了中午，更是魂不守舍，食不甘味。高力士深知其中奥秘，提议：将贵妃院里的"供帐、器玩等"尽数装车送至杨铦宅第。玄宗欣然同意，令"分御馔以送之"，缓和了矛盾。经过高力士从中劝说、沟通，当天夜里打开"禁门"，迎回杨贵妃。杨贵妃重新回到内宫，"伏地谢罪"，玄宗则"欢然慰抚"，一出宫闱闹剧就这样在高力士的斡旋下收场了。

天宝九年(750 年)正月，玄宗、贵妃及贵妃诸姐在骊山华清宫暂住避寒。杨贵妃的 3 个姐姐都长得美貌绝伦，其中三姐虢国夫人早年丧夫，更为妖艳风骚。风流天子唐玄宗在此期间，竟与"三姨"虢国夫人勾搭成奸，结果娇悍的杨贵妃又一次任性"忤旨"，恼了玄宗，玄宗气得把她再一次逐出宫门。高力士白于户部郎中吉温，让他上奏玄宗迎回杨贵妃，玄宗派中使张韬光送去御膳，杨贵妃深为感泣，剪下自己的一缕头发献于玄宗，玄宗睹物思人，派高力士又把杨贵妃迎回宫中。于是，高力士再次充当迎妃特使，又一次弥合了玄宗与杨贵妃之间的裂痕。两次风流之后，玄宗专宠杨贵妃一人。贵妃爱吃荔枝，玄宗用传递紧急文书的驰驿从岭南运送荔枝，荔枝运到长安，色味竟然不变。唐朝诗人杜牧经过华清宫，在诗中写道：

长安回望绣成堆，山顶千门次第开；

一骑红尘妃子笑，无人知是荔枝来！

马嵬兵变　成也力士　败也力士

玄宗自从眷遇杨贵妃后，整日沉湎于酒色之中，惰于政事，把国家大政交于奸臣李林甫、杨国忠。李、杨二人手握重权，胡作非为，扰乱朝纲，唐朝内部危机四伏，大有一触即发之势。高力士深居后宫，却能洞察天下之势，为了李唐王朝稳定，为了保住身家性命，在力所能及的范围内，替玄宗做些事情。

天宝十一年(752 年)三月，王銲、邢縡不满李林甫、杨国忠专政，举兵在长安作乱，形势极其危险，高力士虽已年过半百，还披挂上阵，指挥禁军平息叛乱。

天宝十一年以后，安禄山入京都，攀附杨贵妃、高力士，玄宗授予他范阳三节度使，掌握了军权、财权。后安禄山入朝，高力士奉诏设宴款待，在宴席上，安禄山出言不逊，与哥舒翰结为仇敌。后安禄山求为宰相，在杨国忠的反对下，未能如愿。十三年，安禄山返范阳，心甚不悦，高力士忧心忡忡，要求玄宗早做防备。是年，杨国忠发大兵南取南诏，唐军败绩，杨国忠隐败不奏，继续发兵进攻，结果死伤二十余万，上下无敢言者。唐玄宗老而昏庸，想把朝事交于杨国忠，边事交于大将军，自己过清闲日子。高力士极力劝阻，和盘托出自己的担虑，他说：杨国忠率兵讨南诏，屡遭失败，安禄山等边将又拥兵太盛，陛下面对这种状况该如何是好！我担心一旦灾祸爆发，恐怕不可收拾，怎么能说没有忧虑呢？高力士的话切中了玄宗的隐痛，他被高力士问得无话可说。事实也正是这样，自从玄宗信任李林甫、杨国忠后，朝廷法令不行，阴阳失度，奸臣弄权，边将有叛意，高力士洞察一切，他替玄宗担心，而玄宗也明白跟随了自己四十多年的老家奴的心思，却又无能为力。

天宝十四年(755 年)十月，镇守范阳、平卢、河东三镇的节度使安禄山，拥兵十五万，发动叛乱，拉开了安史之乱的序幕。战争爆发后，叛军挥师南下，河北诸县望风披靡，溃不成军。玄宗慌乱之下，募兵派大将高仙芝、封常清东讨叛军，又令哥舒翰镇守潼关，保护长安。高、封二将相继战败，洛阳失守，潼关告急。叛军直逼潼关，唐军指挥失度，潼关沦陷，叛军兵临长安城下。

肃宗至德元年(756 年)六月，叛军围攻长安，百姓纷纷夺城而逃，玄宗听从杨国忠建议，也离京西逃。三十日，玄宗率杨贵妃、杨国忠、高力士、太子李亨等亲信和部分禁军，仓皇逃出长安城。不久长安被叛军攻占。在西逃路上，年过七旬的高力士不得不承担起保护玄宗的职责。

这天中午，玄宗一行到达咸阳望贤宫，人人饥饿困顿。然而先遣的负责安排的宦官王洛卿与咸阳县令都逃了，没有人出来接待。杨国忠到集市弄来些胡饼，玄宗才勉强充饥。半夜时分，玄宗一行到达金城(今陕西兴平)，才发现玄宗最宠信的宦官袁思艺也逃走，去投奔安禄山了。唐玄宗的内心被深深地刺痛了，他仰天长叹，只能以泪洗面了。

六月十四日中午，玄宗一行逃到了马嵬驿(今陕西兴平市西北 23 里)。六军将士已是饥肠辘辘，满腔怒火。陈玄礼召集诸将商量："如今天下大乱，社稷不保，都是因杨国忠所致！应该诛之以谢天下，你们认为如何?"众将士群情激奋，都愿意支持陈玄礼诛杀杨国忠。恰在这时，吐蕃的 20 多位使者，拦住杨国忠的坐骑，诉说饥饿之苦。将士们目睹此状，便高声叫喊："杨国忠与胡虏串通谋反！"突然，一支箭射中了他的马鞍，杨国忠吓得魂飞魄散，往西门内奔，军士们紧追入内，乱刀砍死奸相，并肢解了尸体，只留下一颗头挂到驿门外示众。随后，杨国忠的儿子杨暄以及韩国夫人和秦国夫人、御史大夫魏方进都被杀死。左相韦见素闻乱出来，也被打得头破血流，幸亏有人劝阻，才没送命。

杨国忠被杀时，唐玄宗正在驿舍里休息，听到外面喧哗声，就询问发生了什么事。高力士弄清情况后，立即禀告玄宗，并说杨国忠树敌太多，死有余辜，陛下不必痛惜。在群情激愤的局势下，玄宗拄着拐杖步履蹒跚地走出驿门，亲自慰劳军士。玄宗说道："诸位劳苦！朕过去看人不清，致有今日。现在罪人已被正法，各位应当息怒，随朕前行。"然而，"六军不散"，将士们仍然包围着驿站。玄宗便派高力士去问陈玄礼。陈玄礼说："国忠谋反，虽被诛杀，但贵妃还在陛下身旁，将士岂肯离去?愿陛下割爱正法。"

高力士回到驿舍，转告了将士们的意见，玄宗顿时呆若木鸡，喃喃地说："朕自己会处理这件事的。"言外之意，用不着你们来管。玄宗如万箭穿心，倚杖俯首而立，泪湿衣襟。左相韦见素的儿子、京兆司录韦谔见玄宗犹豫不决，急忙上前叩头

进谏："眼下众怒难犯，安危在此顷刻之间，愿陛下速作决断，交出贵妃。"

唐玄宗悲愤欲绝，怒而反驳道："贵妃何罪之有？她常年居于深宫，哪里知道杨国忠谋反的事情？"

高力士清醒地知道，如果处置不当，势必演成弑君惨剧。所以，他果断地上前奏道："贵妃虽然无罪，但将士已杀国忠，而贵妃在陛下身边，他们怎能放心自安！愿陛下审慎思之，将士安，陛下才能安！"高力士的话点中了问题的要害，唐玄宗岂能不明白这个道理，他长叹一声，对高力士说："卿去办吧！"

高力士安顿了唐玄宗后，便把泣涕呜咽、肝肠寸断的杨贵妃领到佛堂内，用罗巾缢死。死时杨贵妃年仅38岁。这位由高力士一人发现，并挖空心思牵线搭桥拉皮条接入宫中送给玄宗的贵妃，最后又死于高力士的手中，真应了那句"成也萧何，败也萧何"的古话。

杨玉环死了，马嵬驿兵变竟在一片"万岁"声中而结束。唐玄宗发了不少"在天愿做比翼鸟""愿世世为夫妇"的假誓，到头来却不能同生、不能共死、不能横刀救美，反倒竖子不足与谋——自己逃难去了。后来有人就此大骂唐玄宗"到底君王负旧盟，江山情重美人轻"。

逃难的玄宗准备西行入川，众将士议论纷纷，有的建议去太原，有的主张去西北，高力士则劝玄宗入四川。玄宗听从了力士的建议，准备入川。在动身时，百姓拦道请留，玄宗派太子李亨留后慰谕百姓，被百姓及中使李辅国所阻，愿与太子一道戮力一心，共同讨贼，收复长安。玄宗听说后，派高力士把太子妃子及器物送归李亨。之后高力士随玄宗西行入川，李亨率军队北上到灵武，承继帝位，开始了收复中原、平息叛乱的斗争。

老年获罪　流配巫州

高力士追随唐玄宗逃到四川成都后，收复长安、平息叛乱的重担落在了肃宗李亨肩上。一年之后，唐军收复了京都长安。肃宗念念不忘远在巴蜀的父皇，于至德二年(757年)九月，派使臣入蜀迎玄宗。

十一月二十二日，玄宗一行抵达凤翔，唐肃宗派宦官李辅国率精骑3000来迎接。李辅国假传圣旨，在这里收缴了陈玄礼手下600名禁军的所有甲仗。十二月三日，玄宗终于在肃宗的陪同下返回京师，住进了兴庆宫。几天后，肃宗登上丹凤楼加封扈行玄宗和自己的有功人员，高力士被晋封为齐国公、开府仪同三司，实封五百户。表面上，他的地位似有上升，实际上已没有实权了。江山易主，人世沧桑，高力士真正成了侍奉太上皇的老奴。

上元元年(760年)六月，李辅国撤走了兴庆宫里的290匹御马，仅留下10匹。玄宗对高力士说："我儿被辅国所迷惑，恐不能坚守孝道了。"高力士无言以对。七月，李辅国乘肃宗卧病之机，假传圣旨，迎太上皇游幸西内太极宫。当玄宗一行骑马至睿武门时，李辅国戎服佩剑，率领500名手执刀剑的军士，突然而出拦住了去路。李辅国奏道："皇帝以兴庆宫潮湿，迎上皇迁居西门太极宫。""游幸"变成了"迁居"，实则一场逼宫的丑剧。75岁高龄的唐玄宗见此情景，大惊失色，几乎从马上掉下来。高力士挺身而出，厉声断喝："李辅国，休得无礼！太上皇乃五十年太平天子，今驾幸西门，你戎服领兵而来，想干什么？”李辅国恼羞成怒，禁不住破口大骂：“你这老东西真不知趣，滚开！”说话之间手起刀落，斩杀高力士的侍从一人。高力士毫不畏惧，对挡道的士兵大声喊道：“太上皇问将士们好，还不赶快放下兵器，高呼万岁！”也许是被高力士的正气所慑，也许是唐玄宗的权威尚在，反正500将士立即刀剑入鞘，跳下马来，向玄宗高呼万岁。高力士又喝令李辅国：“还不赶快给太上皇牵马护驾！”李辅国的嚣张气焰被打下去了，只好乖乖地把玄宗送到西内太极宫。事后，玄宗悲泣地对高力士说：“今日要不是将军胆识非凡，孤家恐怕已做了兵士们的刀下之鬼了。”从此，玄宗深居西内，过着囚徒般的软禁生活。高力士、陈玄礼以及原兴庆宫侍候人员一律不准备在左右，侍卫只有数十名老弱的卫兵。

事隔九天，肃宗颁布诏书，说高力士“暗通逆党，图谋造反，罪当不赦。但念其久侍帷幄，颇为勤劳，故流配巫州”。李辅国诬陷罪状，终于达到了打击报复高力士的目的。与此同时，内侍宦官王承恩与魏悦分别流放于播州（今贵州遵义）和溱州；陈玄礼也被勒令退休回家。

高力士以77岁的高龄，仅带10来个家人侍从和只够几月开销的钱粮，离开京师。一路上，凄凄惶惶，备尝艰辛，苦不堪言，历时两月，终于到达巫州（今湖南洪江市西南黔城镇）。在流放地，高力士仍念念不忘老病缠绵、悲怀难诉的主子玄宗。他看到当地荠菜很多，可老百姓不知道怎么吃，便即兴赋诗：

两京作斤卖，五溪无人采。

夷夏虽不同，气味终不改。

这里说的虽是野菜，抒发的却是自己身世的感慨和对玄宗的忠心。

宝应元年（762年）四月初五，唐玄宗病入膏肓，与世长辞，享年78岁。他留下《遗诰》，这样忏悔：“常惧有悔，以羞先灵。”然而，悔之晚矣！

唐玄宗去世后，肃宗下制改元“宝应”，大赦天下。四月十八日，长期患病的唐肃宗也一命呜呼，终年52岁。四月二十日，太子李豫继位，史称唐代宗。

这年七月，遇赦归回的高力士，行至朗州（今湖南长德），获悉太上皇玄宗与皇帝肃宗相继驾崩的噩耗，号天叩地，无比哀痛，以至多次呕血。八月，高力士病情加重，在朗州开元寺之西院长号数声，呕血而卒，享年79岁。

李辅国:阉海权宦　厚黑高手

【人物档案】

姓名:李辅国

别名:静忠、护国。

生卒:704年~762年

谥号:丑

籍贯:博陆郡(今北京市平谷区)人

朝代:唐朝

职务:宦官、司空、中书令,追赠为太傅

封爵:博陆郡王

评价:唐代第一个当上宰相的宦官。唐肃宗为人性格懦弱,见李辅国忠心拥戴,便视其为左右臂,把军政大事都委托于他。因拥戴之功更加嚣张跋扈,擅权作福。不久后,唐肃宗驾崩,唐代宗继位,尊其为尚父,暗中却将其兵权架空,不久后派遣刺客将李辅国暗杀。

李辅国

【枭雄本色】

从夏朝到清代上下五千年,历朝历代宫中太监成千上万,且不去论好坏忠奸,能在中国历史上留下印迹者不多,像李辅国这样的太监宰相只有赵高和他两人,其后再无来者。

大凡乱国枭雄,都有一套超乎常人的厚黑心术,李辅国是此中圣手。阿谀逢迎,溜须拍马,他不学就会。翻云覆雨,落井下石,他无所不能。谋害同类,残杀异己,他从不手软。从亲王、宰相到皇后、皇帝,有用时可成为手中权杖,无用了则手起刀落,痛杀干净。显赫一时的李辅国啊,你一生忙碌,谋权固位,巧取豪夺,拥城国之富,最后落了个身首异处,尸弃荒野,你是为谁辛苦为谁忙哪?

【风云叱咤】

养马之“狼”　处心积虑等机会

李辅国,原名李静忠,生于武则天长安三年,死于唐肃宗宝应元年十月十八日。其家庭出身并不显贵,大概属于比较贫苦的一般市人家庭。在他年少时,迫于生计，被人阉割，送入皇宫。

当他被叫进屋时，有些辨不清方向。他看见一个穿紫色衣服的男人坐在铺着黄色锦缎的太师椅上，面色白皙泛红，身材有些发胖了，但仍显得很精神。他想这一定就是高公公了，想起陈公公的嘱咐，他想尽量表现得自然一点，神情更显得局促不安。

高力士皱着眉头，随着在宫内的地位越来越高，他看人逐渐有了固定的模式，也越来越挑剔。连太子都叫我“二兄”，各位小王和公主叫我“阿翁”，驸马叫我“爷”，你们这些人算什么！要不是看陈公公的面子，这种乡野小儿也配侍候我！

“抬起头来让我看看。”座椅上的男人发出一个尖厉的声音。

李静忠惶然地抬起头，对这个位倾一时，名震朝野的高公公，他听说了许多，心里有些害怕，但另一种欲望在鼓动着他，他又有些兴奋，以一种敬畏的眼光看着高力士。

李静忠丑陋的外貌，矮小的个子让高力士的眉头越皱越紧，他几乎要让李静忠出去，但终于忍住。他在这丑小子脸上看到一丝狡黠，这神情他似曾相识，那是包括他自己在内的一个又一个进宫做宦官的人的表情，他有些恍惚：多少年了？就像当初的自己。高力士挥挥手，像挥去忽然浮现的记忆：“下去吧，先去马厩，别到寝宫里来。”

李静忠懊丧地跟在陈公公后面出来。他已经喜欢上了宫内的气氛，喜欢那黄色的锦缎和浓郁的香味，更喜欢看高公公舒适地靠在椅背上的气度，他想留在那间屋里，他想有一天自己也会拥有这一切。

“陈公公，我……”

“小子，算你运气，高公公要了你。你别嫌弃，在宫内每一处都比你家强。只要聪明、肯做，会有机会的，咱们哪个没经历这些呀。”李静忠从此开始了他马厩宦官的生涯。在皇家马厩里干活，既脏又累，属于最低层，被人所鄙视。李辅国常感叹命运不济，但他又无法改变这种现实，只能默默无闻地干着这份苦差事。

一天，马厩使王铁站在李辅国面前问：“想家了？”

“不，没有。刚才我在马厩看晚上的马料吃得怎样，昨天有匹马病了。”李静忠恭恭敬敬地回答。

“不想就好，到了宫里就得好好干。喂好皇上的马，赶明儿皇上高兴了，给你个三品官做做。”王公公沉吟了一下：“小李子，你是不是会识字写字啊？”

“回公公，小的曾读过两年私塾，会写一点字。”

“那好，咱们这马厩也需要个记账管事的，从今天起，你就跟在我身边，不用去喂草料了。”王公公转向来顺：“你小子给我注意着点，别口没遮拦的，多跟小李子学学。”

李静忠没想到会有这样的好事落到自己头上，他早盼着这一天了。跟马打交道？永远也发不了，必须离开这地方，他又想起了高公公那间帘幕低垂、香雾缭绕的房子，他似乎知道了自己该怎么做，兴奋得一夜没睡着。无情的岁月，夺去了他青春的风采，不知不觉进入了不惑之年。

李静忠在经营账目的时候，小心谨慎，把马养得又肥又壮，深得王铁好感，王铁以为他是个人才，便把他推荐给皇太子李亨。于是，李辅国便费尽心机，讨好太子

李亨，尤其是把李亨最爱的宝马喂养得十分周到。

李静忠对那匹大宛宝马特别照顾，即使在他当上马厩管账后仍然不忘时时去看看那马，甚至亲手喂些草料。当太子要求骑马出猎时，李静忠也跟来了，他不想让马太劳顿，要监督那些偷懒的奴才们悉心照料。他没去随太子追逐猎物，只是骑在马上站在围场边远远地看着场中央奔跑呼叫的大群人。

他看见太子的高头白马在人群中极其显眼，那颗红缨在一堆雪白中格外醒目，像一团火焰，飞快地奔驰在围场的各个角落，那团雪白随之四下冲突。李静忠看不清太子脸上的表情，他只看见太子不停地挥舞手中的马鞭，夹鞍，往前指，嘴里不停地大喊大叫。秋阳照在围场上，照出太子的脸一片金黄，连他雪白的衣服也染成了金色。围场上的草被阳光晒干了，有股干草香，李静忠又闻到了家乡的味道。

太子满脸兴奋地跳下马来，大汗淋漓。他一边拭着汗，一边欣赏地看着抬过来的猎物：鹿子、野兔、羚羊："今天收获可真不小，多亏父皇的这匹宝马，待会儿把这些东西送给父皇看看。"他转过头来爱抚地摸摸马头。

李静忠这时正忙着指挥人替马卸鞍、喂水、草料、梳洗。马儿呼哧呼哧地喘着气，浑身汗淋淋的，他有些心痛，不停地催促手下赶快侍弄。他知道太子喜欢这匹马，好马还须会养，太子不会不明白这一点。

太子脸上仍然很兴奋，骑宝马遥遥领先，射猎物每矢皆中，身后随从前呼后拥，他感到了自己的年轻和力量，在别人的欢呼声中感到阵阵满足。他看到了忙活不停的李静忠：

"小李子，你干得不错啊，这匹马今天立了大功。"

"多谢太子殿下，这是奴才的本分。奴才知道太子殿下喜欢骑猎，所以尽心把皇上的宝马侍候周到。这马和奴才很熟了，奴才以后会把它调教得更好。"

"你会养马？"

"回太子殿下，奴才在做簿记之前亲自侍弄过宫内的大小良马，对马性很熟悉。"李静忠很敏捷地回答。

李亨听后十分欣赏李静忠的机智敏捷，便把李静忠派到东宫，跟随自己左右，负责自己的外出安派。许多年后李静忠仍然为今天的这一决策感到自豪，改变命运的关键就从这一步迈出，谁也想不到是和一匹马有关，但李静忠知道自己在马厩里等这一天已经等得很久了。

他不再只是马厩管账，他的房间也如当年高力士一样，有了锦缎的座椅，有许多人在他面前垂手肃立，叫"李公公"。他勤勤恳恳地服侍着太子的起居，越来越得到太子和太子妃张良娣的赞赏，但他总有些失落，总在期待着什么。

拥立肃宗建功　与皇后结盟

唐玄宗天宝十四年（755年）十一月，范阳节度使安禄山统兵二十万，在范阳发动叛乱，史称"安史之乱"。安史之乱爆发后，安禄山挥师南下，河北诸县纷纷沦陷，唐朝官兵闻乱而逃。叛军很快攻陷郑州、洛阳，逼近潼关，威慑长安。玄宗慌乱之际，传檄各地，募兵平叛。由于指挥失误，叛军攻下潼关，直逼长安。玄宗天宝十五年（756年）六月底，叛军围攻长安，玄宗率太子李亨、高力士等亲信仓皇出京，逃往四川。

七月，玄宗率高力士、陈玄礼等人避乱巴蜀，李亨在儿子建宁王李倓、广平王李俶和李静忠的拥戴下，北上朔方，最后到达灵武（今甘肃灵武县）。在李静忠等人的劝说下，八月，李亨在灵武登基，是为唐肃宗。太子本无意即帝位的。玄宗仍在，此时已安然入蜀，在天府之国的四川过起了他偏安朝廷的生活。太子领兵到了北方，海内已渐渐安静。安禄山占领了长安，自立为皇帝，任用朝廷旧臣，大肆分封官职，一时间京城热热闹闹，一派兴盛的样子。

一直在太子身边的李静忠很清醒地看到了战争的形势，实际上他一直暗中参与着太子的军事决策，对他和张良娣，太子毫不隐瞒，战争中的同甘共苦使太子对他二人产生了绝对的信任和依赖。他明白命运的转机又出现了，这一次不同以往，一旦保主成功，高力士那样的地位唾手可得，那么他这些年来所有的隐忍和艰辛才能得到真正的回报。他决心力谏太子即帝位。

他把这一想法悄悄地告诉了张良娣。与李静忠一样，做皇后的灿烂前景在激动着她，韦皇后当年大困而后大贵的经历在鼓舞着她，她早已厌倦了军中艰苦的生活，自然是举双手赞成。

军中许多大臣也看到了战争形势。讨贼时机已成熟，必须有一个威望极高的人来号令天下兵马，共同出击，而玄宗此时已入蜀，唯有太子能担此重任。

大臣们一次又一次地上书太子，请他顺应民心，即皇帝位以号令天下，太子不许。他惦记着远在西蜀的父皇，皇帝仍在，自己岂能自立为皇帝。大臣裴冕恳言相劝："殿下，自马嵬坡以来，招募的将士都是关内人，不习北方水土，一路崎岖劳顿，将士们早已有思乡之心。若不尽快打回去，恐怕人心离散，易放难收啊。何不乘此士气，一举收复失地。"太子稍有动色。

李静忠侍立在旁，这时也顾不上禁忌，力谏说："殿下，人心所向，是成败关键。皇上自出京城，大事皆委于你；马嵬坡以来殿下战功显赫，已是众望所归，天下皆唯殿下马首是瞻，请太子殿下以国事为重，为社稷着想。等收复失地，平定反贼，再迎皇上回京。"

太子是个聪明人，虽然仁孝，却也是建功立业之心，他顺理成章地即了帝位。唐肃宗即位后，尊远在四川的玄宗为太上皇，为了感激李静忠拥戴之功，特提拔他为太子家令。

李静忠成了肃宗的开国元勋，他对军国大事的参与从幕后堂而皇之地走到了台前，与大臣们享受一样的礼遇，甚至超出他们。

九月，肃宗听从李泌建议，任广平王李俶为天下兵马大元帅，统兵东征，李静忠判元帅府行军司马事，军政大事悉以委之。肃宗为了表彰李静忠助上之功，特赐名"护国"，凡四方表奏，御前符印发布军令，统统交给李静忠办理。李静忠素知自己出身低贱，在宫中无多大权势，尚不敢专权跋扈。为了掩盖自己的野心，不使人察觉其阴谋，在外表上尽力伪装，他不吃荤菜酒肉，把自己装扮成道僧一般，朝事之隙，手持佛珠，双目微闭，似同寺僧念佛一般，人们信以为善。

李静忠虽然从幸灵武，拥戴肃宗有功，被授予太子家令、判元帅府行军司马事、太子詹事，终日伴随肃宗左右，掌握了内草诏书，外宣军令的特权。但他自知势力不济，党羽不多，后台不硬，故不敢轻举妄动，他在寻找新的靠身。经过几番权衡，

他选择了肃宗最宠爱的妃子张良娣，后为张后。张良娣，安史之乱后，随肃宗出京，马嵬驿事件后，又单身随肃宗至灵武，肃宗登基后，身边无其他爱妃，张良娣年轻漂亮，娇柔妩媚，自然博得肃宗喜欢，许多军政大事，张良娣都加以参与。深居宫中的李静忠，对于张良娣的权势了如指掌，他认为只有投靠张良娣，自己的地位才有保证。为了攀附上这个贵夫人，不惜低声下气，阿谀奉承。张良娣为了培植私党，同样需要李静忠，这样两人臭味相投，为了共同的利益，达成了一致的协议，终于站到了一起，一个在朝中，一个在后宫，阴谋祸乱，戕杀贤良。他们打击的第一个目标自然是不满他们专横跋扈的建宁王李倓。

排斥李泌　毒死建宁王

李静忠为张良娣设计的第一步是当上皇后。

张良娣于是每晚在枕边对肃宗哭哭啼啼，请求立为皇后："陛下，妾身跟从您这么多年，没有功劳也有苦劳，但一直没有正式的名分，被人家欺负。"

李静忠也常常对肃宗说："陛下，国不可一日无君，君不可无后，阴阳调和，龙凤呈祥，才是国家强盛的根基。良娣贤德稳重，理应为后啊。"

李泌不忍心看见大唐王朝的衰落，尤其对肃宗，他有一种责任和义务帮他振兴国运，回归长安，那里才是真正的帝王之都。

李泌决心得罪到底，为了肃宗，为了大唐江山。

"陛下，请恕臣一再劝谏您的行动。您的心情臣都明白，张良娣在战争中也确实是您的贤内助，功不可没。但是陛下，现在国家未安，四海未平，臣以为陛下精力应放于国事，不宜过分于儿女私情。"

李泌更进一步，推心置腹："陛下，当年在灵武即位，是迫于形势，应臣民所请。陛下曾说一切都等收回长安，太上皇还京再予定夺。而今反贼未平，陛下责任未尽，却匆忙于册封皇后皇子，那么天下人将如何评价陛下当年在灵武的誓言？太上皇将如何怀疑您的居心？"李泌的话点醒了肃宗。他是个聪明人，也知道自己今天的功绩来自将士和百姓对自己的信赖和拥戴，来自太上皇默许和支持，他还要建功立业，不能失去这些。册封皇后的事被搁置下来，皇帝自然有原因对张良娣说。但张良娣和李静忠都清楚，又是李泌捣的鬼。李静忠对李泌更是深恶痛绝。自从李泌到来，他和皇上的亲密关系被破坏了。他本来可以参与军国大事的讨论，甚至代皇帝做主的。他已经隐约看到自己一天天炙手可热的权势，但现在皇上居然又把这些特权收了回去，都是因为李泌。他和张良娣一样，看见李泌爱理不理，到处说他的坏话。有时李泌求见，明明肃宗在屋里，他要说不在，或者皇上在休息，让李泌在外一等就是几个小时也没有结果。

李泌心里很明白自己的处境，但他不以为然。从太子侍读到贬官蕲春，政治上的大起大落，使他对人事纷繁险恶看得很清楚，而隐居颍阳的生活又给他的性格添了一份恬淡和隐忍。对于张良娣和李静忠这样的人，他见得多了，也不想和他们争什么。他有自己的目标和打算。

李静忠和张良娣排斥李泌，引起建宁王李倓极大不满，他决定为李泌教训这两个人一番。

他告诉李泌自己要为他出这口气，要设计整治整治李静忠，打打他的气焰。他觉得一个宦官老头儿，和一个宫内女人，有什么能耐？他暗中找到了肃宗，慷慨陈词，历数了李静忠和张良娣自得宠以来，如何私下串通，把持内宫，贪污受贿，干预政事的丑行。他说得很激动，把这两人当成了国家蛀虫，请求肃宗治罪。

肃宗没有作声，建宁王异常激动的表情让他有些反感：老子的事自有老子来管，做儿子的怎么可以这样干预起老子的侍从和妃子来了？他觉得建宁王争得太厉害了。

"下去吧，朕心里明白。"

没有想到肃宗没有听自己的话，便怏怏下去，谁知因为此，他却惹来一场杀身大祸！

一个阴毒的计谋产生了，神不知鬼不觉，就李静忠和张良娣二人知晓。

广平王李俶比他的兄弟要显得忠厚稳重一些，他们同样的文武双全，但李俶大部分时间是守在皇上身边，与朝臣们议国家大事，所以做事更有策略，性格也更柔软一些。他对建宁王也有友爱，但不像他弟弟那样喜怒形于色。

李俶有一天喝多了酒，酩酊大醉，前线传来的捷报使他欣喜万分。半夜醒来他发现床前有个身影正举剑欲刺自己胸中，李俶大惊，用臂一挡，剑刃刺进了他的肩膀。刺客仓皇逃走。

酒醉后的衰弱和失血过多使李俶昏迷过去，宫内大乱，这时李倓和李泌正在军中领兵打仗。

肃宗听说消息后心痛不已，连夜赶去看望不省人事的儿子，坐在床边，他流下了泪。儿子自幼懂事，善体人意，马上国家恢复就要做太子，谁会下如此毒手？

肃宗怒气冲冲地回到寝宫，命令李静忠务必把这件事情查个水落石出。

李静忠干得很积极，他动员了宫内大大小小的力量来搜查刺客，然后把一个蒙面黑衣人带到了肃宗面前。

肃宗举剑欲杀，刺客连声大叫："冤枉啊，小人冤枉！"

李静忠拦住肃宗："大胆奴才，竟敢潜入内宫，刺杀广平王，该当死罪！"

刺客连连磕地："皇上，不是小人的罪过，是建宁王派小人刺杀广平王，小人是受人之命啊。建宁王还说，不刺死广平王，小人也难活命。"

李静忠在一旁厉声呵斥："胡说，诬陷建宁王更当何罪？"

刺客大叫："皇上，请您明鉴，小人冤枉啊。"

肃宗在一旁心痛如绞，他没想到自己的儿子竟会对兄长下毒手，他竭力想避免王室子弟间为争权夺利的互相残杀，却有了这么个不争气的儿子。

李静忠在一旁观察着肃宗的脸色，心里暗暗得意，他的计谋快要成功了，那个不知天高地厚的小子就要见阎王去了。

他故作为难地说："皇上，这可怎么办呢？"

"杀！"肃宗从牙缝里狠狠地挤出一个字，"王子犯法与庶民同罪！"

远在军中的建宁王李倓接到皇帝派人送来的圣旨和一杯毒酒，他来不及赶回去向父亲申辩，就被李静忠的心腹按住喝下了那杯毒酒。

广平王李俶清醒过来的时候，见到了闻讯从军中赶回来的李泌，两人抱头痛哭。

李俶不相信这会是他兄弟干的,他二人自幼长大,秉性相投,虽一在军中,一在朝中,仍然互相理解和谦让,他怎么可能派人来杀自己呢?

李泌心里很悲愤,他知道是谁干的,他们未免太狠毒了,也太猖狂了,连皇子都要杀,何况自己一介草民呢?

李俶知道内幕后,热血沸腾,他想为弟弟报仇,除去李静忠和张良娣,也为李泌除一大心病!但李俶要比他弟弟稳重得多,虽心里恨透了李静忠和张良娣,却不急于求成,以伺机会。

假传圣旨　整治高力士

肃宗灵武登基,是迫于形势所逼,玄宗让位儿子,也是出于无可奈何。长安收复后,肃宗迎回玄宗,玄宗因有所顾及,不愿回长安。在肃宗的多次请求下,玄宗才回到长安,居住兴庆宫。失去大唐皇帝的权力和爱妃杨贵妃,使玄宗变得更加苍老和孤独,虽然肃宗常常到兴庆宫问安,但父子俩的矛盾并没有弥平,反而更加激化。作为儿子的肃宗为了宽慰老子,对玄宗的尽情享乐不加可否,反而怂恿,他派玉真公主、如仙媛、内侍王承恩、魏悦及梨园弟子陪伴玄宗,整日花天酒地、寻欢作乐。玄宗为了显示太上皇威风,常在长庆楼摆设宴席,百姓经过时,仰叩玄宗,高呼万岁,玄宗在楼下设酒肉赐予他们。玄宗的尽情宴乐,引起了李辅国和张皇后的不安,他们明白肃宗性情懦弱,一旦某日发起善心,把皇位归还玄宗,则对他们的地位和势力大大不利;再者李辅国出身微贱,又尝侍奉过高力士,高力士对他根本不放在眼里,只是作为暴发户来看待,甚至对李辅国爱理不理。双重压力时时折磨着他,为了肃宗,也为了自己,准备把玄宗囚禁起来或者干脆干掉,以去掉心头之患。

上元元年(760年)六月,剑南节度使派人入京奏事,经过长庆楼下,知玄宗在此居住,上楼参拜。玄宗设酒款待,并让玉真公主和如仙媛在旁侍候,又召将军郭英乂、王铣等一同饮酒,赐赏颇多。李辅国探听到此事后,在肃宗面前造谣诽谤,说:"太上皇居住外边,与外边人联系往来,陈玄礼、高力士等恐怕要对陛下动手,京城官兵深不自安,不如把太上皇迁入皇宫"。肃宗听后虽然吃惊,但未加可否。李辅国勾结张皇后,假借皇帝诏令,把兴庆宫的三百匹马调走,只留下几匹马。玄宗对此举动非常痛心,对高力士说:"我儿重用李辅国,恐怕不能终孝了"。言外之意,已预感到事情不妙,大祸将要临头。

他哪里知道这全是一个人的胆大妄为。

李辅国决定先斩后奏,他想做的事,谁阻拦得了?

这天清晨,太上皇起了个大早,很晴朗的天气,朝霞投射在兴庆宫的城楼上,雕梁画栋都反射出金光。鸟儿在树梢鸣叫,园子里花儿带着露珠,娇艳欲滴。

太上皇在花园小径上漫步,深深地呼吸着清晨的空气。对这个自小便居住的宫殿,太上皇有一种由衷的喜爱和依恋。

高力士轻轻地走到他身后,说:"陛下,刚才皇上派人来了,说今儿个天气好,特意在太极宫设下宴席,请太上皇您去赏乐。"

"好,好。"太上皇捋着胡子,"我们父子俩也有好一阵子没见面了。"

太上皇带着高力士和陈玄礼等几个贴身随从,兴致勃勃地跟着皇上派来的人骑上马，信步走到太极宫，一路上谈笑风生，所谈的都是过去的旧闻逸事。

看得出今天太上皇心情很好。

他们进了太极宫大门，奇怪，里面冷冷清清，没有人来迎接，更没有所谓的乐工奏乐的声音，一片死寂。

高力士感到不妙，慌忙转身，厚厚的铁门吱呀一声关上了。

仿佛从地底下冒出来似的，几百颗脑袋从廊柱后面、花丛里、楼梯上露出来，面带杀机；几百个人全副武装，手持弓箭，一言不发，冷冷地望着太上皇这一行人被围在中间。

太上皇一哆嗦，差点从马上跌下来，马儿受惊，发出嘶叫。

廊柱后面闪出了李辅国丑陋矮小的身躯，他也是腰佩宝刀，脸上全然没有了一贯谦恭阿谀的笑容。

他走到太上皇面前，径直说："兴庆宫地势狭小，低矮潮湿，皇上日夜为太上皇担忧，寝食不安，请您为皇上龙体着想，搬到太极宫居住。"竟然也不叩拜。

高力士早已按捺不住，厉声喝道："大胆！见了太上皇，还不下跪。"

李辅国只好倒头叩拜，参见太上皇。

高力士一捏缰绳，挺直胸膛，大声叫道："太上皇有旨，众将士原地听令。"

高力士虽老，却是威风犹在，他在马上依然高大的身躯和威严的声音，自有一种威慑力。

五百将士都被高力士的话震惊，纷纷放下兵器，倒头便拜，三呼万岁。

毕竟太上皇在他们心目中还是有威严的。

高力士跳下马来，叫上李辅国，牵着太上皇的马缰绳，扶住早已吓得面无人色的太上皇，在甘露殿找到一个地方给太上皇休息。

太上皇回过头来，疲惫不堪地说："兴庆宫是皇帝住的地方，过去我多次要让给皇帝，皇帝出于孝顺不接受。现在住到太极宫，也是我的愿望。"他摆摆手示意高力士等人别再多说。

李辅国又带来几十个仆人模样的人，说是皇上专门派来侍候太上皇的。

高力士看那几十个人，全是老弱病残，别的宫里淘汰不要的，不禁怒从心中起，正要发话，李辅国抢先一步说：

"高公公、陈将军，皇上念你二人都劳苦功高，年龄也大了，特准你们休息，太上皇就让这些人来侍候了。"

高力士早已看出了李辅国的阴谋，这时什么也不顾了，破口大骂：

"李辅国，你假造圣旨，欺上瞒下，陷害忠良，冒犯太上皇，你会有报应的！"

"给我拿下！"李辅国恼羞成怒。

高、陈二人被带甲的卫士制住，动弹不得。太上皇老泪纵横，看着他们被带出了太极宫，一步一回头，脸上也是泪水满面。可怜高力士、陈玄礼等人在玄宗朝受尽恩宠，地位显贵，如今却栽在一个马倌手里，真是世事难料，人生无常啊。

不久，皇帝下诏，宣布高力士等人对皇上傲慢无礼，流放高力士到巫州，王承恩到播州，魏悦到溱州，均离京城有三四千里。陈玄礼取消做官的资格，玉真公主被送到玉真观去带发修行。

高力士在流放途中，想起李辅国初进宫的样子，想起当时何等风光的自己，对

现在的境遇反倒不怨恨了,盛衰有时,谁又能长久呢?

太上皇移居太极宫的第二天,肃宗皇帝才知道事情的始末,分明是李辅国的假传圣旨,这奴才也太大胆了!他怒气冲冲地传令召见李辅国,决心好生讯问一番。

李辅国来了,神态自如,像从前一样迈着不紧不慢的步子。不仅如此,他还带来了六军统帅和各位大将,全都卸去铠甲,一身素服,见了肃宗倒头便拜。

“臣等叩见皇上,请皇上恕罪。”

“你们可知什么罪?”

“禀皇上,臣是迫不得已才出此下策,不如此,皇上您地位不保,六军不安哪。”李辅国言辞恳切。

将领们也都说:“皇上,我们都是您的旧部,不能容许别人来破坏,李公公做得没错。”

肃宗不好说什么了,再像马嵬坡那样来一场兵变?他好不容易保住的江山又要失去了,他可不干这样的事!

他只好换了个语气:“众卿对朕忠心耿耿,防止小人的蛊惑,作乱犯上,朕怎么会怪罪呢,都回去歇息吧。”

肃宗从此对李辅国恨之入骨,他完全代替了自己在决定朝廷大事,肆无忌惮,哪里还把自己放在眼里!

但李辅国对于肃宗的功劳又确实是有目共睹的,正因为这样肃宗才如此信任地把兵权交给了他,现在可是拿他没有办法了。

太上皇一个人孤零零地居住在太极宫,身边没有一个亲近的人,那些老弱病残的侍从,哪里有高力士服侍得周到体贴。

皇上倒是时时想着父亲,常常有心过来看望,但张皇后总要找出许多事情来把他绊住,一会儿女儿哭了,一会儿儿子病了,或者她又想出什么花样来与皇帝共享,李辅国也有许多理由来劝阻他。

渐渐地皇上也不提去太极宫的事了,在张皇后和李辅国的摆布下,做起他安安稳稳的皇帝。

杀皇后　谋相位拥代宗

太子詹事、太仆卿、元帅府行军司马廊国公,这些爵位和封号在获得之初显赫一时,日子一久便失去了它们的新鲜感和吸引力。

李辅国是从李岘身上做出这个决定的,其实早在李泌的时候,他就有些醒悟了,只因为那时不是时候。

只有作为朝臣,与众官一样列班站队,在朝廷上奏事决议,才可能真正进入政治领域。自己身处后宫,是怎么也不可能名正言顺地得到承认,那帮迂腐的朝官们总是想方设法要把自己弄下去。

上元二年(公元 761 年)八月,李辅国被封为兵部尚书,依然掌握兵权。文武百官都设宴贺喜,饮酒作乐,赋诗唱和,李辅国在贺喜声中哈哈大笑。自幼遭阉割的李辅国,为了出出心中的恶气和炫耀一下自己的威严,每当他到兵部视事,派全副武装的羽林军站立街道两旁,前边鸣锣开道,后边车马相拥。皇帝下诏在皇宫设置御宴，为其接风，宰相百官俱来朝见，刹那间，锣鼓喧天，鞭炮齐鸣，琴师弹乐，舞女挥纱，场面惊天动地，如同国宴。李辅国此时踌躇满志，骄奢日甚。但这些仍然满足不了他那颗贪得无厌的心，他向肃宗提出更为苛刻的条件，要当宰相。宰相，是国家的命官，位居一人之下，万人之上，佐天子总万机，地位极其重要。自古以来尚没有宦官兼宰相的惯例。肃宗对于李辅国的无理要求非常生气，但又不敢横加拒绝，只是微微一笑，婉转地说："以您的功劳，做什么官都可以，只是怕文武百官不同意"。李辅国虽已猜出肃宗的心思，但仍不死心，一定要当宰相，打破宦官不能当宰相的先例。

肃宗宝应元年（762 年）三月，求相不得的李辅国为了夺取萧华的宰相职权，他在朝中物色亲信，最后选中了户部侍郎元载。元载是李辅国夫人的族亲，时因急于军务，肃宗委任他主持经济。李辅国为了控制京城，提拔他为京兆尹，但元载对京兆尹不屑一顾，想当宰相，固辞。李辅国猜中他的心意，为了拉拢元载，也没有勉强，让司农卿陶锐当京兆尹。为了满足元载的欲望，李辅国多次面见肃宗，诬陷萧华专权，请求罢免他的宰相职务，肃宗知其存心报复，没有答应。李辅国坚持罢免萧华，肃宗没有办法，只好下诏罢免萧华，降为礼部尚书，让元载代替萧华相位。四月，李辅国又串通元载，诬陷萧华不轨，贬萧华为峡州司空，逐出京师。对于裴冕，李辅国也耿耿于怀，后被李辅国的同党程元振贬为冕州刺史，逐出京师。这样一来，朝中大事全在李辅国一人手里决断了。

李辅国的发迹，与张皇后的暗中支持分不开。从灵武起事，到掌握朝中大权，进而胁迫玄宗，排斥百官。张皇后和李辅国为了共同的利害，不得不鼎力相助。但是到后来，肃宗皇帝久病不愈，李辅国专权跋扈，对张皇后不再那么恭敬。张皇后想垂帘听政，李辅国想独霸天下，二人之间的矛盾不断激化，最后发展到水火不相容的地步。为了不损害自己的既得利益，只有付诸武力，以流血的形式来解决他们之间的矛盾冲突。

宝应元年（762 年）四月，唐肃宗病重不能上朝，便把军国大政交于皇太子李豫，令其监国。皇太子李豫，性情温和，在平定安史之乱中，身兼天下兵马大元帅，联系各路义军东讨叛军，立下赫赫战功，深得肃宗信赖。与张皇后不合，张皇后曾企图谋夺他的太子位置，由于她自己的儿子太小，阴谋未能得逞。后来张皇后亲生儿子夭折，张皇后害怕李豫功高难以制约，便打算另立肃宗儿子越王系，以代李豫。后肃宗病重，张皇后便加快了废掉皇太子的步伐。

要除掉李豫，必先拔掉李辅国，李辅国也为了独揽大权，在朝中大树私党，他委派亲信程元振掌握禁军，伺机观察动静，张皇后为了稳重起见，在肃宗弥留之际，召见李豫入宫，对他说："李辅国久典禁军，草拟诏书、发布诏令都从他手中经过，擅自逼迁太上皇，他的罪太大了，但他所惧怕的是我和您。今皇上已病入膏肓，李辅国和程元振暗中勾结准备作乱，不可不诛"。李豫闻听后非常害怕，哭着对皇后说："皇上已快不行了，二人又是陛下的有功之臣，一旦突然杀了他们，天下一定震惊不小，到那时恐怕就不好收拾了"。张皇后知道李豫不能成事非常生气，为了掩饰内心的不快，淡淡地对他说："既然这样您先回去，我再慢慢想办法。"李豫走后，张皇后赶紧把越王系召入宫中，对他说："太子懦弱，不能胜任诛贼臣的重任，您能胜任吗？"一心想当皇太子的越王系慌忙跪倒，说："能"。他派太监段恒俊选拔宦官二

百多人,手持刀枪,悄悄埋伏在长生殿后,准备发动兵变。

一切准备就绪,张皇后矫诏召太子李豫入宫,伺机下手。但是程元振察觉了张皇后的阴谋,程元振曾被李辅国救了一命,因此他对李辅国感恩戴德,一直为李辅国的耳目,所以程元振立即把此事报告给李辅国。李辅国虽然镇定,但还是吃了一惊:他没想到皇后作为一个女人,竟有这么大的胆量,居然敢效仿当年的则天皇后。

"事不宜迟,赶紧封锁宫中各个大门,不许任何人进出。一定要阻止太子进皇上寝宫!"

太子一进宫,主动权就掌握在皇后手里,李辅国必然处于劣势。

太子急匆匆地赶往皇帝寝宫,在陵霄门外被程元振拉住了。

几个带甲的卫士上来捉住太子的手,缴了他的佩剑,送到玄武门外的飞龙厩里。程元振在门上加了一把大锁,把钥匙揣在身上走了。

太子在里面叫喊、捶门,门外的兵士视若不见,不发一言。

皇后和越王系等太子不到,心里开始着慌,皇后开始哭泣,一边哭一边收拾东西,准备逃出宫去。

太子不到,越王和自己的计划破产,李辅国和程元振肯定知道了实情,他二人不会放过自己。

皇后自以为事情做得保密,万无一失,谁知会有差错。

"是谁走漏了风声?"皇后坐在椅上,召集宫中所有的宫女和宦官,黑压压地跪了一大片。一个个被紧张的气氛弄得瑟瑟发抖。

皇后脸色发青,满腔怒气和恐怖化作歇斯底里全爆发出来:"我是为了什么?还不是为咱大唐江山,不能落在别人手里。我辛辛苦苦计划,眼看要成功了,却败在你们这些奴才手里!"

"打,给我狠狠地打!"几个执刑的宦官挨个打跪在地上的宫女和宦官。

皇宫里一片哭喊声,但就是没人承认。

皇后闹得也疲了,没什么结果。想逃,宫女们来报告说:"所有的大门都被羽林军守住,谁也出不去了。"

皇后目瞪口呆,手脚无措,她明白自己的末日到了。

晚上,宫中灯火通明,羽林军高举灯笼,占据了宫中的每一个要道和大门,没有一丝动静,整个气氛沉闷得像暴雨将至,屋脊上一声猫叫,凄厉而刺耳。

李辅国和程元振匆匆地走来,身后跟着一群强悍的羽林军。

李辅国已经老了,原来就矮小的身材加上微驼的背,更显得矮了,本来就丑陋的脸布满皱纹,加上今晚满脸的杀机,更让人不敢直视。

走在他身边的程元振要年轻一些。因为习武,身材比较魁梧,腰佩长剑,走路也显得有力稳健得多。

在皇帝寝宫面前,他们停下脚步,李辅国一挥手:"给我搜,一个也别放过,格杀勿论。"

李辅国和程元振直接冲进了皇帝卧室。

卧室里出奇地安静,只有一盏烛光在摇晃,皇后披头散发痴痴地坐着。这情景让他们停住了脚步。

皇后乍一看见他们,一声尖叫,跳起来躲到了床后,紧紧拉住皇上的手:"皇上

救我！"

程元振冲到床后，一把拽出了皇后，扔在地上。李辅国冷冷地说："皇后，奉太子命，迁你到后宫去。"

"不，不。"皇后一个劲儿后退，想得到皇帝的援救，李辅国一把抓住她："别躲了，皇上也救不了你。"

皇上躺在床上，急得面红耳赤，一个劲儿喘气，眼睛充满仇恨地看着李辅国。

李、程二人拖着皇后出来，与抓到的越王等人关在一起。经此变故，肃宗经受不了打击，惊吓而死，是年五十二岁。肃宗一死，李辅国胆子更大，杀性暴起，下令把张皇后、越王系、兖王僩一并斩首。

这晚，肃宗皇帝静静地死在床上，身旁没有一个人。所有的宫人都逃散了，他一直宠信的李辅国，正在对李氏家族进行大清洗。

凌晨，天还是黛青色，皇帝寝宫外，站了一大群衣衫不整的人，神情沮丧，一言不发。

只有张皇后在破口大骂："李辅国，你这臭马倌，忘恩负义，作乱犯上，杀主篡权，我变成厉鬼也要来报复你！"

"这臭女人，临死还嘴硬！"李辅国很是不高兴。

只有皇后敢这样骂他，因为她最知道他的底细，在他们还是同盟的时候，两个人一起做了多少丧尽天良的事。

"统统给我杀！"

羽林军手起刀落，寒光闪闪，皇宫内血流成河，参与越王和皇后发难的一百多人全部被杀，并且株连九族。

次日，李辅国才把李豫放出来，并让他身穿孝服在九仙门与宰臣相见，并告诉太子肃宗已死。太子闻听，大哭不止，在李辅国的拥戴下，李豫在肃宗的灵前即位，是为代宗。

老天有报　时候已到

代宗即位后，虽对李辅国专权不满，但因他有定策拥戴之功，也不敢对他怎么样。五月，代宗加封李辅国为司空兼中书令，这样李辅国就成为有唐一代第一个以宦官身份入主宰相的人，实现了他多年梦寐以求的愿望。除此之外，代宗还尊他为"尚父"，食邑八百户。李辅国虽然取得如此显赫的政治地位，仍不满足，他比以前更加骄横跋扈，甚至公然对代宗说："大家（唐时宦官称皇上为大家）只管坐在宫中，外边的事情尽情听老奴处置好了"，气焰甚为嚣张。代宗虽然心中不高兴，但惧于他掌握禁军，朝中大臣又多是他的私党，再者自己刚继位，政局尚不稳定，只好忍气吞声，听从他的摆布。李辅国自视功高，更加跋扈，朝中大政，不论事情大小，都由他过问、裁决，即便朝中宰臣出入宫闱，也必须先去拜谒他，李辅国对此也心安理得，晏然接受。为了进一步控制朝廷，他在朝中安置了大量亲信私党，程元振以内飞龙厩副使拜为左监门卫将军；韩颖以占卜取信于李辅国，先是拜为司天监，又拜为秘书监；刘炬以起居舍人拜为中书舍人。

李辅国忘了，螳螂捕蝉，黄雀在后，在自己一心要总揽大政的时候，有人也在窥

视着自己的位置。

程元振在与李辅国合作诛杀了张皇后和越王系以后，因为他的机警和武力，赢得了李辅国的充分信任，由掌握射手的职务上升到飞龙副使，掌管了一部分禁军。

程元振总有些愤愤不平，若不是自己先安内线，李辅国到死也不知道为什么；要不是自己带人拦住太子，张皇后的阴谋就要得逞。

没有自己，李辅国早没有命了。

但李辅国权势一天盛于一天，完全取代了皇上，在他的专横下，不管朝廷还是内宫，谁还有出头之日？

程元振有武力，又有功勋，他可不甘心这样受制于人。

李辅国已经老了，应该有人接替他。

高力士因玄宗皇帝而得宠，李辅国盛于肃宗的朝代，到代宗时，应该由他程元振成为政治的中心了。为了削弱李辅国的特权，野心勃勃的程元振在代宗面前数斥李辅国的罪状，恳请代宗加以制裁。代宗本来就对李辅国不满，现在有程元振的支持，就依靠程元振这个宦官来除掉李辅国这个宦官，瓦解宦官联盟，以此达到一箭双雕的目的。

这一年六月，李辅国被解除了元帅行军司马和兵部尚书的职务，由程元振担任，并且还命令他搬出宫去，居住在自己的府第里。

皇上是和颜悦色告诉他这个决定的："李公公，你是三朝老臣，为我大唐王朝立下了很大功劳。朕念你劳苦功高，年龄大了，该好生休息，军务太繁重，就交给程公公吧。你也该回家里享享福了。这么多年来，真是辛苦你了。"

皇上还赏给他许多的绸缎布匹和金银，告诉他其余的职务依旧存在，他仍然是朝中的大臣。

李辅国简直不相信自己的耳朵，他看着程元振，程元振躲开了他的目光。百姓闻听罢免了李辅国，人们奔走相告，全城欢庆。李辅国这才感到事态的严峻，他作恶太多，整日提心吊胆，只好上书请求逊位，代宗趁机罢免了他的中书令之职，做了几个月的宰相美梦到此结束。代宗虽然罢免了他的官职，却不忍心太冷落这个老宦官，封他为博陆王，允许进京朝拜。

李辅国被罢免了中书令，想再入中书省写一封谢表，当他刚步入中书省门槛，值班的官员大声喝止："您已被罢免宰相，不能再进入此门"。试想，若是以前李辅国岂能受此凌辱，但现在却不一样了，李辅国压不住内心的气愤，他跑到代宗面前，愤愤地对代宗说："我这个老奴才侍候不了您这个小皇帝，我只好去侍候九泉之下的老皇帝"。代宗知其落职后心中牢骚不满，只好下了一道诏书，对他进行宽慰并准备送他出京。

还未等李辅国动身，京城里出现了一件怪事，十月十八日这天晚上，有个刺客越墙进入李辅国家，把睡意朦胧的李辅国杀了，把他的脑袋投入厕所，斩下其右臂埋到泰陵，奠祭玄宗。李辅国就这样结束了他可恶的一生，时年五十九岁。

李辅国死后，代宗下令有司追捕刺客，并用木头做了一个脑袋，安在李辅国的无头尸上，加以安葬，并追赐他为太傅。李辅国究竟是谁杀的，历来说法不一，成了千古之谜。

说法之一：代宗皇帝早在做太子时就深受李辅国的压制，积怨太多，一直没有机会报仇，当皇帝又是李辅国的功劳，不好明显地杀他。但他当年杀害李倓，驱逐玄宗，气死肃宗的仇恨难消，皇上派人暗中刺杀李辅国，连夜将他的头和手臂送到泰陵，祭奠死者，然后杀死了刺客。

说法之二：程元振一直和李辅国有隙，在他手下受气太多，后来升官了仍然遭到李辅国的蔑视。而且宫中仍有李辅国的旧部，虽然李辅国已无法调遣，但这些人不服管教。程元振干脆一不做二不休，杀死李辅国，来威胁剩下的那些不安分不听话的人。

说法之三：是民间的侠客杀死了李辅国。解除一切职务只是朝廷政治生命的终结，李辅国所犯的罪是死一万次也不为多，不杀李辅国不足以平民愤。有人在杭州曾经见过一个相貌奇特的武士在衙门里当差，有次酒后失言，说他自己就是杀李辅国的人。

种种传说，无法确定谁真谁假，也没有人再去理会这件事。李辅国由卑贱到显赫的一生，就这样消失了。

鱼朝恩：执掌禁军　权倾朝野

【人物档案】

姓名：鱼朝恩

生卒：722年~770年

籍贯：泸州泸川（今四川泸县）人

朝代：唐朝

职务：宦官、三宫检责使、左监门卫将军、主管内侍省、统率神策军。主要成就：邺城战役救驾

结局：在安史之乱发生后，护送唐玄宗出逃，侍奉唐肃宗李亨，颇得信用，权倾朝野。770年，唐代宗乘宫中宴会后召见之机，捕杀鱼朝恩。

鱼朝恩

【枭雄本色】

鱼朝恩，自幼聪明伶俐，而且非常有心计，由于家境贫寒，14岁时被家人送入宫中当了太监，并凭借着自己的口才讨好主管太监，逐渐得到提升。唐朝天宝十五年（公元756年），鱼朝恩以办事稳妥、为人聪慧、擅宣诏令而得到肃宗的欢心，被任命为三宫检责史、左监门卫将军知内侍省事。安史之乱后，鱼朝恩受到肃宗的信任，被任命为禁军统率，从此权倾朝野。鱼朝恩嫉妒心非常强，他掌握大权之后，非常嫉恨那些功绩显赫的文武官员，经常挑拨肃宗与朝中大臣的关系，在平息安史之乱中立下大功的郭子仪等人都受到鱼朝恩的嫉妒。他恶意诽谤众人，肃宗也偏听偏信，惩处了众多大臣。随后，鱼朝恩仗着皇上的宠信，滥用职权，经常侮辱谩骂朝中大臣，大臣们都非常憎恨他，但又敢怒不敢言。代宗登基后，鱼朝恩凭借着花言巧语，依然得到宠信，他越发狂妄自大，曾经扬言：天下事离不开我鱼朝恩。代宗感觉自己的地位受到威胁，便对鱼朝恩动了杀机。宰相元载也趁机拉拢鱼朝恩的心腹，并设计于大历五年（公元770年）三月初十，将鱼朝恩秘密处死。

【风云叱咤】

篡权干政　恃宠逞威

鱼朝恩公元722年出生在泸洲泸川（今属四川），自幼聪明伶俐，而且非常有心

计，由于家境贫寒，14岁时被家人送入宫中当上了太监。刚进宫时，他老实本分，凭借着自己的口才讨好主管太监，逐渐得到提升。安史之乱爆发后，唐军接连战败，叛军很快逼近长安，唐玄宗急忙带着亲信大臣逃往四川。太子李亨前往灵武（今属宁夏），调集人马围剿叛军，并在灵武称帝，称肃宗。郭子仪被任命为朔方节度使，奉肃宗之命率领唐军讨伐叛军。正当安禄山的军队逼近潼关，对长安构成威胁的时候，郭子仪率军奋力抵抗，初战大捷。

乾元元年，唐朝军队在与安禄山的儿子安庆绪的交战中优势越来越明显，先后收复两京。此时的鱼朝恩以办事稳妥、为人聪慧、擅宣诏令而得到肃宗的欢心，并被任命为三宫检责史、左监门卫将军知内侍省事。当时安庆绪已经逃到河北，并占领着60座城池。为了将安庆绪的军队一举消灭，唐肃宗又集结9个节度使，将近60万的兵力，出兵攻打安庆绪。由谁做这60万兵力的统帅对肃宗来说是至关重要的。在参加作战的9个节度使中，当属郭子仪和李光弼战功最显赫，威信也最高。但是猜忌心很重的肃宗担心这两个人的权势膨胀之后会重蹈安禄山的覆辙，因此顾虑重重，不愿把军权交给他们。于是就故意不让他们中的任何一个人做主帅，而派既不懂得打仗又无实战经验的鱼朝恩为观军容宣慰处置使（官职名），9个节度使必须听他的指挥。此时正逢郭子仪和其他几个节度使率军包围邺城，并引漳水灌城，安庆绪的军队缺衣少穿，这应该是攻破邺城的最佳时机。但是因为鱼朝恩没有进行统一部署，失去了一次良机。

正在这时，史思明又率兵反叛，带领大队人马从范阳出兵，赶来救援安庆绪，在攻下魏州后，安营扎寨，以等待最佳时机。这时李光弼主动请求带兵攻打魏州，打碎史思明想去救援安庆绪的企图，来减少60万大军的阻力。但遭到了鱼朝恩的竭力反对，这个计划便无疾而终。鱼朝恩刚愎自用，没有领兵打仗的才能，又随意下令，致使各军只能孤立作战，不能发挥60万大军的整体优势，致使大军节节溃败，在接连的交战中都以失败告终，军事形势急转直下，唐军也由原来的攻势转为守势。唐肃宗为了加强东都的防守力量，急忙下令，命郭子仪驻守东都，并任命他为东都畿、山南东道、河南诸道行营元帅。鱼朝恩惧怕郭子仪拥有军权后会削弱自己的权力，便向唐肃宗进言，说相州战败，都是因为郭子仪没有出全力的缘故。肃宗听信了鱼朝恩的谗言，立即撤了郭子仪朔方节度使的职务，并派李光弼前去接替郭子仪的职务。这时候叛军内乱，史思明为了独揽大权将安庆绪杀害，并自立为大燕皇帝，重整旗鼓，准备进攻洛阳。洛阳的官员听到史思明的将士勇猛异常，非常害怕，纷纷主张退守潼关。李光弼却下令把官员和老百姓撤出洛阳，自己带兵到河阳驻守，等史思明来到洛阳时，洛阳已变成了空城。史思明要人没人，要粮没粮，只好带兵到河阳南面安营扎寨，和李光弼的唐军对峙。李光弼是一个极具有军事才能的老将，他明白敌强我弱，只能智取而不可强攻，所以他用计得到了史思明的一千多匹战马，这使军心得到巩固，也提高了军队的战斗力，并在此后打败了史思明的多次进攻。鱼朝恩见李光弼立下了许多战功，便在向朝廷报功时将每次的战功都记在自己身上，并以此向肃宗邀功，不明真相的肃宗因此更加相信鱼朝恩的能力。

在随后的两年时间里，两军在河阳地区处于僵持阶段。上元二年（公元761年）二月，有人对鱼朝恩说："洛阳城中的叛军都是燕人，常年在外征战，必定思念故乡、军心涣散，如果趁此时进攻，定能一举击败叛军。"鱼朝恩听后觉得很有道理，

便急忙去见肃宗,说洛阳的叛军已经发生混乱,此时出兵就能不费吹灰之力夺回洛阳。由于肃宗过于偏信他,加上求胜心切,经不住鱼朝恩的再三挑唆,便命令李光弼立刻进攻东都洛阳。

李光弼接到圣旨后马上回奏道:"叛军的实力依然很强,我军不可轻举妄动。"朔方节度使仆固怀恩与李光弼宿有仇怨,他也想趁此机会将李光弼置于死地,便故意附和鱼朝恩,在奏章中写道:东都叛军已失去斗志,我军此时攻打东都,犹如探囊取物。肃宗见鱼朝恩和仆固怀恩都说叛军势弱,便接连派人去敦促李光弼攻打洛阳。皇命难违,李光弼只好让手下大将李抱玉驻守河阳(今河南孟州市),自己率兵进攻洛阳。李光弼率军刚来到北邙山,还没有布好战阵,史思明就率军发起了攻击。唐军在慌乱之下节节败退,将士死伤无数,军用物资全部丢弃,河阳、怀州也都被史思明趁机占领。鱼朝恩认为这是攫取李光弼军权的良机,便向肃宗进言说:"攻破洛阳是一举消灭史思明叛党的良机。但是由于李光弼指挥不当,致使我军损失惨重。"肃宗当即就下令免去李光弼天下兵马副元帅之职,这也正中鱼朝恩下怀。随后肃宗命鱼朝恩统领神策军,可以随便出入禁宫,神策军实际上成了中央禁卫军。鱼朝恩的权力不断膨胀和扩大,其地位也日益巩固。

公元 762 年,李辅国与程元振将张皇后杀死。肃宗因此受惊而死,李辅国于同月拥立李豫为帝,是为唐代宗,改年号为"宝应"。代宗继位后,任命李适为天下兵马大元帅,召集各路节度使和回纥兵十多万人继续讨伐史思明。本来代宗想任命郭子仪为兵马副元帅,但鱼朝恩嫉妒郭子仪的才能,唯恐郭子仪将自己比下去。因此他联合自己的党羽,极力反对代宗的提议,由于鱼朝恩从中作梗,拥有杰出军事才能的郭子仪根本就没有机会发挥,可谓壮志难酬,英雄无用武之地。

随着交战局势的不断变化,唐军渐渐占据了战场的主动权,接连收复洛阳、汴州等地。平定洛阳后,鱼朝恩被授予开府仪同三司,封为凤翔郡公。

广德元年(公元 763 年)十月,泾州刺史高晖投降吐蕃,吐蕃召集吐谷浑、党项、代、羌等各族约 20 多万人,分兵几路入侵中原。经过多次的艰苦奋战,吐蕃大军逼近京师,代宗在仓促之下,带领部分文武大臣逃往陕州。这时禁军基本上已经被冲散,一时无法召集,鱼朝恩在此时率领陕州军及神策军迎接代宗,唐军大受鼓舞。代宗因此委任他为天下观军容、处置、宣慰使,专典神策军,权力之大无以复加。回到京都之后,鱼朝恩把原来驻守在陕州的军队统统归属为神策军,由自己统一指挥。

永泰元年(公元 765 年),吐蕃再次出兵进犯,唐代宗为鼓舞士气决定亲征。鱼朝恩借此机会大肆搜刮民脂民膏,并强行征用百姓家的马匹,以补充军用,还下令城中的男子一律都穿上皂服,城门只开一扇。百姓们见唐王朝在敌人的屡次进犯下显得摇摇欲坠,都感到十分害怕,再加上不堪忍受苛捐杂税的重负,便四处逃逸,唐王朝显得更加岌岌可危。

附庸风雅　肆意妄为

大历元年(公元 766 年),唐代宗到国子监举行释典仪式,宰相率领朝中官员听学授讲。鱼朝恩自认精通文理,所以不甘示弱,率领六军诸将一同前往听学授讲,还命手下人员都穿着朱紫色的服装。实际上鱼朝恩是个不学无术之人，但是平日里他却喜欢装模作样地舞文弄墨，以显示自己很有学问，并且大言不惭地说："我文武兼备，你们谁能与我相比。"大臣们听后无不窃笑。当年代宗下令，加封鱼朝恩为判国子监事，兼光禄、鸿胪、礼宾、内飞龙、闲厩等职，并进封为郑国公。大臣们听说此事后纷纷上表反对，请求代宗收回成命，可代宗置之不理，并命朝中大臣前去道贺。从此鱼朝恩的气焰更加嚣张，目空一切。

有一次鱼朝恩去国子监视察，代宗专门下令，命百官为他送行，由京兆府置办宴席，内教坊为宴席助兴，面对如此盛大的场面，鱼朝恩洋洋得意。代宗又下令赏赐一万贯钱作为本金，放债取息，用来当作学生们的饮食费用。此例一开，鱼朝恩便以视察为名，经常到国子监去，为了显示自己的身份地位，他每次去都要带上几百名神策军。京兆府为了置办酒席款待众人，每次都要消耗几十万贯钱。

鱼朝恩的平步青云助长了他骄横气焰，根本不把文武百官放在眼里。每次群臣在朝会上商议事情，他都不免要自我表现一番，经常高谈阔论。鱼朝恩非常嫉妒宰相元载，但是凭着自己今时今日的地位，他根本不把元载放在眼里，经常对其肆意羞辱谩骂，巧舌如簧的宰相面对鱼朝恩的讽刺挖苦也只能忍气吞声。有一次文武百官在朝堂上商议国事，鱼朝恩不分尊卑，声色俱厉地对元载呵斥道："身为宰相，就应该调理好世间阴阳，令百姓能安居乐业。如今，阴阳不和，灾害不断，负责守卫京城的将士有几十万，粮草供给缺乏，皇上因为此事寝食不安，这就是宰相的严重失职，你毫无能力，还不赶快让贤，在那里赖着不走，只是说话顶什么用。"大臣们听了这番话都感到惊讶诧异。宰相元载听后也只是无奈地低着头。礼部郎中相里造为元载抱不平，他走到鱼朝恩跟前说："现在阴阳不和，粮草日益缺乏，这都是观军容使造成的，与宰相有什么关系？如今天下平安无事，京城禁军足够维持安定了，为何又调来数十万大军？人员增加导致军队的粮草不足，百官也感到供应困乏，宰相只不过是行文书而已，有什么罪过呢？"相里造的顶撞出乎鱼朝恩的意料之外，一时间不知道该如何反驳，只好悻悻地拂袖而去。

这次的顶撞使鱼朝恩感觉受到了奇耻大辱，他心中愤愤不已，总想寻求机会发泄心中的这股怨气。这时国子监堂室刚刚修复，朝廷要举行盛大的庆典。鱼朝恩在心腹党羽的簇拥下来到国子监，面对在座的百官，他又想卖弄一番学问，双手拿着《易经》坐在高高的讲台上讲学，并有意选择"鼎折足，覆公饨"开讲，想借此机会再次羞辱宰相，以泄心中之恨。王缙听后满面怒容，而宰相元载听了却不屑一顾。鱼朝恩见此情景又心生不安，他对身边的人说："他们听了我所讲的话，生气者合乎人之常情，面带笑容者实在是深不可测，以后应多加防备啊。"

为了巩固自己的地位，讨好代宗，鱼朝恩见当时的代宗笃信佛教，便主动上奏，请求将代宗赏赐给自己的一处庄园用来修建佛寺，并取名"章敬寺"，以此来表示对代宗已故生母——吴氏（即章敬皇太后）的纪念，求冥福庇佑我大唐基业万代永传。代宗对鱼朝恩的此举大加赞许，也颇为感动。鱼朝恩见代宗同意自己的建议，心里非常高兴。大兴土木，建造工程浩大宏伟壮丽的佛寺。这项工程需要大量的建筑材料，导致长安附近的建筑用料难以应付。在此情况下，鱼朝恩上奏请求拆掉曲江的亭馆、华清宫的观楼和百司的行廨以及部分朝中官员的旧宅，用拆来的材料充作兴造佛寺之用。朝中内外对此事怨声载道，光卫州进士高郢曾两次上疏，陈述

其中利害关系,并表示反对这种做法,却未能奏效。

鱼朝恩此后也越发嫉恨那些战功赫赫,声望高过自己的文武百官,他每时每刻都在寻找时机对他们加以残害。最让鱼朝恩耿耿于怀的当属屡建功勋的大将郭子仪。鱼朝恩曾经多次在皇上面前诋毁他,却总是没能达到自己愿望。于是他暗中派人去破坏郭子仪父亲的坟墓。对于这种卑劣无耻的行为,朝野上下无不议论纷纷。这件事也引起了代宗的注意,因为郭子仪位高权重,代宗怕他因此造反,便小心提防郭子仪。郭子仪知道这件事是鱼朝恩干的,但是抓不到鱼朝恩的把柄,又不能和他公然对质。他只有将仇恨埋在心里,表面上装作若无其事的样子。为了打消代宗的疑虑,郭子仪在代宗面前哭着说:“微臣长期领兵在外,没能禁止士兵掘毁别人的坟墓,现在微臣祖上的坟墓被人掘毁,这是老天爷在惩罚我,不能怪别人!”不但如此,郭子仪还命人将府门全部敞开,昼夜不关,任何人都可以出入。有一次,郭子仪麾下的一个将士要离京,临出发前,他特意来向郭子仪辞行。郭子仪的儿子们看到这位将士在自己母亲和父亲面前就像自家的仆人一样出入自如,感到非常惊讶和不解,认为父亲这样做有失体统,便向父亲言道:“父亲是战功显赫的将军,为何不懂得尊重自己,反而让任何人都可以随意出入您的卧房?就算是古代的圣人和权臣也不会允许你这样做。”郭子仪笑着对儿子们说:“你们哪知道我的良苦用心。因为府上有几百匹良驹,千余名随从。如果我将门窗紧紧地关闭着,再加上高墙森然耸立,与朝廷内外的官员不向来往,那就会给和我有过宿怨的奸佞小人机会,他们会以此为借口,对我加以诽谤、中伤。皇上禁不住唆使,将把我视为他的心腹大患,必定会设法联合那些庸臣算计我,到那时,我们大祸临头的日子也就不远了。现在我把门窗打开和外界相通,皇上会认为我坦荡无邪,外界会觉得我两袖清风。纵使有人在皇上面前挑唆离间,皇上也不会相信他所说的话。”郭子仪不但在家中如此,在朝中也处处表现得坦荡无私,鱼朝恩等人见找不到加害郭子仪的机会只好暂时作罢。

骄横无忌　自食恶果

鱼朝恩狂妄蛮横,自以为深得代宗赏识,朝廷政事稍不如他的心意,他就暴跳如雷,怒骂百官,而且还经常对大臣们说:“天下事怎能离得开我呢!”代宗听到这句话后虽然心中不悦,但是也没有太在意。

鱼朝恩有一个养子,名叫令徽,虽然年纪尚幼,但鱼朝恩将他安排在内侍省当内给吏,由于官位较低,令徽只能穿绿色的官服。而令徽仗着义父的权势为非作歹,同僚们看不下去,与之发生激烈的争吵。令徽在这次事件中吃了亏,他回家后将此事告诉鱼朝恩,说同僚们看不起自己,就是看不起鱼朝恩,自己受欺负也是因为官职太低的缘故。鱼朝恩听后很生气,第二天便带养子令徽进宫面见代宗,他对代宗说;“万岁,老臣的犬子官品卑下,经常受到同僚的凌辱,请陛下赏赐紫衣。”他这明摆着向皇帝要官。代宗还没来得及开口表态,就有人将高官所穿的紫衣抱了进来。令徽急忙跪拜谢恩,然后将紫衣穿在身上,事已至此,代宗也不便多说什么,只好做个顺水人情,勉强笑着说:“这个孩子穿上紫衣,要比原来英武多了。”代宗表面上装作若无其事,心里却对此事非常不满。他渐渐地意识到鱼朝恩权倾朝野,势力已经威胁到了自己，这是他最不能容忍的。而朝中大臣因为经常受到鱼朝恩的压迫和凌辱，也对他恨之入骨。

大历五年（公元770年）正月，宰相元载发现代宗不再对鱼朝恩言听计从，并渐渐对鱼朝恩的话产生了反感。于是他立即上奏，请求皇上将其除掉。代宗同意宰相元载的建议，但他也有很多疑虑，毕竟鱼朝恩为官多年，在宫中势力庞大，还掌握着军权，朝中的许多官员也都投靠了他，因此代宗决定此事应该从长计议。元载见皇上疑虑重重，便开口说道："陛下只要将此事交给我办理，必定能够办妥。"代宗遂再三叮嘱元载要小心行事，然后让他全权处理此事。

为了掌握鱼朝恩的出行规律，元载决定花重金贿赂鱼朝恩的亲信将领周皓和皇甫温两人，因为鱼朝恩在每次上朝时，都会让总川射生将领周皓率领一百多人护卫，并且以陕州节度使皇甫温领重兵在外守候。元载想方设法将二人拉拢过来。接着代宗降旨将凤翔节度使李抱玉贬为山南西道节度使，让皇甫温担任凤翔节度使。这样做表面上看是投其所好，让鱼朝恩误认为自己地位更加巩固，实质上是为了麻痹他。鱼朝恩一直被蒙在鼓里，并且他还洋洋自得，根本没有意识到将要大难临头。宰相元载认为准备工作已经就绪后，便把捕杀鱼朝恩的计划详细禀告了代宗，代宗点头表示同意。同年二月，鱼朝恩的部分党羽觉察到代宗可能有变，就急忙密报鱼朝恩。然而鱼朝恩上朝时并没有觉得有何不妥，而且代宗依旧对自己恩惠有加，他就没再多想。

三月十日寒食节。为欢度节日，代宗依照惯例设御宴款待百官。宴会结束后，鱼朝恩将要回营，代宗降旨命他进宫议事。鱼朝恩身体肥胖，每次都坐四轮小车上朝。代宗听到车声后便知道鱼朝恩来了，他命周皓等人在大殿内等候信号，自己正襟端坐在龙椅上。鱼朝恩进殿后，代宗立即沉下脸，声色俱厉地喝道："大胆奴才，朕待你不薄，你为什么要图谋不轨。"鱼朝恩当时惊呆了，但他马上又冷静下来，仍旧态度傲慢的为自己辩白，并且一脸不在乎的样子。代宗怒喝道："来人，将这个大胆的奴才绑了，立即处死。"在四周埋伏的周皓等人一拥而上，将鱼朝恩捆绑后当场勒死。一代奸佞鱼朝恩就这样结束了自己的生命，终年49岁。

鱼朝恩结党弄权多年，已经形成了以自己为中心的强大势力，代宗担心鱼朝恩的党羽知道消息后会发生兵变，所以封锁了这一消息，除了少数的参与者之外，其他人等一概不知，并对外宣称鱼朝恩在宫中谈论政事。随后下诏罢免他观军容使等诸多职务，只保留了内侍监一职，增封六百户。接着放出风声，说鱼朝恩接诏后自缢而亡，然后才将他的尸体送回家，并赏赐六百万钱作为安葬费。同时下令不追究其党羽的责任，还提升了许多人的官衔。代宗下诏宣称："你们都是朕的属下，禁军由朕统帅，你们不用顾虑。"经过代宗的接连安抚，朝中终于没有出现大的变故。

仇士良：心狠手辣 胁君凌相

【人物档案】

姓名：仇士良

字号：字匡美

生卒：781 年~843 年

籍贯：循州兴宁（今广东兴宁北）人

朝代：唐朝

职务：五坊使、神策左军中尉、内侍监，追赠"扬州大都督"。

封爵：楚国公

评价：檀权揽政 20 余年，一贯欺上瞒下，排斥异己，横行不法，贪酷残暴，先后杀二王、一妃、四宰相，使当时朝政变得更加昏暗和混乱。

【枭雄本色】

仇士良出生在循州兴宁（今属广东），他幼年的时候就被送到宫中当了太监。时隔不久，他被分配到东宫服侍太子李纯，由于能说会道而逐渐得到太子的信任。李纯登基后，仇士良受到宠信，被提升为内给事。这时，仇士良极力讨好皇上，没多久，他又接连升职，担任平卢、凤翔监军。有皇上做自己的靠山，身为监军的仇士良开始骄横起来。

公元 819 年，唐宪宗开始服用丹药，他的性情因此开始变得暴躁易怒，经常责骂甚至杀死身边的宦官。第二年，宪宗被身边的宦官杀死，李恒继位，称穆宗，元稹为宰相。长庆四年（公元 824 年），穆宗突然患病，因医治无效过世，随后敬宗继位。朝廷虽然发生了几次变故，但仇士良却依靠察言观色的本领，事先投靠掌权的一方，因而他的地位并没有受到影响。唐文宗当政后，封宦官王守澄为骠骑大将军、神策军中尉，掌管禁军大权，仇士良受到压制，在几年内没有升迁。后来王守澄等宦官被唐文宗铲除，仇士良掌握了禁军大权。他得志之后，随意欺压朝中大臣。为了除掉仇士良，文宗决定发动甘露之变，但被仇士良察觉，文宗被挟持。这件事情平息后，仇士良逼迫皇上对自己委以重任，其他宦官也都加官晋爵。开成五年（公元 840 年）正月，唐文宗抑郁成疾，医治无效过世。当时遗诏令皇太子成美继位，宰相李珏、知枢密使刘弘逸辅佐。但仇士良却与鱼弘志矫造诏书将皇太弟颍王李炎立为皇上，是为武宗。李炎登基后，仇士良再次加官晋爵，他仗着自己的权势继续排除异己。武宗不甘心受宦官控制，将李德裕升为宰相，君臣同舟共济，朝廷逐渐出现了振兴的势头，仇士良知道武宗排斥自己，他害怕自己在失势之后会被处死，于是在会昌三年（公元 843 年）四月以年老有病为由请求回乡，武宗立即同意了他的请求，仇士良回家没几天，就因病过世。

【风云叱咤】

倚仗宠信　趁机夺权

公元781年，仇士良出生在循州兴宁（今属广东惠州）的宦官世家，他的曾祖父官至正议大夫、内给事。仇士良出生的时候家势已经逐渐衰败。到唐顺宗年间，年幼的仇士良被选进宫当了太监，在主事太监的安排下，仇士良被安排到太子李纯的东宫当差，由于能说会道，逐渐受到太子的信任。当时宦官把持着朝中的兵权，唐顺宗对此感到非常担忧，为了夺回兵权，唐顺宗曾秘密支持大臣王叔文等人发动兵变，但此事没有成功。

永贞元年（公元805年）八月，宦官俱文珍等人在密谋之后，用武力逼迫顺宗禅位给太子李纯。李纯登基后称为唐宪宗，他开始对拥立自己称帝的宦官大加封赏。虽然仇士良没有参与逼迫顺宗退位事件，但是他作为李纯的心腹太监，也被提升为内给事。这时，仇士良极尽谄媚之能事，想方设法地讨好皇上，所以没多久他又接连升职，担任平卢、凤翔监军。有皇上做自己的靠山，身为监军的仇士良开始骄横起来。

有一次，仇士良在驿站过夜，正巧监察御史元稹比他早一步到达。按朝廷当时的规定，监军和御史官阶相同，投住驿站时，先到的住“上厅”（正房）。仇士良是后到的，他看到元稹住在上厅，非要元稹给自己腾出房间。元稹不肯相让，仇士良竟仗着皇上宠信，上前将元稹打了一顿。听到这事后，群臣议论纷纷，御史中丞王播便上疏弹劾仇士良，要皇上治他无视法度、打伤朝臣的罪。但宪宗听后不但没有怪罪仇士良，反而以元稹“年少树威，失宠臣体”为由，把他贬为江陵士曹参军。有了皇上的偏袒，仇士良做事越发肆无忌惮。

唐宪宗和唐文宗时期，仇士良多次任内外五坊使。五坊是饲养专供皇帝狩猎作乐时使用的“猎手”的地方，它包括：雕坊、鹘坊、鹞坊、鹰坊、狗坊。仇士良在任期间，经常带“猎手”到京郊去放风，当地的百姓经常被他弄得鸡犬不宁，地方官员心中暗暗埋怨。有的老百姓为了避免田园庄稼被糟蹋，便私下张网拦防这些动物。但仇士良派人贴出告示：谁家的网阻住了自己的“宠物”，这户人家便要被治罪。

元和十四年（公元819年），唐宪宗听信道士的话，开始服用仙丹神药，他的性情也因为服药而变得暴躁易怒，身边的宦官经常被责骂甚至杀死。公元820年，宦官们忍无可忍，设计杀死宪宗，拥立唐穆宗李恒继位，元稹被起用为宰相。这时仇士良因为以前得罪过元稹，就老老实实在宫中当差，不敢再惹是生非。长庆四年（公元824年），穆宗突然患病，因医治无效过世，随后敬宗继位。三年之后，大宦官刘克明又将敬宗杀死，准备另立皇上。可另一派宦官王守澄等人联合宰相裴度杀死了刘克明，后立江王李涵为皇帝，即唐文宗。

虽然朝廷接连发生了几次变故，但仇士良都因善于依靠掌权的一方使他的地位没有受到影响，在拥立文宗时仇士良还出过一点力。唐文宗当政后封宦官王守澄为骠骑大将军、神策军中尉（禁军在唐代称神策军）。王守澄掌管禁军大权以

后,做事无所顾忌,在朝中更是专横跋扈。文宗想真正拥有实权,便任命忠厚的翰林学士宋申锡为宰相,和他商议铲除王守澄等宦官势力。宋申锡私下秘密联络京兆尹王播和御史中丞宇文鼎,准备收拾王守澄。不料王播害怕事情失败后会丢掉性命,竟然将这件事偷偷地告诉了王守澄。王守澄采纳幕僚郑注的对策,决定先发制人。当时朝中舆论认为文宗常年多病,他的儿子年纪又太小,皇位继承人的最佳人选就是文宗的弟弟漳王李凑,文宗听了这些话后便对漳王很不放心。郑注利用文宗的这个弱点,唆使别人诬告宋申锡与漳王串通谋反。文宗信以为真,立刻命令王守澄领兵捉拿李凑与宋申锡,并收买两人的亲信诬证宋申锡确有密谋之事。文宗见证据确凿,便召集满朝文武宣布宋申锡罪状。朝臣们知道这是个冤狱,都力主重新审理,宰相牛僧儒也替宋申锡做了一番辩护。郑注怕自己的密谋泄露,便让王守澄去劝唐文宗从轻发落宋申锡。唐文宗本来想用宋申锡除去王守澄这一派宦官,结果却是误信谗言,将宋申锡贬出京城。

大和八年(公元 834 年),唐文宗突然病倒,太医医治不见起色,王守澄就向皇上举荐精通医术的郑注。唐文宗经郑注医治,身体渐渐恢复,而且郑注又很会奉承人,很快就得到了文宗的欢心。郑注有一个朋友叫李训,原来是一个郁郁不得志的地方小官,听说郑注得到了朝廷的重用,就带了一些礼物来求见郑注,希望能够给自己引荐一番。此时的郑注正好也想为自己找个帮手,于是就把李训引荐给了王守澄。王守澄很快就提拔李训,但是李训心里并不满足,他觉得能够接近文宗皇帝才是最重要的,因为皇上才是国家最高权力的掌握者。后来郑注又劝王守澄把李训引荐给文宗,而王守澄也想在皇上跟前多安排自己人。于是他把自己很信任的李训、郑注两人安排在文宗左右,作为自己的耳目。文宗一开始对李训存有戒心,但在召见的过程中被李训的渊博学识、机敏才思和精辟的论辩所打动,认为李训是位旷世奇才。李训虽然是经过王守澄引荐给文宗的,但他却十分痛恨宦官势力,他之所以要讨好王守澄,其目的既是为自己的晋升铺路,也是为自己今后反对宦官势力创造条件。郑注在李训的影响下,也改变了投靠宦官的心态,二人都看出文宗对宦官专权怀有满腹怨恨。所以李训经常借着给文宗讲《易经》的时机,有意议论宦官的种种罪行以及民间对宦官的仇恨情绪,暗地里鼓动文宗铲除这些专权的宦官。

其实文宗也有这个意思,他知道李训、郑注深得王守澄信任,但都痛恨宦官势力,认为与他们密谋可掩人耳目,不会引起宦官的怀疑。王守澄原想着把郑注、李训安插到唐文宗身边,就可以隔断皇帝与正直大臣之间联系,可他没有想到自己最终会死在这两个人手上。

当时朝野上下也一片混乱:宦官把持禁军,干涉朝政;群臣中又起朋党之争;地方藩镇割据,彼此混战。文宗一时左右为难。虽然如此,文宗还是无时无刻不想除掉王守澄等宦官,以泄心头之恨。文宗把心事告诉李训和郑注,二人都愿为皇上诛杀宦官。不久,唐文宗封郑注为太仆卿兼御史大夫,封李训为翰林学士、兵部郎中、知制诰(相当于宰相)。李训、郑注经多日商议,想到仇士良在拥立文帝时曾出过力,却一直被王守澄压抑,没有什么权力,此人心中很是不满,于是,就向文宗提出起用五坊使仇士良,以宦治宦,铲除王守澄。于是文宗擢升仇士良为神策军中尉,同时任命王守澄为左右神策军观军容使。这样既夺了王守澄的实权,又给他立了一个对立面。仇士良得势之后,同王守澄之间的新恨旧怨更加激化了。大和九年

(公元835年),文宗以其祖父宪宗被杀为由,逼王守澄自尽身亡。

王守澄是拥立文宗的老臣,对外没有宣布他的罪状。同时为了安抚其他宦官,文宗下诏于大和九年(公元835年)十一月二十六日将王守澄安葬在京郊浐水之上的白鹿原。

甘露事变 残害朝臣

王守澄死后,文宗嘉奖有功之臣,李训升为平章政事,郑注被任命为凤翔节度使,仇士良则担任左神策军中尉,兼任左街功德使,手中掌握着禁军大权,使他有条件在朝廷里形成以自己为中心的新的宦官集团。李训积极地向文宗进呈治国安邦的良策,他认为要使国家安定,首先必须清除宦官,文宗听了也十分赞同。而在王守澄被杀之后,剩下的最大宦官势力就是仇士良了。在杀死王守澄之前,李训、郑注及宰相舒元舆已经商定好,由郑注出任凤翔节度使,作为以后诛杀宦官的军事力量。他们决定让郑注赶在十月就任,在当地精选民夫作为亲兵,等到安葬王守澄那天,朝中便请文宗下诏,命仇士良等宦官头目前去浐水为王守澄送葬;再由郑注以护葬为名,带领亲兵,身藏利器,一举把宦官诛杀在浐水旁。这个计策安全可靠,只要仇士良前去浐水,就难逃一死。

李训是一个很会搞政治阴谋的人,他为了平步青云费尽心机投靠王守澄,后来为了掌握大权,又毫不留情地处死了有"恩"于自己的王守澄。这回要除掉仇士良,李训又想一人独占大功,他怕皇上看中郑注,于是就想自己先下手杀死仇士良,然后再赶走郑注,这样一来,朝廷上也就再没有人能够和自己相抗衡了。于是李训奏明文宗,决定提前举事。

为了确保万无一失,李训在人事、组织和兵力上都做了周密的策划。这时郑注已经在凤翔就任,凤翔紧邻京师,可以作为预防不测的外应。他要文宗任命郭行余为邠宁节度使,王璠为河东节度使,让他们借赴镇的名义,在京师广募兵卒作为基本武力。同时又任命亲信韩约为金吾将军,金吾卫(朝廷的仪仗队)虽然只有三四百人,力量不能与神策军相比,但却可以派作伏兵。除此之外他又安排亲信罗立言、李孝本分别把持京兆府和御史台这两个要害部门,而且其所属还有不少卒吏可作急需之用,郑注已把一切都准备妥当。

大和九年(公元835年)十一月二十一日清晨,文宗还和往常一样,按照逢单日会见群臣处理事务的惯例,驾临紫宸殿,朝臣鱼贯而入,依班站立。然后应由金吾将军奏报:"左右两厢内外平安。"但今日金吾将军韩约却不报平安,而上奏道:"昨夜天降甘露,落于左金吾署后的石榴树上。"甘露本意是甜美的露水,寒冬不降霜而降下甘露,确是一件奇事。故话音刚落,朝堂上下便议论纷纷。善于逢迎的大臣们纷纷说这是祥瑞,而参与密谋的人更是乘机煽惑。李训也急忙上奏说:"甘露既然近在禁宫,陛下当率百官前去视看,以承接上天赐予的祥福。"文宗故作惊讶之状,便乘辇移驾含元殿,众官跟随于后,文宗先命李训等人前往视看。李训回来之后煞有介事地说:"我和众人仔细地辨认了一番,不像真甘露。"唐文宗听后说:"难道韩约欺瞒朕吗?"于是他又命仇士良、鱼弘志等宦官再去看个究竟。仇士良等不知这是李训等人精心设计的圈套,便领命前往探看。李训见仇士良等人已去,便急忙传

唤:“两镇军士速入殿接受诏旨。”原来李训的私党王璠和郭行余并没有去赴任,而是屯兵于丹凤门外,见机行事。当两人听到李训的命令,王璠却害怕起来,战战兢兢地不敢前往,只有郭行余带兵来到含元殿。这时前来看甘露的仇士良等人来到金吾署外。他抬头一看,正巧金吾将军韩约满脸大汗慌慌张张地向门外走。仇士良感到奇怪,便故意问道:“韩将军为什么这样着急啊?”韩约只当没听见,一句话也不答又急忙而去。仇士良顿生疑心,他缓慢地走进金吾署的院子,猛然一阵风掀起了幕布,露出手握武器的士兵。狡猾的仇士良立即感到此事不妙,于是转身就往回跑。他一口气跑到含元殿,来到文宗皇帝的辇车前,气喘吁吁地说:“皇上,朝臣里有人造反了!”边说边命令太监把皇帝的辇车往东上阁门里推。李训见状急忙上前拽住辇车,大声喊道:“陛下您不能去啊,您不能去!”仇士良怒喝说:“好你个李训,难道你想造反吗!”文宗说:“李训是忠臣,他怎么会造反啊!”仇士良没办法,就上前拉扯李训,由于用力过猛,自己被闪倒在地,李训乘机压住仇士良,从靴中抽出匕首,刺向仇士良的胸膛。可就在这个时候,几个宦官一起围上来压倒李训,拉起仇士良就跑。李训见状急忙大声呼喊:“邠宁和河东的兵士们,快快出来保护皇帝,诛杀奸臣贼子,谁护驾有功就赏谁十万钱!”这时埋伏的士兵以及御史手下的随从武士,纷纷操起兵刃,呐喊着冲进院子,见到宦官就杀,霎时间含元殿乱作一团。

唐文宗被太监们推进了东上阁,仇士良命令关闭了宫门,随即命左、右神策军副使刘泰伦等率禁兵五百冲出阁门,剿灭“叛乱”,他的亲信带兵逢人便杀。李训见大势已去,急忙乔装逃跑出去。百官大为惊骇,也都各自奔散逃命。宰相舒元舆此时还佯装不知,对另一宰相王涯说:“皇上要在延英殿召集我们议事吗?”不知实情的群臣都跑来问宰相这到底是怎么回事,舒元舆说:“我也不知道啊,大家还是各自为便吧!”他话刚说完,神策军的五百卫士已经挥刀杀进来了,被杀死的官吏有六七百人之多。仇士良又令神策军封堵所有的宫门,抓捕李训党徒等千余人,将他们全部斩杀,一时间宫中血流成河,尸横遍野。仇士良得知李训的行动是得到了文宗的支持后十分怨愤,对文宗出言辱骂。文宗被劫持后心中也十分害怕,只得一言不发任其摆布。

仇士良在宫中软禁了文宗,又命左右神策军将领率禁兵以搜捕贼党为名,大肆杀戮。连年过七旬的宰相王涯也未能免祸,被屈打成招。宰相舒元舆在家中被捕。仇士良又假传圣旨,派出卫骑千余到咸阳等地追捕逃亡之人,整个京城附近一片混乱。

参与这次事变的王璠逃回河东,在太原聚兵自卫,宦官鱼弘志就派人去哄骗王璠,在城下对他喊话说:“王涯犯了国法,皇上知晓你很有本事,要任命你为宰相,请你快快进京。”王璠一听没有追究自己的罪责便十分高兴,马上大开城门迎接,神策军将士假意向他道贺,并请他快速上马进京。刚到城外,几个神策军将士便将他拉下马捆绑起来。王璠吓得大哭:“我没有罪,这都是李训害了我呀!”王璠在狱中,看见王涯还气愤地说:“你怎么也在这儿啊!”王涯一脸的看不起他,说:“你这胆小之人成何大事啊!当日你泄露了宰相的机密,今日你也有此下场啊!”不久,郭行余等人也都被押进大牢。李训从京师逃出后,隐藏在终南山一个寺庙里。主持想收留他,可是他的弟子们因怕受牵连而不同意,李训无奈之下只好去凤翔。但在逃亡的途中被搜查逃犯的士兵逮捕,押回京城。李训自知难逃一死,但是他不愿受宦官的侮辱，就想了一个保全自己名节的办法，他对押送的士兵说："你们只要捕获了我就有赏。何必还带着我这个人进京城呢？你们不如直接拿着我的头去领赏好了。"于是押差商量了一番后，就砍下李训的头颅，回去请功。

宰相舒元舆等人全都被神策军腰斩处死。舒元舆在刑场上怒骂仇士良："你作恶多端，横行霸道，是不会有好下场的，我今日虽死，但无愧于天地！"说完放声大笑走上行刑台。金吾将军韩约被捕后，仇士良见他不肯低头服罪，命人活活将他打死，他的亲朋好友，不论亲疏，也都惨遭杀害。此次事变后，郑注退守凤翔，重新等候时机，仇士良便命他的亲信凤翔监军张仲青设法杀死郑注。监军张仲青和亲信李叔便邀请郑注来营帐喝酒，郑注自恃掌握重兵，根本没有多想，就直接去了监军大营，刚进营帐，就被张仲青设下的伏兵乱刀砍死。至此，李训、郑注密谋铲除仇士良的计划彻底失败。历史上把这件事称为"甘露之变"。在甘露之变中，仇士良极为残酷地疯狂杀戮朝中大臣，以致朝廷上出现"公卿半空"的情景，朝廷几乎完全被宦官所掌控，仇士良也成了宦官的大头目。

心地歹毒　欺君罔上

仇士良为了树立自己在朝中的绝对权威，以追查"甘露事件"为由，把那些不肯依附自己的人全都处死，弄得京城里横尸遍地，仆射令狐楚就对文宗说："皇上，参与'甘露事件'的人都已经被仇士良杀死，就连他们的族人也都遭到残害。现在京城内到处都是腐烂的尸体，臭气熏人啊！"文宗听后也很难过，于是下令将宰相舒元舆等人的尸体埋葬了。仇士良知道这件事情后十分恼火，私下又派人把他们的坟墓挖开，将尸骨全都扔到河里去。

"甘露事变"后，宰相都被仇士良关押起来了。文宗曾经夜里召见令狐楚，令狐楚对文宗说："朝中有三司御史，他们是专门惩治那些不法之臣的。可是现在宰相却在宫内被宦官严刑审问，这哪里还有律法的威严啊！"后来文宗就让令狐楚连夜起草了一份为宰相四人开脱的诏书。为此，仇士良非常痛恨令狐楚。当李训、舒元舆、贾餗、王涯四位宰相被杀害后，文宗便想让令狐楚任宰相辅佐朝政，但仇士良联合自己的亲信坚决反对，受制于人的唐文宗没有办法，只好让令狐楚去山南西道任职。仇士良将令狐楚排挤出京城之后，文宗起用李石担任宰相。

虽然甘露之变以李训等人被杀而告失败，但是仇士良也因此非常憎恨唐文宗，多次想设法废掉他。一天深夜，翰林学士崔慎正准备睡觉，突然一个宦官来叫他，说皇帝有要事要召见他，崔慎以为朝廷发生了什么大事，也没来得及细问，便匆匆地入宫了。崔慎被宦官引进了一个秘殿，他却只看到仇士良等几个太监坐在那里。崔慎觉得这件事情很蹊跷，刚刚坐下身子，仇士良就对他说："皇上已经病了好多天了。自从他即位以来，很多的政令都被荒废了。皇太后知道后，整天忧心忡忡，所以命我另立一位皇帝，深夜请崔学士前来，就是为了起草诏书的事！"崔慎听完内心很惊慌，但他急中生智，连忙说："所有的人都知道皇帝是英明的，我们怎么可以私下随便议论呢？我崔家可是大族，我可不敢做那祸灭九族的事情！就是杀了我，也不做这样的事！"仇士良听了这一番话后，沉默了半天。过了一会儿，仇士良把后边的小门打开，带着崔慎到了后面的一座小殿。崔慎抬头一看，文宗就在那里坐着

呢。仇士良当着崔慎的面，一条一条地数落文宗的过失，文宗只是默不作声地低着头。仇士良数说完了之后，指着崔慎说："要不是这崔学士，你以后就不能住在这儿了！"崔慎出宫之前，仇士良又威胁着说："今晚的事不许走漏半点风声，否则的话，我就要了你全家人的命！"

有一次，文宗在延英殿召集大臣商议事情。仇士良就借着斥责李训为名，指桑骂槐地教训在场的大臣。李石看不过去，就语气凌厉地说："李训、郑注扰乱京师，他们已经被处死了啊！可是这两个祸害又是谁引进来的呢？"郑注、李训都是通过投靠宦官才当上大官的，仇士良也是与他俩一起谋算宦官王守澄后才得势的。仇士良怕这样争论下去对自己不利，也只好闭嘴不再说话了。

以后二人一直没有太大的冲突，直到有一天，京兆尹薛元赏到李石的相府去，看见一个神策军将领在大厅与李石大吵大闹。薛元赏性格刚正不阿可是出了名的，便带领自己的随从上前把那军将绑起来，押到马桥候审。薛元赏和李石一番笑谈之后，便回到马桥，命令手下人剥去军将的军衣，押他跪在道旁。薛元赏刚要命人动刑，此时来了一个宦官，说是奉了中尉大人之命，请薛大人到府上一叙。薛元赏说："我正在忙着办公事，等一会办完自然前去。"随即命令手下将士将那将领乱棍打死，然后自己身穿白衣去见仇士良。仇士良看着薛元赏，冷笑着说："你好大个胆子，竟然敢杀死我手下的禁军将领？"薛元赏一脸正气，不慌不忙地回答："中尉的手下犯了国法，我是依法行事，难道中尉大人会不顾国法而偏袒自己的手下吗？如果是这样的话，我已经穿着囚服来了，就请中尉定我的罪吧！"仇士良见他这般刚毅，而且句句有理，自己也无话可说，当即脸带笑容，吩咐手下人设宴，自己要和薛元赏共同饮酒。这件事情过后没多久，仇士良就将自己的矛头对准了丞相李石，开始盘算着如何除掉这个眼中钉、肉中刺。

正当李石想大展拳脚之时，他却接连遭到两次暗算，幸好李石防备得当，只是受了点皮肉伤。李石知道这肯定是仇士良派人干的，因为自己当了宰相后一直直言进谏，做事情不偏袒他人，也不亲近宦官，一心想辅佐皇上。仇士良这个奸臣怎么能容得下他呢？况且在自己掌管的各部署里有很多人都是仇士良的亲信，李石痛惜无力回天，同时又为了保全性命，便请求皇上允许自己告老还乡。李石交出宰相大权后，仇士良就更不把在朝的百官放在眼里了。

昭义节度使刘从谏得知四位宰相被杀之后，心里非常愤怒。于是他向文宗上表，声讨仇士良，同时又派部将陈季卿把李训写给自己的书信送到朝廷，以此来证实李训根本没有造反的意图。陈季卿来到京城，正赶上李石被暗算受伤，他心中害怕，就没敢把信交给文宗。刘从谏知道后非常气愤，一怒之下杀死了陈季卿，然后再次派人将书信送往朝廷，并向皇上上疏要求"清君侧"，铲除皇上身边的宦官。刘从谏的上疏送到朝廷后，百官争相传阅。仇士良心里特别害怕，怕刘从谏带兵入朝，于是急忙奏请文宗升刘从谏为检校司徒，想用高官厚禄来收买刘从谏，可是没想到刘从谏根本就不吃这一套。刘从谏又再次上疏说，自己要为几位宰相平反洗冤，并且一再表示不接受仇士良的授官。刘从谏的多次上疏不但揭露了仇士良弄权，还揭露仇士良推荐的国舅是假冒的。经过御史中丞高元裕、刑部侍郎孙简、大理寺卿崔郇三司的仔细调查，最终证实国舅确实是假冒的。真相大白后，仇士良很是狼狈，他到处制造刘从谏窥伺朝纲的舆论。昭义是个民富兵多的强藩，刘从谏也毫不示弱，便打着“清君侧”的口号与宦官对抗。在强藩的外部声援下，文宗虽然还除不掉仇士良等人，但总算是过了一阵舒心的日子。

风光一时　罪有应得

唐文宗在仇士良的挟制下的生活很闲，仇士良不准他过问国家大事，他就只好饮酒赋诗打发时间。文宗曾问一个大臣自己可比历史上哪位君王，大臣献媚地说了一通。文宗听完却泣不成声地说：“周赧王、汉献帝他们无能，也只不过被权臣所控制，而我现在却被自家的奴才要挟，看来，我还赶不上他们二人哪！”

文宗本来有两个儿子，长子是王德妃所生，名叫李永；次子李宗俭，但在十岁的时候就夭折了。朝中大臣多次上奏，请文宗立李永为太子，可是文宗却迟迟没有应允。大和六年（公元832年），文宗下旨立长子李永为太子。但太子生母王德妃素来失宠，杨贵妃却被文宗爱若掌珠，文宗对杨贵妃言听计从。李永成为太子没多久，杨贵妃便屡次在文宗面前说太子的坏话。时间久了，文宗就有了废太子的念头。

开成三年（公元838年）九月，文宗召见群臣，说要废掉太子李永，但是朝中大臣极力劝阻，废太子这件事便没能成功。杨贵妃心怀不满，暗中指使坊工刘楚才伺机杀害太子。一个月之后，太子突然在少阳院中暴病身亡，当时七窍流血，四肢发青，很明显是被毒死的。文宗看到这个状况心如刀绞、泪涌如泉，他想查出凶犯，但是无处寻找证据，只好殓葬了事。太子神秘暴死后，杨贵妃便进言请立穆宗之子李溶为皇太子。宰相李珏认为立弟不如立侄，开成四年（公元839年），文宗将敬宗的小儿子李成美立为太子。懦弱的文宗对太子李永之死常记挂在心中。一次赏玩中触景生情，感叹道：“朕贵为天子，却不能保全儿子，真是可叹可悲啊！”随后很气愤地回到宫中，怒骂刘楚才等人，并以谋害太子的罪名将他们处死。此后，文宗的身体因心情忧郁而一天不如一天。开成五年（公元840年）正月，文宗觉得自己大限快到，便命枢密使刘弘逸、薛季棱，宰相杨嗣复、李珏进宫，商议太子监国的事情。此时，仇士良等人惧怕太子当政后，自己的地位受到影响，于是就派人时刻注意朝臣们的动向。当宰相大臣们进入皇宫后，仇士良、鱼弘志也尾随着进来了。面对临死的文宗及辅政的重臣，仇士良狂言无忌：“太子年幼无知，体弱多病，他的事情以后再说吧。”宰相和大臣们坚决反对仇士良废掉太子。仇士良、鱼弘志气得脸色发紫，只好匆忙离去。当天夜里，仇士良等人就伪造诏书，私立文宗的弟弟颖王李炎为皇太弟，并派兵护送他进宫主持国政。同时，把文宗刚立的皇太子李成美贬为陈王。两天之后，唐文宗病死，仇士良等人就拥立皇太弟李炎在文宗灵柩前继位称帝，是为唐武宗。

武宗即位后，有拥立之功的仇士良被封为楚国公，鱼弘志封为韩国公。仇士良为了掌控武宗，装出一副关切的样子对武宗说：“杨贵妃曾经密谋要立安王李溶为太子，这件事情经我们从中加以阻止才没能成功，但这可对安王有很大的影响啊！陛下只有除掉安王才能免于后患。”武宗也觉得有理，便立下诏令，将杨贵妃、安王、陈王处死。八月二十七日，枢密使刘弘逸、薛季棱率禁军护送文宗灵柩去章陵。他们二人素来与仇士良不和，立储之事的分歧又使矛盾更加激化，他们担心武宗受制

于仇士良,会对他们不利,便秘密商议要率军倒戈,杀死仇士良。不料事情被仇士良党羽发觉,仇士良先发制人,把刘、薛二人杀害。不久,武宗又被仇士良的谗言所蒙蔽,将宰相李珏、杨嗣复贬出京城。

唐武宗继位后,表面上对仇士良十分宠信,给他封爵升官,又赐给他“纪功碑”,但是他心里也是十分不满,并且明白自己有成为仇士良傀儡的可能,他便暗中发誓,一定要清除宦官。但眼前紧要的是,自己要尽早摆脱受制于仇士良的困境,要想达到这一步,关键在于选一个好宰相。经过慎重的考虑,武宗把富有政治才能的李德裕擢升为宰相。李德裕当上宰相不久,回纥军队就屡次入侵。李德裕精于谋略,果断决策,很快取得了战争的胜利。借这个机会,他上疏武宗说:“以往朝廷作战之失败的原因有三个:一是宦官的军权太大,宰相不能参与决策;二是宦官监军,将帅不能放手做事;三是每军都有宦官作监使,他们挑选军中精兵为自己的卫队,只留下老弱病残的将士到前线作战。”分析了原因之后,李德裕建议武宗削弱宦官的军权。武宗对李德裕格外倚重信任,因而对宦官也就疏远了。

李德裕在任淮南节度使时,就在与监军宦官杨钦义打过交道中,摸索出了一套对付宦官的办法。仇士良对李德裕当宰相感到有些恐惧,又听到李德裕要皇帝辨别忠奸,更觉得他不好对付。仇士良便去讨好武宗,诱惑皇上四处游玩。李德裕见到武宗如此耽于玩乐就劝说他要勤于国政,多体察民情。仇士良见武宗日益听信宰相的话,又把大权交给南衙(中国唐代以宰相为首的政府机构称为南衙),自己无隙可乘,对李德裕既怕又恨,自己也不得不有所收敛。仇士良觉察到了武宗对他有厌恶的情绪,很觉懊悔,他没有想到自己拥立的皇帝却最终疏远了自己。

会昌二年(公元 842 年),仇士良借着给皇帝上尊号的机会,在神策军中散布谣言说:宰相主张削减禁军的钱粮,降低待遇。受仇士良的煽动,使神策军内出现了骚动。李德裕知道这个消息后,赶忙去详细地向武宗报告。武宗也觉得事态严重,立即派出使者到神策军中宣布:削减开支是皇上的旨意,与宰相没有关系,军士们听后才安定下来。此后仇士良感觉势头不对,整日惶惶不安,会昌三年(公元 843 年),仇士良感到形势对自己很不利,便提出要告老还乡,武宗马上同意了他的请求。

仇士良临走的那一天,他的门生故吏为他送行。仇士良对他们说:“你们要好好地伺候皇帝。”大家都点头说好,仇士良不紧不慢地说:“天子决不能让他有空闲,一有空,他就要看书,接待儒臣,采纳他们的建议、劝告,这样皇上就会深谋远虑,也就不去追求享乐了。这样一来,对我们这些人就不会宠信,我们能掌握的权力也就越来越小。老夫为了替你们今后的前程打算,就告诉你们一个好法子,这也是我多年总结的经验:要想尽办法让皇帝挥霍钱财,让他沉溺于声色犬马当中,让他天天都只想着吃喝玩乐。这样一来皇帝还会有什么心思去治理国家啊!他对国家的事情一点不放在心上的时候,所有的事情就全都听凭我们摆布了,什么恩泽呀权力呀还能跑到那里去呢?”大家听后如获至宝,纷纷向仇士良再三行礼道谢。

仇士良当权 20 余年,前后共杀二王、一妃、四宰相。仇士良回到家乡没过多久,就病死在家中。他死后的第二年,有人在他家中发现了数千件兵器。武宗得到消息后,下诏削了他的官爵,没收了他的全部家产。

童贯：监军误国　流毒四海

【人物档案】

姓名：童贯
别名：媪相
字号：字道夫(一作道辅)
生卒：1054 年~1126 年
朝代：北宋
封爵：泾国公、楚国公、广阳郡王。
职务：宦官、检校太尉、太傅。
主要成就：破西夏，平方腊。
评价：北宋权宦、大奸臣、"六贼"之一，是中国历史上掌控军权最大的宦官，获得爵位最高的宦官，第一位代表国家出使的宦官，被册封为王的宦官，钦宗即位，被处死。

童　贯

【枭雄本色】

公元 117 年，金军南下，攻破北宋都城汴京，掳走徽钦二宗，北宋灭亡，是为"靖康之耻"。北宋灭亡原因固然很多，而徽宗昏庸无能，重用童贯，蔡京等一班奸臣逆贼，致使朝纲紊乱，国虚民穷是其主要原因。

童贯，少年净身入宫，投于大太监李宪门下。他为人乖巧，揣摩功夫十分了得，精于媚术。徽宗即位后，他如鱼得水，使出浑身解数，献古玩，弄字画，用尽心思讨得这位风流天子的欢心，从此平步青云。他与蔡京联手，排挤朝臣。公(即蔡京)媪(即童贯，因其是太监，故宋人蔑称其为媪相)二相，朝内朝外，互相勾结，独霸北宋军政大权，朝野百官尽出其门，童太监成了"童大王"。童贯独领兵权二十余年，北宋在与辽、金的战争中屡战屡败，国力日虚，他却兵权永固，足见他保权固位手段之高。

【风云叱咤】

善察主意　极尽谄媚得重用

童贯祖籍开封府，宋仁宗至和元年（1054 年）生，字道夫（一作道辅）。《宋史·童贯传》说“童贯少出李宪之门”。这李宪也是一个大宦官，他一生事业，也多是在外领兵，神宗即位之初便为太原府走马承受。王安石用王韶收复熙河，他以中使身份观察军事，与王韶同收河州（今甘肃临夏县），后又在熙河经略安抚司干当公事。夏人木征入侵，进围河州，李宪到前线监军，直接督战，因功升昭宣使、嘉州防御使。后又曾任宣州观察使、宣政使、宣庆使、入内副都知。

童贯因少随李宪，经常出入陕右，驻军临阵，少不得眼见身历，学了一些行军作战的知识，为他以后带兵积累了经验。

大约是在哲宗后期，童贯净身入宫，作了宦官。童贯非常聪明，善于察言观色，揣摩皇帝的意图，《宋史·童贯传》说他“性巧媚，自给事宫掖，即善策人主微指，先事顺承。”这说明他每侦知揣测到皇帝想什么，想做什么，他都先按皇帝的想法说在头里，做在头里，让皇帝觉得他与自己想法一致，因此颇受皇帝宠信。

公元 1101 年，北宋的风流皇帝宋徽宗赵佶即位，开始进入了北宋的末期。这宋徽宗原是宋神宗的第十一子，哲宗绍圣三年（1096 年）以平江镇江军节度使封端王。生得人物风流，性格儒雅，聪明异常，卓有艺术才能。妙解音律，精通琴棋，诗词歌赋，无一不精，声色犬马，无一不会尤于书画两途，堪称开宗大师，唯于治国之道，不甚在行。元符三年（1101 年），哲宗崩逝，赵佶以皇帝登位。即位之时年方 19 岁，正是少年皇帝，开始还装模作样，又是大赦，又是诏求直言。有内侍见他善于玩乐，好事奢华，就建议用金箔装饰宫殿，有的官员则献金助修宫殿，他却一一罢免，似乎有点励精图治的样子。谁知江山易改，本性难移，不久就露出本像，开始铺张起来。

童贯生性乖巧，专门揣摩皇帝心理，老于谄媚之事，更加他比徽宗大 28 岁，这个年轻人的心理，他怎不看得一清二楚，为了投其所好，早就掌握了他的爱好。于是就找机会，日日在他面前说起南方多奇珍宝玩，怪石异花，更兼南唐著名画家顾闳中，周文矩等人的画，有许多流落南方，不妨派个人去搜罗。徽宗听了正中下怀，干脆就叫童贯以内廷供奉宫的身份主持其事，到江南去搜寻书画奇珍。并在杭州设立明金局，由童贯直接管领。童贯得了这个机会，正好出来作威作福，于是整装起身，前呼后拥，直往杭州府来。

臭味相投　蔡童二贼联手

童贯到了杭州，既是奉旨行事，又兼是内廷宠臣，自然威势显赫，杭州官员，哪个敢不来趋奉？于是大排筵宴，接风洗尘，笙箫细乐，缓歌曼舞，非常热闹。童贯满面春风，众官员一一把盏劝酒，轮到一人，年约五十四、五岁，生得长眉低稍，面白少须，眼细而长，显得深有城府，嘴角下弯而唇薄，透出几分奸诈，气度雍容，举止极有风度。当下这人举杯劝酒，脸带笑意，说：“供奉别来无恙？”童贯一看，原是京中旧相识蔡京。

蔡京(1047~1126年)字元长,宋兴化军仙游(今属福建)人。熙宁进士,先为钱塘尉,舒州推官,累迁起居郎。因为很有才学,出使辽国,应对得体,回来后拜为中书舍人。与弟蔡卞(当时也是中书舍人)同掌符命,非常荣耀。童贯与之相识,也就在这个时候。不久,蔡京以龙图阁待制知开封府,也就是人们常说的包拯曾经担任过的官职。蔡京有艺术才能,其书法在当时很有名气。然而其人却嫉贤妒能,非常阴险,害人时不动声色,喜怒不放在脸上,顺我者昌,逆我者亡。徽宗即位后,他被罢为端明、龙图两学士,知太原府。皇太后劝徽宗留他在京著国史,经过几个月,谏官陈瓘上言,说他交通近侍,图谋不良。所谓近侍,实际就是童贯等人。蔡京因此被罢知江宁府。他郁郁不乐,拖延不就任,被谏官们轮番弹奏,又夺职罢为提举杭州洞霄宫。在宋代,提举某宫,实为大臣失去实权后所给的一个名誉衔,当时蔡京是在此赋闲,但他从未放弃任何东山再起的机会。童贯的到来,使他看到了再返朝廷的途径,他决计抓紧童贯。当下举杯劝酒,极为殷勤。而童贯本次赴杭,收集古玩书画,也正用得上蔡京。于是非常热情地回敬:"童某此次来杭公干,还要仗大人鼎力。"双方客气一番,既是旧相识,又互有所求,自然一拍即合。

之后,童贯与蔡京频频往来,在蔡京的计议策划下,设局收集宝物,分派任务,设置人员,发出告示道:

钦差供奉官童某,奉旨设明金局,采买书画玩器,上供御览。凡缙绅士民等,如有存蓄,许得送官,以凭平价回易。如有隐匿,以抗违诏旨问罪。

蔡京与童贯交游密切,二人谈得投机,蔡京干脆就住在明金局公署,与童贯日夜在一起。蔡京先是送了一些古器,童贯就标明说蔡京进献,派人送到京师。蔡京又与童贯计议如何复职返京之事,童贯道:"蔡学士书画双绝,圣上极为叹赏,不如就从这条路上办成这事。"蔡京叹为妙策,用心去画,无论所画屏风、床幛、扇带之属,凡有美作,童贯便日日派人送京,并且特附书信,称赞蔡京忠心不二,身在江湖,心在廊庙,忠君爱民,进退皆忧。更兼多才多艺,与圣上性情相合,实汝民之栋梁,治国之伟器,弃置江湖,实在可惜。徽宗既叹赏蔡京的书画,又经童贯日日推荐歌颂,渐渐把蔡京的种种劣迹,置于脑后,对蔡京渐渐亲切起来。

不久,童贯满载回到京师开封府,趁徽宗沉湎于异宝之时,向天子举荐蔡京。此外,他还说动了平日跟他比较亲密的嫔妃也在天子面前推举蔡京,一时间徽宗耳朵里尽是奖誉蔡京的言辞,徽宗便卖个顺水人情,先让蔡京到定州担任知州,一年多,又把他扶上了丞相的宝座,这便是童贯、蔡京交结之始。为了感激天子的宠眷,答谢童贯的保举,蔡京上台之后,便大刀阔斧地"改革吏治"。他变革现行考试制度,任免一批内外官吏,所有这些,不过是铲除异己,树立自己的权威而已。另外,他把已经平息的宋与西夏的关系重新提起,上奏徽宗,要把神宗时未雪的国耻洗净,主张重征西夏。当时青唐一带久为西夏占据,徽宗本不愿再耗资费,再惹是非,但由于阿附蔡京的一些大臣连上奏本,也就应允了。于是蔡京又极言童贯在先皇帝时曾随李宪在陕右多时,对西边要塞和将帅能力都十分熟悉,西取青唐,非童贯莫属。徽宗降旨准奏,命河州知州、大将王厚为总兵,童贯为督军,全依当年李宪故事。数日之间,大军西行,浩浩荡荡。走到湟川时,大内太乙宫突然失火。宋徽宗感到这是不祥之兆,连忙派人带着自己亲笔书信赶上童贯,说上天告警,不宜用兵,让童贯就地驻扎,以待天象。童贯在马上看完圣谕,心中一惊。这一切被王厚看在

眼里，问童贯说："圣上有什么谕旨？"童贯故作镇静，把圣旨顺手塞进皮靴，淡淡地说："没什么，皇上只是催我们连夜进发，早传捷报！"王厚不敢再问，于是大军继续西进。不久，收复青唐四州。由于此次童贯督军有功，被破例提升为景福殿使兼襄州观察使。以宦官的身份而转两使，古未有之。享此殊荣的宦官，当自童贯始。崇宁四年(1105 年)，由于西夏人不服宋室，数次入宋境侵掠。为了稳定西边，宋徽宗命童贯为熙河兰湟秦凤路经略安抚使，统西部几乎全部兵马。以往宦官手握兵权，要么明为督监、暗操将帅，要么自领一路军马，像童贯这样名正言顺地总管半个天下兵马的宦官，也真是前所罕见。

恃功骄恣 专横跋扈

大观二年(1108 年)正月，蔡京由太尉进位太师，成为宋朝官职中最高的职位，童贯也由原职加为武康军节度使。在宋代，一军的节度使即是一方藩镇，位高权大。童贯以宦官任为藩镇，实在是特别的提升。

童贯既得高官，又握重权，更放胆大做起来。

大观二年(1108 年)四月，童贯派出统制官辛淑献、冯瑾等恢复洮州。之后，又开始策划收复积石军。积石军与西宁接境，当时是羌族首领臧征扑哥占据。臧征扑哥以诅咒迷信迷惑羌人，被尊为首领，居住在溪哥城，号称王子。

童贯认为既能惑众，必为边患，就想发兵征讨。前来议军政的西宁州知州刘仲武将军说："大兵入境，贼兵穷困，必然逃往夏国，往夏国只能经由西宁，可在此设兵掩捕。他们如果愿降，就招纳他们。另一种方案是提兵深入，可乘便取事，臧征扑哥乌合之众，决不能与溪赊罗撒相比。只是过河的桥一时不能架好，如果一切向朝廷请示待批，怕失去时机。"童贯说："命你前去，你一切看着办就是了，不须请示。"及宋兵一临，臧征扑哥惊慌失措，逃走无门，表示愿降，并请刘仲武派他一个儿子为人质，以验证刘仲武的诚意。当时有人说羌人狼子野心如何如何，刘仲武不为所动，派儿子刘杨禄前往。这时河桥恰已建完，刘仲武即出奇兵直趋溪哥城下，臧征扑哥只好去城迎降。使刘仲武大为惊奇的是，这使宋军如临大敌的臧征扑哥，原来并无什么兵马官属，出降人员连女人带孩子一共才 28 人。刘仲武带他们归来，献捷宣抚司。然而童贯却有意夸大战功，夸大臧征扑哥的势力，他们为了说明臧征扑哥在这里称王称霸，便伪造了许多臧征扑哥所用的"僭逆"器物，用金纸糊在桶上做头冠，木椅为胡床，浅红绢为缴，许多都是瞎造，明眼人一看就知道不是羌人所用之物。捷书上报朝廷，并没有提及刘仲武的战功，只说他修浮桥有功。刘仲武也并不争辩。

朝廷闻报，蔡京率百官称贺，徽宗降诏，押解臧征扑哥到京师，授予止任团练使、邓州钤辖以示恩信(此人后来死于邓州)。童贯则因收洮州和溪哥城的功劳而被升任检校司空、奉节军节度使。并批准他的提议，将这片地方设积石军。徽宗高兴之余，派使节带了金银酒醴，专门来寻找那位带兵攻占积石军、招降臧征扑哥的将领。使者访问明白之后，将钱、酒赐给刘仲武，并且与他共同赴朝廷面见徽宗。徽宗慰劳了半天之后说："上次高永年不听你的话，招致失败，这次招纳降王，抚定河南，都是你的功劳。"于是命刘仲武回西宁，他的九个儿子除大儿子刘锡禄用为右班殿直、祗门阁侯外，其他都补为三班殿直。

此时童贯既有几次战胜之功,仕途上又青云直上,自以为是宋朝栋梁,于是渐生骄恣,目空一切起来。在西北,天高皇帝远,他专制一方,成了一个独立王国。他擅自下令,在所辖各路招募身长力大的青年几万人,自号为“胜捷军”,作为自己的亲军,直接由自己掌握,军官也都由自己任命,实际上成了他的私人武装。

原来,他与蔡京互相推荐,狼狈为奸,凡有什么事情,都由蔡京为他在朝中照应,因此凡有请求,无有不准。凡是军官等立有军功,他都依例先写表申奏尚书省,再由尚书省宰相奏请皇帝批准任命。然而自童贯加检校司空之后,在宫中又与内侍黄经臣、中丞卢航相为表里,互相呼应,渐渐也就不把蔡京放在眼里。凡是军情重事,军官任命,也多不经过蔡京,而是施展通天的手段,直接报呈皇帝,由徽宗批准。蔡京本是个嗜权如命的人物,这种越权情况,自然会引起他的不满,于是经常在徽宗面前诋毁童贯。童贯正是徽宗红人,在徽宗身边又有耳目,岂能不知,由此二人关系出现了裂痕。不久,徽宗又想任命童贯为开府仪同三司。开府仪同三司是极尊贵的名衔,相当于一品文散官,在元末改官制之后,成为发放俸禄依据的官职,又相当于北宋的使相。蔡京见徽宗要任童贯此职,就反对说:“使相岂能授予宦官?”并拒绝签字用印,拒不奉诏。这一次童贯没有升上此职,更恨蔡京。

当时蔡京由于专权日久,许多人明里暗里攻击他,连他的一些党羽有时也反过来攻击他,徽宗也渐渐对他拉开了距离。一些反对势力见有隙可乘,于是趁热打铁,论列他的罪恶的奏章不断交到徽宗手中。中丞石公弼,连上几十次奏疏,弹劾蔡京欺君挟邪,祸国殃民。蔡京见形势不好,只好上章求退。徽宗准许,让他以太师致仕,为中太一宫使,(宋代元老重臣解职养老,常加以提举某宫使的名称)但其他待遇,仍旧依现任宰相之例。

在蔡京的罢职中,童贯的态度是赞成的,站在了反对蔡的一边。然而童贯的权势迅速扩张,专横跋扈,在朝中与黄经臣、卢航表里为奸,也引起了朝官的反对。右正言陈禾说:“宦官专权,自古必为大害,我做言官的,有这个责任,我不说谁说?”因此上疏弹劾童贯,极论童贯、黄经臣恃宠弄权,专横跋扈种种罪恶,请求立即予以贬逐,赶出朝廷。读奏疏还没完,徽宗已经拂袖而起。陈禾拉住徽宗的衣裾,请求让他念完。撕扯之间,衣裾撕落。徽宗说:“正言把我的衣服也扯破了。”陈禾说:“陛下不惜碎衣听我的话,我又何惜碎首报答陛下呢?这种人今天受富贵之利,将来陛下必然受危亡之祸。”言辞更加痛切。徽宗此时也有些感动,他说:“卿等能这样,我还担忧什么呢?”内侍请徽宗换衣服,徽宗说:“留着吧,让它作为鼓励正直大臣的表示。”第二天,童贯等一起见徽宗说:“现在国家文治武功,都是极盛时期,陈禾怎敢胡说八道,出此不祥之言?”说得徽宗又转了主意,把陈禾贬为信州监酒。童贯的地位愈加巩固。

引狼入室　民怨沸腾

宣和五年(公元1123年),金太祖阿骨打病死,太宗完颜晟新立,金国副统帅粘罕因朝事回到京师,山后划归金国的朔、应、蔚三州守将都有叛降宋朝之心,谭稹头脑发热,认为这是他建功立业的绝好机会,于是派河东大将李嗣本进兵占领了三州。捷报还没有来得及传往京师,粘罕引兵东回,李嗣本狼狈而归,而谭稹却只顾自己搜取奇珍异宝。徽宗闻知,甚觉丢脸,再加上收复燕云之后,京东两河之地失

于调度，于是罢免谭稹，让刚刚致仕的童贯继续掌管枢密院事。由于宋神宗临终时有遗训：能收复燕云之地者可以封他为彼地之王，所以宣和七年（1125年）六月，童贯被封为广阳郡王，此后，朝中臣僚不再称他为“童太师”，而改称为“童大王”了。

就在这一年十月，金国副统帅粘罕自云中南侵太原，此时，病重的宋徽宗又派童贯前往太原应付。童贯本以为金人又是为边境之事，因为还在谭稹为宣抚之前，宋朝就曾要求金国把蔚州、应州以及飞狐、灵丘二县划归宋朝。然而此次金人来势汹汹，童贯忙派部将马扩、辛兴宗前往，并嘱以礼相待。粘罕傲慢无礼，他先指责宋朝趁他不在时谋取金地、抢掠财产，又指责宋朝接纳金国叛逆张觉，违背前盟。没隔几天，粘罕又派特使来到太原，告诉童贯说：“宋金本来有盟在先，但宋朝毁盟，扰乱金土，必兴兵而定是非，倘若想免于干戈，宋朝必须再割河北、河东两地给金国，以示诚意，否则，定教血染中原，倾灭宗社！”言词之厉，前所未有。童贯听罢，又惊又怕，但还是厚待金使，说：“这么大的事，为什么不早来告诉我，也好做个计议！”金使咄咄逼人地说：“现在告诉你也还不迟，还望你从速割地以谢罪！”说罢，不等童贯作答，便驰马而去。依童贯多年带兵的经验，特别是近两年来与金人打交道的经验，他感到此次确实是大敌将临，自己倘若坚守，势必是一场灭顶之灾！好在徽宗老头儿已经昏然，不若脱身为妙，免担败军之责。于是，他召来太原守将，对他们说：“此次金人所提的条件过于苛刻，我做不了这个主，需速回京师面复天子！”太原知府张孝纯劝阻说：“金人既敢如此猖狂，而且是他们找借口背盟，童大王理当会集诸路将士勇敢抗敌才是。如今大王若丢下太原回京，岂不是拱手把河东之地送给金人了吗！河东之地一旦有失，河北还能保得住吗？还望童大王三思！”童贯主意已定，不但不加鼓励，反而厉声斥责说：“我此次来是受天子之命宣抚河东，不是来守住河东！你一定要我留在这里打仗，那还要你们这些守臣守将干什么用！”张孝纯仰天叹道：“我素来听得人讲童大王威望十足，声震邻国，如今遇到兵变，也不过是个抱头鼠窜之辈！真不知你回到京师有什么脸面去叩见天子！”

童贯刚一回京，就有两个金人使者来到汴京，大臣们都吓坏了，谁也不敢接待，还是徽宗想了个办法，让大臣在尚书省接见。金使一入座，就大声叫道：“南朝违盟，我皇帝大怒，已命国相和太子兵分两路南下！”丞相白时中、李邦彦等都吓得面如土色，不敢回答。金使又说，你们可以去求国相。大臣们问如何求，金使说：“无非割地称臣。”大臣们面面相觑，不敢回答。只厚给赏赐，让他们回去美言。这时有个李邺，上书请求出使金营前去议和，徽宗和大臣都大喜，可是李邺要3万两金子才去。徽宗无法，只好从内府拿出两个金瓮，每个5000两，熔成金牌充当。

就在宋朝朝廷上下一团混乱之际，金人分东西两路由叛军引导，已以破竹之势直逼京师。

前线败报雪片般飞来，汴京朝廷风雨飘摇。徽宗日日长吁短叹，在近贵大臣的参议下，决议东迁，下诏幸淮、浙，并命太子赵桓（即宋钦宗）为开封牧，户部尚书李棁守建康。又下诏罢废不急之务，奢侈之役，如大晟府、教乐所、行幸局、采石所等弊端数十事。同时下诏各地，要求勤王（救皇帝）。宰相大臣，每日在都堂商议，打点船只车马，运宝货东下。

给事中直学士院吴敏见徽宗说：“现在有的人想守，有的人想走，如果守城的守不固，出走的也最终走不脱。”徽宗也担心此事。吴敏便趁机要求徽宗增加太子的分量，又推荐太常少卿李纲刚正忠义，自称有奇计长策，能救国家。徽宗召见了李刚,李刚上御戎五策:一是正己以收人心。二是听言的收士用。三是蓄财谷以足军储。四是审号令以尊国势。五是施惠泽以弥民怨。李刚又提出,非传位给太子,像唐时安史之乱时的先例不足以招徕天下豪杰。第二天,又刺臂出血,上血书要求传皇帝位给赵桓。

徽宗拜吴敏为门下侍郎,辅佐太子。并对蔡攸说:"我平日性刚,不料金人敢如此!"一时昏厥,滚落在御床之下,群臣慌乱,又是灌药又是捶打,半天才缓过气来,要来纸笔,写道:"皇太子即皇帝位,予以教主道君退处龙德宫。"

宣和七年十二月二十三日,赵桓即皇帝位,大赦天下。这时一些正直的官员见新皇帝即位,想乘机刷新政治,使振奋人心。李纲上言:"陛下履位之初,当上应天心,下顺人欲,攘除外患,使中国之势尊,诛锄内奸,使君子之道长,以副太上皇帝付托之意。"太学生领袖人物陈东上书:"今日之事,蔡京坏乱于前,梁师成阴谋于内,李彦结怨于西北,朱勔结怨于东南,王黼、童贯又从而结怨于两国,败祖宗之盟,失中国之信,创开边隙,使天下危如丝发,此六贼异名同罪,伏愿陛下擒此六贼,肆诸市朝,传首四方,以谢天下。"这是朝中第一次有人公开要求惩办六贼,以平民愤。

东路金兵在斡离不的率领下,直逼黄河。宋相派河灌带兵 2 万,与梁方平守溶州河桥,军士平时没有训练,上马后骑不稳当,多用两手把鞍,人都嗤笑。到了溶州,梁方平驻兵黄河北岸,一见敌骑,不战即溃。南岸守桥者见了金人旗帜,即烧断桥缆,北岸没过河的兵士全部陷没。梁方平一溃,河灌军也溃,沿河并无一人把守。金人至河边,找了几只小船,从容渡了 5 天,方才渡完。金人笑道:"南朝可谓无人,若有一二千兵守河,我辈怎能到此?"随后又无遇障碍,直逼京师,占领了西北的牟驼岗。牟驼岗是宋朝京师禁军的养马之地,粮草豆料堆积如山,有马 2 万匹,全为金人所得。

徽宗听得溶州失守的消息后,托言亳州烧香,半夜二鼓出通津门,狼狈出逃。蔡京父子及童贯、朱勔父子等统兵 2 万随行。紧急之际,宋朝廷官还是意见不一,主战派曾拥钦宗下诏亲征,钦宗命童贯为京城留守,童贯被金人吓破了胆,坚决不受命。及徽宗要走,他便率了他的胜捷军自随。徽宗过浮桥,卫士们攀望痛哭,童贯唯恐耽误时间,命亲军放箭,中箭而倒者一百多人,老百姓看了无不流涕。童贯这种恶劣行为引起了义愤,不久,御史、谏官弹劾的呈文便纷纷而来,童贯的老命已保不长了。

流毒四海　死不能偿

童贯、蔡京等奸贼虽拥徽宗南逃,但在政治上并没有死心,他们还想依靠徽宗东山再起,重做威福。而以钦宗为首的新朝廷怕徽宗复辟,也没停止对祸国殃民的奸贼的清算。

徽宗传位后,梁师成等人就对徽宗说这件事办错了。尽管他们逃到南方,还是与新朝廷之间有矛盾,蔡京父子、童贯根本没把钦宗放在眼里,童贯拒不接受钦宗对他东京留守的任命,带兵逃走。追随徽宗,想在东南地区把他再扶上台,另立朝廷。

不久,侍御史孙觌上书请诛童贯、蔡京等。随后,钦宗批蔡京守秘书监,分司南京,退职,河南府居住;童贯为左卫上将军,退职致仕,池州居住;蔡攸为太中大夫,

提举亳州明道官。

徽宗在东南，并没隐居、甘于流亡，而是在蔡京、童贯等人参谋下，以“太上皇帝圣旨”的名义，把东南方面给中央的递角（报告）、纲运（物资）、勤王兵截住，一律不许前往开封。他们把持东南的行政经济大权，准备在镇江把徽宗重新捧上台。宋钦宗也下了诏，仍照徽宗传位时所说的“除权门事外，余并不管”的许诺，剥夺了他们发号施令的权力。

童贯等截住东南邮传及勤王兵马，道路传言，都说童贯已反，钦宗也害怕起来，准备派聂昌以发运使名义，前去相机处理蔡京、童贯等。李纲劝阻说：“如果聂昌得手，势必震惊上皇。如果不得手，这几个人挟上皇于东南，求剑南一道，陛下何以处之？不如请太上去此数人，可不劳而定。”聂昌才没有前往。

金兵退走后，徽宗向钦宗解释了截住邮传、纲运等事，表示愿意回京，不再“窥视旧职”，并于四月初回到开封。这样，三贼失去了依靠，他们的末日就不远了。

靖康元年四月，御史中丞陈过庭上言说：“蔡京、王黼、童贯，造为乱阶，均犯大恶，然窜殛之刑，独加于黼，而京、贯止于善地安置，罪同罚异。”于是钦宗把蔡京改为衡州安置。把童贯降为节度副使，郴州安置，臣僚又说朱勔父子在衡州安置，还不算惩罚，钦宗又下诏把他父子分开，朱勔去韶州编管，儿子分到各州居住。

四月还没出，钦宗在众臣的敦促之下，又把蔡京贬到韶州（广东韶关），童贯贬到英州（广东英德），朱勔贬循州，蔡攸贬为节度副使，永州安置，朱勔子孙分送湖南。

七月，蔡京、童贯又一次流放，蔡京由韶州移至儋州（也在广东），蔡攸移雷州（广东海康境），童贯流往吉阳军安置。吉阳军在今广东压县境，那时广东一带，还不开化，都属远恶军州，流放到广东，都是严厉的惩罚。蔡京是八十多岁的老头子，这样挪来走去，实际上就是要他的命，这一次他没走到地方，在潭州（湖南长沙市）就死了，不久，蔡攸等人也相继被诛杀。朱勔也被赐死。

靖康元年（1126 年），童贯已是虚岁 73 岁，俗称“七十三，八十四，阎王不叫自己去。”何况阎王又来勾，这个阎王就是钦宗。钦宗下诏，“童贯随所至州军行刑讫，函首赴阙。”童贯行到南雄州（广东南雄），忽然京吏到来，向他拜谒，口称：“有旨赐大王茶药，将宣召赴阙，命为河北宣抚，小吏特来驰贺，明日中使就到了。”童贯听了大喜，捻须笑道：“又却是少我不得。”随令京吏留着，以待京使。次日上午，果然来了御史张征，童贯出迎，张征命他跪听诏书，谁知童贯听了，却是数他祸国殃民罪状，童贯越听越惊异，正要发问，那先来京吏拔出快刀，竟把童贯砍下头来。原来张征怕童贯握兵多年，诡计多端，又怕他事先得知消息，预先逃跑，故派人先来稳住他，才得诛杀，由此可见童贯威势。

童贯握兵二十年，权倾一时，所发书檄，过于诏敕。有一次有人弹劾他的罪状，皇帝派方劭去核实，方劭一动一息，童贯无不掌握，先密报辩白，又诬陷方劭别的罪过，方劭反被杀。史书上说：“（贯）有度量，能疏财，后宫自妃嫔以下，皆献馈结纳，左右妇寺，誉言日闻。宠煽翕赫，庭户杂沓成市，岳牧辅弼，多出其门，究奸稔祸，流毒四海，死不足偿责。”

童贯、蔡京虽死，但朝廷上仍是他们的余党奸臣，奉行的还是他们的一套。不久，金人又一次南下，打破汴京，虏走徽、钦二帝，将汴京 150 多年中所积累的财富、图籍、仪仗、乐伎等几乎能拿走的一切席卷一空，北宋灭亡。所以说“死不足以偿责”并不是过分之言。

王振：自我阉割 飞黄腾达

【人物档案】

姓名：王振

别名：王伴伴、翁父。

生卒：？~1449 年

籍贯：山西蔚州（今河北蔚县）人

朝代：明朝

职务：宦官、司礼监掌印太监、明英宗启蒙导师。

主要成就：秀才出身却自阉入宫，成明朝第一个专权太监！“土木之变”被乱军所杀。

评价：振，君子之智，亦有一短。小人之智，亦有一长。小人每拾君子之短，所以为小人，君子不弃小人之长，所以为君子。（冯梦龙）

【枭雄本色】

王振本是一介失意文人，他从历史上不胜枚举的宦官发迹擅权事例中，找到了一条代天行事，富甲天下的捷径，获得了自我阉割的精神力量。于是他像赌徒一样，把肉体和人格作为赌注，孤注一掷，用自我阉割的代价，铺就一条飞黄腾达之路。

王振属于失意文人的自残求进，其动机是贪图功名富贵。一旦机会来临，他就置传统观念与社会舆论于不顾，充分施展拳脚摆平内阁，排斥顾命辅政大臣；盗毁朱元璋严禁宦官干政的铁牌，使宦官势力公开地、大规模地走上政治舞台，成为明王朝政权运作和社会生活诸方面的一支不可或缺，令人生畏的重要力量；大权独揽后疯狂敛财，打着皇权的旗号干预财政，贪赃受贿，把发财的主意打到了和尚尼姑头上；剪除政敌手段阴狠毒辣，肢解残杀刘球为明英宗时期最为骇人听闻的惨案！

多行不义必自毙，王振专权乱政导致土木堡之变惨败，致使明英宗被俘，也把自己送上了绝路，被护卫将军樊忠一锤砸死魂归黄泉。

【风云叱咤】

图谋富贵 自我阉割

王振，山西蔚州（今河北蔚县）人。他是幼年被阉割入宫，还是成年后自阉入宫，说法不一。有一种说法是：王振是明成祖永乐年间入宫的，也是历任几朝的资深宦官;一种说法是王振入宫后的任务是训导宫中女官,其自身显然是一个读书人;另一种说法是王振是自愿入宫的失意文人。

王振早年在家乡教读私塾,后为一般儒士,偶然机会,竟当上了当地学官,大概缺乏应有的学识水平和能力,忙忙碌碌地干了9年,也毫无建树。按照明朝制度规定,这类学官若无显著政绩,当给予处罚,免官谪戍边陲效力。此时可以说,王振已毫无前途可言了,他原希望以学求官而达富贵的路走不下去了。然而,明成祖朱棣的一纸诏令,却给王振指出了另一条出人头地的路,当然,这也需要王振付出相当大的代价。王振可能已经考虑得很周全了。凭借其通文墨晓古今的文化基础和乖巧狡诈的性格,在永乐年间宦官势力有所抬头的情况下,一定能在宫廷宦官中脱颖而出。从明史文字资料来看,王振是失意文人,为身家功名而自我阉割的第一人。

自宫,就是身体发育正常的男人,自愿阉割,去掉生殖能力。这在当今人看来,简直是不可思议,而在当时却甚为常见。

宫刑是古代仅次于死刑的刑法,受刑后被迫进入宫廷服役,是很见不得人的事。由于宦官制度作祟,竟使得"民间慕之"。王世贞说"内臣自郑和、王瑾后,其富贵势焰,有以歆动之耳。"当宦官成了令一部分人神往的事情,心甘情愿地去争当宦官,人格的扭曲,社会的颓败,可想而知。

自宫,不仅自己阉割自己,父母阉割儿子,而且还有兄弟相互阉割。经过阉割而有幸不死者,被录用入宫的只占少数。即使有机会进宫效用,多数也被上层宦官役使。当然也有自宫而狡诈多谋,及特点又不尽相同,明朝宦官由于走出宫廷,触角伸入社会各角落,为前代所没有。明朝之前的宦官祸国仅局限于宫廷之内,而明朝宦官则直接危害社会。明朝无论是宦官机构之严密、势力之庞大、威权之重、危害之烈,都是前无古人的。

王振作为明朝专权宦官的第一人,从中国历史上不胜枚举的宦官发迹擅权事实中,看到了一条代天行事、富甲天下的捷径,获得了自我阉割的精神力量。像赌徒一样,把肉体和人格作赌注,可谓孤注一掷,企图用被阉割的代价,来铺就一条飞黄腾达之路。

王振属于失意文人的自残求进,其动机是贪图富贵,因此,他自宫后,不会有屈辱感、自卑感,自宫为他展示了另一条人生道路。他已经将传统观念和社会舆论置于不顾,不会和一些被迫阉割者那样有痛不欲生的感觉和遭受长期的精神痛苦,对他来说,自宫之后,六根清净,放弃色欲,一心营利求进,在一定意义上是一种解脱,他也决不会像一些宦官那样平和驯服、安分守己。作为一个正常男子难于出人头地,那么进入宦官圈子一定要干出一番事业。

有明一代开国之君朱元璋,对于历史上各个朝代的兴亡教训十分留意,每读史传,见汉唐末世皆为宦官败蠹,以致社稷倾覆,不由不扼腕兴叹。因此,这位开国之君在践祚之始,就对宦官做了严苛的限制。譬如,他曾经大大减少了宫内的宦官人数。又规定了许多戒条:不御外臣冠服,不兼文武官衔,不许干预朝政,不许读书识字,诸司不得与内臣文移往来,内外官不得交结等等。此外,洪武皇帝还特地将一块写有"内臣不得干预政事,违者斩"的铁牌悬于宫门之上,作为儆戒。这些措施显然是希望把宦官拘囿于供洒扫、备使令一般奴仆式的范围。认识不谓不深,防范不谓不周,措施也不谓不严,然而在日后不久,这种严苛的戒律却变得无足轻重了,宫门之上的那块铸造的铁牌也仅仅成为装饰而已。

如果说,洪武皇帝使用宦官是处于不得已而为之的话,那么,他的儿子,即以后的成祖皇帝朱棣则是有意提高宦官地位的人。因为他之所以成为金銮殿的主人,与宦官们的鼎力相助分不开的。成祖皇帝登基伊始,就把宦官的名称由监正改为太监,虽然仅为一字之改,但足以使敏感的大臣警觉,后人也忿忿不平地说:"夫天子之亲,乃以太称,今中人之职亦曰太,其礼视汉唐宋止以中名者却盛矣。"不仅如此,成祖皇帝还经常派遣宦官担任出使、专征、监军、出镇等事务,并在永乐十八年,即公元1420年于锦衣卫之外增设东厂。

票拟制度乃是大明帝国的特产。内阁大学士用小票墨书对奏章的处理意见,贴在奏疏封面上通过宦官呈报给皇上审定,然后由太监用红笔写出,是为批红、拟票。这种制度的实行无疑使宦官尤其是司礼监太监高踞于内阁臣僚之上,掌握一切法令、政策的最终决定权。与此同时,随着内书堂的建立,一批"习知经史,娴于文墨"的"知识宦官"应运而生,当年洪武皇帝严苛的"内监不得读书识字"的禁令由是不复存在。从这时起,大明帝国开国之君所精心设计的防范宦官的清规戒律,已被他本人和他的子孙们破除殆尽,唯一剩下的仅仅是那块孤零零的铁牌。

1435年正月,三十八岁的宣宗皇帝朱瞻基溘然去世,皇太子朱祁镇还是个不满九岁的孩子。当日朝野谣言四起,据说襄王朱瞻墡要继嗣为帝,太皇太后张氏急忙召集文武大臣于乾清宫,泣不成声地指着小太子说:这就是新天子。于是,几位顾命大臣率百官赶紧伏地叩头,山呼万岁。新君即位,谣言乃止。但皇帝正值冲龄,上述所平衡格局便失去了有力的支柱。这时,日夜陪伴皇帝、已攫取司礼监大权的王振便开始成为政治上的明星,所谓宦官只兴风不做浪的局面一去不复返了。

迎合帝意　拍马得宠

王振自阉入宫后,因为其识文知书,被派往东宫,侍奉太子朱祁镇。

据说朱祁镇(即后来的明英宗)为孙贵妃所生,但也有史书记载,明宣宗胡皇后,没有子嗣,不得宠幸,同样孙贵妃也无子嗣,但孙贵妃并非像胡皇后那样谨遵妇道,安分守己。她为了固宠守爱,颇费心机地想出一条"妙计"。她从宫人手里偷养小儿,而明宣宗已婚多年尚未有子,得知孙贵妃有子,十分高兴,江山传后之心顿时安稳,于是对孙贵妃百般宠爱,封孙贵妃为皇后,废胡皇后。

朱祁镇生于宣德二年十一月十一日,史料记载:朱祁镇"天质秀杰,龙颅魁硕,迥异常伦。巾帽皆须式样加广,大为之乃克适用。"也就是说,朱祁镇的脑袋比一般孩子要大,所戴的巾帽都要加大。第二年的二月六日就被立为太子,当时才有两个多月,是明朝历史上年龄最小的一位皇储,到明宣德十年(1435年)正月,明宣宗朱瞻基病死,朱祁镇周岁才7岁零两个月。一月十日,朱祁镇即位,年号正统。

明英宗即位,为王振实现其自宫的梦想带来了千载难逢的大好时机,侍读东宫的身价使其身份倍增,王振已由昔日的皇帝奴才摇身变为皇帝的先生。而少年童昏的明英宗朱祁镇偏偏又很看重他与王振的这段"师生之谊",从小小年龄开始就很信任王振,大概王振在侍读东宫时,在朱祁镇身上花费了不少工夫,用了不少脑筋。张氏选择"三杨"等人为顾命辅政大臣,而朱祁镇却依靠王振等宦官。王振就

此展开了其攫取朝政大权的过程。

首先，明英宗即位之初，便任命王振为司礼监太监，一举取代了原来大太监金英的位置，金英虽有明宣宗赐予的免死牌，但却不敢与王振相对抗。接着明英宗又晋升王振之侄王林、宦官僧保之侄僧亮、高让之侄高玉、曹吉祥之侄曹整、蔡忠之侄蔡英为锦衣卫世袭。朱祁镇对随侍其左右多年，外似博学忠诚、内实狡诈阴险的王振非常器重。这样，在明英宗的大力庇护下，形成了以王振为首的宦官政治集团。有史料记载，王振执掌司礼监和明宣宗有直接关系。据说王振这位知识型宦官“侍太子讲读，太子雅敬惮之。”太子朱祁镇对王振又敬又怕。就连明宣宗朱瞻基也相中了他的才干。原来，明宣宗很喜欢长随刘宁，一次明宣宗上马出游，胡床被踏折断，刘宁就趴在地上以身代床，让明宣亲踏其背上马。又一次明宣宗在西苑游湖，不慎船倾落水，刘宁急潜水中，将明宣宗扶出水登岸。明宣宗为其忠诚所感动，遂命他执掌司礼监。但是，刘宁是文盲，不知书，明宣宗命王振代笔，这样王振就进入了宦官二十四衙门的首要衙门——司礼监。明宣宗死后，便以太子侍读身份，越过当时知名大太监范弘、金英，而执掌了司礼监。当上司礼监太监，王振便成了明朝正统初年宦官组织系统的最高首领，也是王振日后专权的组织基础。执掌了司礼监，王振便拥有了一支人数众多，组织严密的势力集团，是其与官僚士大夫集团相抗衡的资本。执掌司礼监就可以使王振利用宦官机构全面介入皇帝的日常生活，并利用所具有的朱批权，参与政务。

这个阶段王振主要是隐而不露，暗中攘权，凡事注意察言观色，有意树立自己的良好声誉，但一有机会，他则会不放弃显示一下自己的无限忠诚和政治才干。

他与英宗皇帝之间的关系也越来越好，换言之，已由伙伴进而变成朋友。但司礼太监也无不忧虑地认识到，仅仅靠最幼稚的引逗嬉戏手法并不是件长久的事情。因此，他在充分给予小皇帝欢快的同时，又教给他为人之主所应当具备的能力。比如临朝之时如何显示自己的英明果敢，又如何严刑重典以树立威信，驾驭群臣。甚至在每次皇帝临朝听政，王振总是先利用自己的耳目弄清将会发生什么事情，以一种负责的态度替皇帝做好准备工作，并叮嘱他处理奏折的方法。王振的预料常常十有九中，从而使小皇帝佩服之至；而大臣们也觉得皇上少年老成，遇事不惊，这样的结果自然会出现两种心态，即在颂扬皇上圣明睿智、举止得宜之际又不得不为他的严法威仪颇感畏惧。就后者而言，在正统前期，先后有兵部尚书王骥、礼部尚书胡谈、户部尚书刘中敷、刑部尚书魏源以及无数的侍郎、御史遭受牢狱之灾。尤其是执掌财政的户部被锒铛入狱者最多。尚书刘中敷先是于正统三年，即公元1438年下狱，但因张太后的干预很快赦出复官。三年后，他又一次的与左右侍郎吴玺、陈瑺一起坐牢，并且被戴上几十斤重的大枷在长安门罚站了十几天。这就是王振兴起的惩治大臣的“荷校”之刑。最后，虽出狱复官，但一个多月后，三人又第三次下狱。这次下狱并无上几次的幸运，因为恼怒的小皇帝不久即下达了将他们削职和充军戍边的旨意。太皇太后张氏碍于后妃不得干政的祖训，且年事已高，只好由王振和小皇帝任意妄为，她当日唯一能做到的只是些力所能及的补救罢了。

取得太皇太后张氏的信任也同样显得尤为重要。在司礼太监的眼中，她绝不只是一位哺育皇子的女人，而是恪守祖训、训练有素的一流政治家。有多少次她千咛万嘱地对顾命大臣们说，要“扶助幼君，同心协力，以安社稷”；又有多少次她亲自处理在别人看来是很为棘手的政务。但是要取得这样一位女人的信任，就必须要有坚定的忍耐心和良好的契机。幸运的是在不长的时间里，契机就降临了。正统四年十月，福建按察佥事廖谟公然杖死驿丞，此事一经公开，引起舆论上的愤怒，廖佥事也由此被弹劾。内阁大学士杨士奇因与那个死去的驿丞是同乡，所以坚决要求"以命抵偿"；而与廖佥事同里的杨溥则借"以公事论决"为名替他的老乡开脱罪责，官司最后打到太皇太后那里。张太后意识到此事相当棘手，如果处理不当，则两杨势必反目为仇，所谓"同心协力，以安社稷"也就成了问题。于是，她不得不问计于王振："王振，你看看这纸状子。"

王振从张太后手中接过来一看，原来是刑部的一个杀人案状子。状子起诉的是福建按察佥事廖漠，他的罪名是杖死了自己手下的驿丞。他把状子仔细看完，然后交还张太后。

"王振，你看这状子该怎么判才合适？"张太后问道。

王振一惊，这是朝廷政事，按过去的惯例，是根本不应该征求太监的看法的，今天太皇太后是怎么了？

在场的杨士奇、杨溥也吃了一惊，他们万万没有想到，张太后会就此事征求王振的意见。王振弄不清楚张太后葫芦里卖的什么药，他不敢贸然回答，只说了一句："这事，该问二位杨大人，奴才才疏学浅，从来没有断过案，实在不是这块料。二位杨大人说该怎么判，奴才决不会说一句不是。"

"听他们的？怎么听？一个说该杀，一个说不该杀？听谁的？"张太后对王振的回答不以为然。

"原来如此。二位大人，如果可以的话，奴才愿聆听大人们的高论和教诲。"王振这话，看起来非常谦恭，实际上已经在过问朝政了。然而，这次因为是太皇太后要他来的，二杨也不便说什么。

杨士奇本来很不愿意对王振说这些，更不愿意让王振客观上成为这个案子的评判官。但是，既然太皇太后发了话，他也只好破一次例了。"他觉得，打死了人，历来是要偿命的，所以坚决主张杀。可老夫以为，这次情况不一样，因为是因公失手打死了人，这和一般的打死人是不一样的，判死罪似乎太重了。"

王振的头脑到底是转得快。他想，天下有这么多杀人案，很少听说有惊动了太皇太后的，看来此案不同寻常。真要我来断这个案子，一定要先搞清楚这其中的背景。于是，他提出要把状子再仔细看一遍。

他又一次仔仔细细地看了一遍状子。突然，他发现一个"秘密"：这廖漠是泰和人，而那被打死的驿丞是石首人。石首，这不是杨溥的老家吗？泰和，不是杨士奇的老家又是什么？原来，他们都在为自己的老乡说话呀。

这下，王振总算是弄明白了。他不动声色地说："依奴才看，这廖漠因公失手打死了人，这情节是清楚的，二位大人对此也没有什么异议。既然如此，因公失手打死人，判死罪似乎太重了；而不予追究似乎又太轻了一些。奴才的意思是，最好在二者之间来量刑，应该以过失杀人降职调离为好。不知二位大人有何见教？"

平心而论，这一案子中，的确有二杨的私人感情成分掺杂在其中，王振的"判案"建议，看起来在搞和稀泥，貌似公允，不偏不倚，但仔细想想也的确找不出欠妥的地方。所以，二杨对此无话可说，当场表示同意。

看到两位大学士的意见得到了统一,停止了争吵,张太后当然也很高兴。可是,她没有想到,她自己一贯主张的宦官不得干预朝政的禁令,在自己的手里遭到了破坏。

但是张太后通过这件事,看到王振并非等闲之辈,于是对他的态度大为改观,从唾弃、警觉转而赞赏、倚信。

皇帝的宠爱、太后的倚信、大臣的恭顺无疑使司礼监太监王振雄风大振,从此,他不断地借皇帝名义,打击迫害异己,培植私人党羽,甚至在不征询内阁同意的情况下,矫诏提拔自己的亲信,这在明朝历史上是史无前例的。

阴使拳脚　排斥权臣

从王振任司礼监太监开始,宦官组织逐渐凌驾内阁之上,获得炙手可热的权势,还有两个方面的前提条件。

一是控制后宫。朱元璋曾在后宫设女宫,1372 年(明洪武五年)定为六局:尚宫、尚仪、尚服、尚食、尚寝、尚功,一司:宫正,六局分领二十四司,各铸印给之。明成祖永乐年间后,后宫女官除尚宝四司,其他后宫职责全部交移给宦官。这就使明朝宦官能够监视和控制皇帝的日常生活,使得他们有更多的机会通过与太子,后妃们勾结,有力地影响和左右皇帝的意志。

二是操纵厂卫。《明史·刑法志三》明确指出:“刑法有创之自明,不衷古制者,廷杖东西厂、锦衣卫、镇抚司狱是已。”所谓厂卫,就是东西厂、锦衣卫的简称。在组织形式上,厂与卫是两个系统,但关系极为密切。虽然他们之间也会有矛盾倾轧,但总的来说,明朝中叶后,随着宦官的权力越来越大,锦衣卫依附于厂,厂权大于卫权。就连内阁大学士也必须倚仗厂卫。“二百年阁臣与卫皆厂之私人,卫附厂以尊,而阁又附卫以重。”正是这种关系的写照。由于司礼太监操纵了厂卫,就使得“中官愈重,阁势日轻,阁臣反比厂为下,而已使无不竟趋厂门,甘为役隶矣。”锦衣卫指挥人员多出于太监亲信。东厂贴刑官皆用锦衣卫千百户充任,番役也选自锦衣卫。锦衣卫这支军中之军,是一支唯司礼监之命是听的特殊武装。这样,厂卫相倚形成的独立完整的监察司法机构,完全由司礼监控制了。

内阁作为皇帝的秘书班子,只是由于擅长文学辞章而草拟皇帝旨意,既不能左右皇帝意志,也不掌握具体行政权力,更不能控制军事力量和司法机构,所以在政治角逐中,不可能与宦官集团相抗衡,只能听凭司礼太监批红的差使。这也从行政事务处理方面,造成了宦官专权。

明英宗 9 岁登基,按明宣宗遗诏,朝中军国大事,多由太皇太后张氏和五位顾命辅政大臣来处理。但是,自王振执掌司礼监后,实际上明朝正统初年朝政运作,主要依靠以辅政大臣为首内阁和以王振为首的司礼监两个平行机构来维持的。五位辅政大臣即张辅、杨士奇、杨荣、杨溥和胡诶,五人尤以“三杨”为核心。

以“三杨”为核心的内阁官僚集团,在正统初年,具有很大权势。“三杨”是三朝重臣,是明英宗乃祖乃父的亲信大臣,有治世长才,又都是行政中枢内阁的主持人。明宣宗遗诏的执行者太皇太后张氏是“三杨”的幕后支持者,对辅政五大臣倾心委任。在这些大臣的辅佐下,顺利完成帝王更迭的权利继承。但是,随着时间的推移，这些大臣的力量逐渐削弱，而王振司礼监的权势在明初以来宦官势力逐渐发展的基础上有了重大发展。太皇太后张氏及三杨、张辅、胡濙等都已成为年至耄耋的昏昏老人。明英宗又明显地站到了王振的一边。正统初年伊始，内阁和司礼监相比，王振执掌的司礼监开始占了上风。

“三杨”等辅政大臣是太平宰相而不是乱世诤臣，尽管已看到王振宦官势力日益膨胀及其危险性，然而作为肩负辅政重托的元老重臣，仅仅是上疏婉转警告，没有勇气同王振为首的宦官势力进行坚决斗争，利用他屡次干政的事实，依据明初朱元璋的祖训，除掉王振。

王振就不那么客气了，他想方设法地寻找任何可乘之机，构陷排挤“三杨”。

王振真是老奸巨猾，在他构陷排挤三杨之前他先把三杨的势力削弱，把三杨架空，那时他再动手，更为容易了！首先他把目光瞄准了六部和地方官身上，大搞“顺我者昌，逆我者亡”，一方面拉拢班底，一方面排除异己。同时，还把“三杨”和内阁给逐渐架空，使他们指挥失灵，让地方要听司礼监的指挥。

这种办法，多半是假借英宗之手而得逞的。

英宗登基不久，王振就用这一手段整治过原兵部尚书等人。原兵部尚书王骥、兵部侍郎邝野按朝廷旨意研讨边防军备。此事关系重大，他们多讨论了几天，所以其中有好几天没有回奏。本来这种情况也是允许的，过去也不是没有先例。可是，王振在英宗面前大加煽动说：“陛下，这是他们眼里没有圣上，欺负圣上年幼无知。要是在先皇帝那里，他们敢这样做吗？”

英宗年少气盛，经王振一煽动，不禁勃然大怒。他把王骥、邝野等人招来，当面加以训斥，并以欺君之罪把他们逮捕下过狱。被关的不过几个人，它起到的作用却是使其他朝官一个个心惊肉跳。

后来，王骥出狱后，就乖乖地站到了王振一边。王振要他干什么，他就干什么。他对军事比较在行，王振仍然让他到兵部供职，他对王振的主张完完全全做到唯命是从。

兵部被摆平了，王振又把手伸向六部的其他部门。户部尚书刘中敷、侍郎吴玺；刑部尚书魏源、侍郎何文渊；礼部尚书胡濙都被王振以种种罪名逮捕下狱。没多久，六部中竟有一半尚书下过狱，礼部尚书胡濙还是朝廷执政的顾命大臣之一。这些人都能被抓起来，“三杨”心里是什么感觉？

这种威慑，不仅使群臣镇恐，连“三杨”都不会不感到可怕。

正统五年三月，王振锋芒毕露地和三杨内阁进行了一次谈话，而这次谈话的内容无疑又是一次严峻的挑战。

有一天，王振对杨士奇、杨荣说：“二位大人，朝廷事务烦劳大人已经很久了。如今，二位大人都年事已高，辛苦了！久劳了！”

这口气，听起来不像是一个中官说的，倒像是皇帝说的一样。如果真是皇帝这样说，杨士奇等一定会激动得老泪纵横。可是，这话从王振嘴里说出来，这到底是什么意思呢？

“老夫虽已年迈，却不敢言老，理当鞠躬尽瘁，死而后已。”杨士奇不知王振葫芦里卖的什么药，回答这个问题时小心翼翼，不敢懈怠。

“我等虽已到了风烛残年，只能尽绵薄之力，但能选择后辈贤者，图报皇恩。”

杨荣的回答，显然和杨士奇的不同。

王振微微一笑，他知道，还是杨荣反应快，他已经听懂了这话的意思。

当王振一走，杨士奇立即批评杨荣说："你怎么能这样回答他？你怎么可以自己承认自己已经老了呢？"

杨荣倒是非常坦然，他淡淡一笑："你还没听出来吗？他这话的意思是要撵咱们呢。"

其实，杨士奇怎么会没有听懂王振的意思呢，他是不想让王振找到任何能够削弱内阁的借口，"他有这意思，咱们怎么能顺着他的意思说呢？"

"我倒不这样看。在我看来，这小子是在提醒咱们，要是咱们不选择合适的后辈人选，那人家就要把人弄进来'掺沙子'了。"杨荣一字一顿地对杨士奇说。

"是啊，老兄高见！我怎么就没想到呢？看来，咱们真是要选择后辈了。"杨士奇说这话时，有一种追悔莫及的感觉。

于是王振大喜过望，第二天便推荐曹鼐等四人入阁。杨士奇眼见大权旁落别人，不免愤愤不平，杨荣却老练达成地解释说，王振已经讨厌我们的存在，如果断然拒绝，哪天从宫中传出令某某人入阁的圣旨，岂不是我们的悲哀？

然而，即便如此，和王振的司礼监——宦官 24 衙门的控制力相比，内阁在这个问题上不知慢了多少拍。

这年十月，太皇太后张氏不幸去世，朝廷里失去了唯一一位能钳制他的人。而当时的内阁，准确地说也失去了它昔日光辉灿烂的时刻。三杨之一的杨荣因接受靖江王朱佐敬的贿赂，已被群情激愤的大臣所不容，再加上王振有意地火上加油，精神随之崩溃，在两年前郁郁而终。杨溥年老多病，无力料理朝政，并在三年以后溘然谢世。三杨内阁只有杨士奇苦苦支撑局面。但糟糕的是，就在太皇太后张氏去世的当月，便遇上了麻烦。事情是这样的。原来，杨士奇的儿子杨稷在地方上仗势欺人，犯有命案。其实，杨士奇知道这些事，这也正是他的一块心病。杨稷这孩子不成器，杨士奇几个儿子中就数他最不争气，大概和从小娇生惯养有关。为了这事，杨士奇真是伤透了脑筋，不知费了多少口舌，甚至重棍也打过好几回，结果都无济于事。

王振对此先是不露声色，接着便是派人到杨士奇的老家暗中调查，搜集到不少材料，然后指使亲信狠狠地向英宗奏了杨士奇一本，说他纵子肆虐乡里。可是，英宗这点头脑还是有的。他知道，杨士奇是朝廷重臣，要搬动杨士奇必须经过太皇太后。所以，凡是涉及杨稷的奏章，他都一概压下不问。

王振见英宗对此事不予追究，知道这事不能着急，便变着法子，隔三岔五地指使亲信弹劾杨稷。这些事，杨士奇怎么会不知道呢？这事，犹如把他放在文火上慢慢地煎熬那么难受。终于有一天，杨士奇向英宗提出，自己老病在身，要告老还乡了。

当然，这正是王振所希望的。

盗毁铁牌　独揽大权

太后和三位老臣相继殁世，使王振彻底摆脱了一切束缚，他可以大胆妄为了。

王振在明朝正统年间专权擅政局面的形成，是以他盗毁洪武年间朱元璋所铸铁牌为标志的。明太祖朱元璋认为，宦官里面好人不多，而心术不正者却大有人在。如用他们充当耳目，那么耳目自然失灵；如果以他们作为心腹，那么心腹就要生病。有了法律约束，他们会检点一些，一旦让他有了功，就会目空一切。所以朱元璋陆续颁布了一些裁抑宦官势力的具体规定。最后，又在洪武十七年（1384 年）铸铁牌放置宫门中，铁牌上铸有文字："内臣不得干预政事，犯者斩。"这个铁牌应该说在明初起到了震慑作用和法律作用，明宣宗斩杀违法宦官，太皇太后张氏警告王振时，用杀死相威胁，都是以这个铁牌为法度依据的。这个铁牌成为王振的心病。于是在他取得了专权地位后，于正统七年（1442 年）十月，悍然盗走并销毁了朱元璋命人铸造的严禁宦官干政的铁牌。王振盗毁朱元璋所设置的铁牌，具有深刻的历史意义，对明朝政治发展的消极影响是极其严重的。

王振公然毁掉铁牌，标志着明朝宦官与官僚士大夫集团斗争的第二次全面胜利。官僚士大夫指斥宦官的所谓祖训及套在宦官身上的桎梏被彻底打碎，从此宦官不仅取得了与官僚士大夫集团相同的参政地位，而且由于其特殊地位决定了宦官集团完全凌驾于官僚士大夫集团之上。宦官势力开始公开地、大规模地走上政治舞台，由原来一支幕后势力而成为明朝行政权力运作和社会生活诸方面的一支不可或缺、令人生畏的重要力量。

王振盗毁严禁宦官干政的铁牌，而没有受到封建皇权的惩戒，这一历史事实表明了王振作为司礼监太监已经正式取得专权擅政的地位。明朝宦官专权应以王振为开端，而王振专权应以其盗毁朱元璋铁牌为标志。

此时的王振真是大权独掌，除了朱批传旨权力外，王振拥有参加内阁廷议之权。

除上述两项权力外，王振还拥有操纵进退大臣的权力，这项权力决定于其所拥有的司礼监太监和操纵阁议的权力。按照明朝规定，某些官职例由宦官负责挑选。如通政司参议"以读本为职"，"其选时以大珰同大臣莅之"，会同挑选。参议"选中后，例于莅选大珰投刺称门生"。"大珰"即专权太监，而当选的朝臣，通政司参议不得不自称为太监的门生，由此可见，专权太监在挑选朝臣上的地位。王振这样的专权宦官在明朝还经常对朝廷中的文武大臣的任免升降进行操纵控制。廷臣六部九卿之类的官职，表面上由朝廷会推，但"会推之前，所司率受指执政或司礼中官。"名义上进行"会推"，而实际上，在"会推"之前，司礼监太监等人早已就人选问题决定安排完了，"会推"仅仅是个形式而已。

除以上各项权力外，王振还拥有司法权，可以参与司法行动。

王振在执掌大权后，经常操纵三法司，动辄将有忤其意的朝廷命官下狱。

王振所拥有的最后一项大权则是军事权。明朝宦官在军事方面拥有权力始于明初，尤其明成祖朱棣的永乐年间，但到正统年间，便发展到登峰造极的程度。明朝正统年间王振专权时期，宦官在军事方面的权力，包括提督京营之权、统兵出征之权、监军监饷之权、镇守地方之权、守备要害之权等等。

卖官鬻爵　结党营私

独揽大权的王振更加肆无忌惮地卖官鬻爵，招财纳贿，结党营私。

有些朝臣为了保全自己的官位，或是为了升官发财，对王振极尽献媚阿谀之能事，凡事给王振行贿、献媚，称子称孙的官员，便可以化险为夷、官运亨通。

有些朝臣觉得只有给王振送上礼，才是正常的礼仪，否则便感觉不正常，送礼的人还敢公开表示："我们给王振送去物品，他非常高兴，认为这是对他的尊敬，待我们非常好。"而且还说："王振认为谁不去进见送礼，就是蔑视他，必有横祸。"其他朝臣听了很害怕，于是便纷纷向王振行贿。府部院寺等中央机构的大臣，以及地方封疆大吏，都去王振府第进见行贿。史书记载说，那些被接见，或送礼被接纳的人，好像登了龙门。那些被王振接纳的行贿官员，都洋洋自得，觉得很荣耀。

有几个官员见大家都送礼，已经习以为常，为了引起王振的注意，有别于其他官员，便向王振屈膝下跪，这在明朝政治史上是史无前例的事情。王振确实觉得这些卑躬屈膝的官吏对他格外敬重，对他们大加赏识。有一个河南人名叫刘睿，当时任吏科都事中。在路上偶然遇到王振的车驾经过，便立刻跪在道旁，王振大喜，立刻把刘睿提升为户部左侍郎，后来升为户部尚书。屈膝下跪得到高官，有人便开始效仿。都御史王文、陈镒在王振宅邸跪门俯首，兵部侍郎徐陈晞向王振屈膝下跪，升为兵部尚书。

更为无耻的是工部郎中王祐竟然认王振为父。

工部郎中王祐乃不学无术之人，为图升官发财，竟然连廉耻也不要了。他生来无须，一次司礼太监惊奇地问他为什么不长胡须，此人讨好地说：你老人家无须，儿子岂敢有须？这一故事尽管为多数官员所不齿，但王郎中日后被提升为侍郎却是意料之中的事。

在此同时，王振对那些妨碍其专权擅政的人士，极尽迫害打击之能事。不择手段地构陷朝廷群臣中耿直忠实的皇权维护派。王振对于朝臣中见其不跪、不礼、恃傲、詈骂者，上至尚书、侍郎、祭酒、驸马都尉军文武重臣，下至知府、知州、锦衣骑校以及宦官中不满王振者，稍有得罪王振之处，便被王振迫害，荷校、廷杖、系械、谪戍，乃至处死。

大理寺卿薛珪，是明朝正统年间著名理学家，为学造诣颇深，为人忠厚耿介，德才兼具，人称"山西夫子"。正统八年(1444 年)升任大理寺右少卿，第二天转为左少卿。王振大概想让薛珪对其表示感激，派人邀薛珪到王振宅邸拜见。薛珪见王振相邀，立刻义正词严地说："那有受命为朝廷大臣，却向私人(指王振)谢恩的事情!"拒绝前往。事过不久，薛珪与王振在街上相遇，同行的众官员纷纷跪在地上向王振表示敬意，唯有薛珪直挺挺地站在那里，"卓然而立"。王振看见薛珪在众人面前这种桀骜不驯的样子，大为光火，马上唆使亲信御史上奏诬陷薛珪，都御史王文秉承王振的旨意，诬告薛珪收受贿赂，私放狱囚，被定为死罪，关在大牢。薛珪有 3 个儿子，他们表示愿出一人代薛珪去死，二人甘心戍守塞外，以求赎回其父的死罪，王振不允许。即将临刑时，有侍郎王伟上言申救，王振才放过薛珪，然后被罢官放归故里。

现在，不要说朝官，就是驸马爷见了王振，也要下跪行礼。有一回，驸马都尉焦敬接待王振时没有行下跪礼，王振便怀恨在心。结果，他随便找了个茬，就让焦敬在长安门外尝尝“荷校”的滋味。在这个“示范”效应下，即使像成国公朱勇那样的朝廷勋臣，见了王振都要下跪，回答问题要跪着回答。

驸马石嗐是明英宗的姐夫。当年，随同英宗姐姐顺德公主一起嫁到石暗家去的有一个小宦官叫吕宝。此人十分刁钻，在石家经常摆出一副豪奴派头，动不动反客为主，所以常常遭到石嗐的训斥。本来，主人训家奴，这在当时是十分正常、天经地义的事；可是，这个吕宝看到那时朝廷中宦官当道，王振用事，便通过关系到王振面前狠狠地把石嗐给告了一状。王振为了教训石嗐，使之就范，硬说石嗐是对所有的宦官都不尊重，竟以这个罪名把石嗐逮捕，被关进了锦衣卫的监狱。

从个人品质看，宦官也不见得都是不好的。王振及其死党的倒行逆施，不仅在朝官中、社会上引起强烈的不满，即使是在宦官群内部也是有人反对他们的。宦官顾忠、张环、王永等人联合起来，以匿名信的方式揭发王振的罪状，并把它张贴在北京的闹市区，此事曾经引起过不小的轰动。王振气急败坏，下令锦衣卫严加侦察。不幸的是，这一案子最终还是被查了出来。顾忠等人被王振下令磔杀于闹市。

全国上下，京城内外，一片白色恐怖。无论是官员还是百姓，摇手触禁，人人自危。王振的专权，达到了登峰造极的地步。

王振在政治上专权擅政，在经济上聚敛了巨额家财。按明初定制，宦官月俸米只有一石，后来虽有成倍地增加，但其数量还是有限，凭其月俸，不可能拥有令人震惊的万贯家财。王振的财富来源，主要靠贪贿勒索，盘剥敲诈。

王振还贪赃受贿，败坏吏治，加深了明朝正统年间朝政的腐败黑暗。

王振当权之时，每当上朝之日，朝中官员都有给他贿赂的。“府、部、院诸大臣及百执事，在外方面官，俱攫金进见。每当朝觐日，进见者以百金为恒，千金者始得醉饱出。”王振的个人财产有多少呢？据《明史·王振传》开列的清单：一是房产宅邸，在宫城内外，有数处，修建的重檐邃阁，豪华宏丽，甚至暗中比拟皇宫式样。二是金钱，正统十四年（1449年）王振被抄家时，获得金银六十余库。三是器物珍玩，有玉盘百余个，珊瑚高六七尺者二十余株，其他珍玩不可胜数。应该说，王振被籍没后的财物，绝非是他个人财产的全部，但这足以说明，王振是明朝宦官家资豪富的第一人。

战场惨败　恶贼被诛

土木堡之战的直接导火线源于执掌朝政大权的王振对瓦剌政策，王振专权之后对北方日益兴盛的瓦剌采取了姑息纵容的政策。瓦剌正是乘机利用这种政策，从明朝获取了大量军事物资，尤其是瓦剌部自己不能制造的弓箭等兵器，瓦剌的军事力量也逐渐强大。

正统十四年（1449年）春天，也先派出一个2000多人的使团到北京，谎称3000人，以“贡马”作聘礼，要求明朝嫁公主给他儿子，并按3000人给予赏赐。专擅朝政的王振既已引狼入室，而此时却故作威严，叫礼部按瓦剌使臣的实际人数进行赏赐，削减瓦剌朝贡马价五分之四，并拒绝与瓦剌联姻。也先得知明朝的这种态度

后,勃然大怒,加快了反明战争准备。同年七月,北方大地绿草茵茵,战马肥壮。也先以明朝侮辱贡使、削减马价、拒绝联姻为借口,纠集所属各部,誓师发兵,攻打明朝北部重镇。当年七月,他就迫不及待地命令大军分四路大举进攻明朝,而他本人也亲自率领精锐部队袭击大同。顷刻间,长城脚下狼烟四起,战火弥漫,明朝北部边防线迅速崩溃。大同参将吴浩首战失利,在猫儿庄不幸阵亡。驸马都尉并源奉命率万骑出击,结果无一生还。此时驻扎在北边的西宁侯宋瑛、武进伯朱冕、都尉石亨与瓦剌大战于大同东北的阳和,只因王振的亲信、监军郭敬调度失宜,以致战机贻误,全军覆没。宋瑛、朱冕阵亡,石亨单骑逃回,郭敬则伏于草丛身免。于是大同门户洞开,边防告急,京师告急。

战败的消息不断传来,京城也日复一日地恐慌。但司礼监太监王振此时却异乎寻常地兴奋,他期待已久的耀武扬威、自以为可以青史扬名的伟大壮举的机会终于到来了。

本朝的皇帝和官员都肯定愿意接受这样的事实,即通过个人的非凡才智和不朽的功业赢得臣民和属下的心悦诚服。王振也不例外。多少年来,他位居人臣之上,靠的是皇帝对他的皇恩浩荡,然而仅凭着与皇帝的私人友谊治理天下,似乎并不能为大臣们所认可,那经常不断地足以让他愤怒和难堪的攻击性奏折不就是明证吗?所以一个人要想让全体官员服从于司礼太监麾下,没有可资夸耀的资本是不可能的,而树立起自己的威望,在战争中建功立业也不能不说是一种明智的选择。

于是,王振竭力劝说英宗皇帝应该像当年他的祖先成祖那样御驾亲征,以代表上天的意志去惩治人间的无道定然成功。而英宗皇帝也觉着带兵打仗是一件好玩而有趣的事,便欣然首肯。但天子准备御驾亲征的消息一经传出,舆论就哄然而起。兵部尚书邝埜、侍郎于谦"力言六师不可轻出",皇帝更不能亲临战场;吏部尚书王直率领一批文官伏阙力争;刑部给事中曹凯甚至措辞激烈地说:"今日之势,大异澶渊,彼文武忠勇,士马劲悍。今中贵窃权,人心玩愒。此辈不唯以陛下为孤注,即怀、愍、徽、钦亦何暇恤?"然而明英宗主意已定,遂于七月十四下令亲征,诏命张辅等人随驾亲征,命太监金英、于谦等人留守京师。

这次出征真可谓盛况空前,以随从的兵将之众、重臣之多在大明帝国历史上绝无仅有。为了充分显示天朝的威武之师,司礼监太监下令兵部在两天之内集结五十万大军,但在这个命令下达的同时,他却疏忽了这样一条最基本的军事原则:即匆匆而调集的军队是否会出现率领生兵,兵无熟将的情况?五十万人使用的粮草军需又从哪里调拨?尽管兵部真的在两日之内筹集到五十万人;尽管户部急令山西布政使司及顺天、保定等七府的税收送至大同交纳,又令山西各地征民采刈青草交纳;但所看到的依然是一支装备不全、缺乏训练、缺少军需的大军,而且它的统帅所具有的大将才略也着实不敢恭维。这样一支毫无战斗能力的军队,其暗淡前景也就昭然若揭了。

三日后,英宗皇帝亲率的大军浩浩荡荡地开出北京城,当晚宿营于龙虎台。次日出居庸关、过怀来城向宣府进发。是时连日风雨大作,军中人情汹汹,随军诸臣希望驻跸于此,但急于立功的"统帅"王振断然拒绝,一路趱行,抵达阳和。阳和是明代士兵望而生畏的地方,因为几天前这里还是浴血奋战的沙场。望着遍野的伏尸，皇帝的将士们不能不为之心寒。唯有皇帝本人和他的王先生士气高昂，充满信心。

八月初一，明军终于到达大同，并没有遇到瓦剌军。原来也先率领的瓦剌主力在取得第一阶段胜利后，听到明英宗亲征的消息后，就佯装畏惧，主动后撤，企图以此引诱明军继续深入，此逸待劳，一举消灭明军主力。

八月初一日，明军开进大同。这时兵部尚书邝埜与户部尚书王佐再一次阻挠，请回銮驾；成国公朱勇“膝行而前”；甚至王振的亲信钦天监正彭德清也以“象纬示警”为词谏阻。然而情绪亢奋的司礼太监岂能容许别人横加指责？于是，邝、王尚书被迫罚跪于草丛中一日。对钦天监正的质问“陷御驾于草莽之中，谁执其咎”，王振也轻描淡写地说：“倘如此，亦天命也。”

令人遗憾的是，司礼监太监的雄心壮志毕竟太短暂了，第二天即八月二日，前线败讯就毫不留情地传来，他的亲信监军太监郭敬以沮丧的心情将失败的消息如实禀告，气壮如牛的王振才顿觉事情并不如他想象的那样美妙。既然命运不给他建功立业的机会，那他也只能下令班师，经过紫荆关，旬日可抵北京。然而王振并不愿意就这样丢人现眼地起驾回銮，这时他打算邀请英宗皇帝绕道到他的蔚州老家，驾幸其第，这当然会又一次遭到随军的文武官员的拒绝，但是以一个堂堂天子的身份下榻到宦者的家里，其本身所带给的影响足以安慰他那颗受到伤害的心灵。可是当大军朝蔚州方向行进至几十里后，他又感到几十万大军经过，必定会踏坏他田里的庄稼，于是又命令向东改道宣府。如此反复无常，既耽误了时间，又给也先以极好的机会。这时瓦剌大军接踵而至，形势危在旦夕，大同参将郭登闻讯，急忙转告曹鼐、张益，应迅速从紫荆关回驾，否则就来不及了，但随即遭到王振拒绝。八月初十日，皇帝的军队退回宣府附近，也先已奔袭而来。恭顺侯吴克忠、都督吴克勤兄弟断后迎敌，不幸兵败战殁。十三日，成国公朱勇、永顺伯薛绶率四万人救援，因此公杀敌心切，竟在鹞儿岭身遭伏击，几乎全军覆灭。十四日，明朝大军退至怀来县西侧的土木堡，许多大臣主张应退回二十里外的怀来县城固守，而王振则以辎重车辆未到，坚持驻扎土木堡。兵部尚书邝埜第三次苦源，要求率军队保护皇帝疾驰入关，但这一要求又遭到否决。就这样，疲惫不堪的英宗皇帝和他的将士在一无水源，二无险要可守的土木堡驻扎下来。当日笼罩着的唯有灾难和死亡的阴影。

土木堡是由居庸关通往宣府、大同的驿站，位于狼山西麓，周围百里之内群峰耸立，地势较高。土木堡名称叫作堡，其实却没有什么城堡可以据守。明军大队人马赶了几天的路，士兵口渴，但是土木堡没有水源，明军士兵掘地两丈多深，也没有出水。南面 15 里远处有一条河，但已被瓦剌军控制。就在明军在扎营的当天晚上，也先率领瓦剌主力追到了土木堡，并且控制了土木堡西北、南面的战略要点。瓦剌军从土木堡西北的麻峪口发动进攻，都指挥使郭懋指挥明军与瓦剌军激战一夜，明军将士又饥又渴，而瓦剌军越来越多。

第二天，明英宗见明军已被四面包围，只好被迫派人向也先求和。也先听说明军人数众多，感觉到不能和明军乱拼。于是，也先命瓦剌佯退，停止进攻，派遣使者诡称议和。明英宗立即派通事两人，前去谈判。王振还没等两名通事回来禀告，以为和议将成，战事已经结束，竟然下令明军拔营向南，靠近河边。本来就已经惊困师疲的明军，顿时阵势变加混乱，还没走上三四里，瓦剌骑兵就趁明军士兵混乱无

备之机，从四面发起冲锋。瓦剌骑兵手执长刀，横冲直撞，砍杀明军士兵，一边杀一边大喊："解甲投刀者不杀！"明军突遭偷袭，阵营更乱，加之各种火器平时未经操练，根本不会使用，号称精锐的神机营未等发挥火器的威力就已经溃散，势不能止，那些解甲逃命的明军士兵互相践踏，死者遍布山野。有的将领、卫士身上中的箭就像刺猬一样，

明英宗率领亲军突围不成，就索性下马盘坐在地上，听天由命，四面杀声震天。护卫将军樊忠对王振乱军祸政的罪行非常愤慨，见势已至此，就从明英宗身旁冲了出来，挥起铁锤砸向手足无措、全身发抖的王振，并痛骂道："吾为天下诛此贼！"王振当即毙命。樊忠然后不顾一切地冲向敌阵，杀敌数十人，最后战死。

这时，明英宗身边只有一个侍从宦官喜宁。有一个瓦剌士兵冲了过来，看到明英宗衣着华丽，与众不同，就让他脱下来，明英宗不肯。争执之间，瓦剌士兵的哥哥见明英宗不同于一般人，说："他不是凡人，举止不一样。"他俩把明英宗押到也先之弟、瓦剌赛刊王处。明英宗堂堂大明天子就这样成了瓦剌的俘虏。他也是明朝历史唯一一位当了外族俘虏的皇帝。

土木堡之战，明朝50万大军全军覆没，文武大臣英国公张辅、兵部尚书邝埜、户部尚书王佐、内阁学士曹鼐、张益等50多人全部遇难。也先押着明军的20几万匹骡马和所有衣甲器械等辎重，拥着明英宗，退兵暂时北去。史称"土木之变"。

土木堡惨败，明英宗被俘的消息传到北京，朝野震惊，这是明朝建立以来从未有过的奇耻大辱。皇太后出面召集在京城的文武官员，命郕王朱祁钰监国，"权总万机"，正式主持朝政。兵部侍郎于谦等上奏，弹劾王振的罪行，由于王振专权，才致使明军大败，英宗被俘，"倾危社稷"，已严重威胁了明朝的统治，应明正典刑，严厉惩处王振余党。他们在上奏时，恸哭失声，哭声都传出了皇城，史书记载："因痛哭，声彻中外。"当时是群情激愤，怒斥权监。

太监金英为了使自己摆脱干系，赶紧上奏，籍没王振的家，派锦衣卫指挥马顺前去执行。命令一下，众官员大怒，齐声说：马顺是王振的死党！给事中王竑冲上前去，揪住马顺，众官员齐上，把马顺一顿痛打乱踩，马顺顿时毙命，尸暴血流。众官员还要求抓住王振的余党内使太监王、毛等人。金英立刻派人，将他们从皇城中揪了出来，这二人也被当场用铁瓜击死。然后将他们3人的尸体拖到东长安门示众。都御史陈镒奉命率人抄了王振以及他的党羽彭得清、太监陈掌的家。

为了平息众怒，对付强敌，郕王朱祁钰下令将王振的侄子、锦衣卫指挥王山碎剐于街头，王振家族的人不分老少，一律斩首。王振专权的数年中，搜刮了大量的财富，从他家抄出了金银60余库，玉盘上百个，高达六七尺的珊瑚20余株，好马数万匹，其他珍宝不计其数。

王振专权导致了明朝京城被瓦剌围攻，皇帝被掳，祸国殃民，而他自己也死无葬身之地，可谓死有余辜。

刘瑾:八虎之首“立皇帝”

【人物档案】

姓名:刘瑾

别名:谈瑾、刘皇帝。

生卒:1451 年~1510 年

籍贯:陕西兴平人

朝代:明朝

职务:宦官、司礼监掌印太监。

主要作品:《通鉴纂要》

主要成就:入内官监,总督团营。

评价:特务机关之横行,时人比诸唐之周兴、来俊臣,明之魏忠贤、刘瑾。(毛泽东)

【枭雄本色】

明武宗朱厚照是有明一代最为淫乱昏聩的皇帝。他身为一国之君,不问朝政却长住豹房,广纳妓女,大搞房中术,极尽淫乱之能事,以至于朝纲废弛,奸臣当道,一片黑暗。明武宗的种种德行,全仗于大太监刘瑾的唆使。

刘瑾,明史上最有名的太监之一,人称“立皇帝”。他少年入宫,凭借一个好使的头脑,学会一身钻营功夫,得到大太监李广赏识,推荐入东宫侍奉太子朱厚照。他倾心尽力讨太子欢心,处处小心,事事留意,不久即成为朱厚照须臾难离的心腹内臣。朱厚照继位后,刘瑾连连升迁,很快当上了秉笔司礼太监,代皇帝批审天下奏章。他把贪图淫乐的明武宗哄入豹房,炮制所谓的“奸党”名单,将朝廷上下 56 位正直朝臣一网打尽。朝廷的一切决断皆出自刘瑾一人之手,完全成了无名有实的“刘皇帝”。他还依靠东西厂及锦衣卫等特务机构大搞恐怖,使天下人人自危。又妄改朝制,趁机广纳贿赂,朝臣纷纷仿效,一时间朝野内外“以廉者为拙,以贪者为能”,贪风四起。明王朝由是江河日下。

【风云叱咤】

费尽心机　夺得大权

刘瑾原本姓谈,出生在兴平(今属陕西)地区的一户农家,由于家中很穷,刘瑾整天都外面游荡。因为好逸恶劳,他经常在村中偷鸡摸狗,逐渐变成了一个市井无

赖。有一年，镇守太监（明初的洪熙皇帝设立的官职名，负责为皇帝监督各地大臣的言行举止）刘顺经过村子时看上了他，便将刘瑾带到京城，让他改姓刘，当了自己养子。过了一段时间，刘顺找人将刘瑾净身，带他到宫中当了一名小太监。

后来刘瑾听说了许多关于太监王振的事情，他非但没有认为王振可耻，反而非常羡慕王振的权势，幻想着自己也能出人头地，成为一个呼风唤雨、权倾朝野的太监。为了实现自己的政治野心，刘瑾在进宫的初期一直小心谨慎、任劳任怨，同时阿谀奉承，极尽巴结之能事，并因此而博得了上司的好感，由一名最底层的小太监逐渐高升。明宪宗朱见深登基后，刘瑾再次高升，负责掌管钟鼓司（钟鼓司是明代宦官机构中地位最低的一个部门，负责管理宫中的钟鼓、内乐等事）。史书记载"内职帷钟鼓司最贱，至不齿于内庭，呼曰东衙门。闻入此司者例不得他迁。"虽然如此，这对刘瑾已经是高升了，他也由此开始变得目中无人。一次刘瑾奉命出宫办差，在街市上与一位百姓发生口角，刘瑾仗着自己是宫里人将其殴打致死。刘瑾被打入大牢，由于证据确凿，他被依法判处死刑。幸亏有人从中周旋，用银子贿赂刑部主事，刘瑾才保全性命，在受到一百杖责后被赶出了皇宫。经过这件事之后，刘瑾的思想变化非常大，他暗下决心，有朝一日一定要将自己受到的牢狱之苦转嫁到别人身上。

刘瑾在宫外呆了一段时间，凭借自己善于钻营的功夫，很快就得到大太监李广的赏识，并被引荐回到宫里继续服役，此后他变得非常小心。弘志五年（1492 年），孝宗将刚刚三岁的长子朱厚照立为皇太子。由于刘瑾能说会道，知晓古今逸事，做事也非常小心，孝宗便令他专职伺奉皇太子。刘瑾对此事求之不得，他开始将全部的希望寄托在太子身上。他从历朝太监当政的事情中总结出经验，即太子成为九五之尊后，曾经服侍过太子的侍从都会受到重用，那时就是自己的出头之日。

自从开始服侍太子，刘瑾就与太子居于一室，时刻听从召唤，处处惟太子命是从，想方设法哄太子开心，这也间接地博得了孝宗的好感。孝宗在位期间，吏治清明，任贤使能，勤于政务，是明代历史上少有的经济繁荣、人民安居乐业的和平时期。在此期间，孝宗还提拔了一些廉洁正直的人为官，像大臣刘健、谢迁等人，同时抑制宦官干涉朝政，所以孝宗在位的十八年间国家的政治相对稳定，经济日益繁荣，史称"弘治中兴"。在这段时间里，由于皇太子始终生活在宫中，缺少玩伴，所以刘瑾既是太子朱厚照的玩伴，也是他的启蒙老师，朱厚照的全部时间都与刘瑾在一起，两者之间的感情超越了一般的君臣关系。

弘治十八年（1506 年）五月初六，孝宗突然染病过世，年仅 15 岁的太子朱厚照继承皇位，称为明武宗。皇帝登基乃是国家大事，全国同贺，天子封赏百官，大臣刘健、谢迁、韩文等人继续受到重用。刘瑾也很快当上了钟鼓司掌印太监，负责皇帝娱乐方面的全部事情，刘瑾利用职务上的方便，筹办舞蹈、摔跤和乐队等供武宗享乐。武宗初承大统，理应处理朝政，治国兴邦。但他太过年轻，只知贪图玩乐，根本没意识到自己的重大责任。侍奉武宗多年的刘瑾非常了解武宗的性格与癖好，于是便纠集其他宦官竭尽所能迎合武宗的欲望，并且不顾宫中禁律，教唆、诱导武宗化装到北京街头闲逛。刘瑾的做法正符合武宗的心愿，因此他更受到武宗的宠信。

武宗即位之初不愿意看奏章，便交由刘瑾代笔批示，时间一长成了一种习惯，权力逐渐转到了刘瑾手中。刘瑾为了能够弄权，纠集马永成、高风、罗祥、魏彬、丘聚、谷大用、张永等其他七名太监，欺上瞒下，恣意妄为，被人称为“八虎”。在这些人中，刘瑾最为狡猾狠毒，因此成为“八虎”之首。正德元年(1506年)正月，武宗将刘瑾提拔为内宫监，总督团营(明朝军队的主力，负责京城的治安)。刘瑾从此掌握了兵权，为他今后能够排除异己、恣意行事奠定了坚实的基础。这时的武宗在刘瑾等“八虎”的诱导下，越发贪图享乐，整天处在花天酒地之中，这也使得宫廷的开销日益增加，而且刘瑾又奏请设立皇庄(皇室占地，称为皇庄)，一时间各处纷纷动工，皇庄的数量逐渐增加到三百多处。这更使国库入不敷出，于是刘瑾等人唆使武宗下令新增设真定诸府苇场税、宁晋、小河等地往来客货税，以补充国库。这样，导致百姓的负担加重，民间怨声载道。

无知的武宗认为刘瑾等人一心为自己分忧，值得嘉奖，便越发的宠信他们了。这时的内阁辅臣刘健、谢迁、李东阳等元老看出了刘瑾等人的阴谋诡计，不免深感忧虑。为了使皇帝能够亲理朝政，众位大臣联名上疏，希望武宗以国事为重，不要被奸人所迷惑。但是大臣们的奏章却如石沉大海一般，没有丝毫的回音。皇上一心玩乐，根本没时间去看奏章。

没过多长时间，京城连降暴雨，国内其他地方接连发生地震。根据当时儒家“天人感应”的学说，上天将用自然界的灾异现象来警告人间统治者，这也被称之为“天象示警”。刘健等人趁此时机，再次联名上疏，奏请武宗除掉刘瑾等人。随后户部尚书韩文联合吏部、礼部、兵部、刑部、工部的尚书和都察院御史等九卿大臣也联名上疏，内容写得理正义直、详细列举了刘瑾等人“置造伪巧，淫荡上心”的种种事实，又以历代宦官误国的史例，恳请皇上下决心将刘瑾等人交送法司，按律治罪。年轻的武宗看到奏章后非常惊慌，也感到为难，一方面是辅政大臣及百官，另一方面是侍奉自己十几年的刘公公，武宗处在中间左右为难。

后来有名侍臣给武宗出了一个主意：派人与众位大臣协商，采取折衷办法，不处死“八虎”，而是将刘瑾等人遣送南京。于是，司礼监太监王岳受命来往于内阁与宫中，传达着两方面的意思。但是九卿大臣都不同意皇上的方案。一致要求必须将“八虎”诛杀。内阁辅臣刘健大声痛泣说：“先帝驾崩之前，一再嘱咐我们要好好辅佐皇上。如今陵土未干，刘瑾等贼子就如此败坏朝纲，臣死后有何脸面去见先帝啊!”其他大臣也一一发表自己的意见。王岳虽然是太监，但是生性耿直，也看不惯刘瑾等人专权，只是自己人微言轻，一直不敢说。他听完大臣们的肺腑之言后也非常赞同：“阁议很对”。他在回报时将阁臣们的意见如实地反映给武宗，武宗再三思量，实在无计可施，便答应第二天早朝降旨逮捕刘瑾等人。刘健等人听到了皇上的回音非常高兴，纷纷相贺说：“总算除了此害。”于是赶紧联系其他大臣，准备发动群臣在第二天向武宗当面谏争，势必诛杀刘瑾等“八虎”。

明代吏部是六部之首，九卿上疏，吏部尚书的名字必须排在首位。但吏部尚书焦芳却与宦官密切勾结，他得知此消息后，连夜派人急告刘瑾，并说王岳是内应。刘瑾等人知道近来局势对自己很不利，此刻“八虎”正聚在一起开会，在听到焦芳传来的消息后，个个吓得面无人色。稍过片刻，刘瑾率先镇定下来，苦思对策后，几人连夜来到武宗寝宫，跪在皇帝的御榻前大放悲声，叩头不止，恳请皇上饶命，并说：“如果皇上不开恩，奴才几人就将被扔到犬场喂狗了。”武宗本来就没有杀他们的想法，见此情景，心早就软了，反而安慰他们道：“我没打算将你们问斩，你们哭什

么?”刘瑾见武宗软弱可欺,就趁机进言道:“都是司礼监王岳等人陷害我们,他见陛下宠信奴才,心生妒忌,便与阁臣勾结,企图将我们置于死地,然后他与大臣们挟制陛下,内外掌权,企图肆意横行,为所欲为,不然他怎能和阁臣一起逼迫皇上?”刘瑾的话非常奏效,其他几人也在一旁说刘瑾一心为主,这次是遭到别人的陷害。

武宗听后大怒:“朕乃是一国之君,怎能受制于人?”在刘瑾等人的鼓动下,武宗当即草拟诏书,命刘瑾独掌司礼监,提督禁军;又命丘聚掌管东厂,谷大用掌管西厂,其他人等分管各个要害部门,众人谢万岁龙恩,随即出宫。当天晚上刘瑾就到司礼监上任,并立即下令将王岳逮捕,发配南京充军。随后尚书焦芳升任文渊阁大学士,拥有管理内阁事务的实权。

当群臣们满心欢喜等待圣旨,好将刘瑾等人拿下治罪时,却见刘瑾等人面带得意之色,顿时感觉不妙。大臣们万万没有料到,只是一个晚上的时间,事情已经发生了翻天覆地的变化。随后武宗派太监李荣传旨:诸位爱卿说得很对,但是几位奴才在朕身边已经很久,不忍将之绳之以法,不过各位放心,朕自会处置他们。刘健、谢迁等人见大势已去,纷纷长叹,无可奈何。

为除异己　费尽心机

刘瑾当上司礼监后,总是在武宗玩得忘乎所以的时候才将大臣们的奏章拿来请求武宗进行处置,武宗这时候正在兴头上,根本没有心思去管奏章中的具体事情,每当刘瑾来问他时,武宗就会很不耐烦地说:“我要你们这帮奴才是做什么的?别什么事情都来麻烦我!难道你们就不能处理吗?”皇上的话正是刘瑾梦寐以求的,从此以后朝中的奏章都由刘瑾自行处理了。

在排斥刘瑾等人的行动失败之后,内阁大学士刘健、谢迁愤而提出辞职,谁知刘瑾居然假传圣旨,批准刘健等回乡。从此明王朝拉开了刘瑾专权、迫害朝臣的序幕。刘健等人一走,刘瑾就将自己的心腹,原吏部尚书焦芳提拔入阁,朝中的大权逐渐落到刘瑾手中,他开始明目张胆、无所顾忌的任意妄为。为了巩固自己的权力,刘瑾将排除异己作为首要任务,对于弹劾过自己的朝臣,他一个也不放过。因为户部尚书韩文带头弹劾刘瑾,所以他将此人定为头一个目标。他每天都会派人去调查韩文的过失。但韩文非常廉洁,从没做过违规的事情,一连几个月,刘瑾也没找到什么证据。

正当刘瑾无计可施时,内库的银子中发现有假银,刘瑾硬将此事怪罪于韩文,罪名是玩忽职守,不能防奸。当即撤销了韩文的官职,随后暗中派人想将其杀死。幸亏韩文有所察觉,时刻保持警惕,才暂时逃过一劫。但没过多久,刘瑾又以户部册籍遗失为名,将侍郎张缙及削职在家的韩文抓到狱中。对他们进行了几个月的折磨后才释放,并罚米千石,致使韩文家业破败。他的儿子高唐知州韩士聪、刑部主事韩士奇也都接连遭到罢职。在韩文一案中,因为新任户部尚书顾佐不愿诬陷韩文,刘瑾对此事耿耿于怀,随便编造了一个理由,没收顾佐三个月的俸禄,随后又三次罚米,共计千余石,顾佐家境贫寒,只得用物品抵债,致使家中空旷如野。刘瑾等人迫害户部尚书韩文一案,引起满朝文武的极大不满。工部尚书杨守随在为韩文辩白后,被刘瑾削职查办,随后又以他在审理案件时有过失为由,将其打入大牢,罚米千余石。受到牵连的还有南京给事中戴铣、御史蒋钦、薄彦徽等20多人。他们曾在刘健等人辞职时挺身而出，上疏力谏“元老不可去，宦竖不可留”“斥权阉正国法，留保辅，托大臣，以安社稷”。就是因为这件事触怒了刘瑾，他先是假传圣旨，派锦衣卫将众人全部逮捕，然后关押到锦衣卫北镇抚司监狱。戴铣被打死在大堂上，蒋钦等人惨死在狱中。曾经为戴铣等人求情的兵部主事王守仁也遭到刘瑾的严厉斥责，随后被廷杖五十，王守仁被打得皮开肉绽，昏死多次，后来被流放到贵州做驿丞。在王守仁去贵州的时候，刘瑾安排派爪牙在途中行刺。王守仁在到达浙江钱塘江口时觉察到有人跟踪，明白是刘瑾要暗害自己，于是急中生智，将自己的帽子投入江中，然后写下绝命诗“百年臣子彼何极，夜夜江涛位子胥”，将诗与鞋一同放在江岸，随即更换服装上路。跟踪的人来到江边，发现遗书和江中的帽子，以为王守仁已经投江自杀，便回京交差了，王守仁因此保全了性命，从此过起了隐居生活。

五官监侯杨源曾经借助天象示警，劝说武宗惩办刘瑾等人。刘瑾掌权后，命人将其杖责三十。此后不久，杨源又直言请求武宗收揽权柄，以免造成天下大乱。刘瑾得知后勃然大怒，假传圣旨将其杖责六十，由于伤势过重，没几天杨源就死了。除此之外，漕运总督邵宝、平江伯陈熊、尚宝卿顾璇、湖广按察副使姚祥、郎中张玮等人都因不愿与刘瑾同流合污而惨遭迫害，被其随意枷锁、下狱、廷杖、谪戍。兵部尚书刘大夏已经是73岁的老翁，但刘瑾依然没有放过他，将其抓入大牢后又发配到肃州。在刘大夏离京之时，许多百姓含泪送行，民众罢市焚香祈祷，希望上苍保佑他能够活着回来。

这段时间刘瑾除去了大量异己，在稳操大权后，刘瑾又设立内厂，自己亲自管理，对朝中大臣进行严密的监视，只要发现有人在背后议论自己，就找借口将其治罪。在刘瑾心狠手辣的严厉打击下，官员人人自危。刘瑾一时间权倾朝野，将国家的大权集于一身。

刘瑾铲除了朝廷中的重臣之后，开始打击言官（御史和六科给事中），因为他们曾经出面弹劾刘瑾，并对自己造成了巨大的威胁。于是，刘瑾开始对弹劾过自己的言官进行罢斥、廷杖、下狱。有些言官怕连累家人，纷纷自杀。

正德三年（1508年），都给事中徐天锡在清查内库时，发现刘瑾私吞库银，他知道贸然上奏非但不起作用，还会闯下大祸，再三思考之后，他决定进行“尸谏”。徐天锡连夜写好奏章，让家人在第二天击鼓上呈，自己于当天晚上自尽。但他的家人十分害怕刘瑾报复，就将此事搁下了。平日里翰林院人员见到刘瑾只是作揖问候，刘瑾认为他们不跪拜是对自己的不敬。为发泄私愤，他将20多名翰林院士调离或削职，后来又将众人赶出京城。

刘瑾在打击正直官员的同时，为了达到自己能够长期掌权的目的，还将不附和自己的官员列入所谓的“奸党”黑名单。正德二年（1507年）三月，刘瑾颁布了所谓“奸党榜”，公开宣读了53名官员的姓名，而这些官员都是为人正直、在朝中占据要职的重臣。刘瑾信口雌黄，指责朝臣的“过失”。群臣跪在地上，敢怒不敢言，许多人无法忍受这种摧残，在事后纷纷递交辞职书。但刘瑾不管是否辞职，一律予以严惩，就连他们的亲戚好友或者与之相互走动的官员都受到株连。户部尚书雍泰不愿与刘瑾交往，刘瑾就将其削职，而且连推荐雍泰任职的吏部尚书许进也被罢职，

与此事有关的原吏部尚书马文升及给事中赵士贤、御史张津等人，也都被削职为民，还处罚与雍泰有联系的50多名官员戍边。而遭到刘瑾排斥的职务较低的官员更是不计其数。在清查广东库藏时，又将前任两广总督潘蕃等将近九百人逮捕治罪。

尽管如此，依然有正人君子、仁人志士出面反对他。南京监察御史蒋钦就抱着必死的决心向皇帝进言，怒斥刘瑾弄权，祸国殃民，肯请武宗立即诛杀刘瑾以谢天下，然后杀死自己以谢刘瑾，最终武宗没有采纳，蒋钦还是落到了刘瑾手中，被其廷杖三十，关入大牢。但蒋钦并没有因此害怕，他依然请求官吏传达自己不与刘瑾共生的决心，这又使他遭到廷杖三十的处罚，以至最终死在监狱中。

专横跋扈　无以复加

为了实现自己更大的野心，刘瑾必须牢牢控制武宗，为此刘瑾想方设法提供各种游戏以供武宗消遣，使之整日沉溺在骄奢淫逸之中。为满足武宗荒淫的欲望，达到他长期掌权的险恶用心，刘瑾私自下令修建豪华的宫殿、船坞，并在各处设立密室，挑选能歌善舞的美貌女子置于密室之中，专供武宗玩乐。武宗上瘾之后，嫌美女太少，专门降旨命人在京城的贵族中挑选美貌女子送入密室。此外还命人挑选能歌善舞的歌妓女和各地的优伶进京等待召唤，各地送入京城的女子不计其数。不光如此，刘瑾还专门将后宫布置成街市模样，让武宗学百姓的样子到市场做买卖，并和太监、宫女装扮的市人进行讨价还价。同时，还在“街市”中开设酒店、妓院等，让一些年轻女子见到武宗时就将其拽入室内，为其准备好美酒佳肴，让武宗大吃大喝，喝醉之后就留宿在此。

武宗在这里不分昼夜地纵情淫乐，把所有的朝政都交给刘瑾，让他代替自己全权处理。在此之后，朝中事无巨细都要向刘瑾禀报。刘瑾的家门口每天都有官员等候接见。各地的奏章也都交到刘瑾手中，他便将自己的妹夫等人召到家中协助自己批阅，国家的命运竟像儿戏一般操纵在宦官手中。刘瑾权倾朝野时，官员们不能直呼他的名讳，必须称“刘太监”。左都御史屠滽在奏章中写了“刘瑾传奉”，刘瑾看后大骂不绝。屠滽知道后，急忙领着13位御史登门请罪。众人跪在堂下，听任刘瑾的责骂，没有人敢抬头仰视。刘瑾骂完之后进屋休息，御史们见刘瑾没开口让自己走，只得在原地跪着，直到刘瑾放话，御史们才胆战心惊起身告谢而归，因为跪的时间太长，他们都是互相搀扶着离开刘瑾的家。

刘瑾独揽大权的另一重要措施就是将自己的心腹安插在要害部门。当他将许多重臣排挤出朝廷之后，迅速提拔自己的亲信党羽前去接替。他以内阁、六部为重点，把焦芳、刘宇、曹元等人纷纷提升入阁，内阁实际上控制在他的手中。随后刘瑾把自己的心腹提拔为吏部尚书、户部尚书、兵部尚书、刑部尚书、工部尚书、都察院都御史等，而在其他部门安插的党羽也数不胜数。中央机构的调整完成后，刘瑾又全力以赴调整地方政府机构，挑选心腹太监到地方上担任要职，逐渐控制了各省及边镇的军、民和财政大权。如此一来，刘瑾一党几乎遍布天下，武宗成了傀儡，明代的阁臣依附太监也开了历朝的先河。

擅权天下　恣意妄为

刘瑾把持朝政，把朝政搞得一团糟。尽管他利用手中权力排除异己，控制言论，不许别人说半个不字。可是他终究无法消除百官对他的不满情绪。正德三年(1508年)七月的一天，武宗早朝后起身回宫，发现朝堂的台阶上有一封书信，太监将书信呈给武宗，信中写的全是刘瑾所犯的罪行。武宗看完后感到非常吃惊，但又不太相信，于是将这封匿名信交给了刘瑾。刘瑾看完后当即跪下向武宗叩头，说是有人诬陷。武宗并没有追查此事。随后刘瑾下令朝中文武大臣全部到奉天门外，跪在大殿前，并让宦官在一旁监督。刘瑾坐在一旁的阴凉处对百官严加训斥，让他们交出写匿名信的人。烈日炎炎，官员们跪在烈日下一点都不敢动，汗水湿透了衣衫。期间有几十名官员昏倒，还有几名年龄大一些的老臣中暑死亡。但刘瑾依然没有罢休，他告诉众人，在没有查出匿名人之前，所有官员都要受苦。到了傍晚时分，依然没有人供出写信的人，刘瑾也没有更好的办法，只得放走了部分自己认为可靠的官员，然后将其余的三百多人都押进了大牢。直到第二天早上，刘瑾听说是宦官中的人写的匿名信，这才将几百名无辜的官员释放。

这一事件过后，刘瑾感到原有的特务机构不能有效地控制朝野，于是他在宫中新设立了一个部门——内办事厂，专门用来审查太监、锦衣卫、东厂、西厂等人的行为。这个部门的成立收到了明显效果，原来的东、西两厂人员为了取得刘瑾的信任越发卖力。没过多久，就有几十名太监被赶出了皇宫。紧接着刘瑾开始清查粮仓和金库的账目。如果发现有少量的损耗，所有与之有关的人员都要被罚款。查完宫中之后，他开始派人到地方，以核对各地官府库存与账目为由，核查有可能不听从自己命令的官员，并找借口将其逮捕入狱。这下不光官员人心惶惶，民间百姓也被搞得鸡犬不宁，人人自危。

刘瑾控制下的各个部门都拥有全套的刑具，除此之外，他们还设计了许多更为残酷的刑具。比如特意制作的枷具，有150斤重，将它套在人的身上，人将被活活压死。御史王时中曾经揭发过刘瑾的罪行，并惩治了大量的贪污分子，刘瑾的党羽刘宇就是被他依法处死的。为此刘瑾通过栽赃陷害，下令将其逮入监狱，给他戴上重枷，让他在都察院门前示众，王时中被压得快要断气时，他们才将枷具打开，随后把他充军铁岭卫(今辽宁铁岭东南)，结果王时中在前往途中就因伤势过重死了。给事中安奎、御史张或也都曾因拒绝刘瑾索贿的要求，被套上重枷。

奸宦伏诛　死有余辜

刘瑾在武宗继位初年就下令大肆修建皇家庄院，据统计，光是直隶一省就建有36处，共占地将近30万顷。修建皇家庄院所用款项间接的出自百姓身上，非但如此，负责管理皇家庄院的人员依仗权势，任意妄为，如豺狼一般欺压当地百姓，家破人亡者日益增多，出现了盗贼横行的局面，也为各地藩王发动叛乱提供了可乘之机。

正德五年(1510年)，安化王朱寘鐇以诛杀奸佞宦官刘瑾为名发檄文，在宁夏

起兵造反。刘瑾得到消息后非常害怕,他将檄文私自藏起来,然后到武宗面前说朱寘鐇为夺帝位起兵叛乱。武宗对安化王反叛一事非常担心,他重新起用都御史杨一清为总督,总领宁夏、延绥等地区的军事,又派太监张永为总管,起兵前去讨伐朱寘鐇。为了显示自己对众人的关心,武宗亲自将他们送出东华门。杨一清是云南安宁人,有勇有谋,曾担任都察院左副都御史一职。武宗登基后,派杨一清到陕西一带修建防御工事,同时任命他为当地的军事统帅,负责训练士卒、加强边境的防御工作。因为他为人正直,不肯附和刘瑾,遭到刘瑾的排挤,杨一清看清时局,便称病返回京师,整日蜗居在家。但刘瑾并没有放过他,而是捏造罪名将其逮捕入狱。后来经过众多大臣的上疏求情,他才被削职释放回乡,但是却被先后罚米六百石。武宗为了平定藩王叛乱才重新起用他。杨一清领旨后,率领大军日夜兼程,但是大军还没到达前线,叛乱已经被杨一清原来的部将仇钺平定,安化王朱寘鐇被捕,杨一清听说后立即赶往宁夏镇,处理善后事宜。太监张永也一同前往。杨一清和张永处理好善后工作后,押解朱寘鐇回京。

张永曾经是刘瑾的同党,也是"八虎"之一,刘瑾专权后不但打击异己,连内部人员也不放过,曾劝武宗把张永调走。张永到武宗跟前与刘瑾对质,由于语言不合二人打了起来,其他太监在一旁劝解,武宗又赐御酒为他俩和解,这件事才算过去。但是张永和刘瑾两个人却因此结下怨仇。杨一清早就想除掉刘瑾,所以在他得知张永与刘瑾有怨仇后,认为只有像张永那样能随意接近皇帝的人才可能有机会劝谏皇帝铲除刘瑾。因此他在此次出征之后尽力与张永结交,二人的关系日益融洽。

回京途中,杨一清与张永在帐中密谈,杨一清说:"公公乃是皇上最宠信的人,这次出师讨伐叛贼,我军能旗开得胜,全靠公公的威力,但是平定藩王叛乱容易,但是国家内患却不好解决。"

张永当时非常惊讶,忙问杨一清所说的内患是什么,杨一清并没有回答,而是将身子靠近张永,在左手上写了一个"瑾"字。张永一看就明白了,他皱着眉头说:"这个人整天侍奉在皇上身边,而且党羽众多,要想除掉他可不容易。"杨一清看出张永确实有除掉刘瑾的想法,只是没有合适的机会,而且他也缺乏信心,于是便鼓励他:"您也是皇上宠信的人,皇上这次把讨伐叛逆这么重要的任务都交给公公,这就是最好的证明呀。如今我们凯旋回京,皇上一定会召见您,询问宁夏的事情。你可以趁这个机会把朱寘鐇谋反的真正原因奏明皇上,然后详细陈述刘瑾的罪行以及当前朝中的严峻形势,皇上听后定会处置刘瑾。如果大事成功,公公定能取而代之,并将成就千秋功业。"

张永听到这里有些动心,但他还是有些担心,说:"如果一旦事情不成功,自己的身家性命就会不保。杨一清又一再劝说,并且告诉他在行动的时候一定要快些动手,以免夜长梦多。"张永听完之后信心倍增。张永回到北京之后马上觐见明武宗,将安化王朱寘鐇献上,仪式完毕后,武宗见张永等人长途跋涉归来,便在宫内设宴为张永等人接风。宴席完毕之后,张永发现刘瑾和他的党羽们都不在皇上身边,于是就按照事先商量好的计策,将朱寘鐇起兵的真正原因详细讲述了一遍,随后列举了刘瑾的 20 多条大罪。

昏庸的武宗已经有了醉意,一时没有听明白张永的话,就糊里糊涂地问:"张永,刘瑾究竟想要做什么。"张永立即压低声音回答说:"他想要的是大明江山。"听到这里，明武宗才稍微清醒了一点儿，武宗再怎么昏庸腐朽，也不想让别人夺走自己的江山，随即决定缉拿刘瑾。

武宗令张永即刻领兵捉拿刘瑾，张永马上率领禁军侍卫前往刘瑾家。此时正值深夜，刘瑾从宫中回府后正在熟睡。突然，他被一阵嘈杂声惊醒，于是急忙起身，披了一件衣服来到院中，当他发现有侍卫进来时，知道已经大难临头了，所以也不做反抗，乖乖束手被擒。张永立即命人查封刘瑾的住宅，然后他将刘瑾押入大牢。武宗并没有下令将刘瑾斩首，只是派人前去抄家，并准备将其降为奉御，流放凤阳，因为他对刘瑾还是很有感情的，并不想置他于死地。三天之后官员回报，在刘瑾家抄出黄金 24 万锭，元宝 500 万锭，白银亿万两，其他珍珠玛瑙不计其数，除此之外还有龙袍、玉带、盔甲、武器等。最令武宗感到震惊的是，刘瑾平时使用的两柄貂毛大扇里面居然还暗藏机关，只要稍一触动，便会弹出一把锋利匕首，明武宗不禁大吃一惊，愤怒地喊道："这个奴才果然图谋不轨，立即押入死牢。"

文武大臣见刘瑾被押入死牢，纷纷上疏列举刘瑾的种种罪行，并且一致要求立即诛杀刘瑾。武宗见刘瑾引起了众怒，便下令将刘瑾交三法司和锦衣卫进行会审，然后定罪。审讯当天，刘瑾站在大堂上对参加会审的官员大喊大叫："满朝文武多数出自我的门下，你们谁敢审我！"随即对揭发自己的都给事中李震、刑部尚书刘璟等人讥笑道："你们都是我提拔起来的，现在居然敢来揭发我？"众人噤若寒蝉，谁都不敢审问。驸马都尉蔡震见状，立即怒喝道："我是皇亲国戚，并不是出自你的私门，就由我来审问你好了！"说罢，他来到刘瑾面前，用尽全身力气打了他几十个耳光，随后命令两旁的卫卒对他用刑。

刘瑾不堪受刑，供出了其党羽。同日，吏部尚书张彩、掌锦衣卫都指挥杨玉、掌镇抚司指挥石文义等 60 多人相继被捕下狱。审讯结束后，众官经过商议，根据大明律法，宣布判处刘瑾死刑："凌迟三日，挫尸枭首。画影图形，榜示天下。"危害天下苍生的刘瑾被押赴刑场。当时的刑部主事记载了刘瑾的行刑全过程：先后三千三百五十七刀，头两天，每天剐三百五十七刀，每刀如大指甲片……

行刑当天，全城百姓赶赴刑场。许多曾受他迫害的人竟花钱换取刘瑾的一小块肉生吞，以此来发泄自己心中的怨恨之情。全国百姓在得知刘瑾被处死一事以后，无不欢呼雀跃。

冯保：争权夺势 结局悲惨

【人物档案】

姓名：冯保

别 名：冯永亭、冯双林。

字号：字永亭，号双林。

生卒：1543～1583年

籍贯：河北衡水市赵家圈乡冯家村人

朝代：明代

职务：宦官、政治家、音乐家、司礼秉笔太监、司礼监掌印太监。

主要成就：监刻了《启蒙集》《帝鉴图说》和《四书》。

评价：冯保是一个老谋深算、颇有见第的政治掮客；又是一个矛盾重重，身上带着浓重文人气息的儒者。（《明史》称赞他颇有“儒者风度”）

【枭雄本色】

“镜殿青春秘戏多，玉肌相照影相摹”。以好色著称的明朝第十二代皇帝明穆宗朱载垕因食色成癖，纵酒宣淫，身体不济，则摄食壮阳丹药，终于使他过早地支付了青春，在春秋鼎盛之年，身体即已被掏空，生命的烛已燃到了尽头。

在隆庆元年五月二十五日未中间（1572年7月4日晨3点钟左右），年仅36岁的明穆宗已进入弥留之际。内阁大臣高拱、张居正等人星夜被招进乾清宫寝殿。只见穆宗倚坐在御榻上，皇后、皇贵妃皆在榻旁，皇太子朱翊钧（即后来的明神宗）立于榻右。高拱等重臣跪于榻前，一应人等该到的都到了。这时，太监冯保手捧着两封白纸揭帖走上前来，其中一份作为“传位遗诏”，授予太子；另一份作为“托孤遗诏”授予高拱为首的内阁诸臣。前者是传皇位给太子的诏书，后者则是因太子年幼，嘱托内阁重臣与司礼监协心辅佐，共保皇图的诏书。

这两道遗诏颁下以后，穆宗似乎略有慰藉，但已口不能言，只能用期待的眼光望着诸臣，头向前微微地颤动，以示嘱托之意，见此情形，高拱、张居正等托孤大臣悲痛难忍，号啕大哭，皇后、皇贵妃也失声痛哭，整个寝宫充满着悲哀的气氛，好不悲惨。次日卯刻初，也就是公元1572年7月5日清晨5点多，明穆宗驾崩于乾清宫。噩耗传出，百官痛哭，许多百姓也感其生前赈灾免粮的好处，也为之大放悲声，真是群山垂首，江河含泪，朝野上下沉浸在无限的悲哀之中。

悲哀归悲哀，但宫廷中的政治斗争却一刻也没停止过。在这种变故的非常时刻，那些权贵们各怀心腹事，他们的脑神经都在为自己的前途和命运满负荷地运转着。在内阁首辅高拱与太监冯保以及阁臣张居正之间，正酝酿着一场你死我活的权力之争。

【风云叱咤】

生平及权势

冯保，号双林，深州（今河北深州市）人。他自幼入宫，为宫中一介并不引人注目的小太监。但他颇有雅好，“笃好琴书”，颇有儒者之风。更加之精明过人，甚至近乎于狡黠，很善于处理人际关系，常能给人以好感。也正是依凭这一切，方使他在世宗嘉靖朝一步步地爬上了司礼监秉笔太监的位置。

至于高拱在《病榻遗言》中说冯保“文理不通”，纯属对政敌的鄙视与偏见，绝不可信以为真。美籍华人明史专家黄仁宇即说：“仅凭皇帝的宠信，目不识丁的宦官被擢升为御前的司礼监太监，在本朝（指明朝——引者注）的历史上虽非绝无仅有，但也屈指可数。一般来说，秉笔太监都受过良好的教育。当他们在十岁之前，就因为他们的天赋聪明而被送入宫内的‘内书堂’，也就是特设的宦官学校。内书堂的教师都是翰林院翰林，宦官在这里所受的教育和外边的世家子弟几乎没有不同；毕业之后的逐步升迁，所根据的标准也和文官的仕途相似。有些特别优秀的秉笔太监，其文字水平竟可以修饰出于大学士之手的文章辞藻。所以他们被称为秉笔，在御前具有如上述的重要地位，绝非等闲侥幸。”黄先生这番论述，已准确地反映出明朝中后期的有关情况。而冯保也“绝非等闲侥幸”之辈，而是靠他的聪明才智与勤奋成为一名“优秀的秉笔太监”的。他代皇上起草的诏书，“词语通顺无滞”即是雄辩的证明。

秉笔太监是司礼监中的重要内官，而司礼监又是宦官“二十四衙门”中的一个重要部门。内府衙门制度，定于明初洪武时期，由太祖朱元璋酌定，即有“十二监”“四司”“八局”。

十二监为：司礼监、御用监、内官监、御马监、司设监、尚宝监、神宫监、尚膳监、尚衣监、印绶监、直殿监和都知监。

四司为：惜薪司、宝钞司、钟鼓司和混堂司。

八局为：兵丈局、巾帽局、针工局、内织染局、酒醋面局、司苑局和浣衣局。

上述十二监、四司、八局构成了明代宦官二十四衙门。洪武定制，各监的长官为正四品，而司、局的长官为正五品，可见监的地位高于司、局。而司礼监又居于十二监之首，其重要性是显而易见的。

司礼监设掌印太监一员，掌理内外章奏及御前勘合，下设秉笔、随堂太监数员，他们代皇帝批阅奏章，因用红笔批示，所以称为“朱批”。其中最受宠者为秉笔太监，兼掌东厂印。其在内府之中，地位之尊犹如内阁之首辅。

作为秉笔太监冯保，其权势的形成也与宦官地位不断提高有着密切的关系。

在明初，宦官的权力并不大。即是因为明太祖朱元璋鉴于历代宦官专权的弊端，而对宦官严加限制，不允许他们兼外臣文武官衔，也不允许他们穿文武官员的服饰，任官品级不得超过四品。甚至立铁牌于宫门，上刻“内臣不得干预政事，预者斩”，以警告宦官不得干政。朱元璋这样做的目的就是控制宦官势力的膨胀，以免宦官为祸的历史重演，祸及子孙。到建文帝时，犹能恪恪守祖父的这种精神，“御内臣益严”。但以后情形发生了很大的变化，朝廷对宦官的态度向着与朱元璋初衷截

然不同的方向发展。

在朱棣所发动的"靖难之役"中,宦官多逃到燕王朱棣的军中,告以朝廷虚实,并为他立有军功。及朱棣称帝(即明成祖),对宦官倍加信任,从而改变了前朝对宦官严加防范的态度。还授予"宦官出使、专征、监军、分镇、刺臣民隐事诸大权。"从此,宦官权势渐重,至明朝中期便出现了宦官专权的局面。如英宗时宦官王振独揽朝权,竟将明太祖在宫中所立警示宦官干政的铁牌拔掉。其权倾内外,不可一世,皇上呼之为"先生",公侯勋戚要尊之为"翁父",府部院诸大臣"俱攫金进见"。也正是由于王振操持大权,控制皇帝,而在与蒙古作战时,落得个几十万大军覆没,皇帝被俘,酿成明史上空前的惨祸——"土木之变",使明朝元气大伤。至宪宗成化时,又有宦官汪直专权,甚至出现了"只知有汪太监,而不知有皇帝"的令人啼笑皆非的局面。武宗时,又有内官刘瑾擅政,甚至在京师内外流传着"一个坐皇帝,一个立皇帝,一个朱皇帝,一个刘皇帝"的谣谚。刘瑾之权势,俨然如至尊。许多义武大臣为了保官保命,在那些专权的宦官淫威下,也往往趋炎附势,望风而拜。正如明朝史学家、大文豪王世贞在《觚不觚录》中所说:"国朝文武大臣见王振而跪者十之五,见汪直而跪者十之三,见刘瑾而跪者十之八。"这充分反映出宦官权势之大,已达到令人发指的程度。

从这些前朝往事来看,宦官控制朝权似乎不足为奇。然而,宦官势力为何增长如此之迅速?这确实是值得剖析的。从大处着眼,其根本原因在于封建专制制度。皇帝本人为了达到个人专制的目的,信任身边的奴才超过了对外臣的信任。他们的一言一行可以直接影响皇帝,外臣的命运甚至掌握在他们的手中。这不能不令外臣望而生畏,退避三舍。明代宦官的权势得以迅速膨胀,还因为在他们的手中掌有锦衣卫、东厂、西厂等特务机构。如汪直掌西厂,刘瑾亲掌内行厂。厂、卫爪牙遍布京城内外,上至王公大臣,下至黎民百姓;大至朝廷政事,小至臣民隐私,无不在其侦伺、缉捕之列。甚至可以不经过三法司(刑部、都察院和大理寺)而任意缉捕、断狱;而三法司审理重大案件,厂卫却有权派人监督审理,称为"听记"。厂卫可以恣意妄为为宦官专权提供了条件,宦官的专权又使卫为祸更烈,形成了恶性循环。

特别是司礼监的秉笔太监掌握了"朱批"的权力,使其更便于控制朝纲。朱元璋统治时代,曾明令禁止宦官识字读书,以使其不具备干政的能力,但到明宣宗统治的宣德时期,却建立了内书堂,令 10 岁上下的小宦官读书,开始由大学士陈山教授,后来又委任词臣传授课业。他们所学的内容为《百家姓》《千字文》《孝经》《大学》《中庸》《论语》《孟子》《千家诗》《神童诗》等。此外,还练习书法,有余力的也可以读其他书籍。看来小宦官们所受的教育相当正规,课业与世家子弟基本没有差别,而且为他们传道授业的老师也非泛泛之辈,这就为在学宦官文化水平与能力的培养提供了良好的条件,使其具备了干政的能力。在内书堂中,学业有成,聪明有能力者,才可以提拔为司礼监的秉笔、随堂太监。因此,他们所具备的能力,完全可以与文武大臣们相匹敌。特别是他们掌有"朱批"之权,而且明中期以后的皇帝多非英明之主,更加之无心治政,对于每天都要送来的诸多章奏,颇感厌烦,或亲批数本,或干脆不批,而将"朱批"之权多委于宦官,使内府权力日重。

一般而言,文武百官所上章奏,先由司礼监代皇帝接收。然后下发内阁,由阁臣将其内容提要及初步处理意见写在小票上,称为"票拟",以便皇帝批阅。而明朝中后期皇帝多不勤政,而由司礼监宦官代劳,于是造成了"内阁之票拟,不得不决于内监之批红，而相权转归之寺人”的局面。这就是说宦官的权力甚至超出了内阁。

在了解了上述情形之后，便也不难理解作为秉笔太监，且兼有提督东厂权力的冯保，已具有相当的政治实力。在时机成熟的情况下，只要是需要，便足以与内阁权臣分庭抗礼，争个你死我活。这只是一种可能，然而这种可能却真的变成了现实。那就是冯保与内阁首辅高拱进行了一场激烈的大角逐。为了弄清这场角逐的来龙去脉，还必须对决斗的另一方高拱的情况着些笔墨。

与高拱的矛盾

冰冻三尺，非一日之寒。冯保与高拱的矛盾，也是由来已久。

隆庆元年(1576年)，司礼监掌印缺员，按照资历与正常的升迁规律，当由冯保补此肥缺。因为冯保距此位仅有一步之遥，他终于有机会攀上这个内官中最高的职位，但等待他的却是莫大的失望。因为冯保未能取悦于穆宗，大学士高拱侍奉穆宗多年，颇能解“圣主”的心思，于是来个顺水推舟，绕过冯保，而另荐御用监的陈洪为司礼监的掌印太监。而冯保这位司礼监的秉笔太监却被安排掌御用监事，令其提督东厂算是对他的安慰。冯保感到自己失去了这次司礼监掌印之位，完全是由高拱造成的，由此而对高拱心怀忌恨。后来，陈洪的掌印之职被罢免后，高拱仍不让冯保掌司礼监印，而又让孟冲掌印。孟冲本来是尚膳监掌印太监，按照常例不应提升为司礼监掌印，但高拱破例令其掌司礼监。该提拔的未提，不该提拔的破例提升，怎能不令冯保咬碎牙根。冯保因此与高拱结怨愈深，埋下了彼此纷争的种子。

冯保虽然非常痛恨高拱，但要与他公开较量，还深感力不从心，也只能默默地饮下高拱给他酿造的苦酒。当然，他也非常希望在外廷之中寻找奥援；而张居正要想在内阁之中立于不败之地，也希图在大内中打开缺口。于是冯、张二人一拍即合，形成一股强大的势力，共同对付高拱。

张居正是一个颇有心计的人，他既要和冯保联合，那么就要寻找与他沟通的桥梁，而充当这个桥梁的便是冯保最信任的仆从徐爵。张居正经常将徐爵招进府中，在书房中聊天，甚至与他同桌共食。一个内官仆从能得到内阁大学士得如此殊遇，自然会感激不尽。不仅如此，张居正还常给徐爵一些金钱，施一些恩惠，只要是徐爵所需要的，张居正就一定满足他。因此，他对张居正感恩戴德，在冯保面前说了许多的好话，使冯张之间的关系日益密切，内外信息得以沟通，反对高拱的联盟就这样形成了。只要一有时机，便可以一致对敌了。

世事的变化是难以预料的。春秋鼎盛的明穆宗却因日渔女色，又食方士壮阳丹药，使得身体健康状况每况愈下，这使高拱忧心忡忡。因为一旦这棵大树轰然倒下，那么他还靠什么？他还会这么八面威风吗？对于冯保和张居正这方而言，穆宗病重的消息，无疑等于预示了向高拱进攻的一个信号。在隆庆六年(1572年)开始，穆宗常因病不能上朝，这使他们更加密切地注视着朝廷的动向，只要有向高拱进攻的机会，他们绝不会放过。

机会终于来了，通过太子入阁讲学的事，冯保和张居正对高拱进行了一次巧妙的进攻。隆庆六年二月二十三日(1572年3月7日)，皇太子朱翊钧已届10岁，开

始出阁讲学。由太子少保礼部尚书兼翰林院学士高仪、吏部左侍郎兼翰林院学士张四维、司经局洗马兼翰林院修撰余有丁、右春坊右赞善兼翰林院编修陈栋为侍班官;詹事府少詹事兼翰林院侍读学士马自强、陶大临、翰林院编修陈经邦、何洛文、检讨沈鲤、张秩为讲读官;检讨沈渊、许国为校书官;制敕房办事大理寺左寺正马继文、徐继申为侍书官。并命少师中极殿大学士内阁首辅高拱、少傅建极殿大学士张居正提调各官讲读。储君的教育,果然不同凡响,阵容之庞大,无可比拟。

按照明朝故制,太子出阁讲学,阁臣只旁听三日,以后就不参与了。但高拱认为太子年幼,而且所委派的讲官都是新人,从未给太子讲过学,对此并不十分熟悉。觉得只委托讲官,而自己不在跟前,还有些不放心。于是向皇帝申请,要求五天听一次课,以尽效忠之意。高拱这一请求,得到了皇上的许诺。其实高拱这一举动,并不是表面上看去那么简单,他还有更深刻的用意。特别是高拱本人即因为曾侍讲于裕邸,才会得到穆宗如此重用。东宫臣僚在新朝的位置自然显赫,不可不谓得天独厚。当时穆宗病重,还能熬到几时,殊难预料。一旦老皇帝驾崩,新君即位,一朝天子一朝臣,受重用的自然是那些与他最接近的人。高拱申请五日一叩讲筵的真正动机即在于此,以便联络与太子的感情,为日后永保官位奠定基础。

深谋远虑的张居正和足智多谋的冯保自然不会看不透高拱的别有用心之处。于是张居正和冯保沟通了信息,由冯保出面奏说:"东宫幼小,还是由阁臣每天一员看视为好。"皇上也答应了。这也绝不仅仅像高拱说的那样,只是为了显出高拱的"间慢",而更重要的是张居正也可以和高拱一样接近太子,以和这未来的皇上沟通情感,取得信任。如此,将来才能和高拱一争高下。此外,张居正得以参与看视太子日讲,还可以在此与冯保直接见面沟通。太子讲学在文华殿,借看视太子讲学之机,张居正经常与冯保在文华殿东小房内攀谈。这对于相互汇报情况,对付高拱极为有利。

或许是冯保与张居正谋划的结果,由张居正的僚属曾省吾指使户科给事中曹大啚出面弹劾高拱。隆庆六年三月二十四日(1572 年 5 月 5 日),曹大啚上疏指斥高拱"专肆日甚,放纵无忌",有"十不忠"罪,即包括对皇帝不忠,对太子不敬;公报私仇,排斥正人;任用亲戚乡里、门生故旧;蔽塞言路,结党为恶;久掌吏部,升降去留为所欲为;收受贿赂,陷害忠良等内容。对于高拱而言,这一弹劾有些内容属实,有些无法对证,有些则比较牵强。比如"十不忠"的第二条说:高拱对待太子讲学,只想五日一叩见,"何其无人臣礼"?是对太子的不敬。其实,五日一叩见,已远远超过了内阁大臣只看视东宫讲学数日的惯例,已经是侍奉太子唯谨,又怎么能说怠慢东宫呢?更谈不上是"无人臣礼",对太子不敬了。其他所言事也有许多是事实,只不过说得更严重些罢了。但穆宗对高拱眷顾有加,不为这一奏章所动摇,反而把曹大啚贬为地方官。

对于曹大啚的弹劾,高拱当然要上疏置辩请退。穆宗对他是坚意慰留。当时的言官多为高拱的私人,所以曹大啚奏疏一上,就像捅了马蜂窝,六科给事中、十三道御史以及九卿、太常寺等衙门公本、独本纷纷而上,异口同声地弹劾曹大啚诬陷元辅高拱。

作为冯保和张居正的走卒曹大嵩遭此际遇,冯、张绝不会袖手旁观。在这些弹劾曹大啚的奏本中,有张集的独本,劾曹大啚倾陷辅臣,其中还有"昔赵高矫杀李斯而秦祸甚烈"之句,借以讥讽张居正和冯保,结果被张居正抓住了辫子。张居正看过奏疏，气愤非常，声色俱厉地痛斥说："这御史如何比皇上为秦二世！"冯保则将比疏扣留不发，并让一些小太监放出风声说："万岁爷说：张集如何可比我为秦二世"。冯保也传言说：皇上看了奏本，非常生气，要将张集廷杖为民。皇上还说：廷杖时，我便问他，今日谁是赵高？

这些话很快在内外传开，张集也以为必死无疑，天天在朝房等待逮捕。甚至买了棺材，与家人告别，全家哭成一片，准备后事。对此，朝臣议论纷纷，一直关注着事态的发展。张居正的一个门客问他说："这事将如何了结？"张居正回答说："再困他几日，使他尝此滋味也。"结果闹得人情汹汹，言官们正准备弹劾张居正。张居正此时似应见好就收，与张居正关系极为密切的郎中王篆即看出了这一点，他劝张居正早日了结张集的事，否则激怒言官，对张居正不利。于是张居正派王篆到朝房，对已经吓得半死的张集说："张相公让我向你致意，你可以回家了，奏本不下，已经没事了。"张集这才回府与家人重新团聚。

冯保、张居正与高拱在这一回合的较量中，已显示出雄厚的实力。冯、张这方曹大亹降调外任，而高拱那方的张集也如死里逃生，可以说是打了一个平手。更何况张居正还争得了看视太子的权利，则不可不谓是一个不小的胜利。

首次出击，就有收获，冯保和张居正都颇为兴奋。但他们绝不会陶醉于这小小的胜利之中，而是进行下一步计划，那就是争得穆宗遗诏的起草权。这是至关重要的。

穆宗的病情日益严重，尽管御医们使尽了浑身的解数，经常会诊，研究病情，百般调治，但终无回天之力，遏制不住病情的恶化趋势。大臣们不得不为之准备后事。其中一应丧葬物品及葬仪是不可不备的，但这只是一种需要而已，多在意料之中，并不怎么引人注目。朝廷内外最引人关注的是遗诏的起草，因为它关系到一些朝臣的切身利益乃至新朝政体、方针政策等重大问题。更何况太子还不满 10 岁，朝局动向如何，无不与遗诏密切相关。正所谓主少国疑，人心不定，朝中官僚的每一根神经都绷得很紧，心里做着种种的猜测以及应变的办法。

在冯、张与高拱两派斗争中，谁争取到起草遗诏的权力，谁就能争取主动，谁就可能在政治斗争中占上风。高拱是内阁首辅，他当然最有资格起草遗诏。几年前，世宗的遗诏不就是当年的首辅徐阶主持起草的吗？但这一次情形却大不相同，似乎对次辅张居正和冯保特别有利。由于穆宗病重，有些事情恐怕要由皇后，特别是太子的生母李贵妃主持，而冯保又深为她所信任，有事相互商量也是必然的。这就为张居正争得遗诏的起草权创造了极为有利的条件，冯保可以不失时机地为他争取。更何况张居正自身也有这方面的天赋。张居正从小就是神童，少年时代便有"荆州张秀才"的美誉。良好的先天素质和勤奋的好学精神，使他成长为不可多得的才人。他的疏札功夫，是举朝公认的第一流高手。同僚有重要的奏疏往往要请他来捉刀，即使朝中如太子出阁讲学等大事，也要请他来代笔。因此，起草遗诏让他执笔，也是很自然的事，身份是次辅，也没什么不符，更何况他还曾参与起草过世宗遗诏呢！

具体的操作是张居正和冯保相互沟通而起草的。按正常规矩来说，不管由谁执笔起草，首辅都应参与意见。但冯保与张居正并不想让政敌高拱知悉，而是在较为秘密的状态下进行的，高拱虽是首辅，但也未能参与。仿佛高拱向来与起草遗诏无缘，而张居正却可"染指"其中。先有世宗逝世的时候，张居正还没有入阁，但首

辅徐阶竟越过大学士高拱、郭朴，而独与张居正谋划，起草遗诏。因此使这两位阁老生出多少憾意！这一次穆宗将崩，高拱当上了首辅，却又让张居正越俎代庖，心中尤为不快，同时也预感到事情的不妙。

有一天傍晚，张居正来到高拱的前园，与高拱相见。两位阁老谁也无心观赏园中美景，气氛十分紧张。二人谈起曹大嵩弹劾高拱的事，张居正只是推说不知，而高拱非常激愤，指天发誓，斥责张居正"负心"。张居正也并不想和他吵架，只是谢过而已。接着又提起最为敏感的遗诏问题。高拱说："昨天姚旷封送秘帖给冯保，被我撞见，我问他：'你拿的是什么？'他说：'是遗诏'。我是首辅，应该由我草拟遗诏，你怎么可以自行送遗诏给冯保呢？而且封贴近半寸厚，说的是什么？又怎么知道其中没有谋害我的事呢？"对于目的已经达到的张居正来说，这顿责问又算得了什么，敷衍谢过而已。

高拱面对这严峻的政治斗争形势，正在不断地思索，以采取一些有效的办法来遏制冯保和张居正势力的扩大。他想到如果穆宗一旦崩逝，自己便无所依赖，而冯保、张居正内外声息相通，联合对抗他，将使自己处于孤立无援的境地。因此，他上疏力请内阁添人，或可作为自己的帮手，以使张、冯有所顾忌。于是在隆庆六年(1572年)四月，将礼部尚书高仪拉入内阁。高仪为官称职，为人正直，但却不愿卷入彼此的争斗之中，也不能成为高拱政治斗争的助手。看来内阁添人这着棋并不高明，难以见到实效。

及穆宗溘然而逝，给内阁和太子的遗诏均已颁布下来。遵照遗诏除高拱、张居正、高仪三位阁臣参与托孤外，司礼监也得顾命。太子幼冲，衣食住行皆需内监扶掖，令司礼监顾命，虽无先例，也不为过。其实在这方面无论是穆宗或皇后、贵妃都会认可的。问题并不出在这里，而是出在司礼监由谁为掌印太监上。当穆宗定遗诏之时，司礼监掌印太监是孟冲，让司礼监参与顾命，就是让孟冲参与顾命，而不是冯保。穆宗一向信任高拱，决不会让与他关系不好的冯保参与顾命。而孟冲是由高拱破格推荐为司礼监掌印太监的，而让他与高拱"协心辅佐"新君，是最合适不过的。据高拱《病榻遗言》和《穆宗实录》等历史文献推断，高拱派姚旷送给冯保遗诏，当在三月末四月初之间，当时，穆宗心里还很明白，还能提出对政事的处理意见，他不会让冯保与高拱这一对头共同辅佐新君的，更何况他本人也不喜欢冯保。因此，高拱一口咬定遗诏是"矫诏"，也正是因为遗诏使冯保得以参与顾命。

其实，遗诏并不是"矫诏"，因为遗诏中让司礼监参与顾命是指让孟冲辅佐新君。但是冯保和张居正便就此做了手脚，即以偷梁换柱之计来瞒天过海。具体来说就是驱逐孟冲，而以冯保代之为司礼监掌印太监。如此则司礼监所顾命便由孟冲换成了冯保，以收移花接木之效。这一计谋的施行，是在穆宗驾崩前后。当时穆宗已不省人事，冯保则很便于做手脚。如此大事，必须做得天衣无缝，因此，他必须和张居正商量每一个步骤或细节，所以当时他与张居正往来甚密。特别是在穆宗驾崩后更加频繁，"彼此或遣使、或密帖相传，日数次，旁若无人"。最终以穆宗遗诏的形式确定了冯保的司礼监掌印太监的位置，即在穆宗死后的第二天便宣布冯保为司礼监掌印太监。穆宗在世之时，若想让冯保掌司礼监何不当即行之，又怎会用遗诏形式来确定呢？此诏定是矫诏，即是冯保伪造的遗诏。正如朱东润先生在《张居正大传》中所说："冯保矫遗诏是有的，但是只是矫遗诏用为司礼监掌印太监，并不是矫遗诏同受顾命。"冯保一旦为司礼监掌印，那么司礼监受顾命之责便非他莫属了。其李代桃僵的奥秘之处就在这里，使人莫识其端。高拱即是一直蒙在鼓里，误以为托孤遗诏有假，而进行攻击，自不得要领，难以取胜。

冯保已取得顾命之实，无疑是冯、张对高拱斗争的一次重大胜利，对高拱构成了极大的威胁。高拱气愤非常，决心要限制冯保的权力，最终铲除这个权监。一场酝酿已久的大决斗即将开始。

冯高大决斗

高拱为了加强斗争的力量，即想把另一位大学士高仪拉入自己的阵营，这本来就是高拱推荐高仪入阁的初衷。但高仪为官秉礼守法，对物质功名也从不奢求，一向有清名，他不愿参与任何争斗，更不愿在晚年弄得身败名裂。他在朝中多年，对高拱和冯、张都颇为了解。在这虎狼之争中，他若夹在中间，还会有好结果吗？更加之他已年老多病，即使有心伸张“正义”，也是心有余而力不足了。尤其是在这种权力之争中究竟是哪一方正义呢？一时尚难确定。面对这种尖锐而复杂的情况，最好的办法便是回避，高仪因此尽量不卷入这场斗争。当高拱向他提出与冯、张斗争方案，并表示不惜以死相争时，高仪却说：“祸福不可逆视，我既不敢支持您的行动，也不敢劝阻您。”高仪所表示的完全是一种中立的态度。看来高拱也只能靠自己了。当然，在他的手下还有一群言官及其他部下为他擂鼓助阵。

就在明神宗朱翊钧即位的当天（即隆庆六年六月初十，阳历 1572 年 7 月 19 日），高拱就将精心准备好的奏本以内阁的名义呈给这位不满 10 岁的天子。其奏本共有五项内容，文字很长，每一项都说得十分详细，用意明确。第一项的用意在于一切经由皇帝亲答，增加政事的透明度，避免内监从中作弊；第二项是处理章奏应遵循皇帝看完章奏，再发内阁票拟，提出处理意见，再由皇帝朱批，尔后施行的程序，如此则可以减少内官上下其手的机会；第三项的用意在于加强内阁与皇帝的沟通，提高内阁的权力与地位；第四项是反对不经内阁，即由内批章奏的处理方式。因为如此就等于架空内阁，权归内监。因此，必须将一切章奏发由内阁详审，杜绝宦官掌权，第五项内容是反对“留中”。所谓留中，即是将章奏扣留不发。司礼监的宦官有时也因为章奏于己不利，而不让皇帝知道，私自扣留，高拱当然要予以禁止。总而言之，此疏各条所围绕的中心目的就是要限制以冯保为首的司礼监权力，加强以高拱为首的内阁权力，为铲除冯保做准备。

聪明过人的冯保十分清楚高拱此疏的利害，所以，当高拱这道奏疏呈上后，冯保自然不愿下发施行，于是不送内阁，中旨批出：“知道了。”它的意思是知道有这么回事，但也不必采纳。在皇帝新政之始，居于百官之首的内阁元辅的第一道奏疏竟遭此冷遇，令高拱气愤非常。于是他又上疏相争，催促皇上下发前疏，下内阁票拟。在万不得已的情况下，冯保才将其疏下发内阁，上有皇帝批的“都依拟行”的字样。

高拱见第一步棋得手，便开始实施第二步方案。即发动言官弹劾冯保，欲置其于死地。首先向冯保放出利箭的是工科都给事中程文等人。他们上疏弹劾冯保有“四逆六罪”。其疏说：“冯保平日贪残，害人不法等事万千难尽。先帝在时，冯保平日造进诲淫之器，以荡圣心，私进邪燥之药，以损圣体，先帝因此成疾，遂至弥留，这是他不可赦免的大罪之一。先帝久知冯保奸邪，不让他任司礼监掌印太监，所以

始终未能掌司礼监印。但在穆宗晏驾的当天，冯保即得掌印，岂非冯保自行矫诏而为掌印的吗！这是他不可赦免的大罪之二。皇帝驾崩的次日，冯保就打出一报，内开遗诏与皇太子（指传位遗诏），一时之间，人皆抄报，遍传四方，民心惶惑。遗诏是皇宫机密，又怎么可以公布于外呢？冯保这样做是玩弄权术，透漏御情。这是他不可赦的大罪之三。皇上登极之日，冯保立于御座旁，令人骇异。访问各朝近侍，都说从来未有如此者。御座只有天子才能御之，而冯保升立于侧，难道是要逼挟天子而共受文武百官的朝拜吗？这是自古所无之事。其不轨之心，由此可见，这是他不可赦免的大罪之四。"这四大不可赦免之罪，即所谓"四逆"。

疏中还弹劾冯保其他六大罪状：一是"耗国不仁罪"；二是"窃盗名器罪"；三是"贩鬻弄权罪"；四是"贪纵罪"；五是"吞噬疆御罪"；六是"荼毒凌虐罪"。冯保负此"四逆六罪"，皆是法律所不容赦免的。因此请求皇帝命三法司速将冯保拿问。明正典刑。此疏中所说冯保的罪状有属实的成分，但也有许多夸大其词、牵强附会和推测强加的成分。

这份奏疏的厉害之处在于几乎每一条罪状都可以置冯保于死地。为了封住张居正的口，以免替冯保说话，还在奏疏中说："如有巧进邪说，曲意救护冯保的，还望皇上明察，则不仅可以借此清除皇帝身边的恶人，也可以为后人之借鉴。"真是一箭双雕，用心良苦。

在高拱的布置下，这道具有主攻性的奏疏呈上后，还有两翼策应之军随之继上。遂有吏科都给事中雒遵等上疏弹劾冯保，又有礼科都给事中陆树德等弹劾冯保。其势恰如牛头阵，中有程文等负责主攻，左右有陆树德等互为犄角，往来策应，来势凶猛。高拱不愧是政坛上排兵布阵的老将。此外还有十三道御史刘良弼等上公本弹劾冯保，与主攻阵地遥相呼应。看来高拱对冯保发起的总攻十分凶猛，一时之间，朝廷内外推倒冯保的声浪迭起，形势急转直下，对冯保相当不利。

面对高拱所发动的庞大的倒冯阵势，冯保早已慌了手脚，急忙派心腹徐爵向张居正问计，张居正不愧是城府深奥莫测的高人，在这种政治的惊涛骇浪面前，就如风浪中的弄潮儿，随风就势，方寸丝毫不乱。他首先要冯保不要慌乱，稳住冯保心神，然后让冯保将计就计，教了冯保一招"杀手锏"，让冯保使出，而自己则托病在家，于幕后观察动静。而由徐爵和张居正的心腹姚旷往来沟通信息。

冯保也确非等闲之辈，颇有政治斗争的素质与功夫，在高人点拨下，而将这一招"杀手锏"使到十成功力似不成问题。于是冯保故作惊慌失措的样子在陈皇后、李贵妃及小皇帝面前大哭，危言耸听地诉说高拱的"罪行"。本来高拱在穆宗驾崩的时候，曾经在阁中痛哭时说："十岁太子，如何治天下。"这无非是在叹惜穆宗英年早逝，而太子尚未长大成人，是对国家政治的一种虔诚的忧虑，而绝无其他的任何歹意。但高拱哪里知道这竟成了政敌陷害他的口实。冯保则在后妃面前说："拱斥太子为十岁孩子，如何作人主。"这么一变，其意已是大相径庭。后妃闻听早已惊得目瞪口呆，花容失色。就连10岁的小皇帝也吓得颜色变更。不仅如此，冯保还进一步蛊惑说，高拱欲废太子，迎立周王。这还了得，若不驱逐高拱，皇帝孤儿寡母又怎可以安枕？皇后、皇贵妃在冯保的怂恿下，终于下了决心，要立刻将这个心高气傲，"图谋不轨"的首辅赶下台，以免夜长梦多。

隆庆六年六月十六日（1572年7月25日）清晨，有圣旨将内阁、五府、六部朝廷重要官员招集到会极门。每个人都猜测到今天会有重大的事情发生，都以紧张的心情迎接这难以预料的变故。当时,高仪年老有病家居,张居正也偶感暑热在家调养,内阁中只有高拱兴冲冲而来。他以为这一次倒霉的一定是冯保,因为近期朝中倒冯的舆论已造得颇有声势,后妃乃妇道之人,皇帝也只不过是十岁小儿,又怎么不依托孤元辅和朝中舆情呢?至于张居正,让他无话可说也就罢了,更何况曾遣心腹韩楫向张居正打过招呼,张居正的回答已是很明确的,他不是说:“去此阉若腐鼠”吗。看来冯保被罢是在所难免的。即便是不顺利的话,也只不过有一番争论,失败的自然是寡不敌众的冯太监。与那些被自己赶下台的阁老相比,冯保又算得了什么,高拱已是胸有成竹。

这天早晨,百官已齐聚于会极门,但内阁重臣张居正却托病在家,迟迟未到,于是皇上派使催促,快到了中午,张居正才在他人的扶持下进入会极门。高拱见到张居正便对他说“今天皇上召见群臣,一定是为了科道言官弹劾冯保的事,如果皇帝问起,我定按正理正法来回答,言语一定忤怒上意,那你就可以居首辅之位,我回家就没事了。”高拱如此说,绝不是他真这么想,只不过是对张居正的挖苦和嘲弄,否则他也不会说得如此轻松。谁知道这会真的成为事实呢。而张居正心中已是另有底数,只是佯装不知,敷衍道:“公只是这等说话。”口中虽如此说,心中似乎在说:等着瞧吧!

不大一会,只见太监王蓁手捧圣旨而出,各官皆跪于地。王蓁操着半男不女的腔调大声说:“张老先生接旨!”仅这一句就令百官吃惊不小,高拱是首辅,为何让次辅张居正接旨?高拱自然感觉不妙,更何况冯保也出现在百官面前,尤令高拱心中少了底气,接着宣读圣旨之声在会极门内外回荡:

皇后懿旨、皇贵妃令旨、皇帝圣旨:传于内阁府部等衙门官员。我大行皇帝殡天先一日,召内阁三臣至御榻前,同我母子三人,亲受遗诏。说:东宫年少,要他们辅佐。今有大学士高拱专权擅政,把朝廷威福强夺自专,不许皇帝主管,不知他要何为?我母子三人惊惧不宁。高拱便著回籍闲住,不许停留。

高拱是在政治的大风大浪中闯过来的,没想到小河沟里翻了船,这是他始料不及的。听着这五雷轰顶般的诏书,使他顿时魂飞魄散,早已瘫软在地。因为这一打击来得太突然、太迅猛,令他猝不及防,头脑一片空白,思想出现了真空。只见他“面色如死灰,汗陡下如雨,伏地不能起。”由张居正“掖之出”,十分狼狈。惶急之中,觅一骡车而出都门。真是世道沧桑,炎凉难测,谁又会料想专横无忌,八面威风的高拱会败在一个宦官之手,而且还败得这么惨!冯保在与高拱这场大决斗中获得了最终的胜利。

高拱这位政治斗争的宿将,为什么惨败在一个“刑余之辈”的宦官手中呢?原因在于两个方面:一是高拱在穆宗这座靠山失去之后,没有进一步取得皇后、皇贵妃的充分信任,在行为上过于心高气傲,无所顾忌,而犯了忌讳。过去高拱能够在政治斗争中屡次获胜,赶走数位阁老,不仅因为他有才能和斗争经验,更重要的是有穆宗的强有力的支持。而穆宗崩逝,使他自然失去了靠山。小皇帝刚刚 10 岁,孤儿寡母,生怕朝廷重臣生出二心,高拱恰恰不注意犯此大忌。比如有一次,内使传圣旨到内阁,他竟毫无顾忌地说:“圣旨出于何人之手?皇上只不过是个小孩,都是你们内官所为,我将驱逐你们这些人。”甚至说无论百官奏章,还是皇帝圣旨,都要经过他仲裁。高拱这样做的目的是限制宦官权力,但同时也伤害了皇帝、特别是皇后、皇贵妃的自尊心。再加上冯保等宦官添油加醋地拨弄,便对高拱有废立之心

信以为真，其孤儿寡母自然不能容忍高拱。这也正是皇后、皇贵妃和小皇帝母子三人驱逐高拱的动机所在。

二是高拱忽视了冯保的能量，更忽视了冯保与张居正联合所产生的巨大力量。高拱一向目高于顶，政治斗争中屡屡获胜，助长了高傲自大的心理，根本没有把一个宦官放在眼里。因此在与冯保的斗争中，并未注重采取巧妙的斗争方式与策略，而是通过正常渠道来攻击冯保，大张旗鼓，采取单一的正面进攻，将自己的阵容和意图完全暴露给自己的政敌，使得政敌采取了相应可行的对策。尤其是高拱对张居正与冯保的关系认识不清。虽然高拱也知道张居正与冯保颇有来往，却不知二人关系密切到了什么地步，而划不清阵线。谋去冯保从不背着张居正，甚至与张居正谋划共去高拱，结果张居正却将一切透露给冯保，并为之出谋划策。相比之下，高拱在明处，而冯、张在暗处，恰如兵家所云："善守者，藏于九地之下。"从而处处争取主动。更何况张居正绝非等闲之辈，才具且胜高拱一筹，表面上处处让着高拱，而骨子里却耻居高拱下，暗地里与冯保结为生死之交，共同倾覆高拱。冯保不愧一代权监，他内依皇后、皇贵妃，外依张居正，结成内外联盟，最终摆脱危险境地，彻底战胜高拱。

在这场冯保与高拱的斗争中，张居正一直深深地隐藏于幕后，如冯保失败了，别人抓不住他的把柄，他仍然做他的大学士；一旦冯保取胜，得利最多的是他。冯保的胜利，其本人得以取得和巩固司礼监掌印太监之位，实际上是得到了早应属于他的权力；而高拱的被驱逐，张居正却得到了本不属于他的内阁首辅之位，使他成为总揆百官的宰辅，位极人臣。

落井下石

每当冯保想起高拱发动言官向他展开的巨大攻势时，心中不免仍有余悸，对高拱自然是恨之入骨。冯保虽然取得了对高拱斗争的彻底胜利，但恨犹未休，在王大臣案中，落井下石，企图置高拱于死地而后快。这充分反映了冯保与历史上许多权监有同样的狠毒本性。

在万历元年正月十九日（1573 年 2 月 20 日）的早晨，小皇帝朱翊钧在内侍的簇拥下，来到乾清宫门，准备去上早朝。突然，发现有一个太监神色慌张地急匆匆跑过，这引起了小皇帝的警觉，令左右将这个形迹可疑的人拿获，交由东厂审问，主管东厂的冯保，很快将初步搜查的情况和进一步的处理意见上奏皇上。这在张居正于正月二十二日向神宗的上奏中见其大概。张居正说："我见到司礼监冯保奏称，十九日皇上出宫视朝，有一男子身挟二刃，直上宫门，当即拿获。此人虽然逆谋未成，但应严加防范。宫廷之内，侍卫严谨，如果不是平日熟悉道路的人，又怎能轻而易举地摸进大内！观其挟刀直上，自是蓄谋已久，其中必有主使之人。因此应当仔细究问，多方缉访，务得下落，永绝祸本。"那么，这个胆大包天，擅闯禁地的人究竟是谁？他是受人主使行刺皇上，还是另有缘由？

这个人就是王大臣，他本名章龙，浙江宁波人（另一说为江苏靖江人）。他"幼为娈童"，所谓"娈童"即指被当作女性玩弄的美貌男子。可见他从小相貌颇美，甚至带几分女性化的娇美，从而成为同性恋者渔猎的对象。他长大后，便成为优伶戏子。他不仅是典型的奶油小生，而且雌性激素过多，脸上连一根胡须也没有，是一个女性化的男人，难怪会成为男性追逐的娈童。也正因为他有如此的特点和职业，与宫廷的宦官多有来往。宦官虽然被割去了生殖器官，但并不能说因此没有任何性要求和性心理活动，作为人之常情的七情六欲并没有随着生殖器官遭破坏而彻底根除。在明代宫闱生活靡乱的直接影响下，有的宦官“娶妻纳妾”，有的与男伶、宫女交好，甚至星前月下，海誓山盟，永结同心。也有不惜重费，暗约偷情者，所欢侦知，竟有持刀弄棍，以复情仇的。似此之类。“盖相沿成习，已恬不为怪”。在这种情况下，女性特点十足的王大臣，与宦官厮混在一起，也就不足为奇了。这一日，他闯入大内，突然遇到皇上，实出所料，自然惊慌不已，准备溜走，结果被逮住，这一次王大臣厄运难逃了。

开始，冯保审问王大臣时，王大臣说是从戚继光处来。张居正闻此消息，心中震惊。戚继光是妇孺皆知的平定倭寇侵扰的民族英雄，如今已被调往东北镇守边疆，朝廷命他为总兵，镇守蓟州、永平、山海各处。其守边之功，有目共睹。此案若连累上有功于国，且握有重兵的戚帅，可不是闹着玩的。戚继光是国家不可多得的栋梁之材，王大臣词连戚继光，一旦以讹传讹，恐怕对戚继光不利，因此张居正不让冯保传播此事。实际上王大臣进入大内，也与戚继光并没有什么瓜葛。过去王大臣投戚继光标下的三屯营，而未被接纳，从此流落京师。因其为人乖巧，善于奉承和钻营，加之他男不男女不女的长相，和太监混得非常熟，并为之所亲昵。因此才得以窃取宦官服装，偷偷换上，潜入乾清宫门。是出于好奇，还是另有他因？不论如何，这次活该他倒霉，竟撞上了皇上，而致被逮入狱。

更为不幸的是，王大臣被冯保利用为进一步清算高拱的工具。冯保想起当年应该他做司礼监掌印的时候，高拱偏与他为难，两次三番地荐举别人，使冯保不能如愿。又想起前不久高拱发动言官对他的进攻，不禁为之心寒。幸有张居正的全力援助，才战胜高拱，把他从元辅的位置赶回老家。否则自己将永不见天日，抑或死无葬身之地。一想到这一切，冯保的心中之恨就难以平息。这个高阁老绝非等闲之辈，当年他在与徐阶的争斗中失利而下台，但没想到竟有起死回生之术，再度入阁掌权，对徐氏父子大加报复。如果将来有一天，他再重返内阁，还有我冯保的好吗！不如乘王大臣事件，铲除高拱，永绝后患。冯保如此想着，于是在王大臣身上做起文章。

冯保的目的，不仅想通过此案置高拱于死地，而且要将陈洪牵连进去，以泄私愤。于是要先将陈洪下狱，令王大臣供出他是同谋，合称由高拱主使。王大臣下狱之后，冯保命火长辛儒“与之淫狎”，并送给他三剑，剑首镶有极为名贵的猫眼宝石。辛儒还与王大臣朝夕同处，共享美酒佳肴，并教他说高拱如何使他行刺之事。一切安排就绪之后，冯保即上奏，请求追究主使，张居正自然随声附和。待到审判时，让王大臣诬高拱家人李宝、高本、高来为同谋。于是冯保差遣5名厂校飞驰河南新郑前往捉拿高拱家人，并发县卒包围高拱宅第。家人各怀金宝，如鸟兽逃散，高拱受惊不小。一场血腥大案正在酝酿之中，弄得举朝汹汹，人情不安。

这一切都是太监冯保设计的，作为政治的同盟者张居正是不会拆冯保的台的，当然他要与冯保配合。张居正深知这是人命关天的大事，弄不好要引火烧身，落个恶名。因此，他必须征得其他重臣的同意，一旦出事，也是大家的责任，而不至于自己独担罪名，成为众矢之的。他首先征求的是吏部尚书杨博的意见。

杨博既有资历，又有才能，具有正义感，而且居于六部之首吏部天官之位，自然

为朝野人士所推重。这也是张居正找他商量的原因。更何况他当年看不惯高拱对徐阶的报复,曾为此劝阻过高拱;平日里他与张居正的关系也不错。如果征得杨博的同意,事情就会好办多了。于是张居正试探着问他:"这件事将怎么处理?"杨博回答说:"此事关系重大,如果将高拱牵连进去,恐怕要惹是生非。况且朝中大臣人人自危,似乎不可以这么做。"张居正对杨博的回答,有些不快。但以杨博的为人,绝不会看张居正的脸色行事,他又找左都御史葛守礼商量如何解救高拱的事。葛守礼与杨博同是嘉靖八年(1529 年)进士,有同科之谊,关系密切,而且葛守礼与高拱的关系也不错。但他不阿附于一党,颇有正气。

杨博与葛守礼商议的结果是,先将张居正改变对王大臣案的态度泄露于张居正的亲信,令其劝阻张居正,然后利用言官在舆论上压迫张居正,最后在时机成熟的情况下,亲自出马,出奇制胜。于是葛守礼将此事告诉了张居正的幕宾陈省,陈省转告了张居正,使张居正知道此事已难以保密。接着即有与张居正关系密切的老乡、太仆卿李幼滋出来劝阻。当时李幼滋正有病在家,听到张居正要以王大臣案追究高拱的消息,心中焦急,强撑着身子去见张居正。他对张居正说:"您为什么要这么做?"张居正说:"凭什么说我要这样做?"幼滋说:"朝廷拿得外人,而您就让追究主使人,现在东厂称主使即是高阁老,万代恶名必归于您,您又将怎么解释?"张居正只是一再强调此事绝不是他所为,但并无解救高拱的意思。

至此,朝廷上下已尽知其事,各科道言官甚至写完了奏本,要向皇帝挑明此事,只是因为畏惧张居正和冯保的权威,才未贸然行事。张居正也极力阻止,不许言官上奏此事。这些科道言官从早到晚,一连等了 5 天,始终未获张居正允许。御史钟继英终于按捺不住,向皇帝上了一份奏疏,虽未明说,但暗指此事与张居正有关。张居正非常担心他人继之上疏,于己不利。于是他到午门关圣庙中抽签,以占卜吉凶。他所求签中写道:"才发君心天已知,何须问我决嫌疑?愿子改图从孝弟,不愁家室不相宜。"

张居正既有友人劝阻,又有舆论压力,使他对王大臣案的处理态度有所动摇。犹豫之中抽签问卜,又不吉利,自使其为之沮丧。杨博与葛守礼看看已到火候,三人亲自出马,造访张居正。张居正说:"东厂的王大臣之狱已确定下来,待同谋人至,即可以上疏处理了。"这就是说此案已无可争议,不必再费口舌了。但左都御使葛守礼也毫不相让地说:"难道我葛守礼敢依附奸党吗?我愿以全家上下百口的性命作担保,高拱决不会派人行刺皇上。"张居正只是默不作声。杨博也在一旁竭力劝说,但张居正似乎不为所动。葛守礼又历数夏言、严嵩、徐阶、高拱等宰辅相互倾轧,相名受损的事实,前车不远,不可不鉴。至此,张居正为之心动。于是愤愤地说:"二公的意思是我希望高拱受牵连?"于是愤然入内,取出一东厂揭帖给杨博看,并说:"这与我有什么关系?分明是东厂所为。"激愤之中,张居正竟然忘了在揭帖中留有自己亲手补充的"历历有据"四字。而葛守礼又认识张居正的笔体,一把抢过揭帖,藏入袖中,而对张居正微微而笑。张居正这才发现自己的漏洞,已是受柄于人,只得说:"揭帖语句不通,我只是为之更改几个字罢了。"这下子葛守礼这步棋完全走活了,变被动为主动,开始对张居正"将军"了。他不慌不忙地说:"此事甚密,不上奏皇帝,怎以先上内阁呢?"这一着非常厉害,即言张居正如果不是参与同谋,便有僭越之嫌,这是为人臣所忌讳的。更何况已有证据在手,不怕张居正不承认。当然葛守礼并不是要整治张居正,而是要借此迫使张居正对王大臣案所持的态度，以迎救高拱。因此，葛守礼一着得手，便见好就收，接下来再给张居正一个台阶下，于是说："我们两人并不是说您牵连高拱，而是说除了您没有人能救得了高拱。"既然张居正已授人以柄，而且对方已给自己台阶下，也只好顺水推舟，答应二人的请求，为高拱开脱，重新审理"王大臣案"，即由冯保、葛守礼和左都督朱希孝来会审。

朱希孝是"靖难"著名的功臣朱能的后人，是第六代成国公朱希忠之弟，其为人忠诚老实，资望极高。让这样的人参与审案自然会增加说服力，有利于此案的公正解决。但令他审案的圣谕传下后，竟把他给吓哭了。因为他知道，如果按冯保的意图行事，既有失公正和良心，又会得罪公论，落得个臭名昭著的下场；如主持公道，则会得罪权监冯保。冯保能有力量逐走高拱，那么若有意和自己作对，结局也不会比高拱好到哪去，真是棘手！他知道张居正在朝中的位置，更知道他与冯保的关系，还是去请教张居正吧。张居正自然向他交代了底数，并说明让他审理此案是吏部尚书杨博的意思，具体事宜还是与杨博商量吧。于是杨博与朱希孝具体商定审案的方法与步骤，并开始实施。

首行，朱希孝在审理之前先调查情况。命校尉秘密询问王大臣从何而来，王大臣则说从冯保处来，所说的话是由冯保所教。校尉对王大臣说："入宫谋逆者，依法应当抄家灭族，你怎么心甘情愿地这么做？如果你吐露实情，或许可以免罪。"王大臣却茫然一笑说："开始他们欺骗我说：'主使者论死，你自首就没事了，而且可以授官行赏'。我信以为真。"然后，待王大臣污指的同谋高拱的家人带到，让他们杂于人群之中，让王大臣辨认，他自然辨认不出。这样在正式公审前，已掌握了真实情况，为审讯的成功作了充分的准备。

万历元年二月十九日(1573 年 3 月 22 日)是会审王大臣案的日子，朱希孝、葛守礼、冯保及其他人一应人等来到了东厂。但突然风沙大作，黑雾四起，人对面不相识，众人皆惊骇不已，接着又下起冰雹。这本来是天机巧合，但迷信的人们自然把这种天象与人事联系到一起。东厂理刑官白一清即对在东厂初审王大臣的两个问官千户说："天意如此，可不畏乎？高阁老是顾命元老，此案本来与他无关，而强行诬陷他，我们都有身家性命、妻子儿女，他日能免诛灭之祸吗？你们二位受冯公公厚恩，当进一忠言为是。况且王大臣言语不一，而你们二人所取招供犹称'历历有据'，到底是什么证据？"这两个问官回答说："'历历有据'这四个字是张阁老亲笔改的。"白一清说："你们当为死罪，东厂机密狱情怎么可以送内阁去修改？"

又过了很长时间，天气好转，才从狱中将王大臣提出，进行会审。按照厂卫审案的规矩，要先用刑，再审问。于是先打王大臣 15 大板，王大臣则叫喊着说："原说与我官做，永享富贵，如何打我？"及审讯开始，冯保问他："是谁主使你来？"王大臣瞪大眼睛，仰面回答说："是你主使我来，你岂不知？却又问我！"冯保气得面如土色，又强作镇定地问："你昨日说是高阁老主使你来朝廷行刺，如何今天不说？"王大臣回答说："是你教我说来，我何曾认识高阁老？"朱希孝又问起所穿蟒裤与刀剑从何而得，王大臣则说："是冯保家奴辛儒所予。"一切都已明白，为了不使冯保过分难堪，朱希孝便厉声喝道："大胆奴才，连问官也敢攀扯，一片胡言，只该打死，冯公公不必再问。"会审遂告结束。

然而，冯保并不甘心这种结局，而没有如实向皇上汇报审案情形，犹以高拱主使王大臣行刺来上奏。当时在皇上身旁有一位年逾古稀的殷太监，与高拱关系不

错，见冯保捏造事实，在小皇帝面前信口雌黄，陷害高拱，实在看不下去，当即跪奏道："万岁爷不要听他，那高阁老是个忠臣，他如何干这等事？他是臣下，来行刺，将何为？必无此事，不要听他。"又看着冯保说："冯家（太监彼此之间的称呼），万岁爷年幼，你当干些好事，扶助万岁爷，如何干这等事？……你若干了此事，我辈内官必然受祸，不知死多少人哩，使不得，使不得！"冯保无言以对，大沮而出，太监张宏也力言不可以这么做。于是冯保派人报告于张居正说："内边有人说话，事不谐矣。"

其实，张居正对王大臣的态度，只是为了保持与冯保的联盟关系，不愿因此事得罪冯保。明人沈德符在《万历野获编》卷十八中说得相当明白："时冯保恨高新郑（指高拱）入骨，故立意坐以族灭，实非江陵（指张居正）意。"也正因如此，当张居正接到冯保"事不谐"的消息，自然来个顺水推舟，既不损害与冯保的关系，又可以息事宁人。于是到此时他才正式向科道官保证：此事由我处理，只不妨碍高阁老便是，你们也不必上本了。

二月二十日夜，将王大臣由东厂监狱转押刑部狱中。其时，王大臣已不能说话，冯保早已派人令其饮下生漆酒，使王大臣口不能言。等到二月二十一日（公历3月24日）三法司会审时，王大臣不能发一言，将其处决了事，仿佛他与高拱、冯保没有丝毫的关系。

这桩案子本来是件很简单的事，只是无赖之徒，擅闯宫禁而惊驾。但冯保却要借以发难，倾陷高拱，使事态复杂化了。张居正作为冯保的政治同盟者，当然要顺着冯保行事，但绝不是他主动参与策划的。幸有杨博、葛守礼等大臣主持正义，力挽狂澜，说服张居正，重新审理，使真相大白。这期间，殷太监等人也起了一定作用。特别是朱希孝作为复审的操作者也立功不小。也正是由于众人的共同努力，才没有使冯保的阴谋得逞，朝廷中也减少了一场抄家灭族的腥风血雨。

悲惨的结局

在穆宗驾崩后，高拱以托孤元辅自居，独揽大权，专横粗暴。这不能不引起皇后、皇贵妃和小皇帝孤儿寡母的不安。加之冯保等人从中挑拨离间，甚至无中生有地声称高拱有废立之野心，更使他们惊惧不已。如今在冯保、张居正的支持下，赶走了高拱，解除了威胁，在他们看来这一切都是祖上有德，皇天保佑的结果。

几年来在朝中一直握有大权的高拱一旦下台，朝中权力结构与格局自然发生了变化。小皇帝年仅10岁，尚不能主事，对颇有心机的严母李氏自是百般依赖。李氏真不愧是一个合格的皇母，他对神宗倾注了极大的爱心。在穆宗病逝，高拱专权的日子里，内廷流言四起，李氏忧心忡忡，寝不安枕，食不甘味，日夜为神宗的帝位能否牢固而焦虑。现在高拱被赶回了老家，总算一块石头落了地。但她知道，要巩固帝位，将儿子培养成为一个有为之君，造福于百姓，必须要有所倚托。于是她内依司礼监掌印兼督东厂太监冯保，对小皇帝朝夕视起居，拥护提抱，并将小皇帝的一举一动及时向她汇报；外依内阁首辅张居正，悉心委任"江陵柄政"。因为张居正是湖广江陵人，所以以江陵为其代称，这种借代的称呼，在明代相当流行。神宗母子所倚托的冯保、张居正，一个是内官之首，一个是政府之长，而且二人关系密切，这就为万历初政的稳定奠定了基础。

冯保虽然在政治斗争中阴狠无情，但在对待小皇帝方面，显得颇有正事，对李贵妃（后封为慈圣皇太后），相当忠心。小皇帝一旦有越礼行为，冯保一定要向慈圣皇太后禀报，小皇帝自然要受到太后的斥责，甚至罚跪。有时冯保甚至还能纠正张居正的错误。比如：有一次，张居正将内阁所产的白莲和在翰林院捉得的一对白燕献给皇上，无疑是想让小皇帝高兴高兴。冯保即派人对张居正说："皇上年幼，不应用珍奇异物开启玩好。"这一建议非常有道理，若以珍奇异物相进，不仅易对小皇帝形成误导，而此风一开，必有追随之人，对于治政有百害而无一利。在小皇帝面前，冯保所表现出的是一种持正和威严，因而被小皇帝呼为"大伴"。小皇帝对"大伴"相当畏惧，生怕他在母亲面前告她的御状，那样自己就要有苦头吃了。当他和小太监们玩耍的时候，见冯保前来，便告诉一同玩乐的小太监说："大伴来了！"然后便是敛迹收形，正襟危坐。

从总体来说，神宗当初是在母亲耳提面命、冯保提抱监督和张居正发号施令下履行着皇帝的职责。这对幼冲和少年时代的皇帝来说，倒也是习以为常；对于走向成年、独立意识不断滋长的皇帝而言，便渐渐产生了一种不适应性，从而引发了无法避免的矛盾。

日月如梭，光阴似箭，明神宗即位已是第七个年头了，他已从童年走向成年。于万历六年二月十九日（1578 年 3 月 26 日），在英国公张溶、首辅张居正的主持下，为明神宗举行了大婚庆典，明神宗娶锦衣卫指挥王伟长女为皇后。

新婚宴尔，神宗开始了自己的宫闱生活。随之而来的是大婚带来了许多的变化，既包括一些客观上的变化，也包括主观意识的变化。从客观上看，一个最为明显的变化是慈圣皇太后搬出了他的寝宫。当年神宗 10 岁登极，张居正等考虑到皇帝幼小，饮食起居都需要人服侍，更需要人时时教导，而其生母既识大节，教子又严，因此建议慈圣皇太后仍留在乾清宫，与小皇帝对榻而眠，朝夕视皇上起居，耳提面命，谆谆教戒。在这六七年中，小皇上每天上午有经筵日讲（上朝日及寒暑除外），阅读章奏，一切在张居正等督导下进行；下午，在内宫中虽有玩耍的时候，却又笼罩于大伴冯保监护的阴影之下；回到寝宫，似乎应自由些，但却恰恰相反，饮食起居、言行动止，都在母亲的严厉督责之下，处处循规蹈矩，一举一动都要合乎封建礼法的规范，不得越雷池半步。稍有小过，即被严加责罚。有时因一时贪玩，忘记了读书，便被罚以长跪，那滋味可真不好受。

宫内宫外，小皇帝几乎没有一块属于自己的自由天地，母亲对他的督责一刻也没有放松过。对于母亲的苦心，聪明的小皇帝是理解的，也是感激的，但是他仍觉得有些被压得喘不过气来。这回母亲从自己的寝宫中搬回慈宁宫，母子多年对榻同眠，一旦分开，彼此都难免有些眷恋之意，但对神宗而言，感受更多的似乎是大大松了一口气，他终于有了一块属于自己的、不受任何人干涉的自由天地。他已不再是个孩子，又何须母亲在身前身后唠唠叨叨呢！

大婚不仅使神宗拥有了一块自由领地，而且在主观意识上也认识到自己的成熟。任何人都知道结婚意味着什么，孩提时代已成为昨日的梦幻，言行举止都要注意一个成人应有的尊严，那么，作为高居九五之尊的万历皇帝，对此似应比常人更为讲究，他不能不考虑作为一个成年国君所应有的尊严。他希望被人指责的尴尬局面不再出现，跳出受人摆布的圈子，成为一个真正至高无上的帝王。但事实上与神宗的主观愿望还有相当大的距离。慈圣皇太后虽然离开了乾清宫，但她在离开

前分别给张居正、冯保等人下了慈谕，令他们好生督责皇帝，神宗还远远不能随心所欲。白天，似乎与以往没有明显的分别，他仍然要进行经筵日讲，览阅章奏，参与处理朝政，夜间，则与以往大不相同。在大婚之后，慈圣皇太后回归本宫，张居正等外臣无法进入大内，对宫中情形难以尽知，只要注意避开大伴冯保，似乎便可为所欲为了。不知是因为以前对神宗管束太严，游乐愈少而愈向往游乐，还是他天生喜爱游乐，而有关游乐与酒、色、财、气的种种荒诞不经的表现越来越多地留在史册上，这在张居正当国之时，便已初露端倪。

既然明神宗有如此癖好，自然不愿和整日板着面孔，令他望而生畏的"大伴"在一起，而希望和那些迎合他嗜好的小伙伴们在一起游戏。乾清宫管事太监孙海、客用即是倍受神宗亲昵这类小伙伴。和他们在一起，往往令神宗非常开心，有时玩得得意忘形，什么母亲的教诲、师相的督导，通通抛到九霄云外了，至于礼节与德行规范更是置之脑后而不顾。在孙海、客用等太监的引诱和怂恿下，经常率"群小夜游别宫，小衣窄袖，走马持刀"，舞枪弄棒。

在万历八年(1580年)十一月的一天，神宗喝得醉意朦胧，在酒精的作用下，尤为兴奋，索性佩剑夜游，命小太监为他唱小曲，但小太监不会唱。这下可惹得他龙颜大怒，借着醉意，一跃而起，一手抓住小太监的发髻，另一只手紧握利刃，手起剑落，已将小太监的发髻削下，这小太监早已被吓得魂飞魄散，屁滚尿流了。另外两个太监就更惨了，每个人挨了一顿重杖，险些毙命于杖下。

此事早已有人告知冯保，冯保得知这一消息后，立刻向慈圣皇太后告了神宗的状。太后闻听，气愤非常，同时也十分伤心。想到夫君崩逝以来，为了儿子坐稳皇位，整天担惊受怕，日夜教以礼法，不想他竟能做出如此荒唐悖礼的事来，她决心要给他点颜色看，好好教训一下这个不肖之子。第二天一大早，慈圣太后换上了青布袍，摒弃簪珥，声称要召见内阁六部大臣。祭告祖庙，废掉神宗，立自己另一个儿子潞王朱翊苏为帝，并命人在宫中宣传。神宗听到这一消息后吓坏了，慌忙来到慈宁宫向太后请罪，在母亲面前长跪不起，哭着向太后认错，请求饶恕，并保证永不再犯。太后不仅对他劈头盖脸地狠狠责骂一顿，而且还让他对师相张居正有个交代。冯保则嘱托张居正，让神宗下罪己诏颁示阁臣，而且该诏已草拟，"词过挹损"，当时神宗年已十八，看后不觉脸红，自尊心受到极大的伤害。有心不颁下此诏，但又迫于太后的压力，只好硬着头皮，将这份罪己诏下发内阁。

在这份罪己诏中，神宗承认自己在孙海、客用的引诱下所犯的错误，并在圣母的教诲下痛改前非，并将孙海、客用由管事牌子，降为小火者，安置南京。一个18岁的皇帝在臣下面前下这样的诏书，简直是丢尽了面子。对此，张居正似乎还感到不够劲，特别是对孙海和客用的处分犹不满意，认为降职处分太轻，应当充净军以正法。这不仅是对孙海、客用两个奸佞小人加重处罚，也意味着对神宗过错的严责。聪明的神宗也自会明白其中的奥妙，但事已至此，不能不依。这还不算完，接着张居正又上了一道奏疏，直接指责皇上数月以来，表现不如从前，在宫中起居失度，特别是在"孙海、客用引诱下，夜游别宫，宴处无节，走马持兵，肆意妄为，幸而有圣母谆谆教戒，皇上幡然改过。"真可谓直述君恶，毫不掩饰。

人臣对于君王如此说话，似乎是已尽苛责，但张居正还是不依不饶，本照"树德务滋，除恶务尽"的古训，又向皇帝建议，应将司礼监太监孙德秀、温恭、兵仪局周海一体降黜，因他们与孙海、客用犯有同样的罪状。据说这些人都是冯保所讨厌的人，自然要委托张居正借机把他们尽行降黜。这样把迎合神宗游乐的太监裁汰一空。皇上对此虽然不高兴，但也无可奈何。

由上已可以看出，慈圣皇太后、张居正和冯保对皇帝的要求仍然没有放松，而且还用对待少年皇帝的老一套来对待这位走向成年的皇帝。这自然与神宗自觉不自觉地要摆脱束缚、任意而为产生了矛盾。对于慈圣皇太后，神宗即使有怨言，但她毕竟是处处为他着想的生母，绝不会产生对立性的矛盾。而对张居正和冯保则不同，神宗对他们的怨恨却渐积而成，最终导致了他们死后或生前的悲剧。

张居正生前极尽人臣的荣耀，并得以善终，但在死后不久，却被抄家，本人也险些被开棺戮尸，这里不赘述，而着重要说的是神宗对冯保的积怨与冯保这位令皇上畏惧的“大伴”的悲惨的结局。

神宗对冯保的怨恨，原因很简单，主要是冯保对神宗管制太严。神宗若有越礼行为，他就会立刻向太后汇报，使神宗不是遭到训斥，就是被罚跪，历史上大多数史家都认为冯保对神宗的挟持太过。这正是神宗对冯保不满的重要原因。如果说神宗对张居正的不满在张居正生前没有明显的流露，而对冯保却有过激烈的发泄。

有一次，神宗日讲结束后，书写大字，以赠送张居正等人，在一旁侍立的冯保，身子稍稍倾斜，神宗就以大笔蘸饱墨汁，突然掷到冯保身上，他所穿的大红衫立刻溅上了墨汁，“淋漓几满”。这使冯保非常震惊，吓得他连连倒退。这突如其来的变故，使在场的官员莫不惊骇，就连久经风雨，广见世面的张居正也为之“变色失措”。毫无疑问，这是神宗借故发泄一下他对冯保的怨恨，是对冯保挟制的一种变相的反抗。

对冯保发泄心中的郁闷和不平，也并非仅此一次，而是时有发生。神宗因不堪冯保的管束，而“屡有折之”，看来冯保也为此吃了不少苦头。但冯保不知警醒，仍然不放松对神宗的约束。这次神宗在孙海、客用的引诱下，夜游别宫所犯下的过失，又是冯保告知太后的，致使他在母后面前长跪，在大臣面前检讨，使这个成年皇帝丢尽了面子。对于此事的处理，冯保也参与其间，将神宗左右专能迎合皇上嗜好的太监赶走。这又怎能不增加神宗对冯保的怨恨呢？

神宗对冯保的怨恨，看来已不是什么秘密，当时即传说神宗亲手杀了冯保的两个养子。此事无论有无，都说明二人矛盾很深。若果有此事，则说明神宗对冯保的仇恨程度之深，而把仇恨发泄在冯保的养子身上；若无此事，而有此传言，也说明神宗对冯保的怨恨已广为人知，而非空穴来风，有时谣言也能说明某种事实。依笔者所见，即使没有神宗杀冯保养子的事，但冯保养子或亲信遭惩罚的事是难以避免的，神宗夜游，乘醉杖击和削发的那几个倒霉蛋，很可能就是冯保的养子或亲信。神宗虽然一时出了口气，但冯保由于有太后做主，还是使神宗吃了大苦头，赢家仍然是冯保。

神宗与冯保的矛盾虽然表面化了，而且相当激烈，但冯保内倚太后，外靠张居正，使神宗无可奈何，一时还摆脱不了冯保对他的管束，心中的怨恨也无法真正地发泄出来，只有埋在心底，而期盼着彻底解决时机的到来。阴云密布风渐起，暴风雨的来临似乎已不可避免！

明神宗对冯保的怨恨确实不是一朝一夕的事，而是渐积而成的。起初，明神宗对冯保也相当不错，因冯保善琴能书，明神宗多次赐给他“光明正大”“尔惟盐梅”“汝作舟楫”“鱼水相逢”“风云际会”等牙章。但后来由于冯保日益横肆，即使皇上

有所赏罚，不经过冯保允许，则不敢行，这使神宗难以忍受。除此而外，据《明史·宦官传二》载，冯保还有“性贪”的弱点。关于这一点，其他历史典籍中也有所记载。

万历十年(1582年)，明神宗的胞妹永宁公主将下嫁。俗话说：皇帝的女儿不愁嫁。作为穆宗的女儿、当今万历皇上的亲妹妹永宁公主来说，找到一个身体健康的如意郎君似不成问题，但因冯保贪财受贿而酿成了永宁公主的悲剧。由于冯保接受了京城富室子弟梁邦瑞的“数万之赂”，而力主将永宁公主下嫁给梁邦瑞，作为冯保的政治同盟者张居正当然予以支持，神宗和永宁公主的生母慈圣皇太后，为他们所蒙蔽，不知真实情况，便答应将永宁公主嫁给梁邦瑞。其实梁邦瑞已是个重病在身，身体十分羸弱的人，在与永宁公主的结婚典礼中，他双鼻出血，血染袍襟，婚礼差一点儿举行不了。对此，那些只知奉迎冯保的太监们却说是喜事，说在举行合卺礼时，驸马鼻子流血，是挂红吉兆。这种谎言又有谁不会识得，只不过是因畏惧冯保的权势，而无人敢揭穿罢了。结果一个月后，梁邦瑞一病不起。没有想到这天下第一家的金枝玉叶永宁公主在未尝到人间枕席之欢的情况下，竟成了寡妇。这不愉快的婚姻，使公主抑郁成疾，几年后也撒手人间。公主的悲剧，无疑与冯保有直接关系，难怪史家称冯保有“滔天之罪。”

这件事既说明冯保贪婪之性，又说明他胆大妄为，竟敢拿公主的命运做本钱，而行纳赂之私。多行不义必自毙，厄运很快轮到了冯保自己的头上。

万历十年六月二十日(1582年7月9日)，一代名相张居正溘然病逝。张居正的辞世，使冯保失去在政府中的倚托。当然，冯保是一个有心机的人，在张居正病重期间，少不了一番谋划。

在张居正病逝的前几天，张居正向皇上上了一份密揭，主要内容是推举潘晟和余有丁入阁。神宗立刻允准，命前礼部尚书潘晟以原官兼武英殿大学士，以吏部左侍郎余有丁升为礼部尚书，兼文渊阁大学士，皆入阁办事。潘晟，字思明，浙江新昌人，曾做过冯保的老师，与冯保关系很厚。因此，冯保极力在张居正面前推举潘晟，并在皇帝面前替潘晟说话，终于使潘晟得以入阁。冯保希望在张居正死后，使潘晟成为他的政治上的新盟友，以保住他在朝中的权势。

在张居正死后，冯保已失去中枢中的有力倚托，如意算盘已难打响。当时朝廷虽已派人到浙江新昌召闲居在家的潘晟驰驿来京，但内阁中的张四维、申时行却在鼓动言官弹劾潘晟，以阻止他入阁。于是有御史雷士祯弹劾潘晟，说他任官虽久，但并无廉能和政绩可言，在任礼部尚书期间，秽迹昭彰，经常为先帝所斥责；再次起用之后，又遭舆论斥责，而被皇上罢革。这样的人又怎么能让他入内阁呢！希望皇上收回成命。开始皇上还不好收回成命，接着又有张鼎思、王继光、魏允贞、王国等众人连续上疏弹劾潘晟。潘晟在进京的途中听到这些情况后，知难而退，提出辞职，皇上允诺，以武英殿大学士官衔致仕。在杭州，潘晟接到令他致仕的圣旨后，非常扫兴地返回老家。

当时，正值冯保患病，在家中调养，听说潘晟入阁受阻后，非常气愤地说：“我只是得了场小病，就立刻如此轻视我！”阻止潘晟入阁，就是扼制冯保的势力。自从与张居正合作以来，冯保可以为所欲为，一切得心应手，但张居正刚一去世，即使他受阻，又怎能不令他气愤。确实是今非昔比了，过去冯保内倚太后，外倚张居正，权势显赫，皇上对他也无可奈何；现在，不仅张居正病逝了，失去了政府中的倚托，而且慈圣皇太后归政已久，只是烧香拜佛，很少过问政事了，这又使冯保失去了宫中的倚托。此时的冯保已是内外无援，孤掌难鸣。更加之皇上对冯保早有积怨，执政张四维、申时行也要从冯保手中夺回权力，使冯保处于岌岌可危的境地。

据《万历疏钞》卷20记载：在万历十年十二月初八日（1583年1月1日），江西道御李植上疏弹劾冯保，斥责冯保狠毒异常，奸贪无比，窃弄威福，包藏祸心。并指出冯保有十二当诛之罪：一是冯保任用张大受、徐爵等罪人，任为心腹，并予升迁；二是冯保主掌东厂，将被罢斥官员用作私室爪牙；三是让徐爵参与批阅章奏，使重大机密泄露于外；四是永宁公主选婚，冯保受贿，使驸马选择不当；五是冯保勒索乳母庄田银两；六是冯保以欺骗手段将宫中珍玉珠宝及一批抄家物资窃为己有；七是冯保勒索富有太监钱财；八是冯保在京师广建房宅，其规模与豪华程度不亚于藩王府第；九是冯保擅作威福，凌辱勋戚；十是冯保之弟冯佑在皇太后所居慈庆宫高声辱骂太监，冯保之侄冯邦宁兄弟在皇帝诏选的九嫔之中，挑选出美女二人，纳为侍妾；十一是冯保僭用黄帐；十二是潞王分封时，皇上命冯保选择善地，冯保所开列地方呈给皇上的为一地，呈给慈圣皇太后的为另一地，欺君罔上。因此，应将冯保、张大受、徐爵处死，将冯佑、冯邦宁等问罪。

李植所言，基本是有根据的，十之八九不虚。但怎样处理冯保，神宗还有些顾虑。太监张鲸早就觊觎冯保的权势，于是乘机陈说冯保罪恶，请皇上剥夺冯保官职，令其闲住。当时皇上还有些畏忌，对张鲸说："若大伴上殿来问，我怎么回答呢？"张鲸回答说："既然有旨令其闲住，他怎么敢再上殿呢！"

于是明神宗下了一道圣旨，令冯保至南京闲住，还送给他银1000两，衣服二箱。至此，冯保不但失去了权势，也失去了对自己命运的把握。接着又有御史王国弹劾冯保，认为其罪大恶极，皇上令其闲住的处罚太轻。并在奏疏中指出冯保贪污、勒索巨额金银财宝。本来神宗并不想过分处置冯保，但为其钱财的诱惑，便决定抄没其家，于是冯保、张大受、徐爵家产全被抄没，田产、房宅、金银、珠宝、古玩字画，应有尽有。所抄没冯保的田产变卖折银1.9万余两，住宅变卖折银6.9万余两，此外还有大量的金银财宝。所抄没产业与钱财，虽然与弹劾冯保的奏疏中所说有相当大的距离，但也使神宗发了一笔不大不小的财。

"是非成败转头空，青山依旧在，几度夕阳红。"煊赫一时的冯保，已消失在政坛上。政治生涯的结束，也预示着他生命的终结，后来便忧郁成疾而死。一个令皇上望而生畏的"大伴"就是这样悲惨地埋在这六朝古都的原野上，"荒冢一堆草没了。"

一人得道，鸡犬升天；一人丧家，鸡犬不宁。冯保的荣耀，曾使弟冯佑、侄邦宁官至都督，也曾是颐指气使，不可一世；如今冯保倒霉，也自然给他们带来了厄运，皆削职下狱，瘐死狱中。冯保的亲信、爪牙也受到了惩罚。历史就是如此的玄妙、如此的无情。这段历史所留给世人的借鉴和启迪不可不察，颇值深思。

刘腾：权倾天下　暴尸荒野

【人物档案】

姓名：刘腾

字号：字青龙

生卒：463 年~523 年

籍贯：平原郡平原县（今山东平原县）人

朝代：北魏

职务：宦官、小黄门、中黄门、中给事、中尹、中常侍、龙骧将军、大长秋卿、金紫光禄大夫、太府卿。

评价：持朝政达四年之久。“生杀之威，决于叉腾”，养婢蓄妓，逼民为奴，卖官买官，把魏国搅得暗无天日，百姓怨声载道。因病而死，死后骸骨被撒露于野。

【枭雄本色】

刘腾北魏宦官。祖籍平原（今山东平原县）城，后迁至南樑州的谯郡（今安徽亳州）。幼小时，因受一案件的牵连，被惨无人道地处以腐刑，送入皇宫役使，做了宦官，补为小黄门。虽然为人机灵，伶牙俐齿，腹有奸谋，善揣人意，但身为卑微的宦官，又不识字，后来也仅知署名而已。要在险恶的宫廷政坛上崭露头角，绝非易事。多少宦官，终日辛苦，察言观色，俯首低眉，小心伺候，劳碌至死，尤为大幸。稍有差错，杖罚处死。贱似草芥，猫狗不如。而刘腾，竟然青云直上，飞黄腾达，以至权侔人主，炙手可热。究竟有何诀窍？刘滕既无文治，又无武功；既非贵胄，又非高士，竟能将北魏朝廷运于股掌之中，随意摆布。其诀窍就在于，巧妙地利用宦官的有利条件，抓住政权斗争中的契机，以后、妃为突破口，在千载难逢的机遇面前，孤注一掷。对后妃，或告发其隐私，或解救其厄难，或锁禁于一隅，使自己得以顺利地升腾到权力的峰巅。其中，既有本人的机敏，又有历史的机遇；既是个人作为所致，又反映了宦官干政的通病。历史有时也真会作弄人：宦官本无权，本低贱，设置宦官，本望无干政之虞，却在一定条件下走向反面。不仅干政，而且权倾天下，完全改变了朝廷当初使用宦官的初衷。

【风云叱咤】

告发皇后　爬上高位

刘腾何时入宫当宦官？史无确载。但明确为少小之时。又能充役劳作，当为

10余岁。这么小的孩子被处腐刑，可想其父母双亲及其他家人因那场史无记载的案子，恐难逃厄运。这无辜少年，亲人罹难，本人被阉，处境之悲惨，心情之悲愤、绝望是可以想象出来的。他被作为可役使的工具送入皇宫，马上省悟到，要当好被人役使的工具，才能生存。就这样，本该享受家庭温暖、天伦之乐和文化教育的孩子，丧失了这一切，从家乡来到陌生的、阴森的皇宫。京城平凉，与家乡村镇相比，有着雄伟的气魄。皇宫建筑，和家人曾栖身的茅屋相比，更显巍峨而壮观。这一切，本该给这位10余岁的少年以巨大的新奇和兴奋感。但是，家破人亡、身体被残的巨大打击及随时可能被杀的生命危险，使他对这新奇的环境毫无新奇之感，如同被解往刑场的犯人绝无观赏周围风光的兴致。适应环境、求得生存，是人的本能，刘腾对京城、宫殿等景观麻木不仁，毫无感受，对求得生存的条件却异常敏感。作为小宦官，勤快、机敏，逆来顺受，毫无怨言，出色地完成主人们的全部役使，满足主人们的一切欲望，不管这些役使和欲望在今天看来是多么野蛮、不文明和残酷，这才能换来继续活下去的可能。刘腾在死亡像影子一样伴随着的日子里，好不容易保持了生命的继续；在像走钢丝一样的险途中，开拓了安全的道路。漫长的历史，将较高级的动物猿进化为人；残酷的环境又会将某些人蜕变得具有动物性。严酷而变态的太监生涯，使刘腾像狼一样警觉、狐狸一样狡猾、牛一样吃苦耐劳、马一样奔波不息、羊羔一样温驯、狗一样依恋主人。这才使他经常眼见不断有同伴不称主人的心意而被杖杀、扔到京城郊外，而庆幸自己平安无虞。他的另一些动物般的性格和行为，如鹰一般的凶猛、决断，狮子一般的崛起、奋进，蛇一般贪婪，虎一般吃人，都深深地隐藏着，随时随地准备着，在以后，充分显露和施展出来。

刘腾作为一名机灵、勤快的小宦官，日复一日、年复一年地劳作着。10年过去了，他长成为干练魁梧的青年。20年过去了，他成为成熟练达的壮年。大自然赋予人的情爱本能，被野蛮地夺走了，偏偏又让他生活在如花似玉的美人们中间。这是一种性爱的压抑。他作为奴隶般的宦官，作为人起码的权力，被野蛮地夺走了，却又偏偏置身于掌握最高权力的宫廷中。掌权者发号施令主宰一切的狂热和快感，激荡着他的权力欲。这是一种权欲的压抑。

常有人说，宦官有变态的心理。这种心理从何而来呢？它是变态的生存环境造成的。那种环境使刘腾具有了变态的、强烈的权力欲。他和掌握大权的君主们、后妃们生活在一起，特别是十分幸运地和文明太后、孝文帝等著名的历史人物生活在一起。虽然有主人和奴才之别，还是使他耳濡目染，学习到掌权的经验。不过，一名小宦官和朝廷的主宰有天壤之别，有不可逾越的万丈深渊。但他在苦难的宦官生涯中，一天也没有放弃对权力的幻想，就这样一直生活到35岁。才由偶然告发冯皇后的机会，神话般地脱颖而出。

冯皇后，是孝文帝于太和二十一年（497年）册封的皇后。孝文帝是鲜卑拓跋部建立的北魏政权中功绩卓著的国君，也是中国历史上有作为的君主之一。鲜卑拓跋部本是社会发展阶段较落后的部族，凭借军事力量于公元386年开始建立北魏，并逐渐吞并后燕、夏、北燕、北凉等割据政权，于公元493年统一了北部中国，与南朝政权对峙。在阶级矛盾、民族矛盾比较激化的形势下，5岁的孝文帝于延兴元年（471年）即帝位，由祖母冯太后即文明太后执政。文明太后和后来亲政的孝文帝，顺应历史发展的要求，实行了一系列改革措施。太和九年（485年）颁布均田

令，接着颁布了相配套的三长制和新租调制，使农民获得耕地；并在保证国家租调收入和力役征发的前提下，减轻了农民负担，使生产条件有改善，有利于生产力的发展。

太和十四年（490年）冯太后死。孝文帝亲政后，于太和十八年（494年），把国都从僻远的平城，迁到文化发达、地处政治中心的洛阳；又打破贵族保守势力的层层阻挠，改官制，一依魏晋南朝官制；禁胡服，着汉装；断北语，讲汉语；改鲜卑复姓，用汉族单音姓；确定门阀族姓。这些改革，促进了北方各族的封建化进程和民族大融合的发展，推动了历史的进步。

孝文帝成为历史上杰出的君主，与祖母文明太后的躬亲抚养和教育分不开。文明太后为了强化娘家和朝廷的关系，也出于对孝文帝的慈爱，还简选侄女、太师冯熙的两个女儿俱入掖庭，时年俱14岁。冯家长女，不但容貌妖冶，而且谄媚有术，颇得孝文帝欢心。但入宫不久，即有病。文明太后即将病人隔离，送还家为尼。孝文帝对她十分痴迷，竟梦绕魂牵，不能忘怀。一年后，孝文帝的保护神文明太后去世。太和十七年（493年），孝文帝服丧完毕，太尉元丕等上表，请求正内位。经孝文帝同意，立冯家次女为皇后。但孝文帝的情爱却不在嫔妃领袖的皇后身上，而常去探望生病的冯家尼姑。后来，得知其疾病已痊愈，高兴得手舞足蹈，立即派阉官双三念，手捧玺书，前往慰问，并迎到洛阳。孝文帝对远离重逢、还俗入宫的冯家长女宠爱有加，更胜当初，并拜为左昭仪。二次进宫的左昭仪颇有“后宫佳丽三千人，三千宠爱在一身”的垄断地位。因而傲慢无理，目中无人，不可一世。不但视嫔妃们如草芥，而且自以为姐比妹身份高，不将身为皇后的妹妹放在眼里，颇为轻慢，不行妾礼。并在孝文帝前，百般挑唆，说妹妹的坏话。枕头风吹得孝文帝晕头转向，是非不辨。终于在太和二十年（496年），将皇后废为庶人，送到瑶光佛寺作修炼戒行的尼姑。昔日的皇后，伴一盏青灯，读数卷经文。门前冷落，衣食不周，颇为凄惨。只有旧时侍奉她的一名宦官王遇，常来看望、侍奉她，予以接济。冯氏废后终于死在此寺。

太和二十一年（497年）七月，心狠手黑、同根相煎的冯氏长女，终于登上梦寐以求的皇后宝座。冯皇后未生男孩，为固权宠，打算养育太子元恪。元恪的生母高氏，为高肇之妹，13岁入宫，绝色婉艳，美冠嫔妃。除太子外，还生了广平王元怀和长乐公主。当高氏奉命前往洛阳途中，暴死于共县。人们都认为，是狠毒的冯皇后指派武士潜杀了高氏。

在改革取得成就，国力增强的情况下，孝文帝于太和二十一年（497年）六月，征发冀、定、瀛、相、济五洲20万大军，将进攻南齐政权。八月，军发洛阳。委派吏部尚书、任城王元澄担任留守总负责，以中尉李彪兼度支尚书，与仆射李冲参治留台事，共负留守重任。孝文帝率大军，连克新野等数城。由于国事繁剧，军务缠身，操劳过度，孝文帝于太和二十二年（498年）三月，至悬瓠（今河南汝南县）时，生了一场大病。

此时，洛阳留守处也出了麻烦。原来中尉李彪，出身低微，当年初到代郡，举目无亲，进身无门。因李冲礼贤下士，前往倾心投靠。李冲爱其才学，礼遇甚厚，并向魏帝举荐，又为之延誉于朝。李彪很快飞黄腾达，官至中尉，勇于任事，弹劾不避贵戚，很得魏主器重。自以为不再需要凭借李冲的势力，就疏慢了他，不再有敬重之意，只是打打招呼而已，李冲心中甚不满。两人与任城王元澄共掌留守事务后，李彪刚愎自用，专断独行，多次与李冲争辩，李冲不胜其忿。追究其前后过错，命人将李彪关在尚书省，上表弹劾，请求将其免职，交付廷尉治罪。孝文帝战事正紧，览表惆怅，叹道：“想不到留台竟闹到这般地步！”又说，“李冲可谓满，李彪可谓溢。如一方略为谦和，何至于此。”李冲一向温厚典雅，斯斯文文，但逮捕李彪的时候，却一改常态，亲自数落李彪的过失，瞋目大呼，破口大骂，摔折几案，遂发病荒悖，出语荒唐，时时扼腕大骂“李彪小人”，医药不能治。人们以为狂怒造成肝裂，持续10余日而死，司法部门判李彪死罪。孝文帝没有批准，仅除名为民而已。

真是一波未平，一波又起。冯皇后生性轻狂、水性杨花，本非贞良之辈。孝文帝对她卿卿我我，一片深情。她对孝文帝却无真正的情爱。孝文帝连连在外征战，冯皇后难耐空房寂寞，不顾皇后的尊贵身份和宫廷严厉的法规，竟与宦者高菩萨私通，至孝文帝在悬瓠病重，冯皇后闻知，不仅无夫妻悲悯之情，反而如同天赐良机一般，更加肆无忌惮地苟合私通。并收买中常侍双蒙等为心腹，以通风报信，掩藏丑行。冯皇后此举，就封建贞操而言，自然属于失德和秽行。但君主的嫔妃无数，皇后虽然为后宫之长，但仅是君主大量妻妾中的一员。在封建王朝的宫廷，以君主一男对嫔妃众女的畸形婚姻中，皇后的爱情亦是残缺不全的。皇后和嫔妃们，与常人一样，需要爱情的营养。华丽的后宫，奢侈的物质生活，改变不了这样的事实：那里是特殊的爱情荒原，森严的防卫，僵化的陈规，野蛮的惩处，使皇后和嫔妃们没有获取充分的爱情营养物的任何希望。绝大多数皇后和嫔妃以养尊处优为补偿，任爱情之花无可奈何地枯萎和凋谢。像冯皇后这样置地位、名望和生死于不顾，恣意寻找非法爱情的皇后是不多见的。可悲的是，限于接触人的条件限制，她与之私通的竟是一名宦者。除非是一名假宦者，而这在防范极严的宫廷以假乱真是十分困难的，那么，冯皇后的私通，仅是饥不择食的爱情游戏而已。她可以说，冯皇后并非寻找爱情，而是恣意淫乐。但这种淫乐，毕竟与畸形的君主婚姻制度分不开。当然，冯皇后其人，如果仅是一夫一妻中的匹妇，也可能淫乱。不过，那就没有什么社会影响了。至少，对身为宦官的局外人刘腾就事不关己了。而狡黠的刘腾，深知掌握皇后的丑行，在权力斗争中的价值。他惊喜而不动声色地观察着这一切。

孝文帝有一位美丽的妹妹彭城公主，为宋王刘昶的儿媳妇。丈夫死去，年少寡居。冯皇后为同母弟北平公冯诉求娶彭城公主，以便抬高弟弟的地位。孝文帝国事繁忙，无暇仔细斟酌，草草应允。彭城公主本人却不同意。冯皇后自恃皇帝点头，强迫这门亲事，并自行确定迎娶吉日。公主无奈，与侍者及僮仆10余人，乘轻车，冒霖雨，日夜兼程，赶赴悬瓠，谒见孝文帝，申述自己的意见，并将冯皇后与高菩萨淫乱的丑行，报告孝文帝。孝文帝惊愕震怒之余，将信将疑，为防打草惊蛇，遂将此事秘而不宣。孝文帝既疑惑，便打算悄悄地调查一番。宫中役使的宦官，最可能知道此中秘密，自然成为调查对象。这就为像一粒尘土般微不足道的刘腾平步青云送来了天赐良机。有一天，在悬瓠养病的孝文帝，突然询问刘腾。此时的刘腾，为何来到孝文帝身边？是受朝廷派遣前来，或应孝文帝急召而来，抑或其他原因而在悬瓠，因史无明载，就不可得而知了。但很可能与留台的大员之争和公主告发皇后的丑行有关。无论如何，孝文帝的垂问，对刘腾而言，是神话中“天门开”一般的奇迹和机遇。刘腾的才干在于抓住这一机会，立即将冯皇后的丑行，向孝文帝如实

报告，与彭城公主的揭发完全吻合，使孝文帝打消了疑虑，弄清了事实真相。作为对刘腾的奖赏，立即提拔刘腾为冗从仆射。从孝文帝的这一举动可以看出，刘腾在回答皇帝垂问时，必定表现得机敏、沉着，有理有据，使孝文帝十分满意。刘腾乖巧得很，猜测孝文帝得知皇后丑行后，必然厌恶皇后，思得美女，沉湎解忧。此时进献美女，必能博得孝文帝欢心。于是与茹皓不辞辛劳，到徐州、樑州，为孝文帝选得一批天仙般的妙龄女郎。送回来后，孝文帝果然大喜，马上给刘腾升官中给事。

冯皇后风闻孝文帝已知其丑行，方才从昏天黑地般贪婪的淫乐中清醒过来，始觉惧怕。既而横下一条心，一不做二不休，暗中与其母常氏请女巫厌祷，求神灵使孝文帝一命呜呼，发愿说："如能使皇帝晏驾，一旦如姑母文明太后，辅少主称帝听政，以金山银山报答神明，在所不惜。"这位狠如蛇蝎的皇后，害了妹妹，又想置丈夫于死地。但她毕竟是1000多年前愚昧迷信无科学知识的女人，竟用厌祷之法，求神明显灵，来实现杀夫之意，如何能够实现。

这年十月，孝文帝病情好转，便离开悬瓠。十一月幸邺城。太和二十三年(499年)二月，怀着复杂的心情回到洛阳，立即命逮捕高菩萨、双蒙等人，严加审问，二犯俱招供伏罪。孝文帝嫔妃满后宫，钟爱唯一人，最宠爱的人背叛了自己，还要以愚蠢的手法置自己于死地，即使常人，也难咽下这口怨气，何况孝文帝贵为国君，受此耻辱，愤懑之情，可想而知。这天深夜，他坐在含温室，命人将冯皇后带进来。为防备这个穷途末路的女人狗急跳墙，加害自己，令先搜其衣装，如有分寸刀刃，立即斩首。搜查无凶器后，赐座东楹，离御座两丈多远，命高菩萨陈述了与皇后的丑行情况。孝文帝强忍愤怒说："你还用妖术，欲加害于我，也从实招来。"冯皇后于此时，丑行恶念，俱已铁证如山，暴露无遗。皇家家法国法，在所难容。一般人或者吓得魂飞天外，求饶不止；或者悔恨交加，泪流满面，想不到她却无悔无惧，面无表情，更无涕泪，用美丽的大眼睛若无其事地向孝文帝瞧了瞧，请求摈退左右，秘密陈述。孝文帝没有料到皇后有这一手，只好说："好吧！"命中常侍都退出。此时，孝文帝对皇后，疑惧重重，怕无人在场，皇后扑上来和他拼命。所以，留下长秋卿白整在身旁。皇后仍不说话。这让孝文帝更加怀疑皇后有和他拼命地企图。他坚持不让忠心耿耿的大力士白整离开。但皇后神秘的请求对他有奇妙的诱惑力，还想听个究竟。为让皇后放心陈述，孝文帝命用棉团塞住白整的耳孔，自己再三呼叫"白整！"并无应声，只能眼看，在场起保卫作用，而不会听到声音，乃令皇后陈说。冯皇后是否有支出众人，和皇帝拼个鱼死网破的企图，现在已不得而知。在孝文帝如此安排下，皇后已无计可施。虽然开口讲话，也只是强辩一通而已，没有任何能言之成理的自我开脱理由。这种故弄玄虚的手段，使孝文帝更为恼火。他把奉命等在外面的彭城王元勰、北海王元祥召进屋里坐下，对他们说："这个贱人，从前是你们的嫂嫂，今日如同路人，不必回避。"又说，"这个无情无义的女人，竟要置我于死地。我因她是太后祖母娘家之女，不能废其皇后之位，只好虚置宫中。她若有羞耻心，应该自己去死。你们不要认为我还对她有情份。"其实，孝文帝说此话，虽然气愤，仍有眷恋之意。他说看文明太后面子，不能废除其皇后之位，只是托词。这个女人的妹妹，岂不也是文明太后的亲侄女！孝文帝不是把她的皇后称号废了，送去当尼姑了吗！用皇家的道德标准和法规看，这位皇后的罪过当在不赦，孝文帝却让她仍以皇后身份居于后宫，只命太子不再拜见她。

三月,孝文帝病情好转,又率军南征。途中病情加重,只得北还。至一个小地方谷塘原,自觉时日无多,估计死后,冯皇后必然闹事,将严重威胁北魏政权。他再三思量后,终下决断,对元勰说:"后宫久乖阴德,我死之后,可赐其自尽,葬以息后之礼,以掩冯门之丑。"四月,国事劳累、家事烦忧、身心交瘁的孝文帝死于谷塘原,年仅33岁。事后,元勰宣布孝文帝赐冯后死的遗诏。北海王元祥派白整,给冯皇后送去自杀用的毒药。冯后一边狂奔,一边呼喊道:"皇帝不会这样绝情,一定是伤天害理的诸王要杀我!"白整无奈,只得抓住她,用铁爪一般的一只手,抓住皇后的秀发,一只手往她嘴里灌毒药。这个弱女子,像一只小鸡一样,怎能挣脱这位彪形大汉的巨掌。毒药灌下去,皇后略略抽搐几下,颓然倒地而死。朝廷谥曰幽皇后。在这场皇帝与皇后、夫与妻的争斗中,戴绿帽子的皇帝病死了,淫乱的皇后被毒死了。唯一得利的是在一旁庆幸得手的刘腾,他以狂喜不已的心情,享受着升官带来的巨大好处。

官场押赌　二次发迹

孝文帝死后,他的第二子、太子元恪当即继位,是为北魏宣武帝。太和二十三年(499年)六月,宣武帝追尊其生母高氏为文昭皇后。封其舅高肇为平原公、高显为澄城公。任用彭城王元勰为司徒、录尚书事,咸阳王元禧以太尉辅政。元勰小心谨慎,清正俭素,在朝野颇有声望,这反而引起小皇帝的疑忌。元禧相反,不亲政务,骄奢贪淫,多行不法,也引起魏主的反感。元禧派家奴向领军于烈求要旧羽林虎贲,执仗出入以显威风。于烈不予。元禧大怒,要将他赶出朝廷,贬到恒州当刺史。于烈称病,不出家门,暗中托人向宣武帝告状。宣武帝本已对元勰、元禧都不满,于烈告元禧,更撩起他的怒气,即于景明二年(501年)正月,下诏命元禧进位太保,明升暗降,而夺其权。让元勰以王归第,不再过问政事,而用北海王元祥为大将军、录尚书事。仍用于烈为领军,加号车骑大将军,参与军国大事。这年宣武帝16岁,不能亲决政务,只得委任左右。于是,倖臣赵脩和外戚高肇等人便乘机揽权用事。五月,元禧谋反未果,被赐死。同谋者10余人伏诛。北魏统治集团矛盾尖锐,朝政日衰。

九月,宣武帝立于烈的侄女于氏为皇后。于皇后生皇子元昌。于氏一家,1人为皇后,4人赠公的爵位,3人任领军,3人为尚书令,3人为开国公。显赫一时,无可匹敌。景明四年(503年)末,宣武帝又纳舅舅高肇的侄女高氏为贵嫔。此时,北海王元祥为太傅、领司徒、录尚书,权势很大。他骄奢淫逸,贪得无厌,巧取豪夺,中外嗟怨。与宣武帝的舅舅、权欲无边的高肇,矛盾逐渐尖锐。高肇为达到独执朝政的目的,向宣武帝谮诉元祥结党谋乱。正始元年(504年)四月,宣武帝命人弹劾元祥,将其同党茹皓等人赐死。五月,元祥在囚禁中暴死。高肇始得独揽大权,势倾中外。高贵嫔有高肇撑腰,又善于谄媚,亦很受宣武帝宠爱。正始四年(507年)末,年纪轻轻的于皇后突然死去。人们有事实根据认为,是高贵嫔下的毒手。永平元年(508年)三月,刚刚3岁、健康活泼的皇子元昌又突然死去。时人以为是御医王显秉承高肇之意置其于死地。宣武帝虽有狐疑,也无从深究,只得不了了之。七月,宣武帝册立高贵嫔为皇后。高皇后生性妒忌,专制后宫,众嫔妃敢怒而不敢言。

尚书令高肇更加贵重用事，宗室和群臣皆仰其鼻息，国人士庶怨声载道。元勰曾谏阻宣武帝立高贵嫔为皇后，高肇怀恨在心，遂诬告元勰与谋反的京兆王元禧同谋，于永平元年(508)九月，将甚有名望的元勰以毒酒毒死，颇引起民愤。

永平三年(501年)三月，宣武帝的充华胡氏生下皇子元诩。胡充华是司徒胡国珍的女儿。她的姑姑是尼姑，熟读经卷，曾到皇宫中讲经。时间长了，就乘机散布，说她的侄女如何德行出众、国色天香。宣武帝听说，就将胡氏召进宫，封为充华世妇。北魏依据旧制，往往杀死太子生母，以防母后、外戚擅权。嫔妃们都祈祷神灵保佑，愿生王子、公主，不愿生太子，以免搭上自己的小命。只有胡充华说："怎能害怕一身之死，而使国家无储君呢！"当她怀孕后，嫔妃姊妹们还以朝廷的老规矩吓唬她，劝她自己想办法。胡充华却毅然决然地于深夜祈祷："愿所怀是男孩，是长子，将来当太子，继大统。儿生母死，我心甘如饴，在所不辞。"真是皇天不负有心人，胡充华果然生下男孩。宣武帝的后宫，虽诞育过元昌等皇子，但都相继死去。这个男孩如能平安成长，就会成为太子。有太子，政权的血统延续才有保证。宣武帝因频丧皇子，十分懊恼，并早就有所怀疑，但后宫神秘，无法弄清原委。他对皇子元诩的降生，十分欣喜，并再三谋划，思得一法，即命将元诩秘密养于别宫，精心护理。特别对皇后和胡充华保密，不准抚视。这一举措说明，他怀疑以往皇子之死，是因后、妃之间争宠固权和皇子生母害怕做太子母被杀，因而对无辜的孩子下毒手。他避开皇后和皇子生母抚育皇子，看似不近情理，实为出于无奈，防患于未然。延昌元年(512年)十月，北魏立元诩为太子。这也许是胡充华不避生死、祈求生太子，感动了魏主及决策朝臣；也许是魏主及决策朝臣吸取以往皇子频丧的教训，认为后、妃出于保命而潜杀将成为太子的亲生骨肉，是完全可能的。这对王朝血统继承极为不利。于是改变立太子必杀其母的旧规，没有杀胡充华。这对胡充华是天大幸事，对刘腾也是天大幸事。因为他后期权力的升腾与胡充华其人分不开。

延昌四年(515年)正月，宣武帝突然病死。和他父亲孝文帝活到同一年纪:33岁。侍中、中书监、太子少傅崔光，侍中、领军将军于忠，中庶子侯刚这几位大臣深谙北魏宫廷政治的奥妙和险恶，只可意会而不可言传，认识到君主之位顺利交接对稳定国家政权的极端重要性，因而，果断地做出决定:连夜迎娶太子元诩。元诩正酣然大睡，贴身宦官王温急忙把他叫醒，与保姆一个抱着，一个扶着，随着迎驾的混乱人群，来到显阳殿。詹事王显提议待天亮，奏高皇后，再举行太子即位大典。崔光板着面孔，以不容置疑的强硬态度，不耐烦地说："天子之位，须臾不可暂空，何须到天明！"王显忙说："即使不待天明，太子马上即位，也要奏知皇后。"崔光以教训的口气，大声说："皇帝驾崩，太子继位，乃国家常典，何须奉皇后之命！"于忠即与黄门侍郎元昭扶太子哭10余声，止住哭。崔光摄太尉，奉策进呈玺绶，太子恭敬地跪下接受；穿上衮冕之服，在太极殿即皇帝位。崔光等防备高氏节外生枝，仓促间无暇集合百官，仅与夜里值班的官员，立于庭中，面向北，向皇帝行礼，高呼万岁。这个孩子，在这个难忘的寒冷的夜晚，懵懵懂懂地像木偶一样被操作一番，就被赋予了作为帝王的神圣的光环。崔光一伙如同高明的魔术师，须臾之间，把一个毛孩子变成了君主。他就是北魏孝明帝。

这时，手握重兵的高肇，远在遥遥数千里之外挥戈伐蜀。孤立无援的高皇后面对背着她突然拥立太子的举动恨之入骨而又无可奈何。对太子草率立可笑但合乎程序的合法继承痛恨至极而又无法阻止。权欲极重、阴险毒辣的高皇后蛾眉紧蹙、皓齿咬唇，来回踱步。突然停住，猛然把纤手一拍，密令亲信去杀死小皇帝的生母——已为贵嫔的胡氏。暗想：这样一来，大权在握，仍然无虞。

由密告冯皇后丑行而发迹的刘腾，这些年来，尽情享受着发迹带来的尊荣和富贵，又小心翼翼地守护着已得的权势不使丧失，更加机警地寻觅着再次升腾的新的机遇。丰富的宫廷政治经验，使他认识到随时会有风云突变，他必须随时捕捉政治变幻的蛛丝马迹，以便在风浪中存身立命，寻觅可以到手的政治利益。为此，多年来，他苦心经营，安插耳目，交结要人，对北魏宫廷内事无巨细了如指掌，任何风吹草动，都无法逃脱他的眼睛。高皇后策划杀胡贵嫔的阴谋，虽然千方百计保密，却早被刘腾了解得一清二楚。更为重要的是，险恶的宫廷政治，培育了他的政治眼光，准确地判定人生这又一次重要的赌注应押在谁的身上。他决定：反高氏，投靠胡贵嫔。见面礼就是通风报信，使胡贵嫔免遭一死。刘腾马上把高氏要杀胡贵嫔的阴谋，秘密报告侯刚。侯刚大惊，立即告知于忠。于忠束手无策，即刻向崔光问计。老练的崔光，没有一刻延误，忙将胡贵嫔转移到秘密之处，并严加守卫，万无一失。高皇后尚蒙在鼓里，对此一无所知。寻觅胡贵嫔，上天入地都寻遍，两处茫茫皆不见。高皇后策划得天衣无缝的阴谋，被刘腾几句话，轻而易举地粉碎了。

宣武帝病死，孝明帝登基，朝廷的这一突然变故，使朝野上下对拥兵在外、动向难测的高肇，心怀疑忌，深为不安。于忠与门下省老臣商议：以皇帝幼小，不能亲政为由，让太保、高阳王元雍入居西柏堂处理日常政务；以任城王元澄为尚书令，总摄朝政，领导群臣。这样，先把大权抓住，以防高肇回朝抢权。又考虑正常下诏，恐有阻碍，就奏请高皇后下手敕特别委任二王。王显反对这一重要举措，阴谋搁置门下省的奏请，然后假传皇后令，以高肇录尚书事，以他王显与勃海公高猛同为侍中，以把握大权。于忠得知，以王显侍疾先帝治疗无效的罪名，将他逮捕、削职，送右卫府关押。卫士们得到密令，用棍棒重重地打他，一宿将他整死。然后，按原定办法，通过了门下省所奏，高皇后也不得不下手敕，委任任城王元澄、高阳王元雍掌管朝政。中外都悦服，政局才安定下来。二月，孝明帝尊高皇后为皇太后，也只是虚与应付，例行公事而已。然后，小皇帝以晚辈的身份，自称名，发书信，向高肇报丧告哀，召他回京。高肇闻变，惶恐无策，急忙归来。元雍与于忠密谋，当高肇哭罢先帝，被引入中书省通事舍人的值班室时，藏伏的武士突然拥出将他缢杀。高肇平时依仗是宣武帝的舅舅，大权独揽、作威作福，也只是狐假虎威，自己并无才智谋略。宣武帝身在中年，突然死去，他拥兵在外，完全可以问罪朝官，深追先帝死因，如同于忠嫁祸王显，有何不可。既可以翦除异己，又可以保身固权，他却计无所出，自释兵柄，自解护卫，只身哭丧，自投罗网，被人暗算，又能怨谁！在如此险恶的政治环境中，无智无能，而又依恃皇帝国戚，身居高位。还要想终保权势，十分困难，总是难逃倾巢无完卵的下场。

高肇死后，朝廷以高阳王元雍为太傅、领太尉，清河王元怿为司徒，广平王元怀为司空，尊胡贵嫔为皇太妃。三月，将失去靠山的高太后废为尼，送到瑶光寺居住。八月，胡太妃又升格为皇太后，人居崇训宫。胡太后死后谥曰灵，故史称灵太后。灵太后从高皇后的屠刀下拣了条命，因而对刘腾、侯刚、于忠、崔光四人深为感激。尤其对首先报信的刘腾，更加感恩戴德。她因祸得福，转危为安，庆幸不已。为了

报恩,马上让于忠领崇训卫尉;任命刘腾为崇训太仆,加侍中,封长乐县公,食邑一千五百户;委任侯刚为侍中、抚军将军;太后之父胡国珍被委任为光禄大夫。于忠,自以为是权力斗争中的赢家,马上专横行事。自言宣武帝曾许他升官,元雍不敢违拗,只得加他车骑大将军之职。他还擅杀反对他的朝官,以至要杀元雍。由于崔光反对,才免了元雍的官了事。朝廷只得又对权位做了调整,以元怿进位太傅,领太尉;元怀为太保,领司徒;元澄为司空;以车骑大将军于忠为尚书令,特进崔光为车骑大将军,并加开府仪同三司。灵太后的妹夫元叉,字伯隽,小字夜叉,也是名副其实的凶煞夜叉,江阳王元继的儿子。元继因强夺良人为婢,被削去爵位。灵太后尊贵后,恢复了元继的爵位,又让元叉当上通直散骑侍郎。元叉之妻被封为新平郡君,拜为女侍中。

九月,灵太后开始临朝听政。开始,犹称殿下,下令行事。后改令称诏,君臣上书称陛下,太后自称朕,完全是天子派头。太后聪明颖悟,文能读书撰文,武能射中针孔,政事皆手笔决断。她命人造申讼车,亲自乘坐。从云龙大司马门出,在京城大街上巡行,接受人民的冤讼。又亲自在朝堂主持策试,选拔人才。她父亲胡国珍,加侍中,封安定公,出入禁中,参决政务。她鉴于于忠专横,引起众人切齿痛恨,将他送出朝,出任都督冀、定、瀛三州诸军事、征北大将军、冀州刺史。因有保护之功,不忍心治他的罪。十二月,委任被于忠赶走的元雍为太师、领司州牧,接着恢复其录尚书事,与太傅元怿、太保元怀、侍中胡国珍,同理朝政。灵太后一刻也没有忘记策划杀害自己的死敌原太后高氏。一直要伺机报仇雪恨。在她的统治稳固之后,于神龟元年(518 年)九月,以天有变异,应由原太后高氏当罪为由,派人将高氏害死。十月,以尼姑的葬礼,草草葬于北氓。至此,刘腾政治生涯中的第二次赌注取得完全胜利。

夜叉魔鬼　同流合污

灵太后感激刘腾的救命之恩。刘腾善揣人意,精干逢迎。琐碎之事,孜孜不倦,以满足太后之欲。北魏后朝,崇佛之风泛滥成灾,兴建寺院遍及各地。迁都洛阳后 20 余年中,寺院增至 13000 多所,北魏末年多达 3 万余所,僧尼达 200 多万。耗废钱财,岂能数计。灵太后崇佛尤甚。刘滕不惜耗费国家财力,大修寺塔,以求其欢心。洛北永桥、太上公寺、太上君寺及城东三寺,都是他主持监修。所修寺院,规模浩大,殿堂雄丽,装饰彩绘,务求精细。所费人力、建材、钱粮、铜、金,不计其数。国家财力为之困顿。暮鼓晨钟,风吹铜铃,声闻遐迩。名为弘扬佛法,行善积德,实为推千万人民于水火之中。为此,刘腾在仕途上十分得意,不断高升,累迁至侍中、右光禄大夫。刘腾虽为宦官,身体残缺,不能过正常夫妻生活,但既有权势,娶妻妾成群。其妻魏氏被封为巨鹿郡君,常被召入宫中,皇太后赐给大批财宝,仅次于公主和太后娘家人。刘腾的两个受宠的干儿子,当了郡守、尚书郎。真可谓"一人得道,鸡犬升天"。刘腾尚不满足。他认为羽翼已丰满,地位已稳固,遂撕下温谨恭顺的遮丑面纱,露出狰狞的面目,干预朝政,公然纳贿,卖官鬻爵,钱入私囊。利欲熏心的无耻之徒,巴结刘腾,如蝇逐臭。河间王元琛,是极端奢侈之人。他家的骏马用银槽喂养,请客用的水晶钵、玛瑙碗、赤玉啰等高级器皿,都是从外国买来的珍宝，价值连城。他当定州刺史，苛剥百姓，如敲骨吸髓，挖地三尺。离任归来时，太后诏书中说："元琛在定州做官一场，除了中山宫这座房子无法搬走，其余值钱的东西全刮走了。这种人还能让他当官吗！"于是，将他免官，令其回家。元琛窥察一番，认为只有刘腾能使他东山再起。于是，请求当刘腾的干儿子，并以无数金银财宝贿赂刘腾。刘腾见财眼开，又是物以类聚，人以群分，臭味相投，于是收下这位义子，并向太后求情。太后刚在诏书中冠冕堂皇地将元琛骂了个狗血喷头，居然接受刘腾的求情，让声名狼藉的元琛复出，兼都官尚书，出任秦州刺史。元琛为做官甘为宦官义子，固然丧尽廉耻；刘腾为脏官复出通关节，亦属狼狈为奸；灵太后诏书已出自食其言，放虎出笼鱼肉人民，也实在误国害民，昏瞆至极。元琛到秦州，苛剥百姓，果然变本加厉，更甚于在定州。积蓄财富，无法计算。他常与一顿饭要吃数万钱的元雍比赛豪侈，并引诸王参观他的仓库，面对无穷无尽的金银、缯布，得意忘形地对章武王元融说："史称石崇巨富。不恨我不见石崇，恨石崇不见我。"元融常以奢富自豪，回家后竟感叹自己寒酸，富不相抵，窝囊得卧病三日。干儿子如此，能使他东山再起的干爹刘腾如何豪富就不言而喻了。

忙于揽权纳贿的刘腾，可能过于劳累，此时生了一场大病。太后怕他死去，希望乘他活着，让他享尽荣华富贵，忙于神龟元年(518 年)九月，委任刘腾为卫将军，加仪同三司，并举行隆重的拜官仪式。原定孝明帝临轩，以示崇重，但碰上坏天气，狂风劲吹，天寒地冻，才改为派遣专使，持节授官。

在腐败的北魏统治集团中，太傅、侍中、清河王元怿，算是凤毛麟角般的人物了。此人素有才干，喜好文学，礼贤下士，仪表堂堂，风度翩翩，辅正多所匡正，很为时望所重。他是孝明帝的叔父、太后的小叔子。风流的灵太后，对他宠爱有加，竟逼迫他发生了两性关系。元怿辅政，雷厉风行，敢作敢为，不可避免地要得罪元叉、刘腾之类的政权蛀虫。已升任侍中、领军将军兼总禁军，大权在握的元叉，依仗太后姻亲，恃宠骄恣，欲壑难填。元怿却往往对他以法裁制。元叉遂对他恨之入骨。他物色到一位品行恶劣的无赖宋维，许以富贵作诱饵，让他诬告司染都尉韩文殊父子阴谋作乱，拥立元怿做皇帝，太后大吃一惊。因事关国家政权安危，就批准囚禁元怿，立案审查，结果系子虚乌有，没有真凭实据，将元怿释放，宋维将反坐被治罪。元叉怕宋维狗急跳墙，供出受他指使的原委，故极力为宋维开脱，花言巧语地劝太后："如果反坐，杀了宋维，以后真有人谋反，谁还敢揭发。"太后竟信了他的鬼话，免了对宋维的反坐治罪。元叉没能将元怿置于死地，甚不甘心。他寻找对付元怿的有力同盟者，目光盯上了刘腾。

卫将军、仪同三司刘腾，自恃对灵太后有救护之恩，飞扬跋扈，权倾内外。吏部官员巴结他，按他的意思，奏用其弟为地方大员。元怿审查，此人才干不足，资历浅薄，因而压下不予奏批。已经惯于颐指气使的刘腾，闻知元怿对其弟的升官抑而不报，火冒三丈。他认为自己操着人们的生死予夺之权，报这一箭之仇，易如反掌。

共同的仇恨，使夜叉和魔鬼走到一起。元叉和刘腾在黑暗中嘁嘁喳喳密谋一番，指使主食中黄门胡定自首说："元怿送我钱财，让我在御馔中投毒，毒死皇帝。他若作了皇帝，许我富贵无边。"孝明帝是 11 岁的少年，那有辨别如此复杂事件的能力。吓得目瞪口呆，自然轻信无疑。但刘腾、元叉知道，精明的太后是难以欺骗的。何况，太后对元怿的宠爱，早已超过君臣关系，也大大超越元叉和她的亲戚关

系及对刘腾的报恩情义。他二人掂量一番,为了实现自己的险恶目的,一个根本不顾给自己权势的姻姐,一个完全无视给自己富贵的主子。他们要把“拦路虎”灵太后制服。老奸巨猾的刘腾和凶狠毒辣的元叉,精心策划了囚禁太后、操纵皇帝、诛杀元怿、分享大权的阴谋诡计。

正光元年(520年)七月四日,乘太后正在嘉福殿之机,元叉簇拥着孝明帝来到另一处地方显阳殿。刘腾乘机关闭永巷门,将太后隔离开来。机警的太后似觉有变,忙让侍者外出观看动静。一会儿,侍者气急败坏地跑回跪奏:“太后,不好了。永巷门被关闭,出不去了。”太后一愣,又派人叫门。去人回来报告:“永巷门被反锁,有人把守。说是卫将军刘腾的命令,要我们在内侍奉太后,任何人不得外出一步!”太后一听,简直如五雷轰顶,懵懂迷茫,不知所措。且不说灵太后在嘉福殿恼怒,此时元怿正进宫,在含章殿后遇元叉。元叉厉声吆喝,不准元怿入内。元怿责问:“你要谋反吗!”元叉得意地说:“我不谋反,正要捉拿反叛的人!”回头喝令武士,抓住元怿衣袂,将他关起来,严密防守。刘腾假传诏旨,召集大臣,确定元怿犯大逆之罪。众人慑于元叉和刘腾的淫威,不敢异议,唯有仆射游肇发言抗争,认为不可,拒不下笔署名。元叉、刘腾不予理会,声称是公卿共议,入奏孝明帝,立即出来,宣称皇帝已批准。遂连夜将元怿杀死。朝野闻知元怿被杀,莫不震惊痛惜。胡夷等少数民族数百人,悲痛得为之嫠面,即执刀割破面部,满脸流血,以示痛悼;游肇悲愤而死。

刘腾、元叉杀元怿后,知道太后必不会轻饶他俩,于是一不做二不休,假传太后诏旨,自称有病,还政于皇帝,知太后必不会甘心就范、拱手让权,遂派亲信,强行将太后幽禁于北宫宣光殿。宫内昼夜关闭,内外隔绝。刘腾自知此事干系重大,事关身家性命,不可轻信他人,于是,亲自握着钥匙,任何人不得开锁。最初,连孝明帝也不能去见母亲,只允许传进一点点膳食。太后被囚,衣食俱缺,饥寒交迫。身为大权在握的皇太后,先被隔离在嘉福殿,眼看宠幸的小叔子被杀死不能救护;现又被囚禁在宣光殿,被迫还政而无可奈何。而胆大包天、大逆不道的两个人,一个竟是恩重如山而又一向恭顺的刘腾,一个竟是待为心腹提拔重用的妹夫。太后始料不及,大出意外,而又特别愤恨。特别是刘腾,今日怀揣钥匙,锁禁太后。足见往日搭救胡贵嫔,并非出于忠心,只是政治赌博押注而已,完全为捞取政治上的好处。当年的胡贵嫔,当今之太后,对刘腾感恩戴德是犯了绝大的错误。到此时,灵太后方才大梦初醒,自叹道:“我养虎被噬,又能怪谁!”刘腾作为一名卑微的宦官,敢于明目张胆地犯上,锁禁太后,其野心之大,手段之狠,实在令人瞠目。灵太后被囚禁后,元叉与太师、高阳王元雍共同辅政。孝明帝年少害怕,不敢有异议,还要口口声声喊元叉“姨夫”。与母亲见面十分困难。只有依靠身边亲信侍从张景嵩、毛畅越过层层阻碍,偷偷与母亲传送消息。一条贼船上的元叉与刘腾,互相勾结,狼狈为奸。元叉御于外,刘腾防于内。二人常坐禁省,裁决刑赏,事无巨细,专断独行。他们二人,成为北魏实际上的最高统治者。他俩的专擅和倒行逆施,使北魏朝政黑暗到极点。孝文帝的改革成果,断送殆尽。

这时,太后的侄儿、都统胡僧敬,与备身左右张车渠等数十人,密谋杀死元叉,奉太后再临朝政。但遭到失败,胡僧敬被徙边,张车渠等被杀。胡家人多数被牵连黜免。

元叉、刘腾囚禁灵太后的时候，右卫将军奚康生参与其谋。所以元叉信任他，让他当了抚军大将军、河南尹，仍使他领仗身左右，担任禁中宿卫。不久，奚康生和元叉产生矛盾。奚康生的粗鲁与元叉的霸道加剧了矛盾。奚康生遂分化出来，投靠灵太后。

灵太后被幽禁后，表面上风平浪静。元叉、刘腾自感局势平稳，就允许孝明帝恢复朝见太后之礼。这时，灵太后也没有力量清算元叉、刘腾的罪行，只得忍耐下去。

正光二年(521年)三月二十六日，孝明帝于西林园朝见太后，文武百官侍坐，酒酣耳热，迭相起舞，一派热闹景象。其实，各怀鬼胎，暗藏杀机。奚康生跳起力士舞，跳跃旋转之际，频频向太后递眼色，举手，顿足，点头。暗示请命，动手杀贼。太后心领神会而不敢轻举妄动。元叉根本不讲群臣礼数，大步跨到太后面前，气势汹汹地责问："外面传说太后要杀我和刘腾，可是真的?"太后望望元叉凶恶的眼神，心悸不止，忙说："妹夫不要听闲言，绝无此事。"看天快黑了，太后说："我母子很久不能会面，今晚在一起住一宿。各位大臣送我母子进去吧。"说着，要戴孝明帝住到北宫的宣光殿。侯刚却说："皇帝朝见太后已毕，而嫔妃都在南宫，何必留宿北宫!"奚康生怒道："皇帝是太后的亲生儿子，随太后去，有何不可!"群臣无人敢反驳。太后立即拉起儿子的手臂，匆匆下堂而去。奚康生大呼万岁，并弹压骚乱的人群，孝明帝才得以进入北宫宣光殿。奚康生以酒壮胆，走出去要再做些安排，被元叉抓住，锁于门下省。光禄卿、宦官贾粲欺骗太后说："下面的人惶恐不安，皇帝陛下应出去安慰，以安定人心。"太后信以为真，点头同意。孝明帝刚下殿，就被贾粲强行带到显阳殿，而将太后幽闭于宣光殿。当晚元叉不出宫，命人连夜审讯奚康生，然后，矫诏处斩。这件事过后，刘腾升任司空，与元叉更加牢牢地控制着朝政。八坐、九卿等朝官，常常一大早就到刘腾的私宅，看其脸色，领受旨意，然后，再到省府上班，处理政务。有的在宅上等候终日，没有机会参见刘腾。刘腾对公私请托，只看奉送财物多少而予可否。舟车之利、山泽所产、税收所入、苛剥六镇所得，尽入自己私囊，并随意将邻居房舍占为己有。连皇宫中嫔妃，也要受他役使。抢占民女，更是司空见惯。贪污受贿，掠夺财物，无法计数。朝野上下对他恨之入骨。

元叉常常到孝明帝居住的殿侧值班伺候，曲尽逢迎谄媚。孝明帝少不更事，一时竟被迷惑。母被幽禁，他却认贼作父，宠信有加。元叉做贼心虚，警卫森严，士民求见，也只遥遥对之。既得志，恣意妄为，嗜酒好色，广收贿赂，败坏朝纲。其父京兆王元继，贪纵无度，与妻子卖官鬻爵，连郡县小吏也无法按制度选用，牧、守、令、长，全是贪官污吏。

多行不义　终将毙命

刘腾、元叉把北魏朝政搞得乌烟瘴气，不仅孝文帝的革新成果被断送，而且很快爆发了六镇起义。北魏的丧钟被敲响了。精明的刘腾恰恰选在此时，作他的死期。正光四年(523年)三月，与元叉共同控制朝政达四年之久的一代巨阉刘腾死去，时年60岁。他营建豪华宅第时，让奉车都尉周恃筮卜，不吉利。周恃劝他停止营建，刘腾大怒，不听。周恃偷偷对人说："此人凶兆，必在三四月间。"果然应验。

此时,大厅刚竣工,极为壮丽奢华,正好为刘腾停尸之用。刘腾的一生,备尝酸甜苦辣,各至其极。他曾受尽人间无边的苦难,又享尽人间无比的尊荣;他曾受官府最野蛮的摧残,又以野蛮的方式报复过帝王后妃;他曾是最下层的被剥夺者,又曾贪婪地苛剥黎民百姓;他曾在漫长的岁月中身为卑贱之人,又曾在数年间是最高统治者之一;他以告密、救援、囚禁后妃的三部曲,步步得手,轻取大权,又在权力的峰巅安然死去;他曾是横遭厄运的人,又曾是最幸运的人。虽然灵太后之流对他恨之入骨,但终不敢碰他。直到撒手人寰,他的淫威,还震慑着北魏小朝廷。朝廷显贵参加葬礼的,不计其数。披麻送葬的数百人,戴重孝的宦官义子40多人。朝廷追赠太尉、冀州刺史,赠帛700匹、钱40万、烛200斤,鸿胪少卿护丧。排场风光,极尽哀荣。似乎埋葬的不是宦官,而是皇帝老子。

老谋深算的刘腾死了以后,灵太后并未急于发难,而是静观时变,等待时机。元叉失去精明的宦官刘腾这个高参和配合默契的搭档,明显势孤力单、锐气大减。又见一切平静,就懈怠起来,对灵太后和孝明帝左右的防卫逐渐松弛。元叉还常常出外游玩,流连忘返。太后看在眼里,心中有了数。对孝明帝和群臣说:“现在我母子隔绝,不许来往。还要我这个太后干什么呢!我想出家,到嵩山闲居寺修道吧!”说着就要散下头发。孝明帝及群臣号泣叩头,一再苦苦请求。太后声色俱厉,愈加生气。孝明帝不敢离开,乃陪母亲在嘉福殿住宿,大臣也无人敢阻止。这是太后在刘腾死后放出的一个测试政治气候的气球。刘腾在时,太后要与儿子同宿,被粗暴地阻止。这次却无人敢持异议。政治形势明显对太后有利,也显示元叉势力逐渐消退。孝明帝母子遂密商夺元叉之权。孝明帝经历了这么多惊心动魄的事件,也逐渐学乖巧了。他深自隐晦,又故意向元叉哭哭啼啼地诉说母亲气忿不已,时常骂人,“要常来显阳殿看看我,又要出家为尼。”元叉以为太后哭闹,表明她黔驴技穷,彻底失败,无可担忧,还轻松地劝孝明帝:“太后要出家,就让她出家吧,不必阻拦。”此后,他对太后与孝明帝的来往不再阻止。太后与孝明帝游洛水,到丞相、高阳王元雍家,至内室密商了惩治元叉的计划。首先要解除元叉领军之职,失去兵权,他就无能为力了。元叉曾举荐元法僧为徐州地方官。元法僧谋反,太后就得了口实,多次责怪元叉,元叉无言辩解。太后以漫不经心的口气对元叉说:“元郎若忠于朝廷,没有反心,何不辞去领军,以其他官职专心致志地辅佐朝政!”元叉没考虑后果,竟轻易同意辞去领军。朝廷为安抚他,乃委任他为骠骑大将军、开府仪同三司、尚书令、侍中、领左右。虽解除了兵权,仍总任内外大权。他没有想到下一步会被废黜。既失去兵权,孝明帝就轻而易举地免了他的侍中之职。第二天清早,元叉再入宫,守门卫士不放行。元叉始觉大事不好。孝昌元年(525年)四月十七日,灵太后终于再次临朝摄政。她的满腔怒火再也压抑不住,立即下诏追削刘腾的官爵,将元叉除名为民。太后对元怿的惨死,悲痛不已。正巧清河国郎中令韩子熙上书,为清河王元怿讼冤说:“清河王冤死,在于元叉扰乱朝政,祸起宋维,成祸在于刘腾。应诛元叉、宋维。刘腾虽死,应掘墓戮尸、灭族正罪。”这正合太后之意,立即准奏,命掘开刘腾之墓,抛露其骸骨,藉没家产。除一名养子逃入敌国梁朝外,其余养子全部被处死。将宋维赐死。太后因妹妹之故,对妹夫元叉不忍心诛杀。太后对群臣说:“从前,刘腾、元叉求我赐予免死铁券,以便有罪免死,幸亏我没答应。”郭子熙说:“生杀在于是否有罪,岂在有无铁券!陛下从前虽然不予铁券,对今日不杀元叉,怎能解释得通。”群臣与孝明帝都一再请求诛元叉。孝明帝在张景嵩、毛畅的鼓动下,写好诏书,命右卫将军杨津秘密杀死元叉。诏书尚未送出,元叉之妻知道,向太后诬告说:“张景嵩、毛畅与清河王的儿子勾结,谋废太后。”太后真是“一朝被蛇咬,三年怕草绳。”被刘腾、元叉一再囚禁,已神经过敏,一听要废她,就毛骨悚然,不辨真假,勃然大怒,责问毛畅。毛畅忙把诏书呈给太后看,太后才消了气。她见皇帝和大臣对诛元叉一事,同仇敌忾、坚定不移,不由抚今追昔,痛定思痛。对刘腾、元叉的倒行逆施义愤填膺。想到皇帝和大臣之求,也是要为自己出气,以正国典。当时,元叉不曾想到她这位姻姐之情而稍加宽缓,今日何必顾及妹妹之分,而贻误国家大事。于是,最后下了决心,批准将元叉和其弟元瓜赐死于家。

灵太后历尽艰险,重新摄政,并对刘腾暴尸、将元叉赐死,出了怨气。本该珍惜来之不易的机会,励精图治,力挽狂澜,重整山河,但她面对北魏危机四伏、风雨飘摇的形势,反而整日着意粧饰、沉湎于游幸,一味荒淫,任用小人。她任用的侍中、车骑大将军、仪同三司城阳王元徽、给事黄门侍郎徐纥、中书舍人郑俨等更相阿党,赏罚任情,败坏朝政。郑俨是太后的私宠,领尚书典御,昼夜在宫中,与太后厮混。休沐之日偶尔回家,太后不放心,常派宦官跟随。郑俨见其妻,只能说几句家事而已。徐纥曾谄事元怿,后来又谄事元叉,太后怀念元怿,就又用他为中书舍人。此人诡计多端,见郑俨有内宠,又倾身巴结。两人共相表里,势倾内外,人称徐、郑。还有说黄门侍郎、领中书舍人李神轨,亦得太后宠幸。太后嬖倖用事,与日渐长大的儿子孝明帝产生了矛盾。太后自知行为不检点,唯恐传到皇帝耳朵里。故凡是孝明帝信赖的人,太后就找借口除掉,以便蔽塞皇帝的视听。孝明帝信赖的通直散骑常侍谷士恢,被太后诬以罪名杀死。常在皇帝身边的蜜多道人,也被太后派的人杀死于城南,太后还装模作样悬赏捉拿凶手。孝明帝对郑俨、徐纥深为厌恶,因有太后守护,欲除不能。这样,母子嫌隙日深。

此时,车骑将军、仪同三司、并肆汾唐恒云六州讨虏大都督、契胡酋长尔朱荣,驻军晋阳,兵势强盛。欲以讨郑俨、徐纥清君侧为名,夺取政权,以成霸业。适逢孝明帝密诏他举兵内向,欲以威胁太后,正中尔朱荣下怀,喜不自胜,以高欢为前锋,即刻进军。行至上党,孝明帝又以私诏命其停止进军。郑俨、徐纥十分恐慌,遂与太后密谋,于孝昌四年(528 年)二月二十五日,鸩杀了 19 岁的孝明帝。二十六日,太后立正月刚出生的孝明帝之女为皇帝。此女出生时,太后对外假说是男孩。至此,怕纸里包不住火,又下诏承认是女孩。又于二十七立 3 岁的元钊为皇帝。太后立幼儿,只为久据政柄。太后毒杀亲生儿,更给尔朱荣找到口实。三月,乃发兵晋阳,向洛阳进发。四月十一日,尔朱荣立元勰第三子、长乐王元子攸为皇帝,是为北魏孝庄帝。十二日,尔朱荣传命洛阳百官到河桥迎接孝庄帝。太后见大势已去,正要落发出家,于十三日被尔朱荣派遣的骑将,连同 3 岁幼儿元钊,抓送河阴。太后还想有所分辩,尔朱荣不听,拂袖而起,命人将灵太后和元钊扔进千古滔滔的黄河激流中。至此,刘腾干政带来的余波告一段落。与刘腾有复杂瓜葛和大恩大怨的太后也画上了句号。

魏忠贤：千年阉海　第一淫枭

魏忠贤

【人物档案】

姓名：魏忠贤，原名李进忠。

别名：九千岁

字号：字完吾

生卒：1568年~1627年

籍贯：北直隶肃宁（今属河北省肃宁县）人

朝代：明朝

封爵：上公

职务：司礼秉笔太监

结局：自称“九千岁”，排除异己，专断国政，以致人们“只知有忠贤，而不知有皇上”。明崇祯继位后被流放凤阳，在途中畏罪自杀，其余党亦被彻底肃清。

评价：魏忠贤恶贯满盈，中外切齿，但伪恭不及王莽，善诈不及曹操，无拳无勇，职为乱阶，故以年少之崇祯帝，骤登大位，不假手于他人，即行诛殛，可见当日明臣，除杨、左诸人外，大都贪鄙龌龊，毫无廉耻，魏阉得势，即附魏阉，魏阉失势，即劾魏阉，杨维垣之行事可鉴也。（蔡东藩）

墓葬：香山碧云寺（崇祯埋葬），康熙四十年被夷平。

【枭雄本色】

魏忠贤本一市井恶少，至22岁仍一事无成。他从说书人那里听得前朝太监王振、刘瑾都曾权倾朝野威风一时，于是自我阉割，化名李进忠入宫当起太监，梦想一日能飞黄腾达。

魏忠贤虽目不识丁，却谙熟拍马绝技，入宫不久即得太监王安提拔，又与皇孙奶娘客印月迅速打得“火热”，并接近万历皇帝，地位和权势与日俱进。明熹宗朱由校即位后，魏忠贤和客印月开始公开地揽权干政。他恩将仇报除王安，逼走魏朝，又杖杀朝臣，大兴冤狱，捕杀东林党，私植党羽，干儿义孙布满天下，自称“九千岁”，为历代阉官专权乱国的最高峰。他不仅献春药怂恿皇帝淫逸，自己也娶妻纳妾，抢夺天下民女，害死多少薄命红颜。闹得明宫淫风四起，帝不帝，臣不臣。崇祯皇帝继位，魏贼虽被除，但国势已去，民愤难平，亡国之日为时不远了。

【风云叱咤】

恶少年立志做权阉

明朝神宗万历初年，河北省肃宁县城魏家有一少年，目不识丁，整日打架斗殴，赌博酗酒。他结识了一批恶少，又因懂得一点拳脚功夫，在这群恶少中，俨然以首领自居。一天，这少年赌博输了老本，拿不出钱来，赢家逼他学驴叫、学狗爬。他脖子一梗，不想照办。对方拳脚相加，打得他连滚带爬。最后还是按人家的吩咐一一照办。他恨死这帮比自己强壮的人，暗下决心，一定要有权、有势、有钱，不被别人欺侮，而要作威作福。这个少年就是魏忠贤。

魏忠贤有一位远房叔父，名叫魏诚。魏诚为人善良忠厚，有一套拿手的功夫，就是做菜。他见侄子日渐长大，却没有什么出息，就决定把烹饪的技术传给他，让他日后也好有个求生的本领。魏忠贤诺诺连声跟着叔叔学习做菜。日子长了，也还真练了几手。但他天性放荡，没过多久，便又犯了赌瘾，与叔父不辞而别了。

在外闲荡许久，总没个正式的职业，在茶楼酒肆混迹，倒长了不少见识。听书时他知道唐朝有个高力士，只因做了太监便与皇帝接近，受到宠爱，还被称为大将军。弄权心切的魏忠贤，加上赌场没钱时所受到的刺激，就又回到叔父魏诚处请教。

"叔叔，您知不知道唐朝有个高力士？"

"知道啊。他是一名太监，虽然弄权干预政治，但不乱施权术。"

"前朝太监中有没有乱权的。"

"有啊！武宗在位时的刘瑾，就是个专权乱权的大太监。他是有名的'八虎'之一，人称'千岁'。"

叔父并不知道他问这番话的意思，就将刘瑾的故事讲给他听。魏忠贤听得津津有味。这些故事使他觉得自己找到了光明的前途。那些权利相争、奸行劣迹似乎就是自己所为一般，他总能够心有灵犀。

当天晚上，魏忠贤又偷偷地溜出了叔父的家门。过了几天，叔父魏诚听说他已经"自宫"（未经过内宫正式体检）当了太监，投奔在孙暹门下，做个下手，并且改了名字叫李进忠。

这时皇宫内不很太平。万历皇帝已大病不起。万历四十八年（公元 1620 年）七月四日，皇帝驾崩。这位十岁登基，足足做了四十八年九龙天子的朱翊均，终于在享尽荣华，历遍酒色之后，撒手归天。皇位自然由太子朱常洛继承，年号泰昌。39 岁的泰昌皇帝做了一二十年的太子，终于在老子归天之后正了龙位，这对于朱常洛来说无疑是高兴的事。八月初一，登基之日，他精神爽朗，神采飞扬。初四，他开始觉得不舒坦，初八就说病得厉害了。十一日，强打精神出见群臣，已是形销骨立，大臣们颇为惊骇。据传说，从初一到初八，先王宠妃郑贵妃给朱常洛送去八个美女，这对于正在病中的新皇帝，只能是索命之举。郑贵妃对皇帝有病极为关心，马上请来太医崔文升进药。崔太医居然给开的是泻药，迫使皇帝一天一宿上了三四十趟御厕，于是乎倒在病榻上再也起不来了。

皇帝病体沉重，眼看大势已去，宫廷内的权力之争骤然加剧。郑贵妃与朱常洛宠幸的李选侍以看视为名，在皇帝耳边不断嘀咕，要求发布御旨，封郑贵妃为太后，封李选侍为皇后，这样，万岁爷升天之后，十几岁的小皇帝就将置于这二人的股掌之上，她们可以来个垂帘听政了。但由于诸位大臣的极力反对，皇亲们的钳制，他没有给这两个女人封号。于是，八月二十九日，不是太医的李可灼拿来了被称为“红丸”的神药。郑贵妃侍候皇帝吃下，九月初一，皇上就一命呜呼了。

万历年间，明朝统治已有些风雨飘摇。内忧外患，起义不绝。东北的努尔哈赤政权时常向明挑战。万历四十七年，萨尔浒之役，明军一败涂地，辽东经略杨镐以“丧师失地”罪被革职严办，入狱候斩。另行任用“才气过人”的熊廷弼为辽东经略。辽海战事的节节失利，进一步加剧了朝廷内部的纷争，而一个月间两个皇帝去世，则使得这场纷争更加沸沸扬扬。

按照祖例，朱常洛年仅16岁的儿子朱由校继承皇位，年号天启，是为熹宗。

淫乱深宫　李进忠巴结客印月

刚进宫时，这李进忠隶属司礼秉笔太监孙暹手下，当一名小火者，属宦官中的最下层，干些杂役。后他曾远赴四川投奔税监丘乘云，却没料想有个比他早入宫的徐贵偷偷把他的种种无赖行经捅给了丘乘云，丘大怒，下令将他锁入一室，不准给他任何食物，要活活地饿死他。幸亏天无绝人之路，有个与他熟识的秋月和尚其时恰好云游至四川，替他向丘乘云讲情，丘才给了他十两银子，打发他回京。秋月和尚又给好友内宫监马谦写了封信，向他推荐魏忠贤。这下魏忠贤才在王宫中立下脚跟。从此，他施展出阿谀逢迎、夤缘巴结的本领，调到了甲字库，又与大太监王安手下人魏朝认了同宗，拼命讨好魏朝。魏朝就在王安面前多次夸奖魏忠贤如何如何的好，连王安也对魏忠贤青眼有加了。后又由魏朝引荐，到皇长孙朱由校的生母王才人宫内主管膳食，有了接近那位未来皇帝的机会。朱由校在探望生母时得与这个李进忠相识，见他奉承唯谨，对他印象也极好。后来王才人逝世，进忠失职，魏朝又托朱由校的乳母客氏向朱由校说情，朱由校也还记得他，就让他替自己办膳。朱由校的膳食都是由客氏负责的，所以进忠又和客氏搅到了一处。

这李进忠虽属无赖，却也有常人不及之处，“能右手执弓，左手彀弦，射多奇中。目不识丁，然亦有胆力，能决断”，他办事勤快又恭顺听话，人常称他“傻子”。比起那些只会低三下四、花言巧语的太监，却是所谓大智若愚，另有一种狡黠。恰好这朱由校也是贪玩不喜读书之人，加之当时的政治环境，也没什么人来督促管束他，他倒喜欢接近这不识字又粗猛可爱的李进忠。于是李进忠便投其所好，令巧匠别出心裁，糊制狮蛮滚球、双龙赛珠等玩物，进阵左右。又与客氏二人整日里导之以倡优声妓，狗马射猎，哄得朱由校大喜，倚二人为心腹，须臾难离。李进忠自从侍奉朱由校后，就恢复了原姓。后来朱由校当了皇帝，给事中杨涟曾参劾他导帝为非，他吓坏了，哭求魏朝保护。这样大的事魏朝也没办法，只好转求王安。这时王安在朱由校前可说是说一不二，言听计从。他就向这新即位的熹宗皇帝朱由校说杨涟参奏的恐怕是另一个叫进忠的太监，名字相同，他是外臣，对内廷之事究非十分清楚，以致讹传。熹宗听了深以为然，非但不怀疑进忠，而且怕以后再出这类谬误，特赐名忠贤。从此他便以魏忠贤为名。通过这事,他对魏朝更是感恩戴德,两人结为兄弟,几似亲生骨肉一般。

这里有必要介绍一下客氏这个人物。她在明朝历史上可是大大有名。她原本是定兴(今河北省定兴县)县民侯二之妻,有一独子名侯国兴。十八岁时进宫给皇长孙朱由校当奶妈。二年后,侯二去世。这客氏体态丰腴,面似桃花,性情软媚,为人放荡,与魏朝结成所谓"对食"的关系,即宫中变相的夫妇关系。当时后宫可说是淫乱不堪,此风大盛。至于这名称的由来,恐怕主要还由于太监们虽有直房,但不能起伙,只能从宫外厨房中送饭来吃,而宫女们却可以自饮,于是哪个宫女若与某太监相好,就帮其烹饪,一同进食,俨如夫妻,也叫伴食。而宫女则称其所欢宦官为"菜户"。但是,魏忠贤进宫后不久,这客氏就喜新厌旧,又和他勾搭上了。据说,魏忠贤虽当了太监,但并非不能行房,我国有很多的小说都提到了魏忠贤和客氏,有些还描写得极为不堪,有说魏忠贤阉割未割净的,还有说他得了秘方又恢复了性功能的,所以客氏才那么离不了他。究竟如何,也难于考证,这里也就不深究了。但他们二人,当时和后世之人总是并称为"客、魏",可见关系确非寻常。开始时魏忠贤还瞒着魏朝,但天长日久,纸里如何包得住火?加上客氏自和魏忠贤勾搭上以后,简直视魏朝如眼中钉。这事终于让魏朝发现了。于是二魏反目成仇。魏朝几次与客氏争闹,怎奈客氏一门心思都在忠贤身上,对魏朝是当面呵斥,毫不留情。魏忠贤则索性一不做,二不休,公开占据了客氏,不怕魏朝吃醋。一天晚上,二魏终于为客氏大打出手,魏朝敌不过忠贤,扯了客氏就跑出房,魏忠贤在后紧迫,且扯且斗,哄打至乾清宫,惊动了已经就寝了的朱由校。他将三人召至面前,问明情况,就让客氏自己选择。客氏当然选了魏忠贤。于是熹宗第二天就降旨,立撵魏朝出宫。魏忠贤赶走魏朝还不甘心,又假传圣旨,将他遣戍凤阳,一面又密令亲信在途中将他绞死了。

恩将仇报除王安

魏忠贤初做司礼秉笔太监,并不是人人服气,朝中有很多议论。资格很老的司礼太监王安就反对这件事。

王安一心辅佐大明王朝。万历十三年(1615 年)神宗在位期间,由郑贵妃指使的"梃击案"败露,她十分害怕。王安为太子朱常洛出点子,只杀凶手,对郑贵妃不深究,以保住太子位。泰昌元年(1620 年),朱常洛继位为光宗,升王安为司礼秉笔太监。王安采纳中书舍人汪文言的建议,劝光宗行善政,起用直臣邹元标、王德完等,受到朝野的一致赞许。大学士刘一燝、给事中杨涟、御史左光斗等人。对王安印象很好,认为他是个难得的好宦官。

光宗死后,王安从光宗所宠的李选侍手中夺过朱由校,拥立成功,因此熹宗也很听他的话。当时,魏忠贤与客氏的不正当关系,朝中均有所闻。1621 年即熹宗天启元年正月,御史王心一上书,抨击魏、客二人狼狈为奸之丑行。接着,御史方震孺、刘兰、毕佐周等人,也纷纷上书,要求驱逐客氏,严惩魏忠贤,以正朝纲。由于熹宗从小跟着客氏长大,舍不得客氏离开,在她出宫后,寝食不安,只得重新召其还宫。对于魏忠贤,则交王安处理。王安心慈手软,没有处死他,只教训他一番,让他

悔过自新。王安的姑息酿成大错,最终丢了自己的性命。

五月,熹宗命王安掌印司礼监,司礼监是明代宦官二十四衙门的首席衙门。满朝文武百官的奏章,除皇上御笔亲批有数的几本外,都由他们遵照内阁所票字样分批,无宰相之名却有宰相之实。而掌印太监无疑权势更大,他是宫廷中几千宦官之首,是真正的首辅,是皇上的代言人。

想当年,王安收留魏忠贤,并推荐他到王才人处去做菜,是看这小子有点恭迎人的本事,但他并没看透魏忠贤的野心。自从魏忠贤通过魏朝巴结客氏,王安就看出有点过分,善意劝说他,但他从不听劝,根本就没把王安放在眼里。等到发生了千秋鉴的事,宫内对魏忠贤有各种各样的传说,王安就对他与客氏鬼混产生了很大的反感。王安对魏忠贤说:"你要为自己的名声想一想,与客氏那样一个风流女子往来会毁掉你的前程。"

魏忠贤嘴上答应,心里却恨恨地说:"你这老东西,管得也太宽了。看在当初举荐我的份上,先不理你,有机会一定整治整治你。"

不管怎么说,魏忠贤也知道,自己在宫中的地位还不算稳固,只有一个客氏是不够的,还要把小皇帝哄得团团转,让他充分信任自己。

从此,魏忠贤千方百计,使出自己的本事取得小皇帝的欢心。一个十六七岁的少年,正是贪玩的年龄,哪里坐得稳龙椅?魏忠贤投其所好,有时领着他去射猎,有时去玩狗,有时去听戏,有时去逛街,把个小皇帝侍候得舒舒服服。有时他对魏忠贤说:"魏公公见识广,懂得多,会办事,真是天下第一大好人。朕有你陪伴,真是大好事。"

有时他训戒朝臣说:"你们真是无能,要学习魏公公。他才是名符其实的'忠贤'啊!"

王安把这一切都看在眼里,记在心上。他对皇帝说:"魏忠贤与客氏勾结,背着皇上您搞阴谋,不能让他们专权,扰乱国家政权大事。"

熹宗听了,根本不往心里去。嘴上"啊""啊"地答应,过后那些话都不知跑到哪儿去了。王安非常伤心。

王安根据惯例,上本称自己年老多病,怕不能胜任。客氏马上劝熹宗答应他的要求。客氏对皇上说:"万岁爷,王安这人还算有自知之明。此人多病,走路风都刮得走。让他掌印,恐耽误了皇上的大事。"年幼无知的熹宗听完客氏一番劝说后,也觉得有一定的"道理",便同意了王安的请求。

客氏还不满足,与魏忠贤合谋非去王安不可。王安是魏忠贤的救命恩人,魏忠贤也曾一时犹豫未决,有些下不了手。客氏说:"咱俩要从李选侍吸取教训,不除王安,将成为我们的后患。"魏忠贤于是下定决心,勾结御膳房太监王礼乾、外廷兵科给事中霍维华,诬陷王安。结果,王安贬为南海子净军,到永定门外南苑当打扫卫生的差事。为了置王安于死地,魏忠贤派王安的死对头刘朝为南海子提督。

刘朝过去因偷过乾清宫的东西被捕,曾向王安求情,王安秉公办事,仍加以论罪,判他入狱。现在刘朝被魏忠贤从狱中放出,并提拔为南海子提督,自然挟私报复。

刘朝一上任,即令手下强迫王安干苦活重活,还不准他吃饭。王安本来体弱多病,没几天就昏倒了。醒来后在院子里到处找能吃的聊以填肚,什么花果根茎都拿着吃。过了几日，刘朝以为他死了，带着几个人闯入院子，见王安还活着，大吃一惊，下令手下人用麻袋装满泥土，压在王安身上，使他窒息而死。然后又将他身首异处，肉喂狗彘。魏忠贤除掉了一个强硬的对手，达到了目的，为下一步"高升"奠定了基础。

献春药 魏客二奸揽大权

王安一死，他手下的一派太监尽被逐斥，魏忠贤顺利地掌握了宫中大权。职位在魏忠贤之上的只有王体乾，魏忠贤至死也只是司礼监秉笔太监。因为掌印太监有批殊（即批复内阁等的章奏）、拟旨等工作，魏忠贤识字有限，只好让王体乾担任。但由于王、客之间有协议，所以大权还是握在魏忠贤之手。他与客氏勾结，到处安插私人，很快便势倾内外，炙手可热了。

魏忠贤发现熹宗是个无知的孩子，且与乃父乃祖一样，贪财好酒，耽于女色。于是他命人进献一种名为"灵露饮"的春药。熹宗初服之后，觉得很有效，爱之不舍。但大量服用之后，却变得全身浮肿、行动无力。熹宗只活了二十三岁便去世，春药服得太多，肯定是促其夭亡的一个重要原因。

熹宗有个特别的癖好，就是喜欢木匠活儿，愿意一个人造些精巧的亭台楼阁之类的小模型。这是他幼年孤零无依的生活环境使他养成的习惯。即位为帝后，这种癖好更有所发展，几乎每日乐此不疲。干到兴趣浓厚之时，什么都不顾。所以魏忠贤就利用这一点，总是看到他干木工活最起劲的时候来奏事。熹宗偏偏在这时最怕有人打扰、有事分心，总是忙不迭地赶他走，嘴里不耐烦地叫着："朕已悉矣，汝辈好为之。"魏忠贤要的就是这个。于是他便以皇帝的名义干他要干的事了。那时的"矫旨"即假传圣旨特别的多，大概就都是这样弄来的。

有个大学士沈漼，见客、魏得势，遂卖身投靠。他令门客晏日华秘密潜入大内，劝魏忠贤开内操。魏忠贤就挑唆熹宗挑选粗壮的宦官宫女数千人，制造使用火药的武器，在宫内操练，钲鼓炮铳之声，震动后宫，竟把生未满月的皇长子惊死。魏忠贤不但不加收敛，反更加肆无忌惮，将内操人数增至万人，装甲出入，恣意耀武扬威。内监王进有一次在熹宗面前试火铳，铳炸伤手，余火乱爆，险些伤及熹宗。但熹宗只觉得好玩儿，竟不以为意。

皇后张氏对客、魏的专权十分厌恶，屡次向熹宗痛陈二人罪恶，有一次还把客氏叫去训斥了一顿。一天，熹宗到坤宁宫，见桌上摊开着一本书，就问是何书。张皇后答道："是史记中赵高传。"熹宗听了默不作声。这明明是以赵高喻忠贤，忠贤探知后哪能不恨？第二天竟埋伏下武士要刺杀皇后，幸被熹宗撞见，才未得逞。但客、魏决不会就此罢手，在他们专权的几年中曾屡下毒手要置皇后于死地。他们用自己的亲信替换了皇后身边的宫女，谋害皇后。当时张后正怀有身孕，一日偶觉腰痛，这些宫女替她捶腰，暗施手脚，过了几天竟致流产。从此熹宗绝嗣。张后本是河南生员张国纪之女，客、魏竟捏造谣言说她是系狱海盗孙二的生女，劝熹宗废后。但熹宗不愿允从，又加上客氏归家省母时被母亲以危言劝止，这才作罢。天启六年（1626年），有人在厚载门贴出匿名榜抨击魏忠贤。客、魏又乘机陷害张后，指使人上疏说此事是张国纪所为，准备逮捕下狱。甚至打算用魏忠贤的侄孙女取代张皇

后。结果熹宗没有答复，这才不了了之。魏忠贤还诬陷张国纪纵容家奴横行不法，并假传皇后旨。熹宗因此责备张国纪，并送去管教家奴的法令。张国纪知为忠贤所嫉，见机远引，飘然回籍。忠贤犹未心甘，暗募壮士数名，怀藏利刃，伏匿殿中，自己却报告熹宗，有人要行刺。至熹宗视朝，先派锦衣卫搜查，果然捉获怀刃的壮士。当下缚交东厂，令忠贤发落。忠贤欲令壮士诬供张国纪，说他意图不轨。正巧这时王体乾有事来找魏忠贤，见他干这事，就劝他说："皇上诸事糊涂，可唯独对待兄弟不薄。倘若意外生变，咱们恐无噍类了。"这才阻住忠贤。他当即杀了这几名壮士灭口。熹宗还以为他是遵旨处置了几名刺客，也不再过问了。

对于熹宗的其他嫔妃，客、魏更是为所欲为。凡与客氏有嫌隙的，无一不遭到迫害。光宗的选侍赵氏因与客氏不和，加之光宗在世时未得到封号，客、魏便公然矫旨赐其自尽，选侍以光宗赐物列案上，痛哭上吊。熹宗的张裕妃，性情直烈，不附客、魏，二人便在裕妃怀孕时将她囚于冷宫，不给饮食，逼得张裕妃只好在下雨时喝屋檐水解渴充饥，中毒而死。冯贵人就因为劝熹宗停止内操，遭客、魏忌，不待奏明熹宗，就诬她诽谤圣躬，迫令自尽。李成妃因为将冯贵人的事告诉了熹宗，不替失宠的慧妃范氏求情，便也得罪了客、魏，二人重施故伎，将她幽囚冷宫断绝饮食。幸亏成妃鉴于裕妃之覆，在檐瓦间预藏食物，所以虽一禁半月，尚得不死。及至熹宗想起多日未见成妃，问了客氏，才知已被囚半月。经熹宗求情，才得放出，可仍被废为宫人。此外还有多少嫔妃遭害，史书上说："他所害宫嫔……甚众。禁掖事秘，莫详也。"这句话下，真不知隐藏着多少血案。弄得宫中人人自危，谈虎色变。二人横行宫中，使宫廷以内，只知有忠贤，不知有皇帝，无论何事，只问忠贤如何处断，便即施行，根本不用问熹宗。

客、魏如此肆行不法，当然不会没人管。在此期间，劾奏二人的章奏非常多，但二人安然无恙，而弹劾者无不遭黜。

还在万历年间，朝臣就已分成了两派，形成了党争。当时的党，有东林党，齐、浙、楚三党。东林党的得名是因其领袖顾宪成于万历二十二年在建储之争中被革职还乡后，与高攀龙等人在无锡东林书院讲学，议论朝政而来。他们学问和教养都较好，个人声望也较高，不少在朝官员都与他们遥相呼应，于是被称为东林党。他们大都较正派，持正统观念，在国本之争和三案中都站在权贵的对立面，但门户之见太深，凡不合己见的，一概斥之为奸党，加以打击。至于齐、楚、浙三党，不过是封建同乡的集团。他们在对付东林党时是团结一致的，但一旦从东林党手中夺到政权，就互相攻击了。天启初年时，东林党拥立朱由校并再度掌权，雷厉风行地执行自己的政策，排斥异己。尤其是天启三年的京察（即干部考核审查），东林赵南星为吏部尚书，借此机会把三党的党徒几乎一网打尽。当时就有人担心东林党这样干会激起变乱。果然到了魏忠贤势力形成后，这些人便纷纷投靠他，企图靠他来打倒东林党。而魏忠贤也正想把自己的势力伸向外廷，于是双方一拍即合，形成一股强大的政治势力，人们称其为"阉党"。

明朝不设宰相，内阁是主要办事机构。所以魏忠贤先从内阁下手。当时内阁辅臣共有八人：首辅叶向高、次辅刘一燝，以下依次是韩爌、史继偕、沈漼、朱国祚、何宗彦、孙如游。这些人中除沈漼为方从哲所荐，后又与魏忠贤暗中勾结外，其余的都很正派。天启元年时，方从哲被劾在告，叶向高尚未到任，由刘一燝当国，替代首辅。他力遏客、魏，凡因弹劾客、魏被罪的，他都全力营救。于是沈潅及魏阉的其他党羽合力攻一燝，迫使一燝辞职。魏忠贤正中下怀，从中极力主之。到天启二年正月，一燝"疏十二上，乃令乘传归。"挤走了刘一燝，魏党又开始挤叶向高。当时阉党气焰十分嚣张，动不动就用廷杖来对付反对他们的大臣。有个工部郎中万燝上疏劾忠贤，"忠贤大怒，矫旨廷杖一百，斥为民。执政言官论救。皆不听。当是时，忠贤恶廷臣交章劾己，无所发忿，思借燝之威。乃命群阉至燝邸，捽而殴之。比至阙下，气息才属。杖已，绝而复苏。群阉更肆蹴踏，越四日即卒。"刚杖完万燎，忠贤又复矫旨，饬群阉去拿御史林汝翥，照万燝的样子惩治。这林汝翥是叶向高族甥，在巡视都城时，见有二阉夺人财物，互相斗殴，就杖责了这两个内侍。这二人向魏忠贤告状，魏忠贤正杖燝示威，索性连林汝翥一并逮办。林汝翥得到消息，怕落得与万燝一样死于群阉殴辱的下场，急忙逃出京城。魏忠贤怀疑他躲在叶向高家中，便派人包围了叶的住宅，哄然直入，谩骂坐索，入内搜查，侮辱妇女。叶向高愤极，眼见魏党如此恣肆，知事已不可为，迭上二十余疏，辞官回籍。已而林汝翥赴遵化军门，请其代奏，愿自至大廷受杖，不愿受阉党私刑。虽吃了痛楚，丢了官职，总算保全了性命。

继叶向高之后继任首相的韩爌、朱国祯也在半年之内被魏党排挤而去。此外，赵南星、高攀龙、陈于廷、杨涟、左光斗、魏大中等先后数十人均遭罢斥，史载："正人去国，纷纷若振搞。"主持正义的东林党人象枯木抖落一样尽遭逐斥，取而代之的就都是魏氏亲信了。最先被魏忠贤引入内阁的是顾秉谦和魏广微二人，后来先后又有冯铨、黄立极、施凤来、张瑞国、李国槽、来宗道、杨景辰等人，以致"居政府者皆小人，清流无所依倚"。

除内阁以外，朝中所有重要部门也都陆续被魏忠贤的亲信所控制。魏忠贤这时真是权倾内外，党徒遍要津了。

这些投靠魏忠贤的人大都是以前在国本之争和三案中的失败者，他们之所以要投靠魏忠贤，就是为了打击那些自称忠党而视他们为奸党的东林党人。所以在他们掌握了权力以后，便开始翻三案了。本来魏忠贤对这些问题倒也不参预，但这伙人总在他耳边说："东林党要害您老人家啦。"加上客、魏的倒行逆施一向为主持正义、自命清流的东林党所不容，来自东林党人的弹劾客、魏的章奏最多，尤其杨涟的一封弹章，历数魏忠贤二十四大罪状，并由此引起七十多名朝臣上疏百余，弹劾魏忠贤，吓得魏忠贤向韩潅求救，遭拒绝后又哭求熹宗，要辞去东厂职务。幸有客氏和王体乾百般救护，王体乾在向熹宗读杨涟奏章时，凡要害处都避开不念，魏忠贤则听一条反驳一条，客氏则在旁煽风点火，以致熹宗听后不仅婉言挽留魏忠贤，继续让他提督东厂，还下了一道措辞严厉的谕旨，严责杨涟。自此之后，魏忠贤便深恨东林党人，听说要整治东林党，他当然乐于从事了。这样，双方在迫害东林党的问题上又是一拍即合了。

造大冤狱　残酷迫害东林党

明熹宗即位时，有一些支持东林党的大臣掌了权，其中最有名望的是杨涟和左光斗。他俩一心一意想整顿朝政，但熹宗昏庸透顶，不理政事。魏忠贤为首的"阉

党”一伙又结党营私，卖官受贿，利用手中特权干了无数坏事。杨涟在左光斗的支持下，向皇帝奏了章子，揭发魏忠贤的二十四条罪状。左光斗也疏劾过魏忠贤，说他们有可斩之罪三十二条，因此魏忠贤恨死了这两个人。要置他们于死地，搞得他们家破人亡，必须想些办法，于是魏忠贤一伙便制造了一个“六君子”案。

早在万历末年，居住辽东的建州女真开始强盛，在努尔哈赤率领下开疆拓土。明廷曾派杨锡去对付努尔哈赤，但多次失利，被逮京问罪。明廷又派熊廷弼经略辽东。熊廷弼从当时实际情况出发，主张稳固防守，做好准备再伺机反攻。但这却不合主持朝政者的心意，他们只想尽快出兵，一鼓而成，收复失地，为其政绩添彩。所以很快又换袁应泰为辽东经略，罢了熊廷弼的官。结果天启元年(1621年)满洲出兵攻沈阳、辽阳两处重镇，袁应泰一战而亡，两处重镇全失，满洲兵继续前进。这时朝臣们又想起了熊廷弼，在那年六月再命熊经略辽东，同时又命王化贞为广宁巡抚，让二人协力御敌。这王化贞是首相叶向高的门生，后台很硬，且手握兵权。熊廷弼则光杆司令一个，手下只有五千兵。偏偏二人意见不一致。王化贞虽读过些兵书，打过几个小胜仗，但有点像三国时的马谡，自命不凡，却眼高手低。他有叶向高做后台，便不听熊廷弼节制，我行我素，二人闹得极为不和。朝廷还曾派人去调解过，但并未生效。天启二年，王化贞不顾熊廷弼反对，自率十几万大军贸然出击，结果大败，丢失城池四十余座，连累得熊廷弼也站不住脚，纷纷退入关中。廷议将熊、王一并下狱论死。王化贞后来倒保住了性命，熊廷弼却被处死顶罪。这是明末一大冤案，当时称“辽案”，也叫“封疆案”。

熊廷弼被问成死罪后，赶快便找了内阁中书汪文言，求其代为辩冤。这汪文言是那时的一个怪人，读书极多，足智多谋，但却蔑视科举，是从县吏开始走入官场的。万历末年，刑部郎中于玉立告病回乡，需要在京中有个耳目，便找到汪文言，替他捐了个监生，让他进太学读书以为掩护。汪文言交游广阔，很快结识了很多朋友，甚至当时在东宫伴读的王安也与他成了好朋友。王安维护东宫免遭郑贵妃一伙迫害，好多事其实是汪文言暗中为他策划的。万历死后，内廷全由王安主持，汪文言就成了王安的智囊，备受倚重，并由这种关系又结识了刘一燝、韩爌、杨涟、左光斗等人，且极为这些东林党人所称赏。叶向高重为首辅后，也极看重汪文言，荐他做了内阁中书。他也确实为东林党出了力，曾计破三党联盟。由于他相与的都是与魏忠贤对立的人，所以阉党便不断报复他，找个由头下他诏狱，并想大肆罗织。当时主管此案的掌镇抚司刘侨只判汪文言廷杖除名，丝毫没株连其他人，反了魏忠贤之意。他立刻将刘侨革职，换上了亲信许显纯。汪文言虽遭迫害，还照样十分活跃，接受熊廷弼之托后，多方运动，最后竟辗转把门路走到了魏忠贤那里。魏忠贤开出价来：交四万两纹银，保管无事。但熊廷弼为官清正，哪里去找这许多银子？这事不但卡住了，更惹了麻烦。魏忠贤索贿落空，觉得是受了愚弄，就开始调查。一查，原来这事最初的牵线人竟是他的对头汪文言，更是大怒，便立刻旧案重提，把汪文言以已审定结案且处罚过了的恶名又逮入诏狱，交由许显纯审问，并要许显纯把杨涟、左光斗等人全都牵扯进辽案中去，要汪文言诬供杨、左等人都接受了杨镐和熊廷弼的贿赂。但汪文言备受毒刑，终不肯供。许显纯也不在乎他供与不供，活活将他打死后，按魏忠贤的意思编了一份假口供。于是魏忠贤立刻下令将杨涟、左光斗、周朝瑞、魏大中、顾大章、袁化中六人下诏狱审问。汪文言已死，无可对证，就按许显纯捏造的口供定了罪，诬杨、左受贿二万两，周受贿一万两，魏大中三千两，顾大章四万两，袁化中六千两。这是天启五年(1625年)的事。

这些被诬定了赃数的人，都要按期交赃，交不出则要施以酷刑，这办法称为“追比”，也叫“比较”。当时通行的期限是五天，叫作“比期”。魏忠贤之所以要诬这些人受贿，就是明知他们拿不出钱来，要让他们受尽酷刑而死。六君子在北镇抚司备受酷刑，跪于阶前，“五毒备具”(即受全刑:械、镣、棍、拶、夹杠)，甚至裸体辱之。不出几日，便已由烂俱腐，浓血如染了。六人中除顾大章自尽狱中外，其余皆死于非刑，而以杨、左最惨。杨涟死时是“土囊压身，铁钉贯耳，仅以血溅衣裹置棺中。”左光斗入狱后，他的学生史可法曾想办法去见了他一面，见到他被炮烙后“面额焦烂不可辨，左膝以下，筋骨尽脱”，要用手指拨动才能睁开眼睛。杨涟、左光斗、魏大中三人的尸体从诏狱后的小门运出时，已腐烂不堪，“臭遍街衢，尸虫沾沾坠地”，真是惨绝人寰。这些人死后，许显纯还要把他们的喉骨剔下装在小盒中送给魏忠贤以为信物。

魏忠贤自兴起这次大狱后，索性放开手接二连三地干了起来。杨、左死后第二年是天启六年，又兴起第二次大狱，这就是周起元、周顺昌、高攀龙、缪昌期、李应升、周宗建、黄尊素七人之狱，时人称之为“后七君子”。这次不光是捏造一些冠冕堂皇的理由(如受贿)，而且毫不掩饰地以“反魏”定罪了。这七人得罪魏党的原因如下:周起元曾任苏松巡抚，当时苏杭织造太监李实诬告苏州同知杨姜，周起元据实为其辩冤。李实是魏忠贤一伙，因而魏忠贤矫旨严责周起元，令他速上姜贪劣状，即要他整杨姜的黑材料。但周起元不买账，不诬陷好人，反而又一次证明杨姜廉洁，李实诬陷。这就得罪了魏、李，被削籍。高攀龙是赵南星的门生，曾任右都御史，查实巡按淮扬的御史崔呈秀贪污狼藉，无所不至，乃尽发其贪污状，吏部尚书赵南星准备给予崔呈秀遣戍的处分。崔呈秀原本是想加入东林党的，但因其贪行无状，被拒绝，至此，乃夜至忠贤寓所，叩头乞哀，且乞为养子。在魏忠贤的保护下，崔呈秀非但未受任何处罚，还官复原职，又连连升级，最后竟成为魏忠贤最得力的干将，以致原来的客、魏之称后来都变成崔、魏了。而高攀龙、赵南星等人却纷纷被排挤辞职。即使辞官家居，也仍不算完，崔呈秀得势后又要来报复了。缪昌期则是因为拒绝给营造坟墓的魏忠贤写碑文，又有传说杨涟劾魏二十四罪的奏疏是缪昌期起草的，在高攀龙、赵南星、杨涟罢职回家时，昌期又公然送出郊外，执手太息。种种积嫌，使魏忠贤深恨之。当缪昌期提出辞官时，他马上派手下人去内阁说:“此人尚可留之送客耶?”于是马上照准，亦回籍闲住。周宗建则是因首劾忠贤“目不识丁”，揭了他的短而得罪他的，李应升、黄尊素是继杨涟后抗疏力攻魏忠贤而得罪他的，尤其黄尊素，是黄宗羲的父亲，足智多谋，为群小所深忌。三人并遭削籍。还有一个周顺昌，为人刚方贞介，疾恶如仇。他原是吏部员外郎，后辞职回吴县老家。魏大中被逮时由吴县经过，周顺昌为他饯行，与他一起住了三天，并把女儿许配大中之孙。缇骑屡次催行，顺昌瞋目曰:“若不知世间有不畏死男子耶?归语忠贤:我故吏部郎周顺昌也。”又戟手呼忠贤名，骂不绝口，缇骑入京，一五一十地报告忠贤，忠贤哪能不恨?

为了除掉这七人，魏忠贤便利用李实与周起元之间的嫌隙，嘱手下人李永贞伪造了一份李实的奏疏，诬劾周起元为巡抚时吞没帑金十余万，并把其他人全都扯

入。借了这由头,矫旨七人并逮,再兴大狱。其时七人俱已罢职家居,除高攀龙在缇骑到家时便投水自尽外,其余六人全部逮入诏狱,在许显纯手下受尽酷刑而死。就是高攀龙,虽然已死,崔呈秀还觉不解气,又把他儿子逮入狱中,问成徒罪。周顺昌裸体受刑,每次都大骂忠贤。许显纯椎落其齿,问他还能骂否,他一口血水唾在许显纯脸上,骂得更厉害,后被重物压首而死,死后鼻已压平。缪昌期十个手指都被打掉了。周宗建被打得分外狠,至不能出声,许显纯还要骂:“这时看你还能说魏公子不识一丁否?”他被铁钉钉身,不死,又用沸汤浇之,顷刻皮肤卷烂,赤肉满身,婉转两日而死。其他几人死后骨肉俱烂,不可辨认,竟不知其死何状。

这两次大狱还株连家属,被害者家都被抄,倾家荡产,凄凉万状。杨涟家“素贫,产入官不及千金。母妻止宿谯楼,二子至乞食以养。”左光斗死后,“赃犹未竟。忠贤令抚按严追,系其群从十四人。长兄光霁坐累死,母以哭子死。……诸人家族尽破。”其余诸人也无不家破人亡,流离道路。

除了这两次大冤狱,还有不少朝臣因反对过魏忠贤而被杀害。中书吴怀贤谈杨涟劾魏忠贤二十四大罪的奏疏时,击节称赏,被家中奴仆告发,逮狱拷掠死。武官蒋应阳为熊廷弼鸣冤,立被处斩。吴裕中上疏弹劾陷死熊廷弼的丁诏轼,触怒忠贤,便说他是廷弼亲戚,代其报仇,杖死之。这里要说明的是,魏忠贤害死六君子后,其党羽丁诏轼和冯铨又对他说,杨、左诸人皆因赃毙狱,若不杀熊廷弼,连杨、左一狱也属无名了。于是将熊廷弼斩首西市,传首九边。所以熊廷弼最终并非死于边事,而是死于阉党迫害。御史梁梦环更诬奏廷弼侵吞军资十七万,在廷弼死后又破其家,连累得姻族都破产了。其他如苏继欧、丁乾学、张纹、夏之令等,或被缢死、杖死,或被迫自杀。与此同时,魏忠贤还令顾秉谦为总裁,修了一部《三朝要典》,把万历、泰昌、天启之朝关于三案的所有争论用熹宗的名义判定是非,把从争储以来所有与三案有关的人都载入了,以便依次把他们全都除掉,不使一人漏网,把三案彻底翻过来。但他们却没能做到这一步,《三朝要典》才修成不久,魏忠贤便已垮台,这部书倒成了他们的罪证。东林党人数众多,分布很广,魏忠贤文盲一个,哪能记得那么清楚?于是他手下的党羽便纷纷进献名单,如崔呈秀进《同志录》《天鉴录》两书,《同志录》中均东林党,《天鉴录》均非东林党。魏广微、顾秉谦等进《缙绅便览》一册,其中叶向高、韩𤏡、赵南星、高攀龙等,统称邪党,魏氏党徒统算正人。其他还有魏应嘉《伙坏封疆录》、阮大铖的《百官图》等等。其中最著名的,要算王绍徽的《东林点将录》了,他也真煞费苦心,以水浒传中晁盖再加宋江等一百零九人天罡地煞之名,系于所要陷害的朝臣,其款式如下:

东林开山元帅

托塔天王南户部尚书李三才　　　　晁盖

总兵都头领二员

天魁星呼保义大学士叶向高　　　　宋江

天罡星玉麒麟吏部尚书赵南星卢　　俊义

其他如缪昌期为智多星、文震孟为圣手书生、杨涟为大刀、惠世扬为霹雳火、顾大章为神机军师,等等,直至“地魔星云里金刚四川道御史宋师襄”为止。魏忠贤正苦于东林党人太多,记不胜记,一见这《点将录》,与幼时所听过的梁山泊诸人两两对证,好记多了,不觉大喜,目为圣书。他还特意拿去给熹宗看。

这些名单制出以后，李永贞等都抄成小册，放在袖中，“遇有处分，则争出册告曰：‘此某录中人也。’故无得免者。”

如果说上述名单还算是私制的话，那么天启五年十二月魏忠贤矫旨颁布宣示天下的“东林党人榜”，就是一个正式的官方名单了。凡不依附他的，一律指为“东林党”而列名其中，共三百零九人，这些人“生者削籍，死者追夺，已经削夺者禁锢。”在魏忠贤擅政的七年中，他排斥尽了一切异己，真正做到了朝署一空。

干儿义孙满朝堂　生祠生像遍海内

魏忠贤排斥忠臣，有仇必报。杀的杀，充军的充军。他记性特别好，即使偶然忘记了，也没事，他的党羽编有《天鉴录》《同志录》《点将录》等小册子，早就把不投靠魏忠贤的人列入东林党，自有干儿子会提醒他以激怒他，然后加害于人。

魏忠贤从兴起到垮台，只不过七年多一点时间，但发展却非常之快，党羽很快便遍及天下，其人数之多、为害之烈，大大超过在他以前曾称雄一时的那些大阉如王振、刘瑾等人。他的党羽中最臭名昭著的就是五虎、五彪、十狗、十孩儿、四十孙。而在这之外还有不少人拜魏忠贤为父，自称干儿甚或义孙，并以此为荣，仗魏忠贤之势鱼肉天下百姓。一时间魏忠贤门下干儿义孙满天下。当时曾有人将此情形写成《百子图演义》一书，以述其“盛况”。

五虎以崔呈秀为首，其余四人为田吉、李夔龙、倪文焕、吴淳夫，都是文官，是魏忠贤的智囊团，专为他出谋划策。崔呈秀自从当了魏的养子后，为正人君子所不齿，他竟然还在奏疏中说：“臣非行媚中官者，目前千讥万骂，臣固甘之。”疏上，朝野哄笑。由于他如此死心塌地，很得魏忠贤宠，始终是魏的心腹，从未失宠过。天启七年八月，魏忠贤升他做了兵部尚书，同时仍兼左都御史，既握兵权，又掌监察，“从来九卿未有兼官如呈秀者。”真是势倾朝野，不可一世。倪文焕、田吉、吴淳夫、李夔龙四人都是由崔呈秀介绍给魏忠贤做义子的。倪文焕初为御史即诬劾周顺昌，后官至太常卿。李夔龙则“专承呈秀指，引用邪人，以媚忠贤。”官至左副都御史。呈、田二人也是崔的走狗，分别官至工部尚书和兵部尚书。

五彪则都是武臣，指的是田尔耕、许显纯、崔应元、杨寰、孙云鹤五人，专门替魏忠贤屠杀异己。田尔耕在魏忠贤时掌管锦衣卫，“广布侦卒，罗织平人，锻炼严酷，入狱者率不得出。”当时有“大儿田尔耕”之谣。许显纯为田尔耕部下，掌北镇抚司，“略晓文墨，性残酷，大狱频兴，毒刑锻炼，杨涟、左光斗、周顺昌、黄尊素、王之宷、夏之令等十余人，皆死其手。”崔应元是锦衣卫指挥，“凡显纯杀人事皆应元等共为之。”杨寰是东司理刑，聚籍锦衣，为田尔耕心腹。孙云鹤则是东厂理刑官。这些人是一些打手屠夫，用酷刑，造冤狱，捕人杀人等等，都是他们直接干的。

吏部尚书周应秋，太仆少卿曹钦程等则被称为魏氏门下的十狗。十狗以周应秋为首，他在任左都御史时魏忠贤得势，他够不上直接巴结魏忠贤，就去巴结魏的侄子魏良卿。当时他有个家人善烹饪，他就“每伺魏良卿过，即以烹蹄邀饭，时号煨蹄总宪。”他升任吏部尚书后，卖官鬻爵，每天都要勒索足一万两银子，人称“周日万”。有一天忠贤问他：“你们江南人如何好粥？”他听差了，以为魏忠贤不高兴江南人喜爱竹子，赶快写信给儿子，让他把园子里的竹子全都砍尽。他在得到杨涟、

左光斗的死讯后。高兴得半夜去敲别人的门，大喊："天开眼，杨涟、左光斗死矣。"而到忠贤势败，他又捧着忠贤的脚大哭道："叫孩儿今后可怎么办呢？"至于曹钦程，其无耻更过于周应秋，甚至连他的同党都羞称之。连魏忠贤也讨厌他，说他"败群"，削了他的官籍。可他却还"顿首忠贤前曰：'君臣之义已绝，父子之恩难忘'，絮泣而去。"忠贤败后，他入逆案，关进牢里很久，家人又不送饭，他却有办法，"掠他囚余食，日醉饱。"其无耻真无以复加。

十孩儿中出名的有李鲁生、李蕃、石三畏等。二李先是谄事魏广微，广微则改事冯铨，冯铨宠衰又改事崔呈秀，最后得充忠贤义儿。时人称他两人为"四姓奴"。至于广东廉州知府魏豸、魏广微和顾秉谦的儿子等，则只能拜魏忠贤为干爷爷，充当孙子了。

魏忠贤的党羽走狗可远不止这些，从内阁至各要害部门，从朝中到各督抚，可说是魏党遍布。后来当了首相、主持编修《三朝要典》的顾秉谦当时还是礼部尚书，然老态龙钟，也死命巴结魏忠贤，带着幼子对魏忠贤叩首曰："本欲拜依膝下为您义子，又怕您不喜欢我这白胡子儿子，所以我让小儿子认您当爷爷吧。"魏忠贤大喜，当时封这臭义孙为尚宝丞。顾秉谦也由此而飞黄腾达。后人有诗讽曰："干儿义子拜盈门，妙语流传最断魂；强欲为儿无那老，捋须自叹不如孙。"阁员魏广微是魏允贞的儿子，魏允贞字见泉，与赵南星、邹元标等素来交好，偏这儿子不争气，与魏忠贤做了一党，所以赵南星总是对人感叹说："见泉没有儿子！"这魏广微因与忠贤同乡同姓，就从这上面套近乎，开头自称"宗弟"，后大概是自觉僭越了吧，又自降一辈，称为"侄儿"。内阁中的事，这侄儿无不立报魏忠贤。每次与魏忠贤通信，都亲笔行书，外题"内阁家报"。当时人称"外魏公"。冯铨是涿州人，初为翰林。就因为与东林党有仇，又和魏忠贤前妻冯氏同姓同乡，魏忠贤便认他作冯氏同宗。在杨涟劾忠贤二十四大罪时，忠贤极惶窘，求助外庭，冯铨又很出了些主意。他给魏忠贤的侄子魏良卿写信，说外庭不足虑，可以用廷杖、大狱来对付朝臣。又时时刺探外庭情报，密报忠贤，使他有所准备，因此魏忠贤十分感激他，把他拉入内阁，作了"少年宰相"。后来阉党残害东林及熊廷弼等人，大半都是冯铨的密谋。明亡后，他又投降清朝，仍做宰相，可见其人品如何。其他阁员也大都是被魏忠贤看中后加以重用的，所以人们称这些大学士为"魏家阁老"。连宰相们都是"魏家"的了，其他六部九卿就更不用说了。

六部尚书（相当于各部之长）中，吏部尚书王绍徽每升降一人，必禀命于忠贤，很得其欢心。魏忠贤曾夸他"真吾家之珍也"。同僚们则称他"王媳妇"。兵部尚书霍维华的小老婆中有一个七拐八拐和魏忠贤沾些亲，算他的甥孙女，于是他自报家门时总是在名片上写"愚甥孙婿"，由此夤缘得以接近魏忠贤，每次奏事都要肉麻吹捧魏忠贤。那"灵露饮"就是他进献的。工部尚书徐大化先曾任大理少卿，就是他向魏忠贤献计把杨涟等人牵人熊廷弼案，好杀之有名，并因此得迁工部尚书。还有个刑部尚书薛贞，原为总督仓场侍郎，一次草场着火，后幸救免，于是他就上疏说之所以能免灾，全是魏忠贤的功劳，全是因为有了魏忠贤，这场火才能被人们救免。于是他被升为刑部尚书。当时人称"火逼尚书"。

至于外边的督抚中也有不少魏氏党羽。如川湖总督张义续有个婢女姓魏，他便将她"加于嫡妻之上，进京八抬，称魏太太，而珰称义续为张姑爷云"。

崇祯二年公布了“逆案”名单，共开列了二百八十九人，上自内阁大学士，下至群县官吏，甚至还有监生。而这些人还远不是魏党的全部，只是其中恶行较彰者。一个太监竟把国家权力部门变成听命于他的“魏家天下”，这即使在宦官专权屡见不鲜的明朝也是空前的。那时内阁革拟圣旨时，都不直呼魏忠贤之名，而是称为“厂臣”，因其提督东厂之故。这些圣旨动辄以“朕与厂臣”并提，直视忠贤有如皇帝了。

天启六年(1626年)六月，浙江巡抚潘汝桢首先上疏请求为魏忠贤建生祠，得准。于是在全国各地刮起了一阵造祠风。各地魏党争先恐后造生祠、建牌坊、供生象，有的一地建了好几处，有的一人竟建祠七所。这些祠和坊都是奉旨而建，都有赐名，如“广恩”“崇仁”“崇德”“崇文”“报功”“祝愿”……之类。祠的建筑都极富丽堂皇之能事，所需费用，多则数十万，少则数万。官吏们“剥民财，侵公帑，伐树木无算”。更有贪官污吏借机敲诈百姓，中饱私囊，更加重百姓的负担。各祠中都供有魏忠贤的生像，有的是金象，头戴冕旒，执笏、俨如帝王；有的则以沉香木为之，“眼耳口鼻手足，宛转一如生人。腹中肺腑皆以金珠宝玉为之，衣服奇丽，髻上穴空其一，以簪四时之花。”据说有一座祠中魏忠贤的头像稍大了一些，帽子戴不上，匠人性急，把那木象的头削小了。一太监看到，抱头恸哭，严查匠人，罚令长跪三天三夜，才得了事。祠建成之后，阉党们不仅以文字谄媚，如祠额、祠柱对联等极尽吹捧，而且还要率文武将吏五拜三叩首，呼“九千岁”“九千九百岁”。

在这股歪风甚嚣尘上之时，对待生祠的态度简直成了罪与非罪的分界线。当潘汝桢首先上疏请建生祠时，御史刘之待会稿迟了一天，立即被革职。而蓟州道胡士容因为没有写要求建生祠的文件，遵化道耿如杞进生祠时没有跪拜，都被下狱论死。西湖风景秀丽，中外闻名，湖边原有关壮缪、岳武穆两祠，后织造太监建魏忠贤生祠于关岳、二祠之中，更壮丽数倍。有一个叫黄汝亨的退休官吏路过其地，微发诧叹语，即被守祠之人群殴致死，地方言问都不敢问。这样一来，又刮起了对魏忠贤歌功颂德之风。章奏中不论事情大小，也不论何种事情，都要对魏忠贤歌功颂德。不论什么功劳，都要归到魏忠贤头上，如“火逼尚书”薛贞那样。国子监生员陆万龄在天启七年(1627年)五月又想出了一个新花样，上疏请把魏忠贤与孔子并尊，提出祭祀孔子时让魏忠贤配享，祭祀孔子的父亲时让魏忠贤的父亲配享。其理由是：“孔子作春秋，厂臣作要典；孔子杀少正卯，厂臣诛东林党人。礼宜并尊。”内阁草拟的奖赐魏忠贤的诰命，竟然仿照着汉献帝刘协册封曹操为魏公的九锡文来写，用了最高级的赞词。

“一人得道，鸡犬升天”，魏忠贤从得势之时起，一直就在荫封自己的亲族为官。天启六年从春到秋，他假冒使汪烧饼归服、捕获阿班歹罗铁镇等功劳，共计荫锦衣指挥使达十七人之多。他的族孙魏希孔、魏希孟、魏希尧、魏希爵、魏鹏程，亲戚董芳名、王选、杨六奇、杨祚昌，都做到左、右都督和都督同知、佥事等官。后来袁崇焕奏宁远大捷，他矫旨非但不褒奖录功，反严加斥责。其原因就在于袁崇焕只知一心防止清兵入关，没想到要巴结魏忠贤及其派出的监军太监纪用。可是魏忠贤自己却借此大封族人和死党，甚至连两岁的从孙魏鹏翼和三岁的从子魏良栋也分别被封为少师和太子太保，他们还都是吃奶的娃娃呢。他的侄子魏良卿甚至代替天子在南、北郊主持祭天地，祭祀帝王的祖庙。于是天下人都怀疑魏忠贤要篡夺帝

位了。

当时魏忠贤的威福可谓甚矣。他每次出去都坐华贵的车子，“羽幢青盖，四马若飞，铙鼓鸣镝之声，轰隐黄埃中。”随从不下万人。所过之处，绅士官吏们遮首拜伏，甚至高呼九千岁。不管他去了哪儿，政府各部门的章奏都要安排专门传送急件的人来请示过他之后，才敢批复。而客氏威风亦不让忠贤。她偶然出宫回自己的住宅，则用骑马的侍从高举辉煌的火把照亮大路，看上去像皇帝的仪仗一样。

魏忠贤一伙如此胡作非为，不能不引起人民的不满与反抗。于是他便强化特务统治来压制人民的不满情绪。当时北京城内的特务真是多如毛，侦察无所不到。“民间偶语，或触忠贤，辄被擒谬，甚至剥皮、刭舌，所杀不可胜数，道路以目。”有一次，有四个人夜饮密室，其中一人酒醉后大骂魏忠贤，其余三人吓得不敢出声。骂声未绝，东厂特务已闯入，将四人逮至魏忠贤处，骂魏忠贤的人马上被剥皮、碎割，其余三人吓得几乎死去。这种恐怖气氛弄得人人自危，“无论民间重足侧目，而士大夫无一夕敢舒眉欢宴，座谈间无一语敢稍及时事。”即使住在很偏僻地方的人，也如“针刺在体，卧不贴席”，直到魏忠贤死后，仍“思之，令人皮骨犹竦”。

钦定逆案铲阉党　“九千岁”自投阎王

天启七年（1627年）八月二十六日，熹宗朱由校因荒淫无度，在二十三岁上病逝于懋勤殿。他没有后嗣，遗诏由其弟信王朱由检继位。魏忠贤一伙一直是打着皇帝的旗号为非作歹的，朱由校一死，他们才感到了这个傀儡皇帝的重要性和他们自己面临的危机。魏忠贤马上召崔呈秀入宫，二人密商很久。据说主要是估计自己的力量，看能否篡位。筹算的结果，自觉力量还不够，现在动手太危险，所以决定继续扩张势力以待时机。也有的说是魏忠贤想下手，但崔呈秀估算了力量对比后认为不可行，劝止了魏忠贤。其实阉党那时的势力已很大，超过以往任何一代。之所以自觉力量不足，实在是明代政治制度及长期形成的互相扯皮，使他们转动不灵，无法举事的。

朱由检是光宗朱常洛的第五子，生母姓刘，是宫中一名淑女，生下他不久即负屈而死。所以他的幼年比天启还要孤苦，并由此养成了一种偏执、孤僻、猜忌、多疑的性格。但他读书却比天启强得多。他在宫里生活到十七岁，对魏忠贤一伙的罪恶知之颇详。十二岁时他被封为信王，并且在天启六年十一月动身之国，出居信邸。在那里他又接触到一些外间的情况，了解到魏忠贤一伙的民愤有多么大。在藩国住了不到一年，就因熹宗病危而于天启七年八月被召回京并嗣位为帝，这就是崇祯皇帝。

熹宗临终时，曾当着魏忠贤的面对朱由检说：“魏忠贤、王体乾等，均恪谨忠贞，可任大事。”但朱由检却决心要铲除这伙阉党。他对魏忠贤的权势也很清楚，因此也不敢轻动，甚至魏忠贤假意要辞去东厂职务时他还不准。可是他马上又令客氏出宫，不准再给魏忠贤造生祠，并下令停刑。接着他就静观待变了。这种引而不发的做法，果然在阉党中引起了混乱，他们不知这位皇帝要干什么。于是魏党的杨维垣上了一封弹劾崔呈秀的奏章作为试探，想看看崇祯的反应，从而弄明白他的意向。但崇祯仍是静观不动，可在廷臣间却激起了不小的波涛，引出了一连串的劾奏崔、魏的疏文。这些疏文中,以嘉兴贡生钱嘉征的一文,说得最为详尽犀利。他列举了魏忠贤所犯的十大罪状:一并帝,二蔑后,三弄兵,四无二祖列宗,五克削藩封,六无圣,七滥爵,八掩边功,九朘民,十通关节。所谓并帝,是指魏忠贤竟敢和皇帝平起平坐,诏令中常称"朕与厂臣";出入警跸,更与天子无异;皇帝称万岁,他竟让人称他为九千岁。蔑后则列举了魏忠贤多次排陷皇后并阴谋废后、另立魏良卿之女为后等事。弄兵指的是魏忠贤开内操,另外还拉拢各地总兵官,并想出一个各地人马轮流至大内会操的办法,以此来接近各地军马,图谋不轨。无二祖列宗,是指明太祖明令内臣不得干政,而魏忠贤却总揽军权,控制漕运,扰乱朝政。克削藩封则指新封熹宗的弟弟惠王、桂王、瑞王的庄田很少,而魏忠贤之田却膏腴万顷。无圣,则指魏忠贤竟敢让其党徒把他和至圣先师孔子相比。滥爵指魏忠贤以一阉人而自封尚公,其侄魏良卿也得封宁国公,魏良栋也封了东安侯。掩边功财指魏忠贤自己冒认边功领赏,但对边疆出力的将士却不奖赐。朘民指刮削士民钱财大建生祠。通关节则是说崔呈秀之子崔锋目不识丁,却登在顺天贤书之前列。

崇祯看到了钱嘉征的这篇疏文,觉得时机已到,便把魏忠贤召来,由内侍将此疏从头至尾一字一句地读给他听。魏忠贤尚未听完,已是浑身颤抖,不知如何是好了。他有个赌友叫徐应元,其时正充崇祯左右的应值太监,他便贿求徐应元,拜托他把一大批珍贵的珠宝转献给崇祯,想买一条命。结果崇祯先把徐应元斥革严办,又传谕遣魏忠贤往凤阳看守皇陵。崇祯这样干,乃是试探阉党的反应,生怕变生肘腋。待到魏忠贤上路后其党羽仍不敢稍动,这才放心,又下令将魏忠贤逮京究治。魏忠贤在行抵阜城时被追上,得知要逮他回京,知大势已去,前途凶险,便悬梁自尽了。这是天启七年十一月的事,距天启去世只有三个多月。待到崇祯得到消息,已是十二月了,他马上大干起来。先下令磔其尸,将首级悬挂在河间府示众,又籍没其家产。同时在京中开始了查拿魏忠贤余党的行动。客氏被逮入浣衣局,其家也被抄,从她家中搜出八名宫女,大多怀孕。经审讯后得知,客氏正准备仿效吕不韦当年的行径。崇祯大怒,立命用笞刑活活将这些淫妇杖死了。客氏之弟客光先,其子侯国兴,还有魏良卿一同被逮,并在当天都被斩首示众。所有客、魏家属,无论长幼男女,也尽行斩首,"婴孩赴市,有肫睡未醒者,天下以为惨毒之报,无不快之",并没有一人怜惜。

魏忠贤的头号帮凶崔呈秀也在被查拿之列,但他自从得知魏忠贤自缢,便知他自己也万难幸免。后又听到有人弹劾他,有旨要逮治他,便把众姬妾都叫来,罗列诸般珍玩,呼酒痛饮,喝完一杯,即将摔碎,连碎数十杯后自缢而死。死后也被戮尸并悬首示众,其家被籍没,其弟被充军。

崇祯在即位后短短三个多月的时间内便已雷厉风行地处置了阉党首恶,接着他召回了被阉党排挤走的韩爌,命他重任首辅,会同李标和钱龙锡两人一起彻底清查魏党。在崇祯的几次督促下,终于在崇祯二年(1629 年)三月查核完毕,后经崇祯审定,以"钦定逆案"为名颁行于天下,全案共计二百八十九人(一说二百六十二人),罪名分为六等。但即使这样,也还是有些人漏网。以前被阉党迫害的官员和嫔妃也都平反昭雪,恢复名誉,被捕的释放复职。

魏忠贤虽死,但斗争却并未结束,那些名丽逆案的人日夜都在图报复,还有些漏网分子如王永光等人还在阴谋翻案,朝臣中的门户之争不仅未趋消失,反而更形

激烈，弄得崇祯最后也不胜其烦，又重新重用宦官，甚至秘密收葬魏忠贤遗骸。而逆案中的阮大铖等人始终搞门户之见，流毒南明弘光小朝廷，直至南明灭亡。梁启超曾经感叹道："当他们吵得乌烟瘴气的时候，张献忠、李自成已经把杀人刀磨得飞快，准备着把千千万万人砍头破肚；满洲人已经把许多降将收了过去，准备着看风头捡便宜货入主中原，结果几十年门户党派之争，闹到明朝亡了一齐拉倒"。这里，对农民起义军未免丑化，但却形象生动地道出了两党相争的恶果。

的确魏忠贤并非聪敏过人，有什么人所不及的长处，他不过是个愚笨的文盲，即使风云际会，飞黄腾达，政治上也不会有什么作为。他之所以做下了这一番大恶，说穿了，倒有些像是那些在党争中失败了的无耻士大夫们利用他的权势地位来排除异党，达到他们自己的目的，即党同伐异。从介绍魏忠贤的历史中我们可看出，他开始时并未介入三案及党争之中，对东林党的一些骨干分子也仅是个人恩怨。而东林党的悲剧就在于他们要反对的不是魏忠贤个人，而是与他们头脑中的正统观念不相符的宦官专权、后宫干政现象，却殊不知这种现象的存在乃是一种客观规律，那"正统"不过是一种虚幻的理想，这种非正统才是真正的现实。所以尽管他们立身持正，却既无助于历史的前进，也无助于明王朝的延续，徒然落得家破人亡的下场。所以，魏忠贤擅政的根本原因在于封建专制制度，在于皇帝、宦官等等一整套制度。只要这制度存在一天，即使不出魏忠贤，也会有其他人出来体现它的弊端的。

魏忠贤在明代宦官中达到了登峰造极的地步，他的死标志着明代阉宦政治的结束。崇祯帝诛杀魏忠贤当属明智之举，但作为明王朝的末代皇帝，即使他意识到了宦官的危害，却为时已晚，宦官给社会和国家造成的祸患是没有穷尽的。明代开国皇帝朱元璋曾立铁板，昭示天下，不允许宦官干政，可是具有讽刺意义的是，明代宦祸之深差不多达到了历史的最高点。明前期的王振，汪直，以及后来的刘瑾、冯保、陈奉、高淮、高寀，直到魏忠贤，一个比一个狂枉，一个比一个歹毒，真可谓呈上升趋势。魏忠贤被诛杀使明代宦官政治画上了句号，但不久，明王朝便走向了灭亡。我们不能不说这个句号划得稍晚了一点儿。

安德海：自宫入监　作威作福

【人物档案】

姓名：安德海

别 名：小安子

生卒：1844 年~1869 年

籍贯：直隶南皮（河北省南皮县）人

朝代：清朝

职务：宦官、御前太监。

主要成就：知书能文，一生深得慈禧的宠爱和器重。

评价：这件敢在太岁头上动土的惊人之举，一时震惊满清朝野，“豪杰士”丁宝桢至权阉安德海伏法，也使得朝野上下人心大快，一时“丁青天”之誉传遍民间。（曾国藩）

墓葬：河北省阜城县的大白乡西后安村的东面

【枭雄本色】

在晚清太监名录上，安德海是其中非常著名的一位。他和李莲英、小德张一同成为晚清的三大太监。

安德海于咸丰七年（1857 年）入宫为监，历经咸丰、同治两朝，同治八年（1869 年）因违反清朝祖制，擅离京城而在山东济南被斩首，在清宫中度过了十余年的太监生涯。

比之有“太监帝国”之称的明代，清宫太监人数大大减少，但据统计，晚清宫廷太监仍数以千计。安德海刚入宫时，仅是清宫众多太监中的一个无名小卒，但短短几年时间，他便平步青云，扶摇直上，成为权倾朝野、炙手可热的大太监。安德海所以能如此走红，主要因素不外乎二条。一是从安德海服侍的对象来看。安德海入宫后不久，便来到慈禧（当时的懿贵妃）身边服务。这一历史的偶然巧合竟把安德海造就成为晚清著名大太监之一。不久，慈禧发动了辛酉政变，从此执掌了清王朝的实际统治大权。这是晚清政局上的一个重大变动。随着这个变动的发生，慈禧身边的人得到了升迁的机会，尤其是为她发动政变出过力的人，太监也不例外。二是从安德海个人因素来看。安德海本人年轻漂亮，又善于溜须拍马，阿谀奉迎，因而深得慈禧的宠爱，从而得以步步高升。然而，任何事物在其发展过程中都存在着正反两方面因素。尽管安德海一再高升，但他终究是一名宫廷太监。在西太后眼里，不过是个走狗、奴才，其注定地位就是供王公贵族役使的奴仆。他可以因主子的高兴而得宠，也可能因一个小小的闪失而在主子面前失宠。安德海在地位不断上升之后，便张狂起来，终因违反清朝祖制而落得个身首异处的悲惨下场。安德海

一生的荣辱兴衰，从一个侧面反映了晚清政局的变化，更表现了封建专制制度的腐朽和野蛮。

【风云叱咤】

自宫入监

史籍记载，安德海是“以自宫入内为阉臣”的。有人据此认为安德海的阉割手术是自己所为。但是，这种推断是很难成立的。安德海做阉割手术时，仅是一名十余岁的少年，既不懂得必要的手术知识，更难以忍受手术造成的巨大痛苦，在这种情况下，由他自己独立实施这种手术是无法想象的。估计安德海的阉割手术，或是由家人所做，或是由牙行所做。为了便于管理和役使，并保证宫廷安全，清代宦官初入宫时年龄都不大，一般在 20 岁以下，小的在 10 岁以下，最小的仅有六七岁。安德海何时入宫为监，许多书籍都没有具体的时间记载。有人认为其入宫时间大约在咸丰初年，其引见人为荣禄。唐益年先生《清宫太监》一书，对这个问题则有更明确的说明。作者认为，安德海是在咸丰七年十月二十七日（1857 年 12 月 22 日）由辅国公载获门上送入宫中的，时年 14 岁。

关于安德海的名字，也有不少说法。许多记载都把他写成“安德海”，并说当时人们习惯地称他为“小安子”。严格地讲，这是不准确的。从所有的清宫档案和比较正规的历史资料记载来看，应是“得”而非“德”。至于“小安子”的称呼，有的专家认为，这可能是人们把舞台上的戏剧语言移植过来当作历史语言了。另外，安德海在宫中还有一个名字，叫“灵珊”，有的档案中也写作“伶珊”，这个名字是慈禧太后为他起的。清朝的皇帝及后妃等主子一般都喜欢役使小太监，除了他们的官名外，往往还要御赐一些十分亲昵的“爱称”，慈禧太后尤其喜欢这样做。她曾先后给许多小太监起过带有吉祥如意的名字，并且将他们编排起来，以显示她的“雅趣”。如她曾给身边的四个小太监分别起了得平、得安、得如、得意的名字，以取“平安如意”之意。据唐益年《清宫太监》一书记述，慈禧太后在给安德海起“灵珊”之名的同时，也给另外三名小太监起了名字，但是从现存档案中只查到了两个人的名字，分别叫“灵环”和“灵福”。

太监进宫后，一般由敬事房总管太监根据宫内各处的缺额和需要分派。敬事房是清朝专门管理太监的机构，又称“宫殿监办事处”，属总管内务府管辖。敬事房的主要负责人是总管太监，在内宫地位极高。清宫太监可分为“内宫太监”与“外围太监”两大部分。“内宫太监”直接为皇帝、后妃、皇子公主等服务，受敬事房直接管理。“外围太监”则间接为皇室服务，并同时接受敬事房和内务府各衙门或礼部、工部、太常寺等衙门的双重管理。其中，内宫太监又分为皇帝、后妃、皇太后（太妃、嫔等）、皇子公主、一般服务等五个系统。属于皇帝系统的太监一般都有权有势，地位高、待遇好。特别是其中的一些太监，由于负责保管皇帝的钱财、使用的文具、纸张、穿戴的衣帽等，因此与外朝采办、制造这些物品的衙门机构及官员有了直接或间接的联系，从而给他们创造了敲诈勒索外朝官员的诸多机会。清宫后妃系统的太监则处于次要、从属地位。这是因为，在清宫中，后妃基本上处于无权的地位，因此，她们所使用的太监的地位及待遇也相应地要低一些。从封建礼法上

看，皇太后（包括太妃、太嫔）的地位要高于后妃，因此，她们的太监配置及地位要优于后妃。在一般情况下，封建皇帝掌握着绝对的权力，太后，太妃等在宫中也是处于无权的地位。但在特定的历史条件下，这种情形也会发生改变。如在晚清时期，曾出现了慈禧太后几度“垂帘听政”的局面。在长达近半个世纪的时间里，太后实际上成为皇权的代表和象征。因此，在这个时期，太后系统的太监，权势逐渐膨胀。至于皇子和公主系统的太监，则始终处于不稳定的状态。因为皇子成年后将要分府出宫，公主成年后也将要下嫁出宫，太监的数量总是处在不断地变化之中，而且，一般来说，地位比较低，在宫中影响不大。除了以上四个有专门服务对象的太监系统外，还有一个分布于宫内各处从事一般服务的太监系统，包括内宫各门负责启闭关防打扫值班等杂务的太监；宫内御花园等处负责园内坛庙香烛、管理花树鱼鸟、陈设打扫、值班守卫等杂务的太监；负责宫内举行宗教活动或祭祀活动的场所，如中正殿等处的陈设、香烛、打扫等杂务的太监；负责宫内打扫、运水、烧水、烧炕等杂差的太监。与其他系统的太监相比，这些太监的地位、待遇比较低下，所干的差使也多为低贱或苦重的活，特别是他们接触皇帝及后妃的机会较少，因此，升迁发迹的机会也特别的少。

刚进宫的太监，在被派了差务后，首先要办的事就是拜师学艺。清宫内的礼仪和规矩特别繁多复杂。因此，初进宫的太监必须先跟师傅学习这些。所谓师傅，一般是宫内那些地位高、年纪大、资历老的总管太监和首领太监。在熬过几年的学徒生活后，太监才可以正式当班。安德海入宫后的最初一段时间，曾在何处学艺供差，目前还没有准确而可靠的史料加以证实。此后不久，那拉氏便成为安德海侍奉的主子。那拉氏即后来在中国近代史上名噪一时，统治中国近半个世纪的慈禧太后。那时，那拉氏也刚进宫不久，两人之间的关系是主子和奴仆之间的关系。初入宫廷的安德海小心翼翼地伺候着主子。很快，在众多的太监中，安德海露出了锋芒，得到了那拉氏的赏识。那拉氏器重安德海，民间说法很多，有的甚至说那拉氏性事不能满足，于是和安德海明来暗往，勾勾搭搭。如果抛开这些不谈，实际上，安德海本人与其他太监相比，的确有些过人之处。据史书记载，安德海很聪明，知书能文，艺能精巧，能讲四书五经，后来曾一度做太子伴读，尝以先代名儒自居，这种说法不免有些夸张，但安德海聪明伶俐恐怕是真实的。而清宫内的众多后妃女主，一般都喜欢用那些聪明伶俐的小太监，这主要是出于感情和心理上的需要。因为她们虽贵为国母，但在一整套僵化的封建礼仪束缚下，同样没有任何自由。高墙大院和清规戒律极大地限制了她们的生活空间和活动范围，陪伴她们的常常是孤独和寂寞。在这种情况下，她们对那些小太监十分喜欢宠爱，这既可以使他们解闷开心，打发漫长而无聊的生活，也可以采用赏赐恩惠的方法，使小太监们感恩戴德，以满足他们爱好虚荣的心理。作为女性的那拉氏同样也有这样的情感及心理需要。再加上安德海又狡黠多智，善于溜须拍马，阿谀奉迎，察言观色，所以，很快就得到了那拉氏的重视和欣赏。随着那拉氏地位的升迁，安德海也跟着飞黄腾达起来。

总之，安德海入宫之初并没有多少“作为”，他虽有比其他太监的“高超”之处，但仍是一个默默无闻的不知名小太监。他真正发迹是从那拉氏发迹时开始的。

勾结那拉氏

咸丰十一年九月二十六日(1861年8月22日),刚过而立之年的咸丰皇帝终于一命呜呼,病死在承德避暑山庄的烟波致爽殿,他的独生儿子、年仅6岁的皇太子载淳在他的灵前即位,成为新的清朝最高统治者。但载淳年幼,不能理政,因此,清政府的实权落入了辅政的八大臣手中。八大臣大权在握后,飞扬跋扈,引起了两宫皇太后的不满。两宫皇太后是指母后皇太后钮祜禄氏和圣母皇太后叶赫那拉氏。钮祜禄氏是广西右江道道员穆扬阿的女儿,咸丰帝登基之前她已经入宫为皇子福晋。福晋,是满语妻子的意思。咸丰二年(1852年),钮祜禄氏正式立为皇后。与叶赫那拉氏相比,钮祜禄氏性格温和,且善于规谏,在原则问题上颇有见地。例如,咸丰皇帝在热河承德避暑山庄避难期间,一度意志消沉恢退,曾自题"且乐道人"。钮祜禄氏看见后,便正色劝告他不要这样,要振作起来,以江山社稷为重。叶赫那拉氏原是咸丰皇帝的妃子,满洲镶蓝旗人。按清制,满洲有上三旗和下五旗之分。所谓上三旗,指的是正黄旗、镶黄旗和正白旗,下五旗指的是镶白、正红、镶红、正蓝和镶蓝。上三旗由皇帝亲自统领,政治地位较高。但是旗籍在一定条件下可以变更,即可由下五旗升入上三旗,称为"抬旗"。"抬旗"的条件有两种情况,一是皇帝的特旨,二是皇太后和皇后的娘家。那拉氏家原来是镶蓝旗,在她被正式封为圣母皇太后之后,他家的旗籍也由下五旗被抬入上三旗中的镶黄旗。奕䜣登基后,便在咸丰元年于民间广选八旗秀女,当时,那拉氏年仅17岁,属应选对象。正式选看的日子定在咸丰二年的二月初八、初九两日(1851年12月19日、12月20日)。两天以后,结果出来,那拉氏入选。被封为兰贵人,并于同年五月初九日(1852年3月21日)进宫。那拉氏进宫后,很快得到了咸丰皇帝的宠爱。咸丰四年(1854年),她晋封为懿嫔。咸丰六年,她又为咸丰帝生了一个儿子,取名载淳。母以子贵,那拉氏因为给咸丰帝生了独生子,于是又被晋封为懿妃。翌年,更晋封为懿贵妃。那拉氏既有姿色又有才干,权力欲望极强。据记载,咸丰皇帝在位时,她曾代之批阅奏章,对处理政务时有干预,颇知政事。第二次鸦片战争期间,英法联军攻打北京时,她曾反对咸丰帝逃往热河,后来又反对同英法议和,在对外政策方面,主张持强硬态度。她时常干预政务,引起了咸丰帝身边亲信大臣肃顺等人的不满与反感,他们曾向咸丰皇帝献计,主张除那拉氏而留其子继位。在后宫眷属的生活供应方面,肃顺等人又一贯采取压抑限制的办法。载淳即位后,那拉氏与钮祜禄氏并称为两宫皇太后,钮祜禄氏称"母后皇太后",又称"东太后",徽号"慈安"。叶赫那拉氏原为皇贵妃,地位低于皇后钮祜禄氏,但因其儿子是皇帝,母以子贵,故也称为"太后",又称"圣母皇太后""西太后",徽号"慈禧"。据说,钮祜禄氏被尊为皇太后的时间比那拉氏早一天,这是肃顺等人有意安排的,目的在于抬前者压后者。所以这些,都使那拉氏对肃顺等人恨之入骨,怀恨在心。

那拉氏是一心想扳倒搞掉肃顺等人的,而慈安太后对肃顺等人也是心怀不满。到了热河以后,肃顺、载垣、端华等人包揽大权、恃宠骄横。三人常便服便冠,出入宫闱,甚至直趋咸丰帝寝宫,不避嫔御。这种粗暴行为,慈安颇看不惯。因此,她也同意那拉氏的主张,成为那拉氏谋除肃顺党人的亲密伙伴。当然,她们的对手也不是等闲之辈。在当时的热河行宫,戒备森严,到处都有肃顺一伙的耳目。两宫皇太后的一言一行、一举一动，都处在他们的严密监视之下。和肃顺等人的斗争，是一场你死我活的残酷斗争，一旦出现破绽，露出马脚，后果不堪设想。为了避开耳目的监视，两宫皇太后常常去逛花园，假装观赏游鱼，伏在大鱼缸上密商铲除肃顺等人的办法。肃顺一伙对这两位皇太后虽有戒心，但并没有把她们放在眼里。毕竟她们是女流之辈，且年龄不大。当时，慈禧 27 岁，而慈安仅 25 岁。然而，肃顺等人没有料到，正是由于他们掉以轻心，麻痹大意，竟酿成了杀身之祸。

慈禧和慈安两太后经过密商，深深感到单凭她俩的实力，击败对手，取得胜利，是远远不够的。只有借助其他力量，增强实力，才能在这场政争中稳操胜券。此时她们想到了一个令她们比较放心的合作者，这就是在朝廷上举足轻重的恭亲王奕䜣。道光皇帝共有九个儿子，咸丰帝奕詝排行老四，奕䜣是他的异母弟，排行老六，俗称“鬼子六”。咸丰帝生母因病早逝。母亲离世后，年幼的奕詝即由奕䜣的生母照料、抚育。奕䜣的母亲对待奕詝，视同己出。奕詝和奕䜣，自幼一同读书，共同练武，一起玩耍，形影不离，兄弟关系十分亲密。道光帝死后，奕詝即位当了皇帝，他还算知恩图报，即位之后不久，就封奕䜣为恭亲王，屡委重任，恩宠有加。可是几年后，在是否为病故的奕䜣生母加太后尊号的问题上，兄弟二人之间发生了矛盾，感情受到了伤害。英法联军进逼北京时，咸丰帝逃往热河避难，临走之时，封奕䜣为钦差便宜行事全权大臣，留在京师，处理对外交涉事宜。奕䜣对咸丰帝重用肃顺等人十分不满，对肃顺等人排斥异己的做法充满怨恨。两宫皇太后之所以想借助奕䜣，就是试图利用他们之间的深刻矛盾。可是，恭亲王奕䜣远在京师，必须派一个可靠之人，设法和他取得联系，将热河行宫发生的一切事情及她们要铲除肃顺等人的计划告诉恭亲王。那么，谁是最合适的信使呢？两宫皇太后经过反复商量，周密盘算，最后决定让那拉氏身边的心腹太监安德海担此重任。安德海领受任务后，第二天一早，就匆匆地离开了热河行宫，悄悄地返回北京，来到恭亲王府，将夺取权力的阴谋密报给恭亲王奕䜣。史籍对此略有记载：“每日递信于恭亲王，能直达都中无碍者，皆安之力也。”这里的“安”，指的就是太监安德海。

由于咸丰帝与奕䜣以前存有芥蒂，致使他在临终顾命之时，竟然未将奕䜣列入顾命大臣之列，这无论从奕䜣对清王朝所做的贡献上来看，还是从他与咸丰皇帝的血缘关系上来看，都是极不合适的。不仅如此，而且，由于肃顺等人从中阻拦，使他连往热河行宫奔丧的权利都没有，而在北京的尚书陈孚恩却被召往热河奔丧。这些使奕䜣感到极度失望，同时，也加深了他对肃顺一伙的愤恨。奕䜣在接到安德海的密信后，立即给以答复，并再次向热河行宫发出了要求奔丧的折子。肃顺接到了奕䜣的奏折后，立即找到载垣、端华，商量对策。肃顺认为，奕䜣请求前来热河奔丧，只是一个借口，实际上是向他们示威、夺权，所以，必须阻止他来热河。载垣当时则认为，奕䜣是咸丰皇帝的弟弟，他前来热河奔丧，名正言顺，加以阻止，很难办到。肃顺则灵机一动，想出了一条妙计。他以京师重地、留守重臣一刻也不得离开为由，回绝了奕䜣的请求。那拉氏见自己的夺权计划被肃顺所打乱，立即找到慈安太后商量对策。她对慈安太后说，事已至此，除密诏奕䜣前来热河行宫外，没有其他办法，慈安表示同意。于是，由那拉氏亲拟诏书，加盖象征皇帝权力的“御赏”和“同道堂”两颗印章，派人送往京师，召恭亲王奕䜣速来热河行宫，共商夺权大计。执行这次任务的密使，还是太监安德海。可以说，安德海此次执行的“重要任务”为日后飞黄腾达奠定了基础。

安德海星夜兼程，准时将密诏送到了奕䜣手里。奕䜣接到密诏后，立即启程，打着奔丧的旗号，来到了热河行宫。此时，那里正举行咸丰帝的丧礼(殷奠礼)，为了掩人耳目，奕䜣奔到咸丰帝梓宫前，放声大哭，声彻殿陛，闻者无不落泪。祭奠完毕，在安德海的精心安排下，两宫皇太后召见了奕䜣。为了避免肃顺等人产生疑心，奕䜣故意请载垣、端华、肃顺等人跟他一同入见。载垣等人原打算力阻奕䜣进见两宫皇太后，以防止出现对他们不利的局势，但奕䜣主动请他们相陪，却使他们放松了警惕。于是，奕䜣便单独与两宫皇太后见了面，时间长达两个小时左右，是多日来两宫皇太后召见亲王大臣时间最长的一次。两位皇嫂向奕䜣愤怒地诉说了肃顺等人近日来有意离间关系及跋扈不臣的种种行为，并要求奕䜣设法诛灭他们。奕䜣当场提出两点建议，一是要下手解决肃顺等人，非还京不可，而且要速归。他保证，对京师的人心和布置有绝对把握。二是一旦发动政变，保证不会有外国势力的干扰和阻挠，如果出现麻烦，唯他是问。这样，铲除肃顺等人的政变计划，最终敲定。不久，奕䜣离开承德返京。在这同时，两宫皇太后为了夺取实权，还在一些大臣协助下，大造垂帘听政的舆论。面对两宫皇太后的攻势，载垣等人也不甘示弱，他们不仅当面顶撞两太后，甚至以停止办公相要挟。事态进一步发展，矛盾进一步激化。两宫皇太后考虑，一旦事情发生突变，对己肯定不利，于是，便采取了以退为进的策略。在这一回合的明争暗斗中，辅政大臣获得了胜利，但这个胜利仅是暂时的，他们的权力并未完全巩固，更残酷更激烈的较量还在后面。

恭亲王奕䜣回京后，积极联络人员，组织力量，进行政变的准备和部署。根据辅政八大臣的议定，咸丰皇帝的梓宫于咸丰十一年九月二十三日(1861 年 8 月 19 日)离开热河行宫返京，灵柩由肃顺等人亲自负责护送。两宫皇太后和小皇帝则从间道先期回京，迎接灵柩。两宫皇太后认为这是发动政变的极佳时机。九月二十九日(8 月 25 日)，两宫皇太后和小皇帝载淳先回到北京。到京后，她俩立即和奕䜣密商了发动政变的具体事宜，第二天(8 月 26 日)两宫皇太后公布了在热河行宫就已拟好的上谕，宣布了载垣等人的数项罪状，下令将他们革职拿问，严行议罪。随后，载垣等人陆续被捕。这样，咸丰皇帝指定的八个顾命大臣仅辅政 73 天，就宣告结束了。十月初九日(1861 年 9 月 6 日)，载淳于太和殿正式即位，登上了皇帝宝座，原定的年号"祺祥"也被改为"同治"。所谓"同治"，就是小皇帝和两个皇太后共同治理天下的意思。随后，两宫皇太后批准了由礼亲王世铎等人会奏的十一条"垂帘章程"，开始垂帘听政，实际执掌清政府的最高统治权。政变终于成功。这次宫廷政变发生于 1861 年，这一年是旧历辛酉年，因此，这次政变又称为"辛酉政变"。

政变成功后，两宫皇太后对自己的政敌进行了严厉的惩处。辅政八大臣中，载垣、端华被逼令自杀，肃顺则在北京的菜市口被斩首示众，其余五位，或被革职，或被充军。对参与这次政变的有功人员，两宫皇太后则给予了丰厚的奖赏。恭亲王奕䜣被封为议政王，领班军机大臣，参与政务的最高决策，并兼管总理各国事务衙门。其他有功的军政人员也各得封赏。在"辛酉政变"中，太监安德海不辞辛苦，奔波于承德北京之间，为两宫皇太后和恭亲王奕䜣传递消息，充当密使，为这次政变的成功立下了汗马功劳。政变成功后，两宫皇太后也没有忘记这位忠实可靠的奴才。清代的太监，从总体上说，都是皇室贵族的奴仆。但就其内部而言，也不是铁板一块，而是分为三六九等，大致分为大总管、总管、副总管、首领、副首领及一般太监等若干等级。一般太监因服役场所不同，又有御前太监、殿上太监、宫内太监、宫外太监的区别，待遇和地位也有差异。总之，清代太监地位不同，品级不一，大小有别，一层制一层，一层压一层，绝大多数地位卑微低下。“辛酉政变”成功后，两宫皇太后因安德海为她们除掉了政敌而感到高兴。尤其是慈禧太后对安德海更是大加赞赏，破格提拔他为太监大总管。太监大总管是清宫所有太监都眼热的一个职位，也是太监中最高的级别。按清宫旧制，在宫内服务满 30 年，且无太大过错者，方能破格提拔为大总管。按这些条件，安德海显然达不到“标准”要求，这时，他还不到 30 岁，但由于慈禧太后开始把握清政府实权，清代祖制对他并不多节制。不仅安德海得到提拔和赏赐，其他太监，凡在政变中“立功者”，统统得到了奖赏。当时，太监李莲英也为西太后发动宫廷政变出了力，可由于年幼，不能提拔，西太后赏了他 1000 两白银。

安德海一步登天。他的主子逐渐地独揽朝纲，这也预示着安德海将会有了强有力的靠山，“前途光明”。

深得太后宠幸

太监祸国，是明王朝灭亡的一个重要原因。清王朝建立后，吸取了明王朝覆亡的历史教训，采取严厉的手段对太监势力进行打击。当时，清政府制定了许多条例，把太监的身份和性质明确地固定下来，把太监的职权及活动严格地限制在最高统治者所能允许的范围以内。

太监不得干政，这可以说是清朝的祖宗法规。乾隆皇帝在位时，曾说过：明朝的灭亡，不是亡于流寇盗贼，而是亡于宦官。又说，我大清朝列圣所制定的家法事事都超越了以往的古代，特别是有关宫廷的法制，制定得尤为严密，世祖皇帝在登基之初，就在内府立了铁牌，永远禁止宫内太监不得干预朝政，至今又有一百多年，从来没有一个人能够弄权，作威作福，这固然是因为法制的严厉，而根本的原因在于有德之君的清明。事实也确是如此。对于明代太监干预朝政所造成的严重后果，清朝最高统治者有着充分而清醒的认识。从入关统一全国以后，几代清帝都十分重视这个问题。例如，1653 年，刚刚入主中原后，顺治皇帝便在一份上谕中对太监做出六条规定：第一，凡系内员，非奉差遣，不许擅出皇城；第二，职司之外，不许干涉一事；第三，不许招引外人；第四，不许结交外官；第五，不许使弟侄亲戚暗相交结；第六，不许假弟侄等人名色置买田产，因而把持官府，扰害人民。除了这六不许之外，顺治帝还指出，在外官员也不许与宫内太监互相勾结，如果有内外交结者，被人检举告发，并且属实，一并正法。他还下令该上谕用满汉两种文字刊刻，告示亲王以下大小官员及军民人等知之。两年以后，他又命令工部铸成铁牌，立于内务府和宫中交泰殿内，并提醒清宫太监们要从明代王振、汪直、曹吉祥、刘瑾、魏忠贤等太监干预朝政，祸国殃民的史实中，吸取教训，引以为戒。最后，他明确宣告，以后但有犯法干政，窃权纳贿，嘱托内外衙门、交结满汉官员，越分擅奏外事，上言官吏贤否者，即行凌迟处死，定不姑贷。凌迟是一种从古代流传下来的酷刑。用严刑峻法来约束和限制太监对朝政的干预，并明立铁牌，表明顺治皇帝对这个问题的确是高度重视的。顺治以后，康熙、雍正、乾隆等清帝对宫中太监的管理都是比较严格的。嘉庆、道光皇帝在位时，不仅抄录“铁牌”上的敕谕，在宫中各处张挂，告诫太

监不要疏忽大意,违反祖制;而且还针对太监中经常出现的一些问题,制定了各种“治罪条例”。但是,总的来说,清初那些关于太监的严苛规定,并未能贯彻到底,而是逐步放宽。到了慈禧太后当政的时代,许多祖制被她公开地践踏,太监终于有了“翻身”得志的机会。咸丰十一年(1861 年)“辛酉政变”的发生,给晚清政局带来了重大影响。以此为契机,长期以来太监不得干政的祖宗家法开始被打破。这次政变之后,安德海扶摇直上,成为朝中显赫一时的人物。在西太后面前,他极尽谄媚之能事,深得主子的宠幸。有了这个坚强的靠山后盾,随着地位的变迁,安德海开始显得有些飘飘然,野心更加膨胀,居然置太监不得干政的禁令于不顾,胆大妄为,忘乎所以,逐渐干起了干预朝政的勾当。

辛酉政变前,手握大权的顾命八大臣与野心勃勃的慈禧、遭到排挤的恭亲王奕䜣之间存在着深刻的矛盾。为了打败政敌,慈禧和奕䜣联手发动了政变,以迅雷不及掩耳之势,一举剪除了肃顺等人。政变成功后,对于胜利果实,嫂叔二人进行了分配,彼此各得其所。慈禧同慈安一道垂帘听政,登上了清朝最高统治者的宝座,奕䜣则获封议政王,出任军机揆首,兼管总理各国事务衙门,并担任宗人府宗令、总管内务府大臣、领神机营、稽查弘德殿一切事务等要职,集军事、政务、外交、皇室事务诸种大权于一身,成为朝中炙手可热的第一权贵。奕䜣在出掌军政大权以后,采取了安外攘内的政策,促成了所谓“同治中兴”局面的出现,他也因此而成为中兴功臣,受到朝野上下的普遍吹捧。一连串的胜利,使奕䜣开始变得居功自傲,头脑发热,于是,在用人行事、言谈举止方面逐渐流于放肆,大有架空皇太后之势。这种态势,自然为权力欲望极强的西太后所不容,对奕䜣的不满也就日渐表露出来。

察言观色、溜须拍马、投主子所好是清官得势太监们的共性,而安德海表现得尤为突出。在揣摩、分析透了西太后对奕䜣的态度后,安德海为了讨好主子,便利用与西太后经常接触的机会,在她面前时常说一些奕䜣的坏话。西太后早就清清楚楚地意识到,在朝廷内部,能够对自己的统治构成威胁的只有恭亲王奕䜣一人,对他不能不防。而安德海那些添油加醋、无中生有的话吹进她的耳朵里之后,更加深了她对奕䜣的不满和戒心。西太后逐渐下了决心,一旦有机会,绝对不能放过奕䜣。机会终于来了。

同治四年三月四日(1865 年 2 月 7 日),翰林院编修兼署理日讲官蔡寿祺上疏朝廷,列举种种事实,弹劾恭亲王奕䜣。在奏疏中,蔡寿祺认为奕䜣犯有食墨、骄盈、揽权、徇私等四大罪状,在陈述完奕䜣的罪状后,蔡寿祺还大胆地提出了要奕䜣罢官引退的建议。蔡氏的这份奏疏,如同一块巨石投入湖水,使平静的紫禁城内掀起了一场轩然大波。由于事情发生得太突然,奕䜣似当头挨了一棒,被打得晕头转向,不知所措。其他大臣也惶恐不安,担心因此而遭到牵连,祸从天降。而西太后表面上装作很生气,但心里却暗暗高兴。

蔡寿祺弹劾奕䜣的奏疏递上后,两宫皇太后立即召见了周祖培等数名大臣,让他们对恭亲王奕䜣从速议处。周祖培回答说:此事须有实据,请太后容我们退朝后详察以闻,并请大学士倭仁参加调查此事。两宫皇太后表示同意。随后,倭仁、周祖培等人召讯了蔡寿祺。蔡供认,他所罗列的奕䜣四大罪状全是风闻,并无实据。倭仁等人将这个结果向两宫皇太后作了覆奏。很快,慈禧太后以同治帝的名义将她亲笔草成硃谕颁下。其中写道:“据蔡寿棋奏,恭亲王办事徇情、贪墨、骄盈、揽权、多招物议,种种情形等弊,似此重情,何以能办公事,查办虽无实据,事出有因。”

最后，慈禧太后就是以这个“虽无实据，事出有因”的罪名，革去了奕䜣的“议政王”称号，罢黜了他的一切差使，不准他干预一切公事。在这场政治较量中，慈禧再度取胜，而她的对手奕䜣则被打得措手不及，败得狼狈不堪。

慈禧对奕䜣的打击，也不过是一出“烹狗术”的表演罢了。然而，奕䜣并不是等闲之辈。毕竟他是咸丰皇帝的弟弟，同治皇帝的皇叔，且久居枢垣，树大根深，党羽伙众，并得到洋人的赏识。另外，一些王公大臣见如此显赫之恭亲王竟落得个这样下场，也不免产生兔死狗烹之感。于是，一些为恭亲王申辩的奏折纷纷递上。有的说，恭亲王自担任议政王以来，办理事务，未听说有昭著劣迹，只是在召对时说话有些不检点，但这究非臣民所共见共闻。而且被参各款，查办又无实据，如果立即将他罢斥，恐怕消息传播出去，会议论纷纷，这对于用人行政，关系很大，因此一定要慎重。有的则建议两宫皇太后对奕䜣“酌赏录用，以观后效。”面对这一份份为奕䜣说情请命的上疏，慈禧感到，恭亲王的确非同一般，不可小视。如果置众论于不顾，非要制奕䜣于死地，则对于统治大局可能不利。考虑到这些，慈禧只好偃旗息鼓，鸣锣收兵。三月十六日，一道明发上谕颁下，奕䜣又重新被任用，但他的“议政王”称号并没有恢复，而且也不能参与军机处。他们一些死党见状，继续为他说情。奕䜣本人也在两宫皇太后召见他时，痛哭流涕，表示悔过。不久，西太后再下懿旨，恢复了奕䜣的军机揆首职务，奕䜣在谢恩时，“伏地痛哭，无以自容”。这样，以慈禧太后“垂泪”开始的这场政治风波，在持续了一个多月以后，最终以奕䜣“伏地痛哭”而结束。慈禧采用一打一拉、一反一复的手段，轻易地革去了奕䜣的“议政王”称号，打击了他的气焰和势力，巩固了自己的地位。

由于安德海在慈禧面前屡进谗言，挑拨中伤，导致奕䜣丢掉了“议政王”头衔。而安德海却因此而深得慈禧太后的赏识，变得更加有恃无恐。他甚至寻机刁难奕䜣进见西太后。据记载，有一天，奕䜣请见，慈禧当时正与安德海谈话，竟然对奕䜣置之不理。安德海以太监身份与西太后闲谈，使管理国政的恭亲王不能及时奏报军国大事，这不仅使恭亲王奕䜣本人遭受了侮辱，而且这种做法也是公然违背清宫有关禁令的。奕䜣气得浑身发抖，他真想立即置安德海于死地，以解心头之恨。可是他没有这样做，而且暂时也不敢这样做。他知道安德海依靠的是慈禧，不把他放在眼里，前些时候的风波与这个太监有直接关系。眼下，他只有忍气吞声，等待时机。如果有了机会，他也不能亲自动手，倘若自己动手严惩安德海，慈禧绝不会袖手旁观，定会出面百般袒护，那样，自己不仅达不到目的，还可能因小失大，他隐忍了。但他也从此下定决心，只要让他抓住了机会，一定要除掉安德海。

安德海造谣中伤，挑拨是非，不仅得罪了恭亲王奕䜣，而且招致了朝廷内外文武百官的普遍痛恨。可是，安德海少年得志，自恃西太后宠幸，不可一世，除了文武百官之外，他竟然胆大妄为地挑拨慈禧太后与同治皇帝之间的母子关系。同治帝载淳长到10岁时，已很懂事理，他对安德海的所作所为十分讨厌，经常在众人面前厉声训斥安德海，弄得安德海下不了台。载淳虽只是10岁幼童，但他毕竟是一国之君，贵为天子，安德海再得志，也是太监和奴仆，所以面对年幼的同治帝的斥责，敢怒不敢言。但安德海也有一定之规，他不敢直接顶撞天子，却敢向主子告当朝皇帝的恶状，说他的坏话，挑拨她们母子之间的关系。慈禧太后每逢这时常常不问青红皂白，偏信安德海一面之词，将同治小皇帝传去，教训一顿。年幼的同治帝心里清楚，这是安德海从中作祟的结果，因而对安德海更加痛恨。有一次，同治皇帝从

慈安太后的宫中出来，发现有人鬼鬼祟祟地跟在后面，原来是安德海在暗中监视他。同治帝见状，特别生气，一把抓住安德海，大声地吼道：“好你个小安子，不要以为母后宠你，你就可以为所欲为，总有一天，我会拿下你的头。”说完，使劲一推，拂袖而去。同治皇帝的这几句话，把安德海吓得浑身发抖。安德海赶紧向慈禧太后求救。他哆哆嗦嗦、慌慌张张地跑到慈禧宫中，跪在慈禧面前，痛哭流涕地说：“皇太后啊！皇帝要杀我！”慈禧听了安德海的述说后，立即派人将同治帝叫来，训斥一顿。同治帝被气得咬牙切齿，可是自己羽翼未丰，不掌实权，只好忍气吞声，挨了一顿训斥的同治皇帝闷闷不乐地回到自己寝宫。回宫后，他让身边的太监给他做些泥人、草人立在地上，然后，他拿起刀子使劲刺草人，并砍掉泥人的脑袋。身边的太监们对这位小皇帝的举动感到奇怪，问他为什么要这样做，同治帝也不掩饰，直截了当地对他们说：“杀小安子！”这件事在宫内太监和宫女们中间很快就传开了。后来，连慈禧太后和恭亲王奕䜣都知道了这件事。

在慈禧太后的庇护下，安德海拨弄是非、干预朝政已成恶习。他不单挑拨慈禧与同治的母子关系，就是在两宫皇太后之间，他也竭尽挑拨离间之能事。“辛酉政变”成功后，两宫皇太后开始“垂帘听政”，共同执掌清王朝最高统治大权。从名义上看，慈安太后的地位要高于慈禧太后。可是，慈禧太后是一个野心和权力欲都非常强烈的女人，她不甘心受制于慈安，总想把实权操在自己手中。安德海对这一点看得十分清楚，也看出东太后不是西太后的对手。他为了讨好主子，挖空心思向慈禧太后献计献策。安德海善于挑拨离间，也很会把握分寸和时机。有一天，安德海对慈禧太后说：据我观察，东宫可是渐渐抓权了，望太后以后要小心点才是。奴才想，您本是皇上的生身母亲，平素您老人家对东宫也太客气了。从今以后，您可不能心肠太软了，如果再这样继续下去，别说奴才这条命保不住，恐怕连太后您的根基也不稳了。慈禧太后早就有排挤慈安、独揽大权的企图，所以听了安德海这席话后，为了达到目的，也想听听她的心腹太监的看法。她问安德海：既然是这样，那么依你之见该如何办呢？安德海不慌不忙，把他早已盘算好的抓权计谋一一道出。慈禧太后听完后，十分高兴，对她这位亲手提拔的太监总管更加信任。所以，在慈禧太后一步步独揽清王朝大权的过程中，安德海为主子出了大力。当然，安德海能在主子面前为夺权献计献策，一方面是他的狡诈及其对慈禧太后权力欲的了解，另一方面安德海也看出东太后生性温顺，最终不是西太后的对手，而安德海所要达到个人目的，唯一依靠却是西太后，因此，他在一系列“大是大非”问题上必须和主子保持一致。这一点不仅安德海清楚，就是后来的李莲英、小德张也是如此。

安德海得志、发迹与西太后有直接关系。他得势后，不忘紧紧依靠西太后，帮她排除异己，为她充当耳目、爪牙，使主子对他更加信赖。他在宫中有西太后为靠山，如鱼得水，文武百官，皇帝太后均奈何他不得，这也为他培植个人势力，创造了条件，以致出现了他门庭若市的局面。若不是西太后，宫中谁人能把一个太监放在眼里呢？

在清代，特别是在晚清，政治极其腐败，官吏贪污受贿之风颇盛，太监们也纷纷效尤。特别是一些有权有势的大太监置禁令于不顾，采用各种卑劣手段，聚敛钱财。当时，上层太监在宫中敛财的手段和办法主要有以下几种：一是贪污，即利用职务之便，侵吞官钱，中饱私囊；二是盗窃，即偷盗窃取宫内财物，据为己有；三是受贿，即接受外官的嘱托而收取贿赂；四是索贿敲诈，即通过刁难外官而敲诈勒索。

安德海作为一名权势显赫的大太监,上述手段也为他所常用。

随侍慈禧太后任御前女官达二年之久的德龄在她写的回忆录《御苑兰馨记》一书中,对安德海敲诈勒索,聚敛钱财的情况曾有所记述,虽不免有些夸张和虚构,但多少也反映了一些情况。据她说,同治皇帝载淳出生后,咸丰皇帝大喜,不少人也前来进贡。各地的道台提督等大小官员带着各式各样的珍贵礼物纷纷前来奉献,络绎不绝。可是送礼的人走到城门口的时候,就非停下来不可,因为有太监在那儿坐镇,若不先将他们孝敬一下,这些礼物是难以通过的。得到贿赂之后,把门太监才将送礼之人放入第一道门,进入庭院,但必须经过的门还有好几道,每一道门的太监都得孝敬,而最后一道则是非大大孝敬不可的总管太监安德海。送礼的官员必须亲自参见安德海,呈上一张用黄纸写成的礼品单,上面写着送礼人的名字,而在黄纸正中则写明受礼人的名字。所送礼物的合适与否全在于安德海的一句话。他在朝廷里的势力是了不起的。假使所送的礼物不合圣心,那么,那个送礼的人就失去了恩宠,因此而使礼物被退回,或安德海不肯查视,都是极其丢面子的耻辱。安德海跑出去看礼物时,往往会哼一声:"这些都不好,都不合适!"送礼的官员遇到这种情况,就连忙回答:"啊,我差一点忘记了!敝督叫卑职给他的好朋友安德海总管请安。又叫卑职给总管带来一点小意思买茶的!他因为不知道总管的口味,所以没有敢买茶叶来,只送了钱来好请安总管随便买。"因为这"一点钱"是二万两纹银——都是五两一只的元宝,所以难怪安德海觉得他的礼物很合适。然后安德海就将礼物捧到皇帝、皇后或兰贵妃那里去。这三位大人物说不定还会看不上那些礼物,可是,如果宫门费是相当可观而安德海满意的话,那么,安德海就会答道:这份礼物虽不合适,但这对花瓶可以摆在下房里,那架钟在禁卫营里还可以用得,至于这串珠子,皇上可以随便给那个宫女。不用说的,皇帝、皇后或兰贵妃都相信安德海的意见是不会错的,所以就将礼物收了下来,而安德海也就可以安安稳稳地把那笔钱存在钱庄里了。京城里好几个大钱庄都与安德海有来往,而且他存的钱也最多。如果送礼的人所付给安德海的茶钱还不太多,使安德海看不上眼,在这种情况下,安德海就会说:"陛下,这样东西不行!缺少审美的观念,这也花不了多少钱。送礼的人不看重皇上而只敷衍了事是显而易见的。我应该就叫他们用自己的脚力再带回去?"哪一位官员的贡物被如此打退,则被认为是极大耻辱,出现这种情况,就只好告休了。

安德海利用职务之便,勒索了许多钱财。这些不义之财,主要用来维持他奢侈豪华的日常生活。他曾花了不少钱,购买了侍女安马氏。不仅如此,安德海还借母亲病故之机,大设仪仗,大摆筵席,以显示自己的富有和威风。其挥霍之巨,出手之大,令人叹为观止。据《帝后与太监》一书介绍:安德海的母亲死了,安德海少不得要回家哭拜祭奠,但他想的不是思念老母,而是借机显示一下他大总管的威风,摆一摆他高人一等的气派。他从北京动身时,随身就带了一位主持丧葬的总理,此人姓田名定,在京师专门给有钱有势的人家举办丧事。安德海把他请来,也想给他母亲举办一个隆重的丧事。田定办这种事很有经验,也知道安德海的权势,自然不敢怠慢。在发丧一个半月前,就上了差,搭上灵棚、孝棚、经棚、鼓乐棚、候客棚、待客棚,对厅、过厅、傧相厅、迎门厅、过街牌坊,还扎了金山、银山、蓬莱山、楼台殿阁亭榭轩,糊了牛头、马面、金童、玉女、大鬼、小鬼、判官、开道鬼、开路财神、金毛狮子、四大天王和罗汉,所用的席清一色是崭新的。近处不够用,就用船从白洋淀载来。

有人计算了一下，一共动用了108艘大小船只专门用来运苇席。丧仪所用桌椅和上边的围子、垫子也全都是新的，近处不够，就到远处去买。好在这个不完全立即用。除此之外，还用了大量的白绫子、白绸子、白缎子。据说由于用量太大，把天津所有商号的白绫、白绸和白缎子都买光了。结果导致这些商品的价格上涨了一倍。所用的纸张都是从河间、沧州、天津、济南等地买来的。这时，又请来了和尚、尼姑、道士，人道数均为108人。念经、跑方取水上法台、走金桥、迈银桥、过奈何桥、整天锣鼓喧天，笙管齐奏，吹吹打打，鞭炮齐鸣，神枪轰响，惊天动地，热闹非凡。丧葬期间，安德海为了显示权势与铺张，大摆宴席，不仅招待各方来客，连那些乞丐也用不着沿街乞讨了，只要到他家座席即可填饱肚皮。为了给丧母出殡搞得排场奢侈，他花去了慈禧太后赏给他为其母办丧事的5000两白银，但实际上这点儿银子是远远不够的。名义上是为了生母办丧事，然而安德海醉翁之意不在酒。他一方面大肆铺张，另一方面也借机大敛财钱。他巧设计谋，让前来参加丧仪的人为他送上大量的礼金、礼物。前来参加葬礼的人都知道他的为人与权势，故不敢不给这个大太监送礼。

安德海所以能挥金如土，主要原因在于他的钱进得容易，来得容易。有了不尽的财源，他自然不会珍惜金钱。因此，安德海的聚财与挥霍也是整个清王朝末年黑暗、腐败政治的真实写照。正是在这种腐败政治背景之下，才会产生出安德海这样的大太监。

伏诛济南

安德海虽是一个“刑余之人”的太监之辈，但却由于得宠于慈禧太后，更由于在西太后身边的特殊地位，可肆无忌惮地在宫廷内外、朝野上下，制造谣言，玩弄是非，挑拨离间，违反禁令，干预朝政，并仰仗西太后，逐渐揽权，索贿敲诈，贪赃枉法。他还经常出宫与一些不法之徒相勾结，沆瀣一气，狼狈为奸。安德海的所作所为，使他成为恶贯满盈、人人痛恨之辈。

同治皇帝早就有心想杀掉安德海，以发泄心中的愤恨，可惜这位少年天子当时并没有多少实权，也就无从找机会下手；慈安太后对安德海也是怀恨在心。她亲眼目睹安德海与慈禧勾勾搭搭，关系暧昧。在一同“垂帘听政”后不久，慈禧便在安德海的帮助下，逐渐集权专擅，而安德海则依仗慈禧对他的宠信，根本不把慈安太后放在眼里。因此，慈安太后也在寻机除掉安德海，一旦得手，既可以泄私愤，又可以借此打击慈禧太后的气焰。至于恭亲王奕䜣，则更是想置安德海于死地。同治四年（1865年），奕䜣被慈禧太后革去了“议政王”的称号。奕䜣事后得知，自己之所以遭此打击，主要是太监安德海从中屡次挑拨中伤之缘故。并且，在他失去“议政王”称号后，安德海又对他屡屡刁难，这使得他对安德海恨之入骨。另外，在对待太监的看法上，奕䜣与其他王公大臣也有所不同，他从来没有谄事太监的习惯，他始终认为，太监是所有皇族的奴才，没有必要对这些“非男非女”之辈低三下四。正因为如此，安德海对他素来有仇隙。因此，对于安德海，他一直在寻找铲除的时机。此外，一些富有正义感并重视祖训的王公大臣、文武百官对安德海违反祖制、为非作歹的行径也深恶痛绝。在这样的前提下，安德海虽有慈禧太后为靠山，但实际上在宫中四面树敌，对立面也是相当多的。

在晚清的地方大吏中,山东巡抚丁宝桢算是一位比较清廉刚正的地方官员,他也对安德海恃宠弄权十分不满。据说,一次,丁宝桢进京入觐,奕䜣便向同治帝和慈安太后推荐说:丁宝桢此人,为官清廉,胆大心细,可以借助他除掉安德海。并且奕䜣还设法使同治帝和慈安太后秘密地召见了丁宝桢。随后,同治帝派人与丁宝桢商谈了诛灭安德海的秘密计划。丁宝桢在领受了这项特殊任务后,回到了山东。他在等待时机。过了不久,这个机会终于来了。

同治八年(1869 年)七月,安德海率领一队人马,离开清宫,出京南下。安德海一行这次出行,名义上是因为同治皇帝要举行大婚,慈禧让他去南方采办服饰布料。清代祖制规定,清宫太监未经差遣不许擅出皇城。安德海深知,他这次出京,是有违祖制的。因此,出京行动,十分秘密,未敢声张,即没有告诉慈安太后,也背着恭亲王奕䜣。但奕䜣早已从宫内得知安德海一行出京的消息。据记载,安德海此次违制出京南下,并得到慈禧太后的同意,是中了同治皇帝设下的圈套。原来安德海对京城、宫廷的奢华生活有些厌烦了,总想找个借口出去转转,一是看看外面的光景,二是显示一下他大总管的威风。于是,他就以去南方替同治帝织办龙衣为由,向慈禧太后请示。在一旁的同治帝不仅不加以阻止,反而主动怂恿,并提议说最好是去广东,以便对安德海的行动自如操纵。慈禧没有看破这是同治帝的计谋,欣然同意了这个建议,派安德海前往。有的史学专家对这种说法持否定意见。他们认为,安德海的出行是不大可能得到慈禧太后正式允准的,否则他应该在出发前就得到一切应办的公文及其手续,而且根本不会去雇用民间的私人镖手来做护卫。唯一可解释的,就是可能在一种非正式的场合,慈禧太后无意识地随口而答,恰好此段时间她又因生病而无暇顾及,因此被安德海钻了一个空子,拿着鸡毛当令箭,其他人慑于太后的威严,对安德海之所为难于质询和阻拦,这就促成了安德海的顺利出走。这种解释似乎比较符合实际。

安德海一行离京南下是在同治八年(1869 年)七月。七月初三这天,安德海将宫内太监陈玉祥、李平安、李得喜、郝长瑞、李顺、计得寿等人及私宅管家黄石魁、田儿与在宫内当差的内务府苏拉(即仆役)金安言、刘文瑞、刘凯、黄喜及在金安言名下服役的张瑞等人找来,向他们宣布现在奉旨出京赴苏州采办龙袍,并要他们随从同行。陈玉祥等人当时并不知此事其伪,但却未敢多问,因为他们平时都要受安德海的管束和指挥,更何况这次是到江南去游玩呢!七月初六日,安德海带着胞叔安邦太以及花钱买来随身服侍的安马氏、族弟安三、胞妹洛二、侄女拉仔、在家服役的妇女徐王氏、袁姚氏等一行数十人由北京起程南下。当时,安德海吩咐黄石魁、田儿雇觅巩太、郭三等 25 人为其赶车到通州,然后,再雇船经京杭大运河南行。为了保证一路安全,他还雇用了韩宝清等五名保镖,付给每名保镖身价银 200 两。到通州后,安德海雇用了两只太平船和数只小船,沿运河南下。安德海的座船上,插着大小旗帜。大旗上写着"奉旨钦差采办龙袍"字样,小旗上面画着太阳及三足乌。船的两侧,都插着龙凤旗帜,迎风招展。除此之外,船上还设有女乐,一路上品竹调丝,设宴作乐,吹吹打打,好不热闹。

安德海一行浩浩荡荡、威风凛凛地向南行进,引起了运河沿岸人们的兴趣和注意,不少人前往观看,围观的人甚至将交通都堵塞了。此时的安德海威风惬意到了极点,然而,安德海根本没有料到,他违反祖制、擅离京城且招摇过市的做法早已引起了朝廷内外的极大不满和愤慨。如当时任同治皇帝老师的翁同龢在七月初三日的日记中写道："……又闻安姓太监将往江南查考采办诸物价值，上三者皆异事也。"早在这年四月，山东巡抚丁宝桢与正在他那里做客的名士薛福成也曾谈论过安德海，丁宝桢私下对薛福成说："听说安德海即将前往广东，看来一定要经过山东。如果安德海路经山东时把他抓起来，来个先斩后奏，怎么样？"薛福成对安德海为虎作伥的行径早已深恶痛绝，听到丁宝桢的除奸打算，颇中下怀，于是便抓住时机，进一步鼓动丁宝桢一定要乘时除掉安德海，建此"不世之业"。蒙在鼓里的安德海已是大祸临头，死期将至。

据说，在得到安德海一行离开京师的确切消息后，恭亲王奕䜣立即派人前往山东，通知巡抚丁宝桢，让他迅速做好张网捕鱼的准备，并告诉他这是同治皇帝下的命令。早就秘密接受除奸任务的丁宝桢在接到密旨后，立即给当时的山东德州知府赵新发了一封密函，指示："传闻安德海擅自出京，途经山东到江南办事，你应严密监视。如果安德海有不法行为，可一面将其逮捕，一面奏报。"七月二十日，安德海一行的船队进入了山东德州境内。虽然安德海自称是钦差，可德州的州衙署并未接到上司的传牌勘合，又未有奉文行知，这引起了知州赵新的怀疑。他随即派人去探访，很快就得到回报。七月二十一日是安德海的生日。为了庆祝自己的生日，安德海竟在船上供设了龙袍，让所带的随从人等向龙袍罗拜并称为他祝寿。这件事在民间引起很大震动。赵新，山西平遥人，是一名阅历丰富、见多识广、机敏干练的地方官员。他得到回报后，反复比较了利害得失，感到责任重大，如果处置不当，不仅会丢官罢职，甚至有可能招致杀身之祸。因为安德海毕竟是西太后身边的亲信太监，正红得发紫，轻易碰不得。可是丁宝桢那边又不好交代，他毕竟是自己的顶头上司，如果不向丁宝桢禀报实情，势必会遭到丁的怪罪、责罚。如果据实禀报，则对安德海等人又不好下手。放掉安德海，又怕是纵虎归山，势必招祸。赵新一时决心难下，左右为难，只好和身边的幕僚会议商量，研究对策，最后，采取了一面对安德海等人继续监视，一面向丁宝侦巡抚"夹单密禀"的万全之策。所谓"夹单"就是便条。这种办法是：如果丁宝桢见到夹单报告而不向朝廷参奏，则夹单系非正式公函，既不存卷，自然不会走漏消息，安德海就不会知道，无法对他施以报复手段；如是丁宝桢一定要御前参奏安德海，那么，是福是祸则全由丁宝桢一人负责，而与他赵新这个地方官员无关。这的确是一个两面见光、左右逢源的对策，赵新认为比较安全，于是赶快将安德海一行已到德州的情报，报告给丁宝桢。丁宝桢接报后，立即以"太监自称奉旨差遣，招摇煽惑，真伪不辨"为由写了一份奏折，态度既十分强硬而措辞又非常巧妙。折中写道：我大清国已建立二百余年，从来不准宦官与外人交接，也未有过派太监赴各省之事。况且龙袍是皇帝专用之衣，自有织造等专人制造，如若必须采办，只要皇帝下一道命令，那么，织造等便会立即遵办，何必要用太监跑那么远的地方花那么多的钱去办呢？况且皇太后和皇上一向崇尚节俭，全国人民对此十分钦佩和景仰，他们断不会派太监出外办理此事。即便实有其事，朝廷也会明降谕旨并有公文通知我，而该太监来回往返照例也应该有传牌勘合等公文，也决不能听任其随便游行。尤其令人感到奇怪的是，龙凤旗帜是皇帝专用的禁物，如果真是在清宫内服务的太监，就应该知道这个礼法，怎么敢违反制度随便妄用呢？至于其出差而携带女乐，尤为不成体制。因此，这种做法显然是招摇煽惑，骇人听闻，性质是非常严重的。丁宝桢在折中还表示，自己身为地方大员，"职守地方，不得不截拿审办，以昭慎重。"

七月二十九日(6月21日),丁宝桢派信使以400里的速度将拜封的奏折驰递京师,与此同时,丁宝桢又密令东昌府知府程绳武率人迅速跟踪追捕安德海一行,不得有误。程绳武骑着马,率领一队兵丁,冒着盛夏酷暑,顶着炎炎烈日,尾随安德海座船三天三夜,但考虑再三,始终没敢对安德海下手擒拿。这时,安德海一行已坐船由德州驶抵临清地方,因河水浅阻,安德海打算由水路改走旱路,于是先派黄石魁、田儿假充钦差前站官,沿途雇觅车辆等候,随后大队人马开始弃船乘车,改走旱路,继续南行,由临清、东昌至汶上、宁阳,又折回泰安。一路之上,安德海一行声势浩大,气焰嚣张。遇有盘问,安德海就派韩宝清等五名镖手上前,进行恐吓。眼看安德海一行就要离境而去,丁宝桢急了,赶紧命令总兵王正起率兵追捕。王正起立即出发,飞速追赶,在泰安县知县何毓福的配合下,八月初二日,将安德海本人及其随从人等共计68人在泰安县城南关一并抓获。随即将安德海及跟随三人解送到济南府巡抚衙门。

险些漏网的安德海被押到济南,丁宝桢心里很高兴,他亲自出马,对安德海进行审讯。最初,不知底细的安德海觉得自己是西太后身边的红人,因而有恃无恐,十分骄横。在巡抚大堂上,安德海十分嚣张,竟然以威胁的口吻对丁宝桢大肆咆哮:"我是奉慈禧皇太后懿旨出京采办龙衣的,谁敢把我怎么样?你们这样对待我,难道不想活了吗?"面对安德海的威胁,丁宝桢毫不畏惧,他当面质问安德海:既然是奉旨办差,为什么没有谕旨及传牌勘合等公文?为什么违例携带妇女、妄用禁物,并且一路招摇,震惊地方?这一连串的质问,问得安德海行色惶恐,哑口无言,他耷拉着脑袋,自称该死。直到这时,安德海才感到形势不妙。在审讯过程中,丁宝桢还从安德海的贴身衣包中搜出干预地方公事的纸片二张,并在他的随身衣箱中发现龙袍一领,翡翠朝珠一挂,这些东西全都作为安德海的罪证被收存起来。审讯完毕,丁宝桢即将安德海等人收监候旨。

在安德海被抓的同一天,信差也把丁宝桢的奏折送到京师。这份奏折递上去以后,立即在宫廷内部掀起了一场轩然大波。据说丁宝桢的奏折递上之时,正赶上慈禧太后生病,几天未闻政事,因此,只由慈安太后和同治皇帝召见大臣。也有另外一种说法,即当奕䜣报告有关安德海的情况时,慈禧太后正在观剧取乐,恭亲王便立时请见慈安太后。总之,慈禧偶然没有临朝,给铲除安德海提供了一个天赐良机。等慈禧太后得到安德海在山东被捕的消息时,大吃一惊,可为时已晚,无法挽回,只好忍痛与慈安太后、同治皇帝召集恭亲王奕䜣以及军机处、内务府王大臣商议此事。如何处置安德海,这的确是非同一般的小事。因为这要牵扯到慈禧太后。在议处置安德海的过程中,有的大臣鉴于安德海是慈禧太后的宠监,为了讨好慈禧太后,便替安德海辩解开脱。同治皇帝的态度则十分明朗,他气愤地说:"此曹如此,该杀之至。"恭亲王奕䜣当时话虽说得不多,但态度却非常明确而坚决,他竭力主张对安德海实行严惩。军机大臣文祥、宝鋆、沈桂芬、李鸿藻等人也一一表态,支持恭亲王的主张,同意诛杀安德海,以维护祖宗家法的尊严。最后,经慈禧太后同意,决定对安德海进行严惩。八月初三日,军机大臣宝鋆拟写了以皇帝名义颁发的密谕,并以600里速度飞寄直隶、两江、漕运总督及山东、江苏等省巡抚。密谕措辞非常严厉,其中写道:"据丁宝桢奏太监在外招摇煽惑一折称:德州知州赵新禀称,有安姓太监,坐太平船两只,声势煊赫,自称奉旨差遣,织办龙衣,船旁有龙凤旗帜,带男女多人,并有女乐,品竹调丝,观者如堵。安德海所到之处,不但骚扰地方,并

逼勒官府奉献金银。又称本月二十一日，该太监生辰，中设龙衣，男女罗拜。该州正访拿问，船已扬帆南下。该抚又命东昌、济宁各府州县，跟踪追捕等语。览奏曷胜诧异。该太监私自擅出，并有种种不法情事，若不从严惩治，何以肃宫禁而敬效尤。著马新贻、张之万、丁日昌、丁宝桢迅速委派干员，于所属地方，将六品蓝翎安姓太监严密查拿。令随从人等指证确实，毋庸审讯，即行就地正法，不准任其狡饰。如该太监闻风折回直境，即著曾国落饬属一体严拿正法。傥有疏纵，唯该督抚等是问。其随从人等迹近匪类者，并著严拿，分别惩办，毋庸再行请旨。”

丁宝桢在将安德海等人逮捕收监后，本打算在接到朝廷的命令后，再对安德海发落。可是，就在这期间，安德海见处置自己的朝旨未到，气势反而又嚣张起来。他想，自己毕竟是慈禧皇太后身边的亲信太监，并立有功劳，因此不会忍心看着自己的忠实奴才被杀的，定会想办法解救他。正由于他还抱有这种幻想，因此，即使在被押期间，他仍敢口出狂言，说丁宝桢等人是自找罪受。在安德海的威胁下，官吏们有些紧张害怕。此刻，丁宝桢考虑到朝廷完全有可能对此案做出与自己想法不同的处理意见，那样的话，对自己则是非常不利的。为了防止夜长梦多，出现变故，除奸不成，反留后患，丁宝桢便想破釜沉舟，先斩后奏。当然，这样做要冒很大风险。毕竟安德海不是一般的太监。此刻，丁宝桢的家属和手下官员都为他捏着一把汗，他们不同意这样冒险。泰安县知县何毓福甚至跪在丁宝桢面前，力劝丁宝桢三思而后行，说此事重大，无论如何，也要等到朝廷旨意下达之后再行决定。就在这关键时刻，朝旨到了。八月初六日夜间亥时，信差将关于处理安德海的密谕送到了济南。当丁宝桢看完可将安德海“就地正法”的密谕后，心中悬着的石头终于落地。密谕寄到的第二天，也就是八月初七日，丁宝桢派兼署臬司的潘霨及抚标中军参将绪承二人，督同府县官员将安德海绑赴刑场，斩首示众。这样，慈禧太后非常宠爱的这个小太监，终因恃宠骄横，违反祖制，命丧泉城，结束了短暂的一生。

丁宝桢在将安德海正法后，立即向朝廷呈递了一份奏折，汇报情况。朝廷在接到丁宝桢的这份奏折后，又有八月十一日发出了第二道上谕，上谕除了说明要求丁宝桢将安德海的随从人等分别严行惩办外，还重申了朝廷维护祖制尊严的决心，要太监们从安德海一案中吸取教训，引以为戒。指出“我朝家法相承，整饬宦寺，有犯必惩，纲纪至严。每遇有在外招摇生事者，无不立至其罪。乃该太监安德海，竟敢如此胆大妄为，种种不法，实属罪有应得。经此次严惩后，各太监自当益知儆惧。”上谕对太监的管理也提出要求：“仍著总管内务府大臣严饬总管太监等，嗣后务将所管太监严加约束，俾各谨慎当差。如有不安本分出外滋事者，除将本犯照例治罪外，定将该管太监一并惩办。并通谕直省各督抚严饬所属，遇有太监冒称奉差等事，无论已未犯法，立即锁拿，奏明惩治，毋稍宽纵。”就是根据这道上谕，清宫中所有在慈禧太后身边供差的有官职品级的太监，包括敬事房大总管在内，都受到了处分，或被革去顶翎、顶戴，或被革减钱粮米，总人数有 20 余人。直到两个月之后，这些太监们的处分才被陆续地撤销。

八月十一日这天，朝廷还发出了另外一道上谕，要求丁宝桢对安德海的随从人员严厉查办，并命令丁宝桢将所查获的安德海衣物箱笼等项，立即派员解送京师，交总管内务府查收。经过丁宝桢的审讯，最后，安德海的 20 多名随从、亲信遭到严厉惩处，具体情况如下：陈玉祥、李平安、李得喜、郝长瑞、李顺、计得寿六名太监，因跟随安德海私逃，遵旨将其绑赴市曹一并绞决。黄石魁、田儿因在安德海家服役多年，经营一切事务，安德海之种种妄为，皆由该二犯助恶所致，且敢假充前站官招摇，厥罪甚重；韩宝清、戴登云、何林芝、高振邦、刘凤喜等向系充当镖手，本非安分之辈，此次既知安德海私逃，仍受雇同行保镖，沿途向人恐吓，并欲混拿，以致居民惊骇，其举桀骜，面目狞恶，诚为迹近匪类，情罪亦重；此七犯于审明后一并绑赴市曹正法。金安言、刘文瑞、刘凯、黄广喜四人均系苏拉（内务府服差仆役），张瑞系跟苏拉服役之人，以上五人虽无随从撞骗情事，但他们却听从安德海私自外出，实属不安本分；还有僧人演文跟随安德海同行，系属不守清规；安德海家属安邦太、安马氏二人随安外出，俱属罪有应得，以上八人被发往黑龙江，给披甲人为奴。太监王添福，虽留在京师为安德海经管家务，并没随安出京，但其种种不法情事，与随同安德海出京之太监陈玉祥等情罪相同，由内务府慎刑司将其解交刑部，即行绞决。安德海南下时，在沿途搜刮了不少财宝，计有：骏马 30 匹，黄金 1150 两，元宝 17 个，大珠五颗，珍珠鼻烟壶一枚，翡翠朝球一挂，碧霞朝珠一颗，碧露犀数十块，此外还有一些其他珍宝。按照上谕的命令，这些财宝全被没收解京，收入内务府充公了。

安德海一案被严厉处理后，在社会上产生了很大的反响，特别是在宫廷中，震动尤为强烈。不少京内外文武大员奔走相告，弹冠相庆，喜悦之情溢于言表。如同治皇帝的老师翁同龢在日记中写道：“闻太监安子行至济南，为丁中丞（宝桢）执而下诸狱，专折入告，有旨寄直隶、河南、山东，未知作何处置也。其家已查封矣，快哉！快哉！”人们在高兴的同时，也对刚正不阿的山东巡抚丁宝桢大加称许，给予极高评价。当时任直隶总督的曾国藩曾对手下幕僚说：“我患眼疾已有好几个月了，听到安德海被处理这件事，眼上的白斑一下子就开了，丁宝桢真是个豪杰之士呀！”据说，李鸿章在看到处决安德海的邸抄后，精神为之一振，马上将邸抄传给手下幕客们看，并说：“稚璜（丁宝桢字）这下成名了！”这些记载充分反映了人们对安德海的痛恨。

安德海被诛，满朝文武绝大多数，尤其那些平日对安德海恨之入骨，或经常被他所刁难的官员、王公大臣无不拍手称快。但兔死狐悲，也有相当一部分人对他的死表现出了“悲伤”，其中就有慈禧太后。据说慈禧太后在事发后不久曾对她的另一个宠监李莲英语重心长地说：“小李子，他们今天砍了安德海的头，说不定哪天还要干什么，咱们娘们可得提防着点儿。”

如前所叙，太监是封建肌体上的一颗毒瘤，只有在封建体制下，才能得以滋生、发展。晚清几个大太监的出现与慈禧太后——这个给中华民族带来了无穷祸患的女人有着直接关系。她诛杀了丁宝桢，实际上是杀一儆百，一方面是炫耀自己的权势与淫威，另一方面是公开为她的忠实奴才——宠信太监打气、撑腰。

丁宝桢杀了一个安德海，但并未解决太监给晚清社会带来的祸患，也不可能根治太监这一毒瘤。所以，安德海被诛杀后，李莲英得到了他早就眼热的大总管职位，在慈禧太后庇护、宠信下，其权势和地位远远超过了安德海。只不过李莲英、小德张等人接受了安德海的教训，比他更阴险狡猾。

李莲英：清代厚黑第一阉

【人物档案】

姓名：李莲英

别 名：李进喜

生卒：1848 年~1911 年

籍贯：直隶河间府，一说是今河北大城县臧屯乡李甲村人

朝代：清朝

职务：宦官、总管太监。

评价：一个纯粹的太监，一个脱离了低级趣味的人，一个讨主子欢心的好奴才，一个对下属宽厚的好上级，一个善于察言观色、左右逢源、擅长权谋的大内总管，一个身份卑贱、却因慈禧而染上骂名的小人物。

墓葬：在北京恩济庄的太监墓地修造了一座豪华坟墓。李莲英的坟墓早在 30 多年前就被破坏了，只有墓志铭的拓片保留了下来。（墓志铭：事上以敬，事下以宽，如是有年，未尝稍懈）

李莲英

【枭雄本色】

李莲英从咸丰六年（1856 年）入宫，到光绪三十四年（1908 年）出宫，在清宫长达五十二年，是慈禧太后最宠爱的贴身太监，也是清代品位最高、权势最大、财富最多、任职时间最长的一位大宦官。他在清宫活动了半个世纪之久，他在主子脚下所表现的奴才嘴脸和对同类的凶狠残暴，以及他捞到的权势、地位和财富，都达到了登峰造极的地步。

他狐假虎威、有恃无恐，置诸王侯于脑后，视军机大臣为等闲；朝中大员及外省督抚，无不对其巴结奉承，仰其鼻息。举凡国政朝纲、清廷要务，无不与闻，无不参预。李莲英是怎样巴结上慈禧的？他是怎样使得慈禧对他的恩宠几十年不衰的？他是怎样在登上权力极峰后呼风唤雨的？让我们掀开尘封的历史，寻一寻这一代阉枭的发家之秘吧……

【风云叱咤】

入宫拜师安德海

李莲英，原名李英泰，字英杰，刚进宫时叫李进喜，大约在同治十年（1872 年）左右，慈禧太后赐其名为"莲英"。李莲英于道光二十八年（1848 年）十月十七日出生在直隶（今河北）大城县。他的父亲李玉是一个普通农民兼小手工生意人。李莲英家中共有兄妹八人，他排行老二。李莲英的父亲曾学过几天熟制皮毛的手艺（李莲英的祖父也曾在北京开过皮作坊）。李莲英是李氏家族先祖李滋的第十四代孙。李家祖籍原系浙江杭州，明初李家因仕途落魄，流落他乡，先到了山东青州，后迁到大城县安家。

李莲英幼年时代，家境比一般的穷苦百姓强多了，他基本是在一个小康之家度完了自己的幼年时代。有些书上说李莲英讨过饭、贩过皮硝，还被县衙抓去蹲过几天大牢等等，现在看来这些说法都缺少真凭实据。李莲英的父亲李玉借乡民逃难之机，买下了几十亩土地，拴了辆大车。在天灾人祸的水深火热之中，在他人被折磨得无力抗争之时，李莲英的父亲抓住了发财的机会。李玉虽然发财心切，但对孩子的管教是很严格的。李莲英在父亲的管教之下，到了七八岁的时候，已能干一些力所能及的家务活儿了。李莲英从小胆大过人，和小伙伴们一起玩耍从不吃亏。

李莲英出生的河间府大城县也是一个极为特殊的地方。这里自明朝以来，几经天灾人祸，民不聊生，因生活所迫，这里的穷人净身进宫当太监的特别多。当然，进宫的太监也并不是意味着荣华富贵的开始，大多数太监是无法发财得势的。在大城县诸多太监中曾经出现过几个有权势的太监，其中最有影响的当属明朝太监李义。李义在明代宫廷中很得皇帝宠幸，家财万贯，富甲一方。一些大城县的百姓常去京城投奔他。因此，这里一直到清末民初还流传着这样一句歌谣："要做官，找李义，想发财，北京去。"正是在当官和发财的欲望驱使下，也由于生活上的穷困潦倒，大城县一批又一批的平民百姓净身进宫当了太监。大城县也成了一个太监"产地"。

李莲英在故乡大城县只呆了 8 年，童年刚刚开始不久，他便进宫当了太监。在他幼小的心灵里，他的祖母对他进行的早期启蒙教育给他留下了极为深刻的印象。李莲英得势之后，一直不忘祖母对他的教诲。光绪十一年（1885 年），李莲英回家迁祖坟时，专门为祖母立了一块碑，记述了祖母在幼年时代对他的启蒙教育。

李莲英入宫前，他的家道并没有破败，他本可以用不着净身当太监，传说是因为一个偶然事件，使他步入了太监的行列。据说咸丰四年（1854 年），7 岁的李莲英不慎将左腿膝盖扭伤，不久化脓溃烂，久治不愈。李莲英随父母到北京后，一个江湖卖药、算命的先生断定李莲英 10 岁以后会给李家带来灾难，上克父母，下克兄弟姐妹。若想摆脱这些灾难，只有两条路可走，一是入佛门（出家当和尚），二是入皇门（净身当太监）。李家人很迷信，听到这消息后十分沮丧。全家人经过认真商讨，反复核计，最后还是决定让李莲英净身进宫去当太监。就这样，李莲英的命运从此决定下来。

进宫当太监也不是一件容易的事情。首先要过的第一关就是净身。所谓净身就是割掉男子的生殖器,让一个活生生的男子永远失去做男人的资格和条件。只有净了身,才能进宫当太监。这一关是所有想进宫当太监的男子必须经过的一道"鬼门关"。

清代阉割男子进宫当太监的途径主要有两条,一是触犯王法被处以宫刑的男人。清代处判宫刑者经由内务府批准,交给专门施以这种刑罚的内务府慎刑司在净身房中执行。在这里被阉割的人,除了那些被判处宫刑者之外,还有一些人是被人贩子拐骗、拐买来的孩子,也有一些穷人花钱把自己孩子主动送到这里来净身。二是个人出钱,请私人净身,再托人送进宫廷。所谓私人净身实际上也是经过朝廷批准的,并不是纯民间性质的。他们和内务府有密切关系,并享有官职和俸禄。清代北京城中做这种生意的主要有两家:一家姓毕,一家姓刘。毕家住在南长街会计司胡同,刘家住在地安门内方砖厂胡同。这两家每年向宫廷"提供"四五十名太监。这两家生意一年四季比较红火。他们最愿意给那些年纪尚小的儿童做净身手术,他们认为,如果小太监机灵,得到帝王后妃的宠爱,日后定有被重用提拔的机会,"前途无量"。这些人得势后,往往不会忘记给他们做净身手术者的"恩情"。

李莲英净身这一年是咸丰六年(1856 年)刚刚 9 岁,但净身仅仅是割去了男性生殖器官,想入宫当太监还不那么容易。

净身后的李莲英在毕家休养了一段时间,身体一天天恢复,毕家见他聪明伶俐,便决定送他进宫。碰巧中秋节前夕,清宫日后得势的太监安德海奉师傅刘多生之命来毕家送礼,与前来送礼的李莲英祖父李万芝不期而遇。安德海是南皮县人,为了套近乎,李万芝与他认了一个同乡,想托他的人情让李莲英入宫当太监。安德海虽然收了李家的银子,但并不能做主让李莲英入宫,他还得求他的师傅刘多生。此时的刘多生不仅是安德海的师傅,而且是那拉氏寝宫的首领太监。刘多生情知安德海从中捞了好处,便约定在毕家与李万芝见面。见面时,刘多生装腔作势,故意摆架子,李万芝和李玉父子好话说了一大堆,"首领老爷"不知叫了多少遍,最后还是李万芝又破费了 20 两银子,刘多生才答应帮忙。

李莲英进宫时,正值咸丰皇帝得第一个皇子,为他生下"龙子"的是懿妃,也就是日后的慈禧太后。懿妃因生下皇子而得到皇帝宠爱,此时服侍懿妃的是刘多生(刘诚印)。他从中替李莲英说了情,懿妃也为了培植个人的势力,要求咸丰皇帝把李莲英留在她的宫中。得宠的懿妃在皇帝面前因生了皇子有些地位,所以,在挑选太监时,咸丰帝在李莲英(当时叫李英泰)的名字下写了几个字:"赐予那拉氏懿妃受用"。这一年为咸丰六年(1856 年)。年仅 9 岁的李莲英进入了清廷储秀宫,当了一名散役太监。

李莲英从此正式开始了他的太监生涯,也开始步入了他一步步飞黄腾达的人生旅途。别的太监大概做梦也没有想到,这个其貌不扬的小太监,日后竟成了权倾朝野,势大财多的一代权监。

入宫以后,李莲英还按清代宫廷的规矩,认了一个师父,还是由那拉氏一手安排,让李莲英拜她所在储秀宫首领太监刘多生为师,但那拉氏却让李莲英跟安德海学艺。那拉氏这么做有她自己的算计,一方面表明自己对安德海的信任,抓住安德海,并通过安德海了解咸丰帝的一举一动;另一方面也想借机会把李莲英培养成自己的走狗。

太监进宫第一件事就是认师，跟一些地位较高、年龄较大的总管或首领太监"学艺"。这些人专门负责对徒弟——新入宫的小太监的"培养"，"培养"他们如何掌握、使用宫中的名目繁多的礼节，如何遵守各种各样的所谓规矩等等。清代宫廷的各种规矩和礼节是相当多的，不花费几年的功夫是不可能学会的。比如说称呼一项就有许多学问。对皇帝无论年龄大小，都应称呼其为"万岁爷"，太后要称"佛爷"，皇后嫔妃称"主子"等等。刚入的太监一般年纪都不大，他们处在太监最底层，每天天不亮就得起床，给师父打好洗脸水，到了该起床的时间，轻手轻脚地叫醒师父。师父"教艺"时只教各种规矩、礼节，而且就教一遍，从不多讲，全凭自己细心琢磨。如果不用心、不动脑，轻者遭到师父一顿臭骂，重者要遭到一顿毒打。对待主子、皇帝、王公大臣等，太监要随时随地叩头请安，用一句当太监的自己的话说："最不值钱的是膝盖。"因为太监请安时不是单腿跪下，就是双膝着地。

李莲英 9 岁入宫，拜师学徒也是必经的一个过程，但他似乎比别的小太监"早熟"，他不仅有伶牙俐齿，还善于观察，根据主子、师傅等人的眼色行事，并且能摸透主子、师傅等人的脾气，投其所好。他在主子面前把自己的那样差事干好，把首领、回事、师傅等人也伺候得很好，尽最大可能达到无可挑剔的程度，不让主子找自己的毛病，也不给别人留下把柄。李莲英尤其善于观察、细心研究自己周围各级太监的一举一动，尤其是认真研究大总监管安德海的一举一动。在他内心深处想取代安德海成为大总管的愿望是非常强烈的。

李莲英刚入宫时是在后妃寝宫当散役。对小太监们来说，散役并不是难干的差事。散役的主要任务是，一天到晚站在廊下随时听候主子传唤。李莲英总是站在离宫门较近的地方，只要有人传话，马上应声而入，显得比别人勤快听话，也比别人更"忠于职守"，因此，懿妃对李莲英十分喜欢。空余时间，李莲英也不偷懒耍滑，认真服侍总管和师傅，每天早起晚睡，给师傅和总管端茶倒水，什么活儿都干，使那些本性凶残，十分不好伺候的总管和师傅对他也没有更多的挑剔和刁难。

在充满险恶的宫廷中，李莲英特别善于观察，宫中大小事情差不多没有能瞒得住他的。同时，李莲英还有着自己的野心和"奋斗目标"，他不会为了一个默默无闻低层太监"枉活一生"。他在宫中没一个知己的朋友，在许多年里一直是这样，他从不和别的太监说一句知心话。李莲英有着一双善于观察的眼睛，这双眼睛能把一切是非尽收眼底，又能牢记在心。他还认真观察象安德海这样的大太监的一举一动，梦想着有一天能像他们一样，作威作福。

在宫廷中，李莲英第一个看透的奥秘便是说假话。他可以尽心尽力地服侍主子，伺候师傅和总管，但他决不轻易相信别人的话，对别人说的话，他总是认真揣摩，仔细盘算。在充满了尔虞我诈的宫禁中，他不仅学会了察言观色，也学会了在复杂的人际关系中随机应变。他能听出别人的话是真是假，而他说起假话来却天衣无缝。当然，除了这些之外，李莲英比之别的太监的更高明之处则在于，他似乎意识到了他的主子——那位懿妃日后能成为整个中国的统治者。他的主子深得咸丰皇帝宠爱，甚至皇后也被皇帝抛到了一边。李莲英能在这样子的主子身边服侍，是他太监生涯中的最大幸事。因为所有的太监都希望能在皇帝、皇后乃至后来的太后身边当奴仆，只有这样，才能被主子"发现"的可能性，也就有了翻身发迹的可

能性。宫内太监数以千计,能在最高统治者身边当奴仆者并不多,绝大多数从事苦役、杂役,干粗活儿的太监不能在最高统治者身边,在宫中当太监几十年,皇帝、皇后的面没见过几次的太监是大有人在的。所以,能在一个当权或者即将当权的主子身边服侍是太监的幸事,也是太监有朝一日发迹的先决条件。李莲英能服侍懿贵妃是一生中的一个转折点。

密报有功 “小李子”得宠那拉氏

咸丰十年(1860 年),第二次鸦片战争爆发,英法联军攻陷天津,进犯通州,逼近北京,火烧圆明园,咸丰皇帝逃到承德行宫,李莲英也跟随慈禧逃到承德行宫。到承德以后,李莲英改派当坐更太监。这个差使是在中枢要地值勤,虽然不能直接听到讨论国家大事的详情,只要留心观察,也能从皇帝召见王公大臣的活动中,领悟到宫内已经发生或将要发生的事情。正因为坐更这个差使太重要了,所以御前大臣肃顺对他们规定了严格的纪律。比如不准对外人讲皇帝活动的情况,不准打听消息,不准擅自走出宫门,值班时不准交头接耳等等。李莲英深知肃顺的厉害,他手握生杀大权,如果犯在他手,杀自己如同杀个小鸡。于是,他向肃顺发誓,绝对严守机密,不折不扣地听从肃王爷的吩咐,如果出了事,请砍下奴才的头。肃顺听完李莲英的保证,满意地点了点头。

坐更太监,虽然不能到处走动,可是却能眼观六路,耳听八方。每天都有几十名太监值勤,但他们所看到的只是迎来送往出出进进的繁忙景象,其他什么也不去想,也没必要去想。而李莲英却与众不同,他却能从这繁忙的表象中,窥测出其他太监所看不到的蛛丝马迹。一天,李莲英正在咸丰皇帝寝宫外值班,忽然听到室内肃顺低声说:“据历史所传,汉武帝病重时,想立太子,但担心太子的生母恃子而骄,谋害大臣,断送江山,一时下不了决心。当时有位大臣向武帝建议,除掉太子的生母钩弋夫人,然后再立太子,可保大汉江山无虞。”汉武帝采纳了这个建议。……李莲英听到这里,不禁打了个冷战。李莲英虽然不懂历史,弄不明白这个故事的来历。但是,他揣测出肃顺在咸丰皇帝病重时,讲汉武帝剪除太子生母的故事给咸丰皇帝听,是否想借古喻今,劝皇上杀掉自己的主子懿贵妃,然后再立大阿哥载淳为太子,继承皇位呢?李莲英想到这里,不敢再想了。他恨不得生上双翅膀,立刻飞到主子那里密报自己听到的一切,又怕肃顺知道了杀头。他苦苦地思索着对策,心头一动,想起了主子的亲妹妹七福晋荣儿来。荣儿是咸丰皇帝七弟醇王奕谭的妻子。李莲英决定先找她想想办法。于是,乘着半夜人静,没人注意他,就偷偷地从狗洞里爬出皇宫,溜进醇王府,一五一十地将听到肃顺讲给咸丰皇帝的故事说了一遍。七福晋听后,急得涕泪横流,一夜未眠,第二天一早就赶入宫中,同姐姐商量对策。李莲英由于这次密报,被慈禧引为心腹,对他倍加宠信。慈禧每天吃饭时,遇有可口饭菜,总要给李莲英留点,甚至有时把李莲英喜爱吃的饭菜,自己干脆一口不动,让太监给李莲英送去。

咸丰皇帝死后,八大臣辅佐载淳继承皇位,是为历史上的同治皇帝(当时称“祺祥”)。皇后钮祜禄氏立徽号“慈安”,那拉氏懿贵妃因为皇帝生母,也被尊为皇太后,立徽号“慈禧”,也被称为西太后。从此,中国近代史进入了由一个野心勃勃、昏庸腐朽的女人主掌国家政权的时代，这个女人就是咸丰帝的懿妃，慈禧太后。

小皇帝刚继位时仅 6 岁，朝中所有政务大事均按咸丰帝生前所示，由顾命八大臣代理，但小皇帝手中那颗印章却把握在慈禧太后手中，并由此开始了一场你死我活的帝、后两党之争。在此期间，李莲英听从慈禧太后安排，密切注意八大臣动向。回到北京后，慈禧太后发动了“北京政变”，顾命八大臣不是被处死，就是被发配边疆，有清一代，首开先例，实行两宫“垂帘听政”，连小皇帝的年号也由“祺祥”改为“同治”，意思是慈安、慈禧两宫皇太后共同治理。

慈禧太后实现了自己的野心，终于成为大清王朝的统治者。她发动政变夺权成功的原因是多方面的，但太监给她当耳目，作爪牙“功不可没”。慈禧太后没有忘记或亏待这些爪牙、耳目，“论功行赏”，为她立下汗马功劳的安德海被提升为总管太监；李莲英年纪尚小，不能提拔，赏银 1000 两。据说，正是从这时起，慈禧太后把安德海称为“小安子”，把李莲英称为“小李子”。对李莲英来说，“小李子”的称呼非比寻常，这意味着他已成为慈禧太后的宠信太监了，而且这一称谓竟成了慈禧太后的“专用名词”，连同治、光绪两朝皇帝也不敢称他为“小李子”。随着李莲英权势的一天天扩大、膨胀，宫中不同身份、不同地位的人对他的称呼也出现了等级差异。慈禧太后称他为“小李子”是一种“荣幸”；皇帝的后妃们称他为“李安达”是一种身份和地位；宫女们称他为“老叔”；在日后李莲英晋升为大总管时，皇帝和小太监称他为“大总管”，有一些小太监则称他为“公公”“师傅”“老爷”等等。

在封建社会里，称谓的变化意味着一个地位和等级的变化。但无论李莲英有多少种称谓，只有慈禧太后一个人称他为“小李子”。“小”字在汉语里无论如何也无法让人联想到尊贵的权势，而在晚清宫廷这一特殊、特定的环境中，“小”却成了慈禧太后对身边宠监的一种“爱称”。李莲英所以能得到这一称呼不仅仅反映出他太监生涯的时来运转，更反映出他已经得到了主子的宠信。无论哪一个封建王朝，太监、宦官兴风作浪也好，恃宠弄权也罢，只要得到主子的宠信便意味着他在宫廷中地位的提高。李莲英入宫之初，年纪幼小，但他抱定了对主子忠心不二，不达目的誓不罢休的“信念”，千方百计，不择手段地替主子卖命，讨好主子，取悦、取信、取宠于主子。这是他生存的前提，也是他在宫廷中走红发迹、高人一等的基本条件。否则，不仅难以取悦于主子，就是生存下来也是艰难的。

尽管李莲英百般用心地服侍着慈禧太后，慈禧太后对他的信任程度一天天加深，但李莲英还未到出头之日，宫廷内部充满险恶，他一方面要避开种种“险情”，另一方面还要在主子身上多下一些功夫，办一些既能讨好主子，又是别人办不到的事情。总之，李莲英的“奋斗目标”看起来是遥远的，但对他来说是充满希望、诱人的，也不是可望而不可即的。

只要能取悦主子，只要是慈禧太后所喜欢的事情，李莲英总是千方百计去学习，去做好。比如说，慈禧太后酷爱书法，常给李莲英讲一些书法流派的知识。李莲英听完后铭记在心，在书法上下了一番功夫。久而久之，李莲英的书法也有了较大长进，字写得比较出众。每当慈禧太后心情不好时，善于察言观色的李莲英总会以诙谐风趣的语言，圆滑的处事技巧，让他的主子转怒为喜。李莲英入宫时间不长，但对如何侍候主子他却十分内行，因而得到慈禧太后的喜欢也就不足为怪了。所以，李莲英在宫廷身价倍增，他的主子经常夸奖他，赏赐他，他再也不是那个别人

瞧不起的散役太监了，而成为储秀宫中一个有头有脸的人物。

李莲英为了讨好主子从不放过任何机会或可能，除了读书、练字之外，再一个比较有说服力的例子是李莲英学戏。慈禧太后是一个戏迷，尤其对京剧差不多达到痴迷的程度。为了满足“老佛爷”看戏的要求，宫中经常演戏：重大节日庆典演；初一、十五演；太后生日时连演几天，清代宫廷经常是好戏连台。不仅从社会上请来名角、戏班，清宫内还专门有一个清一色太监戏子组成的南府戏班。继李莲英之后的小德张就是在南府戏班被慈禧太后看中的。同治初年，慈禧太后派李莲英去学戏。李莲英自然不敢怠慢，学起戏来十分卖力。据说李莲英客串生旦净末丑样样全行，既能唱京戏，也能唱《山门伏虎》《问母惨睹》等昆曲。李莲英凭借他练就的功夫，多次在宫廷演出，唱腔也很有些韵味，慈禧太后看过他的演出之后很高兴，经常奖赏他。有一次，李莲英出演《黄金台》的田单，当查夜猝见太子时，飞脚踢灯笼用力过猛，灯笼飞落到台前中央，这个位置正好是太后和光绪坐的地方，而灯笼正巧落在了光绪的头上。光绪帝勃然大怒，马上传呼敬事房，将李莲英拉下去打40大板。李莲英急忙求饶。慈禧太后担心很少挨板子的李莲英挺不住40大板，出面替李莲英说情，光绪碍于慈禧太后的面子，放过了李莲英，李莲英才免去了皮肉之苦。慈禧太后对京剧十分内行，演员有时唱错一句台词都要被杖责，而李莲英是她的心腹，如此大的过失也不会挨板子，若是换了别人，定会大难临头。这件事充分说明了李莲英在主子那里不仅得到信任，而且这种信任程度也是许多太监达不到了。

李莲英认真服侍主子，不敢有半点儿疏漏，主子不仅宠信他，更给了他许多别人眼热的各种赏赐，李莲英接二连三地被破格提拔。同治四年(1865年)，经慈禧太后授意，总管太监安德海保荐，李莲英破格晋升为首领太监，赐六品顶戴花翎。慈禧太后为李莲英公开违背了清廷祖训。清朝初年为防止太监干政，对太监作了种种限制，对太监的品级及其升迁提拔也有明确规定。早在乾隆三十年(1766年)时，乾隆皇帝就在他的训谕中明确规定，总管太监保荐首领太监，必须在30岁以上，同时还强调，如有违例妄保者，严加惩办。而此时的李莲英年仅18岁，距离清廷祖训的要求相差甚远；如若按此规矩办理，安德海无疑是“妄保者”。但此时的清朝宫廷实际上是慈禧太后一个人的天下，独揽朝纲的慈禧太后根本不会把一纸祖训放在眼里，别人也只能听之任之。

安德海自大被诛　李莲英圆滑得升

正当李莲英步步高升，朝着如日中天的大权监一步步接近时，清宫发生了一种对他产生不大不小震动的事件。这就是安德海被杀事件。据说，安德海被诛后，慈禧太后对李莲英说：“小李子，以后咱们娘们还得多长点儿心眼，耳朵放长点，他们既然敢杀安德海，不知什么时候会把刀放在你的脖子上，别等死了还不知是怎么回事。”

按一些流行的传说，李莲英在安德海被诛杀后迅速取代了安德海的位置，晋升为大总管，其实并不是这么回事。李莲英虽不是安德海的同党，但也因为这件事受到了一点儿株连。不仅李莲英，宫内所有太监都受到了罚俸的处罚。慈禧太后把李莲英视为心腹，但由于安德海被诛杀的理由是违抗祖训，所以不得不有所收敛，她没有让李莲英直接顶替安德海的大总管职位，而是让李莲英出任了内廷副总管。

副总管虽然不是大总管，但宫廷中的大小太监已看出了一个必然的趋势，大总管已非李莲英莫属了，因此他被人称为“安德海第二”。实际上，李莲英比安德海能干得多，也狡诈得多。他十分清楚太监和主子的关系，他不会像安德海那样恃宠枉为，也不会重蹈安德海之覆辙。他更加注意时时刻刻揣摩主子的心思，说话左右逢源，慈禧太后对他更加信任，这个阴险毒辣的女人在没有主意的时候，常常要听听李莲英的“高见”。

在安德海事发之后还没有被处死时，李莲英就以总管的身份出现在宫廷中。只要慈禧太后一出口，吩咐总管太监做什么，李莲英就会抢前一步，去做慈禧太后所吩咐之事，俨然以大总管的身份出现，好像他已经是总管太监了。更重要的是，慈禧太后从未对此加以制止，所以别的大小太监也就明白了，李莲英已是事实上的大总管了。

李莲英当上副总管之后，所做的第一件事就是把所有担任要职的太监统统召集到他的房间里，他对这些太监说：“我刚刚奉旨做总管太监，这个位置是太后赏的，不是我要来的。现在我要说明的就是我做事不能和安德海一样。将来朝廷官员赏钱时，我要拿出来给各位均分，决不像安德海那样自私。”所有在场的太监都对李莲英这种“有福同享”的“胸怀”抱有感激之情，表示拥护李莲英。其实，狡猾奸诈的李莲英怎么能同这些太监“有福同享”呢？只不过是玩弄一个小小的骗人把戏罢了。

李莲英的地位发生了根本的改变，一方面他更加精心地服侍自己的主子，另一方面也有了许多小太监精心伺候他。李莲英竭尽作威作福之能事，对那些伺候他的小太监稍有不如意之处，非打即骂，打骂小太监成了他的家常便饭。但伺候他的主子时，他总是绷紧每一根神经，害怕出现一点儿差错或闪失。

巧“办差”得升大总管

自从同治皇帝亲政以后，两宫皇太后撤帘归政。慈安太后本是个憨直忠厚的女人，平生以祖训为怀，以正统观念支配着自己的言行，她懒于朝政，撤帘后如释重负，回到深宫享清福去了。慈禧却耐不得半点寂寞，她刚愎自用，野心勃勃，仍然以皇太后身份干预朝政，谁知自己的亲生儿子同治皇帝却我行我素，目无太后，根本不理慈禧那一套。当然慈禧不会善罢甘休。于是，她把李莲英找来，要他监视皇帝与皇后的行动。李莲英也并非省油灯，乘此机会讨价还价，提出了许多条件。说什么奴才自从进宫以来，就是侍奉太后的，太后叫奴才干啥就干啥。如今，奴才仅是个梳头房总管，怎么敢去过问皇上与皇后宫中的事呢？假如按太后的吩咐去办，皇上与皇后怪罪下来奴才是吃罪不起的，弄不好还会掉脑袋！

试想，慈禧是干什么的，李莲英的话一出口，她就完全明白了其中的意思。她权衡了利弊，为了能专权，她需要李莲英这样的奴才。不久，就把李莲英破格提拔为宫中大总管，特许他头戴二品红顶，插孔雀花翎，挂着只有亲王才能使用的金黄背云朝珠，服制如同王公一样。这是有清二百年来破天荒之举。奴才李莲英平步

青云，一步登天，成为传奇式的人物，他怎能不替主子出力卖命。李莲英不仅是慈禧的贴身宠儿，更是她的政治耳目。从此以后，朝中王公大臣，地方封疆大吏，谁要想飞黄腾达，升官发财，享受荣华富贵，都得到李莲英门下顶礼膜拜。只要重贿李莲英，就能使自己的权力欲望得到满足。李莲英利用慈禧给他的权力，帮助慈禧兴风作浪，制造了一桩桩离奇案件。

李莲英之所以获如此殊遇，这与他善于揣测慈禧的意图紧密相连。例如，有一天，他跟随慈禧去恭亲王奕䜣家，路上经过一处豪华住宅，门上悬挂着"总管李寓"匾额，慈禧目不转睛地盯着这块匾额视之良久。李莲英见慈禧的面色有些不对，到恭亲王府后，立即找个借口请了一会假，赶忙回到家里，命人把匾额摘掉，并主动向慈禧承认错误："奴才在内廷当差，忙于侍奉太后，很少回家，加上奴才管教不严，下人妄贴总管字号，奴才发现后，已痛责了他们，准备交内务府严办，以儆后来者。"慈禧听后，淡淡一笑说，取掉就是了，何必交内务府呢？

光绪七年(1881年)，慈禧过了五十岁庆典之后，接到直隶总督李鸿章奏请建立北洋海军的报告。慈禧很快批准李鸿章筹办海军，并任命醇亲王奕譞总理海军衙门事务，奕劻、李鸿章为会办，善庆、曾纪泽为帮办。奕譞本是庸碌之辈，根本不懂海军是怎么回事，只因他是咸丰皇帝的七弟、慈禧的亲妹夫，尤其参与"辛酉政变"有功，是慈禧的心腹。因此迭授都统、御前大臣、领侍卫内大臣、管理神机营事务等要职。同治皇帝死后，没有儿子，又立奕譞之子载湉为皇帝，即光绪帝，可谓荣耀备至。

经过两年的筹办，北洋海军已初具规模。慈禧为了表示关怀，命令奕譞亲自到天津检阅北洋海军，而且又让李莲英陪同前往。这次阅兵随员，都是慈禧亲自安排，奕譞当然不敢有什么不同意见，朝廷上下谁也不敢说个不字。

直隶总督兼北洋大臣李鸿章接到醇亲王奉慈禧之命巡阅天津海防时，丝毫不敢怠慢。当他得知随员中有李莲英，认为他来肯定有特殊任务。于是准备了两套极其豪华的行辕，一是醇亲王居住，一是李莲英居住。

李鸿章亲率北洋海军大员，举行了隆重的欢迎仪式。把醇亲王安排好后，李鸿章立刻到李莲英住室摸底，探听来意。李鸿章说："既然皇太后派总管亲自来天津，必有要事，你就直说了吧！"

李莲英也不客气，他说："老佛爷听政有年，再过几年皇上就要亲政，皇太后归政后，总得有个休息的地方，想把清漪园(后改名颐和园)整修一下，以便颐养天年。你知道，要搞这么大的工程，眼下国库空虚，朝廷困难很大，所以才来和你商量，想把各省解来的海军经费提取一点，作为修园子的费用，请您考虑。"

李鸿章听后，沉默了一会才说："北洋海军正在初创中，困难当然很多，而且目前各省解来的银两并不宽余，如果提取一部分，发展海军也就到此为止了。"本来他想将口子封死。但他深知慈禧心毒手狠，如果把她的主意顶回去，既惹恼了李莲英，又得罪了慈禧，到那时，恐怕北洋海军真的就办不成了，连自己的直隶总督也得落职。李鸿章越想越感到后怕，转念又一想，海军要不要不当紧，个人前程要紧。经与李莲英多次密议，李鸿章终于让步了，如数按月将白银送给慈禧。李莲英此行既圆满完成了使命，又得到李鸿章一大批贿赂。

李莲英在天津还没有回京，都察院的御史们便纷纷上疏弹劾李莲英，身为总

管,出京巡阅海军,有违祖制,朝野人士担心步唐朝宦官监军干政覆辙,开大清太监监军先例,而且指控李莲英此行行贿,要求皇太后、皇上严惩。可是专横的慈禧,不仅不惩治李莲英,反而把弹劾之人通通定了罪。

慈禧根据李莲英的建议,挪用北洋海军经费,修建颐和园工程,除少数人之外,朝廷内外谁也不知底细。慈禧想公开此事,怕引起反对。还是诡计多端的李莲英点子多,他对慈禧说,以前乾隆爷时期,曾在清漪园的昆明湖操练水师,今天咱们仍借老祖宗在昆明湖操练水师之法,在昆明湖设立水师学堂,培养大清海军人才,这样一来,修建颐和园的银两,取之海军又用之于海军,是名正言顺的。慈禧一听,拍手叫好,认为这个主意太妙了。随即对外挂出水师学堂招牌,指示工程抓紧进行。

打压皇帝　权监误国

李莲英回到宫廷,向慈禧太后汇报了天津巡阅情况,又向慈禧太后汇报了筹措修颐和园款项一事,说李鸿章已满口应允。慈禧太后听完李莲英的汇报后非常高兴,大加赞扬李莲英的“才干”。也正是在这一年,二品顶戴的李莲英被晋升为内廷大总管,成为名副其实的大总管。

李莲英的狡诈还充分表现在他对皇宫内部的权力争夺的态度上。他亲眼目睹了两个皇帝死在基位上,亲身经历过慈禧太后对王公大臣的两次诛杀。光绪帝继位后,其生父奕譞的地位发生了深刻变化。但在光绪帝、醇亲王奕譞、慈禧太后三者中间,李莲英十分清楚,慈禧太后是真正的当权者。李莲英也明白,步入垂暮之年的慈禧太后总有一天会死去,届时,眼下的小皇帝自然会掌握实权,醇亲王也就成了太上皇。在这些复杂的关系中,李莲英认真权衡,多方巴结奉迎,对哪一方也不敢怠慢、松懈。他既想从慈禧那里得到宠信,也为日后着想,从光绪帝父子那里得到信任。当然,李莲英在复杂的宫廷关系中,看得最准、摸得最透的当属与慈禧之间的关系。他深知,这个靠山才是最坚强的后盾。别人的关系相比之下只能居次席。

光绪十二年(1886 年),光绪帝年满 16 岁,按古人的规矩已是成年男子了,理应成为大清帝国名副其实的皇帝。慈禧太后非常不愿意将大权归还光绪。尽管当年慈禧太后曾许下过诺言:“垂帘之举,本属一时权宜,唯念嗣皇帝此时尚在冲龄,且时事多艰,王、大臣等不能无所秉承,不得已姑所清,一俟嗣皇帝典学有成,即行归政。”但诺言仅仅是诺言,归政是归政,似乎两者在慈禧太后那里并无联系。为了牢牢把握朝纲大权,慈禧太后表面上表示归政于光绪帝,照顾一下面子,另一方面则更加牢牢地把住朝权不放松。

朝中大多数朝臣深知慈禧太后的本性与为人,再三“恳请”,慈禧太后又“顺理成章”地决定再“训政”数年。这样,慈禧太后从“听政”又变成了“训政”,其实并无任何本质上的差别。

光绪十四年(1888 年),光绪帝年满 18 岁,到了该举行大婚的年龄,为光绪帝选一个什么样的女子为后便提到了慈禧太后的议事日程。她不仅要独揽朝纲,也要干预皇帝的婚姻大事。李莲英自然能看出其中的门道,不时为主子出一些主意。他认为,皇太后完全可以不征得皇帝的同意,就可以为皇帝选下皇后。慈禧太后决

定让自己的亲侄女静芬为光绪帝皇后。

据说选皇后时，共有66名秀女打扮得花枝招展，浓妆淡抹，在御花园乾宁宫前一字排开，等待光绪帝前来选后、选妃。结果还未等皇帝到来，就已有61人被“淘汰”，每人赏10两银子，打道回府了。李莲英对余下的5名女子进行了精心的安排。因事先已有透露，慈禧太后亲弟弟桂祥的女儿静芬排在首位，其他人排在后面。慈禧太后亲自陪同光绪帝进行选后，光绪帝在前，慈禧在后。光绪帝看桂祥的女儿排在首位，便绕道排尾，准备把手中的金如意递给他的意中人。慈禧太后按事先李莲英想出的主意，只要看见光绪帝想把金如意递给别人，就伸手拉一下光绪的衣袖，加以制止。光绪帝几次想把金如意递给他人，但屡遭慈禧太后阻止，一直走到静芬面前，也未能把金如意递出去，只得违心地把如意递给了桂祥的女儿——慈禧太后的侄女静芬，静芬被选为皇后。具有莫大讽刺意义的是，光绪帝用他的金如意换回的却是一桩极不称心如意的婚姻。在光绪帝满脸沮丧地选完皇后时，达到目的的慈禧太后脸上露出了开心的笑容。

慈禧太后不仅不给光绪帝选择妻子的自由，连选妃的权力也被剥夺，还是由“老佛爷”做主，侍郎长奕叙的两个女儿：瑾、珍二女被选为嫔妃。慈禧太后牢牢把握的光绪帝就是这样选定了他的后妃。慈禧太后达到了目的，对李莲英微笑不止，李莲英从中所扮演的不光彩角色可想而知，而且从此之后，在李莲英的心头埋下了仇恨的种子。他的妹妹终于未能被光绪帝选为嫔妃，他怀恨在心，尤其对瑾、珍二妃更是仇恨万分，当然更少不了对光绪帝的嫉恨。

心满意足的慈禧太后随后传旨：“皇帝寅绍丕基，春秋日富，允宜择贤作配，佐以宫闱，以协坤仪，而辅君德，兹选得副都统桂祥之女叶赫那拉氏端庄贤淑，著立为皇后。”她的亲侄女一夜之间成了大清王朝的隆裕皇后。慈禧太后又旨：“原任侍郎长奕叙之十五岁女他他拉氏著封为瑾嫔，原任侍郎之十三岁女他他拉氏著封为珍嫔。”后来在光绪二十年（1894年）时，瑾、珍二嫔双双被晋封为妃，是为瑾妃和珍妃。

光绪十五年（1889年）正月，在慈禧太后主持下，光绪帝举行了结婚大典。大婚典礼按慈禧太后的旨意，特派大总管李莲英总司传办一切，请旨光绪帝大婚，大操大办。李莲英又一次不负主子众望，大礼之后，慈禧太后非常满意，重赏了李莲英，除了银两之外，另有古玩、布匹绸缎等等。李莲英又一次为主子立了功。但同时他所面临的宫廷人际关系比之从前更加复杂，他必须关照太皇、皇帝、皇后三方面的关系，哪一方也不能贸然得罪。二月，又在太和殿举行了光绪帝亲政大礼。名义上皇权归还给了业已成年的光绪帝，实际上不甘寂寞的慈禧太后仍在干预朝政，大权并没放松。李莲英则陪着主子到他主持修建的颐和园里去“颐养天年”了。

依血缘关系而论，慈禧太后把自己的亲侄女嫁给了自己的亲外甥，可称得上“亲上加亲”了。然而，事实远非如此，皇后、嫔妃均不是皇帝的意中人。但百般无奈的光绪帝被人操纵着，不得不承认眼前的既定事实。经过一段时间后，聪慧过人，长于书法绘画，且年轻美貌的珍妃赢得了光绪帝的恩宠。珍妃这位封建制度难以驯服的才女大胆而热烈地爱着光绪皇帝。而光绪帝本来对强加给他的那位隆裕太后并没有多大兴趣，如今见到了多才多艺的珍妃，自然会将自己的感情转移到珍妃身上。然而，光绪帝和那位年轻美貌的珍妃忘记了他们是在封建朝廷之中，这里不可能有他们所追求的爱情和自由。那位“老佛爷”并没有静下心来在颐和园里享清福,她的淫威仍然是压倒一切的。尤其重要的是,隆裕皇后是她亲自选定的,冷落了隆裕皇后就等于冷落了“老佛爷”,再加上李莲英从中挑拨离间,多次进谗言,中伤珍妃,最终使珍妃成为宫廷斗争的牺牲品。所以,正当光绪帝日益加深对珍妃的感情时,也日益加深了隆裕皇后、慈禧太后、李莲英对她的忌恨。这种忌恨与日俱增,李莲英从中一点儿好的作用也没有起到。此时的李莲英宫廷中好事与他无缘,几乎所有与慈禧太后相关的勾当都与他有关系。

实际上李莲英不止一次地亲自从事卖国勾当。光绪二十年(1894 年),时值甲午战争紧要关头,清政府不认真组织抗敌,竟异想天开地准备拉拢沙俄抵制日本。为了探明沙俄态度,慈禧太后让李莲英去同俄国人接触。首开太监代表国家进行外交活动之先例。李莲英先是会见了沙俄驻华公使喀希尼,后又结识了华俄银行的璞科第。喀希尼是国际侦探,璞科第是国际间谍。他们二人见到李莲英之后都对慈禧太后身边的大太监表示了极大的兴趣。他们很清楚,只有通过李莲英,才能弄明白慈禧太后对中俄关系所持态度。怀着各自不可告人的目的,双方进行了一系列的秘密接触。为了掩人耳目,据说李莲英每次赴约时都脱下朝服,换上便装。两年以后的《中俄密约》的前期活动就是这样由李莲英出面与沙俄代表进行的。这些活动无论秘密或公开,均未能阻止各帝国主义国家对中国的干涉和侵略。还是李莲英的举荐,清政府派大卖国贼李鸿章代表中国同沙俄签订了《中俄密约》,沙俄侵占了乌苏里江以东 40 万平方公里的土地。李鸿章回国后,慈禧太后对李鸿章表示满意。李鸿章没有忘记李莲英举荐之“恩德”,把在俄国买到的一些洋玩意儿送给李莲英。所以,在清政府卖国的历史上,李莲英卖国的勾当罪责难逃。

光绪二十年(1894 年),大概是李莲英太监生涯中最“坎坷”的一年,先是被光绪帝杖责,又后连连被弹劾,可谓“屡遭不幸”。然而,这一切都是过眼烟云,对李莲英并没有多大影响,他的主子慈禧太后反而对他更加信任,他的地位也似乎比从前更加巩固了。

进谗言　毒死光绪帝

戊戌变法失败后,光绪帝被以谋弑皇太后的罪名幽禁起来。李莲英领着一群太监把光绪帝带到慈宁宫右侧殿。他对光绪帝说,是奉皇太后之旨让光绪住在这里的。为了监视光绪的一举一动,李莲英派出了 16 名太监“服侍”皇上;为了不让光绪帝逃跑,据说是李莲英给慈禧太后出主意,把光绪帝囚禁在中南海的瀛台。光绪到瀛台后,李莲英又带领一批小太监把通向瀛台一个小曲桥拆掉,瀛台变成了一座孤岛,出入只能靠小船来往。从此后,光绪帝成了慈禧太后的一名囚徒,在瀛台这座孤岛上度过了整整十个春秋。在这 10 年里,只有庚子兵祸(1900 年),慈禧太后出逃北京,携光绪帝西幸,光绪帝才算有机会离开孤岛一年。李莲英奉主子之命,负责看管、监视光绪帝。据说光绪帝被囚之后,先是仰天长叹,后又泪流满面。恰好被李莲英撞见,他幸灾乐祸地说:“皇上,这是老佛爷让你享清福啊!别难过呀!”这种颠倒了的主奴关系既说明了光绪帝身陷囹圄的困境,也反映了李莲英阴险歹毒。

中华传世藏书
中華梟雄大傳
宦官军阀卷

如果说李莲英日后对光绪、珍妃的报复是宫廷内部政治斗争的结果的话，那么光绪二十四年(1898年)对光绪的报复纯属仗势欺人，恃慈禧太后之淫威，以奴欺主。在这一年春天，光绪临朝议政。为了了解光绪帝的一举一动，慈禧太后派李莲英去殿后偷听。其实，李莲英充当慈禧爪牙，干这种勾当绝对不是一次两次了，可是这次他实在不走运。光绪帝散朝后一般都走前门，而这次走的是后门。李莲英始料不及，躲闪不开，竟然一头撞到了皇帝的怀里。还未等光绪开口，李莲英却狠狠地瞪了皇帝一眼。光绪帝对李莲英恃宠自傲，目空一切，处处刁难自己，借慈禧淫威干尽坏事早已不满，今天与他撞了一个满怀，不但不有所收敛，反而瞪了自己一眼，光绪帝新仇旧恨一起涌上了心头，一时怒火中烧，在康有为等人的鼓励下，更加之他早有惩罚这个大太监之心，便伸手狠狠地打了李莲英一个耳光。联想到光绪二十年(1894年)被光绪帝杖责，这次又遭耳光，李莲英对光绪帝各种仇恨交织在一起，对光绪帝的仇恨更深刻了。李莲英挨了耳光，但也无胆量对皇帝做出任何反抗，但他可以到主子那里告皇帝的恶状。他跪在慈禧太后面前，涕泪俱下，高呼"老佛爷救命"。他痛哭着向西太后诉说挨耳光的经过，声称照此发展下去，恐怕性命难保。听完李莲英的哭诉，慈禧太后脸色铁青，马上命人把光绪传入宫中。光绪在气头上打了李莲英，可事过气消之后，也觉得这一耳光无异于捅了马蜂窝。西太后传他时，他明白了怎么回事，战战兢兢地来到慈禧面前，立刻跪地求饶："孩儿叩见亲爸爸，冒犯李总管之事，实为鲁莽，乞求宽恕，日后再也不敢这样做了。"说完后又看了看李莲英。只见这位大总管满脸泪痕，对跪在地上的皇帝理也不理。慈禧太后杀气腾腾地将光绪帝怒骂一顿，又追问是谁从中挑拨的。正在这时，珍妃赶来为光绪帝求情，慈禧太后见珍妃到来，马上气上加气，抬手打了珍妃两个耳光。到了吃饭的时候，慈禧太后让李莲英陪她去用膳，继续让光绪帝和珍妃跪在地上。李莲英觉得自己这口气出得差不多了，很快换了脸色，建议让皇帝和珍妃去吃饭，这时帝妃二人才直起身来。这种彻底颠倒了的主奴关系在几千年中国封建社会的历史上是极为少见的，也只有李莲英，只有李莲英与慈禧太后当政期间才"创造"出这样的"奇迹"。

皇帝跪在地上，太监耀武扬威地站在一边，这本身就是一种十分严厉的惩罚，但阴险狠毒的李莲英仍觉不满足。当天吃完晚饭后，慈禧让李莲英陪她去散步，李莲英借口头晕不能去。慈禧知道李莲英在玩鬼把戏，却姑息迁就，反过来惩治光绪帝。她传旨让光绪请御医来给李莲英看病，光绪帝哪敢不从？低三下四地请医生给太监看病。弄得这位大清帝国的皇帝被一个太监整治得无可奈何。

光绪帝被囚前，李莲英只能与光绪帝暗中斗法，向主子进谗言来惩治光绪。光绪被囚瀛台后，身陷囹圄，形同一个活着的死人时，李莲英也就用不着暗中活动了，可以公开向光绪帝复仇了。李莲英向光绪皇帝复仇是从光绪帝接受维新主张，进行戊戌变法开始的。

光绪二十四年(1898年)，也就是光绪怒打李莲英耳光的那一年，光绪帝宣布变法，于是围绕变法维新发生了帝后两党之争。显然，李莲英是后党的忠实走狗，一旦慈禧太后势坍，李莲英是不会有好下场的。在维新变法期间，李莲英四处打探消息，不仅在主子面前进谗言，而且还无中生有，捏造事实，添枝加叶，为后党发动政变尽忠效力。他曾经对慈禧说："自古以来，明智的君主都遵守孝道治理天下。

而今天的皇上公开违背孝道，如此这般，怎么能对得起祖先和臣民呢？不如早点儿收拾掉。”慈禧发动戊戌政变过程中，李莲英起的作用是相当恶劣的。当康有为等人密商夺权时，李莲英察觉到了蛛丝马迹，立刻向主子做了报告，慈禧太后便命令荣禄做好准备。慈禧太后虽然对李莲英的话没有怀疑，但又觉得光绪帝生性怯懦，没有勇气敢如此胆大妄为，认为李莲英有点儿小题大做。李莲英则对主子说：“尽管光绪帝没有这么大的胆量，可是康有为并不是守本分的人，还是加紧提防一点儿为好。”慈禧太后还是有点犹豫之时，袁世凯出卖了维新派。慈禧对李莲英的谋略表示了赞许。从此之后，光绪被囚孤岛，朝中再也无人有胆量对李莲英提一个不字，凡遇宫中、朝廷大事，慈禧太后总把李莲英叫上，听听他的“高见”。每逢这时，李莲英又变得乖巧起来，常常推辞自己是宫中贱役之辈，不敢过问军国大事。慈禧太后对他更加喜欢和信任。称赞他懂礼教、守规矩。其实，李莲英早已成了胆大妄为之徒，嘴上声称不干预军国大事，而宫中每有大事，他都少不了进谗言。他只对慈禧太后一个人懂礼教、守规矩，只在她面前充当摇头摆尾的走狗，对他人则又是另外一副面孔了，包括对当朝皇帝他都不屑一顾，别人也就不可能在话下了。据史书记载，李莲英在宫廷“早有九千岁之称也”。李莲英是“九千岁”，而“万岁”仅有西太后一人，当朝皇帝光绪的“万岁”徒具虚名。

被囚于瀛台的光绪帝完全落入了李莲英的魔掌，他的一举一动均在李莲英的严密监视之中，一个大清帝国的当朝皇帝竟然成了太监的阶下囚。虽然李莲英对光绪没有生杀大权，西太后也由于种种原因，暂时还不想处死光绪，但光绪却失去了自由，李莲英抓住这个机会报私仇，泄私愤，想方设法从精神上折磨他，生活上虐待他。光绪被囚禁后不久，李莲英传下主子的懿旨，撤掉了光绪的皇帝膳食标准。表面上看，每天都有一些小太监给光绪帝送来御膳提盒，可是盒里的内容却已不是“御膳”了，所装的点心和菜肴只是为了凑数而已。不管光绪吃还是不吃，每天都有人送来。有一次光绪染病口渴，想让太监送点儿茶来。看守他的太监回话说，没有皇太后恩准不敢送茶。光绪只能喝点儿白水。为了防止光绪在瀛台乱写乱画，也害怕光绪帝把被囚禁的困境通报给洋人，西太后命令李莲英把瀛台的纸砚笔墨全部撤走。

日复一日，月复一月，光绪帝在无限的孤独、惆怅、苦闷、忧郁、哀怨等各种精神折磨、肉体摧残中度过了一年又一年。长此以往，身心备受折磨的光绪终于染病在身，骨瘦如柴，30 多岁的男人本正值青壮年，而这时的光绪却步履艰难，形如老态龙钟。光绪帝卧床不起时，仅有一个老太监在瀛台服侍他，隆裕皇后、瑾妃没得到慈禧的恩准也不能前来探望。慈禧太后虽然把光绪囚在孤岛，但又不想让他立刻死掉，她每天都让李莲英到这里看一看。

光绪三十四年(1908 年)，慈禧太后已经 74 岁了，年逾古稀的慈禧深有风烛残年之虞：年老体衰，力不从心。而这时，真正对慈禧的病患发自心底不安的是李莲英。他害怕慈禧太后死在光绪之前，一旦形成这种局面，复辟后的光绪决不会放过他。正是在这种前提之下，李莲英下狠心在他的主子归西之前，先设计毒死光绪帝。

李莲英最后下决心毒死光绪帝又与光绪帝的一段日记有关。光绪被囚后，十分苦闷，曾有一段时间记日记，把每天的生活情况记录下来。李莲英后来知道了这

件事，其中一部分日记还传了出去，里面有这样一段话："我现在病得很重，但是我心里觉得老佛爷必定会在我以前死。如果如此，我必下令斩杀袁世凯与李莲英。"李莲英原原本本地把这件事告诉给了"老佛爷"，煽风点火地说："若是皇上在老佛爷之前死，那么各方面的事情就容易办了。"慈禧听清了李莲英话的深层意思，遂下令李莲英去"专心致志"地"服侍"皇帝。李莲英对主子的"良苦用心"心领神会，把光绪的饮食医药等一切大小事情统统包揽过来。自李莲英"服侍"光绪之后，光绪的病情不但没有丝毫减轻，反而一天天加重了。李莲英名义服侍皇帝，实际上是一个追命鬼，早在光绪死前很长一段时间，他就奉主子之命，为皇帝准备好了寿衣。光绪病情日渐加重，他心里明知是李莲英捣鬼却也无计可施。没有身陷囹圄，身体健康时他对李莲英尚无可奈何，而如今重病缠身，卧床不起，就更加无能为力了。李莲英十分"恪尽职守"，一天也不离开光绪，表面上是在照顾皇帝，实际上是在加速他的死亡。李莲英很快达到了目的，完成了使命，光绪帝在慈禧太后之前死去，也是在万分痛苦中走完了人生历程。

关于光绪帝的死因有几种不同的说法，当代历史学家认为，光绪帝确系中毒而死。而且是李莲英在征得慈禧太后同意后，在光绪食物里下了毒，毒死了光绪帝。

残杀同僚　滥施淫威

李莲英太监生涯 50 余年，可谓坏事做绝，恶贯满盈。他不仅与慈禧太后共谋害死皇帝、皇太后、皇妃，又通过各种手段网罗罪名加害王公大臣，而且对一般的宫女、太监这类宫中下等人物也加以迫害。宫中大小太监，除了他的几个亲信、同乡之外，其他太监稍不如意，即可能遭到李莲英的痛骂、杖责、毒打。在宫中，李莲英不止一次地有过将太监毒打致死的记录。有一次，因为一个太监放鞭炮炸乌鸦之事，当事太监便被李莲英活活打死。乌鸦是太监最恨的一种鸟，也是人们认为是一种给人带来不吉祥的鸟。太监们恨乌鸦不单单是因为乌鸦不吉利，主要是因为北方人把乌鸦称为"老鸹"，其发音与老公二字的发音差不多。太监们失去了做男人的本钱后，最不愿意听的就是别人称他们是老公。每当人们叫"老鸹"时，太监们便认为是在叫他们，所以，太监们一旦捉到乌鸦后，常常弄死以解心头之恨。太监们有时把乌鸦捉住，在腿上绑上鞭炮，点燃后再把乌鸦放在空中，鞭炮一响，乌鸦一命呜呼，太监们个个开怀大笑，有一次，一个太监又捉到了一只乌鸦，如法炮制。不巧的是，鞭炮在西太后寝宫上空爆炸，惊醒了正在午睡的慈禧太后。她被惊醒后十分恼怒，又听到院子里传来吵闹声，更加火上浇油。她叫人取来皮鞭，抽打驱赶那些吵闹的太监。正在这时，同样被吵闹声惊醒的李莲英带着几个人来到这里。几个制造恶作剧的太监一见李莲英到来，个个吓得魂不附体。李莲英问清缘由后，把那个制造恶作剧的太监抓了起来。为了显示自己的权势和威风，也为了在主子面前"露一手"，李莲英命人将这个小太监按倒在地，又令另外两个太监各执一根竹鞭，狠狠地抽打这个"肇事者"，他站在旁边数数。打到 100 下时，两条竹鞭停止了在空中飞舞，而那个挨打的太监两条腿被打得皮开肉绽，鲜血直流，动弹不得。李莲英命人将其拖走。后来，因伤势过重，出血太多，又加上天热伤口化脓溃烂，得不到调治，没几天，这个太监便命赴黄泉了。

李莲英在宫中横行不法，无人敢过问，草菅人命事件多次发生。据说在1899年，李莲英家宅中有一个小太监，不小心打碎了一个盛供品的器皿。李莲英不问青红皂白，命人对这个小太监进行毒打，小太监因伤势过重，不治身亡。据说，在光绪二十九年(1903年)夏天，李莲英又将一个太监打死。

李莲英本人是太监，但他对他的同类——宫中所有的太监并没有多少同情之心。至于那些对他不服气的太监，不仅谈不上同情之心，而且想尽办法使之服服帖帖，据说，李莲英当了副总管之后，一些进宫时间比较长，资历比较深的太监对他不太服气，背后说他是靠拍马屁起家的。这些话后来传到了李莲英的耳朵里，李莲英很生气，他恶狠狠地说："早晚我要收拾你们，给你们一点儿厉害尝尝。"他把两个贴身小太监叫到自己屋里，吩咐他们在宫中替自己明察暗访，把探听到的消息告诉他。两个小太监不敢不从，没过几天就查清了原委，报告给了李莲英。李莲英找适当机会向慈禧太后奏了这些太监一本，说这些太监和小太监一起时经常散布淫秽下流的语言，应当检查一下，以防止宫中出现丑闻。起初慈禧太后并不在意，后来在李莲英有声有色地劝说下，也觉得不可不防，她让李莲英同京城毕刘两家联系，再给这些太监净一次身。李莲英找到了毕家，把事先拟好的名单交给了毕五，说名单上的人不老实，再给他们净一次身，给他们扫扫茬。李莲英虽然是在毕家净的身，但现在已今非昔比，宫中副总管的话，毕家岂敢不听。第二天一早，李莲英把那几个说他坏话的太监叫到自己房间，声称慈禧太后的旨意，要把他们送到毕家去检查检查，如果净身净得不彻底，还要第二次扫茬。这几个太监一听吓坏了，明白这是李莲英在报复他们，一个个赶紧跪地求饶。李莲英哪里肯放过他们，板着脸说，这是西太后的旨意，他做不了主，谁也不敢违抗。这几个太监没有办法，被送到毕家做了第二次净身手术，又一次经历了难以忍受的痛苦。此后，再也无人敢在背后说李莲英的坏话了，更不敢对李莲英不服气了。

在宫中受李莲英迫害、打击的太监不止那些无名小辈，无论哪个太监，只要李莲英不高兴，就少不了麻烦。人称清宫"最后一个大太监"的小德张就不止一次地遭到李莲英的种种刁难。小德张自阉入宫，为了出人头地，他苦练唱戏本领，终于被慈禧太后选中，先是成为慈禧太后御膳房传膳太监，后又被提拔为御膳房掌案。小德张一步步高升，麻烦也一天天多起来，他最害怕的是李莲英给他出麻烦。凡是李莲英找的麻烦，小德张很难对付，常常有苦难言。有一次，慈禧太后出宫游玩，李莲英告诉小德张把午膳安排到月波楼。中午进食，小德张按时在月波楼备好午膳，可是李莲英又鼓动慈禧太后换了个地方。等小德张带人费了很大力气追上慈禧太后时，午膳时间已过。慈禧太后将小德张狠狠地训斥了一顿，小德张吓得大气不敢出。他当然知道这是李莲英从中捣的鬼，可是满朝文武都惧怕李总管，他一个掌案太监又能如何呢？李莲英的刁难和出坏点子使小德张吃了不少苦头，但小德张也有一定之规，他的狡诈不在李莲英之下，因此在李莲英步步设障碍的情况下，他依然能取宠于慈禧太后。然而，他无论如何也无法超越李莲英，也不敢绕开李莲英，正因如此，他才未遭杀身之祸。

小德张是掌案太监，直接伺候慈禧太后，但还不如李莲英那么直接。据说，在小德张到御膳房之前，有一个钱姓厨师，钱某很会讨好李莲英，每次做菜前，先请教一下李莲英做什么，慈禧太后给点儿赏钱也"自觉"分给李莲英一半。后来，一个

胡姓厨师来到了御膳房。胡某不如钱某那么精明，什么事情都绕开李莲英，结果遭到李莲英暗算，被杖责后，赶出了宫廷。小德张对这些事情早有耳闻，事事处处小心，害怕得罪李莲英。有一次，军机处签放一梅姓海关监督，呈送光绪帝处押玺时，光绪帝拒绝用玺。梅某为达到目的，给小德张送去20万两白银。“有钱能使鬼推磨”，在清宫中差不多是一条铁的规矩。小德张拿到钱后，说服光绪帝押了御玺，梅某得以赴任。尽管小德张干得比较神秘，但还是让李莲英知道了。李莲英没有亲自出马，通过自己的亲信给小德张吹风，扬言要报告慈禧太后，小德张不会有好下场。小德张深知李莲英为人，也明知李莲英在敲他的竹杠，没办法，只得将20万银子分给李莲英一半，李莲英得到银子后，才算息事宁人。小德张对李莲英恨之入骨，但又惧于李莲英的权势和狠毒，不得不委曲求全，讨好、巴结李莲英，既给他多送银两，又想方设法利用他，防止他暗中谋害自己。一直到慈禧太后死去，李莲英彻底失宠，小德张才算熬出了头。

宫中一般的太监难逃李莲英魔掌，一些声名显赫的高官大臣也常常遭到李莲英的暗算。西太后时期，宫廷内有一个名叫姚宝生的御医。据说姚御医医术高明，又善逢迎，深得西太后喜欢。李莲英害怕姚御医有朝一日占了自己的上风，非常忌恨，他设计挑唆恭亲王奕䜣逼姚某自杀身亡。

甲午战争期间任湖南巡抚的张荫桓曾出洋游历，回国后将从国外带回的两块“祖母绿”宝石贡献给了慈禧太后。官员给慈禧太后送礼似乎是一条规矩，谁也不敢违抗。同时，送礼者不能绕过李莲英。一是因为李莲英可提供一些线索，给慈禧太后送什么东西最合适、最及时；二是因为如果绕过了李莲英，迟早要遭到李莲英的暗算。所以，一般的王公大臣、各路官员都先把礼物送给李莲英，让他过目。李莲英认为必要时，就送进宫里，没有必要时，就退回到送礼者手中。李莲英常借机对送礼刁难勒索，那些送礼的人为达到目的，都十分明智地备两份礼物，一份送给“老佛爷”，一份送给贪得无厌的李莲英。李莲英一生所获大量不义之财中，有相当一部分是别人“送”给的。给李莲英送礼大多数人是自愿的，因为打通了李莲英的关节，事情才能好办一些。李莲英这一关十分重要，凭他那一张能把死人说活的巧嘴，不论送什么礼物，他都能说得天花乱坠，赢得慈禧太后的欢心，送礼的人也就达到了目的。荣禄、李鸿章、袁世凯等人都从中尝到了很大的甜头。但此次张荫桓送礼却绕过了李莲英，而他又不有求于李莲英，李莲英失去了敲竹杠的机会，李莲英怀恨在心。他想出了一个极其阴险毒辣的主意，在这两块“祖母绿”宝石上做起了文章。他对慈禧太后说，张荫桓献绿宝石居心不良，是在讥讽太后，因为妾媵才穿绿色衣服。绿色是慈禧一生中最忌讳的颜色，她始终穿红、用红，因为正室才穿用红色，她也害怕别人说他不是正室。听李莲英这么一讲，慈禧太后怒火冲天，命李莲英将那两块“祖母绿”退还张荫桓。退还宝石后，李莲英并未因此罢休，又四处传言，说张荫桓借“祖母绿”讽刺慈禧太后。不久，在李莲英亲自授意下，张荫桓因借款被弹劾，李莲英把上疏递交给了慈禧太后。慈禧一见是张荫桓，马上将张传来。后又想将张同戊戌变法“六君子”一起砍头。由于外国公使馆出面干预，慈禧太后才未将张处死，而将其发配新疆。1900年，八国联军进北京，慈禧太后落荒而逃，但她仍未忘记惩处张荫桓。经过和李莲英密谋，张荫桓在新疆被砍头。张荫桓到死也不清楚，这一切都是李莲英挑唆的，原因仅仅是送礼时绕过了这个太监总管。张荫桓只是那些遭到李莲英迫害、暗算的众多官吏中的一个。

李莲英依仗权势，无恶不作，可谓方方面面，既有结党营私，网罗亲信，也有残害忠良，还有卖官鬻爵，科场作弊。李莲英科场作弊不是他本人，而是利用那些想巴结他的人在科考中舞弊。据说大约光绪二十年（1894 年）前后，有一主持通州考场的孙姓考官。此人深知李莲英在宫中势大权大，总想巴结，无奈没有任何机会。其实，即使有机会，李莲英也不可能把一个小小的通州考官放在眼里，孙某接连几次硬着头皮去见李莲英也未能如愿。好歹在第四次求见时李莲英赏了点儿面子。凑巧的是，这一年李莲英的一个侄子也在通州考场应试，李莲英出于对侄子的考虑，答应见一见主考官。李莲英把自己侄子名字写在一张纸上，递给了孙某。孙某因见到大总管高兴万分，喜形于色。可是，乐极生悲，孙某把李莲英交给他的那张写有李莲英侄子名字的纸条给弄丢了。孙某吓得魂飞魄散，如果这个事让李莲英知道了，孙某准吃不了兜着走。丢了那张纸还不算特别重要，重要的是孙某未能记住李莲英侄子的名字。孙某与他人商量了半天，最后有人想出一个“好”主意：凡是此次参加考试的李姓考生一律中秀才。孙某认为此计可行，即使李莲英知道了，也不会怪罪，他的侄子自然也会榜上有名了。结果，此次考试所有李姓考生全部中了秀才。那些平素刻苦读书者中了秀才尽在情理之中，而那些不通文墨的李姓考生也在榜上，连他们本人也觉得莫名其妙。这件事不久传到了李莲英的耳朵里，李莲英非但没有丝毫怪罪孙某之意，反而夸他会办事。

一代阉枭　穷途末路

光绪三十四年（1908 年），在光绪死后不到 24 小时，统治中国将近半个世纪的慈禧太后也一命归西了。李莲英失去了主子倍感伤心，他没有想到主子这么快离他而去。李莲英几十年在慈禧太后身边几乎寸步不离，对慈禧的病情了如指掌，但也没有想到这么快就一命归西了。李莲英一生得宠于慈禧太后，坏事做绝，罪恶昭彰。尽管他狡猾奸诈，但他的丑行与罪恶尽人皆知。李莲英自知难保大总管职位，再也不能像往日那样目空一切了。同时，凭借他多年在宫中的经验，他也有几分不祥之预感。不过，李莲英毕竟是李莲英，他想到了这一天，也想到了这一步。为防不测，他提早做了准备，与隆裕太后拉上了关系。慈禧太后还活着的时候，他就把大批财宝送给隆裕皇后，为自己准备了后路。李莲英的“先见之明”果然救了他的命。末代皇帝溥仪也是年幼登基，其生父载沣为摄政王。载沣垂涎于李莲英暴敛的无数财宝，也嫉恨他往日的权势，更害怕他借隆裕太后之名，挟持小皇命，继续在宫廷中称霸。于是，载沣想乘光绪、慈禧太后死去之机，在乱中杀掉李莲英，夺走他的财富，彻底除去后患。由于李莲英事先打通了隆裕皇后（此时已晋升为皇太后）的关节，垂帘听政的隆裕出面干预，才使李莲英免遭劫难。

在慈禧太后归天后，李莲英彻底失去了昔日的威风。这个由一个普通的奴才——太监一步步登上太监大总管宝座的大权监，此时不得不主动脱掉那身令人眼热的二品官服。他由奴才变成总管老爷，集奴才老爷于一身。因为有了慈禧太后撑腰，他可以连皇帝、皇后都不放在眼里，而在今天却完全变成了另外一个人，成了一个丧家之犬，仿佛从天堂跌落到地狱中。但李莲英无论是奴才，还是权监，他

总是爱低头盘算。慈禧太后死后的一天，正在他低头盘算之际，猛然听到有人喊他。他抬头一看是他的对头小德张，此时已经得志的小德张不冷不热地讽刺说："这不是李大总管吗！隆裕太后有旨，让你今天离开紫禁城。"过去，小德张在李莲英面前毕恭毕敬，可今天却大不相同了，江山易主，小德张取代了李莲英成了大总管，而李莲英现在却成了丧家犬，不得不对小德张点头称是。小德张又对他说："你的住处，除了行李，别的东西不准带走。"小德张还声称这是隆裕太后的旨意。时到今日，李莲英也弄不清到底隆裕太后有没有这样的懿旨，他连同小德张争辩一下的资格也没有了。幸亏狡诈的李莲英当初没有同隆裕的关系搞僵，隆裕太后也算开恩，准许他"原品休致"，否则，别人能够放过李莲英，小德张绝对不会放过他，一定会将他一脚踢出宫门。

由于李莲英平时对小德张过于苛刻，长久以来，小德张对李莲英一直怀恨在心，小德张仍不想放过李莲英，想对"原品休致"的李莲英"穷追猛打"，更想利用搞垮李莲英的机会，夺取他多年来聚敛的巨额财富。小德张派出心腹，四处走访，查清了李莲英在北京各银号、金店的存款，准备敲一下他的"竹杠"。小德张面奏了对他言听计从的隆裕太后。隆裕太后下了一道手谕，让内务府查办李莲英。李莲英得知这一消息后，顿时心惊胆战。他深知自己作恶多端，敛财无数，急忙派人到袁世凯的亲信江朝宗那里求救。江朝宗是当时清王朝实力派人物。在李莲英得势时，江与李莲英来往密切，有一定的交情。李莲英虽然失势，但为了保全财富和身家性命，把许多金银珠宝源源不断地运到江朝宗家中。李莲英这一着果然奏效，江专门把小德张叫到家中，让他转告隆裕太后，不要对李莲英太过分。隆裕太后因与袁世凯关系密切，给了江朝宗一个面子，才没有对李莲英赶尽杀绝。

但是，小德张始终不能忘记当年李莲英对他的种种刁难。他此计不成，又生一计。在隆裕登基太后后，小德张准备为他的新女主建造一座"水晶宫"。可是，当时的清王朝经济凋敝，国破民穷，实在筹集不出造"水晶宫"的巨款。小德张便向各位王公大臣伸手，也想到了他的死对头李莲英。他以建造"水晶宫"为由，向李莲英索要、排派金银款项。落魄后的李莲英也不知是真是假，也不敢询问是真是假，小德张要多少，他就给多少。现在轮到李莲英对小德张忍气吞声了。

李莲英"原品休致"，选择南花园为养老地颇费一番苦心。几十年来，即使他没有聚敛那么多的财富，靠他二品官职的俸禄，他也可以享受荣华富贵，享受别人享受不到的各种生活待遇，而且他在北京有多处住宅，养老理应不成为问题。他虽然没有亲生儿子，但却有 4 个与他有着血缘关系的继子(4 个继子均为他兄弟的儿子)，这些继子又都是朝廷品位不低的官吏。然而，他别有用地选择了南花园为养老地，目的只有一个，他想让文武百官看看他对清王朝的一片忠心，离开了皇宫，也不离开皇家地盘，况且南花园名花名木甚多，幽雅僻静，是一个养老的好去处。他到南花园之后，仍有几个小太监伺候他，比起一般离宫后的低层太监强了千百倍。那些低层的、干一般粗活儿杂役的太监简直一丝一毫也不能和李莲英比较。清代宫廷太监比明代少了许多，但这种少仅仅是针对明代而言的，实际人数并不少。和历史上历朝历代太监一样，能在宫中得到主子宠爱，真正享有荣华富贵的太监实在太少了。绝大多数太监在宫廷中的生活也是清贫的。到了晚年，当他们不能为主子服务时，主子就将他们一脚踢出宫门。出了宫的太监命运悲惨至极。因为他们是被阉割了的男人，失去了男根，非男非女，社会上的人瞧不起他们，连家人也不收留他们，甚至死后也不让他们进入家族的墓地。他们无儿无女，无依无靠，无家可归，大多数人只能到北京的白马关帝庙、金山宝藏寺、岫云观，玄真观等 20 多处寺庙选一栖身之地，在那里了却风烛残年。慈禧太后死后，服侍她的太监有一大批被逐出宫禁，多数命运凄凉，唯有李莲英例外，他可在南花园享清福。

但离宫后的李莲英毕竟不是当年了。无论如何也不可能像主子在世时那样为所欲为了，彻底失去了昔日的骄横与霸道，随之而来的是苦闷与疲惫。他终日无精打采，眼窝深陷，谁也看不出这就是当年那位威风八面的大总管。离开宫禁第二年——宣统二年（1910 年）春天，62 岁的李莲英步履蹒跚，语言迟钝，已呈现出距死神不远的种种先兆。李莲英的嗣子和侄子们开始考虑他的后事了。

宣统三年（1911 年），也就是在李莲英出宫刚两年，在寂寞中病入膏肓，已属不治之症，久卧病榻的李莲英瘦得皮包骨，气数将尽，日暮西山。死到临头，他把嗣子、侄儿们召集到一起，交代后事。他首先向他的晚辈们痛哭流涕地讲述了自己 9 岁被阉入宫当差，而后得到慈禧太后恩宠，一步步爬上大总管职位的经历，并且为李家“置”下了丰厚的家产家业，告诉后辈们要谨慎持家，防止财源枯竭。遗憾的是，这些“教诲”对他的后辈已无任何必要，因为他的后代在他有意或无意的放纵之下绝对不会，也不可能谨慎持家了。他还交代后辈，在他死后不要盲目行事，他的丧事一切都要奏明朝廷，请隆裕太后恩准定夺。最后，李莲英让李成武把他手中的银两分给几个嗣子侄儿。据说，他的 4 个继子各得白银 40 万两，另有一大口袋珠宝，其他各位侄儿分得白银 20 万两，他的两个继女分得 17 万两。此外，李莲英在宫中尚存有 300 多万两白银和两箱珠宝。李莲英早已知道这些财宝不可能属于他了，因此非常“明智”地告诉后人，不要想这件事了。当然，这些财富也只是他所聚敛财富的一部分，而且还不包括数额巨大、价值万贯的几处房产。

除了房地产等财富外，李莲英留给后辈的财富与他的财富总额也是有差距的。原因在哪里呢？原来，李莲英卸去总管职务，离开清宫之后，许多人垂涎他的财富，不仅有小德张之类的官宦，还有他的一些亲戚和那几位继子。这些人出入李莲英的几处住宅，无一不是为了他的财富。此外，更有一些不明身份的理发匠、剃头匠、修锅补鞋匠等人，经常不经允许，强行闯入李莲英的住宅，东张西望。这些人实际上是小德张等人派出的亲信爪牙，到这里探听虚实。还因为小德张假借新主子隆裕太后的淫威，想要抄没他的财产，他被迫将财产转移别处，财产被很快分散。除了他的 4 个继子之外，他的孙子、孙媳妇、侄子、侄女、侄媳等各方亲戚，整天吵闹于李家及李莲英的养老处，其目的只有一个，就是为了瓜分他的财产。

财产分割完毕后，一波未平又生风波。李莲英在为继子分银过程中，只分了埋在赐宅和外院两处宅第地下的一些银子，存入银号的银子丝毫未动。谁知 4 个继子见财眼红，挖出的银子、珠宝很快被 4 个如狼似虎的继子抢空。李莲英见此法不灵，想改用银票支付的办法分配财富，但 4 个继子根本不听，四处挖掘，只要见到银子就一哄而上，甚至发生口角和厮打，李莲英见状伤心万分。然而，这一切都是他留下的祸患，想制止或扭转已经不可能了。

在他的继子、侄孙、亲友为他的财富争执不休之际，李莲英的生命也已接近尾声，病情日益加重，即使不是医生，不懂医道的人也能看出：李莲英不久于人世了。

李成武见状奏请隆裕太后,获得恩准后,轮流进入南花园守护李莲英。李成武等人费尽心思,想尽办法,百般治理,也未能挽救这个曾经权倾朝野的大太监的性命。李莲英于宣统三年(1911年)二月初四死去。

李莲英死后,他的兄弟子嗣们按照他生前的交代,没有马上发丧。李成武等人给朝廷写了一道奏章,请求隆裕太后降旨,给李莲英发丧。二月初六,隆裕太后降旨,按祖宗家法,李莲英属六品以上太监,赐茔地一块,在恩济庄大公地内安葬,并赐以祭坛和治银1000两。李家接旨后,马上准备发丧的各项安排及日期。李家又奏请隆裕太后,请求按国家元勋级别来给李莲英发丧。并声称,国库吃紧,费用由李家自己承担。隆裕太后批准了李家的请求,一个靠玩弄权术起家的太监,死后竟能享有国家元勋的"待遇"。李家人为了扩大影响,在京城内外散发丧报,李莲英一些生前好友,以及那些得到过李莲英好处的人纷纷前来吊唁,或送来祭银祭品,朝内一些文臣武将也前来吊唁。李家对李莲英的丧事尽其铺张之能事,在一个月的吊唁活动中,去掉白银数万两。但此时的李家也差不多和李莲英一样尽了气数,否则几十万、几百万也不止。

恩济庄的太监茔地里,自明朝以来埋葬的首领太监以上"级别"的太监300余人,但谁的坟墓也不如李莲英墓地那么气派,仿佛在向世人证实,这位太监大总管到了阴曹地府之后,也是死去的太监们的总管。李莲英的墓地在恩济庄的太监茔地中形成了一个独立的院落,前有石桥和牌坊,牌坊的横眉上写着"钦赐李大总管之墓"。全部阳宅共四五十间,供李家人来扫墓时休息之用。恩济庄内有座关帝庙,关帝庙东侧建有李莲英的一座祠堂,祠堂挂有李莲英的一幅画像。在家人来扫墓时,便把这张画像展开,平时则卷起来。李莲英的坟墓连同地面建筑占地至少在10亩以上。墓前的石牌坊、供桌均仿清陵样式制作的,只不过尺寸小了一些。

李家人为李莲英立了一块高3.5米,宽1米多的汉白玉石碑。在整个清代的几百年间,太监死后立这样的墓碑也是空前绝后的。一般的总管、首领太监死后,所立石碑多数是青砂石的,仅有李莲英一个的墓碑是用汉白玉制成的,汉白玉墓碑上刻有"永垂不朽"四个大字。李莲英生前权势熏天,但名声不佳,死后很难找到一个名人为他撰写碑文,最后只能由他的晚辈替他吹捧了。宣统三年(1911年),他的表侄,癸巳恩科举人,国史馆誊录,花翎议钗分省补用同知王元炘撰写了碑文。短短几百字碑文中,王元炘对李莲英作了充分的吹捧和美化,里面充溢着粉饰之美言。无论李莲英后人如何竭尽美化粉饰之能事,李莲英作为晚清宫廷的大权监,在几十年的太监生活中干尽了坏事,这些事实是任何吹嘘美化之词所无法掩饰的。

李莲英作为慈禧的贴身太监,与慈禧勾结在一起,组织了复杂的情报网,充当了总间谍头目,双手沾满了人民的鲜血。他为慈禧出谋献策,拉帮结派,排斥异己,扩充势力,广收贿赂,监军、监政、监帝、监后妃,飞扬跋扈,为慈禧牢牢控制大权干尽了坏事,用他毕生的活动谱写了一部罪恶史。

军阀篇

袁世凯:窃国大盗 死不可恕

【人物档案】

袁世凯

姓名:袁世凯

别 名:袁项城、袁宫保。

字号:字慰亭(又作慰庭),号容庵。

生卒:1859年~1916年

籍贯:河南项城人

职务:大清帝国的首相、朝鲜王朝的总督、北洋军阀的领导人、中华民国首任大总统、中华帝国的皇帝。

主要作品:《袁世凯全集》

主要成就:创建北洋军,培养大批军事人才,创立近代警察制度,逼迫清帝和平退位,督修铁路、办工厂、大力发展实业废除科举制度。

评价:袁世凯是我们中国势力最大的军阀,爪牙遍布于全国。他凭借着国家元首的地位,私心自用,帝制自为,自以为可以成功。而结果为总理所领导的中华革命党所打倒,袁世凯竟以恐惧而死。(蒋介石)墓葬:河南省安阳市北关区胜利路洹水北岸的太平庄

【枭雄本色】

一个社会变革的时代,往往也是投机者粉墨登场的时代。

清末民初的袁世凯,刚刚还是维新运动的积极支持者,一忽儿又成了仇视变法的慈禧太后的座上宾;昨天还做着清朝廷的内阁总理大臣,一晃又成了中华民国大总统,可以说是前无古人的政治变脸者和大投机家。

然而变脸有术亦有限。当袁氏妄图恢复帝制,做起中华帝国的"洪宪皇帝"之时,终于露出了投机者和独裁者的狰狞面目。在全国一片讨袁声中,北洋军的一个个干将也患起了"流行性政治病",袁氏军阀集团四分五裂。袁氏在众叛亲离的绝望中孤身影只走向了黄泉路。

83天的"洪宪皇帝"给世人黑色的幽了一默:投机者千方百计使自己爬得很高,也往往让自己摔得更惨……

【风云叱咤】

少年骄矜　领袖欲强

袁世凯，字慰庭（又作慰廷、慰亭），别号容庵，1859 年 9 月 16 日（清咸丰九年八月二十日）出生于河南省陈州府项城市袁寨，故世人又称之为袁项城。

袁家占地四五十顷，兼开典当业，放高利贷，一家三十多口人，四世同堂，属典型的封建地主官僚家庭。其祖父袁树三为廪贡生，叔祖父袁甲三为漕运总督，冠显家族。父亲袁保中（1823 年~1874 年）字受臣，附贡生，捐同知，生二女六男，袁世凯为继室刘氏所生，行四。由婶田牛氏（其叔保庆）喂养，并于 1864 年过继为嗣子。

1866 年袁保庆以知府发往山东补用，袁世凯随赴济南，就塾读书，但“资分并不高，而浮动非常”，却对戏剧“乐观不倦”，且顽劣异常。1868 年随袁保庆在江南盐巡道任上，骑马练拳，日益强壮，成为不爱读书专事游荡的纨绔子弟。1876 年秋回河南应乡试，名落孙山。同年 10 月，在家乡同陈州于氏结婚。次年春回到叔父袁保恒处，学到许多官场世故。这期间，1873 年袁保庆病逝，1874 年袁保中病逝，1878 年袁保恒也死于时疫，不久，袁氏分家，袁世凯因过继袁保庆而分得丰厚家产，从此无人管教，自为一家之主。他不能借做八股文去取功名，但已学成了一套捭阖钻营的本领，1879 年秋乡试再次落第以后，弃文从武，靠求亲访故去找出路了。

1881 年袁世凯前往山东，投靠与袁保庆有结拜之交的淮军统领吴长庆，在署中帮办文案，随幕府名流张蹇、周家禄学习、历练，受到吴长庆的信任与优待。不久，因寻常办事有条理，被提拔为庆军营务处帮办。1882 年 8 月，吴军奉命平定朝鲜内乱，袁世凯随军东渡，登陆时代理营官，部署干练迅达；平定抢劫之风，率队参战，得到很高评价。10 月，由李鸿章保奏袁世凯以同知补用，赏戴花翎。此后，袁世凯奉命督练朝鲜军队。1884 年吴长庆奉调回国，留驻朝鲜汉城三营军队，由记名提督吴兆有统带，袁世凯受命总理营务处，会办朝鲜防务，成为在朝鲜握有军事实力的人物。不久，便放肆跋扈，踢开当日巴结、借以晋身的吴长庆、张蹇等人，负义绝交。

1884 年 12 月 4 日，朝鲜发生“甲申政变”，以金玉钧为首的开化党在日本配合下，准备摆脱中国而“自主”。危急时刻，袁世凯率清军一千余人闯入朝鲜王宫，赶走了日本军队，护送国王回宫。这次胜利，维护了清王朝的宗主地位，也保住了袁世凯自己的功名利禄，更使本有取朝鲜国王而代之的袁世凯政治野心膨胀起来。因而他报告李鸿章，请“设立监国”，并亲率清军一营驻守朝鲜王宫，专权自断。由于清政府正值四面楚歌，风雨飘摇之时，畏洋如虎，袁如凯才官梦破灭，反因“擅启边衅”而受查办，又因平日狂妄自大，独掌军权，被吴兆有、张光前揭发了蓄养官妓、贩卖烟土、贪污军饷等劣迹，陷于艰难处境。1885 年 1 月袁世凯以母病为名，向吴大澂请假回国，至旅顺会见堂叔袁保龄。袁保龄认为“此子狡狯”，用这种办法摆脱困境，“胜其痴叔矣！”李鸿章、吴大澂也都欣赏其应变之才，言其可用。从此，袁世凯在清廷之中反而渐增名望，而他也抛开知遇者吴长庆，转投李鸿章名下。同年 8 月，袁世凯奉李鸿章之命回天津，10 月 2 日与总兵王永胜护送朝鲜大院君李昰应

回国,并对朝鲜两派闵妃与李昰应之间的矛盾作了排解调处,规劝朝帝李熙不要亲近俄国。回国后,更受本鸿章赏识,称其"胆略兼优,能知大体","足智多谋",奏派接替陈树棠驻朝商务委员职务,并加驻朝总理交涉通商事宜前衔,参与外交事务,以知府分发,补缺后以道员升用,赏加三品衔。从此,袁世凯开始在政治舞台上崭露头角。

1885 年 11 月 15 日,袁世凯携李鸿章致李熙"以后贵国内治外交紧要事宜……与之商榷"的密函,再到朝鲜,以监国大员、太上皇自居,遇事直入王宫,盛气凌人,直接插手朝鲜的内政、外交、邮电、贷款、关税等各项事务。这在维护和强化宗藩关系方面,所作所为超过了清政府,从而遭到清廷及朝鲜皇室的反对。李鸿章却认为他"血性忠诚,才识英敏,力持大局,独为其难",于 1892 年奏请以海关道记名简放,1893 年,又奏补浙江温处道员,仍留朝鲜。袁世凯不了解国际大势,继续以强力干涉朝政,伤害了朝鲜民族感情,严重损害了中朝关系,使之接近日本;而袁世凯对于日本自 19 世纪 70 年代以来即已广派间谍、蓄谋征韩侵华的事实却不加防范,盲目轻敌,未做战备,给日本以可乘之机,实负有甲午战败之责。

1894 年春,朝鲜东学党起义,袁世凯为了个人权势及威望,积极主张派兵入朝镇压,恰中了日本诱中国出兵以起战端之计;更泄露了出兵计划,致使日本抢占先机;复因判事不明,促使李鸿章决心出兵朝鲜,致使日军大举入朝。在毫无作战准备的情况下,为了阻止日军前进,袁世凯多次恳请日本驻朝公使大岛圭介谈判,双方约定不再增兵。中国军队待命牙山,援军停发,而日军则源源而入,占据了绝对优势。继而日本提出改革朝鲜内政问题,又提出朝鲜是否为中国属邦问题。由横转怯的袁世凯追随李鸿章,推往妥协政策,在朝鲜政府请求协商解决办法时,公然表示"不强干预",致使日本控制了朝鲜政府。袁世凯无力挽回颓势,即想到自己脱离险境,请求下旗归国,未获批准。这时,日军包围使署,用大炮瞄准,署内柴米缺乏,幕僚大多逃走。7 月 14 日,袁世凯再以患重病为由,致电李鸿章,18 日奉调回国,从此结束了在朝鲜的生涯。

驻朝鲜期间及前期的袁世凯,初时不思习文,混世行劣,屡试不第,自认为"大丈夫当效命疆场,安内攘外,乌能龌龊久困笔砚间,自误光阴耶!"练拳经武,决定了以后的武仕之途。投靠吴长庆之后,则表现出事务性的才能与决策的果断,同时也表露出为求升官,不择手段的阴狠与掌权即用权的专断与豪横,趋利避害的狡狯与奸猾。但此时的袁世凯,仍一同于一般的封建地主官僚,追求的是稳步青云,攀得高官厚禄,争个出人头地,满足于"小钦差局面"。转投李鸿章之后,"年未三十,名扬中外",已奠定了日后升迁的根基。再赴朝鲜,袁世凯的权力欲望爆发,野心膨胀,弄权之性已成。他挖空心思控制朝鲜之举,抵消日本影响之行,亦有维护国家利益之功,更有维护封建宗藩关系的信念,然而事与愿违,强力暴虐的结果,加速了朝鲜的离心力,孤陋寡闻的结果,使他对日本的国势、军情做出了完全错误的判断,客观上有利于日本战争意图的实现。这期间,表现出其外交方面的愚钝,判断、措施的幼稚,致使甲午中日之战未开,中国已负先机。贪生避战,则表现出袁世凯缺少军人气节与品质,酝酿出一代奸雄的雏形。可见,这一时期袁世凯的行止,已影响到了十九世纪八九十年代的中期、中日关系及中国本身。

毛遂自荐　编练新军

袁世凯回国后，附和李鸿章及后党的妥协路线，“备阵战无把握”。1894 年 8 月 1 日中日甲午战争正式爆发。9 月 9 日，袁世凯奉李鸿章之命，仍任总理交涉通商大臣兼办辑抚事宜，出关到达九连城，联络官军，协筹粮饷。1895 年接办前敌营务处，消极应付，闻败而逃回天津。

甲午战后，举国上下出于一种危机感，内外文章、争献练兵之策。袁世凯是较早提出用西法编练新军的官僚之一，素以“知兵”闻名。他深信乱世得权的捷径在于军事实力的观点，抓住了这个政治良机。毛遂自荐、四出活动、八方钻营的结果，1895 年 12 月 8 日，清政府命袁世凯接管定武军十营，取得了督练新军的职权。前往天津小站镇以后，再行招募，全军扩至 7000 人，改名为新建陆军，成为北洋军的起源。作为传统政治磨炼成的实用主义者，袁世凯把个人的野心与阶级利益紧密地结合在一起，既把军队看成是重振清廷的支柱，也把军队看成自己显赫一世的阶梯，因而灌注了全部心血。

新建陆军采用德国和日本建制，分为步、炮、马、工程、辎重诸兵种，设德国语言各随营军事学堂，培养造就全新的军事人才，开创了中国近代陆军的先河。

袁世凯崇信“有军则有权”的道理，看重实力，尤重军队，将新建陆军看成是自己飞黄腾达的政治资本。因此，一方面，他制定各种章程，使军队的组织、制度、规模趋于完善；另一方面，深知“兵为将有”的重要性，主抓“绝对服从命令”这一关键问题，采用破格任用、恩遇收买、结党营私等各种手法，“事事以本督办为心”，我们一手拿着官和钱，一手拿着刀，服从的就有官有钱，不服从的就吃刀。重用家兵家将之余，复用官禄笼络了一批北洋武备学堂的毕业生，使之依附于自身。广招淮军旧将，从而使将士对朝廷的忠心转移到自己身上，“唯袁公之命是从”，成为一支半私人性质的军队，以封建人身依附关系为纽带，结成封建军事集团。为了使士兵们绝对服从，袁世凯采用极其严酷的纪律进行约束，并灌输封建的个人迷信，各兵营供奉他的牌位，视为衣食父母。新建陆军采用洋教习训练，制定并督行制度，其形成和发展，从一开始就附属于西方资本主义列强，带有着浓厚的半殖民地烙印，并为列强所瞩目。中外赞誉，使袁世凯声名鹊起，身价倍增。1897 年 7 月，晋升为直隶按察使，专管练兵事宜，他的政治地位更加巩固了。

1898 年，变法维新思潮汜聚成为政治运动，新人辈出。袁世凯早在未练新军之际，奔走权门之时，即感知到变法维新的迹象，故而为免被潮流所弃，左右逢源，与康、梁交往甚密，并曾代递万言书，捐款加入强学会。进而维新声浪日高，更是言论激进，被认为是维新派的“同志”。而实际上，袁世凯练编新军虽与“新”字有关，但他毕竟出身于封建官僚地主家庭，封建思想根深蒂固，并长期混迹于封建官僚之间，投靠的是荣禄后党一派，只是风雨欲来，脚踏两条船，本质上属于封建顽固势力，“有维新之貌，而无维新之心者也。”因而必然地在维新运动中扮演成一个极其卑鄙的可耻的角色。等到维新与守旧势力两相争执的关键时刻，便一面对光绪帝所赐之候补侍郎表示感戴，一面遍访“老臣”，表明心迹。9 月 18 日慷慨陈词，向谭嗣同表白营救光绪帝之意，20 日便返回天津，即谒荣禄告密。戊戌变法失败的历史，映出了袁世凯政治投机家的面目，一代奸雄的本色。

1899年6月，清政府授予袁世凯工部右侍郎兼管钱法堂事务。7月返回天津小站，组织编纂《训练操法详晰图说》计12册，集中反映了他训练新军的指导思想，从而把洋务派"中学为体，西学为用"的思想具体运用到军事上，并以新编军队为封建专制国家服务。该书第一次系统地介绍并说明了资本主义国家的有关军事知识，对清末新军的训练起了不小的作用。

1899年12月，在荣禄的保荐之下，袁世凯署理山东巡抚（实授于1900年3月14日），率部开往山东，受到列强的欢迎。就任之初，袁世凯比较客观地分析了山东地区民教争执的原因，并提出了"治本""治标"两种办法，以调和民教，并提出对洋人"但论曲直"，不可一味迁就的观点，客观上有利于义和团。但在列强压力与清廷反对之下，复抱定剿团保教的宗旨，宁可充任列强的走狗以维护封建统治和自己的前程，决不愿义和团赶走帝国主义以成燎原之势。因而在具体事务的处理中，充当了帝国主义的帮凶，并坚持镇压义和团。八国联军侵华开始以后，袁世凯施展各种手腕，以全部机敏，处理了与列强、与清朝政府的关系；为了保存自己的军事实力，听凭侵略军长驱直入，屠杀义和团，订立城下之盟。他还配合侵略军合剿义和团，四处查抄团民家产。同时，他善保洋人、教民，出资犒劳侵略军，以洋奴行径，换得"四夷钦服"；又以搜刮来的山东民脂民膏接济西逃的慈禧及其官员，收买朝廷，左右逢源，博得"才堪应变"的美名和信赖。1901年1月，清政府筹办"新政"，4月25日，袁世凯提出筹办新政的十条"管见"，上奏朝廷，承袭洋务派的主张，以延续封建王朝的统治。此举适应了统治者的需要，为各省仿效实行。同年11月7日，李鸿章吐血毙命，临终前口授遗疏附片，称袁世凯"环顾宇内人才，无出袁世凯右者"，深受其贿的荣禄、李莲英宫内引线，尤其欣赏他的列强也已出面，据光绪二十七年九月二十七日张之洞致洛阳行在军机处电："昨德公使穆默自京来鄂密谈，……其大意愿袁扶到直隶而已。按今年以来所见各国提督领事，皆盼袁为北洋大臣。"这位淮系集团的衣钵传人，即由慈禧太后明令提拔，置理直隶总督兼北洋大臣（1902年6月9日实授），不久加赏太子少保衔。

此后，袁世凯更加积极地走上了扩张军队以掌大权的道路。至1906年共编成新军六镇，以小站时期的旧班底为将帅，形成了一个庞大的北洋军阀集团，并成为清政府所谓"新政"的推行者，其军事、政治、经济力量急速膨胀，成为地方上实力最强大的封建军阀。同时兼任参预政务大臣、会办练兵大臣、办理练兵事宜、督办电邮大臣、督办关内外铁路大臣、津浦铁路大臣、京汉铁路大臣等职，操纵巡警部，不仅成为北洋军事政治集团的总头目，实际上也成为清政府的重要决策人物。在筹办新政的过程中，使北洋集团从军事领域染指各主要行业，并逐渐建立起来北洋集团的经济基础。在经济方面，袁世凯并不完全排斥资本主义发展；在文化方面，于1903年提出停科举的主张，1905年8月领衔上奏请停科举，并将新式教育提高到国之兴亡的高度去看待，并能付诸实施，还是难得的；在外交方面，他继续推行对外妥协政策，不支持学生拒俄运动，在日俄战争中自守"局外中立"，划出"交战区"，严令保护外人生命财产，并代表清政府在《中日会议东三省事宜条约及其附约》上签字，镇压天津人民抵制美货运动；在政治上，党同伐异，窥测时潮趋向，极力扩张个人实力。他手握重兵，权倾朝野，党羽成群，他的所作所为，直接影响了这一时期清政府的内外政策。

随着革命排满运动的日益兴盛，发端于日俄战争的立宪之论，也渐次兴起为思潮。袁世凯坚决主张镇压革命派并付诸实施,手段凶狠;而立宪声浪日高,在朝廷内部满汉权争之中,袁的超权,已开始引起满族贵族的疑忌,他便权衡利弊,附和潮流,观风使舵。观察的结果,他认为:"剿除革命党政策,除速施行立宪制度外,更无他法。"同时,立宪可抑制满族亲贵的权力,打破满族贵族的政治优势,自己则可夺得更多的权力;限制君权或可保证将来光绪难报当年卖君之仇,而时局变动,更便于保持和扩大北洋集团的势力。基于此,1906 年五大臣考察宪政一回国,袁世凯立即入京面奏慈禧,请改中央官制,实行责任内阁。然而毕竟权力过重,再次触动满族亲贵利益、阻止宗室干政的结果,招致满族贵族的竭力打击,反而失去了所兼要职及四镇军队指挥权。袁世凯再寄希望于地方官制改革,通过"杨翠喜"一案掩护朋党,合力反击,并想尽一切办法扩展权势,欲撼倒夺他兵权的铁良。物极必反,袁世凯遭到连篇弹劾,慈禧见疑,9 月 4 日,袁世凯被免支直隶总督兼北洋大臣职,调任外交部尚书兼军机大臣,明升暗降,剥夺了他对北洋军的直接指挥权。失之东隅,收之桑榆,袁世凯也因此博得了"全国立宪之魁"的社会赞誉。

1908 年 9 月,袁世凯因借寿纳贿结党被参,受到慈禧严斥,出宫时"惊惶失足,从殿阶坠地,跌伤右腿"。同年 11 月 14 日、15 日,光绪帝、慈禧太后相继死去,三岁的溥仪继位,载沣为摄政王。朝野盛传光绪帝痛恨袁世凯出卖维新,康有为也在海外讨袁,载沣更素忌袁世凯贪权,一时间,一向与袁世凯有矛盾的亲贵、官僚均主张速除袁氏。载沣几经密议,忌于北洋旧部唯袁是听的现实,列强的极力袒护而欲杀不能,只好于 1909 年 1 月 2 日发布上谕:"……袁世凯现患足疾,步履维艰,难胜职任,袁世凯着即开缺回籍养病,以示体恤之至意。"与皇室搏斗的袁世凯,野心巨大,立意颇深。他尽展阴谋、权术之能,引发政潮;用尽奸诈、卑鄙手段,力图操纵朝政,卖国投机,以立宪为政治工具,要足了流氓本色,却在官场败阵,凄戚离京。然而,载沣的优柔寡断,无异于放虎归山,从此留下了无穷后患。袁世凯罢官后先到汲县住下,1909 年 4 月迁居辉县,两个月后定居彰德城北门外洹上村,大兴土木,重建庭院,成"养寿园",漫步吟诗,蓑笠垂钓,大有"劝君莫负春光好,带醉楼头抱月眠"的淡泊人生之意,看破红尘之象。而实际上,北洋各镇上下各层军官,已经袁世凯一手培植起来,自成体系,这是他可靠的政治资本,因此,仍掌军权的旧属徐世昌、冯国璋、段祺瑞等不断地向他通风报信,自家园内设有电报局,信息灵通便捷。在他以隐居遁世之举逃避开满清贵族的注意力之后,他便联系中外,讨论策略,急欲东山再起了。

以袁世凯为代表的北洋集团与满族权贵之间的斗争,反映了清朝封建统治阶级上层的政治危机,而罢免袁世凯的结果,清政府的政治轴心倾斜,反而加重了内部危机。这群末代王孙和八旗贵族,远非匡时济世、挤救危难之才,只能勉力支撑着清政府这行将倾覆的一叶孤舟。当此之机,民主革命运动蓬勃兴起,人民大众与封建专制政府之间的矛盾进一步激化。清政府的统治危机,给袁世凯以莫大鼓舞,一个借革命派的力量打击清政府,乘革命实力不强,东山再起,扶清王朝于将倾,收拾残局,尽展奸雄风采的计划开始形成。当此时,昏庸的载沣不解时事,大搞假立宪,成立"皇族内阁",导致了整个统治阶层的严重危机。空前孤立的载沣等满清权贵,试图以出卖主权来换取帝国主义的进一步支持,悍然颁布"铁路干线国有"命令,进而激起了以四川为核心的保路风潮。1911 年 10 月 10 日,武昌起义爆发,辛亥革命的风暴将清政府推向了死胡同。

太极云手　成功窃国

由于南方新军多已倾向革命，清政府把希望全部寄托于北洋军身上，特命陆军大臣荫昌率第一军火速南下。但北洋军久受袁世凯洪恩，故而动作迟缓，不听调动。部分满族亲贵为求平安，极力主张重新起用袁世凯以使北洋军效命；立宪派更是倾向袁世凯，以逼满服汉为目标，列强国家视清政府之无能，急于寻找新的统治工具，故而对八国联军时期颇能维护洋人利益的袁世凯情有独钟。早在袁世凯下台时，便称袁世凯为“被满人侮辱性地赶下台的伟人”，现在更纷纷表示“非袁不可收拾局面”。万般无奈的载沣只好于10月14日任命袁世凯为湖广总督。

国内政治风云变幻，一直为老谋深算的袁世凯所注视。权衡利弊，首先要取得清政府的军政大权，以求名正言顺。对于湖广总督之职，既不坚辞，也不请赏，却借故拖延，积极筹备用兵事宜，并向清政府提出独揽军政大权，迎合人心的六项条件，授意冯国璋“暂作守势，使将士之精锐之气蓄而待发”，迫使清政府交权。清政府被迫授予他钦差大臣，并交付湖北前线军权。袁世凯立即下令反攻汉口。10月29日“滦州兵谏”发生，清廷张皇失措。为避免清政府过早垮台，影响夺权计划，避免北洋军南北作战，袁世凯迅速采取紧急措施，安定北京，接掌北京兵权，并亲赴孝感，督军猛攻汉口。以其在危机中的作用，迫使清政府授予他内阁总理大臣之职。袁世凯蓄谋得逞，却电辞不就，做过姿态之后，始行北上，11月13日到达北京，宣誓效忠清廷。

袁世凯施展阴谋权术，夺权出山，打击革命党人，左右了时局。同时，由于他为夺权而左击右挡，客观上也带来了对时局的一定积极作用，例如：使清政府放松了对革命党人的监禁和镇压；迫使清政府解散皇族内阁，成立责任内阁，使日后实现民主共和减少了来自皇族的阻力；也使帝国主义列强基本保持了“中立”立场，从而减少了辛亥革命的复杂性等等。

袁世凯组阁后，罢免军谘府大臣载涛、毓郎，迫使载沣交出“监国摄政王”大印，退回藩邸，并由隆裕太后申明“家法”，亲贵不得预闻政事；调冯国璋入京，接任禁卫军总统，从而接收了清廷全部权力。

巧取清政府之后，袁世凯立即向革命方面进攻。宣布解除党禁，又希望“早息兵争，以安民心”，再迎合革命党人的“反满”愿望，提出君主立宪、南北议和政策。这种政策，给军事上处于明显不利地位，财政上更为困难的民军方面以喘息的时机，也附和了当时国内普遍存在的不劳战争结束帝制，实现共和的呼声，并可防止列强的武装干涉，客观上顺应民心之举，使袁世凯在革命方面获得声誉，黎元洪即明确表示，如他赞助共和，当推为第一任之中华共和总统。11月11日袁世凯派代表去武昌谈判，继而调动各方力量，对革命党人开展政治攻势，从而迷惑了本就带有先天不足的中国民族资产阶级。为了使革命党人不再犹豫，尽早交权，袁世凯再使武力压迫，27日攻陷汉阳，28日电令冯国璋停止进攻，架炮在龟山之上，威胁武昌。随即请出英国公使朱尔典经汉口英领事出面调停，迫使革命党人停战议和，达成了共和国“虚位待袁”的秘议。

12月25日，孙中山回到上海，27日，17省代表会议选举孙中山为临时大总统。袁世凯阴谋受阻，便指使北洋军将领反对共和，维护君主立宪，并发布“全军整备再战”命令。列强国家也出面表示，不承认南京临时政府，鼓吹袁氏统一，并以武力干涉相威胁。在革命队伍内部的立宪派、旧官僚桴鼓相应，资产阶级头面人物认为“非袁莫属”，革命党内部也希望袁世凯“以拿破仑、华盛顿之资格，出而建拿破仑、华盛顿之事功”。孙中山内外交迫，在表明了自己“虚位以待”之心以后，做出了以共和为条件的让位保证。

清廷之所以在辛亥风暴中苟延残喘，关键在于袁世凯还需要它作为接收权力以正其名，并迫使革命党人就范的工具。他的根深蒂固的皇权思想，只是想到自承大宝，维护君宪也是出于夺权的政治需要。他的这种既有皇权思想，又无视皇帝存在的现象，正是晚清社会实际的一种反映。在得到南方明确保证之后，袁世凯即抛开了以往忠孝之态，以种种理由，大谈“俯鉴大势，以顺民心”，继而称病不朝，幕后指挥亲信逼宫。再定清室优待条件，更传革命党人势不可当，难与再战。并令段祺瑞联合北洋高级将领电奏赞成共和，反对帝制，使清廷彻底失去支撑的希望。再调北洋曹锟部进京，威胁少壮亲贵。1 月 26 日，良弼被炸身死，宗社党群龙无首，作鸟兽散。隆裕太后心惊肉跳，为笼络袁世凯，下诏封他为一等侯爵，袁世凯一口回绝。2 月 3 日，万般无奈的隆裕授予袁世凯与南京政府磋商退位条件全权。2 月 12 日，清廷接受优待条件，下诏退位。至此，统治中国 260 多年的清王朝、持续 2000 多年的中国君主专制制度结束了。在这场斗争中，掀起革命风暴的是革命党人，首推其功；而以夺权为目的的袁世凯，不自觉地置身于革命方面，在达成辛亥革命的首要目的方面，客观上也起到了重要的历史作用，影响了整个革命形势的发展乃至于历史的进程。

清帝退位后，袁世凯立即接过全权，组织临时共和政府，以“北洋正统”和权力接自清廷摆脱了革命政府对他的束缚。同时声称：“共和为最良国体”，“永不使君主政体再行于中国。”

13 日，孙中山向参议院提出辞职，并推荐袁世凯继任临时大总统。15 日，参议院举行临时大总统选举会，17 省议员一致选举袁为临时大总统。16 日，袁世凯欣然回电接受，剪去发辫，通令喜庆共和。

为了防范袁世凯，孙中山特交参议院通过三项条件，并制定《临时约法》。袁世凯也不轻离老巢，以北方秩序不稳为由拖延就职，并取得列强国家的一致支持，以内讧外患为借口，退居田里相要挟。欢迎专使到京后，袁世凯巧言应付，却鼓动兵变，纵兵抢劫，以百姓生命财产为夺权砝码。继而大起舆论，反对政府南迁，以北洋将领联名通电施加压力。列强也调兵示威，制造北方紧张气氛。南方政府内部立宪派、旧官僚、部分革命党人害怕分裂，急于结束纷争，纷纷力倡妥协。孙中山再次被迫让步。3 月 8 日，袁世凯电达参议院，宣誓效忠共和国。10 日在北京宣誓就职。至此，53 岁的袁世凯终于攫取了国家最高权力，达到了他朝思暮想的太极之位。4 月 1 日，孙中山解除职务。在革命党人妥协退让之下，乐于高官享乐的新、旧官僚一致欢庆“南北统一”，辛亥革命的果实被袁世凯及其集团所独占，北洋军阀的黑暗统治取代了清王朝的封建专制。

袁世凯作为封建官僚政客，具有狂妄的政治野心，自幼根深蒂固的封建皇权思想，实质上成为对封建帝王的钦羡，因而独裁成性，寡义廉耻，为填满欲壑，不择手段。在辛亥革命的关键时刻，专走偏锋，深藏起政治野心，左手拉倒清王朝，承接正统，右手拓翻革命派，伪造共和，迎合民心，从而集中了全国的权力。这期间，虽然

在客观上也有较大的历史作用，达成了辛亥革命的目的，但没有改变其封建专制独裁的本质，而正是在其取得的总统名义掩护之下，才开始向他一生的目标——封建帝王挺进，使中国的历史，在他的太极云手之下，被拉向了倒退。

狼子野心　倒行逆施

袁世凯上台以后，深知自己号令不出北方数省的局面，与自己同革命党人的关系相互影响，因此，他虽与革命党貌合神离，但仍需极力在国民面前造成自己与革命党关系融洽的印象，以达到统一全国的目的。为此，一方面按照《临时约法》采用责任内阁制，组成“同盟会中心内阁”，而通过亲信控制内阁来达到专权的策略目的；一方面与孙中山、黄兴、黎元洪联合发表所谓八大政纲，其中“以厚民生”“资助国民实业”等虚而不定之词，给资产阶级以希冀，从而使大多数民族资本家向往袁氏领导下的共和制度而欣然予以支持，孙中山、黄兴也相信治理国家非袁莫属。袁世凯还颁布了《公司注册暂行章程》《奖励工艺品的暂行章程》、部分国产货物减免税等一系列讨好民族资产阶级的法令，从而把自己由封建官僚打扮成资本主义的实行者，取得资产阶级的信任，巩固了自己的地位。扎好根基以后，为了实现帝王之梦，他首先要向责任内阁开刀，迫使接受新思想、与他分庭抗礼的内阁总理唐绍仪去职，启用忠实工具陆征祥，逼迫同盟会阁员全体辞职。在受到参议院抵制后，便以北洋军警鼓噪威胁，叫嚷以武力解散参议院，从前的某些革命党人不辨真伪，也为军警助威，几经反复，以亲信赵秉钧代理国务总理，又让赵秉钧挂名同盟会，招待孙中山、黄兴，在夺得内阁实权的同时，又取得同盟会领袖的好感。不久，赵秉钧将国务会议移至总统府召开，使责任内阁变成了总统府的附属机关。继而袁世凯进一步扩张北洋军，壮大自己的军事实力，裁减南方军队，使革命党人失去武装支撑，再倡行“军民分治”，借以削弱南方各省都督的权力。同时，为了暂时缓和与同盟会的紧张关系，更好地达到专制目的，再邀孙中山、黄兴入京，热烈接待，虔诚谈话，换得了孙中山“十年之内，大总统非公莫属”的评价。

1912 年 12 月，正式国会开始初选，袁世凯以北洋实力，本有充分武力战胜国民党，却害怕国民党以共和制度为保障，通过竞选取得政权，使自己一世清梦付诸流水。关键时刻，他不惜以政治流氓手段对付踌躇满志，一心组织责任内阁的国民党代理理事长宋教仁。“宋案”发生，人心鼎沸，国民党人如梦初醒，孙中山醒悟“非去袁不可”，终于发现了袁世凯的狼子野心，遂起“二月革命”。袁世凯则索性签订“善后大借款”合同，以出卖国家主权，加强了与帝国主义的勾结，用武力消灭国民党以扫清帝制道路。同时，又处处做出关心民族资本家的样子，到处张贴保护商民、提倡实业的文告，致使大多数资本家起劲地反对真正代表自己利益的革命党人。再进而公布《戒严法》，取缔一切公正、反袁的报刊，停止集会、结社、新闻、邮电等自由权力，实行法西斯式的残暴手段，制造白色恐怖，强迫解散省议会，逮捕省议员及反对派人士，解散反对派政党，只是因为国会尚有利用价值，而暂时没有解散在国会中占优势的国民党，从而将资产阶级民主肆意践踏，完全背叛了信誓旦旦的民主共和制，只是为了进一步来实现野心而保留了民主政治的躯壳。

袁世凯通过赣宁之役取得了国内的统一，为了对付国民党，他组成了以熊希龄为首的、带有民族资本主义色彩的所谓“第一流人才内阁”，从而使进步党进入黄

金时代。梁启超为熊内阁起草了大政方针宣言，拟定了许多改革政治的条例，企图在袁世凯手下实现宪政的夙愿。全国闻名的实业家兼教育家张謇出任农商总长兼农林总长，上任后发表了《实业政界宣言》和就职施政方针文告，提出了制定农工商法案、整顿金融机关、裁撤厘金机关、奖励民间企业等主张，不久，相继公布了《公司保息条例》《公司条例》《权度条例》《商人通例及其施行细则》《商业注册规则》《国有荒地承垦条例》等一系列有利于民族资本主义发展的规章、法令。同时，由内阁宣布改组原大清银行为中国银行，中行和交通银行被列为国家银行，并公布《国币条例及其施行细则》，统一全国货币，在某种程度上表达了民族资产阶级的要求。然而，袁世凯并无意真正发展民族资本主义，而是把一切都作为其封建统一与专制不得不用的政治手段，只是热衷于封建专制的不断升级，内阁计划在得不到袁世凯切实支持的情况下，很难实施，使民族资产阶级走过了一条由希望到失望的转变之路。

10 月 4 日，在没有制定宪法的情况下，袁世凯决定先行完成大总统选举法，6 日，以反动军警、拱卫军组成"公民团"，包围国会会场，强迫议员选举他为第一届正式大总统。10 月 10 日在前清故宫太和殿举行就职典礼。至此，除川、黔、桂、滇之外，各省均入袁世凯势力范围。为了垄断全权，达到天下一统、位极人君的目的，便进一步开始了摧毁国会和《临时约法》的行动，以把共和制度踩在脚下。于是，袁世凯在三涉国会遇阻以后，于 11 月 4 日决然解散国民党，取消了国民党员的议员资格。鉴于选举总统目的已达，1914 年 1 月 10 日下令，将失去利用价值的国会解散，停止议员职务。2 月 3 日下令停办各地自治会。28 日下令解散各省议会。如此作为，在实际上颠覆了中华民国。5 月 1 日，袁世凯公布御用的《中华民国宪法》，以立法的形式赋予了大总统与皇帝等同的权力，并以此为法律依据，全面加强专制独裁统治，开始向封建帝制做最后冲刺。

5 月 1 日，袁世凯宣布撤销国务院，在总统府内部另设政事堂，设国务卿一人，直接对大总统袁世凯负责，并委由拜把兄弟徐世昌充任；再设左、右二丞，牵制国务卿，所立各部部长均直接对袁世凯本人负责；撤销总统府秘书厅，改设内史监，从名称到职能全然复旧。5 月 8 日，再裁撤总统府军事处，成立陆海军大元帅统率办事处，亲自掌管全国军事。23 日，下令改革地方官制，削弱都督职权。26 日，停止政治会议运动，另组参政院，以黎元洪兼任院长，成为为日后称帝拼凑起来的制造"民意"机构。6 月 30 日再行宣布裁撤各省都督，以巩固独裁统治。7 月 25 日，正式公布新文官官秩，官分九秩，变相恢复了前清官吏品级制度。如此尚不满足，12 月 29 日公布《修正大总统选举法》，其中规定，总统任期为 10 年，可连选连任，继任者由总统推荐。依此规定，袁世凯实际上成为终身总统，并如封建帝王，可以权传子孙。袁世凯终于由羞羞答答，转为紧锣密鼓，这一系列的变革都紧紧围绕着一切权力集中于个人、一切机构均变为统治工具的原则，步步紧逼，使大总统与皇帝成了孪生兄弟，使共和国与封建王朝成为刻意操纵的傀儡戏。

以恐怖手段巩固独裁体制之外，袁世凯还十分需要思想意识上的支持，用以抵制民主革命思想，而这种为封建专制主义服务的旧传统思想，自然是孔孟之道，因此，作为极端利己而又奉实用主义为经典的袁世凯，在社会上复古主义思潮开始出现的最初时刻，便推波助澜，更兴风作浪，以此作为自己复辟帝制的思想工具。1913 年 6 月 22 日和 1914 年 9 月 15 日，袁世凯两次颁发"尊崇孔圣文"和"祭孔

令”，公开宣称：“中国数千年来立国根本在于道德，凡国家政治、家庭伦理、社会风俗无一非先圣学说发皇流衍，是以国有治乱，运有隆替，惟止孔子之道亘古常新，与天无极。”并亲率赴孔庙，从容跪拜，借孔圣人之余力，攻击民主思想，唤起封建思想余孽。在开了民主共和以来祭孔先河的同时，袁世凯还下令恢复前清的祭天制度，并且仿行封建帝王的方式，顶礼膜拜，唤起人民的“君权神授”意识，进一步为恢复帝制作舆论准备。与此同时，袁世凯还颁发了几道维护封建纲常名教的文告、命令。1914 年 3 月公布《褒扬条例》，规定为孝行节妇匾额题字，并可自立牌坊。11 月 3 日告令“箴规世道人心”，声称“一二桀黠之徒，利用国民弱点，遂倡为无秩序之平等，无界说之自由，谬种流传，人禽莫辩，举吾国数千年之教泽扫地无余”。并且要“以忠孝节义四者为中华民族之特征，为立国之精神”，下令悬挂此告令于学校讲堂，刊印于课本封面。他还故意把不解袁氏真心的清室复辟派与民主革命派牵强到一起，打击清室复辟势力，以明“果要皇帝，自属汉族”之意，为自己谋篡皇位，复辟帝制开道。

袁世凯的每一步升迁，都与帝国主义的支持相关联，在图谋帝制的关键时刻，则更需进一步取得帝国主义国家撑腰。第一次世界大战的爆发，使欧美各国忙于战争，只有日本有力量干涉中国事务，因此，如何争得日本对复辟帝制的支持，成为袁世凯十分重要的一个方面。为了不开罪帝国主义国家，袁世凯宣布在大战中中立，日本则抓住时机，对德国宣战，随即兵入中国，抢占德国在华租借地，并进而针对袁世凯急于称帝的弱点，正式提出了灭亡中国的“二十一条”，并且声称：“总统如接受此种要求，日本人民将感觉友好，日本政府从此对袁总统亦能遇事相助。”袁世凯得此暗示之后，不惜出卖国家主权和民族利益，同日本展开谈判，屈辱地接受了日方通牒，除第五号日后另行协商，第四号以命令形式公布以外，全部满足了日本的要求，造成了中华民族历史上的奇耻大辱，从此日本视中国为保护国。

此后，袁世凯自为帝制的实际步伐进一步加快。帝制梦想已完全冲昏了袁世凯的头脑，自认为国际上支持他称帝，国内在暴力之下已经驯服，革命党人不足为虑，全国派系已能完全控制，因此，他要抓住机遇，开始制造帝制舆论，拉开了拉退历史的独幕剧。在袁氏亲信授意下，1915 年 4 月，杨度著《君宪救国论》一文，8 月 14 日，联合孙毓筠、刘师培、李燮和、胡瑛、严复发表组织筹安会宣言，23 日正式成立，并立即超出学理讨论的范畴，公开对国体进行投票表决，一致主张君主立宪，并宣告全国。面对各界对筹安会主张的声讨，袁世凯则出面冠以研究学理，自由讨论的美名。杨度等人倍受鼓舞，便集合来京的各省代表及旅京人士，组成所谓“公民请愿团”，于 9 月 2 日向参政院递交请愿书，请求改变国体，实行帝制。袁世凯配合舆论，声称：“国民请愿，要不外乎巩固国基，振兴国势”，而是否实行帝制，则只在于“民意公举”，从而使称帝成为昭然若揭之事。与此同时，袁世凯已经秘密组织起一个由近臣组成的十人班子，作为发动帝制的中枢，并密电各省将军、巡按使，所谓“国体问题，共和不能适用，亟应改为君主立宪，以救危亡。”各地爪牙则表示积极拥护。在袁世凯授意之下，梁士诒纠集成立了全国请愿联合会，发动请愿，开始制造民意，并接受全国各界、各团体的请愿书，送交参政院，请求改变国体。袁世凯一面表示“尊重民心之至意”，一面从速召开国民代表大会，决定国体。他钦定绝大多数各省代表，并分省举行所谓国民代表大会，进行国体投票，并在票面上统一印制“君主立宪”四字，以记名方式投票，代表首先接受将军、巡按使称颂帝制的演说，然后在监视之下投票。结果全国代表全部赞成帝制，并在推戴书上签名。

袁世凯的逆行，激起了以孙中山为首的革命党人的武装反抗，反对帝制的力量日渐扩大。一向支持袁世凯的帝国主义国家，也深感中国帝制与共和之争将至动乱，势必影响各自的在华利益，因而一改常态，以日本为首，包括英国、俄国、法国、意大利纷纷劝告延缓变更国体计划。袁世凯一生所求，近在咫尺，岂可放弃，帝制派人物更极力催促早日实现帝制。1915 年 12 月 11 日，参政院以国民总代表名义，向袁世凯呈递总推戴书和各省各团体推戴书。袁世凯当日申明：国民代表大会业已表决改用君主立宪，他没有再加讨论的余地；只在推戴他为皇帝一条，故作谦让，试图揩净欺凌孤寡，背叛民国之恶名。当天下午，参政院再次开会，按照袁世凯的意图，第二次推戴。12 月 12 日，袁世凯申令承认帝位，命有关单位详细筹备。13 日在中南海居仁堂接受了文武百官觐贺。19 日公布成立大典筹备处，万事俱备，只待元旦登极。

在这里，袁世凯走过了一条由专治独裁到改制称帝的复辟道路。他依靠武力，兼施打拉结合之能，欲擒故纵，伪造民意，强奸民国，为实现个人的政治野心，抛却了一切国家、民族、道义、纲常、乃至于人格。虽在民初客观上施行了一些有利于资本主义发展的措施，但归根到底均为其个人私利服务，一旦失之所需，便对民族资产阶级大力挞伐，政治上以新的封建帝制取代旧的封建王朝，拉退了辛亥革命以来的中国历史进程，实足表现出一代奸雄的本色，也把自己抛进了历史的垃圾堆。在复辟丑剧走向高潮的时候，历史的车轮便碾碎了袁世凯的一枕黄粱梦。

群起攻之　一命归西

在中国历史最黑暗的时节，曙光也正在走来。以孙中山为首的革命党人在“宋案”发生以后，便奋起“二次革命”，此后，一直进行着英勇的反袁斗争，并在帝制公开以后，进而号召同志乘时大举。1913 年 10 月，袁世凯企图解散国会之时，一部分进步党人即开始了反对专制独裁的斗争，帝制公开以后，绝大多数进步党人与袁世凯彻底决裂，树起了讨袁大旗。中国的思想界也在黑暗中猛醒，在复古思潮最兴盛的时节，毅然高举起了新文化运动的辉煌旗帜，在辛亥革命伟大实践的基础上，补上了思想解放的余缺，更阻遏了复古思潮的泛滥。云南都督蔡锷联合唐继尧公开反对帝制，并于 1915 年 12 月 23 日通牒袁世凯，25 日通电云南独立，声讨袁世凯，组织中华民国护国军，开展起“护国运动”。

云南独立揭穿了袁世凯所谓“民意”的真相。袁世凯惊惧之余，依想凭借武力解决，29 日下令将唐继尧、任可澄、蔡锷撤职查办。31 日蔡锷等发布檄文，号召人民剪除独夫，拥护共和。此时的袁世凯一意孤行，舍去伪装，31 日申令以 1916 年为洪宪元年，元旦日又将总统府改为新华宫，称中华民国为中华帝国，改用洪宪纪年，接受百官朝贺。同时调动军队进剿护国军，并加紧在外交上争取日本支持。1916 年 1 月 16 日，日本政府拒绝中国特使赴日，袁世凯谋求支持的希望彻底破灭。护国军势如破竹，不断胜利，1 月 27 日贵州宣布独立，扩大了云南起义的影响；中华革命党人广泛开展斗争，原国民党人也乘势而起，推动了反袁斗争的发展。在外交失败，战场不利的情况下，袁世凯被迫暂时延缓帝制。3 月 15 日广西将军陆荣廷改称都督并兼两广护国军总司令，宣布广西独立，歼灭了袁世凯的征滇军龙觐光

部，瓦解了北洋军士气。冯国璋、段祺瑞屯兵不前，张勋拒绝出兵；徐世昌致函袁世凯提出警告。冯国璋联合五将军密电袁世凯请速取消帝制，并电各省征求意见。亲信反叛，将袁世凯击入绝望境地。几经反复，3月22日，袁世凯被迫发表撤销帝制令，推卸责任，包庇帝制派，强自占据总统职位，威胁人民。3月23日申令废止洪宪年号，从而结束了帝制梦想。

袁世凯申令取消帝制，却仍声称帝制并未实行，自认为大总统，仍有统治全国之责，并在幕后操纵局势，再用“议和”故伎，来消弭反对力量，保留自己专制地位。然而，人民已经识破了袁世凯伪装共和，实行帝制的假面具，专制复辟更使人们认识到了民主共和的可贵，除去袁世凯与铲绝帝制的同一性已成为天下共识，袁世凯的私欲更导致北洋根基随之动摇，众叛亲离。

孙中山从日本回到上海，联络各方面人士，发表《讨袁宣言》，坚决主张把反袁斗争进行到底。一大批国会议员、社会名流、各界人士在沪通电，对袁世凯展开了强大的舆论攻击。蔡锷也看透了袁世凯的狡诈与危险，但因前线需要器械、人员、弹药补充，而与袁军局部停战。

袁世凯则继续擅权独裁，不改本性，以总统地位，一面和谈一面准备再战，向护国军提出六项强硬条件，同时通过各种渠道向帝国主义财团乞贷，用作军费，4月7日，美商李·希金逊公司与之签订借款合同，上海原200多名国会议员立即致电中国驻美公使和美国国务卿，拒绝承认，该公司即刻停付借款。4月11日，中国驻日公使奉命照会日本政府，请予扶助，日本为取得在华优势，早已秘密决定压迫袁世凯退位，对袁氏照会拒不理睬。英国与袁氏交深，已感到袁氏垮台日近，却因在欧战中不利，无暇东顾。与此同时，各地人民继续起义，两广、江浙、湖南、奉天遍地烽火，农民、工人、商人纷纷反抗斗争，海外侨胞及团体也通电主张勒袁退位，裁制其罪。在内外交迫，人人喊打的情况下，4月21日，袁世凯宣布实行责任内阁制，公布《政府组织令》，5月8日改政事堂为国务院，仍在实际上拒不交权。同日，独立各省在肇庆宣布成立“中华民国军务院”，统一独立各省军事外交，与北京政府对峙。袁世凯则一面指使手下，大谈“法理”，为其总统地位辩解，一面纠合未独立各省在南京集会，讨论解决时局的办法，拖延时间。5月22日，袁世凯的亲信四川将军陈宧突然宣布四川独立，并与袁世凯断绝个人关系，袁世凯暴跳如雷，拟订军事计划，要逞困兽之斗。29日公布《帝制始末案》，推卸罪责，气焰嚣张。同一天，袁世凯的又一忠实走狗湖南将军汤芗铭被迫宣布湖南独立，袁世凯顿感焦躁、忧愤，久已虚弱的身体再也承受不住打击，病势突发，日甚一日，却仍不忘列强对他的态度，眷恋专制地位。由于治疗不当，尿毒症恶化，1916年6月6日上午10点，57岁的袁世凯怀着对封建帝制的无比眷恋和对历史进步的绝望，一命归西。遗体运返彰德，葬于洹上村东北太平庄。

张作霖:厚黑大帅　乱世枭雄

【人物档案】

姓名:张作霖

乳名:老疙瘩

别名:张雨亭,喜欢别人叫他"张大帅"。

字号:字雨亭

生卒:1875 年~1928 年

籍贯:奉天省海城县西 90 华里北小洼村(今辽宁省海城市)人

职务:奉系军阀首领

主要成就:兽医出身,年轻从匪,得到清廷东北大员招安,成为其手下保安队,因作战凶悍,有战略眼光,知人善用。由此势力发迹后。民国时代,被袁世凯器重,由此云蒸霞蔚,称雄东北,羽翼丰满后,成为北洋北京政府最后强力人物。后因和日本势力利益严重冲突,被暗害于皇姑屯。

张作霖

评价:不论如何,张作霖"毫无凭借崛起辽东,为不世之雄才"应是公平而非过誉。(台湾学者吴相湘)

墓葬:辽宁省锦州市石山镇南驿马坊村西头的果树林

【枭雄本色】

张作霖统治奉天、东北、华北达十三年之久,最后当上了北洋军阀政府的最后一位元首,其不凡的经历使他成为旧军阀头子中最具传奇色彩的一位。

张作霖从一个绿林好汉爬上国家元首的宝座,这个事实本身说明其在政治上颇有成功之处。他天性狡黠,大胆勇为。之所以能脱颖而出,与群雄相比,在于他擅于收揽人心,礼贤下士,并能薄以待己,宽以待人,而且能深谋远虑。他在当土匪时,就力求发展,扩充实力,并以实力作为投靠官府的资本,终于走上仕途。

张作霖嘴上总说:"我是一个武人,不懂政治。"其实他脑筋灵活,是一个思想敏锐的人物。法军福煦元帅在沈阳见到他时,说过:"张作霖两只狐眼,机警过人。"

【风云叱咤】

落草为寇　迅速升迁

张作霖祖籍河北河间，其父张有财是一赌徒，因迷恋赌博，被仇家杀死。张有财死后，张作霖母亲改嫁于村中兽医，张作霖也开始了兽医生涯。但张并不安于行医为生，不久便落草为寇了。

张作霖，字雨亭，生于1875年，奉天海城人。祖籍直隶（河北）省河间府大城。原本姓李，因李家姑奶奶嫁后未育，过李家子为嗣，改姓张。

张作霖的曾祖父张永贵，携家带口步行两千余里，历时半载，初秋时节，来到山海关外的广宁东界（今属黑山高山子一带）安家落户。

张永贵凭着两只手，或拓荒，或扛活，光阴荏苒，二十年过去了，到了张发（张作霖的祖父这一代），已成为一般实的庄户人家。不仅有房有产，而且人丁兴旺，四子皆长大成人，务农为本。唯独三子张有财（张作霖的父亲）不屑此道。迨张发给四子娶妻之后，便过世了，四子乃分家，各立门户。

张有财娶妻邵氏，生有一女孩。邵氏因病早逝。其后，张有财又娶本村王姓寡妇为妻，王氏曾与前夫生有一子，名作泰，亦即张作霖的同母异父兄长。改嫁到张家后，她又生了两个儿子、一个女儿。一个儿子名作孚，即张作霖的二哥，另一个儿子就是张作霖。

张作霖出生不久，张有财迁到掌寺（今大洼东风农场）。这里离辽河很近，是广宁到田庄台、高坎、营口的交通要道，市面颇为繁华，张有财凑钱开了一间杂货铺子，维持生活。

张有财热衷于赌博，十赌九输，杂货铺子填不了这无底洞，终于破产。张有财于是南走大高坎，在杜家店当了伙计，但他仍不务正业，有时和住店老客要钱，有时设赌抽头捞外快。

张作霖对其父所作所为，初感到好奇，觉得好玩，时间久了，也开始实践，因而小小年纪便开始迷恋于赌博了。后其父因赌被仇家杀死。

张有财死后，张作霖的母亲王氏只身支撑家业，贫病交加，度日如年。没办法只得变卖了房子还了债，举家迁往广宁南二道沟娘家栖身，当时，张作霖年仅15岁，在外祖父家时，两个舅舅对张作霖很好。

但因父亲的影响，张作霖也是游手好闲，不务正业。母亲送他去私塾，他三天打鱼，两天晒网，不肯受先生管束，不到一年即辍学。王氏又怕他学坏，东挪西借几吊钱让他做小买卖，先让他卖包子，他边吃边卖，卖的恐怕没有吃的多，自然赔本。

而后张作霖又当货郎，好容易赚了几个辛苦钱，他又送进了赌局，最后把货郎担一并“交”给了赌友。王氏伤心不已，让他学木匠，他嫌辛苦，甩手不干。就这样一个人，干啥啥不成，可却有些小聪明。王氏为生活所迫，改嫁村中的兽医，耳濡目染，张作霖学会了相马医马的本领，而后自己也当了兽医。

张作霖的“聪明”还有一件事可以为证。有一次，因为欠邻居的钱，王氏愁眉不展，张作霖脑子一转计上心来，他故意把邻居的肥猪赶入水池中，猪受惊大叫，张作霖也大叫:“猪落水了。”村人闻声赶来。张作霖奋勇跳下水,托着猪上了岸。邻人感激不尽,对张作霖大加夸奖,并对王氏说,你所欠的钱就不用还了,算是对你们的谢意。

兽医没干多长时间,张作霖嫌呆在家里太闷,又跑到附近的大车店当伙计,给客人捧茶倒水,套车卸车。大车店南来北往的各种人物给张作霖讲了很多外面世界的情况,辽西巨匪冯麟阁也曾住过这个店,和他谈了许多有关土匪的生活,并引诱他入伙。

在大车店干了二、三年,张作霖流浪到营口与一班流氓赌棍厮混。甲午战争爆发时,在营口街头游荡的19岁的张作霖,在熟识的清军小官援引下,投到了宋庆标下马玉昆部的赵得胜营。由于他精于骑射,曾被提为哨长。然而清军移防关内时,他便开小差回小黑山了。

回家以后便自吹自擂,赵家庙地主赵占元看中了他,把二女儿许配给他。赵家女张作霖当货郎时就认识,张作霖卖针线,赵家女买针线,两人暗生情愫。结婚后,张作霖搬进了岳父家,他不改旧习,一有钱便去赌局鬼混。赵占元夫妇苦口婆心地劝他谋个职业,张作霖于是重操旧业,在营口附近大高坎镇设了兽医桩子,又当上了兽医。这时,附近一带一些村镇已经成立了“保险队”,这些“保险队”大多是马队,常到他那里医马,因而张作霖结交了一些“保险队”小头目和土匪。

一次,张作霖赌输了,没钱还赌债,一群无赖逼着他还钱,没钱则扒衣服。张作霖冒着刺骨的寒风落荒而逃,幸而遇见了豆腐钟三,钟三脱下自己的羊皮背心给他御寒。赌徒们便逼钟三追回背心,钟三没办法,骑着驴赶上张作霖。看见张作霖的狼狈样,钟三恻隐之心大起,不仅没要背心,而且把卖豆腐的钱以及那头驴一起送给了他,张作霖遂得以逃脱。钟三的情谊,张作霖感激涕零,一直铭记在心,以期厚报,张作霖当上督军和大元帅时,把钟三请到奉天和北京,于是中南海“大元帅”府里便出现了一位常来赴宴的钟三爷。

久赌无好事。由于在赌场和别人吵架,张作霖以及其二哥张作孚被人以“通匪为匪”的罪名告到广宁县,而后被捕,送到省里受审,幸而岳父托人作保,以“查无实据”被释。出狱后的张作霖一方面赌场不得意,一方面在村里又抬不起头,终日闷闷不乐。无聊之极,他毅然离家找到了巨匪冯麟阁,经冯介绍,加入了广宁董大虎匪帮。当了“胡子”以后,张作霖主要充当“蓝把子”,负责“看票”,即看守人质,他感到没有什么意思,不久便又脱离了土匪队伍。

当时辽河沿岸许多村镇的豪绅地主,为保卫身家财产,勾结土匪,建立了“保险队”之类的地主土匪武装。张作霖受此启发,请求岳父出面联络附近村屯的大户,网罗散兵游勇30余人,在赵家庙成立了“保险队”,而后“保险队”扩大,张作霖移到了北镇中安堡镇。“保险队”名义上维持地方治安,其实是为地方有钱有势的人“保险”,但是所有摊派一律按地亩分派。在座地抽饷之余,“保险队”还经常去“保险区”外勒捐,倘若不成,便绑人为质,甚至公开抢掳,实是“合法”的土匪。

既然抢掳,就难免和其他“保险队”发生冲突。有沙俄匪军支持的金寿山匪股势力较张作霖大,本想招收张作霖,被张作霖顶了句“我的事你管不着”。于是策划他的干儿子打入张作霖部,在1901年2月(旧历腊月三十日)的一天,袭击张作霖。张作霖狼狈逃窜至台安县八角台镇,受到张景惠的欢迎。

张作霖能说会道，又比旁人多个心眼，张景惠便愿意让出第一把交椅，让他当“大当家”，自己为“二当家”。张作霖为了避“鸠占鹊巢”之嫌，推辞一番。张景惠诚恳地说：“你的才干胜我十倍，第一把交椅非你不可。”张作霖于是当上了八角台的团练长。从此，张景惠成了张作霖的重要伙伴，一直相依为命。

张作霖在八角台安了身，却未安下心，因为周围还有许多匪帮骚扰，他于是联络镇安县红螺砚的汤二虎、汤玉麟，杀了土匪头子项昭子，擒杀海沙子，击败“五大哨”（五帮匪徒），声势大振。而后又吞并其他小股土匪。瓦匠出身，远在锦州的张作相也前来投靠。

张作霖深知自己要生存下去，必须取悦当地土豪劣绅。于是他结交了不少地方“名士”，如举人李雨浓，附生陶允恭、方克猷，贡生张程九，秀才杜泮林等。

出身“绿林”的张作霖绝不是什么杀富济贫、扶危救困的那种“绿林好汉”，相反，他是依附土豪劣绅的土匪。

为了升官发财，张作霖带领手下人用计，得到奉天将军增祺夫人信任，主动受抚招安，归顺朝廷，并在日俄战争、剿灭其他土匪的过程中不断壮大自己的势力。

辽西匪患严重，清政府也无可奈何。1901 年 2 月，署新民厅抚民同知廖彭向盛京将军增祺建议收编“保险队”，以补官兵不足，加强地方统治。

张作霖和一般土匪不同，一般土匪不过是要钱要财，而张作霖却另有野心。他和张景惠等商量说，我们长期在绿林吃黑饭，是没有什么出路的。我看不如借现有的一点本钱，向官家讨价，张景惠等表示听“当家的”。张作霖接着说，如果大家同意，我自有办法。不过在未实现之前，必须严守秘密，否则事情未成，遭人笑话。

众人问有什么办法，张作霖压低声音说，奉天将军增祺在沙俄入侵之时带家眷逃到锦州、义州一带，后来回到奉天。前些日子听说已派人接他的家眷回奉天，要从我们这儿通过，这就是我们的大好机会，到时候大家都得听我的命令行事，违者绝不客气。

不久，增祺夫人和随从乘着十几辆马车行至新立屯附近的一条荒僻路径，被张作霖连人带物全部截住，一并押解到新立屯街上。增祺夫人心中恐慌不已，钱财被抢自是意料之事，只恐自己受辱。谁知这股土匪虽不是彬彬有礼，倒也有几分恭敬，增祺夫人和侍女被安置在最好的房舍，所携财物秋毫无损。

张作霖则亲自招待随行中的重要人员，陪他们躺在榻上抽鸦片，等瘾君子们陶陶然之际，张作霖愁眉不展，哀叹道：“我们当土匪的也是被逼上梁山哪！”随行人员本来以为不死即伤，备受凌辱，谁知受到礼遇，“劫匪”招待颇周，连自己的嗜好也得到满足，有些受宠若惊，于是问这个“当家的”贵姓。张作霖答道：“我就是张作霖。”然后坦率地说出了自己的身世，并表示愿意为国家效力，随行人员便将此事报告给增祺夫人。增祺夫人大为惊奇，决定和张作霖面谈。

张作霖心知机会难得，于是整整衣冠，入室行大礼参拜，恭恭敬敬地说道：“张作霖冒犯夫人，愿听吩咐。”增祺夫人在说了一番劝降的话之后，许诺道：“只要你能保证我们一行平安到达奉天，我一定向增将军建议收编你们这一部分力量为奉天地方效劳。”张作霖大喜，说道：“假如我张作霖能带众兄弟投到增将军麾下，为国家效命，有生之年，绝不忘掉曾太太的大恩大德。”

增祺夫人回到奉天，立即把事情告诉了增祺，增祺大感诧异，遂命新民府知府曾韫办理此事。1901 年 9 月，张作霖经当地士绅陶允恭、张程九等 18 屯绅商各界代表作保，由新民府知府手下红人赵经丞引线，晋见曾韫，表示愿接受清政府收编，效忠清廷。为抬高自己身价，张作霖除率原来所部约 200 余人接受收编外，还临时网罗其他匪股约 100 余人，总计 300 余人，被编为游击马队一营，步队一哨。

这样，张作霖由地主武装"保险队"头目经主动受抚，当上了清朝地方官军的营官。当张作霖到奉天"谢委"时，督军署总参议问他为什么愿意受抚，张作霖坦率地回答："我想升官发财。"

1903 年 8 月，清政府对地方军队进行整编，张作霖与新民街巡捕队合并为游击马队营，人数减至 185 人，张作霖任游击马队营管带。1904 年，游击马队营由民间筹饷改为政府发饷，张作霖再也不担心被看成"胡子""土匪"或"马贼"，而是由国家发饷的堂堂营官。

1904 年 2 月，爆发了日俄战争，日俄双方都千方百计笼络辽河沿岸"胡子""马贼""保险队"为其效劳。辽西悍匪金寿山、冯德麟、杜立三甘心附逆，投靠日本主子，张作霖则采取了双管齐下的方针，一会儿附俄，一会儿又投日，左右逢源。战争初期，俄军强大，他就接受俄军的金钱和枪械，暗地里帮助俄军搜罗粮草，提供情报；随后日本军队逐渐占了上风，他又不惜在日军面前立誓画押，为日军效劳。可以说，在日俄战争中，日本人虽然没有重视这位小小的营官，但日张勾结的萌芽自兹而始。

日俄战争中的投机使张作霖的武力大大增强，1905 年，游击马队营扩为 3 个营，1906 年扩为 5 个营，张作霖任五营管带。而后盛京将军赵尔巽设立巡防营务处，任命张锡銮为总办，把全省地方军队编成八路巡防营，张作霖所部五营为右路，冯德麟部为左路。可见，后起的张作霖与老前辈冯德麟已经并驾齐驱了。

张作霖的"青云直上"与他善于讨好上司大有关系，得知总办张锡銮爱马，张作霖即赠以良马，新民知府贪利，则馈以金钱；为巴结张锡銮，他还拜其为"义父"。"义父"回奉天，他亲率 250 名骑兵护送，奉天当局财政困窘，他又将白银万两呈给"义父"。这样一个体贴上司的下属，怎能不得到上司的青睐和重用呢？

张作霖在受抚前，和杜立三有过冲突，杜扬言要决一死战。后来经镇安县大地主"汤二爷"调解，杜、张结为"金兰之交"。1907 年 5 月，东三省首任总督徐世昌密令发审处委员殷鸿寿会同张作霖设法剿灭杜立三。张作霖颇为踌躇，他倒不是顾着与杜立三的"金兰之交"，而是杜立三手下人马众多，加之又老谋深算，狡诈多疑，强攻不但没有把握，甚至会赔了老本，考虑良久，张作霖决定设计诱杀。

张作霖先派人以结义兄弟名义向杜立三贺喜，说省里专门派了委员前来招抚，给他的官衔比自己还高，请他速来新民面见委员。杜立三怎会轻易上当，他母亲和弟弟也认为凶多吉少，拒绝前往新民拜会殷委员。

一计不成，又生一计，张作霖请来了黑山秀才杜泮林，杜泮林是杜立三的同宗叔父，由他劝驾，杜立三不能不掂量掂量。杜泮林轻信了张作霖的花言巧语，又亲见了省里派来的委员，证明确实是招抚，绝非欺骗，于是慨然写信劝杜立三接受招安。杜立三见了堂叔的亲笔信，觉得堂叔讲得很有道理，替他想得很周到，于是做了严密布置后，于 1907 年 6 月 6 日，亲率随从 10 余人到新民府会见殷鸿寿和张作霖。

随从人员留在招待处，张作霖陪同杜立三晋见殷委员，殷鸿寿本来打算同杜立三一同吸鸦片，乘机捉拿。谁知杜立三机警过人，一直坐在背靠墙、面向大家的地方。张作霖见第一招不成，于是和殷鸿寿起身。殷高声叫道："送客！"杜立三起身走在前面，走到门口，便转身请殷委员"留步"。正在这时，有人从背后扑上来将其紧紧抱住，几个彪形大汉把他按倒在地，摘下手枪，捆绑起来。当晚，杜立三就被枪毙了。

杜泮林得知后，才明白自己上了张作霖的当，责备张作霖"卖友求荣"，张作霖厚颜辩解他是为"地方除害"。杜泮林毫无办法，对张作霖说："你向总督请功去吧！"杜立三死后，其部下有的逃散，有的被张作霖收编，有的则成为辛亥革命党人组织武装的对象，杜立三的夫人郑梅生则怀着复仇之心参加了辛亥革命。

擒杀杜立三，使张作霖不但吞并了杜立三的部分武装，势力大增，而且接收了杜立三的财产，人财两得，并且受到了清政府的奖赏，"蒙赏银两千两"，升为奉天省巡防营前路统领，真是名利双收！

由于张作霖剿匪有功，又被调到辽源、洮南追剿为沙俄收买的蒙古族匪帮。

蒙匪陶克陶胡投靠沙俄，扰乱地方，使徐世昌大为忧虑，几次派人剿捕不成。1908 年，特派张作霖部攻打陶克陶胡。此时，张作霖所部已由 5 营扩为 7 营，队伍增至 3500 多人。张作霖为了升官发财，在追剿蒙匪中非常卖力，他率领军队在漠北荒原与陶克陶胡、白音大赉等死战。有一次，他率军在沙漠中行军 800 余里，穷追陶克陶胡。1908 年，终于击毙白音大赉，并把陶克陶胡逐出内蒙古。

然而，张作霖所部军纪败坏，沿途烧杀抢劫无恶不作，真是名副其实的"官匪"。在"官匪"剿土匪的过程中，广大蒙汉人民灾难深重。当时有些蒙古族人民，对张作霖恨之入骨，编成歌谣说："白了头发掉了牙，没见过红胡子来驻扎。"

张作霖受抚是为了当官发财，辛亥革命则给了他当更大的官、发更多财的机会。

武昌起义后，东北地区的革命党人准备以不流血的方式使东北脱离清政府而宣布独立。经过协商，大家推举蓝天蔚为关外革命军"讨虏大都督"，张榕为奉天省都督兼总司令，吴景濂为奉天省民政长，并研究如何迫使赵尔巽出走，谁知会议内幕被叛徒李鹤祥向赵尔巽告密。

赵尔巽立即召集立宪派头子袁金铠等地方士绅商量应对措施，袁金铠跪在赵尔巽面前声泪俱下，愿以身家性命担保，重用巡防营统领张作霖。为欺骗群众，赵和袁密谋成立"奉天国民保安会"。11 月 11 日晚，他们召开筹备会，推举赵尔巽为总会长。12 日下午在谘议局召开了军、政、农、工、商、学各界自治团体代表大会。赵尔巽亲自到会，张作霖紧紧跟随，张景惠等则密带手枪在会场内外警戒。

大会首先由赵尔巽讲话，他说了一些要各界人士各务其业，不要"稍有异动"的话，随即被革命党人赵忠鹄打断，要求他宣布东三省独立，会场立刻紧张起来。张作霖迅即登上讲台，掏出手枪往桌上重重一拍，大声嚷道："我张某身为军人，只知听命保护赵大帅，倘有不平，我张某虽好交朋友，但我这支手枪，它是不交朋友的！"暗藏在会场中的汤玉麟等纷纷掏出手枪，横眉立目。大家被这种土匪式的行为惊得目瞪口呆，手无寸铁的代表和革命党人只好散去。

在张作霖的支持下，"保安会"顺利地成立了，旧官僚充斥其间，张作霖当上了军事部副部长，革命党人只有张榕占了一个席位。

此次事件后，革命党人抛弃了“和平改革”的幻想，准备武装起义，11 月 17 日在沈阳成立了“联合急进会”，张榕为会长，派其他人员分赴各地发动起义，这引起张作霖和其他反革命势力的注意。

由于张作霖在辛亥革命中“办事得宜”，袁世凯特地致电加以鼓励，并特别赏给张作霖约值两千金的军需物。张作霖也回敬袁世凯人参一支，约值六千金。这样，取得了奉天统治者信任的张作霖，又博得了袁世凯的赏识。

孙中山就任临时大总统以后，任命蓝天蔚为北伐军都督。1912 年 1 月中旬，北伐军到达山东烟台，准备在东北沿海登陆。为免除后顾之忧，赵尔巽与袁金铠商议，决定由袁和张作霖商定除去联合急进会会长张榕。

1 月 23 日晚，张榕为拉张作霖，在奉天平康里德义楼宴请张作霖。酒饭将毕，袁金铠对张作霖说：“荫华（张榕字）在蜚红馆有个新相知，名小桃，雨亭可以看看去。”于是张榕和张作霖边谈边走，进了蜚红早已准备好的房间，两人一面抽鸦片，一面恳谈。一会儿，张作霖借口告辞，张榕不疑有他，仍陶醉在云烟雾海之中，突然冲进两个军人，举枪连连射击，张榕当场死亡，血流满床。这两个军人都是张作霖的部下，一个叫高金山，一个叫于文甲。

于文甲随即领人抄了张榕在小北关容光胡同的家，张榕家损失财产共合现银 5.53 万余两。当晚，联合急进会秘书田亚宾被汤玉麟杀害，家也被抄，张榕的好友宝昆也被金寿山杀害抄家。此后数日，奉天省城血雨腥风，张作霖大肆搜查革命党人，凡他们认为形迹可疑或剪去发辫之人，即行砍头或关押，全城人一夕数惊，张作霖“杀秃子”的恐怖气氛弥漫全城。事后，赵尔巽在张作霖报告杀害张榕、田亚宾、宝昆的旱文上写道：“该统领不动声色，连毙三凶，实足以快人心而彰显戮。”

张作霖“杀秃子”有功，奄奄一息的清王朝任命他为“关外练兵大臣”，赏戴花翎，所部改为二十四镇。张作霖受宠若惊，在清廷风雨飘零之际，他主张“勤王”保卫小朝廷，甚至反对袁世凯的“假共和”。然而一看到清朝气数已尽，加上袁世凯密信许诺重用，张作霖摇身一变，效忠袁世凯，并通电致贺袁当选为临时大总统。

清帝退位后，赵尔巽由清朝的东三省总督变成了中华民国的东三省都督，东北人民依旧生活在水深火热之中，自发性的反帝反封建斗争此伏彼起，连张作霖所部巡防营的兵士也有转向革命方面的。

2 月 16 日晚，各路巡防统领在张作霖公馆打牌，弄得乌烟瘴气。跟随张作霖多年的马弁梁二虎按革命党人的指示，想下手击毙这群民贼。不料在抽手枪时，被金寿山从穿衣镜中发觉。金寿山大喊：“不好，有刺客！”众人慌忙躲藏，梁二虎被卫兵击毙。

张作霖的部下营长刘景双经革命党人介绍与杜立三的夫人郑梅生结婚，夫妇二人率骑兵 200 人，时刻准备对张作霖下手，为杜立三报仇。然而由于张作霖在梁二虎事件后，防范甚严，终未得手。

1912 年 6 月 19 日，即旧历端午节晚上，奉天省城部分官兵在革命党人孙祥夫的鼓动下哗变。张作霖乘机排除异己，大开杀戒，被杀者达 200 多人，以后张作霖又陆续遣散“有嫌疑”的官兵两千多人。这样，张作霖部几乎独霸了奉天省城。

9 月 11 日，袁世凯将张作霖部改编为陆军第二十七师，张为中将师长，其亲信

汤玉麟、张景惠、张作相、孙烈臣等分任该师的旅长、团长，驻防省城。张作霖的部队继从"胡子"变成"巡防营"后，又从"巡防营"一跃升为堂堂正正的"国军"二十七师了。从此，张作霖掌握了东北最凶悍的一支反革命武装，在东北地区成为左右奉天举足轻重的大人物了。

武装强惧　东北称王

张作霖虽然有一支强悍的武装，又左右了奉天，然而他想称霸奉天，进而称霸东北并不容易。因为在东北既有日本人支持的"宗社党"，又有吉、黑两省督军，何况上有张锡銮，下有冯德麟，张作霖的处境可谓极其微妙。明白了袁世凯对他是恩威并施，既笼络又限制，张作霖便装出一副大老粗的面目，扬言："我是一个武人，不懂政治。"

1913 年 3 月 31 日，袁世凯以"筹商边疆要政"为名，首次召见张作霖，对张在辛亥革命时期的"功绩"大加夸奖，并表示"本总统有厚望焉"。张作霖则把自己搜括的财产拿出一部分作为军饷以表示效忠袁氏，袁世凯则报之以李，奖给他一等勋章。在宋教仁案发生后，张作霖领衔率东北反动将领为袁世凯涂脂抹粉，指责黄兴图谋私利，表示自己愿为前躯镇压革命。

尽管张作霖一再表示"忠心"，袁世凯仍不放心。1914 年 8 月，袁企图以仅次于都督地位的护军使之职，调张离开老巢至内蒙古。张作霖自然不愿，他致电给陆军总长段祺瑞说："辛亥、癸丑之役，大总统注意南方，皆作霖坐镇北方之力"，"中央欲以护军使将军等职相待，此等牢笼手段，施之他人则可，施之作霖则不可。"分明是抱怨袁世凯过河拆桥。此外，张作霖还鼓动奉天豪绅巨商上书挽留，迫使袁氏收回成命。

其时张作霖已成尾大不掉之势，他在奉天呼风唤雨，使张锡銮无法督政，一再向袁氏辞职。这样，张作霖便开始谋求奉天的第一把交椅。

1915 年，张作霖两次入京结交政府要人，他先拜段芝贵为师，由段带他引见袁世凯。袁世凯对他温语慰问，并赐"虎柄军刀"一把，张作霖为打消袁世凯的疑虑，故意装粗卖傻，见袁跪地行大礼，口出脏话。他还嘱咐随从，把前门外八大胡同所有妓院统统包下，给袁世凯"老粗无大志"的印象，以期得到提拔。袁世凯欲帝制自为时，张作霖又竭力吹捧，发出"速正大位"的密电。

但是，张作霖想做奉天督军的阴某并未如愿。1915 年 8 月，袁世凯派亲信段芝贵任奉天督军，张作霖虽然心中不快，但对段仍曲意奉承。段芝贵坐镇东北，是为了助袁称帝，而张作霖在这件事上，比段芝贵有过之而无不及。当奉天表决国体投票时，他亲率人马荷枪实弹监视投票，造成了清一色赞成君主的"民意"，他还密电袁世凯"如帝制不成，死不再生"。此种不要命的态度，在袁世凯的亲信中，也是少见的。

袁世凯称帝后，论功行赏。张作霖以一师长资格，破格封为二等子爵。然而张作霖大失所望，问"子爵是怎回事"？听到"子爵下于伯爵一等，再上为公为侯"，张作霖大怒道："吾何能为人作子？"于是请假表示不满。

袁称帝后的袁世凯不久便四面楚歌，张作霖对此早有对策。他一方面对袁表示愿为南征先锋，等骗到了饷械之后，又翻脸变色，在“奉天人治奉天”的口号下，驱逐老师段芝贵，夺取督军大权。

自称“不懂政治”的张作霖在“驱段”这出戏中表演得异常精彩。他利用冯德麟与段芝贵的矛盾，让冯出头角斗，自己在幕后操纵。

冯德麟为“驱段”找到了张作霖，说：“段芝贵是清末的败类，贪官污吏，人所共知，现在他仍然居奉天人士之上，我们决不甘心，应赶快驱逐他，由奉天人来干一干，雨亭以为如何？”张作霖一听正中下怀，于是向冯“请教”驱段的办法。冯说：“这不难。由我们二十八师唱黑脸，和他正面冲突，由二十七师唱白脸，用‘吓’字向他威逼，使他畏罪而逃。”张作霖心中暗喜，鼓掌赞成说：“好！让各方面人也知道，我们奉天人是不好惹的。”

于是张作霖布置军队夜间开枪闹事，自己到“将军署”对段说：“冯德麟把兵开来了，要进兵沈阳，反对将军。”段芝贵忙问怎么办，张作霖道：“不要紧，我有防备。”段芝贵刚安下心不久，张作霖又要报告：“这回冯把二十八师全开来了，我也没有办法。”并声称二十八师和二十七师部分官兵联络奉天各界团体要惩办帝制祸首。

听到要惩办帝制祸首，段芝贵浑身发抖，又问怎么办。张一言不发，在桌上大书一个“走”字。段芝贵如梦方醒，马上致电中央要求去天津养病，并调官款二百万，军火若干，乘专车赴京。段离奉时，张作霖向他赠送大批礼物，并满脸戚容作悲伤状，盼望段早日回奉，背地里张作霖却通知冯德麟，拦截段芝贵，向他索取私带的公款和军火，让他当众出丑，无脸再回奉天。

当段芝贵专车到达沟帮子车站时，冯部汲金纯指挥的一个团，由邱团长带领登车检查。邱某上车后即向段芝贵宣读奉天军民团体打来的电报，指责段为帝制祸首，又携款畏罪潜逃，希望汲旅长截住段芝贵押赴沈阳依法惩治，段芝贵吓得失魂落魄，狼狈不堪，担心回沈阳老命不保。这时，张作霖又致电让专车通行。

正当段芝贵向袁世凯哭诉冯德麟的无理时，张作霖密谋袁金铠起草了《奉天保安会章程》，由袁金铠出面，成立自治期成会，奉人治奉。袁世凯大吃一惊，在段芝贵的极力推荐下，任命张作霖为盛武将军督理奉天军务并兼巡按使，冯德麟为军务帮办。袁世凯死后，改称为奉天督军兼省长。这样，借着全国反袁，张作霖阴谋得逞，攫取了奉天军政大权。

因督军一职，张作霖与冯德麟势同水火；因任用新人，又与汤怒目相向。冯、汤二人携手反对张作霖，但最后还是败在张的手下。张巩固了自己的位置，成为说一不二的“奉天王”。

张作霖接到奉天督军的任命时，一喜一惧，喜的是多年的目的已经达到，惧的是冯德麟发难，于是演了一出假退让的戏。他立即召集所有弟兄开会，会上痛哭流涕，大骂段芝贵阴险小人，离间兄弟感情，并发出通电，力辞任命，力荐冯德麟做督军，说奉天局面非冯不能安抚。北京政府复电不准，张作霖再次请辞，再次不准。最后，汤玉麟说：“你一定要辞，北京政府要是另派一位外省人来，我们怎样办？我看还是就了吧。”大家纷纷表示说得对，张作霖才勉强就任。

冯德麟也不是三岁小孩，张作霖几滴眼泪再金贵也抵不上督军大权呀！于是冯德麟坚持不就军务督办一职，闭门谢客。张作霖亲自登门，低声下气地说了许多

好话，冯德麟懒洋洋地提出两个条件，另设军务帮办公署，其组织与督办公署一样。这明摆着是抢张作霖碗中的肥肉，张作霖怎肯同意，但他也不当面回绝，却电请袁世凯调解。袁世凯则说帮办公署不便另设，帮办公费每月可拨 15 万。张作霖于是拿了袁世凯的电报和 15 万去见冯，冯如数退还，坚请辞职。

张作霖又派二十五旅旅长孙烈臣携款 30 万拜会冯。冯回到省城时，张作霖又亲往拜见，冯德麟冷冷地接待了他，也不回拜，并拒绝出席张为他准备的接风酒席。张作霖却表现了宽容大度，把酒席抬到了冯府，并招来十余名歌妓助兴。

在张、冯矛盾日益尖锐之际，又发生张作霖和部下汤玉麟之争，冯德麟乘机联合汤玉麟反张。

张作霖任督军后，任用了一批新人，如谈国恒、杨宇霆、王树翰、王永江等。张作霖自比汉高祖刘邦，大言不惭地说："吾此位得自马上，然马上得之，不可马上治之。"任用新人引起了老部下的不满。

汤玉麟时任省城密探队司令，其所部胡作非为，常用军权侵犯警权，而出任奉天警务处长兼省会警察厅长的王永江对此绝不宽容，一次把汤的部下宋某逮捕下狱。汤玉麟向张作霖发牢骚："天下是军人枪杆子换来的，王永江凭什么功劳，高高在上管辖军人？"张作霖先是一顿臭骂，然后说道："枪杆子能打天下，不能治天下，你们懂什么？你们给王岷源（王永江号）牵马扶镫都不配。"汤玉麟自此对王永江嫉恨不已。

1917 年春节，汤玉麟等在省城设宴，招待"省中诸长吏"，却唯独不请王永江，张作霖驾到后没有看见王永江，心生不满，查问为什么不请王处长。孙烈臣应声答道："我们把王漏掉了。"张作霖听此顿时暴跳如雷，大为恼火地说："我看上的人，你们就反对，我用定了这个姓王的啦！谁反对谁就辞职。"而汤玉麟顶撞张作霖："你甭骂街，辞职算不了什么。"两人不欢而散。

王永江乃张作霖新启用的左右手之一，张既自诩为汉高祖刘邦，要招纳地方贤俊，对于王永江这样的得力助手，他当然要极力庇护之。因此，汤玉麟宴"省中诸长吏"却不请王永江，既是对王本人的轻蔑，也是对张作霖的不恭和反抗，张作霖岂能受这口气？

也因此，面对汤玉麟和其他受其煽动的武将递交上来的，要求把王永江撤职的呈文，张作霖使出其"绿林"时代的作风，"把呈文撕得粉碎"，指着汤玉麟的脸破口大骂，完全没有一点点招纳贤俊的"帝王风采"了。

张作霖的这一做法，给了冯一个绝好的机会，他趁机与汤勾结起来，共同对抗张作霖，要求张任命冯为省长，汤为二十七师师长，否则他们将自由行动，并要求北京政府罢免张作霖。而且，他们还采取积极行动，一面招募土匪，策反军队，一面派人扰乱省城。张、冯、汤之间的矛盾步步升级，大有一触即发之势。

在这种紧张局面之中，长于谋略的张作霖，并不着急亲自动手去讨伐冯、汤二人，而是积极寻求各方面的支持，在势力上先压倒对手。

首先，张作霖召开了二十七师全体团、营长会议，团结了内部；过去一度附和汤玉麟的孙烈臣、张景惠、张作相等，见"玉麟欲不利于作霖"，都站到张作霖方面，表示拥护"张将军"；洮辽镇守使吴俊升，也赶到沈阳，向张作霖表示："若是大帅想打，俊升带队打前敌。"集体效忠，使冯、汤二人的策反成效付之东流。

其次，张作霖还设法取得了北京政府总理段祺瑞的大力支持。本来，冯、汤二人也有北京政府总统黎元洪的支持，但苦于黎元洪有职无权，北京政府实权在总理段祺瑞手中。黎元洪曾派他的秘书持信到新民与汤玉麟联系，不料此信被张作霖所得，张立即将此转给段祺瑞，段马上致电张作霖，表示动员第九师和第十三师协助奉天“戡乱”。不仅如此，张作霖还通过他的日本顾问，求得日本的“谅解”和支援，早有独霸东北之意的日本对此当然是求之不得了。

面对张作霖如此强大的靠山，冯德麟吃不消了，干脆先偃旗息鼓，抽身撤退。因此，当汤玉麟到北镇想和他联合时，他“拒而不纳”。汤玉麟无奈，只好逃往医巫闾山寨做个山大王自保，但此时张作霖却寻上门来。1917 年 3 月 29 日，张作霖下令免去汤的旅长职务，任命邹芬代理五十三旅旅长，并命五十四旅旅长孙烈臣和骑兵团长张作相，讨伐汤玉麟。此时的汤玉麟再也没有当初宴会上顶撞张作霖的勇气了，他落荒出逃，投奔到了辫帅张勋麾下。

张、汤之争以汤玉麟的大败而告终，冯德麟虽然偃旗息鼓，自动退出与张作霖的对抗，但他并不完全是因为害怕张才退出，而是为了保存实力以图再起，因为他手中仍控制有二十八师。张作霖对此也不敢掉以轻心，他不放过每一个时机以吃掉冯德麟来实现他的霸业。

机会终于来到了。1917 年 7 月，辫帅张勋上演复辟丑剧，张作霖略使手腕，便将冯德麟击倒在地。

事情是这样的：张作霖的儿女亲家张勋在策划复辟时，张作霖是大力支持赞成的，因而颇受辫帅的优待。同时，冯德麟也积极参与其事，想借此而建其“功业”。但当复辟进行时，机警的张作霖见赞成者甚少，便对此事之成功率打上问号。他想从复辟中大捞好处，又不想受牵连而损霸业。正当此时，袁金铠又为其出谋划策：“冯德麟因你升为督军，时有不平之色……莫若令其入京，暗中参加复辟，事成大帅不失戴翎之功，不成以冯当之，卧榻前免得他人酣睡，亦调虎离山之计也。”

对袁金铠的这番进言，张作霖“深以为然”。他唯恐冯德麟在京“为人勾引，有不利于己之行动，特电冯氏委为（奉天）全权代表……并谓如有关奉军问题，请随时与绍帅（张勋）接洽办理。”就这样，张作霖左手准备领功，右手准备推罪，还顺便弄了个“抓功者”“替罪羊”，使其横竖逃不出自己的手心。

果然不出所料，张勋的复辟丑剧遭到了全国的强烈反对。原来支持张勋借以赶走黎元洪的段祺瑞，见目的已达到，马上转身举兵反张勋，以“再造民国”！而张作霖呢，他照事先计划好的办法，见张勋败局已定，遂抛弃亲家，“坚决”紧跟段祺瑞段总理，令前往天津观望风色的代表赵锡福，晋谒段总理。段问：“张督军派尔何来？”答：“讨总理吩咐。”段闻之大喜，拍案叫好：“不料张雨亭，他还赞成民国。”一个“不料”，张大帅的真面目便显露在眼前。就这样，张作霖“以高骑墙头为其本领，嗣见何方强盛，转而去彼就此”，成了反对张勋复辟的人物了。

张作霖见风使舵，成了反对复辟，“赞成民国”的“先进”人物，却苦了冯德麟。他在复辟时尽心尽力，以为事成之后。定能青云直上，取张作霖而代之，却万万没有想到，翎顶辉煌，仅是昙花一现，“穿黄马褂，紫金城内骑马，御前侍卫大臣”头衔没几天。上演了仅 12 天的复辟丑剧在全国的压力之下不得不狼狈收场，冯德麟化装成日本人出逃，到了天津车站即被曹锟所部逮捕，押送北京拘禁，7 月 15 日，以

"背叛共和罪"被免职罢官。

张作霖终于可以任意揉搓这个对头了,冯德麟被捕的消息传至奉天后,冯的妻子,"不得不矮下身来",大搞"夫人外交",求救于张夫人。这时的张作霖为了表示他的宽大,特别是为了争取冯部官兵的好感和考虑他们多年"绿林"的"友谊",大做好人,电请段祺瑞释放冯德麟。段也不惜送张大帅一个好人做,以"冯参加复辟证据不足"为由,仅给以吸食鸦片罪罚金 800 元的处分。

从此冯德麟成了一个无声无味无权无勇的人物,再也没有力气,也没有勇气和张作霖相斗了,不仅如此,后来,他还和张作霖修好,并拉回汤玉麟同归奉天。他的二十八师兵权,也就完全为张作霖所控制。冯德麟栽倒,张作霖成了说一不二的"奉天王",欣喜之余,张作霖的脑子又转动起来,他在想些什么呢?

张作霖并不满足于当"奉天王",他采取种种手段,先是赶走了黑龙江督军毕桂芳、实力派人物许兰洲,控制了黑龙江,又逼吉林督军孟思远下台。控制了吉林,自己成了"东北王"。

当上了说一不二的"奉天王",张作霖并不满足,他意在整个东北三省,"东北王"的滋味肯定要比"奉天王"的滋味好多了。于是,他开始紧锣密鼓地策划兼并黑龙江、吉林两省。对黑龙江,张作霖用的是趁乱出击,一次得手的办法。当时黑龙江的政局,在帝俄势力的影响下,较为混乱,其统治者不断易人,到 1917 年,局势由"俄国道"、前海参崴总领事毕桂芳和该省实力派、陆军第一师师长许兰洲共同控制。但毕、许二人不和,毕桂芳有职无权,处处受许兰洲的掣肘,许本人在黑龙江经营多年,早有夺取黑龙江省大权之意,并因此和张作霖关系甚"铁",被人称为黑龙江的"张作霖"。

1917 年 6 月,许兰洲乘北京政府混乱(黎段"府院之争",张勋复辟)之机,勾结黑龙江省的两个旅长——英顺、巴英额等密谋,让他们逼走毕桂芳,并答应事成后,"以师长位置相许"。英顺等人何乐而不为?他们于是直接到督军署,要毕桂芳让位于许兰洲。毕无奈,只好通电辞职。6 月 24 日,许兰洲率文武官员到齐齐哈尔车站"欢送"毕桂芳离职,之后,便欢喜得意地当上了督军。

然而,一心想夺黑龙江实权的许兰洲哪有意给英顺、巴英额师长之位?他们只不过是许兰洲"夺印"棋盘上的一粒小子而已,弃之不惜,他要他的人当师长。而英顺等人在遭如此戏弄之后,也不甘罢休,决定来个反击战,他们赶到哈尔滨,把自己不久前所遗弃的旧主子毕桂芳追回,让他在呼兰继续主持督军兼省长的"公务",英、巴二人并代他发表通电,痛斥许兰洲夺权。

英、巴再次立毕桂芳为黑龙江省"督军"兼"省长"后,黑龙江省出现了两股势力对峙的局面,即"拥护"毕桂芳的英、巴两旅,占领呼兰、海伦一线,反抗以齐齐哈尔一带为基地的许兰洲。双方似上弦之箭,一触即发。

善于抓住时机的张作霖开始出动了。他要出两面手腕,派其部下孙烈臣"急行赴黑,观察一切",同时,一面与英顺会面,获得英顺的信任及"肺腑之言":"一切唯张之命是从",一面又到齐齐哈尔面见许兰洲,同样得到许的"心里话":"唯雨帅(张作霖)之命是从。"在得到对峙双方对自己百般信任的信息之后,张作霖立即致电给他的靠山之一、北京政府总理段祺瑞,保荐他的同乡,也是儿女亲家的鲍贵卿为黑龙江督军。8 月 13 日,鲍贵卿在张作霖的护送下到黑龙江接任,第一步成功了。

紧接着，张作霖又与段祺瑞合谋，将许兰洲所部5营骑兵和3营步兵强行调至奉天，任许为东路剿匪总司令，驻守西丰，使许兰洲这位黑龙江省的“张作霖”成了自己的“高级俘虏”。同时，为了进一步控制黑龙江，张作霖又从奉天调去10营奉军，由日后在西安事变中名噪一时的旅长孙鸣九率领，进驻齐齐哈尔。当英、巴两旅长反抗奉军入境时，张作霖又以“剿灭蒙匪”为由，调吴俊升二十九师北上，进行武装调停。英、巴不服，想继续反抗，却立即被北京政府罢官免职。

曾与张作霖过从甚密，想借此而独霸黑龙江的许兰洲偷鸡未成反蚀把米，成了张大帅的“高级俘虏”，而曾向张作霖交过心，想捞个师长之职的英顺、巴英额，也赔了夫人又折兵，最后落得个被罢官免职的结果。只有张作霖，稳坐钓鱼台，大收渔翁之利，兼并了黑龙江省。

兼并吉林省，着实费了张作霖的一番苦心。原因是吉林省本身独立性较强，况且当时内有北京政府混乱，外有帝国主义的干涉，张作霖操纵起来就不是那么得心应手了。

张作霖吞并吉林采取的第一步是逼孟恩远辞官。孟恩远时为吉林督军，在吉林经营十余年，资格比张作霖要老。为此，张作霖大感不快。奉天在前清时为总督驻锡地，他不愿范围以内再钻出一个“大哥”来。事有凑巧，在张勋复辟时，孟恩远曾颇为积极，在吉林挂起龙旗，大张旗鼓地讴歌复辟，效忠溥仪和张勋。复辟失败后，孟恩远虽摇身一变，将自己装扮成“拥护共和”的英雄，并将其参加复辟之罪推给其督军参谋长高联甲，自己潜回吉林，企图蒙混过关。

张作霖乘机抓住孟恩远的这一把柄，策动在北京的吉林议员于贵良等，控告孟恩远“复辟附逆”，要求北京政府罢免孟恩远。1917年10月18日，北京政府下令，革去孟恩远吉林督军职位，改派田中玉为吉林将军。田中玉何人也？乃段祺瑞亲信，察哈尔都统，与日本人关系极为“良好”，派驻在此，岂不正好？

但孟恩远却不吃这一套，一怒之下，他干脆调兵于吉、长之间，宣布吉林独立，而张作霖对北京政府的这一纸令也不满意，他本意在于罢免了孟恩远以后，由他直接接防吉林，却不想他的段总理将其亲信田中玉派了过来。与其让新政敌田中玉来，还不如让孟再干一段为好。因此，张作霖放弃了其要求撤罢的计划，转而在“中央”和孟恩远之间，采取斡旋态度。果真，在直系军阀组织的几省督军联合发表的留孟宣言的压力下，北京政府不得不允许孟恩远“督任延期”，吉林同时也取消了独立。

张作霖的原意是让孟恩远再干一段时间就可以下台了。事与愿违，当时北京政府中又爆发了皖、直两系军阀在对西南护法军政府的政策上“主战”与“主和”的分歧和斗争。皖系一度败北，北京政权由直系军阀王士珍执掌，而孟恩远由于其亲直态度，处境有了好转。到后来，为了镇压哈尔滨和中东路俄国工人和士兵及中国工人驱逐沙俄白匪头子霍尔瓦特的斗争，北京政府又派孟恩远率兵5000人前往哈尔滨，支持霍尔瓦特。孟的处境有了进一步的好转，其地位也开始再次牢固起来。在这种情况下，张作霖不得不改变主意，致电北京政府暂时留住孟督，等候时机的成熟。

第一个回合，由要求北京政府罢免孟督到致电北京政府暂留任孟督，张作霖失

败了。但他并不就此罢休,而是另辟蹊径。

张作霖新辟的“途径”是插手北京政权,企图在中央取得一定地位之后,再卷土重来。张作霖想在中央取得一定地位,最理想的投靠人选当然是段祺瑞了,而其时,段祺瑞为了推行他的“武力统一”中国的政策,也正积极拉拢各路“英雄”,张作霖正是他心中所念之一大主力,二人于是一拍即合。

首先,段祺瑞以副总统为诱饵,拉拢张作霖派兵入关,并在张入关途中,又将存于秦皇岛的军械作为奖赏。由此,奉军在秦皇岛还上演了一幕“劫械”剧,为其发展造成了极为有利的条件。紧接着,张作霖要回报段祺瑞了。1918 年 3 月 29 日,张作霖兵临城下,向北京政府提出恢复段祺瑞内阁、增设东三省巡阅使(给自己设的官位)等要求,并在天津组成了奉军“南征”军司令部,自任总司令,委段祺瑞亲信徐树铮为副总司令,准备支持段的“武力统一”的政策,进行“南征”。面对这一强大攻势,王士珍内阁惊惶失措,被迫辞职,冯国璋只好再任段祺瑞为国务总理,张、段二人配合颇为密切。

但段、徐并不是真的想给张作霖什么,而只是利用他来给自己保驾,聪明的张作霖怎会识不破?1918 年秋,他以防御苏俄为名,开始将奉军从南方陆续撤回,并革除了徐树铮副总司令的职务。果真,在同年八、九月间举行的正、副总统选举中,段祺瑞败北,而张作霖的副总统美梦也落空了。但在段手中未得到的东西,张作霖却从新北京政府手中得到了。为统一东北军政指挥,以对抗苏俄的革命势力,北京政府于 9 月 5 日特任张作霖为东三省巡阅使,这与过去的东三省总督地位相似,张作霖总算有点补偿了,回过头来,他便可以借东三省巡阅使的身份,向吉林进攻了。

此时的吉林督军孟恩远,为了博取帝国主义和北京政府的好感以巩固自己的统治地位,不断扩充军队,搜刮军饷,镇压俄国布尔什维克党和革命工人,引起了吉林人民的极大不满。张作霖见此,再次玩弄其惯用伎俩,于 1919 年 6 月,唆使吉林人何宗仁等分别向国务院及东三省巡阅使署控孟纵兵殃民 8 大款,并分派代表赴京赴奉,恳请罢黜孟恩远,保举孙烈臣为吉林督军。这一招果然灵。7 月 6 日,北京政府即给孟一个“惠威将军”,令其来京供职,调比较温和的鲍贵卿为吉林督军,孙烈臣为黑龙江督军。

孟恩远不愧是孟恩远,他再次违令,坚不卸任,坚不离开吉林。但这时的张作霖已不是两年前的张作霖了,他是东三省巡阅使,他要行使其“职权”。于是,他立即动员军队,派二十七师师长孙烈臣为南路总司令,二十九师师长吴俊为北路总司令来攻打吉林。也就在此时,日本帝国主义又插手此事,为了支持张作霖,他们在长春故意挑起事端,制造了“宽城子事件”,并向北京政府提出抗议,要长春的吉林驻军,全部退出 30 里外,待“督军问题解决后”,才能复原。

在亲日派段祺瑞控制下的北京政府,立即做出表示,下令将孟恩远、高士傧(吉林第一师师长,主张对张作霖和北京政府进行抵抗)免职。高士傧还做了一番抵抗,但在日本的武装干涉、奉军的围攻和从内部收买而瓦解,他自己也在孟恩远的劝阻下停止反抗。孟恩远本人则看出大势已去,用长途电话向张作霖表示愿意交出吉林政权,并说:“我上了六十岁的人,名利心很淡,现在已说服高士傧了。”不管怎么说,总之,他是败给了张作霖。

东北三个省,现在是一一落到了张作霖的手中了。善于经营的他,终于从一个马贼，一个小土匪一步步高升，经统领、师长、督军而到独霸三省的“东北王”。

满蒙之王　入关称帅

军阀混战之际，张作霖先是联皖抗直，后又加入八省反皖同盟。第一次入关，打败徐世铮，成为北京政府四巨头之一，又兼蒙疆经略使，领热河、察哈尔、绥远三特区，由东北王一跃而为“满蒙王”。

当时的关内，正值第一次世界大战结束，帝国主义对中国争夺更为厉害，军阀混战连绵不绝，而主要的军阀混战为在英美帝国主义的支持下的直系和西南各小军阀与日本支持下的皖、奉系之间进行。此时的皖系已没落，奉系便开始独自与直系争斗。

张作霖没有绝对的敌人和朋友，1919 年 6 月，北京政府任徐树铮为西北筹边使兼“边防军”总司令，授予节制内蒙古、新疆、甘肃、陕西军队的全权。徐上任后在西北积极扩张势力，其权力比东三省巡阅使还大，这一切，引起了对满蒙早就垂涎三尺的张作霖的不满，他早在 1918 年即因徐树铮滥用奉军饷械发展自己势力而与之产生过激烈的冲突。这时，他看到徐又来威胁自己的势力范围，更是愤恨不已。因此，他决定抛弃过去几次与之合作过的皖系，而与直系联合，共同反对皖系，他们秘密结成八省反皖同盟，准备倒皖，这也就有了张作霖的第一次入关。

1920 年 5 月间，吴佩孚从湖南带兵北上，6 月初进驻豫、直各要地，徐树铮也急忙由库伦回京，调动皖军准备战争，直皖之间形势紧张起来。但张作霖却不急于马上用兵，他要耍手腕，以最小损失换取最大利益，他要坐山观虎斗，以收渔人之利。

1920 年 6 月 19 日，应总统徐世昌之请，打着“调停时局”的招牌，张作霖带两营卫兵，乘坐架有机枪的列车进入北京。以“调停人”姿态进入北京的他，却在暗地里与直系首领，他的儿女亲家曹锟暗通声气，并南下保定与曹会谈。在这期间，总统徐世昌罢免了徐树铮的西北筹边使等官职，徐树铮对此咬牙切齿，他知道张、曹的勾结，却故装不知，还以段祺瑞的名义，邀请张作霖会晤，准备下手除去张，未成。他又派姚步瀛等 13 人组成的暗杀团，携 12 万元巨款到奉天暗杀张，还是没有成功。

徐树铮暗杀张作霖没有结果，张作霖对徐树铮实施“讨伐”大获全胜。则回到奉天后，张作霖立即脱去“和事佬”的外衣，致电徐世昌和段祺瑞，大诉心中“不平”，“徐树铮罢免筹边使职，原为政府用人行政之常。而若辈妄造蜚语，归罪作霖。……此次在京，备患奸人百计害我三省。作霖忍无可忍，誓将亲率师旅，铲除此祸国之障碍……”，表示要武力调停，并致电曹锟：“我辈骨肉至交，当此危急存亡关头，不能不竭力相助。”同时，他调第二十七、二十八师陆续入关，分布在京津、津浦西路和马厂、军粮城一带，一时，奉军人数达到 7 万之多。

7 月 10 日，段祺瑞下令总攻击，12 日，曹锟、张作霖联名通电讨段，直皖战争正式爆发，经过几日的激战，皖军大败。19 日，段祺瑞自请免除本兼各职，23、24 日，直奉两军陆续开到北京，分别接收了南北苑营房，直皖战争以直奉大胜而告终。

8 月 4 日，张作霖以“胜利者”的姿态，以 300 名仪仗队为先导再次“莅临”北京，与曹锟共同组成了靳云鹏内阁，并与曹锟、徐世昌、靳云鹏一起召开所谓的“四

巨头会议”,商定控制北京政权的大计,曹、张二人成为控制北京政府的中枢。不仅如此,张作霖还极力扩张自己的势力范围,他一方面派兵占据津、京要地,一方面将自己的势力范围扩展到至察哈尔、热河、绥远等地,分别任命张景惠、汲金钝等为察、热两都统,并使得非奉系的绥远都统马福祥只好“望尘景附”。

借直皖战争,张作霖派兵入关扩充势力,取得了不凡的“成就”,他不仅成为北京政府的中枢人物之一,而且还以蒙疆经略使的名义,管辖热河、察哈尔、绥远三特区。他已经成为名副其实的“满蒙王”了。

张作霖再次问鼎北京政府,打败吴佩孚,一时威风八面,辉煌至极,但部下郭松龄却于此时做好了倒戈反张的准备。郭松龄倒戈被镇压,张又作第三次入关之美梦了。

直皖战争后,直奉共执北京政府之权,但由于各自野心的膨胀,他们的合作未能得到维持。由于权利的分赃不均,最终爆发了直奉之间第一次战争。奉军在此次战争中大败,张作霖不得不带着满身的遗憾和“无官一身轻”(北京政府裁撤东三省巡阅使,免去了张作霖所兼各职)的“感觉”,撤回了东北,张作霖的第一次入关到此结束。

但张作霖没有死心,回到东北后,他攒足劲头,准备第二次入关,问鼎中原,问鼎北京政府。时机也正慢慢降临。

1922 年直系军阀打败奉系张作霖后,独控了北京政府。不久,他们便撕下和平、共和之面具,开始以其军阀之野心和手段进行他们的统治。1923 年 2 月,吴佩孚撕下“劳工神圣”的外衣,残酷镇压了京汉铁路工人的罢工,造成了举国悲愤的二七惨案。10 月,直系又出演一起臭名昭著的“贿选总统”的滑稽闹剧,曹锟贿选而为总统。这一切,都引起了全国人民,乃至各派势力的唾骂和攻击。不仅如此,吴佩孚妄图凭借其实力,以“武力统一”中国。此时的直系,真是“气骄志矜,不可一世”,对奉军则也是“以为不堪一击”。

面对吴佩孚不可一世的进攻姿态,张作霖在整军备战的同时,早已着手拟定了对直作战计划,此时正值直系的江苏督军齐燮元与皖系的浙江督军卢永祥争夺上海地盘(这是吴佩孚“武力统一”中国的一着棋)。1924 年 9 月 3 日,江浙战争爆发,虽然卢永祥不敌齐燮元而败北,但此次战争却直接引发了张作霖对直系的用兵。

9 月 4 日,也就是江浙战争爆发的第二天,张作霖向直系挑战,他在给其儿女亲家曹锟的电文说:

今年天灾流行,饥民遍野,弟尝言讨浙之不可,足下亦有力主和平之回答;然墨迹未干,战令已发,同时又进兵奉天,扣留山海关列车,杜绝交通,是果何意者?足下近年为吴佩孚之傀儡,致招民怨;……弟本拟再行遣使来前,徒以列车之交通断,不克入京。因此将由飞机以问足下之起居,枕戈以待最后之回答。

“情深意长”而结为“亲家”,却说翻脸就翻脸,并且还堂而皇之地列出许多条理由来说是为民请愿,替天行道!

说罢这番“为民请愿”的话后,张作霖便自任镇威军总司令,于 9 月 15 日将所部编为 6 个军,浩浩荡荡向关内进发。奉军的作战战略是:集结主力于山海关、九门口一线,准备在此给予敌军以决定性打击。而直军也是一支相当有实力的军队,在吴佩孚的率领下分三军向奉军进击，吴佩孚甚至夸下海口，叫嚷道："我出兵二十万，两个月内一定可以平定奉天。"秀才出身的他，怎么竟忘了骄兵必败这一古训呢？

9月17日，第二次直奉战争爆发。双方打得难解难分，不相上下，但就总的情况来说，奉军要略占优势。也是吴佩孚倒霉，就在双方战斗激烈之时，直系第三军在冯玉祥率领下从前线倒戈回京，驱逐溥仪出故宫，囚禁贿选总统曹锟，这使直军军心大乱，却帮了张作霖的大忙。奉军乘机迅速出击，截住了敌军退路，使直军主力陷于奉军的包围之中。

吴佩孚紧急回京救援，却已无一点希望，因为所有可能的路线全被奉军占领，或因其他军阀的"中立"而无法通过，更无法派兵。到10月31日，直军官兵除重要将领由秦皇岛乘船逃同天津外，全为奉军所俘。11月3日，不可一世的吴佩孚在奉军、冯玉祥的国民军的夹攻下走投无路，只好率残部2000余人，乘华甲运输舰浮海南下，到英美的势力范围内躲避起来，他的"武力统一"的梦也烟消云散。第二次直奉战争以直军大败而告结束。

冯玉祥发动北京政变，使张作霖再次入关，进入北京政府由可能转变为现实。因冯在发动政变后，也不知所措，只好请段祺瑞再度出山，先改组政府，维持政局，另又电请南方孙中山北上主持大计，同时也不忘北方的张作霖。由于张作霖当时所允诺的是"奉军不入关"，冯玉祥因而比较放心。

可是控制北京，成一国之主实在太诱人了，奉军得胜后，张作霖不惜违背诺言，将大批奉军开入关内，并以之作为后盾，再度插手北京政权。1924年11月10日，张作霖赶到天津，14日便进驻北京。15日，张、冯、卢等共举段祺瑞为中华民国临时总执政，共掌北京政府。

冯玉祥虽然比较倾向革命，倾向拥护孙中山北上主持大计，但因张、段咄咄逼人，根本无意于孙中山而作罢，而张、段二人，此番又是"握手言和"，共同对付孙中山了。他们虽然表面上电邀孙中山北上，但在暗地里却施展种种诡计，反对孙中山的反帝革命主张，并提出什么"外崇国信"，召开什么"善后会议"，以和孙中山相对抗。

1925年3月12日，刚到北京不久的孙中山因病与世长辞，张、段心中的石头终于可以落下来了。此时，冯玉祥也早已被他们排挤到京西天台山"休养"去了，过河拆桥，北京政府终被张、段二人所掌握。

张作霖在控制北京政权的同时，调动大批奉军到关内抢夺地盘。至1925年初，奉军已占据了河北、山东、江苏、安徽，到6月，其触角已伸到了东南财富中心的上海。此时的奉系，此时的张作霖，真是威风至极，猖狂至极。第一次入关带着满身遗憾而回的张作霖，终于在两年后再度入关，并"辉煌一时"，成为当时中国政治舞台上呼风唤雨的大人物。第二次入关，张作霖不该有什么遗憾了吧。

就在张作霖春风得意之时，一件谁也没有想到的事情发生了。1925年11月下旬，张作霖的部将，拥有重兵的郭松龄，在滦州从背后给了他狠狠一刀。

郭松龄，字茂辰，于1882年生于奉天渔樵寨。他好读书，且"勤敏过人"，自小熟习革命道理，后来曾参加同盟会，并与孙中山也有过接触，也曾"与二、三同志图谋改造东三省"，认为"欲谋三省之改造，非推倒军阀不可，欲推倒军阀，非准备绝

大牺牲不可,余拟回奉投身军中谋取兵权,潜蓄势力,以图根本改造。"

不入虎穴,焉得虎子?果真,郭松龄回到奉天,在奉天讲武堂当上了教官。但张作霖对郭起初并不看重,只是由于其子张学良对郭极为佩服而大力举荐,郭松龄才得以在奉军中一步步地高升。随之,他改革东三省现状的志愿,也就日益强烈起来。

同时,由于郭松龄在奉军中声望和地位的不断提高,及其实际能力和别具一格的作风,遭到了奉系内部新、老各派的不满和嫉恨,他们千方百计地从各方面来压制他。而张作霖本人对郭松龄也不怎么欣赏。

这从一件事中可以看出。在第二次直奉战争中,郭松龄以其英勇在战争中立了大功,然而在战后论功行赏时,张作霖却偏不赏功高的郭松龄。张宗昌、杨宇霆、姜登选、李景林等皆得到了地盘,唯独郭松龄一无所得,张作霖甚至对郭说道:"你还是在我手下,对练兵贡献力量吧!"郭对此当然深为不满,反奉之心遂决。而就在此时,在中国共产党领导之下的革命和反奉斗争也迅速发展,这对郭松龄决心倒戈的心理准备过程,无疑是有很大的影响。

在反奉倒戈的准备过程中,郭松龄不仅注意到其部队的人事安排,还联合李景林,与冯玉祥订立了反奉密约。早在 1924 年 10 月冯发动北京政变后,由于遭张作霖的排挤,冯玉祥对其仇恨不已,于 11 月 22 日和郭签订了"郭冯密约",主要内容是:由郭松龄迫请张作霖下野;郭反戈与张作霖作战时,由国民军监视李景林行动,使郭无后顾之忧;李景林若能与郭共同行动或中立,事成后调整李为热河都统。

就在此时,张氏父子似对郭的行动有所察觉,11 月 22 日,张作霖突然电召郭松龄回奉,张学良也劝郭回奉当面陈述自己的意见。而郭鉴于自己的活动已被识破,遂不肯回奉,并决定"提前行动",还建议张学良代父接任东北最高首脑以改革三省局面。张学良是不肯反其父亲的,而郭却又反父不反子,其中的关节,也是日后郭松龄倒戈失败的一个原因吧。

郭松龄要行动了。22 日晚,郭、李发出三个通电,即要张作霖下野、要杨宇霆下台、宣布奉国两军停止行动。23 日,郭前往滦州召开了紧急军事会议,发表演说,反对张作霖。之后,郭又将所部 7 万人改编为 4 个军,并制定了进军计划。同时,冯玉祥、李景林相继宣布"中立",并通电张作霖下野,只是李景林,还不忘在通电中给自己留一条后路。

起初,郭的进攻是相当凌厉和得手的,就连北京政府的段祺瑞,也拟好了革去张作霖本兼各职的"命令",只等郭军进兵沈阳城予以发表了。的确,当时张作霖对郭松龄的进攻束手无策,他做好了最坏的打算,但其主子日本却不会袖手旁观。他们还要靠张作霖这位胡帅来维持其在东北的特殊权益,还要靠张大帅这块跳板,准备跳到关内,独占中国,所以,看到张作霖的统治岌岌可危时,日本站出来了。

日本先诱惑张作霖签订了卖国害民的"日张密约",之后,12 月 8 日,日本内阁做出决议,命令关东军"速使警告,将驻屯军,作适当配置。"当然,日本也欲拉拢郭松龄以尽收渔人之利,但遭到郭的严词拒绝。9 月,日军开始大批出动助张镇压郭松龄。

双方经过激战,郭军虽英勇奋战,但终不敌,再加上叛将等各种原因,最终大败。郭松龄、韩淑秀夫妇被张逮捕,在杨宇霆的怂恿下就地枪决,年仅 43 岁的郭松龄功败垂成,死于张、日手中。但此次郭的倒戈,也给张作霖这个不可一世的东北王以沉重的打击,张作霖曾因此而有“宣布下野意见”,给他发烧的脑袋浇了一通凉得透骨的冷水。但这位胡帅不久又野心勃勃地做起了他的第三次入关,再度控制中原的美梦。

张作霖第三次入关,正值国民革命高潮之时,为了自己的“前程”,他向革命进步力量伸出了罪恶之手。邵飘萍、李大钊惨死于张的屠刀之下,他却登上了“中华民国陆海军大元帅”的宝座。

张作霖一镇压完郭松龄之后,便迫不及待地欲称兵关内,妄图第三次入主北京政府,控制北京政权,实现自己一统天下的迷梦。

当时的中国已掀起国民革命的高潮,南方广东革命政府正积极准备北伐以推翻北京军阀统治,北方的冯玉祥也倾向革命,被称为“赤化将军”,而欲“三度梅开”的张作霖是必须要“讨赤”的。在日、英的策动下,张、吴(佩孚)这两个在一年前还为死对头的大军阀又联手反赤,但其中之明争暗斗、互相利用且又互相压制的细节,大概只有他们二人才知道。

从 1926 年 1 月开始,张作霖以进攻郭松龄残部为名,向关内进兵。同时,吴佩孚也开始进攻河南,冯玉祥的国民军处于直奉军队的包围之中,而日、英等帝国主义除了在武器弹药上援助奉直军外,还蓄意制造事端,助奉直军,其中最为有名的便是 1926 年 3 月制造的大沽口事件。奉直军利用这起事件,全力推进战线,步步紧逼北京。4 月 15 日,奉直军进入北京,他们抛弃掉多年与之合作的段祺瑞段执政,独控北京政府。直奉之间虽各怀鬼胎,同床异梦,展开了争夺实权的争斗。但张作霖第三次入关妄图爬上最高位子的美梦似乎正在成真。

在这期间,张作霖开始极力摧残北方的革命、进步势力。他们通缉革命领袖,查封进步报馆,枪杀进步人士,著名记者邵飘萍就是在这时惨死在张的手中。这还不够,11 月 14 日,张作霖在天津蔡园举行军事会议,商讨对抗北伐军和冯军进攻的问题,12 月 1 日,张作霖身穿大礼服,跪拜祭天,在天津蔡园就任安国军总司令,并发表长篇的“反赤宣言”,叫嚷道:“吾人不爱国则已,若爱国非崇信圣道不可,吾人不爱身则已,若爱身非消灭赤化不可。”他企图以“安国军”来“安定”中国,而助他爬上北京政权的最高权位,他妄想以这支“安国军”来统一中国,并且认为这是“易如反掌”的,会“万民拥戴,世界钦崇”的。如意算盘拨拉得够美的!

组成安国军后,张作霖又开始和中国的新军阀蒋介石勾结起来,两人一狼一狈,于 1927 年 4 月在中国的南北方掀起了惨绝的反共大屠杀。中国共产主义运动的先驱、中国共产党的创始人之一李大钊于 4 月 6 日被张逮捕,先后被捕的还有杨军山等国共两党党员 35 人。在威胁利诱失败之后,4 月 28 日上午 10 时,张作霖以绞刑处死了李大钊和其他革命人士共 20 人。张作霖的这一滔天罪行,将永远留在历史的耻辱柱上!

配合完蒋介石的反共屠杀后,张作霖又遇上了蒋介石的权力挑战,他的美梦又被蒙上了一层“阴影”。为了稳定北方,求得帝国主义的支持,为了提高自己的地位,以获得和蒋介石讨价还价的余地,张作霖要在北京组织“安国军政府”,要实现其总统梦了。

早在 1926 年 12 月,在黄土铺地的仪式下进入北京的张作霖,就曾想尝尝最高

统帅的滋味,但由于杨宇霆的反对而未果。现在,他已经急不可耐了,在部下的"拥戴"下,张作霖终于可以如愿以偿了。1927 年 6 月 18 日,张作霖在北京怀仁堂就任了所谓的"中华民国陆海军大元帅",他第三次入关的目的也算是达到了。

亲日抗日　惨遭暗算

日本侵略者一开始并不看中张作霖,川岛浪速曾打算暗杀他。由于张处处对日本人表"忠心",寺内正毅上台后日本对华政策有了改变,在满洲重用张作霖,张也积极为日本人效力,二者互相利用。

张作霖和日本人的关系源远流长,最早始于 1904 年日俄战争期间。那时,张作霖不过是小小的新民府游击马队营管带。日俄战争爆发后,身为地方军队的一名官员,张作霖表面上遵从清政府宣布的"中立"政策,其实则大不以为然,他把这当作发展自己势力,壮大自己力量,从而有更多发言权的机会。为了达到这一目的,张作霖采取了投机的两面手法,看到俄军强大,就助俄,随着战争形势的发展,日军明显转为优势,他又倒向日本这一边,为日军效劳,从中渔利。

1904 年 12 月,日本陆军满洲军司令部翻译黑泽兼次郎在新民府进行间谍活动时,曾住在张作霖家中。张作霖认为战争的最后结局一定是俄军胜,因此对黑泽等"特别任务班"的人不抱好感。"特别任务班"本是个间谍组织,其成员岂是吃素的,于是策划干掉张作霖,幸而总司令部参谋福岛安正得知后制止说:"现在张作霖已在为我军效犬马之劳,要留着他加以利用。"福岛还派黑泽赠张作霖银币一千元,以图他专门为日军效劳,同时又密令黑泽严密监视张作霖。

随着日军的胜利,张作霖的态度也就不一样了。1905 年 2 月,"特别任务班"成员土井市之进少佐潜入锦州活动,他先在新民府设置搜集情报的据点。翻译中町香桔给他带来一个身材矮小其貌不扬的中国人,说这个中国人是新民府的营官,对日本军队抱有非常的好感,愿为日军效劳,他还允诺将中町香桔隐藏在他家里。土井十分高兴,对他大加夸赞,并委托他在新民府中庇护中町,这个身材矮小、其貌不扬的营官就是张作霖!

日俄奉天战役之后,日军派井户川辰三少佐为新民屯军政署长,当地宪兵认为张作霖曾当过俄军间谍而予以逮捕,呈请井户川判处死刑。井户川认为张作霖手下有精锐的骑兵可以利用,于是设法向儿玉参谋次长请示,并请参谋部参谋福岛安正和田中义一从中斡旋,最终张作霖获释。井户川命张作霖在表示"愿为日本军效命"的誓约上签字,他便捺下了手印。

日俄战争是张作霖与日本侵略者相互勾结的开始,张作霖不惜在日军面前立字画押,表示效忠。但那时的张作霖只是一个小营官,日本人对他并不很重视,日张的关系并不十分亲密,张作霖不过是日本在东北的一个小小的砝码而已。

1912 年 1 月 26 日,张作霖亲自拜访了日本驻奉天总领事落合谦太郎,对落合说:"我深知日本在满洲有许多特权,而且和满洲有特殊关系……日本如果对我有何吩咐,我一定尽力而为。"张作霖这样主动地向日本人献媚,原因是多方面的。最主要的一点是,当时日本在东北,特别是南满势力很大,没有日本的支持,张作霖想在奉天称霸,无异于白日做梦。

1912年12月，日本关东都督福岛中将路过奉天，张作霖又趁机前往拜访，他向福岛流露出对奉天将军张锡銮的不满，表示愿按日本的指示行动。不久，他又访问满铁公所长佐藤安之助中佐，说："本省和贵国的关系最为密切，作为本省人民的代表，我和冯德麟与日本代表福岛都督，来决定本省大事，我相信是不困难的。"张作霖的言行，赤裸裸地表现出他要称霸奉天的欲望，表现出他对日本人的投靠。但是这个时候，他还不敢表示独霸，因为冯德麟是张作霖的"绿林"老前辈，又是老亲日派，张作霖不能不有所顾忌。

落合、佐藤都把张作霖的言行详细地报告给了日本外务省和参谋本部，并向日本政府建议要充分利用张作霖。日本人对张作霖的亲日自然有好感，但张作霖的资历尚浅，而在东北可供日本利用兴风作浪的力量或对象有宗社党，有冯德麟等，因此对张作霖的做法没有明确表态，有关东北问题的交涉也未和张作霖直接交往，而是与袁世凯、张锡銮进行。

1915年10月，在全国人民反对二十一条的反日运动刚过不久，张作霖便假借参观日本在朝鲜召开所谓"始政纪念博览会"的机会，前往汉城，会见朝鲜总督寺内正毅，向寺内表述中日亲善，表述满洲和日本的关系，表白自己的亲日态度。这次朝鲜之行给寺内留下了深刻印象，引起了日本统治集团的极大重视。

然而，日本侵略集团内部对于在东北是否支持张作霖还存在分歧，因而没有把他作为主要的支持对象，当时，不少日本人主张继续利用宗社党搞"满蒙独立运动"，使东北脱离中国而"独立"。

袁世凯称帝后，这些人趁机在中国东北策动了"第二次满蒙独立运动。"日本参谋本部、日本关东都督及日本浪人川岛浪速等积极支持宗社党，并策动与宗社党密切勾结的蒙匪巴布札布来实行他们的"满蒙独立计划"。但日本参谋本部次长田中义一、日本外务省、日本驻奉总领事却竭力主张利用张作霖，两派之间各自活动，互相争斗。

支持宗社党的一派在川岛浪速指挥下于1916年3、4月间，纠合宗社党，拥护肃亲王，叫嚣"讨袁复清"，企图在东北组织傀儡政府，复辟清王朝。因而，对于积极参加袁世凯称帝活动的"机会主义"的张作霖深为不满，决定用"非常手段"杀他，然后乘乱杀入奉天城，使满洲成为宗社党的天下。

1916年5月中旬，日本土井少将在奉天满铁附属地内，召集人员密商干掉张作霖的计划。决定由伊达顺之助、三村预备少尉等组成的"满蒙决死团"执行这一任务。

5月27日，日本关东都督中村雄次郎到奉天"访问"，张作霖率部下汤玉麟等乘5辆俄式马车赴车站迎接。会见中村后，归途经过小西边门里时，日本派出的刺客陆军少尉三村丰等由一楼窗口投出了炸弹。但因刺客紧张，只炸伤了汤玉麟和一些随从卫士。张作霖急中生智，飞身上马，弃车狂奔，并在马背上与卫士互换上衣，直奔军署。

当奔马驰经大西门里附近的奉天图书馆时，又有刺客从图书馆门洞里投出炸弹，因为张作霖策马急驰，炸弹只碰掉了张作霖的帽子，投弹人却被当即炸死。张作霖快马赶回军署，尚未来得及更换衣服，奉天的日本铁路守备队已经派人赶来"慰问"。张作霖神色自若地接待了他们，使他们不禁暗自称奇。

这次奉天炸张事件，是日本人第一次谋杀张作霖的事件，日本人却造谣说，暗杀行动是宗社党干的。对此，张作霖故作不知，也不予深究，因为他要继续讨好日本人。

一个多月后，日本人操纵蒙匪巴布札布与宗社党串通一气，从海拉尔南下窜扰，与大连的宗社党头子肃亲王遥相呼应。

既然巴布札布威胁自己的统治，张作霖便毫不客气地派洮辽镇守使阻击巴匪，而后又派冯德麟的二十八师五十五旅进驻郑家屯大败巴匪。日本人见巴匪溃败，急派一大尉至二十八师五十五旅，声称南满铁路附近不得开战，以阻止他们追击蒙匪。8 月 13 日，进驻郑家屯的日军，借日本商人与华童吵架这一微不足道的事情，杀入中国团部，挑起中日军事冲突，即所谓郑家屯事件，使中国军队不得追击蒙匪，从而蒙匪乘隙逃脱。

面对日本人的挑衅，张作霖奴颜婢膝，派日籍顾问菊池武夫到郑家屯、郭家店与日方疏通，答应只要蒙匪退兵，奉军不予追击。

而日本借郑家屯事件掩护蒙匪退却时，又无理地向北京政府提出种种侵害主权的要求，要求严惩二十八师有关将校，要求在必要地点增设日本警察官，要求军队中聘用日本顾问。这些无理要求，激起东北人民的愤怒，奉天省议会、奉天师范学校与其他各界群众，召开大会抗议，并到奉天省公署请愿，师范学校还组织了抗日铁血团。张作霖畏日如虎，对东北人民却是头狼，他大发雷霆，呼叫卫队传令二十七师，包围奉天师范学校，捉拿铁血团分子，并向日本道歉，赔偿日本“损失”，惩办与郑家屯事件有关官兵，真是一个日本人的好奴才。

郑家屯事件的“妥善”处理，是张作霖任奉天督军后的第一次直接对日交涉，张作霖的卖国嘴脸深得日本主子的欢心。

1916 年 10 月，寺内正毅上台组阁力主支持张作霖。寺内一改前任大隈重信赤裸裸的侵华手段，转而采取较为隐蔽的手段：对北京政府，决定以大借款的方式攫取中国的权益；在东北支持张作霖的“统一东北”，推行日本的“大满族主义”。

老相识寺内上台，张作霖喜出望外，他对日本顾问菊池武夫说：“我对日本在满蒙有特殊地位一点十分了解，对日开发满蒙之事……抱欢迎态度”，并表示要“一意和日本提携，维持东三省及东蒙的安宁秩序。”回国后任内务大臣的后藤新平在考察了东北的各种势力后，认为宗社党不得力，而认为日本极有必要利用张作霖。后藤说：

张作霖在满洲有一种特别之地位，他并无特别官历，也与中央政府无密切因缘。其心中惟有权势利欲，别无何等经纶。且张认为日本在满洲有绝大权力，知背日本之不利，而顺日本之有益。若利用有如此地位，和有如此思想之张作霖……满蒙之事，日本皆可横行无阻。

此后，日本对张作霖的支持显著加强。张作霖夺取东北霸权的每一步，都与日本的支持密不可分。

张作霖在“统一”奉天军政过程中，所遇到的严重阻碍，是老亲日派冯德麟的反抗，他因为害怕得罪日本方面，所以对冯委曲求全，迟迟不敢动手。经菊池武夫向日本疏通，日本外务大臣本野一郎致电驻奉总领事赤冢，让他转告张作霖：“帝国政府对张作霖的立场充分同情”，并告诉张，如果他对冯德麟采取行动，日本“决不加妨碍”。得到了日本方面的许可和支持，张作霖才对冯德麟采取军事行动。

张作霖为了把自己的势力从奉天扩展到东北三省，就在吞并了黑龙江之后，又与吉林军阀孟恩远刀兵相见。在奉吉一触即发之际，日本帝国主义在长春制造了宽城子事件，支持张作霖的吞并行动。

宽城子是长春旧名，地处长春北部，吉军的一个团驻宽城子以北，禁止行人通过。但长春车站站长日人船津不顾哨兵阻挡，强行通过，引起相互斗殴。事后，船津奔赴长春日本兵营求援。日军马上开到吉军营地，接着又从公主岭、铁岭调来大批军队，挑起军事冲突，双方各有死伤。日本以此为借口，提出无理要求：

要长春驻军退出三十里外，等到督军问题解决即免去吉林督军之后再返回驻地。在日本的威胁下，段祺瑞政府下令免去孟恩远、高士傧职位。但高士傧不服，扬言“不惜以生命相赌，讨伐奉军，如其失败即归绿林，扰乱东三省”，并招集土匪密谋反对张作霖。高士傧决心虽大，但其部下却投诚的投诚，被收买的被收买，溃散的溃散，终于心有余而力不足，不得不在孟恩远的劝说下停止反抗。

孟恩远用长途电话向张作霖表示交出吉林政权，他在电话中说：“我上了六十岁的人，名利心很淡，现在已说服高士傧了。”张作霖喜出望外。后来孟恩远路过奉天时，张还特地为孟“设宴压惊”。在日本人的支持下，张作霖轻而易举地得到了吉林。

1916 年张作霖任督军后不久，在对日谈判中曾说，日本要求矿山、土地等问题，“不用北京政府的许可，我就有有效的许可办法。”张作霖的办法，实质上就是暗中损害东北的权益，让日本光干不说地进行。同年 4 月，在张的许可之下，日本的“满铁会社”以“振兴铁矿无限公司”的名义，控制了著名的鞍山铁矿。张作霖的老朋友、老牌汉奸于冲汉当上了挂名总办，为日本效力。

关于土地“商租权”的问题，是日本在侵华二十一条中向袁世凯提出的侵害中国主权的要求，其内容是日本人在“满洲、东部内蒙古”可以自由租买土地。对此和整个二十一条，袁世凯后的北京政府一概不承认，张作霖却敢冒天下之大不韪，私下承认“商租权”。

二十一条中的第五条是要求中国聘用日人作军事顾问和警察顾问等，对此，袁世凯都不敢承认，但张作霖在东北却私自承认并加以实行。在辽源、奉天等地均有日本警察顾问，菊池武夫、町野武马、本庄繁等是张作霖的日本顾问，每当对日交往棘手之际，他往往要求教于日本顾问。张作霖把町野当作亲信，每年必定派他去日本一次，联络朝野要人。日本顾问成为日张勾结的重要纽带，而这些顾问其实都是日本的坐探，他们的所作所为，可想而知。

张作霖不仅出卖东三省的白山黑水，还竭力镇压反日爱国运动。

1918 年 5 月，中国青年学生为反对段祺瑞与日本签订的《中日共同防敌协定》，掀起了反日、反段斗争，东三省留日学生返同奉天组织铁血团、殉国团进行反日活动。张作霖竟下令禁止旅馆收留学生，诬蔑学生“扰乱治安，有碍邦交”。

五四运动爆发后，张作霖公开致电挽留卖国贼曹汝霖、陆宗舆、章宗祥，公然指责学生“白昼行暴”，为日本帝国主义辩护。如此公开地站在日本侵略者一边，毫无民族气节，极力反对和镇压爱国运动，在全国都是首屈一指的。故而日本主子对张作霖颇为满意，对张“能防患于未然”，深表感激，并让驻奉总领事向张作霖当面

致谢。

1920年10月，延边地区发生了珲春事件，即朝鲜爱国者与延边朝鲜族、汉族同胞相互团结反抗日本侵略者的事件。他们焚烧了珲春的日本领事馆，又烧了日本侵占的市街。日本帝国主义者无视中国主权，公然出兵1万多人向延边和珲春地区进犯，并无耻地要求中国出兵配合镇压爱国群众。张作霖得到主子的命令后，表示作为东三省巡阅使有尽力协助日本镇压延边抗日人民的责任。于是派兵3200余名，又派顾问町野武马到吉林，会同鲍贵卿围剿延边人民。

张作霖自以为抱着日本人的大腿便可相安无事，一直做他的东北王了，谁知未等人民群众斗争的烈火焚毁他，日本人便一脚把他蹬开了。

张作霖一向唯日本马首是瞻，但随着张在中国处境的日益不妙，日本人图谋中途换人。日本人想利用张作霖控制北京政府，攫取更大权益，而张则企图利用日本人巩固北京政府，二者产生矛盾。

蒋介石和汪精卫相继叛变国民革命之后，日本帝国主义者感到张作霖已经无力维持自己的统治，于是准备直接动手，干涉中国革命，以保护自己的在华利益。

这时，日本本土爆发了严重的经济危机，以“中国征服派”闻名的田中义一上台，主张对华采取“强硬外交”，于是爆发了济南惨案，日军出兵山东阻止蒋介石北上。蒋介石果然动摇了北上信心，于1927年8月13日宣布下野，9月即偕亲日派张群亲赴日本会见田中，乞求田中的支持。

日本田中内阁在出兵山东的同时，着重研究了对张作霖的策略。6月间，日本外务省亚洲局局长木村，向日本外务省提出了一份《有关中国时局对策考察》的报告，这份报告详细地分析了张作霖的处境，提出了日本对张的策略。

报告认为“对华北尤其是对满蒙，因为与日本有密切接壤的利害和为东亚的安宁起见，从帝国的立场来看，必须讲求确保政局安定的对策”。日本“对满蒙问题，不能像火灾中的小偷似的，攫取一两件权利”，“其先决条件首先是在相当时期内，保持该地区的安定。因此，总是以张作霖为唯一支持的目标，是极为短见的，而且是颇不策略的”。这是因为从张作霖的现状来看，他在中国国内各政治家、各团体、各军人中间已没有威信，“现在恢复他的愿望，不过是空想”。报告说，在这次中国大变革时期，日本朝野必须考虑的重要问题应该是：

及早把张作霖的一身沉浮和帝国在满蒙特殊地的维护，加以截然区别考虑，并付诸实行的时机已经到来。即鉴于现在张之苦境，我们只要不予援助，他的自我消亡已是时间问题，……必须抛弃和他生死与共的想法，……为此，对他不但要绝对不予援助，必要时对他施以相当压力，也在所不辞。

报告中还对张作霖下场的几种形式做了预测，并设想将来以王永江或杨宇霆为日本在东北的代理人等等。这份报告明确地提出了要抛弃张作霖的建议。

同年夏天，田中又“赠张作霖人型一具”，暗示他：“汝为小孩，须从吾命，若不从者，我可玩汝于股掌之上。”另外田中又派山梨大将以首相特使身份来华，“劝张作霖退隐”。上述事实表明，日本田中内阁已决定采取卸磨杀驴或使其完全傀儡化的对策。

1927年6月，日本首相田中在外相官邸召开了所谓东方会议，其目的就是“使满洲脱离中国本土，置于日本势力之下”。东方会议之后，日本立即采取措施，乘张作霖还掌握北京政权之机,向张索取满蒙权益。为此,田中内阁先后派遣日本驻奉总领事吉田、驻华公使芳泽谦吉、满铁总裁山本条太郎等,用软硬兼施的手段,对张作霖展开了索取满蒙权益的交涉,交涉的主要内容是日本在东北铁路修筑权和履行郭松龄反奉时张作霖与日本签订的密约。

日本帝国主义提出的这些要求,并非从东方会议后开始的。此前日本已对张施加压力,但张对日本的要求,或推脱,或拒绝,不愿完全按日本意图行事。张作霖随着自己势力的发展和扩大,日益感到:自己的一举一动都受到日本的约束,动辄受日本的"劝告"是件苦恼的事;同时又感到,在未入关之前非依靠日本不可;入关后控制北京政权,单靠日本的支持是不够的,也要争取美英等国的支援,以便"以夷治夷"。此外,国内日益高涨的反帝浪潮,也使张作霖不敢轻易答应日本的侵略要求。张作霖的这些行为使日本大为不满,为了防止自己权益的丧失,日本人在张作霖的统治即将瓦解之际,更加快了对东北权益的掠夺。

在"满蒙交涉"过程中,日本采取的第一步行动是派态度蛮横的驻奉总领事吉田茂向奉天当局直接施加压力。1927 年 8 月,吉田茂会见奉天省省长莫德惠,狂妄地要求莫德惠接受日本的要求。这时,由于日本出兵山东,召开东方会议和索取东北权益的侵略行径,激起了全国人民的愤怒,使人民的反帝斗争的矛头集中指向日本。在东北,久受日、张压迫的人民,也迅速掀起了反抗斗争,斗争扩展到各个阶层,遍及东北各大城市。8 月下旬,奉天省议会开始协商反日办法,这一切为莫德惠抵制吉田茂的无理要求提供了一面很好的盾牌,使吉田在奉天的交涉不得不陷于中断。

日本当局看到与东北地方交涉无甚结果,决定派驻日公使芳泽谦吉在北京与张作霖作直接交涉。

芳泽带着田中亲笔书信及所赠礼物面交张作霖,向张提出了"满蒙党书"(党书即备忘录),要求解决一切"悬案"。张作霖假装糊涂,说他不知详情,让芳泽与杨宇霆交涉。芳泽走后,张作霖马上在"帅府"召集会议,商量对策,在场的人都赞同由地方去直接交涉,以便留下缓冲余地。于是,杨宇霆向芳泽提出这个意见,并希望芳泽转告吉田茂收敛自己的脾气,以利于谈判。芳泽深知东北地方当局一切唯张作霖的命令行事,与他们的交涉,只能是浪费时间,因此只想在京与张直接交涉。这时,东北人民又再次爆发了反日运动,为张作霖提供了一面很好的挡箭牌,结果日、张交涉又陷于停顿。

但日本侵略者与张作霖的交涉并未停止,田中内阁鉴于中国人民反日运动的兴起和考虑到张作霖对日表面强硬,暗中屈服的特点,于 8 月上旬密派山本条太郎(即将上任的满铁总裁)直接与张秘密谈判。山本一改吉田茂强硬交涉的做法,企图用其他办法促使张解决"满蒙"悬案。为完成任务,山本选用了两名助手:一是与张作霖私交很深的中国通——中日实业公司的江藤斗二,此人可以自由进出张作霖的内室,一是张作霖的顾问町野武马。

町野和江藤在北京和张作霖交往,不断向张吹捧山本,并拿出山本提出的"东北铁路方案"与张作霖私下商谈。张作霖开始不大同意,但经不住町野、江藤二人的威逼利诱,软磨硬缠,张作霖提笔在记载着铁路线的文件上圈了四条铁路。江藤说:"我们可以放弃两条,请再圈一条,共留五条吧。"张说:"在我不了解的地方修

铁路,是无法约定的。”江藤说:“五十步和百步的区别嘛。”无奈,张作霖又拿起笔圈了一条,这时,张作霖忍不住说道:“这只是预备性的协商,请暂且不要发表。”

江藤在事后去大连向山本汇报情况,山本问他:“有希望吗?”江说:“大概能成。”山本为了探听张作霖的虚实,决定派自己的妻子亲到北京拜访张作霖。于是,满铁派专车送山本夫人到北京游览,张作霖闻讯,派自己夫人主持欢迎,并派专车前往迎接。随后设宴招待山本夫人,其款待之情,“是史无前例的”。山本听到这一消息后,认为他亲自前往北京结束交涉的时机已到。

10 月 10 日,山本到了北京,随后与张作霖订立了所谓“满蒙五路协约”。同时,为了收买反对者,山本送给张作霖 500 万元。至此,张作霖终于在日本压力下和日本签订了出卖中国东北路权的密约。

日本田中内阁在向张作霖索取东北主权时,又在东京和前来日本求援的蒋介石进行了秘密谈判。蒋介石在取得田中“日本绝不援助张作霖”的承诺后,承认了日本在“满蒙”的特殊地位。

蒋介石在取得日本的谅解,特别是取得美国的支持之后,于 1928 年 1 月,重任“北伐军”总司令,决定北攻张作霖。同年 4 月,他和冯玉祥、阎锡山、李宗仁等新军阀,组成一、二、三、四集团军,对张作霖发起了进攻。在蒋冯联军的进攻下,山东的张宗昌节节败退,丢失了济南,张作霖见势不妙,令奉军仓皇后退,北京政权已危在旦夕。

但这时,张作霖并不想退出关外,放弃他赢来的北京政府。于是故技重施,于 5 月 9 日发出了“息争议和”的通电,重弹“凡属讨赤者,虽敌为友”的老调,幻想停战议和。同时,派代表到南京与蒋介石商讨联合问题。一个明送秋波,一个暗抛媚眼,你来我往,一场蒋张联姻之戏似乎就要在 1928 年的中国政治舞台上演出。因为冯玉祥与奉系结怨甚深,绝不同意联系,蒋介石只有作罢。

日本人的目的是逼张作霖承认其在东北的权益,一再逼张作霖回东北,张作霖一心留恋北京。日本人准备除掉他,方案有二:一是在北京刺杀,二是在皇姑屯炸车,结果选择了后者。

当时,张作霖不但与蒋介石勾勾搭搭,而且向美国大献殷勤,幻想求得美国的支持。奉张的联美活动,引起日本的极大不满,也成为后来皇姑屯爆炸的导火索之一。

当国民党军队逼近京津时,日本唯恐战乱波及满洲,一面增兵青岛,威胁南军北进;一面对张作霖施加压力,逼迫张作霖及早离京,避免战火由关内烧到关外,威胁到日本在东北的权益。

5 月 17 日晚,为逼张退回东北,日使芳泽会见张作霖,与张谈至深夜。芳泽说:“大势已经如此,为使战乱不波及京、津,收拾军队撤回满洲以维持治安……对奉天派是万全之策。”张作霖怎么肯听从芳泽的劝告而轻易放弃北京政权呢?因此非常不高兴,拒绝了芳泽的要求。芳泽仍然不肯罢休,继续追问道,你们能打过北伐军吗?张作霖说,如果打不过他们,我们可以退回到关外。

芳泽却不怀好意地说了一句“恐怕未必回得去吧”。张作霖生气地说,关外是我们的家,愿意回去就回去,有什么不行呢?芳泽看到张作霖并未被这些话所吓倒,就进一步采取威胁手段,警告说:“帝国政府为维持满洲治安计,不得不取适宜且有效之措置”，并乘机向张索取“满蒙”权益。不仅如此，他又向张威胁说：“张宗昌的兵在济南杀死几十名日侨，你对此应负一切责任。”

这一连串的威逼，使张作霖勃然大怒，从座上站起来，把手里的翡翠嘴旱烟袋猛力地向地下一摔，磕成两段，声色俱厉地冲着芳泽说：此事（指张宗昌杀日侨事）一无报告，二无调查，叫我负责，他妈拉巴子的，岂有此理！他说完之后，就扔下愣在一边的芳泽，怒气冲冲地离开了客厅，三个多小时的会谈就这样结束了。

那时，张作霖本想借日本的武力留在关内，但是对日本的逼迫行径大为反感，干脆拒绝日本的“警告”。而且，这时全国人民的反日浪潮使张作霖感到：在这种形势下回到东北，做日本的傀儡，日子是不好过的，因而不愿接受日本的要求。

日本见张不听摆布，对他继续施加压力，警告他：如果不听劝告，等到失败后回到东北，就要解除他的武装。同时，日本关东军也开赴战略要地。在这种形势下，张作霖大势已去，不得不表示离开北京退回关外。

5 月 30 日，张作霖召集张作相、孙传芳、杨宇霆、张学良举行会议，决定下总退却令。6 月 1 日，张作霖邀请外交团到元帅府，在怀仁堂与外交团告别。在致辞中，他以极悲痛的语句道出自己被迫出关的无奈与沮丧。

张作霖虽然宣布退出北京，但决不甘心放弃既得的统治地位。在离京前，他命许兰洲将安国军大元帅府的印、旗，国务院的印信，外交部的重要档案全部运往关外，并下令一切重要命令，仍由他（大元帅）的印盖印发布，想在关外遥控北京政权，有朝一日再卷土重来。

张作霖退出北京之前，日本已经策划了对付他的办法。当时，在日本内部有两种意见，一种以土肥原贤二、松井七夫等人为主，主张解除张作霖败军的武器，逼其下野，以杨宇霆代之；一种是关东军司令官村冈及其高级参谋河本大佐，积极倡导除掉张作霖。前者较为温和，后者较为激进，但无论温和还是激进，抛弃张作霖却是殊途同归。最终，选择了日本关东军的方案。

村冈司令官和河本大佐谋杀张作霖的计划本来是一个目的两种方案。在张作霖出关的前几天，村冈与河本正在为谋杀张作霖而各自活动。村冈密派竹下义晴少佐，到北京组织刺客。竹下受命后，从司令官室退出来时，在走廊上遇见了河本大佐。他对河本说：“现在要去北京。”说话时神色不太自然，河本察觉到竹下表情有异，认为必有要事，很想探听到真情。于是对竹下说：“去京是今天晚车……上车前我们一起吃点饭吧。”

随后就把竹下少佐领到沈阳十间房“招待所”的一个“绿”字号的客间里。吃饭时，竹下在河本追问下，泄露了到北京杀张的计划。当时河本等正准备炸张，于是对竹下说，在北京刺张太危险，失败后将由个人负责，又表示关切地说：“我不能让你去，还是我替你干吧。”让竹下照样去北京，但去北京的使命由杀张变为侦察张作霖的行动，尤其是把张退出关外的时间坐的火车准确通知他，并表示愿意承担一切责任。这样，在关东军内的两个谋杀计划嫁接成功，合二为一了。

日本关东军参谋部的人员在河本大佐的亲自指挥下，事先在离沈阳一公里半京奉路和南满路交接点皇姑屯车站布下所谓“必死之阵”；在铁路交叉点里埋置了三十麻袋黄色炸药，在五百米外的瞭望台上用电气机控制触发爆炸；在交叉点以北装置了脱轨机，在附近又埋伏了一排冲锋队，以备万一。这时，万事俱备，只欠张作

霖专列的到来。

在张作霖决定回奉的前几天，奉天宪兵司令齐恩铭曾有密电到京，说老道口（南满路与京奉路的交叉点）近日被日方封锁，恐怕有什么行动，希望张作霖防备。但一生机警的张作霖，却对这生死攸关的消息丧失了应有的警惕，不以为然。他虽然也曾想坐汽车取道古北口出关，但最后因怕公路坎坷不平，仍决定乘火车离京。他也"故布疑阵"，一再改变行期，最后决定6月3日离京。

在张离京前夕，日使芳泽仍去纠缠张作霖，逼他正式履行"日张密约"的手续。张作霖对于这种趁火打劫的行为，非常气愤，在办公厅大声骂道："日本人不够朋友，竟在人家危急的时候，掐脖子要好处。"拒绝在芳泽送来让他签字的文件上签字。这时，日、张关系已非常紧张，张的随身官员都有一种惴惴不安的预感，唯恐出事，有的还私下准备了药布、饼干，以备万一。

6月3日夜间，张作霖出帅府西门，乘黄色的钢制汽车出发，汽车在警戒严密的夜色中开往车站。张学良、杨宇霆、孙传芳等都带着沮丧的表情前来送别，月台上明亮的灯光照射在卫兵的刺刀上，反射出炫目的光芒，气氛森严却又沉闷。张作霖在告别时，故作镇静愉快，可当他踏上火车，向中南海方向回顾时，眼里却异乎寻常地泛出泪花，他是多么的留恋自己曾得到的北京政权啊！随行回奉的除了"大元帅府"的官员及卫队外，还有张作霖的六姨太和三公子学曾以及日籍顾问町野等。

专车是慈禧太后乘坐过的花车，共22节，张作霖乘坐的包厢在中间。当专车到达天津时，日籍顾问町野在天津站下车，但这也没有引起张作霖的警惕，仍然走向死亡之路。专车预定4日午前3时30分到沈阳，误点两个小时。沈阳车站已有上千名军警警戒，恭迎张的大驾。

1928年6月4日当专车开到皇姑屯附近时，早已埋伏好的日本关东军东宫大尉一按电钮，预先埋下的炸药全部爆炸，张作霖所乘的蓝色铁甲车被炸得粉碎，车身迸出三、四丈远，只剩下两个车轮。张作霖身受重伤，他的六姨太受炸身亡，未死的随从在附近找到一辆结婚汽车，强行将新娘赶出，张作霖在齐恩铭的扶送下，坐汽车回到"帅府"。此时，张已奄奄一息，对他的老婆芦夫人说："我受伤太重……恐怕不行啦。……叫小六子（张学良）快回沈阳……"，说完就死了。

张作霖被炸后，日本关东军司令部为掩盖事实真相，按预先计划，立刻调动工兵赶修铁路被炸的部分，并且逮捕了十多名无辜的中国居民，诬陷为国民党北伐军谋杀犯。他们还专门杀了两名中国人扔在肇事地点，口袋里塞上伪造的北伐军的信，以便混淆视听。这两名被杀者是沈阳车站的小工，因吸食毒品，被日本警察抓去，拘留在一处，先给他们剃头洗澡，然后换上衣服，弄给他们吃好的。住了几天后，忽然把他们叫出来，带到南满铁桥附近，然后把他们处死于路旁，装成炸车的凶手。

日本关东军在制造皇姑屯事件之后，又在沈阳制造了一系列事端，企图引起东北混乱，挑起军事冲突，乘机占领东北，他们甚至还想谋杀张学良。日本帝国主义者的阴谋诡计，当即为奉天当局识破，为稳定局势，防止日本乘机举动，决定对张作霖的死，密不发丧。6月6日，奉天公署发表通电称，在皇姑屯爆炸事件中，"主座身受微伤，精神尚好。"

除此之外，元帅府的厨房每日照常为张作霖准备饭菜，杜医官天天到帅府上假装换药并填写医疗经过和处方，以瞒过日本人的窥探。日本方面，大起疑心，不断派人慰问求见，都被婉言谢绝。一次，日本派本庄繁夫人与林权助总领事夫人以慰问为名，突然到元帅府拜访张作霖的五姨太。五姨太盛装出来招待，谈笑依旧，找不到一丝漏洞，元帅府内外也一切正常，毫无变动，两夫人只得悻悻而归。直到张学良回奉，日本才知道张作霖早死了。

张学良在接到其父被炸的消息，当即秘密化装返沈。在惊恐中到达奉天，当即在父亲灵前痛哭失声，对日本侵略者恨之入骨，发誓要报仇雪恨。为稳定局势，他决定 6 月 21 日为父亲发丧。发丧时，日本政府故作镇静，特派林权助前来吊祭，还想拉拢张学良。但张学良内怀国仇家恨，拒绝日本的劝说。随后，在美国人和蒋介石的劝说下，改旗易帜，服从了南京政府。河本暗杀张作霖，原来是为了引起东北政局的混乱，然后乘机独占东北，却无意中帮了蒋介石一个忙，促成了南北的统一！

段祺瑞：老虎胆子 狐狸心计

【人物档案】

姓名：段祺瑞

别 名：段启瑞、段芝泉、段合肥、北洋之虎。

字号：字芝泉，晚号正道老人。

生卒：1865 年~1936 年

籍贯：安徽省庐州府合肥县(今安徽省合肥市)人

职务：代理国务总理、政事堂国务卿、国务院总理、中华民国临时执政、中国现代化军队的第一任陆军总长和炮兵司令、中国第一所现代化军事学校——保定军校的总办。

主要成就：西原借款，收复外蒙，三造共和。

评价：其人短处固所不免，然不顾一身利害，为国家勇于负责，举国中恐无人能比。(梁启超)

墓葬：段祺瑞死后因抗日战争爆发，结果家人将他草草安葬在北平西郊白石桥附近。1963 年秋天，段祺瑞的墓地被移葬于北京西郊香山附近万安公墓。

段祺瑞

【枭雄本色】

段祺瑞的一生富有传奇色彩，是一个复杂多变的历史人物。他早年留学德国，受过系统的军事教育，受到袁世凯的提拔重用，参与北洋新军的创建，被誉为“北洋之虎”。在辛亥革命前后，他成为北洋军的最高指挥官，镇压武昌起义，逼迫清帝退位；左右开弓，支持袁世凯窃取革命果实，参与镇压二次革命；袁死后，他成为府院之争的主角，以出卖国家主权为代价向日本大量借款，与日本签订秘密《军事协定》，成为日本后来侵入东北的重要一环；并批准在丧权辱国的巴黎和约上签字。段一手策动直皖大战，在两次直奉大战中纵横捭阖，翻云覆雨，制造政潮；北京政变后，东山再起，出任民国总执政，弄权卖国，变本加厉，丧心病狂地制造了“三·一

八"血案,在民国史上留下了血腥的一页。段祺瑞被逼离开北京,隐居天津后,不与日寇勾结。在蒋介石的策动下,终于南下京、沪,保持了晚节。

【风云叱咤】

发一声明 一造共和

段祺瑞字芝泉,1865年3月6日生于安徽合肥,人们因此而称之为"段合肥"。段祺瑞对此并不介意,甚至引以为荣,因为历史上他还有个老乡叫"李合肥",即创建淮军的李鸿章,虽后人多认为李鸿章丧权辱国,留下骂名,段祺瑞却对"李合肥"推崇备至,以自己之名能与李氏并驾齐驱而自得。

段氏虽生于合肥,但段氏一家并非祖居合肥。有两种说法,一说祖籍江西鄱州,即今江西鄱阳,明末迁至安徽,先在英山县落户,后迁至寿县,继而又迁于六安县太平集迤北三里。一说段家本为陕西鄱阳(今作千阳)人氏,清朝初年搬至寿州南乡的保义集坊,道光年间,曾祖父段友杰迁至六安,不久又徙居合肥之大陶岗。从此以后,段家定居合肥,以农为业。

段祺瑞的祖父叫段佩,字韫山,通过自学粗通文字。1851年太平军起义,洪秀全率领太平军横扫长江以南,势不可挡,咸丰皇帝情急之下下令各省地方实力派组织"团练",以镇压太平天国运动。段佩积极报名加入了当地地主组织的团练,开始时担任哨兵,后升为管带。

十年后,李鸿章组建淮军,皖北许多地方团练纷纷并入,段佩也成为淮军名将刘铭传麾下的一员骁将,由于表现突出,不久被刘视为左右手,最后官至统领,因功被保为提督,记名总兵,授予荣禄大夫、振威将军。从此,普普通通的段家开始出人头地。

1879年3月,段祺瑞15岁,祖父段佩突然发病死于军中。

段佩的去世使段家家境急转直下,段祺瑞的美好前途也蒙上了阴影。他实在太爱军营了,但已失去靠山,只好一切从头做起。于是,宿迁清军兵营中多了一个小"戈什哈",即勤务兵。两年后,1881年,17岁的段祺瑞徒步2000余里来到山东境内,投靠在威海卫驻军中任管带的族叔段从德,充职哨书。

段祺瑞的父亲名段从文,是粗识文字的农民。段祺瑞幼年曾读私塾,因家道贫寒,渐渐读不起了,又不能长久在家呆下去,其父便亲自送段祺瑞到天津投军,入武备学堂。段父回乡时,囊中有几十两银子,便买点生丝和布,预备为其子以后成亲用。行到合肥西郊七里塘,天已昏黑,被同行商贩杀害,把他囊中所有尽行抢去。后经其母牵次子段祺甫报案缉凶,终于将案犯查获,这是清朝末年的事。

真是福无双至,祸不单行,其父的坟上尚未长满野草,段母也因忧伤过度而撒手西去。段祺瑞赶回老家,长歌当哭,安排了母亲的后事和弟妹的生活,然后重返威海卫军营。自此,他显得格外冷峻、刚毅,一副少年老成的模样。

1885年,北洋武备学堂刚刚创办,段祺瑞就从山东驻地考进了该学堂的炮科,成为第一批学员,并在一次演练中大出风头,给李鸿章留下了深刻的印象。

得知段祺瑞是合肥人,李鸿章对他更为注目。当时洋务派和顽固派以及清流

派互相倾轧，闹得厉害，而洋务派内部也派别林立，有李鸿章的淮系，曾国藩、左宗棠的湘系，张之洞的湖广集团。李鸿章为了扩展自己的势力，特别注重同乡，尤其是青年才俊。不久之前，北洋舰队成立，李便委派了安徽老乡丁汝昌为提督，北洋海军官兵多为福建人，对此啧啧，表示不满，有人劝李鸿章收回成命，李鸿章却以“命脉相关”，“不敢轻以付托”予以拒绝。

对于是合肥人的段祺瑞，李鸿章当然更加注意了，而后得知的情况，又引起了他的兴趣。因为段祺瑞祖父和族叔均为淮军将领，祖父又曾随李鸿章剿过捻军，李鸿章对这个旧部子弟愈发有好感了，接着询问了一些军事问题，段祺瑞对答如流。李鸿章大喜，夸奖他“熟知军事，俾其造就，是一个可用之才。”让手下人记住了段祺瑞这个年轻人。

1889 年，清政府拟选拔 5 个人去德国学习军事，当名单送至李鸿章手里时，李鸿章皱了皱眉，有些不高兴，因为名单上 5 个人有 3 个是山东籍的，安徽籍的才两人。于是想到了武备学堂的段祺瑞，李鸿章大笔一挥，划去了名单上的一人，把段祺瑞列在名单之首。

两年之后，李鸿章又特批这位小同乡一人留在德国克虏伯炮厂实习深造，他先后两次写信给段祺瑞，勉励他“精学苦造”。克虏伯当时是欧洲闻名的最大的重工业垄断集团之一，而克虏伯家族是世界上最大的军火制造世家。段祺瑞在这个世界最先进的火炮厂又学习了两年，回国后，在山东威海武备学堂担任算学和炮学的教习。

袁世凯建立北洋新军，段祺瑞受到重用，成为“北洋三杰”中的一员。为报知遇之恩，段对袁忠心耿耿，并在隆裕太后准备杀袁世凯之际，在保定指使兵变，威胁朝廷，救了袁世凯的命。

天津小站，是北洋军的“发祥之地”，淮军将领周武壮和长芦盐运使胡燏棻先后在这里屯军和练兵。1896 年，清政府授命袁世凯督练新军后，袁世凯四处网罗人才，各路将官纷纷汇集小站。袁世凯和新到的将领一一闲谈，却发现少了一个人，连忙问道：“段祺瑞呢？段祺瑞怎么没有来？”

一旁的唐绍仪告诉他段祺瑞正好回家完婚去了，不过，已经发电报催他尽快来报到。段祺瑞回老家与吴氏结婚之前，并不知道自己已被调往小站，协助袁世凯练兵，等接到电报时，不由得有些犹豫。一边是人生大事，一边是军令如山，自己身为军人，自然应服从命令，然而这时离去，于长辈及女方而言确实不好交代。正在为难之际，忽又接得一封袁世凯发来的电报，一是说婚姻是大事让先办，去小站之事可延几日；二是贺喜，并有银票一张，作为贺礼。

段祺瑞深受感动，袁大人当时正处飞黄腾达之际，居然对他如此看重，如此体贴，不由得产生了“士为知己者死”的想法。办完婚事，段祺瑞立即奔赴小站。下了车，看到一行人正等着迎接他，老同学冯国璋迎了上来，指着一位被人簇拥着的矮胖的人说：“芝泉（段祺瑞号），快过来见袁大人。”

看到袁世凯如此礼贤下士，段祺瑞赶忙上前几步，行了大礼，说：“祺瑞不才，怎敢劳大人亲迎？”袁世凯哈哈大笑，拉住段祺瑞，说：“不必如此，芝泉，今后我们就是一家人了。”随后邀段祺瑞同上一辆车回到军营。

几天后，段祺瑞在天津的一家饭店举行婚宴，招待小站同僚。袁世凯和荫昌也出席了宴会。婚宴结束后，饭店老板告诉段祺瑞："袁大人已经吩咐了，所有花销全记在他的名下。"段祺瑞又一次大受感动，从此对袁世凯忠贞不贰，甚至在袁世凯一度冷落他之时也不改其诚。

袁世凯是个奸雄，一生善于拉拢人、控制人，极有手腕，常在小处用功，因而笼络不少人为他卖命。对于段祺瑞这位出洋留学，确有真才实干的人，袁世凯欲要收服他，使他为己所用。果然，段祺瑞成为袁世凯小站练兵的左膀右臂，先后出任过一系列重要职位，同另外两位著名人物冯国璋和王士珍一齐被称为"北洋三杰"，成为袁世凯的心腹将领。

1913 年 5 月，袁世凯奏请清政府设立了军政司，他本人兼任督办，段祺瑞为参谋处总办。为了迅速扩充北洋军，急需大量对袁"效忠"的军官，袁世凯让段祺瑞负责北洋军事学校培养军官。

最大的北洋军校是陆军速成学堂，学员两千人，分步、骑、炮、工、辎五种兵科，如齐燮林、陈调元、陈树藩、王永全等后来一批军阀都是此校的毕业生，中国最大的军阀蒋介石也是该校学生。军校的创建，为袁世凯输送了大量军官，成为袁世凯的嫡系，北洋系统的中坚。由于段祺瑞的这一经历，北洋将领许多均出自他的门下，亦因此而段祺瑞后来在北洋系统中颇具号召力。

1903 年 6 月，袁世凯建立了北洋第一镇，以后又陆续建立了五镇，称为北洋六镇，北洋六镇是名副其实的全国第一武装。段祺瑞先后担任过第三镇、第四镇、第六镇的统制。1911 年，辛亥革命爆发时，段祺瑞已升任北洋军第二军军统，之后又兼任第一军军统，攫得了北洋军的最高统治权，成为北洋军的第一号大将。

在北洋军的高级将领中，段祺瑞是最具实力和号召力的人物，也是最不讨亲贵喜欢的一个。段祺瑞平生刚愎自用，从不巴结人，这点同北洋三杰中的王士珍、冯国璋不同。王士珍、冯国璋以及徐世昌、姜桂题等人平时很注意同朝中亲贵拉关系。正因为这样，段祺瑞尤受袁世凯信任。

1905 年 9 月，北洋军在河南举行秋操，这次秋操有北洋主力段芝贵统领的第三镇和段祺瑞统领的第六镇。段芝贵排起来算是段祺瑞的族叔，但其威望和官职均比不上段祺瑞，因而反被人称为"小段"，段祺瑞为"老段"。

段祺瑞是会操前一个月由第四镇调往第六镇的，袁世凯希望精通炮术的他能够在秋操中指挥炮兵大显身手。袁世凯问："知道为什么调你去六镇吗？"段祺瑞点点头。袁世凯又说："此次秋操关系甚大，达官亲贵云集，列邦均有使节出席，各省也要差员前来观操，因此，我要你十足地摆出新军的威风和气派。"

段祺瑞果然不负袁世凯的厚望，秋操时令人瞩目，为袁世凯脸上大添光彩。秋操之后，英国驻华公使朱尔典有一次会见张之洞时说："我看中国之军事，唯有新建陆军；而中国之军事统帅，也唯有袁总督袁大人了。"

然而，北洋军势力膨胀，满族贵族深为不安，尤其对袁世凯极不放心。一些人上奏弹劾袁世凯，认为他"能谄人又能用人"，已呈尾大不掉之势。清政府为了防止袁世凯势力过于庞大，准备另外培养一批力量和袁对抗。于是，一批满族少壮派便登场了，良弼是其中的代表。良弼系前清宗室，祖上因犯罪丢了黄带子，有过一段平民生活，成年后又恢复了宗室身份，系上了黄带子。在满族亲贵中，他是一个有才华、有抱负的年轻将领，从日本士官学校毕业后不久，就得到兵部大臣铁良的

重用。

1906年秋，清政府举行了著名的彰德会操，一改惯例，南北军同时参加演练，阅兵大臣和审判长也都派了满汉各二人，阅兵大臣是袁世凯和铁良，审判长为冯国璋和良弼。可见，清政府想打破袁世凯和北洋军一统天下的局面。

段祺瑞也意识到了这一点，他对袁世凯说："朝廷对咱北洋军是越发不信任了。"袁世凯故作不解，问："此话怎讲?""这还不明摆着，阅兵大臣一下子派了两个，审判长中还有一个良弼。"

袁世凯自然明白，但他不想让段祺瑞在众人面前表示他的不满，于是仍不露口风："芝泉，你是这样看吗？也许朝廷并非这个意思啊。"段祺瑞却冷笑一声，说："宁可信其有，不可信其无。"袁世凯沉默良久，劝道："芝泉啊，事已至此，我们就要格外小心。你的脾气我知道，但这一回不同往常。对铁良和良弼，你要特别遵从，我的意思你明白吗?"

彰德秋操后不久，阮忠枢突然到天津来看袁世凯。他告诉袁世凯，朝廷准备把兵部、练兵处、太仆寺合二为一，设陆军部，统辖全国新军，北洋六镇也不例外。袁世凯暗暗心惊，朝廷恐怕是铁了心要收回北洋军了。怎么办？阮忠枢劝他："你现在权势过大，树敌又多，在这种局面下，把住兵权，弊大于利啊。我看不如就此放手，以防日后生出事端。"袁世凯默然，一时无法决断，于是派人找来段祺瑞。

段祺瑞听后，不假思索地说："祺瑞以为，不仅要交，而且要主动交。"在北洋将领中，段祺瑞素以强硬著称，这次却劝袁世凯主动交出兵权，袁世凯有些意外。

"芝泉，你不是在讲反话吧?""不"，段祺瑞分析道："眼前不比从前了，庆王爷被人堵了嘴巴，在朝中也不便为大人多说话。而铁良、良弼又相逼甚紧，不达目的，岂肯罢休？与其被动，不如主动，把兵权交出去，暂避风头，再作计较！"

袁世凯何尝不明白段祺瑞说的这一切，只是一时割舍不下自己苦心经营的北洋六镇。段祺瑞接着说道："交出北洋六镇，不过是走走场而已。北洋军官自上而下，均是大人一手扶持，即使铁良、良弼要改组，朝廷也不能不顾忌。只要我们这些人在职一天，陆军部就翻不了什么大浪。交出去又何妨?"

袁世凯恍然大悟，连声道："说得对，说得对！我也是如此想的，芝泉，以后就要靠你们了。"

不久，袁世凯便呈上一份关于陆军各镇分别归部归直的陈奏，主动提出六镇中的一、三、五、六镇交给陆军部，又以直隶防务为由，留下二、四两镇归直隶总督掌管。而后，袁世凯又自请朝廷撤去他的"兼差八项"，以缩小目标。

尽管如此，满族亲贵仍不放心，不到一年又内调袁世凯入值军机。进京之后任军机大臣的袁世凯更加小心谨慎，背地里与段祺瑞、冯国璋等高级将领保持密切联系。

1908年11月16日，天空阴沉沉的，寒风萧瑟，落叶纷飞。紫禁城内外王公大臣进进出出，如丧考妣，全副武装的骑兵在街上穿梭巡逻。

这天，段祺瑞接到袁世凯的密信，微服简从保定急急赶到北京，乘马车来到了紫禁城东边锡拉胡同袁世凯的府第。袁府大门紧闭，门前冷冷清清。

随从敲开了大门，袁府管事申明善迎了出来，把段祺瑞引入客厅。客厅里空无一人。申明善正要退下，段祺瑞问他："出了什么事?"

这时,大公子袁克定急匆匆地到了客厅,顾不着寒暄两句,便告诉段祺瑞:"段督办,不好啦!皇上和太后驾崩了。"

光绪是在十月二十二日死的,不到一天,西太后也接踵而崩,段祺瑞大吃一惊,急忙询问。袁克定说,袁世凯前天夜里就被召进宫里,现在还未回来,因而十分担心。段祺瑞又问:"可知嗣位立的是谁?"袁克定回答,太后懿旨立的是醇亲王载沣之子溥仪,醇亲王载沣为监国摄政。

段祺瑞心中一凉,载沣摄政,对袁世凯太不利了。

载沣是光绪皇帝的亲弟弟,光绪帝因为袁世凯出卖而被囚于瀛台,郁郁而终。载沣一直对袁世凯怀恨在心,两人甚至当面争吵,矛盾十分尖锐。

"那么,袁大人留下了什么话吗?"

袁克定摇摇头。段祺瑞便起身告辞,临行前告诉袁克定,如果袁世凯要见他,请在两天内到租界来找。

段祺瑞最终没有见到袁世凯,于是悄悄地回到保定。

到了保定,段祺瑞闭门谢客,而后,许多军官纷纷赶到保定前来探病。保定督办公署将领云集,来去匆匆。

几天以后,段祺瑞身体忽然康复了,然而脸色很不好,脾气特别暴躁,保定各学堂的教官和学生个个都提心吊胆,唯恐被段大人杀一儆百。段祺瑞脾气变糟了,是因为他心里焦急万分,载沣上台,就意味着袁世凯失势,弄不好,袁大人有杀身之祸呀,自己深受袁世凯提携之恩,这时候正该为他出力。

的确,袁世凯在京城里如临深渊,如履薄冰,稍有不慎,恐有灭门之祸。据说载沣曾有光绪的衣带诏,早有除去袁世凯之意,又说隆裕太后也要给丈夫光绪报仇。一时间,袁府门庭冷落,袁家一片萧瑟。

果然,载沣动手了,隆裕太后召见庆亲王奕劻时,扬言要杀袁世凯,奕劻自然护着袁世凯,说此事应召汉大臣商议。谁知张之洞也有兔死狐悲之感,回复说,主上年幼,社稷动荡,此时杀戮重臣,只恐有变,隆裕和载沣优柔寡断,患得患失。就在这时,陆军部呈上紧急报告,北洋陆军各学堂和北洋部分陆军不经批准,准备擅自举行冬季演练,隆裕和载沣闻之大惊,北洋军是否要发动兵变?正在忐忑不安之际,保定又传来急报,兵变骤生,变兵纵火抢劫,段祺瑞正率部弹压。

这其实都是段祺瑞一手操纵的。早在北京见袁克定之后,段祺瑞就与冯国璋偷偷会晤,两人都觉得北洋军必须搞出一点动作,让朝廷感到它的分量。回到保定后,又召集亲信和幕僚反复商议,最后决定真真假假地搞一次冬季操练。所谓真,就是要放出风声,使陆军部认为北洋军已经行动起来,所谓假,就是这一切不过是虚张声势,实际上按兵不动。这样,一方面,会使王公亲贵感到北洋军的压力,从而对袁世凯不敢有太大的动作,另一方面陆军部真正追查的话,也抓不住北洋军的辫子。

会操是有意安排,无意成真,而兵变是无意发生,有意成真了。事情起因很小,北洋第六镇第十一协有几个士兵由于聚赌引起争执,各不相让,最后卷入的人越来越多,引起了火并,第十一协协统是李纯,号秀山,是袁世凯一手提拔起来的小站嫡系,也是段祺瑞的老部下。事件发生后,他立即打电话到督办公署向段祺瑞报告经过,并表示马上处置。

段祺瑞也并没有把这当同事,他刚想放下电话,却突然意识到,这不正是一个好机会吗?他立即对李纯说道:“你那边发生兵变了?”李纯一时间莫名其妙,“兵变?不是,是几个弟兄……”李纯没把话说完,话筒里却传来段祺瑞命令式的话语:“不,是兵变!李纯,你听着是兵变!”李纯还没有弄懂段祺瑞的意思,些许大的事,何必弄得如此张扬,说成兵变,不是给自己找事吗?

“你懂吗?是兵变!你那里发生了兵变!我命令你火速率部弹压。”李纯这才有些开窍了,“我明白了,立即率部镇压!”

放下电话,段祺瑞立即集合队伍。一时间,保定城内枪声大作。段祺瑞还向北京发报,报告保定发生大规模兵变,自己正率部进行弹压。其实,他却如释重负,在督办公署里和幕僚下围棋,心情异常愉快。顺便说一句,段祺瑞酷爱围棋,棋艺虽然一般,府里却收罗了不少国手,后来的围棋大师吴清源当年因家贫,也曾陪段祺瑞下棋,以补贴家用。陈毅元帅后来还评价说,段祺瑞也干了一件好事,对围棋事业有过贡献,这是后话。

听到兵变,隆裕和载沣手足无措,袁世凯的处境转危为安。1909 年 1 月 2 日,清政府以袁世凯“患足疾,步履维艰,难胜职任”为由,罢免袁世凯,让他回河南彰德老家养病。

袁世凯全家离京时,情景十分落魄,铁路局不给他发专车,平时趋炎附势之徒全部悄然无踪。更让袁世凯不安的是,他生怕朝廷改变主意,在半路上要他的性命。车到了保定,随从向袁世凯通报,段祺瑞在车下等候拜谒。

“快让他上来。”

见到段祺瑞,袁世凯拉住他的手,感激地说:“这次全亏你,这次全亏你!”段祺瑞也动了感情:“祺瑞不才,忠义二字未敢稍有忘却,今后袁大人只要用得着我,只要言一声,祺瑞赴汤蹈火,在所不辞。”

为了表示感谢,袁世凯决定把自己花了 30 万元买下的府学胡同赠给段祺瑞,说:“我今后不会再来北京了,这座房子就留给你用吧。”

火车汽笛长鸣,两人依依惜别。为了保护袁世凯的安全,段祺瑞让自己的卫队随车护送,以防不测。

1911 年 10 月 10 日,革命党人在武昌发动起义。武昌起义,给袁世凯一个难得的机会。

清政府开始决定由陆军大臣荫昌赴鄂剿办,然而,荫昌手中无一兵一卒,好不容易调来一些军队,却又不听指挥。10 月 11 日,汉阳光复,12 日,武汉三镇全部光复,接着,许多地方出现了动荡的前兆。

面对分崩离析的局面,载沣束手无策,内阁总理大臣奕劻和内阁协理大臣徐世昌、那桐乘机进言重新起用袁世凯,处在窘境中的载沣别无良策只好采纳。10 月 14 日,武昌起义后第四天,清政府任命袁世凯为湖广总督兼办剿抚事宜。正在这时,段祺瑞接到袁世凯密电,让他去彰德开会。

在洹上村袁宅门口,段祺瑞适逢从北京赶来的冯国璋,冯国璋风尘仆仆,却满脸喜色,撸着袖子对段祺瑞说:“该咱兄弟露脸了。”

听说段、冯到了,袁世凯亲自到大门口迎接,一手挽着一个进了客厅,屋里聚满了北洋的嫡系将领,如段芝贵、倪嗣冲等。

秘密会议召开了，袁世凯对出山问题态度很明确，“我还要等等看。”他对冯国璋说：“我让你来做前敌的主帅，你说怎样？”冯国璋抑制不住喜悦之情，问道：“那荫昌呢？”袁世凯哈哈大笑，却不做答复，交代冯国璋说：“对武昌方面要打，但也不要太过了。剿抚并重嘛，你懂不懂？”冯国璋似懂非懂地点点头。

袁世凯对其他将领一一做了交代，唯独没有和段祺瑞说。散会后，他把段祺瑞单独召到书房，亲切地说：“芝泉呀，他们对你不信任呀。”

“他们”自然指的是朝廷，所谓“不信任”是指对是否让段出兵讨伐，朝中仍有争议。段祺瑞回答得很巧妙，“因为他们不相信袁大人嘛！”

袁世凯仰脸大笑，然后说道：“芝泉啊，你是我最信任的人，有话不妨对你直说。目前南边很热闹，可是，要害不在南而在北，你懂不懂啊？”“你懂不懂”是袁世凯的口头禅，段祺瑞听了“不在南而在北”，心中豁然明白，“袁大人的意思，是不是说北方不能乱？”

袁世凯一笑，“还是芝泉懂我的心思啊！顾头不顾腚，到头来一场空，这种舍本的买卖，我袁项城不做。”

临走时，袁世凯又嘱咐段祺瑞：“就让华甫在前面打，你在后边，要控制住铁道线，此乃命脉。进可以援于武昌，退可以左右直隶和北京。”

袁世凯不出山，荫昌根本指挥不动北洋军，清政府只得一次又一次地向袁世凯让步。10月20日，徐世昌秘密赶赴彰德，和袁世凯密商后，带着袁世凯提出的六个条件回到了北京。这六个条件是：明年即召开国会；组织责任内阁；宽容参与此次事件诸人；解除党禁；须委以指挥水陆各军及关于军队编制之全权；须予以十分充足之军费。清政府在一筹莫展之下，只好饮鸩止渴，10月27日，连续下四道上谕：召回陆军大臣荫昌，委任冯国璋和段祺瑞分别统率第一军和第二军，授袁世凯为钦差大臣，节制所有出征和海陆各军等。这一切，其实早在袁世凯的意料之中。

袁世凯依然安之若素，稳坐彰德钓鱼。清政府只得再次让步，10月30日，下罪己诏，11月2日，任命袁为内阁总理大臣。袁世凯大权在握，夙愿已偿，立即电令冯国璋向汉口发动进攻，同时电令段祺瑞的第二军由洛阳向前推进，并沿途布置。这之前，10月29日，北方发生了一件意料不到的事，二十镇统制张绍曾联合部分将领，屯兵滦州，发动了兵变。袁世凯对此大发其火，对段祺瑞说：“我说过北方不能乱，我最担心的也在此。现在张绍曾果然闹起来了。朝廷上下，为之震动，京畿直隶，人心不安。此事必须尽快解决！”

11月2日，为了稳住二十镇，清政府特派第六镇统制吴禄贞前往滦州抚慰，谁知吴禄贞是个比张绍曾更为激进的革命党人。他在娘子关正太铁路车站与阎锡山秘密会晤，商定组织燕晋联军，三路夹击北京，吴被推为联合大都督兼总司令。在这千钧一发的时刻，袁世凯收买人刺杀了吴禄贞，二十镇兵变也随之失败。

北方局势稳定了，南边却出了问题，问题出在冯国璋身上。冯国璋自从接替荫昌担任前敌主将后，一心要立一番功勋。他对一位部下说：“这一来，咱的黄马褂子算是穿上了。”所以打得十分卖力，于11月1日撕开汉口的防线，并下令火烧汉口，11月27日，又攻克汉阳。冯国璋这边打得顺手，却急坏了袁世凯，他连发七道急令要冯国璋暂停军事攻击，同时派人三次去汉阳，对冯国璋进行暗示。

然而冯国璋攻占汉阳后，被授予男爵爵位，此时一门心思拿下武昌，准备请赏，

对袁世凯的暗示反应迟钝。袁世凯只得走马换将,让摸清了他的心思的段祺瑞代替冯国璋指挥前线军队。11月17日,清政府电命段祺瑞为湖广总督,兼办剿抚事宜,12月8日,又让冯段对调,冯为第二军军统,段为第一军军统。正当冯国璋莫名其妙时,袁世凯又调冯国璋回北京,任命段祺瑞为第一军军统兼任第二军军统。

此时,南北议和局面正在形成之中,代替了冯国璋的段祺瑞对袁世凯的心思越来越清楚,袁世凯早就无意于清室,也不安于内阁总理大臣,向往的是总统职位。而问题在于,共和之后,袁世凯是否能稳稳地坐上总统宝座?为了实现袁世凯这一目的,前线的段祺瑞与后方的袁世凯一唱一和,配合得得心应手。

12月29日,南方选举孙中山为临时大总统。段祺瑞极为震惊,因为在孙中山归国之前,和谈已经有了眉目,孙中山的归国无疑给袁世凯以重大打击,何况,孙中山还就任了临时大总统这一袁世凯梦寐以求的职位。

"打,只有打!"段祺瑞怒气冲冲地喊道。就在28日,袁世凯电令段祺瑞分批按和议商定的要求从武汉撤军。然而30日,北洋军不仅没有撤退。反而公开破坏停战协定,不断向武昌方面炮击。1912年1月1日,就在孙中山宣誓就职的那一天,段祺瑞纠合冯国璋、段芝贵等北洋将领,联名通电反对共和,主张立宪,声称"若以少数意见采用共和政体,必誓死反抗"。一时间,战云重新笼罩在大江南北。

在各方面的压力下,孙中山妥协了。袁世凯在得到南方"清室退位后,推举袁世凯为大总统"的承诺之后,开始向"孤儿寡母"的清王朝施加压力了。袁世凯不想亲自出面,恐被人骂作"活曹操"。1月16日,袁世凯在去外交部的途中,有人向他投掷炸弹。袁世凯虽然秋毫无损,却借机不再上朝,躲在幕后,指使部下一个个跳出来逼宫。

1月20日,段芝贵到了湖北前线。1月23日,湖广总督兼第一军军统段祺瑞从前线发来电报,一方面报告军队倾向共和,军心不稳;另一方面表示自己将尽力而为,但"成败利钝未敢料也",借此给清王朝以威胁。1月25日,段祺瑞致电内阁,赤裸裸地开始了逼宫。他在电报中声称,前方将领及各地将领均表示赞同共和(这时的段祺瑞似乎忘了不久前表示要誓死反对共和维护立宪),听说载沣、载泽阻挠共和,多愤愤不平,甚至扬言"立即暴动"。此间恫吓之心,溢于言表。

段祺瑞唱起了红脸,袁世凯却一副"忠君爱国"的样子,联同徐世昌、冯国璋、王士珍复电,希望段祺瑞劝解诸将领,不要轻举妄动。就在当天,段祺瑞领衔、北方诸军统兵将领42人、士兵40万人联名要求清廷宣布共和的通电已经公之于众。这封电报,宛如一颗巨大的炸弹,掀起了狂波巨澜。当内阁会议还在为共和和立宪喋喋不休时,袁世凯一言不发,出示了这封电报,人人变色,大局遂定,连素来强硬的良弼也在赞成共和的名单上签名。段祺瑞一电之威,可想而知!

1月30日,隆裕太后召开御前会议,自动颁布共和,授予袁世凯全权与南方商酌退位条件。2月5日,段祺瑞趁热打铁,率武汉战区十将官再次逼宫,催发共和诏旨。电报称:

三年以来,皇族之破坏大局,罪实难数。时时至今日,乃并皇太后皇上欲求一安富尊荣之典,四万万人欲求一生活之路而不见许。祖宗有知,能不恫乎。盖国体一日不决,则百姓之因兵匪冻馁死于非命者日何啻数万……谨率全军将日入京,与王公部陈利害。

段祺瑞居然要率军入京，清王朝一片混乱，人人自危。1912年2月13日，清帝退位。2月15日，袁世凯在参议院选举中以全票当选为临时大总统，俨然成为共和的缔造者，参议院甚至称其为“世界之第二华盛顿，我中华民国之第一华盛顿”。

而段祺瑞也因为逼宫有功，被人视为“一造共和”的英雄。有人吹捧说：“段大帅只要歪歪嘴，发几个电报，就把大清给推翻了。”

赶走张勋　再造共和

袁世凯就任了临时大总统之后，论功行赏，派人带信给段祺瑞，让他把湖北的事安排一下，第一军军统拟由段芝贵前来接任。来人对段祺瑞说：“总统的意思，是要你回去做陆军总长。”

在内阁各部中，陆军部无疑是最重要的部之一，南方也在极力争取该部总长一职，提出由黄兴出任陆军总长。袁世凯自然不会同意，于是决定把段祺瑞从湖北调回来。就这样，段祺瑞成为民国以来北京政府的第一任陆军总长。

本来军事方面按照体制应由参谋部和陆军部管理，然而参谋总长黎元洪远在武汉，参谋次长陈宧负责一些具体事务，真正的实权都掌握在陆军部手里。陆军部负责全国陆军的调遣、扩裁、军需及人事任免等，段祺瑞大权在握，炙手可热。袁世凯虽然信任段祺瑞，然而对功高震主、尾大不掉却是始终警惕。

1912年3月13日，他在总统府设立了两个“左右手”组织，一个是秘书厅，一个是军事处，一个是用来控制内阁的，一个是用来试图掌握军权的。军事处处长原为同盟会的李书城，但他一点权力也没有，连文件也看不到，不久便被气走了，副处长傅良佐是段祺瑞的门生部下，段祺瑞根本不把军事处摆在眼里，军事处的意见，他爱理不理。有时候连袁世凯的批示也拖着不办，因而时常引起袁世凯的不快。

这年夏季，袁克定找到段祺瑞想在陆军部安插一个同乡，因为段祺瑞的继室是袁世凯的义女张佩蘅，袁克定便说：“大哥，此事就拜托你了。”

段祺瑞当了陆军总长，却很少到部办公，大小事情都由次长徐树铮一手操办，而徐树铮又极其跋扈，引起许多人的不满，连袁世凯都有耳闻。

被推荐的人持袁克定的信函找到段祺瑞，段正在下围棋，不耐烦地批个“交徐办”，让他去找徐树铮，徐树铮则让秘书把批文留下。几天后，那人来见徐，徐树铮说：“你去查查批文吧，我已经批过了。”那人以为事情已经办妥，高高兴兴地跑到秘书那里去查，只见批文是：“查本部已无空缺，批驳，验过。”

这自然让袁克定大失面子，又在袁世凯面前提及此事：“陆军部简直目中无人！有时连您的话也不放在眼里。”袁世凯听了便说：“徐树铮这个人太狂妄了，芝泉怎么会用这样的人！”“我看未必。许多事情虽然是徐出面，背后要没有段合肥支持，他敢这样吗？”袁世凯顿时沉下脸，“不要胡说！”

然而，蒋方震自杀事件却使袁世凯感到，段祺瑞是越来越不顺心了。

蒋方震，字百里，曾是日本士官学校第三期学生，在考试中名列第一，从而成为中国留学生中获得天皇授刀的第一人。在德国深造期间，又受德国军事家小毛奇的赏识，回国后在禁卫军任职，不久晋升为陆军少将。1913年冬，袁世凯任命他为保定军校的校长。然而，蒋方震的任命，袁世凯事先没有与段祺瑞打招呼，段祺瑞

很恼火，加之北洋军事教育系段一手创建，而蒋方震想另搞一套，于是陆军部便在经费、用人等方面横加刁难。段的亲信、陆军部军学司司长魏宗翰更是视其为眼中钉。

蒋方震是个书生，一心埋头军事学，其才学为人所嫉，而他所提倡的德国化教育也使不少人反感。魏宗翰骄横地说："蒋百里那一套根本行不通，就是行得通，军学司这一关也过不了。"不久，由于军校扩建的事，蒋、魏二人发生了直接冲突。

军校扩建计划是蒋方震花了不少心血精心制订的，曾征得袁世凯的同意。蒋方震以为计划指日可成，于是满怀信心在全校师生大会读了这一计划，但军学司却迟迟没有下文。蒋方震于是通过傅良佐询问此事，魏宗翰以"需要研议"答复之。"研议"了很长一段时间，蒋方震终于等不得，亲自跑到陆军部找魏宗翰，魏宗翰不客气地说："你的计划没通过，部里拿不出这笔钱。"蒋方震则说，此事已经向全校宣布过，何况袁总统和军事处都表示赞同此事。

"那好，你的面子大，你去找总统！"魏宗翰讽刺道。蒋方震气得浑身发抖，指着魏宗翰的鼻子骂："我算认识了你们这班狐群狗党的下流军人！"

回到保定后，蒋方震立即召集了全校师生，在讲坛上痛哭流涕，表示自己上对不起国家，下无颜对同学，当场掏出手枪自杀。幸亏贴身卫兵李如意上去奋力夺枪，子弹才偏离心脏，仅使胸部受了重伤，抢救后脱离危险。

魏宗翰之所以这么跋扈，就是因为有段祺瑞的支持，袁世凯虽然不满，但表面上也不便于说什么。蒋方震伤好后，袁世凯委任他为陆海军大元帅统率办事处的参议，但陆军部却顶着不发委任状，倘没有段祺瑞的指使，谁有这个熊心豹子胆？

这时候，袁世凯正与国民党斗法，他指使人暗杀了宋教仁。内阁总理赵秉钧在此案中嫌疑很大，已成为众矢之的，只好提出辞呈，袁世凯于是让态度强硬、作风武断的段祺瑞代理国务总理。宋案未了，袁世凯背着国人与五国银行团签订"善后大借款"的消息也传了出来，在国会中占优势的国民党议员要求代总理段祺瑞到会回答质问。

这是5月上旬的一天，荷枪实弹全副武装的士兵封锁了国会的各个通道，包围了会场。正当议员惶惶之际，忽听得一声"段总理到！"

士兵们纷纷立正，持枪敬礼。代总理段祺瑞身着陆军上将服，挎着指挥刀，满脸肃穆，在卫兵的簇拥下，大步走进会场，在议员们惊愕的目光下坐在主席台上。全场鸦雀无声，等着段祺瑞发话。段祺瑞就座后，将指挥刀竖在胸前，一脸杀气。

当一个议员提及善后大借款时，段祺瑞猛地站起，全场悚然一惊。段祺瑞环视一周，干巴巴地说道："木已成舟，勿庸再议。"

在段祺瑞眼里，国会质问真是多此一举，议员们拿钱喝酒玩耍就成了，何必在这添乱子？

袁世凯要的就是段祺瑞的强硬，正好借之对南方用兵。结果，北洋军在短短两个月内便镇压了二次革命，北洋势力进入长江流域，而段祺瑞内阁被称为"战时内阁"。

二次革命失败后，孙中山、黄兴流亡海外。10月初，袁世凯当选为正式总统。10月10日，在太和殿举行了总统就职和开国纪念的盛大庆典，下午，北洋军举行了盛大阅兵式，由段祺瑞作检阅总指挥长。

天气虽然不好，下起了雨，但阅兵却极为成功，袁世凯极为满意，说："我看陆军总长该记头一功。""总统过奖了。"段祺瑞推辞道。

雨越下越大，大家劝袁世凯回去休息，袁世凯临走前，把自己的黑色呢披风披到段祺瑞身上，说："都是自己人，不必推辞。"受此殊荣，段祺瑞极为感动。不久，他又为袁世凯去了一块心病。

副总统黎元洪是"开国元勋"，一直留住武汉，袁世凯对此很不放心，曾经几次想请黎元洪北上，都被黎巧妙地推辞了。这次，他决定让段祺瑞出马去武汉劝驾。

段祺瑞于12月到达武汉，住在副总统官邸两天。在段祺瑞的"劝驾"下，或许是由于在湖北的北洋军第二师的"劝驾"，黎元洪北上。这时，袁世凯早就任命段祺瑞为湖北都督了。大局稍定，段祺瑞把湖北都督让给了段芝贵，自己返回北京。一来一回仅两个月，段祺瑞就帮袁世凯把黎元洪"请"进了京，从而完成了对湖北的控制。

回到北京已是1914年1月了，此时，声势浩大的白朗起义在河南所向披靡，如入无人之境，扬言要挖掉"托名共和，厉行专制"的袁世凯的祖坟，同时惩治了一些罪大恶极的外国人。各国驻华使节纷纷表示抗议和惊慌，袁世凯坐立不安，大骂河南都督张镇芳和护军使赵倜无能，准备调段祺瑞去河南"剿匪"。1914年1月14日晚8时，段祺瑞的专车抵达开封。2月，段祺瑞代张镇芳为河南都督，统一指挥豫、鄂、皖三省正规军两万多人围剿白朗。8月，白朗战死，起义失败。

从这些事情看，段祺瑞不可不谓对袁世凯忠心耿耿，殚精竭虑。然而，随着袁世凯地位日益巩固，两人矛盾也日益尖锐突出了，以至于到了段祺瑞连陆军总长也做不下去的地步。

段祺瑞秉性刚直，刚愎好强，对袁世凯尽心尽力却不事趋奉，因而对袁世凯包办一切的做法加以抵触。袁世凯生性狐疑，加上旁人的挑拨，袁世凯对段祺瑞越来越不放心了。

1914年5月9日，袁世凯决定在原来总统府军事处的基础上，建立陆海军大元帅统率办事处，由他亲自掌握，陆、海、参谋三部总长均为办事处的大办事员，实际上是收回了分散于三部的军权。事情一开始，袁世凯瞒着段祺瑞，而让坂西利八郎和王士珍参与筹划，等到事情差不多时，才告诉段祺瑞。袁世凯的猜忌，使段祺瑞充满了怨气，他对身边的人发牢骚说："当年朝廷不信任项城，今天倒好，总统也不相信我了。如此下去，他还能信谁呀？"

袁世凯听到了这话，解释说，当时段祺瑞身在开封，没法与他商讨，最后让段祺瑞不要多心。段祺瑞更为寒心，自己的话怎么这样快就传进了袁世凯的耳朵？

到了8、9月份，袁世凯决定成立模范团。成立模范团，表明袁对小站宿将的疑忌，要以模范团来改造北洋军，而袁克定于此事最为热心。模范团原准备建成一个军，但袁世凯怕引起北洋将领的反感与不安，于是缩小为师，继而为团，其实相当于个混成旅。其人员配备，均由袁克定操纵，其装备、待遇均优于其他部队，俨然成为袁世凯的"御林军"。

段祺瑞对此事一直持反对态度，当袁世凯问他时也不置可否。以后统率办事处又专门开过几次会商议模范团的事，段祺瑞不是借故不到，就是到会一言不发。袁世凯本想让袁克定当团长，段祺瑞则当面否定说："我看他不行吧。"半天没有结

果，袁世凯怒气冲冲地说："你看我行不行？"于是，袁世凯自兼模范团团长。段祺瑞嘴上不说，心中暗自生气。段祺瑞有个外号叫"段歪鼻"，一生气就歪鼻子，但这种情况很少见，只有在他极其恼怒的情况下才出现。这一次，段祺瑞的鼻子又歪了。

1914 年 10 月，模范团成立了，袁世凯自兼团长，但到第二期时，便把团长让给了袁克定。模范团一事，加深了袁氏父子和段祺瑞之间的裂痕。

1912 年 3 月，袁世凯想当皇帝的谣言开始流传。6 月 25 日，他专门为此通电辟谣。到 1913 年 9 月二次革命被镇压下去后，袁的亲信就有人进言，隐隐地提到实行帝制。

段祺瑞是反对帝制的，他一直不相信袁世凯企图做皇帝的说法，多次在公开和私下的场合为袁辩解。然而，流言越来越多，终于有一天徐树铮告诉他，有人在暗中策动袁世凯当皇帝，段芝贵、雷震春、张镇芳都是局中人，段祺瑞于是在一天晚饭后邀请段芝贵来打麻将。

打完麻将后，段祺瑞把段芝贵留了下来，问他有关帝制的传闻。段芝贵虽然一直热心袁世凯当皇帝，却坚决否认袁世凯有这个企图，而且表明自己也不清楚是怎么回事。最后，段芝贵问："假若，我说的是假若，老头子有此意思，你看法如何？"

"万万使不得！"段祺瑞毫不犹豫地说："此种事必遭天下人反对。"

不久，段祺瑞又问雷震春，雷震春也矢口否认。1914 年春天，等到段祺瑞从开封回到北京，袁世凯欲帝制自为的风声已经路人皆知了。袁世凯先下令解散国会，推行新约法，成立政事堂，又大规模地恢复清朝制度和官场仪式。一时间，复古浪潮甚嚣尘上，但袁世凯表面没能承认帝制，只在暗中怂恿和操纵。段祺瑞这时也不能不有几分相信了，他决心对袁忠言相劝。当他向袁世凯提及此事时，袁世凯却平静地反问道："你这些话从哪里听来？"

"外边都传得有声有色，总统难道未曾耳闻？"

"荒唐！"袁世凯有些怒气，"简直荒唐！"他停了一下，又说："这些都是无稽之谈。有些人就爱无风起浪，我总不能封住他们的嘴吧？"

"不过，此种传闻对总统极为不利，对造谣惑众者应予严惩。"段祺瑞的肺腑之言却使袁世凯摸清了他对帝制的态度，感到这个昔日的左膀右臂在帝制的问题上不能为自己出力，反而会横加阻挠，于是产生了走马换将的想法。然而，怎么样才能名正言顺地撤去段祺瑞呢？

1915 年 11 月，袁世凯公开暗示了自己对帝制的态度，他说："宣统满族，业已让位，果要皇帝，自属汉族，清系自明取得，便当找姓朱的，最好是明洪武的后人，如寻不着，朱总长（朱启钤时任交通总长）也可以做。"12 月 23 日，袁世凯仿照历代皇帝在天坛举行了祭天仪式，把复古浪潮推向了顶峰。

在帝制活动逐渐公开之时，段祺瑞基于对袁世凯当年的"知遇之恩"，再次慨然相劝，袁世凯却模棱两可，敷衍了事。看到了袁世凯对谈话心不在焉的样子，段祺瑞动情地说："总统，祺瑞自小站跟随总统，鞍前马后，将近二十年，总统知遇之恩，祺瑞没齿难忘。如今国势危殆，倘有变动，后果不堪设想。祺瑞无知，赤诚可鉴，望大总统三思。"

袁世凯也装作推心置腹的样子说道："芝泉，你是我的老部下，难道还不了解我吗？我可以告诉你，皇帝我是绝不做的。如今我这个大总统与皇帝又有何异？如为儿孙计则更不可。克定是个残废，其他几个亦无此才能。你尽可放心，不要胡思乱想。”

段祺瑞一片愚忠，袁世凯考虑的却是由何人来代替他任陆军总长。最先打算由蔡锷取代段，但未能实现。袁世凯又转而说服王士珍，王士珍虽然与段祺瑞有矛盾，但两人毕竟是小站的老朋友，也抹不下面子，极力推辞。老谋深算的袁世凯于是想釜底抽薪，调开徐树铮。

徐树铮是段祺瑞的得力助手和智囊。此人聪明绝顶，才华出众，12 岁时中了秀才，在小站时就投奔了段祺瑞，被送往日本士官学校学习，回国后，一直受到段的信任和重用。先后担任军学司司长、军马司司长兼管总务厅事，并创办了陆军部的机关报《平报》。1915 年，升为陆军次长。段祺瑞经常不到部里，陆军部大权被徐树铮掌握。如果调开徐树铮，等于砍去了段祺瑞一只胳膊，段在陆军部的势力自然大为削弱。

当袁世凯婉言提出要调徐树铮去参谋部时，段祺瑞竭力压着心中的怨愤与怒气，说：“很好，请大总统先撤了我再说吧。”

虽然这样，段祺瑞仍苦口婆心地劝袁世凯不要冒天下之大不韪，这愈发引起袁世凯的厌憎之心。连徐树铮都明白袁世凯是铁了心要当皇帝，段祺瑞去劝他只不过是徒费口舌，而且会加剧两人的分裂，段祺瑞却一意孤行。

一次，段芝贵也劝段祺瑞：“老头子向来很器重你，可你在帝制问题上却一直顶牛，他怎能不生气呢？何况，总统、皇帝还不是一回事，你何必太认真？”

段祺瑞皱着眉说：“那可不是一回事。项城做总统，见面只要敬礼、拉拉手就可以了，如果做了皇帝，见他就得磕头，话也得跪着说。我最恨这种长子变矮子的把戏。”段祺瑞不喜欢磕头，他认为自己身为军人，军礼则表示最大的敬意，当年西太后从西安返回北京时，沿途官员、将领及清军皆跪下迎接，唯有段祺瑞部皆站立持枪敬礼，表示最大的敬意。载沣加以严斥，段祺瑞毫不退让，闹到西太后那里。那拉氏经八国联军之后，对洋人事事顺从，听说这是洋礼，也就默许了，事情就这样不了了之。

段祺瑞对袁世凯的“虔诚”却被袁认为是背叛，袁世凯对他说：“你回去吧！我看你脸色不好，应该休息了。”接着，有人上门来劝段祺瑞身体不好，应该注意休息。1915 年 5 月 31 日，段祺瑞被迫称病请辞，袁世凯假惺惺地给假两个月。8 月 29 日，假期将满之际，袁世凯正式解除了段祺瑞陆军总长的职务。

段祺瑞称病后，袁世凯任命王士珍署理陆军总长，随后又解除了徐树铮陆军次长的职务，同时加强了对段祺瑞的监视，在段府附近安排了不少密探，“病中”的段祺瑞实际上已被袁世凯软禁。

8 月 14 日，以杨度为首的筹安会成立，段祺瑞大受震动，先后两次去总统府，但袁世凯避而不见。段祺瑞的续弦张夫人是袁世凯的义女，她是前清江西巡抚张芾的侄孙女，其父张瀛为袁世凯之至交，张瀛夫妇去世后，袁世凯便将张女收为义女抚养。两家本来关系亲密，现在却难得走动。

1915 年 12 月 12 日，袁世凯帝制自为，改中华民国为中华帝国。次日，袁在居仁堂匆匆登基。段祺瑞没有参加“登基大典”，他在公馆与徐树铮说：“项城作

孽啊!”

徐树铮也慨叹:“天作孽,犹可违;自作孽,不可逭。”

袁世凯称帝后,果然如段祺瑞预料的一样,局势一发不可收拾,众叛亲离。袁世凯本来对军事和外交一直充满信心。外交上,他原以为“二十一条”签署后,日本人会信守诺言支持帝制,结果却不然。日本见抗议帝制的声浪日益高涨,便开始新的投机,先后联合英、俄、法、意向袁世凯提出缓办帝制的五国劝告,又在暗中协助蔡锷、梁启超等反袁人士绕道日本进入云南。这对袁世凯的打击很严重。

军事上也是一团糟糕,北洋军昔日的威风荡然无存。这时后院又起火,冯国璋联络长江巡阅使张勋、江西将军李纯、山东将军靳云鹏、浙江将军朱瑞联名发出致各省将军的密电,征求撤销帝制的意见。“五将军密电”传到北京,袁世凯知大势已去,在四面楚歌声中,只得把段祺瑞请了回来。段祺瑞是反对帝制的,但他不反袁,他说:“要我公开反对袁项城,做不到;否则,人家要指我脊梁骨,骂我忘恩负义。”

在徐世昌的建议下,袁世凯准备请回段祺瑞,为了免碰钉子,袁事先让夫人于氏打电话到段公馆给张夫人,这是两家断绝来往后母女第一次通话,相对哽咽。于夫人便把意思告诉了张夫人,并叮嘱道:“不管咋说,总统病了,芝泉总得来看看吧。”

次日,袁世凯派人手持亲笔信函赴段公馆邀请段祺瑞,来人还带口信说,总统让转告总长,请看在多年的老交情上,务必前往一叙。段祺瑞不再推辞,到中南海拜晤袁世凯,袁世凯躺在病榻上,面色赤红,但说话正常。见到段祺瑞,袁表示自己后悔没有听段的话,以致今日内外交困,希望段念及小站的情分,出来稳定局面。段祺瑞看到袁世凯又老又病的样子,何况又认了错,于是慨然答应竭力相助。

3 月 20 日,袁世凯召集徐世昌、段祺瑞、黎元洪三巨头开了一次紧急会议。看到谁也不肯先发言,袁世凯只好自己先说:“事至今日,帝制已不可为,只有取消了。取消帝制后,可以恢复从前的样子。”袁世凯的意思是想继续担任大总统,撤销帝制是最后的让步,在总统问题上绝不妥协。“芝泉,你说说吧?”

段祺瑞自见到了袁世凯,便开始考虑稳定时局的措施,这时不慌不忙地说出了几点,主要意思是首先取消帝制,宽容西南起事人员,采取和平姿态达到停战目的,其主张与袁世凯出山时向清廷提出的条件有惊人的相似处。袁世凯有些不快,然而说道:“芝泉的意见很好,但若南方欺人太甚,得寸进尺,那将怎么办?”

段祺瑞说现在不能一味用武,先退一步再说,事情总有解决的办法。看到段祺瑞表示取消帝制后,仍承认他的大总统地位,袁世凯稍稍放了心。

第二天,袁世凯又召集有关人员,讨论撤销帝制问题,并通过了关于取消帝制的电稿,送往印铸局,准备当天晚上通电全国。可是直到第二天,也没有见到通电。段祺瑞急了,连忙打电报询问,印铸局说电稿送来后不久又被袁世凯派人取回去了。段祺瑞吃惊不小,连忙会同徐世昌直奔中南海。

袁世凯面容平静,淡淡地说:“哦,是我叫人取回的。”停了一会,又解释道:“里头有几个字,我想改动一下,改好后就让人送回去。”段祺瑞和徐世昌都明白事情绝不会如此简单。

据说袁克定知道电稿后,对袁世凯说,西南方面不让你做皇帝,你便取消帝制,若不满你做总统,你怎么办?遂有袁世凯撤回电稿之举。然而撤回电稿之后怎么办?

3月22日,袁世凯还是发表了撤销帝制的通电,宣布废除洪宪年号,83天的皇帝梦结束了。

这一天段祺瑞回到家里,张夫人高兴地迎上来说:"老头子终于醒了。"段祺瑞脸上却露出了古怪的笑容。

3月24日,段祺瑞与徐世昌商议,以黎、徐、段三人的名义致电西南护国军首脑,表示"帝制取消,公等目的已达,务望先戢干戈,共图善后"之意,黎元洪也表示同意。但段祺瑞没有将电稿立即发出,而是想观望一下,暗中摸摸西南方面的底。可是,大出意料的是,3月28日,在他毫不知晓的情况下,电报竟然已经发了出去。

段祺瑞简直气歪了鼻子,他打电话给徐、黎二人,二人皆不知情,再打电话给总统府,才知道是袁世凯指示发出的。原来,袁见段迟迟不发这份电报,唯恐他态度有变,就指示把电稿发了。

段祺瑞觉得自己又被袁世凯愚弄了,怒气冲冲地说:"都到什么地步了,还要这么包打天下。好吧,你事事要管,那就让你一个人去管吧!"

4月1日,袁世凯亲拟了一份关于议和条件的电稿,派人送给段祺瑞征求意见,段祺瑞原封不动地将此退回,袁世凯又派人送来,段对来人说:"总统想怎么办就怎么办好了,不必来问我。"

北边袁、段出现新矛盾,南方却咄咄逼人,要求袁世凯退位。4月中旬,蔡锷、唐继尧等联名提出六项条件,这六项条件极其严厉:袁退位后贷其一死,但必须逐出国外;诛帝制祸首杨度等十三人以谢天下;大典筹备费用及用兵费六千万,应查袁氏及帝制祸首十三人的财产赔偿之;袁氏子孙三世应剥夺公民权;依照民国约法,推举黎元洪副总统继任大总统;除国务外,文武官吏照旧供职,但关于军队驻地,要接受护军都督的指令。

南方要袁世凯退位,袁却死抱着总统不放。段祺瑞撒手不管,北洋将领或主和或主战,徐世昌这个不满一个月的国务卿觉得夹在中间白白受气,提出辞职。徐世昌辞职了,谁来接替他呢?

袁世凯想到的还是段祺瑞,段祺瑞在反对帝制时与西南方面保持默契,与蔡锷、梁启超等也有联系,交涉起来有利。退一步,若和谈不成动用武力,段也是最佳人选。对于袁世凯的提议,段祺瑞也毫不客气地提出一个先决条件:让他做国务卿可以,但必须实行责任内阁制,即由段祺瑞掌握实权。

内外交困,袁世凯束手无策,只得做出让步。4月21日,他下达了恢复责任内阁的电令。4月22日,段祺瑞就任国务卿,开始大刀阔斧地干起来。

首先,他撤政事堂改国务院,废国务卿改国务总理,接着又提出裁撤统率办事处、总统府机要局、军政执法处三机关,并收容模范团、拱卫军为陆军部。袁世凯得知后,气得浑身发抖,连连骂道:"段芝泉别有用心!别有用心!"

段祺瑞大权在握,则主张和平解决,反对用兵,但西南方面却坚持和平解决的前提是袁世凯必须引退。段祺瑞也只好拖着日子,袁世凯疑心又起。这时,蔡锷、梁启超又愿推举段为摄政取代总统,袁世凯对段祺瑞更加猜疑,在许多事情上暗中掣肘,袁、段两人的冲突连连不断。

段祺瑞提出徐树铮任国务院秘书长，秘书长虽不是阁员，但却是总理的直接助手，比阁员还重要，袁世凯却主张由原政事堂机要局局长王式通担任。段祺瑞当然不愿身边多一个袁世凯的心腹，于是托王士珍向袁世凯说项。王士珍老奸巨猾，表面答应，其实根本不提，段祺瑞又让张国淦和袁世凯说，袁世凯以总理是军人，秘书长再弄个军人不合适为由推辞。张国淦无可奈何，回去见段祺瑞，段祺瑞勃然变色，鼻子立时向左歪斜。

段祺瑞的和平方案没有进展，袁世凯却怂恿徐、皖、鲁、奉、吉六将军公开电请武力解决，不惜一战，段祺瑞则坚决反对。袁世凯大怒道："和又和不了，战又不想战，你到底想干什么？"

段祺瑞也毫不客气地回答："如果总统坚持用兵，那我只有辞职。"

果真，段祺瑞立即递上辞呈。袁世凯又气又恨，索性撇开段祺瑞，亲自出面主持对西南的军事行动。然而此时的袁世凯已是心有余而力不足，坐镇江宁的冯国璋态度暧昧，四川将军陈宧、湖南将军汤芗茗通电独立。终于，58 岁的袁世凯一病不起。

1916 年 6 月 5 日，袁世凯病情陡然恶化。于夫人哭着告诉了张夫人，总统病危，急欲见段祺瑞一面。段祺瑞火速赶到怀仁堂。

听到段祺瑞来了，袁世凯睁开眼，微微点头示意。段祺瑞弯下腰，压低声音问道："总统，有何吩咐？"

袁世凯半晌不作声，而后对段祺瑞说："芝泉，今后一切都要靠你了。"

这是袁世凯对段祺瑞的临终嘱托，不知是希望段祺瑞照顾好袁家，还是主持大局，抑或两者兼而有之。次日上午，袁世凯病逝。

人之将死，其言也善。段祺瑞对袁家完全抛弃了以前的怨恨，对袁世凯进行了隆重的国葬，表现了对袁的极大忠诚。

段祺瑞通令全国下半旗致哀，停止娱乐一天，学校停课一天，文武官吏停止宴会 27 天，在财政几乎崩溃的情况下，拨银币 5 万元作为丧葬费，成立恭办丧礼处，内务总长王揖唐和周自齐等筹办大丧典礼，段祺瑞率各部总长轮流守灵，河南巡按使负责营建袁氏之墓，占地近 140 亩，工程持续两年才完成。

6 月 23 日，段祺瑞以总理身份主持政府公祭，各国使节、文武大员尽数到场。灵车用的是当年运送慈禧太后棺柩的豪华胶轮车，并派马、步兵近两个团护送，段祺瑞亲自扶柩送至前门车站。

袁世凯死后，副总统黎元洪继任大总统职，为了平息与西南方面的纷争，段祺瑞同意恢复《临时约法》和召集国会，于是南北融合，气象一新。

然而，国内和平刚一实现，黎、段之间的矛盾马上继之而来。段祺瑞依然是段祺瑞，而黎元洪不是袁世凯，段祺瑞根本不把他放在眼里，不仅段祺瑞骄横，连徐树铮及手下人对黎元洪也十分无礼。

一次，国务院任命了几位外省的厅长，徐树铮拿着委任令去总统府盖印。黎元洪见名单上的几个人名字很陌生，便随口问了一下。徐树铮便不耐烦了，用训斥的口气说道："你问那么多干什么？让你盖印你只管在最后一页盖就是了。我还忙得很，哪有闲工夫？"黎元洪气得脸色发白。

黎元洪忍气吞声，其幕僚愤愤不平，于是和国会中反段力量联合。国会中"韬园派”反段最为激烈，首脑是段祺瑞最讨厌的孙洪伊。孙洪伊进京后，与黎元洪商议提出联直排皖，联冯排段的计划。

面对总统与总理的冲突，总统府秘书长张国淦两面为难，于是干脆辞职撒手不干，接替他的是总统府方面强硬的代表丁世峄。丁一上任便提出要划分府院权限，这一提议仿佛在热油锅里洒了水。段祺瑞气得一拍桌子道：“好吧！我不干了，让黎黄陂一个人干吧！”

段祺瑞甩手不管，黎元洪害怕了，赶紧找人向段表白，同时也向他诉苦，反映国务院某些人目无总统。段祺瑞也不想把事情闹大，趁机重新视事，同时对部下作了一些约束。

一波未平，一波又起，国务院内狼烟四起，闹事的是内务总长孙洪伊。

事情起因很多，主要缘于一件事，国务院任命郭宗熙为吉林省省长和查办福建省长胡瑞霖案。因为国务总理发布的命令还需经分管的总长副署方可生效，而徐树铮为了免得孙洪伊从中作梗，直接越过了孙洪伊。孙洪伊自然得理不让人，要求查办徐树铮，段祺瑞想把大事化小，孙洪伊一气之下便递辞呈。后来虽然未辞成，却埋下了祸因。

徐树铮受了孙洪伊的气，发誓要进行报复。机会来了，孙洪伊撤换了袁世凯时代的内务部旧职员 30 余名，这些人或多或少与北洋高级官员有联系，事情捅到了段祺瑞那里。

有了总理的支持，被解职的人员便向政府仲裁机构甲政院提出诉讼，平政院也明白总理在背后撑腰，便判决原告胜诉，要内务部限期撤销解职令。孙洪伊不干，声称平政院是袁世凯私立机构，其判决不足为据。

事情弄到这个份上，段祺瑞便不能不说话了，他要孙洪伊接受裁决，孙洪伊索性横下心来，坚决不同意。段祺瑞气得火冒三丈，说：“你这是结党营私，滥用私人！平政院的判决我看很合理，难道就没人管得了你了？”

孙洪伊索性撕下了脸，大声道：“我撤除的是帝制余孽，官厅不能成为庇护他们的场所。”

段祺瑞决心除去孙洪伊，于是签署了罢免令。黎元洪大吃一惊，压下了这道命令。徐树铮催促了四次，都无结果。

段祺瑞被激怒了，亲自出马见黎元洪，气冲冲地问：“孙洪伊的罢免令已经送来好几天了，大总统不会不知道吧？”

黎元洪支支吾吾，说应当慎重考虑这件事，段祺瑞火冒三丈，说：“照你这么说，我是不慎重了？”

“这个，晤，这个……”

“那好，大总统既不免他的职，就请免我的职吧！”

孙洪伊的事使段祺瑞与黎元洪闹僵了，于是请来徐世昌调解。徐世昌哪边也不得罪，摆出一副公允的姿态，两边各打五十大板，提出孙洪伊和徐树铮同时免职。黎元洪自然明白自己不可能取得最后胜利，打个平手也就满意了。但却不知段祺瑞意下如何，又转请许世英向段祺瑞提这个方案。

许世英时任交通总长，是段的大同乡，而且两人有金兰之好，是段祺瑞的亲信，他在和段祺瑞下棋的时候委婉地说出了徐世昌的建议。段祺瑞考虑良久，说：“你

去对黎黄陂说要免丁世峄一起免。”

于是，孙洪伊、徐树铮、丁世峄先后被免职，事情暂告一段落。

1916 年 2 月，段祺瑞和黎元洪因为对德问题再次产生尖锐的冲突，并导致了两人之间的彻底决裂。

1917 年 2 月 3 日，美国宣布与德国绝交，段祺瑞和黎元洪一致赞成对德宣战。首先，在 2 月 9 日，内阁通过了对德国潜艇政策提出抗议的决定，这是中国对德国采取的第一个外交步骤。

3 月 3 日，在段祺瑞的主持下，内阁会议又顺利地通过了对德绝交案。次日，段祺瑞率全体阁员到总统府请黎元洪在对德绝交咨文上盖印，黎元洪却一反以前赞同的态度，拒绝盖印。问题出在什么地方？

是帝国主义在背后捣鬼！

黎元洪走的是亲美路线，美国人对德绝交，他自然紧随其上，而段祺瑞是亲日派，美、日帝国主义都希望通过促使中国参战而取得在中国的霸权。于是美国一旦发现了中国参战对日本的好处远大于己，马上就改变主意，不再支持中国参战。

段祺瑞气势汹汹，黎元洪却以不变应万变，支支吾吾加以拖延。

“这么说，大总统是反对对德绝交了？”

“这个，我的意思是，此乃大事，需慎重考虑。再者，绝交是宣战之先声，如今各省军人大多反对参战。在做出决定之前，也应该统一军界的意见吧？”

黎元洪的话激起了段祺瑞心头的无名之火，他顶撞道：“军界的事，无须总统操心，大总统只要盖印即可，其余的事自有祺瑞应付。”

黎元洪则无论段祺瑞怎么说，仿佛泥菩萨一般，死活不吭声。

黎元洪不盖印，段祺瑞便使出杀手锏，撂下挑子乘专车出走天津。协约国公使纷纷表示关切，北洋军人也来凑热闹，要求挽留段祺瑞。黎元洪无计可施，叹口气说：“外交上的事就由段总理主持，只要国会通过，我将依法办理，绝不加以干涉。”

3 月 6 日，段祺瑞在副总统冯国璋和众议院议长汤化龙的劝说下，回到北京。3 月 14 日，北京政府宣布对德绝交。

绝交之后自然是宣战，段祺瑞担心的是军人的态度，急电各省督军进京商讨。各省督军原本有不少人反对宣战，他们害怕让他们派兵作战，损害自己的实力。段祺瑞明白他们的心思，明确告诉他们，宣战无须出兵，中国派遣劳工去欧洲即可。各省督军一听，心上的石头落了地，纷纷表示服从总理的意志。

4 月 25 日，督军会议在京召开。各省督军和代表一致赞成段内阁外交政策，并在写有“赞成总理外交政策”的纸上签了名，给黎元洪施压。

5 月 1 日，内阁举行会议，督军团居然要求参加。有人说军人干政，傅良佐却辩解道：“军人也是国民的一员，对国事发表意见，怎能说是干政？大总统这么害怕军人的意见，难道是心中有鬼不成？”

参加内阁会议的阁员可怜只有三人：海军总长程璧光、司法总长张耀曾、农商总长谷钟秀，军人倒有一大班，于是宣战案顺利通过。段祺瑞趁热打铁，利用督军团使国会和总统屈服。黎元洪这里顺利通过了，但国会却出了问题。

本来国会通过宣战案问题并不大，汤化龙、梁启超早就在议员中活动支持段祺瑞，但是傅良佐却帮了倒忙。

5月8日，段祺瑞到国会解释对德政策并接受质询，他矢口否认中国参战背后有着中日幕后交易，声称宣战是本着正义的需要。当两院即将讨论提案的时候，各地人民团体纷纷来电支持宣战，北京城中也出现一些"自发"的群众的代表强烈要求对德宣战，段祺瑞闻之十分满意，殊不知这是傅良佐背着他搞的把戏，一些外地人民团体的电报实际上都是傅良佐派人从北京电报局发出的。

5月10日下午，成群的"自发公民"包围了众议院大楼，他们或摇旗呐喊，或散发"请愿书"，有的甚至闯进议长办公室，要求汤化龙允许公民代表列席讨论。"公民团"的行径引起了众议员的义愤，大家集体罢会，以示抗议，并准备离开会场，于是一场骚乱发生了。

傅良佐急于求成，结果弄巧成拙，反而使段祺瑞的宣战案中途告吹，内阁总长纷纷辞职，只剩下一个光杆总理了。

段祺瑞决定坚持下去，他一面酝酿新的阁员，一面授意滞京的部分督军和代表们，继续对国会施压，企图重开议会通过宣战案。

然而，一个毁灭性的新闻给段祺瑞致命的打击，英文《京报》披露中日秘密签订了一亿元的军事借款。段祺瑞在国会所做关于中日之间绝无秘密外交的证词完全是一个谎言！

令人意外的是，一向软弱可欺的黎元洪突然挺直了腰杆，下令免去了段祺瑞国务总理和陆军总长的职务。5月23日，张国淦听说黎元洪要免段，刚想开口劝说，站在一边的金水炎冲了过去，拔出手枪对准张国淦："不许开口！开口我就打死你！"

段祺瑞气得鼻子又歪了，他的鼻子唯有盛怒的时候才会歪，这种情况少得很，而像这次鼻子居然向左边歪了二指多则更是少之又少，不但是空前，或许也是绝后的了。

黎元洪的强硬是因为他意外地得到一位实力派人物的支持，这位实力派人物就是大名鼎鼎的定武上将军、长江巡阅使，号称十三省大盟主的辫子大帅张勋。张大帅明确向黎总统表示，随时准备奉召入京，维护治安，黎元洪得此许诺，腰杆顿时硬了，信心大增，觉得可以借此与段祺瑞斗法，于是出现了上一幕。

段祺瑞没想到黎元洪敢免他的职，怒气冲冲地离开北京去天津，并发表通电表示不承认黎元洪的免职令。一时间，倪嗣冲、陈树藩、张作霖、赵倜、曹锟等各省督军纷纷通电响应，指责黎元洪是个"奸人"，甚至要誓师北伐。

北京局势动荡不安，各国使节纷纷表示"忧虑"，新任命的国务总理李经羲不敢到京上任。黎元洪如坐针毡，无奈之下，急电调张勋入京。

1917年6月7日，张勋率6000辫子军向北京进发。在民初军界中，张勋是一大怪物，民国六年了，他依然垂着一条辫子，并且声称："谁敢碰一碰我的辫子，我就和他同归于尽。"自然，他的定武军也是名副其实的"辫子军"了。张勋一向目空一切，以前辈自居，不将段祺瑞和冯国璋放在眼里，这次支持黎元洪，自然有他的小九九。

张勋是想借带兵入京调停之机，行复辟之实，把溥仪从紫禁城中重新请出来。张勋主张复辟一事，已是众人皆知，但关键是什么时候干这件事。张勋入京经过天津时，曾和段祺瑞有几次会晤。段祺瑞曾不止一次劝他不要搞复辟，并且郑重地表

示："你如复辟，我一定打你。"张勋也表示："复辟不能变更，但目前还不想办。"但在暗地里，张勋已经是："虽千万人，吾往矣"的态度，声称即便赴汤蹈火，也在所不辞。

黎元洪没想到自己搬来的救星成了灾星，张勋勒令他三天内解散国会。7月1日，北京的大街小巷飘起了大清国的龙旗。7月2日，黎元洪秘密签署了免去李经羲总理的命令。特任段祺瑞为国务总理，并命其讨伐张勋，同时，签发了请冯国璋代行大总统职务的电报，自己于7月3日躲进了东交民巷。

张勋不听劝告，抬出了溥仪。段祺瑞敲着桌子说："只有打了，这可是他逼我这样做的。"

7月2日凌晨，段祺瑞来到了驻在马厂的李长泰第八师。下午，梁启超也风尘仆仆地赶到马厂，段祺瑞亲自迎接，寒暄道："任公上任，军威大振。"7月4日，段祺瑞以讨逆军总司令的名义，发出讨伐张勋的通电和发布讨逆檄文，冯国璋在南京通电响应。7月5日，先头部队向天津进发，梁启超手书一联赠李长泰，联云"上将军段祺瑞讨叛国逆张勋。"

7月5日，战斗打响了。讨逆军以压倒优势猛攻，辫子军仓皇失措，向城里溃败。航空学校的两架飞机也奉命飞到辫子军阵地投掷炸弹，之后又飞临紫禁城上空进行轰炸。据说这是中国军事史上首次使用飞机作战。

到7月12日晨，全城只剩下南河沿张勋住宅仍在抵抗。这时，一辆插着荷兰国旗的车通过阵地驶进张勋的公馆，这辆汽车是来接张勋的。车上有一德国人，两个荷兰人和一个翻译。张勋家人已经避往荷兰使馆，只剩下张勋和二太太邵夫人。张勋死活不肯上车，几个外国人急了，不由分说架着张勋上了车。

北京城又飘起了五色国旗。

平定张勋复辟，是段祺瑞一生颇为自得的事，继他发电威胁清帝退位。"一造共和"后，段祺瑞在六年后又"再造共和"了。

历任总统　掌中玩物

段祺瑞和冯国璋是老同学，又都是小站宿将，与王士珍并称为"北洋三杰"。"北洋三杰"各有称呼，其中王士珍为龙，段祺瑞为虎，冯国璋为狗。

张勋复辟失败后，黎元洪自然下台，由冯国璋代理大总统，从心底说，让冯国璋做总统也不是段祺瑞所希望的。段祺瑞与冯国璋在袁世凯时代就开始互争高低，袁世凯死后，两人一北一南，相互对峙，在段祺瑞执政期间，冯国璋经常在南京唱一些不合时宜的调子，使段祺瑞很不痛快。然而，段祺瑞又不能不让冯国璋当总统，其一，冯本来就是副总统；其二，段祺瑞有个野心勃勃的计划，就是武力统一。为了这一目的，他必须使北洋派团结起来，必须得到冯国璋的支持，也就不得不把总统这块肉送给了冯国璋。

段祺瑞的确不同常人，他和冯国璋也大不相同。譬如说，冯国璋嗜财，段祺瑞不爱财，曾有一次，齐燮元进京送给他二十几件珍玩，他原璧奉还。张作霖送来一大堆东北特产，段祺瑞不能不顾他的面子，破例收下两条江鱼，其余退还。唯一照单全收的一次是冯玉祥送的大南瓜，没有退回。

为了控制冯国璋,段祺瑞请冯国璋进京代行总统职权。冯国璋也不是好蒙骗的,他以南方不稳为由婉言拒绝,同时进一步巩固以南京为中心的东南大本营,以与段祺瑞对抗。此后,又请调亲信部队入京担任总统府保卫,段祺瑞也慷慨答应。冯国璋做好各方面的安排后,便上了北京。

过去总统是南方人,总理是北方人,所以总搞不好,现在总统、总理都是北方的了,事情果然好办了。8 月 14 日,对德宣战案以总统令顺利发布。然而,好景不长,冯、段之间的分歧日益明显,虎犬之间开始斗法。

问题就出在段祺瑞的武力统一上,段祺瑞主张对西南用兵,实行武力统一,冯国璋断然反对。

袁世凯死后,北洋系统分化为三块:以段祺瑞为首的皖系,以冯国璋为首的直系和以张作霖为首的奉系。张作霖远在东北,一时与中原无争,而冯、段二人为了谁执牛耳互相争斗,互不相让。段祺瑞的武力统一是有其打算的,想借机扩大皖系力量,既消灭南方异己,又打击直系势力。冯国璋明白这点,自然反对对西南动用武力。

正当总统和总理陷入僵局之际,"长江三督"李纯、陈光远、王占元突然通电主和,掀起了驱段倒阁的先声,接着,靠近直系的湘南各军总司令王汝贤、副司令范国璋也联名通电停战,给段祺瑞杀了个回马枪!段祺瑞腹背受敌,只得暂避风头,1917 年 11 月 15 日提出辞呈。

段祺瑞以退为进,冯国璋的日子也不好过。首先,他居然找不着一个能继任段祺瑞的人。其次,直隶督军曹锟突然摇身一变,成为主战的急先锋。曹锟态度骤变据说是由于徐树铮许诺给他一个看得见,摸不着的副总统职位。事情到了这个地步,冯国璋只得被迫下了对西南的讨伐令。一比一,段祺瑞和冯国璋前两个回合打了个平手。

然而,讨伐令刚发布 10 天,冯国璋又宣布停战。因为,长江三督和冯玉祥坚决反对"讨伐",并且不让南下的部队通过防区,如果硬要通过,北洋内部就会大动干戈。何况,布贩子出身的曹锟这时又打起了冯国璋的牌,表示不反对停战。在北洋内部主战和主和两派互相争吵之际,南方提出了五个停战条件,首要的一条是召集旧国会。这样,冯国璋又陷入了困境,和又和不了,战又是死路,左右为难。冯国璋决定三十六计,走为上,溜回南京是最后的办法。

1 月 26 日晚,冯国璋以南下巡阅军队为由,乘专车离开天津。殊不知段祺瑞已经断了他的退路,倪嗣冲在蚌埠以保护安全为由截住了冯国璋,冯国璋只好调头回北京。在段祺瑞的强大压力下,1 月 30 日,冯国璋被迫再次下达了对西南的讨伐令。这时在湖南前线,北洋军连连取得胜利,冯国璋只好通电辞职。在冯国璋辞职的第三天,即 3 月 9 日,内阁总理王士珍挂冠而走,避往天津。

既然冯国璋已无能为力,那么何不让他再做几天总统?于是在段祺瑞的授意下,各省主战派纷纷来电挽留冯国璋,同时要求段祺瑞出山。3 月 23 日,段祺瑞出山就任内阁总理。这位下野四个月零几天的北洋之虎终于压倒了北洋之狗,再次荣登总理宝座,威加海内,势力达到极盛。4 月 20 日段祺瑞南下犒师,亲临汉口,规定总理车队经过时,临街商铺、居民住宅一律关门闭窗。一家外国报纸说:"这是民国以来从未有过的事情",比大清国的钦差要威风得多!

段祺瑞重新上台，冯国璋已无用处，于是决定“合法驱冯”。冯国璋的总统任期是10月10日届满，到时通过合法的手段把他选掉。最终，冯国璋让位于徐世昌，回到直隶河间老家，从此不问政事。

1919年12月28日，冯国璋在北京病逝，段祺瑞赶到冯府，悼念老友，痛哭失声。他深有感触地对靳云鹏说：“你看看我和华甫，这些年闹来闹去，两败俱伤，谁也没能得到好处，想想实在惭愧。”在冯死前，两人已经和好如初，经常在一起把盏小酌，痛感北洋内部派别林立，力量分散。

其实，在冯国璋下台之前，段祺瑞已经辞职下野。这次辞职，逼迫他的不是别人，乃是小字辈吴佩孚。

吴佩孚是曹锟手下的一号大将，毕业于保定陆军速成学堂，属于段祺瑞的学生。在段祺瑞讨伐西南时，吴佩孚是曹锟率领第一路的先锋。1918年2月晋升为第三师师长，第三师前身乃是赫赫有名的北洋第三镇。由于入湘后连战连捷，吴佩孚由无名小卒一跃成为直系的“闻人”。吴佩孚此人多谋善断，他劝曹锟在段祺瑞和冯国璋之间大要两面手法，先是主战，而后又倒戈一击，主和，使段祺瑞的整个部署全被打乱，雪上加霜，段祺瑞向日本秘密借款的事又被揭露出来，国内群情哗然，西方列强纷纷出面施压。为了摆脱窘境，段祺瑞再次以退为进，通电下野。

段祺瑞辞了职，徐世昌当了总统，然而内阁全是段祺瑞的人，段祺瑞依然是一手遮天，把持着北京政府。

冯国璋死后，曹锟、吴佩孚成为直系领袖与段祺瑞对抗，尤其是吴佩孚，宛然雏凤清于老凤声的姿态，不甘段祺瑞把持中央政权，与张作霖秘密联络，决定反皖倒段。

1920年7月，酝酿已久的直皖战争爆发了。战争开始前，段祺瑞充满信心，他认为张作霖向来与曹锟不和，也曾当面保证严守中立，这样，自己已无后患之忧。剩下直、皖单独较量，皖军无论在数量、质量上都高出一筹，段祺瑞自以为胜券在握。

然而事情大出段祺瑞意料，首先，张作霖根本不是严守中立，其次，前线皖军虽然初战告捷，但不久西路皖军全线溃败，段祺瑞失败已成定局。

7月19日，段公馆一片愁云，左右随从力劝段祺瑞离开北京，段祺瑞暴跳如雷，喊道：“要走你们走！我不走，我倒要看看他们能把我怎么样！”

曹锟、吴佩孚自然不敢怎么样，曹锟和张作霖还派人去段府慰问，吴佩孚也亲自登门，口口声声以“老帅”相称。

直、奉联合反皖倒段之后，为了各自的利益，又发生了激烈冲突。1921年4月14日，张作霖挥师入关，第一次直奉战争爆发，结果奉军大败，连张学良也挂了彩，不得不退到关外。

吴佩孚在战胜了皖系和奉系后，控制了北京政权，也重弹“武力统一”的老调，从而引起了西南军阀的不满。这样，直系成为众矢之的。1921年，为了打倒直系军阀，孙中山联络段祺瑞、张作霖形成“反直三角同盟”。

曹锟和吴佩孚也意识到危机，决定拉拢段祺瑞，瓦解三角同盟。他们不仅撤销了对徐树铮及安福系等人的通缉令，而且直接派人拜谒段祺瑞，表示负荆请罪。1924年3月13日，段祺瑞六十寿辰，在曹锟、吴佩孚的发动下，直系将领不顾段祺瑞公开拒绝祝寿，蜂拥而至，献礼祝贺。

1924年9月4日，张作霖调集东三省的所有兵力20余万，分三路大军入关，第二次直奉战争爆发。这次战争在北洋军的内战史上是空前的，双方出动的兵力约达50余万。战斗一开始，直系便处于劣势，在这紧要关头，直系第三军指挥冯玉祥突然倒戈，发动北京政变，囚禁贿选总统曹锟，赶清废帝溥仪出紫禁城，给吴佩孚以致命打击。

在吴佩孚处于险境之际，段祺瑞以第三师老师长身份送了一封信给吴佩孚，劝他"速离去，否则被擒耳"。当时有人劝吴佩孚避往租界，以引起外国干涉。段祺瑞说："你是中国最优秀的军人，为什么要惹出国际问题呢？我看你先休息几天吧！"吴佩孚听了连连说道："是，老帅，我遵命。"随后由塘沽乘船逃走。段祺瑞的部下幸灾乐祸地说："老头儿眼看吴小鬼掉在井里头了，小辫提一提，指给他一条明路。"

直系大败后，段祺瑞出山的时机又到了。11月10日，冯玉祥、张作霖、段祺瑞在天津段公馆召开了著名的天津会议，决定推举段祺瑞为中华民国总执政，该职集总统、总理职务于一身。1924年11月22日，段祺瑞在卫队的保护下抵达北京，24日，他在铁狮子胡同陆军部宣誓就任中华民国临时总执政。这样，段祺瑞在任国务总理三上三下之后，又一次成为北京政府的最高领导者，也是他一生中最显赫的职位！

执政府建立后，张作霖、冯玉祥准备继续南下，扫清直系势力。但段祺瑞坚决反对，他看得很清楚，张、冯二人想借扫清直系势力之名，抢夺地盘，扩大自己的势力，于是说："穷寇莫追，不如就此罢兵。"张、冯就也就无可奈何，收起了南下的打算。

张作霖提出召开"六巨头"会议来进行权力的再分配。所谓"六巨头"指孙中山、段祺瑞、张作霖、冯玉祥、卢永祥、唐继尧。段祺瑞则主张召开一次全国性的善后会议，参加人员只限于：有大功劳于国家者；讨伐贿选及制止内乱的各军领袖；各省区及蒙、藏、青海军民长官；有特殊之学识、资望、经验者，由执政聘请或委派。

这时，孙中山应冯玉祥、段祺瑞之邀已转道日本抵达天津。孙中山主张召开国民大会解决中国问题，认为善后会议只是一个代表军阀官僚利益的会议。1月30日，在孙中山的主持下，国民党正式做出了不参加善后会议的决定。1月31日，孙中山带病入京。在京期间，孙中山与李大钊等积极联络，发起召开了国民会议促进会全国代表大会，共同抵制善后会议。不幸的是，3月12日，孙中山溘然长逝。

噩耗传来，举国悲痛，北京政府也明令举行国葬。段祺瑞手下也多次劝段祺瑞出殡之日务必亲往哀悼，以缓解国民党方面的感情，段祺瑞表示要亲自到场进行主祭。谁知临到那一天，段祺瑞却以脚肿为由改变了主意，只是派代表前往。当时北京一家报纸曾讽刺说："难道偌大的北京城，就找不到一双合适的靴子吗？"实际情况是这样的：安福系在段祺瑞面前撒谎说天安门前有可疑人物，欲对段祺瑞不利，段祺瑞于是临时改变了主意。

这时的段祺瑞如同坐在火山口上，中国人民反帝反封建反军阀的运动已进入高潮，这座火山随时随刻都可能爆发。1926年初，冯玉祥和张作霖之间失和，又发生战争。3月初，张宗昌部在海军的配合下，从大沽口登陆，进逼天津。国民军鹿

钟麟、孙岳亲赴前线督战，好不容易夺回失地。为了防止敌军从海上卷土重来，国民军封锁了大沽口，严禁任何船只出入，日本驱逐舰却公然向炮台守军开炮，国民军被迫还击，双方互有伤亡。事件发生后，签订《辛丑条约》的八国公使居然联合向北京政府发出最后通牒。

帝国主义的武装干涉和最后通牒再次激怒了中国人民。自3月13日起，北京又爆发了大规模的学潮。

3月18日午，北京大学、高等师范学堂等十几所高等、中专学校学生，以及一部分工人群众，共约两千余人，在天安门前举行抗议集会。会后沿着东长安街、东单牌楼、米市大街、东四牌楼，然后进入铁狮子胡同门口，在执政府门前广场列队请愿，市民也赶来支持学生们的爱国行动。

执政府的卫队如临大敌，全副武装的士兵一层一层地围住大门。学生代表要求见执政段祺瑞，卫兵回答段祺瑞生病了，不在这里。学生代表又要求国务总理贾德耀接见，也被拒绝。正当群情激奋之际，执政府门楼的窗户里突然响起了几声清脆的枪声，示威群众还没弄清怎么回事，只见前排执木棍的士兵忽然向两边闪开，后排持枪士兵蜂拥而上，顿时枪声大作。

这次大惨案造成了46人死亡，150余人受伤。虽然到底是谁下令开枪至今仍不为所知，或许永远是个谜，但执政府的罪责难逃，段祺瑞的罪责难逃！这一天，1926年3月18日，被鲁迅称为“民国以来最黑暗的一天”。

三一八惨案发生了，执政府已经丧尽民心，段祺瑞却不愿下台。3月下旬，冯玉祥因几面受敌，准备下令国民军放弃京津，向西北退却。鹿钟麟从北京撤退前，曾计划武装劫持段祺瑞。但段祺瑞门生故旧满天下，鹿钟麟的行动还没开始，消息就走漏了出去。4月9日，段祺瑞接到曾毓隽的条子，上面写着：“今夜鹿钟麟恐有举动，要发生事变。”

接着，段祺瑞的侄子段宏纲也从鹿钟麟手下的一位师长那里得到消息。大家都感到事情不妙，劝段祺瑞离家躲避。段祺瑞大发雷霆：“鹿钟麟他敢！他敢这样胡闹吗！我不走，来就同他打！”

晚上10时许，段宏纲打电话给国务总理贾德耀，发现电话线已被切断。事情紧迫，段祺瑞于是离家去东四八条胡同他的副官崔子良家中躲避。

国民军撤出北京后，局势更加混乱。段祺瑞已经无能为力，于4月20通电下野，回到天津。

段祺瑞下野后，住在日租界须磨街魏宗翰的公馆。段祺瑞生性不爱财，因而不敛财，没有什么家底，连合肥老家也无房产和地产，北京的公馆还是当年袁世凯赠送给他的。

段祺瑞家规很严，夫人和姨太太都不准干预公事。有一位姨太太想替一个老妈子的亲戚谋个差使，段祺瑞立即气歪了鼻子，厉声喝道：“好啊！你们要卖官怎么着？”合肥老家的人来京谋差使，他也不过招待他们住一段日子，四处玩，再给一些钱打发他们回去，胞弟段祺甫来京求大哥给找个官做，段祺瑞说：“你哪适合做官呢？给你一些钱，你还是回去做份买卖吧。”

为了节省开支，段祺瑞一改从不管家的习惯，亲自过目每日的账目。公馆规模也缩小了，厨房里只剩八九个人，当差打杂的加上看门的，不过十来个人，原来太太小姐们每人屋里三四个老妈子也压缩到一两个。

原配夫人过世后，段祺瑞娶了袁世凯的养女张氏为继妻，此外，他还有五位姨太太。大姨太病死于1914年，三姨太、四姨太先后被遣回家。

1930年2月，冯玉祥和阎锡山联合反蒋，日本人认为有机可乘，密谋策动“北洋派大同盟”，拥戴段祺瑞和吴佩孚为领袖，试图在华北制造混乱。在特务头子土肥原贤二的安排下，段祺瑞与溥仪在天津有过一次秘密会晤，但两人都很不愉快。事后有人问及，段祺瑞生气地说：“鄙人不才，忝为国家元首，这小子到今人还摆皇帝的臭架子，真是岂有此理！”

九一八之后，日本扶持废帝溥仪在东北建立了伪满洲国，又企图利用段祺瑞的威望和影响，建立华北伪政权，这一动向引起了蒋介石的不安。自北伐以后，蒋介石就极力笼络段祺瑞。蒋介石还安排与段宏纲会晤，亲切地对段宏纲说：“我亦是保定陆军学堂学生，段先生是我的老师。我因公务繁忙，不能前往天津看望先生。”事后，蒋介石还派人送了两万元生活费给段祺瑞，以后又陆续送过几次。

1933年1月19日，交通银行董事长钱永铭受蒋介石之托，持蒋氏亲笔信去见段祺瑞。蒋介石在信中恳请段祺瑞“南下颐养”，以便随时请教。这时传来日本要劫持段祺瑞的消息，段祺瑞于是决定接受蒋介石的邀请南下，他对钱永铭说：“我已老，不中用了，如介石认为我南下于国事有益，我可以随时就道。”

1月21日凌晨，段祺瑞在吴光新、魏宗瀚、段宏纲的陪同下悄悄离开了天津。蒋介石对段祺瑞的到来十分重视，通令南京少将以上的军人过江到浦口车站迎接，他本人也亲往下关码头恭候。段祺瑞到达时，全副戎装的蒋介石立即迎上前敬礼，然后搀扶他下船。当晚，蒋介石设宴招待段祺瑞，南京的军政要员也都出席作陪。

1月23日，段祺瑞在蒋介石、何应钦、孙科的陪同下，拜谒了中山陵，然后乘快车去了上海。

到了上海，段祺瑞住在法租界霞飞路1487号的一座公馆里，由蒋介石每月赠送一万元供作生活之用。段祺瑞在寓居期间每日下一局围棋，然后静坐诵经或阅读旧书。1934年春，段祺瑞由于胃溃疡引起胃部出血住院治疗。出院之后，由于年事已高，身体日益衰弱，医生和友人都劝他开荤以增加营养，但他执意不肯，回答说：“人可死，荤不可开。”

1936年11月1日，段祺瑞因胃病又一次发作，出血不止，于次日晚在上海的医院去世，时年72岁。11月5日举行大殓，林森、居正、于右任、吴忠信、张治中均亲临吊唁。12月7日，移灵北京，暂厝西山卧佛寺后殿。1963年移葬于香山附近万安公墓。

阎锡山：乱世狐狸　客死台湾

【人物档案】

姓名：阎锡山

乳名：万喜子

字号：字百川（伯川），号龙池

生卒：1883年~1960年

籍贯：山西五台县河边村（今属定襄）人

职务：山西省政府主席、国民政府行政院长。

主要作品：《阎伯川先生言论辑要》《三百年的中国》《大同世界》。

主要成就：统治山西达38年、领导辛亥太原起义。

评价：去岁武昌起义，不半载竟告成功，此实山西之力，阎君百川之功。……倘非山西起义，断绝南北交通，天下事未可知也”阎锡山夤缘时会登上都督宝座并获得如此评价，在国内是仅有的一人。武昌起义，山西首为响应，共和成立，须首推阎都督之力为最。（孙中山）

阎锡山

墓葬：台湾省台北市阳明山永公路245巷32弄里

【枭雄本色】

20世纪上半叶，晋系军阀集团统治山西38年之久，其首领阎锡山成为“不倒翁”式的人物。这个“乱世狐狸”能长期独霸山西而不倒，自有一套独特、狡黠的生存方式。

为了自己的生存，一会儿联合直、奉军去打西北军，一会儿又联冯倒蒋，导致百万大军血战中原；面临民族危机，在与国共、与日伪的关系中，玩着“在三颗鸡蛋上跳舞”的游戏。他搞“保境安民”修筑窄轨铁路，竭力构筑自己的金融和军火工业为主的经济体系，以维护自己的独立王国。抗战胜利后，他反对国共停战，把自己拴牢在蒋氏内战的战车上，终于使自己归于覆灭。

历史的讽刺就在这里：阎锡山的精明所在，也是它的悲剧之源。

【风云叱咤】

留学日本 加入同盟

山西省五台县河边村是阎锡山的故乡，这里不仅因为其悠久的文化背景，更因为它产生了阎锡山这个自民元以来俨然山西土皇帝的人物而更加闻名于世。

1883 年 10 月 8 日阎锡山出生在河边村的永和堡，因为堡内建有一座文昌阁，所以当地群众又习惯地把它称之为文昌堡。

阎锡山是生于河边村的文昌堡，可是要追本溯源，这阎家并不是河边村文昌堡的老住户，阎锡山的祖籍在山西洪洞县的棘针沟。洪洞县十分有名，明朝开国皇帝朱元璋曾于 1370 年在洪洞县大槐树下设立官方移民机构，以山西一带百姓移民去经过战乱而人口骤减的中原地带，充实中原的民力。

河边村阎锡山故居得一楼

阎锡山的先辈亦属移民，后来他在为其父所写的《哀启》中说："先世自明洪武初，由洪洞棘针沟迁居阳曲县坡子街，继而迁居五台县长条坡，终乃定居河边村，遂隶籍五台。"

阎存诚是河边村阎家的第一代祖先，但阎家从存诚以后第四代以下，才能够说出比较准确的谱系，六代以前大抵都生活得如同当时众多的贫苦人一般普通，甚至还要不如。到了第二代阎兴泰即阎锡山的曾祖父时，家道有了转变，阎兴泰精于计算，由经商发家，阎家从此有了积蓄，开始摆脱完全依靠劳动谋生的境遇。这是阎家的一个转折点。

阎锡山的祖父阎青云，字龙雨，大排行第七，娶定襄县青石村高国珍之女为妻，生二子一女。长子阎书堂，次子阎书典，女名改变。高氏逝世后，阎青云又娶陕西师氏为继室。他有土地五、六十亩，除自耕部分外，他出一头骡子，另一家出一头牛，两户伙用一家佃户给他们种地。阎青云还做些小买卖，放高利贷，是一个小地主。

阎锡山的父亲阎书堂，字子明，乳名昌春，堂名庆春堂。他娶本村曲成义(字在左)之女曲月清为妻，生子锡山。1889 年，阎锡山六岁时，曲氏病故。阎书堂又娶定襄陈家营陈养中之三女陈秀卿为继室，未生育。阎书堂后来经商，为一"笑面虎"。

阎锡山字伯川，别号龙池，乳名万喜子，是阎书堂夫妇的独生子，6 岁时母亲死

去。阎书堂再娶定襄陈家营村女子陈秀卿为继室时，陈曾约定不管抚养前房之子。于是阎锡山从小就寄养于同村的外祖父曲在左家，直至16岁回家成亲。

寄人篱下，虽有外祖母疼爱，但失去母爱必然使这个幼小的心灵受到创伤。万喜子喜怒无常，脾气极为古怪，时而整天默默无语，时而狂暴难制。有一次，他从村东的狼窝里掏回两只小狼，挂在村里的老槐树下，狼崽饥饿难忍，他却得意地大笑。老狼在村里狂奔乱吼，全村人不得安生。外祖父知道了，训斥他一顿，命人把狼崽送回。又一次，他和同学曲满堂在玩耍的时候吵了起来，居然掏出小刀刺伤了曲满堂，一时鲜血直流，在场的孩子们都惊呆了。以后一般同学都不敢接近他，说："万喜子不是好惹的，还是离他远点好。"

1898年，阎书堂为了让独生子继承家业，就带他去县城，在积庆长钱铺当了一名伙计。阎锡山在父亲的耳提面命下，很快学会了投机取巧、看风使舵、尔虞我诈和逢场作戏那些手段。不久之后，阎锡山就开始帮助他父亲从事"打虎"，即放高利贷，而且颇有青出于蓝的趋势，阎书堂不能决断时，往往询问于阎锡山。这一段时间的生活，对阎锡山颇有裨益。高利贷商人的品质和特点，在阎锡山日后的政治生活中显露无遗，对他能够在千万人中崭露头角，攫取山西大权，并在各种政治势力翻腾的旧中国的大河中独树一帜，屹然不倒实在是功不可没！

1900年阎书堂"打虎"失利破产，意外地改变了阎锡山的命运。如果不是这样，阎锡山充其量不过是一个高利贷商人，钱铺掌柜而已。然而命运给他安排了一条辉煌的道路，使这个原本为商人的小子飞黄腾达为山西省都督、旧中国的最后一位行政院长！

阎书堂在一夜之间破了产，阎锡山从少东家变成了无业游民。他先是在河边村卖饼子，而后又给清军当差，担米、喂马、干杂活。后来又逃到忻县给药铺当帮工，在太原给柳巷裕盛店当小伙计。

丧家失业的痛苦，当民夫、作小贩、小伙计的低三下四，使阎锡山痛心切肤地感受到自己必须有钱，必须有权，必须要在"上流社会"扎根。

颠沛流离的生活，深深刺激了阎锡山，他不甘心走父辈经商发家的老路了，要因时乘势，要大有所为，要走一条不同于父辈的道路。苦闷的阎锡山一看到太原街头山西武备学堂的招生通告时，他顿时豁然开朗了。他立刻决定弃商从军，开始了人生中的重大转折。

1902年，阎锡山20岁时，进入了山西武备学堂，从此投身军界。据他的表侄张瑞生说，阎锡山考入武备学堂，是找山西大学堂学生赵廉佑当枪手才得录取的。阎锡山深知这一步对自己前途的意义，因此，入学堂以后，兢兢业业，不敢懈怠，学业和人际关系都搞得不错，被校方指定为学生班长。

1904年，清政府为了培养一批有西方近代知识技能的军事人才，诏令各省武备学堂选送青年学生赴日留学。山西武备学堂分到20多个名额，阎锡山被校方当局选中，同其他19名学生一起于1904年7月东渡扶桑。阎锡山等先入东京振武学校学习日语和近代科学知识，后入日军步兵学校实习，实习结束后才正式进入日本陆军士官学校第6期学习。

阎锡山在日本留学期间，正是中国资产阶级民主革命风起云涌之时。留学生荟萃的东京，当时是中国资产阶级民主革命组织、宣传工作的中心。阎锡山在出国之前根本没想到，他即将投入的东京中国留学生群，日渐形成一个热气腾腾的革命大熔炉，这儿几乎人人谈革命，个个谈反清，这不能不使对革命之说很少接触的阎锡山产生影响。

1905 年，中国同盟会成立，许多留学生踊跃入盟，同盟会领导人黄兴等对于清政府派来学军事的学生特别注意。因为这部分留学生是清政府组建新军的骨干，掌握了他们，就等于掌握了新军，这对领导武装起义夺取政权极为重要。因此，同盟会不仅对这部分学生做了大量的教育争取工作，更为他们组织了“铁血丈夫团”，吸收其中的特别积极的分子，给予专门的联系和培养训练。阎锡山当然在争取之列。1905 年 10 月，经过几番盘算和思考的阎锡山在谷思慎的介绍下，加入同盟会，并成为“丈夫团”的一员。

谷思慎，山西宁武县人。他是同盟会最早入会的盟员之一，同盟会成立后，他担任山西分会的负责人，阎锡山等是他为同盟会发展的最早的一批山西籍盟员。据谷思慎讲：阎锡山在入盟以前，曾向谷提出一个看来是经过苦思而没有答案的问题：“你是官宦子弟，何患得不到一官半职，为什么要参加同盟会，另谋出路呢？”谷思慎回答说：“我不是为个人谋出路，而是为中华民族谋出路。”

本来，如果站在为中华民族谋出路的立场上，阎锡山提出的问题就不成其问题，而阎锡山之所以不能理解这个问题，是因为他是站在为个人谋出路的立场上——他自己并非官宦人家，难以捞到一官半职，所以才不得不向同盟会谋求出路。革清朝的命与我有什么关系，如果革命成功，功名禄位稳稳到手，与我则有大干系，何乐不为？

阎锡山早年曾发生过一件事，使他感触颇深。1909 年他毕业回国，绕道朝鲜，被误认是日本人，那些大臣们个个避道而行，侧目注视。到平壤，又看到建筑崭新的妓女学校。他慨叹“亡国之民，生命财产廉耻均无以自保”，思想上受很大震动。辛亥革命后，阎锡山还曾向山西人民宣讲，以激发人们奋起救国的紧迫感。从这些事可看出，阎锡山此时仍是以救国为己任的爱国者。

为爱国、救国和要实现自己的理想所驱使，阎锡山在参加同盟会初期的表现颇为积极。1906 年阎锡山奉派同赵戴文一起回到山西，在五台山周围各县与雁门关内外，向学生、教师、商人、僧侣等宣传革命。在通过上海海关的时候，他曾主动地把赵戴文携带的炸弹要过来，连同他自己携带的，一共两枚炸弹带在身边，并要赵戴文站在后边，他自己行若无事地站在前边接受检查，竟瞒过检查人员的眼睛，顺利通过。1908 年黄兴在广东钦州发动起义，正在日本步兵联队实习的阎锡山闻讯就申请退学，以便回国投入战斗，但办申请被驳回而未能成行，等等。于此可见，当时的阎锡山毕竟是个热血男儿，是个颇具激情的革命者。

相比较阎锡山在日本所受的革命民主主义的影响，他受到的军国主义影响似乎更深、更大。

阎锡山到日本时，正值日俄战争时间，日本军阀竭尽全力同沙俄争夺对中国东北的霸权，大肆鼓吹所谓“大日本”的军国主义。小而比较落后的国家打败了庞然大物的沙俄，这使阎锡山大为倾倒，认为这一切都是军国主义所赐。亦因此，阎锡山崇拜日本军国主义。

他在步兵联队和士官学校期间所受的教育除一般军事学校的各种教程、典范

令和军事动作外，在政治上就是日本军国主义思想。教官讲德国铁血宰相俾斯麦打败法国，统一德国的历史，讲日本明治维新后，征兵练武，发展资本主义工商业，跃居世界强国的历史。阎锡山对这些都极感兴趣，对于他沾日本军国主义的光享受的种种“优待”，更是津津乐道。

一次阎锡山参加军队露营演习，浑身大汗淋漓，受到日本老百姓的热情款待，拿出自己的礼服，让他们换上，还替他们把操练穿的脏礼服洗净熨干。招待他们饮水吃饭，然后让他们安心休息，并代为打听明早集合时间，答应到时一定唤醒他们，还为他们准备早餐。又一次行军路过乡村，见一些老年妇女向军队合掌膜拜，样子就像敬神。阎锡山问她们为何如此尊敬军人，得到的回答是：政府曾教导百姓说，敌人的军队来了，你敬神，神不能替你打敌人，能替你打敌人的是军人。你与其敬神，莫若敬军人。这些例子，更加深了阎锡山对军国主义的狂热膜拜。

在留学期间，阎锡山还结识了一批后来成为侵华战争主犯的日本军人，如冈村宁茨曾是他的队长，板垣征四郎当过他的教官，土肥原贤二是他同学。阎锡山对这批军国主义分子崇拜得五体投地，极力巴结逢迎，特别与土肥原过从甚密。这些“同窗”“师友”后来都成了日本极端军国主义者和军人少壮派的首要人物，二次大战后被远东国际法庭定为战犯，他们对阎锡山的影响之大，更是不在话下。

就这样，在军国主义和民主主义的双重教育下，阎锡山从日本士官学校毕业回国。这一年是 1909 年，也恰恰是革命事业极端困难的一年，孙中山和黄兴连续发动反清起义都告失败，孙中山被迫远走欧美，党内争端迭起，陷入分裂。在这革命处于“艰难竭蹶”时，惯打“小九九”的阎锡山瞻望形势，观察风色，自然不能不为自己选择一条审慎稳妥，力求万全的道路。

阎锡山跨出的第一步，就是先“瞄准”山西新军协统姚鸿发。姚鸿发不仅将是他回山西后的顶头上司，而且此人根深腰硬，其父姚锡光，官居清廷陆军部侍郎（次长）。阎锡山不待引荐，就在回国返省的路上绕道北京，专程拜谒姚锡光，佯称是留日归国学生的代表，凭着他一套吹拍逢迎的本事，得到了姚的赏识。姚锡光随即写信给姚鸿发，称赞阎锡山年轻有为，是不可多得的人才，要他对阎锡山另眼看待。阎锡山以姚氏父子为靠山，果然是一帆风顺，回省后先任陆军小学堂教官。不久，陆军部调各省日本士官学校毕业生到北京会试，按成绩分别录用，阎锡山名列上等，赏给陆军步兵科举人，授协军校。回省后，他被任命为新军八十六标教练官（即副标统，相当于副团长）。

攀权附贵　独霸山西

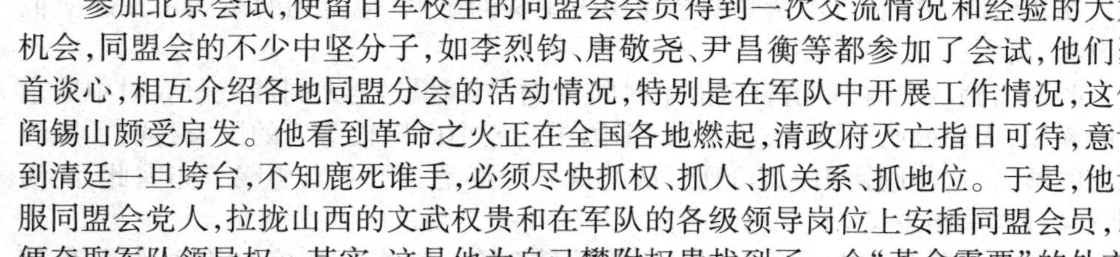

参加北京会试，使留日军校生的同盟会会员得到一次交流情况和经验的大好机会，同盟会的不少中坚分子，如李烈钧、唐敬尧、尹昌衡等都参加了会试，他们聚首谈心，相互介绍各地同盟分会的活动情况，特别是在军队中开展工作情况，这使阎锡山颇受启发。他看到革命之火正在全国各地燃起，清政府灭亡指日可待，意识到清廷一旦垮台，不知鹿死谁手，必须尽快抓权、抓人、抓关系、抓地位。于是，他说服同盟会党人，拉拢山西的文武权贵和在军队的各级领导岗位上安插同盟会员，以便夺取军队领导权。其实，这是他为自己攀附权贵找到了一个“革命需要”的外衣。

阎锡山首先拉拢的是当时任山西省谘议局议长的梁善济。梁善济是清朝的翰林,立宪派在山西的首脑人物,与当时山西巡抚丁宝铨关系密切,同时又是阎的父辈,据说阎书堂早年同梁善济有些来往,颇得梁的照顾。虽然从政治上说,立宪派和革命派势不两立,但阎锡山绝不会受这种约束。他一面利用旧关系,一面又刻意拉拢梁的秘书邢殿元,并与他结为金兰之交。通过邢的关系,阎不仅获得梁善济的青睐和信任,更间接地获得了巡抚丁宝铨的好感,拓宽了飞黄腾达之路,俨然成为清朝在山西的当权官僚和立宪派绅士们赏识倚重的红人。

阎锡山在攀附清政府权贵和立宪党人的同时,也没放松同革命党人的联系。他利用自己参加过"铁血丈夫团"的身份,发起组织"山西军人俱乐部",把新军内部的革命党人组织起来,俨然成为秘密组织的核心人物。为了打通升迁之路,阎锡山利用同盟会的力量除掉他青云路上的两个障碍,时任新军八十五标、八十六标协统的齐允和夏学津。夏学津是丁宝铨手下的红人,齐允是旗籍贵族,上峰不敢得罪他。

同盟会员为了除掉这两个障碍,专门组成一个小组,暗地搜集夏、齐的劣迹,相机予以打击。不久,侦知夏学津有个年轻漂亮的妻子,与丁抚关系暧昧,小组成员立即通过《晋阳公报》,将这件丑闻公诸报端,齐允贪污庸鄙的种种劣迹也被揭露。对此,丁抚虽大为震怒,却不得不撤掉夏、齐二人职务,两标统分别由黄国梁和阎锡山接任。这样,阎锡山就成为山西军界掌握实力的"要人"之一,在同盟会山西分会内部也举足轻重了。

阎锡山当上标统之后,头等大事,就是培植自己的实力。当时,原新军协统的姚鸿发升任督练所总办,协统一职尚未委任。姚鸿发曾向阎锡山表示,他已与北京方面谈妥,只要阎出5000两银子,即可升任协统。这个提议无疑使阎锡山心荡神摇,但他经过一番盘算,却婉谢姚的提议。其实,阎锡山要的是实实在在从属于他,听凭他意志指挥调动的军队,而不是徒拥高位厚禄,却使指挥实权操于他人之手的虚衔。更何况,八十六标经过他的苦心经营,已经成为他的工具,他已经在标内培植了一批效忠于自己的势力,岂肯轻易放弃!

1911年10月,武昌起义告捷,各省纷纷响应。山西,也处在"山雨欲来风满楼"之中。10月29日,山西新军的革命官兵在姚以价的领导下,发动了太原起义并取得了胜利。当起义军结束战斗,到军火库装备子弹时,才看到阎锡山带领一些人马迎过来,一向"革命"的老阎为何姗姗来迟呢?

原来,阎锡山对于参加起义的吉凶祸福,总是难以料定,惴惴不安,既怕起义失败吃苦头,又怕起义成功吃不到甜头,经过苦思焦虑终于"憋"出一个"两面见光"的绝妙招数。

起义那天,革命军进攻抚署的战斗打响后,阎锡山立即集合队伍,下令八十六标官兵把守巡抚衙街巷口,暗中却命队官张培梅攻打防守抚署后门的巡防队,看上去既似保卫抚署又似配合起义。而他自己则带上少数亲随,躲进八十六标操场旁的树林里,一面下令余下的官兵一律不许外出,一面派人刺探八十五标进攻的消息。直到他确信抚署和火药库已经被革命军攻克,起义已获全胜的情况下,才"杀"出密林,进入革命军的行列。

正当太原城睁开朦胧的睡眠,迎接胜利的曙光时,阎锡山却凭着他那异乎寻常

的清醒头脑，布置自己身边的两名心腹将官张树帜和周玳到谘议局探听消息。临行前，阎锡山只嘱咐他们10个字——“遇事要机智，行动要敏捷”，受命者心领神会，疾驰而去。

此时，在谘议局正式选举都督的会场上，又是一番景象，各派政治势力在权位势力面前当仁不让，主持会场的议长梁善济力主票选，企图以议员多数压倒革命党人。但是阎锡山在会前的布置安排起了作用，他的两个亲信果然“机智、敏捷”地扭转了局面。当看到梁善济有当选的可能时，那个绰号“猛张飞”的张树帜飞步窜上主席台，把乌黑铿亮的手枪往桌上用力一拍，扯开嗓门大声叫道：“选都督作么子要票选？我们军人不来这一套，要选就举手好了。”

接着，他把梁善济挤到身后，向台下大吼一声：“选阎标统作大都督，赞成的举手。”周玳、张培梅等应声配合，把会议室的大门紧紧闭上，亮出手枪，齐声大喊：“选阎锡山作大都督，请大家一齐举手！”一时震耳欲聋的“选阎锡山！”“选阎锡山！”吼声和若干支手枪闪动的寒光凝成一片，窒息了整个会场，被吓得魂不附体的立宪派老爷们哆哆嗦嗦地举起了手。梁善济不敢再登上主席台，赶紧从后门溜走。张树帜更不客气，俨然以大会主席身份宣布：“全体通过。”就这样，阎锡山被选为都督。

太原起义胜利的消息传到北京时，恰是清皇室垂死挣扎，改组政府，向革命猖狂反扑的时刻。袁世凯攫取了清廷的军政大权，挥军向革命政权进攻。太原起义给袁世凯造成严重威胁，他看到：起义军一旦兵出娘子关，扼断南北交通，必将引起局势的重大变化。因此，接到太原起义的消息后，袁世凯就派北洋军精锐曹锟部、卫汝贤部进攻山西。12月8日，曹锟派卢永祥率军同山西起义军在娘子关展开争夺战。起义军顽强抵抗，士气高昂，终因武器落后，寡不敌众，山西重镇娘子关终于在12日失陷。

战斗过程中，阎锡山曾到前线视察，督战，娘子关陷落后，阎锡山、赵戴文等急速逃同太原，召开紧急会议商讨对策。阎锡山在前线亲睹北洋军炮火之猛，心惊胆战，更兼太原此时既无险可守，又无抵抗实力，于是主张放弃太原，赵戴文附和他的意见。但副都督温寿泉坚决反对弃城，认为太原是革命根据地，敌人尚在数百里外，仓皇出走，只会动摇军心，主张坚守太原，在阳泉、榆次等地节节防堵北洋军。双方争执不下，最后各行其是，让温寿泉坐镇太原，阎、赵离城北走。

12月12日，阎锡山装扮成一个和尚，骑着毛驴与赵戴文相偕北上。在北上途中，于12月中旬曾通电全国，声明他离开太原是为了“北伐”，但是他的北伐避开了那些战火纷飞的“兵家必争之地”，选择了基本“无战事”的西线。

阎锡山一路打家劫舍，一路收集各路散兵，拼凑起一支约3000人的队伍，向包头奔去。在包头才与清军遭遇，有了阎锡山“北伐”开始一个月来的第一场战争，战斗以阎锡山攻占包头告终。当天举行入城式，包头各界人士都出来欢迎革命军。这时，“明哲保命”的阎锡山看到人群拥挤，疑虑顿生，生怕其中混有刺客，他的“忠臣”赵戴文见此情景，灵机一动，立即想到楚汉交兵时纪信冒充刘邦，保主突围的故事，决意再唱一出“纪信保主”之戏。他穿上都督的全套服装，跨上高头大马，大摇大摆领队入城。

果然竟有人伏在街侧房脊后面，向这个冒牌“都督”开了一枪，但没有击中，真正的都督阎锡山此时身穿着普通军官服装，跟在队伍后面，也吓出了一头冷汗。进城之后，阎锡山宣布改包头为包东州，这里是他流亡一个月来刚刚占有的一个栖身之处，他要在这里美美地休整一段时间。

但是，刚过两天，从太原派来催促阎锡山回省的专人就到了包头，这时南北议和快要告成，清室即将退位，太原和附近各县一片混乱，希望阎锡山能回省主持大计。阎锡山此时早已将他刚出走时要出让都督大印，"削发入山"的那一套想法抛到九霄云外去了，巴不得早日回到太原，只是对山西当前和今后的局势动向还摸不清，他还想再等等，等局势明朗了，再作去留之计。

这时，在萨拉齐、托克托等地，阎锡山的军队又同清军打了一场没有结果的仗，阎锡山的前敌指挥官王家驹却被"结果"了，王的战死，使阎锡山大为气馁，又萌退志，恰逢太原再次派人持谘议局公函邀阎回省。这一次他不再犹豫，立即动身返省，把"北伐"改为"南征"，叫作"回攻太原"，快马加鞭地去"收复"那个为了逃命而被他抛弃的城市。

阎锡山启程返省之日，已是袁世凯逼宫告成，即将从孙中山手里接收中华民国临时总统宝座的时候。为了建立和巩固统一的袁氏王朝，袁世凯认为必须把地处北京肘腋的山西牢牢掌握在自己手中，于是就在他被南京参议院奉为临时大总统的次日，以大总统的名义发电报给正在返省途中的阎锡山，命令他就地待命，不准擅自行动。这对于正兴高采烈地"南征"的阎锡山，不啻晴天霹雳，他不敢违抗行市正在"看涨"的袁世凯，只好乖乖地呆在忻州，不敢越雷池一步。但阎锡山是不会坐以待毙的，在忻州静待袁世凯命令的同时，他一刻也没有停止争取早日赶回太原，重登都督宝座的活动。

通过革命党人在南北和谈中为山西争取合法地位，挫败袁世凯攫夺山西军政大权的阴谋，是阎锡山争取回任、保位的第一条公开渠道。他派南桂馨谒见孙中山、黄兴等，在南的游说下，胡汉民专门为山西问题起草电稿十多次，拍给袁世凯，要求保留阎锡山的都督之位。这是一条"明修"的"栈道"，除此之外，阎锡山还要"暗渡陈仓"，直接打通同袁世凯的关系，把"后门"走到袁世凯的鼻子底下。

阎锡山挖空心思，殚精竭虑，终于物色到一个堪当中介的最佳人选。此人姓董名崇仁，山西人，祖上三代都在北京包揽皇宫工程，他自幼经常出入宫廷，同宫里的太监等混得极熟。袁世凯任北洋大臣时，极力拉拢有内廷关系的人作他耳目，与董曾有八拜之交，阎锡山要打通袁世凯的门路，非此人不可。于是，他派自己亲信随从，卑辞厚礼，去求见董崇仁。随后又将董请至忻州，盛情款待，大肆逢迎，恳请他代向袁世凯疏通。

董崇仁在厚礼、乡情和高帽子的作用下，一口答应，于是阎锡山派亲信随董进京谒见袁世凯。袁世凯从来人的卑辞和媚态中看出，阎锡山并不是什么真正的革命者，不如做个顺水人情，收为己用。因此在 1912 年 3 月间发布命令，任命阎锡山为山西省都督。就这样，阎锡山"明修"孙中山的"栈道"，"暗渡"袁世凯的"陈仓"，成功地渡过难关，为自己赢得了一块政治基地，他将在这块基地上缔造自己的王国。

十年经营　掌握山西

阎锡山回到太原后，地位并不稳固，起初，袁世凯曾调他为黑龙江省都督。阎锡山得知这一消息后，知道是袁的调虎离山之计，马上派其亲信赶往北京贿赂袁的亲信、总统府秘书长梁士诒，通过梁向袁转达他的忠诚恭顺之意，以消除袁世凯对他的猜忌，打消了袁对他进行调任的念头。

阎锡山进一步以实际行动向袁世凯表明诚意。当时，在晋南一带，自卢永祥部撤离后，李鸣凤、张士秀等暗中保持革命力量，对阎表示不满。阎锡山为了独占山西，排除异己，同时也为了迎合袁世凯，竟诬陷李、张等图谋反叛，请袁讨伐。李、张被逮捕后，阎锡山为了讨好袁世凯，荐请袁的把兄弟董崇仁为晋南镇守使，并请与袁氏家族有亲戚关系的陈钰（山西人，清末宣化府知府）为山西民政长。阎锡山为了投靠袁世凯，不惜送自己的父亲阎书堂和继母长住北京，名义上说是让父母开眼界，实际上却是作为人质，以解除袁世凯的怀疑。至于一年三节两寿，阎必送袁汾酒几百坛，其他如对袁的御用"公民党"竭力赞助等，那就更不需说了。

经过以上一系列的活动，阎锡山渐渐取得了袁世凯的信任。1913 年，国民党发动的二次革命失败后，袁世凯将各省由同盟会员任都督的大部分撤换了，只留山西阎锡山和云南唐继尧未动。同年 10 月，袁世凯就任正式大总统。次年 5 月，改各省都督为将军，授阎锡山为"同武将军"。阎锡山深以为荣，在家乡河边村特建门楼，砖刻"同武将军府"，以感念袁的知遇之恩。对孙中山的革命活动，早已忘得干干净净！阎为逢迎袁世凯，又通过董崇仁的关系，买通袁的女仆，密查袁的意旨，如有所需，无不奉命唯谨。同时，袁的动向，阎锡山也能及时知道。

阎锡山常向他周围的人说，生平畏惧的只有一个人，就是袁世凯，他甚至在第一次到北京谒见袁世凯时，被袁世凯的凶横态度吓得汗流浃背，俯伏在地，行了跪拜大礼。因此，一直对自己的地位提心吊胆，直到听到袁世凯的儿子袁克定对人说："阎锡山脑后没有反骨，所以令他执掌山西军政。"这句话时，他才把心放了下来。

袁世凯是个奉行封建专制主义的大独裁者，他在破坏了资产阶级民主共和制度，建立起个人专制独裁体制之后，接着便紧锣密鼓地加紧复辟帝制。袁世凯复辟帝制，遭到全国人民的坚决反对。但是，阎锡山对袁世凯公然冒天下之大不韪的复辟活动，却表示拥护，极力支持。

1915 年 4 月，阎锡山率先迎合袁世凯称帝心理，向袁世凯密奏所谓"国本大计"，倡议"废共和而行帝制"，袁对此大为赞赏，称赞他颇有见地。"筹安会"成立后，阎锡山致电"筹安会"奉承道："贵会讨论国家安危根本问题，卓识伟论，无任纫佩"，并捐款 6 万元，作为"筹安会"的经费。"筹安会六君子"之一的刘师培，原为阎锡山的都督府顾问，阎将其推荐给袁世凯后，被任命为总统府咨议，参议院参政。不仅如此，阎锡山还接连致电拥护袁世凯称帝，同时指使山西商务总会、山西蔚丰厚各处票号和他的父亲阎书堂，假冒山西"公民"等名义，致电袁世凯政府，请早废共和，速立君主，竭力帮助袁世凯伪造全国人民拥护帝制的"民意"。

1915 年 12 月底，"护国运动"爆发后，阎不但致电北京政事堂，坚持赞同袁世凯称帝，大骂护国军蔡锷等人是“不忠、不义、不仁、不智之徒”，主张立即出兵镇压护国运动，而且还致电护国军军务院，指责护国军讨袁是“破坏大局，不顾国家”。像阎锡山这样竭力拥袁称帝的言行，在当时各省的将军中是不多见的，因此被袁世凯赏封为一等侯。

虽然阎锡山对袁世凯一再献媚，但老奸巨猾的袁世凯对阎仍然不够放心。袁世凯为了加强专制独裁，把山西牢牢地掌握在自己的手里，派他的心腹金永为山西巡按使，代替陈钰，以分阎锡山的权力。金永，浙江人。在清末曾任东三省的县知事，是当时著名的酷吏。袁世凯派他到山西任要职，无疑是作为一柄杀手锏使用的。阎锡山见机相让，改变策略，对金永采取以屈求伸的韬晦策略。对于军事，一概委托第十二混成旅旅长黄国梁处理。倘若部属向他请示时，照例的答复是：“找绍斋(黄国梁的字)去。”

如此日久，太原城中只知黄国梁，不知有阎锡山。对于金永在山西屠杀革命志士，阎锡山也装聋作哑，暗自高兴。他不仅不敢得罪金永，而且对金言听计从，大献殷勤。以至金永把他认为是庸碌无能之辈，不足为虑。同时，阎锡山每谈到袁世凯时，总是恭顺备至，更使金永认为他是忠于袁世凯的，没有异心。阎锡山这种工于心计的做法，在很大程度上瞒哄了金永；同时又取得袁世凯的信任，坐稳山西省军事长官的宝座。至于金永的横征暴敛，阎锡山听之任之。因为金永这么做的后果，只能激起人民对他的不满和反抗，这正中阎锡山的下怀。果然，金永在袁世凯死后，不得不逃离山西，从而替阎锡山兼摄民政大权创造了有利的条件。

袁世凯死后，阎锡山不必再假装庸碌无能之辈，因此开始放开手脚，使出种种手段，苦心经营山西，积聚实力。

首先，阎锡山为自己找到一个后台。这就是当时军政实力最大的以段祺瑞为首的北洋皖系军阀。阎锡山之所以选择段祺瑞为其后台，是因为他与段关系不同寻常，可供利用。阎锡山早在进京谒见袁世凯时，就打听到任陆军总长的段祺瑞好为人师，便投其所好，具了门生帖子，拜段为师。阎锡山认为自己凭借与段的这种“师生”关系，易于取得段的支持。因此，不遗余力地追随段祺瑞。

阎锡山找到了新的后台后，开始着手收回军事权，不当卒头督军，他采用各种手段，先后收回了黄国梁、董崇仁、孔庚的军权。黄国梁早在阎锡山韬光养晦时，就威福自恣，有尾大不掉之势，成为阎独揽山西军权的第一个必欲除之的对手，再加上大总统黎元洪为扩充个人军政实力，着意结纳黄国梁、孔庚等人。阎锡山生怕黄、黎二人勾结起来，对自己不利，决计逐黄离晋。

他一面以“黄国梁独断军事，虽无叛逆事实，实已迹近骄横，军人如此，国家纪纲，尚复何在”为辞，电请北京政府撤销黄国梁的职务，一面于夜间派宪兵包围了黄国梁的住宅，禁止与外人接触，迫令黄次日离开山西。黄走后，其职务被素以无能著称的孔繁蔚代替。晋南镇守使一职，原来是阎锡山为讨好袁世凯让袁的把兄弟董崇仁担任，袁死后，阎锡山就借故解除了他的职务，让自己心腹张培梅代理此职。后来，阎锡山又用强制手段解除孔庚的兵权，从而统领了山西的军权。

阎锡山收回军权后，又进一步夺取山西的行政权，为他长期统治山西打基础。他对北京政府所派的省长沈铭昌，设法打击，竟唆使所谓的民意机关省议会，纷纷提案反对沈的上任，沈铭昌看到形势不利，不得不离开山西。继任省长孙发绪，只

干了几个月，也被阎锡山利用督军团会议的一个电文加以攻击，孙终被赶走。阎在此时已能操纵省议会议员的绝对多数，且有议长杜上化的全力支持。因此，孙发绪一走，他便乘机以护理名义，擅刻印信，兼了山西省长。

尽管阎锡山此时实际上已取得山西的行政权，但没有北京政府的正式任命，总是不大放心。因此特派南桂馨到北京，通过段祺瑞的亲信罗仲芳向段活动。此时，恰逢北京政府为是否参战（第一次世界大战）问题，爆发了“府院之争”。段为了争取阎锡山拥护他参战，所以支持阎兼任省长。总统府虽迟迟不肯表态，但由于段祺瑞实力在握，又有汤化龙作内线，黎元洪只好同意阎锡山兼任省长。从此，山西军政大权集于阎的一身。

阎锡山集军政大权后，着手筹划经营山西之策。他利用当时国内战祸频繁和政局动乱不已，人民渴望和平安定的时机，凭借山西境临黄河，大山易守难攻的地理条件，提出了“保境安民”的口号，标榜“三不二要主义”，即不入党，不问外省事，不为个人权利用兵，要服从中央命令，要保卫地方治安。

阎锡山在“保境安民”的口号下，大肆扩充军队编制，建立军火工业及加强基层军官培训，逐渐形成以他为首的晋系军阀班底。除了扩军，阎锡山还推行“用民政治”，即造就可用之民，用民为他做事。为此，他广施“洗心术”，大力提倡“六政三事”。阎锡山深知人心向背对其“用民政治”事关重大，于是，他别出心裁，于1918年在太原成立“洗心总社”，各县成立“洗心分社”，发明了一整套“洗心术”，对山西人民洗心革面。“洗心术”采取类似宗教仪式的做法，于太原洗心总社建立了一座能容纳5000人的大“自省堂”，堂内题颁“悔过自新”四个大字，每逢星期日的早晨，阎锡山亲率文武官员举行集体自省。又在全省各地设立“自省堂”，规定每周的星期天为“洗心日”，要人们到自省堂举行“自省”“洗心”。自省时先作长达10分钟之久的静默，犹如基督教祷告上帝。然后再由“洗心社”派来的“讲长”，对前来自省的人进行讲话“洗心”。

至于“洗心”的内容，不过是孔孟的尊君之道，程朱的“存天理，灭人欲”和阎锡山本人提出的去“私心，存道心”等封建说教，阎锡山希望借此造就出他需要的顺民。

不待“洗心”有结果，他又急不可耐地开始“用民”，大力推行“六政三事”。所谓“六政三事”，就是水利、种树、蚕桑、种棉、造林、牧畜、剪发、禁烟、天足等。

阎锡山推行“六政三事”采取的做法是强迫命令，于是官吏纷纷弄虚作假以求升官。有一次阎锡山冬季出巡，见阳曲县境公路旁边，草里小树整齐成行，认为县知事孙免仑不但栽的树多，还能认真保护。有人揭露说：“草里栽的都是树枝，鞭杆，木棒，不是真树。”他说：“孙知事还给作假，别人连假都不作。”

禁烟一政，是阎锡山最下力气抓的一项，他表面上说“罚必由上而下”，“不扰民”。但他实际上又指令知事和委员们“为政要不得罪于巨室。”这样必然使有权有钱的官绅，不受阎锡山“禁烟”的束缚。而对平民百姓，官吏宪警为了个人发横财，大抓特抓，乱扣滥罚，以至各县看守所人满为患。受罚的人，因出不起罚款，卖儿鬻女。当时鸦片在陕西、绥远产地每两仅售价一元，到了山西，就卖二十元。

阎锡山禁烟不从根本上想办法，单禁吸食，越禁烟价越高，贩运的人，图取厚利，想尽方法暗中出售，来源堵塞不住，吸食并不见减少。又因为鸦片气味易被察

觉，吸食的人为了免被官府发觉，改吸金丹料面。金丹料面来自天津日租界，无形中为日本开辟了毒品市场，仅正太路，每日输往山西的金丹等毒品就达两万元以上。

阎锡山“禁烟”，烟越禁越多，吸食者也越抓越多，1922 年勒令戒烟的人，竟比 1917 年至 1921 年四年戒烟的总人数还多。由此可以对阎锡山的“用民政治”略窥一斑。阎自己也承认他推行的以“六政三事”为中心的“用民政治”，“多不见谅于

1928 年，蒋介石（中）冯玉祥（左）、阎锡山（右）合影

人民”。但阎锡山却在这些政策的推动下，充分利用山西的人力、物力，大力积聚和扩张军事、政治、经济等实力，经过十年苦心经营，他终于成为一个颇具实力的地方军阀。

阎锡山一生之中有许多盟兄盟弟，但惯于精打细算的阎锡山，决不会被“兄弟义气情谊”束缚，总是按照自己的需要或联合或兵戎相见。

1924 年第二次直奉战争时，阎锡山通过对山西的多年经营，认为自己羽翼丰满，可与其他军阀一争高下，开始参加北洋军阀间的大混战。此时他与直系关系十分密切，不仅与吴佩孚结为金兰之好，还为曹锟贿选提供 50 万元的经费。按理，直奉相争，他肯定相助曹、吴。但是善观风向的阎锡山在了解到冯玉祥发动的“北京政变”的详情和段将出山主持国政后，估计直系军阀将要失败，又认为段出山对己大为有利，于是撕下中立的面目，公开联冯拥段和出兵倒直。

10 月底，阎锡山一面电促冯玉祥推戴段祺瑞重执同政，一面集重兵于石家庄，截断京汉铁路交通，阻止湖北、河南的直系援军北上，孤立吴佩孚。吴佩孚在奉张和冯玉祥的两面夹击以及阎锡山这个契弟阻挡援军北上的情况下，一败涂地，仓皇

逃出。从这次出兵石家庄开始,阎锡山不断参加军阀混战,忽而联甲攻乙,忽而联乙攻甲,翻手为云,覆手为雨,纵横捭阖于各派军阀之间,竭尽反复无常之能事。

第二次奉直战争结束后不久,在帝国主义的支持和撮合下,北方奉直军阀开始联合"讨赤"。它们所谓的"讨赤",指的是讨伐南方广东国民政府和北方倾向革命的冯玉祥所部国民军。阎锡山面对这种国内形势的巨大变化,出于自身利害的打算,又使出见风使舵的看家本领,调整与直、奉军阀关系,决定联奉直倒冯。他先派梁航标去武汉见吴佩孚,通过梁向吴表示他的悔过之意,恳求吴"不念旧恶,共图中原",同时为了稳住冯玉祥,仍然亲自接见冯派来的代表,不露声色。讨冯战争打响后,吴佩孚要求阎锡山先出兵打通京汉线。此时,由于奉张主力尚未入关,直吴军队尚未北上,老谋深算的阎锡山害怕公开反对国民军会出现"枪打出头鸟"的局面,借口抓孔庚,出兵顺德,又演出一场"两面见光"的戏。

冯玉祥在三方联合攻击的情况下,被迫辞职赴苏联游历,他的部队由于势力单薄,不得不节节溃退。阎锡山通过这次联直奉倒冯,不仅取得绥远,扩大了地盘,而且收编了部分国民军,实力大增。以至当时杜锡珪摄政内阁,在处理政务时不得不考虑阎锡山的意见。这时,广东国民政府的北伐势如破竹,一举摧毁了吴佩孚、孙传芳的军队,回国后的冯玉祥也在五原誓师,与北伐军南北呼应,北洋军阀统治岌岌可危。在这种形势下,阎锡山又开始了新的盘算,不仅缓和与冯玉祥的敌对关系,而且对新军阀蒋介石暗送秋波,投石问路。

1927 年,北伐取得了辉煌的胜利,但是国民党内部却四分五裂。当时,国民党内部两个国民政府并存,三个党中央共立。像商人一样精明的阎锡山看到,蒋介石实力最大,后台最硬,于是便把宝押在蒋身上。这一年 6 月,阎锡山接受了蒋介石的"北方国民革命军总司令"的委任状,把自己今后之命运寄托在蒋介石的羽翼下。1928 年,他跟随蒋介石北伐当年的盟兄——张作霖,经过两个多月激战,奉军被迫放弃京、津,退军关外。在争夺京、津两地中,阎锡山占据天时、地利、人和等优势,被委任为平津卫戍总司令。至此,阎锡山占据晋、冀、察、绥四省及平津两大城市,从而使他的势力达到一生的顶峰。

阎锡山深知他的势力所以能有这样大的发展,是得益于蒋介石的安排,所以他对蒋介石更加顺从、趋奉,对其他人则出尔反尔,不守信义,演出了编遣会议上拥蒋压冯的丑剧。蒋介石为了实现军事独裁,北伐后就开始鼓吹裁军。编遣会议召开期间,蒋介石多次派人密访阎锡山,并由何应钦出面,数次请阎赴蒋宅共同进餐密商。蒋介石对他的格外亲热使阎锡山明白,蒋介石是想利用自己提出蒋所拟的方案。

阎锡山既不敢得罪蒋介石,又不愿成为他的挡箭牌,但经反复权衡利害之后,将蒋的方案略加修改后提交会议。蒋介石利用阎的方案压冯玉祥,任各派攻讦、争吵,自己只作壁上观。冯玉祥一气之下称病拒会,阎锡山也跑到镇江、无锡游览,避开这次正面交锋。经过一番明争暗斗,各派军阀同意了阎锡山的方案。但是蒋介石却不仅仅为了裁军,他要在"中央"的名义下,削夺各实力派的大权。这使得阎、冯、桂等彻底醒悟过来,于是他们变互相攻讦为相互同情,一起设法抵制编遣会议。

编遣会议后,由于蒋介石排除异己,激化了他与各实力派之间的矛盾,反蒋运动由政治倒蒋推向军事倒蒋,爆发了连年不断的新军阀混战。在蒋、冯冲突中,阎锡山既媚蒋压冯，又拉冯抗蒋。媚蒋压冯，是想借蒋之实力把西北军挤出豫、陕；拉冯抗蒋，是因他深知蒋介石不能容纳异己，只有联冯，才有力量抗蒋。在蒋介石以国府名义下令讨伐冯玉祥后，阎锡山发电劝冯出洋，表示自己愿陪同。冯玉祥即通电下野，另派曹浩森到太原找阎，希望共同反蒋，阎锡山要约冯面谈。冯玉祥了解阎出尔反尔，怕到太原后对自己不利，不同意入晋。

这时，李书城受阎所托来劝冯入晋。李书城与阎是日本士官学校的同学，与冯是旧友，他轻信阎锡山要陪冯一同出洋的鬼话，说服了冯玉祥。冯玉祥到太原后，阎锡山心花怒放，把冯作为"奇货可居"的人质，进一步向蒋介石讨价还价。这个行动果然打动蒋介石，立刻委任阎锡山为一人之下，万人之上的全国陆、海、空军副总司令，阎锡山则答应蒋尽快解决西北军的问题。阎锡山见目的已达到了，遂翻脸不认人，将冯玉祥诱骗到建安村软禁起来。

到 1930 年，此时桂系、冯系等军阀先后受到蒋介石的致命打击，唯独阎锡山回旋于各派势力之间，使晋系得到了保存和发展。蒋介石在取得这些胜利后，开始把目标对准阎锡山，阎锡山深感兔死狗烹的恐惧，决心反蒋。于是，他来到建安村，用极诚恳的态度向冯"大哥"忏悔了自己的背信弃义，表明要与冯玉祥联合倒蒋。同时，为了表明自己联合的诚意，他送给冯玉祥 50 万元，手提机枪 200 挺，面粉 2000 袋，并护送冯回到陕西。3 月 11 日，冯玉祥发表了拥护阎锡山反蒋的通电。

这一通电的发表，立刻获得处在困境中的桂系、改组派等的响应。这些反蒋派别终于在同一个目标下联合起来，阎锡山则凭借实力坐在盟主之位。1930 年，双方投入上百万兵力，开始了中原大战。战争初期，双方打得难解难分，蒋军步步后退，蒋介石差一点被活捉。但到蒋介石解决南方敌人后，形势发生变化，蒋介石利用冯阎之间的矛盾，采取把阎军打垮后把冯军拖垮的方针，将军队集中到津浦线攻打晋军。

晋军战斗力向来不强，官兵多是大烟鬼，根本无法招架蒋军新式武器的攻击，不久便缩了回去。西北军被拖在陇海线上，本来待遇低，生活苦，阎锡山又背弃了提供给养的承诺，士气低落。蒋介石针对这一弱点大搞"银弹""肉弹"攻势，收买西北军官兵，使西北军斗志锐减，冯玉祥无奈只得退回陕西。就在阎冯军队在战场上已成败局时，满脑子封建帝王思想的阎锡山，也和袁世凯一样，做皇帝梦，演出了一幕"四九小朝廷"的历史丑剧。

反蒋的军事斗争正进行时，反蒋派的政客们决定成立一个与南京相对抗的国民政府，选阎锡山为政府主席。于是，阎锡山选择了民国十九年 9 月 9 日 9 时这个黄道"吉日吉时"在北京怀仁堂宣誓就职，这就是贻笑千秋的"四九小朝廷"。也许是为了凑成"九五"之尊吧！好景不长，9 月 18 日张学良忽然挥兵入关，支持蒋介石，阎锡山在国家元首的宝座上仅仅坐了 9 天，这个国民政府就宣告垮台。

取得中原大战胜利的蒋介石，此时更不可一世，眼见消灭异己的夙愿即将达到，根本不愿给阎、冯留有任何余地。他一面把阎、冯作为不可赦免的"战犯"，对他们多方施加压力，一面派飞机轰炸太原，要求阎、冯出洋游历，并发布了对阎、冯的通缉令，不给他们留在国内的余地。在这种情况下，阎锡山不得不放弃苦心经营的山西老巢，秘密前往日本占领的大连。

11 月 29 日清晨，阎锡山打扮成一个经营商号的老掌柜，身穿长袍马褂，脚踏老

棉鞋，头戴风帽，坐车离开西村别墅。为了防备路上有人投毒暗害，阎随身自带干粮，以备沿途食用，当日晚抵达大同。随行的李汝骧令司机加快速度，打算闯过汽车站上的检查哨，直奔京绥火车站，但受到宪兵阻挡，经过交涉，才得放行。

夜11点火车开车前，李汝骧伴随阎锡山乘轿车上站，直接登上一辆锅炉车。车上设有灯光，便于检查，李遂将行李铺开，让阎在锅炉旁边睡下。次日晚抵达天津，就不想再“出国”了，在日租界买了一所房子，准备久居，对外即大放东渡日本的烟幕。这件事被蒋介石知道了，表示决不允许，张学良也不断派员询问出洋日期。阎知不能久留，在与日本人接洽妥当后，搭日船“武昌丸”离开天津，来到日本警察统治下的大连。8、9个月后，这个被勒令出国的山西“土皇帝”，却被日本人用飞机送回了他的老家河边村，出国之事又不了了之。

三方周旋 “抗日英雄”

阎锡山自1909年从日本陆军士官学校毕业以来，与日本一直保持着比较友好的关系。1930年中原大战失败后，他在日本保护下避居大连，并被日视为上宾，备受礼遇。回到山西后，他之所以能够顶住蒋介石的压力，重掌山西军政大权，很大一个原因就是由于他与日本的关系。

日本关东军参谋长板垣征四郎曾对阎锡山派去赴日考察的邱仰浚等说：“只要阎锡山永远和日本亲善友好，日本今后对他仍然尽力支持，给予应有的帮助。”正是由于阎锡山与日本的这些关系，他在全国政界被公认为亲日派。他自己也大言不惭地说：“在中国会走日本路线的，只有我阎锡山一个人。”然而，随着日本对中国的步步紧逼，这种情况起了变化。

从1935年始，日本紧锣密鼓地策划华北“自治运动”，妄图把包括山西、绥远的华北地区从中国分离出去，再制造一个满洲国的翻版。与此同时，日本垄断资本也加紧对华北的经济侵略，大肆倾销其廉价商品，掠夺原料、燃料及市场。而阎锡山在1932年东山再起后，为了表示自己不再与蒋介石争天下之意，便全力以赴埋头发展自己的官僚资本。在短短几年时间内便建起了一个比较完整的轻重工业体系。这些新兴工业急需有广大的市场来支持，然而它却迎头遇到了凶猛的日货倾销，使阎锡山发展官僚资本，建立新兴工业，扭转山西不景气经济的美梦化为泡影。

气急败坏的阎锡山再也顾不得日阎亲善，公开指责日本转嫁经济危机，损害中国新兴工业的侵略行径，要求日本对中国社会和经济的贫困负责。1935年，日本出兵侵入与山西唇齿相依的察哈尔，次年又直接策划山西的近邻内蒙古“独立”，开始叩响阎锡山一直视为禁脔的绥远的大门，这对一直想当华北王的阎锡山形成了严重的威胁，日阎一向比较友好的关系开始紧张。

尤使阎锡山不能容忍的是日本对山西本身的觊觎，日本这种咄咄逼人之势使他深感以前日本给他吃的“定心丸”已经失效，他已成为日本直接打击的对象，他在“三颗鸡蛋”上的跳舞无法跳得平衡。为了保住自己的财产，维持自己的地位，阎锡山开始“守土抗战”，以“守”来维持自己存在，既然要守，就得反抗日本的侵略，就得抗战。

1936年10月底，驻绥日本特务机关长田中隆吉指挥伪蒙军再次进犯绥远，占领大庙子和百灵庙。阎锡山决心“保卫家园”，决定把自己最好的部队置于傅作义的指挥之下，派两个最能干的将军赵承绶和王靖国去协助傅，进行绥远抗战。为了支援前线士兵，阎锡山将其父遗产87万元以其母亲的名义捐给绥远。在他的带动下，晋军将领、山西人民纷纷捐款。

在阎锡山如此尽心的支持下，傅作义也不负众望，取得红格尔图战役、百灵庙战役的胜利，肃清绥远境内的日伪军，挫败了日本妄图建立伪“蒙古帝国”的阴谋。绥远抗战在整个中国激起了巨大的抗战热情，有影响的《大公报》称“百灵庙大捷是整个国家的一次凯旋”。北平、上海、广州等大城市纷纷派选代表团携带巨款来到绥远鼓励阎锡山继续战斗，阎锡山成为风云一时的抗日英雄，“守土抗战”成为山西抗战的一面旗帜。

1937年七七事变后，抗战全面爆发。山西地势险要，素称“华北要塞”，日本要完成其军事上占领华北，非攻占山西不可。因此，日军在攻陷平津之后，就分三路会攻山西。大军压境，此时，正受胃病折磨的阎锡山也不得不抱病抗战，他在东起娘子关，沿太行山各要隘地区到百灵庙一线的防御阵地上进行军事部署，希望能把日军挡在雁门之外，保全自己的“领土”。但战事起后，情况就不如阎锡山想象的那样美妙，接连丢失南口、娘子关、忻口等战略要地，太原失去了它们的屏障，也于11月8日失陷。阎锡山不得不向晋南撤离，失去了盘踞20多年的地方。

日军占领太原后，继续向晋南进军，在打通同蒲线后，便移兵津浦路徐州方面，山西局势遂趋于相对稳定。随着中国抗日战争进入战略相持阶段，日本改变了侵华策略：对蒋介石的国民党以政治诱降为主，军事打击为辅，集中力量进攻中共领导的抗日根据地。在这个气候影响下，国内一部分人在长期抗战的困难面前也看不到胜利的希望，开始妥协动摇。与此相应，驻晋日军也改变策略，提出“专打八路军，不打晋绥军”，还提议把掠夺的西北实业公司及其他工厂的财务还49%给阎锡山，这对阎锡山无疑具有极大的诱惑力，阎日矛盾得到一定缓和。当然，老谋深算的阎锡山在不到不降日就不能生存之时，他还不愿做汪精卫第二，但他却开始对日本采取消极避战，保存实力的方针。

随着日本侵华战争的发展，日本与英美矛盾加剧，正在酝酿发动太平洋战争，急于从对华战争中抽身出来。为此，他们积极策划建立“反蒋、反共、反战”的政府，来作为让中国屈服的工具，而阎锡山是他们认为的比较合适的人选，于是加紧对阎锡山进行诱降。阎锡山此时由于发动“十二月事变”，威信扫地，不仅失去同共产党的友好合作关系，而且自己部下又众叛亲离，更让他恐慌的是：胡宗南正奉蒋介石之命，咄咄相逼，积极准备渡河占领阎的晋西老窝。

日本方面决定利用阎目前困难及苦闷，诱降、收买、联络晋军，使阎投降剿共，以促使其他反蒋将领接踵效尤，最终导致重庆国民党蒋介石政权的崩溃。因此，日本陆军省、兴亚院、中国派遣军等各有关单位对拉拢阎锡山工作非常重视，称其为“对伯工作”，由华北方面军的第一司令官松义雄中中将和参谋长花谷正少将负责。

1940年，日本先派汉奸白太冲偕日军特务小林高安来打探虚实，随后，又多次派人与阎锡山直接联系，阎锡山也开始从对日妥协中寻找出路。面对日本的“秋波”，阎锡山也不“忍”拒绝，投之以桃报之以李，先将日本战俘二人及其族孙阎立仁秘密护送至太原，表示对日军的“合作诚意”。对此，日本兵务局长田中隆吉授

意太原日军,“只要阎锡山肯投降,要什么就答应什么,暂时不必斤斤计较条件。”这样,双方开始进一步高级接触。1940 年 11 月,阎锡山派赵承绶与日本“山西派遣军”参谋长楠山秀吉谈判。赵承绶向楠山陈述了阎锡山指示的“亚洲同盟,共同防共,外交一致,内政原理”的四项原则,并提出让日方先给阎装备 30 个团,其所需兵员、武器、弹药、粮饷均由日方供给。在次年 3 月又一次谈判中,赵承绶又代表阎锡山提出要日军让出孝义县的要求。

日本为了让阎锡山投降,经过讨价还价,同意了阎锡山的部分要求,决定为山西补充 30 万兵力,由伪南京政府补充大批枪支弹药及所需军费,日本让出孝义,于是阎锡山与日军签订了“汾阳协定”。“汾阳协定”签订后,阎日双方各自围绕自己的目的加紧活动。日本由于即将发动太平洋战争,急需阎早日投降;而阎锡山却指派赵承绶首先向日本要东西,双方都要求对方早日履行“汾阳协定”。为此,日军侵华头子冈村宁茨特地从南京飞到太原亲自布置,但阎锡山深知公开投降是冒天下之大不韪,不肯轻易妥协。双方函电纷飞,但毫无成果。

此时,在重庆的蒋介石对日阎勾结早已侦知,派人对阎锡山严密监视,同时答应在兵源、物资上酌予补充。在晋系内部,许多将领并不赞同阎锡山对日勾结,就连阎锡山最亲信的赵戴文也表示:“我向来是一切都服从他,这件事不能再和他含糊了。”一般高级干部纷纷表示反对的意见,请赵戴文去向阎陈情。赵戴文于是去见阎锡山,对他说,如果阎投降,他一定跳黄河而死,决不再跟阎回太原。阎锡山眼见投降日本太不得人心,不得不暂时放慢对日勾结的步伐。然而,日本是不会转易放过阎锡山的。此时太平洋战争已经爆发,日本在华兵力不够分配,更急于把阎控制在手中,替他们统治华北。

于是,软硬兼施,一面要求与阎锡山亲自谈判,并警告阎谈判“已到最后阶段,不允许采取某些观望态度”;一面在日军防地范围内对晋军进行扫荡,给阎一点颜色看看。阎锡山在日本的炮火压力下,惊惶失措,不得不同意与花谷正会谈。5 月 11 日,花谷正与阎锡山终于在安平村窑洞民宅内握手言欢。但在会谈中,花谷正逼迫阎锡山在拟好的阎脱离重庆政府的投降宣言上签字,阎锡山此时再也不能在投降和不降之间左右周旋,默然审阅宣言 40 分钟之久,决定拒绝。狡猾的阎锡山估计到情况不妙,生怕自己被劫持,会谈休息时便不辞而别,谈判遂告破裂。恼羞成怒的日本侵略者看到阎锡山“有合作之心”却绝无援助之意,只是“贪食物质之大欲”,于是正式宣布废弃“汾阳协定”。随后,对晋军进行严重的经济封锁和激烈的威压行动,击溃了阎锡山三十四军,并扬言要进攻吉县,还到西安、重庆散发安平村会见之传单,离间蒋阎关系。

阎锡山无奈,也被迫作了防御日军进攻的准备,还虚张声势地提出“晋西大保卫战”的口号,动员所有力量开赴前线。

1945 年 8 月初,日本军国主义者预感到自己的末日即将来临,便想单独同中国媾和,以期缓和苏联红军和美军对它的打击。为此,日军“华北派遣军”参谋长高桥坦中将,由北平飞到太原转赴孝义县瑶圃村同阎锡山举行秘密会晤,日军代表在这里向阎锡山进行了最后一次诱降。高桥对阎说,日本即将宣布投降,希望阎锡山能早日到北京接管华北政务委员会的职务,更希望阎替日本军向蒋介石重庆政府从中调解,企图撇开苏美英等同盟国家,直接向中国投降。

阎锡山以商人似的精明意识到这是一个恢复其在山西的统治的大好时机。但在他军事力量和政治力量大为削弱的此时，要想恢复自己在山西的统治，单单依靠自己的力量是办不到的。他打算借助日军的残余势力来达到这个目的，于是，阎锡山提出寄存武力的设想。

所谓“寄存武力”就是日本把武力寄存在中国，日军在投降前穿上中国军队的服装，改成中国军队的番号，武器仍由日军掌握，帮助中国军队剿共。此建议得到以城野宏为首一小撮不甘心自己失败的驻晋日军军国主义分子的赞同，他们妄图利用阎锡山作保护伞把军队残留中国，等待时机，卷土重来。于是，两者沆瀣一气，狼狈为奸，演出了一出“日阎合流”的丑剧，阎锡山派一度投敌当汉奸的赵瑞同日军参谋岩田进行了秘密谈判。

在谈判中，阎锡山提出的驻晋日军原封不动地残留下来的方案没被岩田等人接受，而只同意“个别发动”的办法。双方经过谈判，最后达成协议，依照自愿原则，驻晋日军编成部队归于阎指挥之下，阎对于留用的日本军人，全部给予军官的待遇，在日军现有级别的基础上提升三级，以及其他方面的优待等等。

阎锡山对此协议非常满意，迫不及待要求日军帮他维持“治安”。为了欺骗人民和社会舆论，他将日军武器上的特有标志击掉，打上“晋”字钢印，还把日军出操时架枪的情况拍成照片送报国民党政府。蒋介石对阎锡山这种罪恶行径不仅不加以追究，反授予“受降模范者”的称号，予以奖励。

阎锡山希望利用日本人来维持他在山西的统治不过是一个美梦而已，最终也没能挡住人民解放军的进军步伐，这一小撮军国主义分子也没能在阎锡山的羽翼下逃脱最后覆灭的命运，随着人民解放战争的发展，他们先后被中国人民解放军消灭。在晋中战役中，残留日军主力被歼，其残余势力在太原战役中被彻底消灭，城野宏、岩田等人被俘，1956 年被送上军事法庭。

阎锡山是要在“三颗鸡蛋上跳舞”，而不是一颗，他要在三方的夹缝中维持自己的存在。可是，当日本人对他的地盘虎视眈眈，蒋介石又从未断过消灭异己的念头时，阎锡山感到借助共产党的力量保卫山西也许是一条保持自己存在的生路。他对人说：“东北失守后，张学良退出东三省，坚持抗战的都是共产党，没有一个国民党，假如日本人打进山西来，山西抵抗不了，蒋介石也抵抗不了，怎么办?”言下之意，保卫山西不得不依靠共产党。

1936 年，毛泽东给阎锡山写了一封亲笔信，由被俘的晋军三九二团团长郭登瀛送给阎锡山。信中反复陈述红军的抗日诚意，针对阎蒋矛盾的激化，对阎陈说利害。与此同时，晋军其他主要高级将领赵戴文等也收到了毛泽东的亲笔信，民主人士朱蕴山也两次到太原向阎锡山进行疏通，这一切都对还在举步踟蹰的阎锡山产生很大影响。

但是，在蒋介石还在全力“剿共”的情况下，阎锡山不得不有所顾忌，因而他采取了“变通”办法，即采取共产党的某些进步措施和口号，任用一些从前是共产党员，现在他认为无党籍的共产党员，有限度地动员人民开展抗日救亡活动。在这个政策的指导下，他支持山西进步青年组织“牺牲救国同盟会”，并亲任会长。

随后，阎锡山派郭挺一、梁化之去请共产党人薄一波回晋共商保晋大业。对于赵戴文等不满意他任用薄一波一事，他解释说：“现在抗日是第一等好事，就得用第

一等好人去做。"而薄一波年轻有为，在山西进步青年中很有号召力，值得一用。阎锡山此时并不知道薄一波是奉中共北方局之命到山西做统战工作的，知道了就不一定会这样想。

1936 年 10 月中旬后，绥东形势日紧，阎锡山决定集中兵力击退日军的进攻，当他亲赴洛阳向蒋介石寻求援助遭拒绝后，他决定寻求中共的支持。为此，阎锡山对他最亲信的谋士们进行"民意测验"，日伪要攻绥，红军要出绥抗日，若成为事实，我们守中立呢？还是助日反共？或联共抗日呢？让他们好好考虑，限期做出答复。数日后开会表决，到会 38 人，31 票的绝对多数赞成联共抗日。阎锡山看到联共抗日成为人心所向，也加快了联共步伐，很快与中国共产党在共同抗日问题达成协议，结成抗日统一战线。山西因此成全国一盏抗日的明灯，吸引着全国的爱国人士。

七七事变后，抗日战争全面爆发，全国人民同仇敌忾，共赴国难。阎锡山与中国共产党实行了进一步合作，努力抗战。阎锡山与共产党的合作除在军事上双方配合作战外，重要的是通过牺盟会和新军两种形式。由于薄一波等一批共产党人的努力，牺盟会在战前发动群众准备抗日方面做了大量工作。牺盟会实际成为统一战线的组织，用阎锡山的话说："这个牺盟会就变为社会运动的团体了。"在此基础上，阎锡山又与中共开始合作建立抗日武装。抗战开始以后，阎锡山看到自己军队腐败，战斗力不强，挡不住日军，急于扩军以应付危局。他找到薄一波说："一波，战争开始了，还没有兵，你看该怎么办？"薄一波斩钉截铁地说："组织新军，改革旧军。"阎说："旧军是不好改革的，你就先组织新军试试吧！"

在薄一波的发动组织下，阎锡山决定把军政训练班和民训干部团的大部分学员和国民兵军官教导团的一部分改编为"青年抗敌决死队"一总队，并举行成立大会。决死一总队是新军正式创建的第一支部队，其成员大都是青年知识分子，实行政委制。薄一波任总队政委，下面大队、分队的政治指导员大部分是共产党员，各级军事指挥人员则由阎锡山的旧军官担任，以后新军多次扩编。

在阎锡山同共产党达成八路军与新军合作的协议后，八路军给新军大量帮助，有 400 名以上的八路军干部被陆续派到三十九军工作，新军实际成为阎锡山和中共合作建立的统一战线性质的军队。太原失守后，尽管接连丧师失地，但山西是阎魂之所系，离开山西，他将一无所有，只有坚持山西。而坚持山西，只有与共产党合作，依靠八路军拖住日寇，依靠牺盟会发动老百姓，组织新军，舍此之外，别无他途，于是他打破"十八县"限制，在全省范围内加强同共产党的合作。山西出现了武装抗日高潮，成为当时抗日的模范战区，形成全国抗战中的"特殊局面"。当然，一直视山西为自己心头肉的阎锡山，绝不容许任何人夺去它，当他发现共产党在山西越来越有影响力，威胁到自己统治时，他便开始向右转。

1938 年，国民党五届五中全会召开，蒋介石制定了，一系列"溶共""防共""限共""反共"的具体政策，在全国发动反共高潮，而山西新军是要解决的重点问题。赵戴文亲自到西安同何应钦会晤，双方协议："山西新军问题解决之后，可换得中央三十万法币，两万新兵。"反之，若解决不了，将撤销阎第二战区司令长官的职务，在蒋介石的怂恿和支持下，阎锡山加快了武力解决新军的步伐。

1939 年，日军发动冬季攻势，阎锡山命令决死二纵队前去迎敌在二纵队准备向敌发动攻势之际，旧军却从背后向二纵队发动了进攻。随后，阎锡山借口二纵队政委韩钧对他不称长官而称老师是叛变行为，通电全国，进行讨伐，震惊全国的“十二月事变”宣布爆发。

阎锡山按照事先拟定的计划层层围击一纵队，同时在地方上扫荡牺盟会，摧毁牺盟会等抗日组织，先后杀害牺盟会洪祠县县长商希敏、蒲县县长李玉波以及隰县、永和、赵城、不楼等县政府和牺盟会的干部，并把八路军“晋西支队”后方医院的数十名伤病员也全部杀害。

对于这场战争，蒋介石一直虎视眈眈，随时准备把手伸到山西，他借口增援，派胡宗南进军山西，企图藉反共把阎锡山的势力排挤出山西。此时，由于八路军和新军的反击，虽然阎锡山扫荡了晋西南，却在晋西北遭到彻底失败，而且除了一小部分兵力分离出来外，新军其余 33 个团全部离开阎锡山，晋东南反而让中央军乘机插了进来，地盘损失了四分之三，被压缩在西南一隅。阎锡山真是“赔了夫人又折兵”，得不偿失。

盛怒之下，阎锡山把赵承绶等撤职处分，这一来又引起晋系许多高级军官的不满，纷纷弃阎投蒋。阎锡山不仅众叛亲离，在政治上更是威信扫地：“模范战区”的美称宣告破产，“抗日英雄”的桂冠也被他踩在地上，许多进步人士纷纷弃暗投明，离开二战区。蒋介石更是得寸进尺，得陇望蜀，阎锡山处于内外交困之中。

就在这时，中共中央审时度势，认为应该争取阎锡山中立，不能使阎锡山与蒋介石联合起来对付中共。于是，主动向阎锡山提议调停，和平解决“十二月事变”。阎锡山此时已明白解决新军非自己力所能为，为解决困境，同意谈判。1940 年 2 月，中共中央派萧劲光、王若飞前往秋林与阎锡山谈判。第一天，阎锡山称病未露面，只派了一个副官来。第二天又派一群记者去“采访”萧、王，仍不露面。到了第三天，再也躲不过了，只得露面，经过谈判，阎锡山不得不表示妥协，同共产党划界而治，晋西北为八路军活动区域，晋西南为阎军活动区。也许是领略到共产党的强硬，在国民党发动第二、三次反共高潮时，这位第一次反高潮的急先锋再也不敢轻举妄动。

阎锡山盘踞山西，独霸一方，蒋介石尽管是全国最高统治者，其势力却被排斥在山西之外，自然不甘情愿，因而时刻都在想如何吃掉阎锡山的军队，吞并山西。

红军长征到陕北后，蒋介石派自己得意门生嫡系将领汤恩伯等部进驻山西腹心地区，成立“剿匪总指挥部”，任命心腹大将陈诚为剿匪总指挥，乘机扩大国民党中央在山西的势力。正如国民党中央军的一个士兵说的：“嗨，我们不是来和红军战斗，我们来是为了赶走老阎。”不仅如此，蒋介石收买拉拢阎锡山的各级军官，挖阎锡山的墙脚，在晋南还策动“河东道独立”，大有取阎而代之之势。这自然使阎锡山与蒋介石的矛盾激化，于是发生了李生达被刺事件。

李生达，山西人，是阎锡山一手提拔起来的晋系高级军官。但李生达并不满足于山西这方天地，为了飞黄腾达，开始向蒋介石靠近，与蒋书信函电往来，互相馈送礼物。有一次李生达去南京，竟带了汾酒 3000 瓶，沁州黄小米 5 石，分送蒋介石左右及蒋中央要人，这种事情最为阎锡山忌讳，由此埋下了阎与李矛盾的伏笔。1934 年蒋介石调晋军一师兵力到江西参加“第五次围剿”，阎锡山派当时任七十二师师长的李生达带晋军前往。

李生达率部到南昌后，蒋介石拿第一流饭店、新式轿车、豪华宴会招待晋军官兵，使晋军官兵都觉得比在山西好得多。对于李生达、顾祝同更是酬酢往来，竭力拉拢，李生达赴南京见蒋，随到随见，蒋介石还送给李生达 5 辆小汽车和多项巨款，其拉拢分化之心不言而喻，这使阎李矛盾更加激化。李部开到江西后，军饷和其他一切费用，除阎锡山照例发一份外，国民党中央再拨一份，但要由山西转发。阎锡山却克扣了国民党中央拨的款，只发自己规定之款额。最后还是李生达派人转请蒋介石批准，才每人每月发给 3.5 元。所以李生达部离心倾向十分严重，官兵都不愿回晋。

蒋介石派兵到山西剿共，命令阎锡山在其晋军中挑选 15 个团前往陕北剿匪，亲自任命李生达为晋军"剿匪"总指挥。晋军的四分之一被带走，且又是精锐，阎锡山着实心疼，但又不能不执行。于是他想出了一条计策，一面派李生达准备率部渡河，一面又派人收买李生达的卫士熊希月，在即将渡河的凌晨暗杀了李生达。然后阎锡山打电报给蒋介石，借口李生达被暗杀，军心不稳，请予缓期。蒋介石无奈，只好批准，从而暂时阻止晋军入陕。

李生达被刺是阎锡山与蒋介石矛盾尖锐化的突出表现，但这还只是一个插曲。随着日本侵略的日益紧迫，阎锡山和蒋介石在对日和反共政策上也开始产生一定矛盾。

阎锡山这时为了维持自己对山西的独占统治，保住他惨淡经营多年的财产，开始着手整理军备，训练干部，修建国防工事，准备对付日本，这些需要大量开支，阎锡山迫切希望蒋介石能给予一定的经济援助。但是这时蒋介石仍在推行"攘外必先安内"的政策，其政策的重心还是要对内加紧剿灭红军和各地实力派。因此，阎锡山的国防准备得不到蒋介石的积极支持。

1936 年 10 月底，由于日本频频向绥远发动进攻，阎锡山害怕蒋介石又牺牲地方利益把绥远和山西在没有战斗的情况下丢入日本手中，因此，他和傅作义赴洛阳向蒋介石请示"守边御侮之计"。但蒋介石还是强调"攘外必先安内"，要他们忍让为重，"必要时给点地方也可以。"对于阎锡山的求援，蒋介石不仅断然拒绝，而且还说："我想山西阎先生有办法吧！"阎锡山对此非常失望。

在这种依靠蒋介石中央政府无望，而人民群众抗日情绪又高涨的情况下，他提出"守土抗战"的思想，决心自己率领晋绥军击退伪蒙军进攻，保持自己的"领土"安全，于是，有了绥远抗战。绥远抗战开始后，双方连日激战，战事非常激烈，这可吓坏了蒋介石，他心里没有一点准备。蒋介石亲赴太原，要阎锡山、傅作义迅速停火，以免影响中央剿共政策。阎锡山对此非常不满，反而进一步支持绥远抗战，赢得"抗日英雄"的美誉。

1937 年全面抗战开始后，阎锡山接受了蒋介石的任命，担任第二战区司令长官。但是蒋介石对于抗战并不是十分用心，尤其是对于山西、绥远的抗战，企图借抗日消灭异己之心并未收敛。因此，不仅在财政上非常吝啬，而且在战争中也不支持阎。阎锡山孤军作战，加上指挥不当，接连丧失雁门关、平型关等重地。忻口战役开始后，为了获得蒋介石的支援，阎锡山主动对晋军开战以来的战斗不力引咎自责，并表示可以让出省政府的一部分权力给蒋。

随后，为了赢得蒋介石的好感，争取更多的支持，阎锡山还遵照蒋介石命令，枪毙了六十军军长李服膺。李是晋军将领中的“五台派”，是阎锡山的亲信，在南口战役中反击不力，又丢守天镇，舆论大哗。南口战役总指挥汤恩伯为了推卸自己对南口战败的责任，在蒋介石面前狠狠地告了李服膺一状，并在阎锡山面前痛哭流涕。结果，蒋介石严厉命令阎锡山“军法从事”。这时，阎锡山也需要一个替罪羊来推卸自己失败的责任，同时还想借李服膺人头扼住晋军溃逃之风振作前线士气。这样，李服膺便在忻口战役即将开始时成了阎锡山的刀下之鬼，但这似乎并没有博得蒋介石的多少好感。

忻口战役打响后，蒋介石借助前线各军必须统一指挥，“方能适机运用决战”，要求阎锡山把指挥作战全权交给卫立煌，阎锡山不得不照办。据当时有关电报记载，中央军这时甚至发起过“倒阎运动”。1938 年下半年国民党 CC 系开始筹划在山西开展工作，蒋介石电向阎锡山提出在山西恢复国民党省党部。阎锡山认为这是蒋介石对他的压迫，不予理睬，国民党中央便设法给二战区制造困难。1939 年初，山西财政厅厅长王平赴霞庆交涉财经费及有关后力情况时，曾受多方刁难。蒋介石对阎锡山在山西搞的一套也颇为不满，并再施拉拢李生达的惯技，派门炳岳牵线，把傅作义从阎锡山手下拉走。

尽管阎锡山和蒋介石之间貌合神离，勾心斗角，可是在反共问题上，却谁也离不开谁。由于新军和牺盟会日益发展壮大，引起了只是想利用一下牺盟会和新军的阎锡山的不安，他本能地产生了大权旁落之感，害怕自己这个牺盟会会长和司令长官被架空，因此开始积极反共，蒋介石要反共也必须借助阎锡山。

1939 年，阎锡山派梁化之去重庆国民党中央训练班受训，还参加以陈诚为首的“三青团”代表会议，受到蒋介石特别重视。蒋介石亲自接见梁，对他说：“阎先生同共产党斗争是有经验的，在这方面阎先生无论有什么困难，中央一定无条件地予以支援。”梁化之回来后，阎锡山便设立国民党山西省党部，下令所有的高级干部都参加国民党。不久，阎锡山在蒋介石的支持下，发动了“十二月事变”。

蒋介石利用阎想依靠他的力量恢复在晋东南统治的企图，藉反共之机把阎锡山的势力排挤出晋东南，阎锡山非常后悔自己引狼入室，发出悲叹：“我不亡于共，也要亡于蒋。”但又无可奈何，只能一面表示听从国民党中央，一面暗中节省国民党拨下的军费，加强组织，巩固自己地位。为了巩固实力，重整队伍，他决定离开秋林，将战区司令部移往山西吉县。

1940 年 4 月间，阎锡山偕赵戴文从秋林渡河迁驻吉县南村坡，以“表示前进”。由于南村与“难存”谐音，阎锡山就把南村坡改为“克难坡”，把战区司令部驻地称为“克难城”。这样，一来表示要在不断地克服困难中存在发展的决心；二来表示“克去‘南村’”，便能住下去了，他还把 1942 年命名为“克难年”。果真，他在这里一住便是 5 年，直到抗日战争前夕下山摘桃子为止。

枉费心机　客死台湾

随着抗日战争胜利的指日可待，阎锡山不愧为识时务者的俊杰，他很快认清了当前的形势，急急忙忙地布置他的部下们下山摘“桃子”。上党地区是他要抢的第一枚“桃子”。

上党是指晋东南以长治为中心的19个县和地区，这里因在战国时曾置上党郡而得名，该地区地势险要，战略地位极为重要，为自古以来兵家必争之地。有了上党，不但能够保住山西，还可东出太行下邯、郑，南渡黄河捣宛、洛。抗日战争时期，八路军在这里建立了晋东南抗日根据地。阎锡山对于这块战略要地落入他人手中非常痛心，多次想夺回这块地方，都未得逞，为此，他寝食难安。日本人一投降，他便急不可耐地下令史泽波率兵进犯上党。

史泽波在日伪军的协助下，迅速占领了长治、屯留等6座县城。阎锡山此时在日本人的护送下，刚回到他离开了8年的老巢太原。接到史泽波接二连三的捷报，阎锡山大为得意，命他的内膳房特地制作了点心，煮了咖啡、可可和红茶来招待他的将军们。

可是好景不长，不久，史泽波从前线发来的电报已不再是报捷，而是告急。由于刘邓大军的反攻，史洋波万余人已成为瓮中之鳖。阎锡山脸上笑容消失了，一面命令史坚守长治，一面派兵增援。但这并没能挽救史泽波的命运，不仅史泽波被生擒，而且增援的彭毓斌部全军覆没。阎锡山不仅没能摘到桃子，反而损兵折将，做了蚀本的买卖。

在上党、临汾和晋中等战役中，阎锡山的大批官兵被俘。后来在自愿原则下，中国人民解放军遣返了其中一部分，其中也包括阎的高级军官史泽波、胡三余等人。阎锡山对此十分恐惧，生怕这些释放回去的俘虏影响军心。因此，想方设法地对他们“洗心”“换脑”。

1946年，阎锡山成立了“晋绥军返部干部集训团”（简称返干团），作为“洗心”的专门机构，他亲任团长。释放回来的干部都集中在返干团受训。返干团规定学员不许窜队，不许外出，不准亲属探视，等于过着禁闭的生活。训导员经常逼着学员写自传和自白书，要求把被俘后的一言一行，详做交代，并要检举揭发别人。他们认为有问题的，事先捏造许多材料和说法，由训导员在学员中进行布置，发动突击密报，然后在斗争会上强迫被斗者予以承认和交代。斗争会布置森严，派武装，置木棒，摆皮鞭，放冷水，进行威吓，又采取车轮战，围攻，夹击，拉黑牛方式，迫使斗争对象说出被俘期间的一切经过，并要学员跪在阎锡山像前背诵自白书。有时软硬兼施，真假互用，喊口号，提动议，施威胁，假殷勤，竭尽心思地对斗争对象反复予以折磨。

阎锡山说，这种做法能使人顾不得考虑，说出真情实话，虽然他们宣布自白的不追究，但一旦说出曾在解放区讲过有关阎锡山统治下的暴政和对阎不满的话来，那就在劫难逃了。炮兵团长郭如彬，被人密报在被俘期间说过“阎锡山已成瓮中之鳖”的话，在斗争会上经过一番折磨后，又由特种警宪指挥处严刑审讯，密送小东门外活埋了。少校邓自立，因有泄露机密的事，在斗争会上被刺刀活活刺死。有个学员白云庵到团后没两天，在夜间被汽车拉出小东门外活埋，还有许多人被注射毒针处死。

人民解放军转入战略反攻后，阎军被俘官兵较前大为增加，阎锡山认为，这些释放回来的官兵已经在解放区攀下亲戚，结下缘法，已经受过“狐狸精”的迷惑，这些人一定会给共产党送情报，把他的家当告诉给共产党，作为会见亲戚的见面礼，这条后路非给挖断不可。因此，他同意孟际丰的提议，依照中国封建时代刺配充军的办法，给返部干部实行皮下刺字，以此断绝其归顺的道路。收训队的军医人员设下许多刺字的工具和字样，起初是军医人员给刺，以后就让学员互刺。

一般所刺字样有“反共”“灭共”“誓死反共”“反共雪耻”……等等。刺的字愈反动，愈对阎锡山忠贞，如果拒绝刺字，即是叛逆。虽然宣布刺字是自愿，但在处死和各种压力下，人人都得刺，一旦刺上字就永远不灭，除非将皮肉割掉。有个上士班长，在额部刺了“誓死剿灭共匪”，受到阎锡山的嘉将，授予“忠贞先锋”的称号。这种刺字人人难免，连他的炮兵司令胡三余也不例外。胡三余先在大臂上刺上“雪耻”二字，被阎认为表示不坚决，又被迫二次在小臂上刺上“反共”二字，方才了事。这一切，在阎锡山眼里被看作是对他们进行“大慈大悲”教育，是“抹上红红擦红红的政治救护”。

阎锡山为了抹去共产党的影响可说是费尽心机，不仅对他手下开展“自白转生”，对山西的人民也进行“三自传训”，其暴戾残忍可谓登峰造极。

所谓“三自”，即“自清”“自卫”“自治”。在推行“三自传训”过程中，阎锡山统治下的各区、县展开了“自白转生”运动，掀起一个杀人竞赛热潮。首先阎锡山要他的部下人人都交代同共产党关系，其口号是“有关系的交关系，没有关系的找关系，找了关系交关系，交了关系没关系。”阎还提出“以一变十，以十除一”的口号，即派一个地主回到村里，勾结 9 个立场不坚定的人，一人变成 10 人，使他们去“清除”八路军的工作人员和同情八路军的人民。

阎锡山为了煽动部下的杀人情绪，在一次会上突然问梁化之：“化之，你说晋中各县共有多少共产党的人?”梁化之回答：“至少也有十万人。”阎锡山又问：“太原城内埋伏着多少共产党人?”梁答：“大概也有三、五万。”既然有这样多的共产党，不杀掉怎么能行呢？于是，在阎锡山统治的地区到处是血雨腥风，各级官员在累累白骨上筑就自己的晋升之阶。

在汾阳县，为了制造恐怖气氛，促进坦白交代，按照阎锡山的指示，县训委员会在文庙操场召开了一次乱棍打死人的大会，所有机关、部队、学校、市民和参训农民全部参加。把早扣在警察组习艺室的六、七个人，说成是参加训练不坦白的人，以拒不交代为八路军送情报的罪名，乱棍打死在文庙操场上。其中有一个是东遥庄庙上的尼姑，以窝藏八路军名义被打死。还有城内一个 13 岁的幼女张冬花，本来是生活无着沿街乞讨的流浪儿，身带一包蓝色颜料，警察局就抓回以替八路军放毒罪名，也在这次被乱棍打死了。

第一批农民训练结束的那一天，把已批准处死的 180 余人，强迫参训回村的农民在乡村干部监督下，用绳紧捆串联起来，押回村，召开群众大会，当场宣布罪状，由参训农民手持木棍，一个一个打死后，乡武装还要用刺刀在肛门上刺穿作为验收。结果就在这一天，全县统一行动，统一做法，一天内就乱棍打死 180 余人。那种凶残的情况，令人发指。

中国共产党优秀党员刘胡兰也是死于“三自传训”运动中。1947 年 1 月 12 日拂晓，由于叛徒告密，驻文水县大象镇的阎军和当地地主武装，包围文水县云周西村，逮捕年仅 16 岁的刘胡兰及地下交通员石三槐等 7 人，强迫他们“自白”。刘胡兰等人坚贞不屈，拒绝“自白”，最后被阎军特派员张金宝下令用铡刀铡死。毛泽东为刘胡兰牺牲题词：“生的伟大，死的光荣！”

阎锡山梦想着"三自传训""自白转生"能够抵消共产党的影响，巩固自己的存在，可事实又是如何呢？

1947年解放战争转入战略反攻后，中国人民解放军攻城陷地，一路势若破竹，锐不可当。1948年10月，华北人民解放军发起太原战役，将阎锡山吹嘘的"固若金汤"的太原围得水泄不通。此时，太原已成为一座孤城，完全陷入四面楚歌之中，人心动荡，士无斗志，阎军纷纷缴械投降或举行起义。阎锡山面前只有两条路可走：或投降或顽抗到底、自取灭亡。

中国共产党最初是想争取阎锡山，和平解放太原的，准备派跟随阎锡山多年、阎一手提拔起来的战将赵承绶，进太原劝说阎锡山。后考虑到赵的安全，决定改派阎锡山的老师，一位年近八旬的老秀才，带着徐向前的信件，先进城试探。结果阎锡山非但不听他的老师劝告，反而连师生情谊也不顾，杀掉了他的老师。

北平宣告和平解放后，中共中央更加强了对阎锡山的和平攻势。中央军委指派叶剑英同住在北平的阎锡山的参谋长郭宗汾谈判和平解决太原、大同问题，并允许郭宗汾保留北平的电台，让其保持与阎的联系，中共中央表示，太原若能照北平那样和平解决，阎锡山又能表示改变过去的立场，可以考虑他参加新政协。此外，章士钊等打电报给阎，劝他走和平解放道路，但这些统统为阎锡山所拒绝。阎锡山的高干中，有人劝阎走"傅作义道路"，则遭到斥责，要他们检查"和平思想"和"投降意识"，实行"自我反省"。看来阎锡山是想负隅顽抗到底了！

在困守太原期间，他还镇压了黄樵松起义。黄樵松，河南人。1922年入冯玉祥军队当兵，后归孙连仲麾下，成为孙的得力战将。黄是一位有正义感、有民族气节的爱国军人，在抗日战争中率军英勇抵抗，后来他对蒋介石的"消极抗日，排除异己"的政策日感不满。特别在抗战胜利后，蒋介石的内战政策激起他的更大义愤。太原被围时，黄樵松被调到太原助阵，黄调到太原后，尽管阎锡山对他加以拉拢和重用，但他对阎锡山却总保持一定距离。黄樵松同高树勋私交很深，高树勋部下有一位叫杜健的军官与黄也有一定友谊，中共遂通过高、杜二人对黄进行争取工作。

经过争取，黄樵松决定率部起义，在预定起义的前一天，黄樵松把他一手提拔起来的，共事多年的戴炳南师长叫来，将起义计划告诉他。不料戴炳南是一个利欲熏心的无耻之徒，他当面假意拥护黄的决定，但返回部队后将黄的起义计划全部报告阎锡山，阎得此密报，大为惊骇，大骂"'外来户'终是靠不住！"立即召来亲信，以召开紧急会议为名，诱捕了黄樵松。第二天清晨，解放军参谋长晋夫等人在前往联络地点时被捕。随后，黄、晋等5人被捆绑起来，装进麻袋，抛上飞机，送到南京，1948年11月27日在南京水西门外英勇就义。

在太原包围圈日益缩小的情况下，阎锡山的部下有许多人劝他离开太原。1949年1月18日，邱仰睿电阎锡山，传达了美国人陈纳德意见，劝阎不必坚守太原，到不得已时，他愿接阎锡山脱险。阎锡山于次日复电邱仰睿说："不死太原，等于形骸，有何用处！"对于阎锡山来说，太原是他的命根子，放弃太原，简直就像要了他的命。他还存着那么一点希望，太原最终还是他的。所以对于别人的劝说，阎锡山都表示要杀身成仁，舍生取义，不离太原。他还准备了毒药和棺材，以表示与太原共生死的决心。其实，这不过是阎锡山施的烟幕弹罢了。

他一面在太原大唱"杀身成仁"，"舍生取义"，一面三次打电报给他驻南京办事处处长方闻,要方闻四处活动设法将他调出太原。经方闻说项,李宗仁致电阎锡山,以商谈和平大计为名,调阎去南京。次日,阎锡山召开要员会议,宣布李宗仁电文,告诉大家:“也许三天五天,也许十天八天,等和平商谈有了结果,我就回来。”遂即登机而去。大家都认为阎锡山走时必带走他的堂妹阎慧卿,但阎慧卿却被留下了。这也是阎锡山玩弄的一个骗人的花招,要给人们造成这样一个印象:他真要再回太原。

4月24日,解放军对太原发起总攻击。1300门火炮齐鸣,阎锡山吹嘘的“钢城”顷刻间墙倒城摧,只用了4个多小时,就攻克太原。

阎锡山在上海看到太原解放的消息,半天沉默不语,内心十分痛苦。可阎锡山仍然不愿承认自己的彻底失败,为了安慰他自己和进一步欺骗他的部下,他编造了以梁化之为首的“太原五百完人”殉城的神话,大吹大擂。国民党中央对此加以褒扬,国民政府立法院动议择地建立“太原五百完人成仁招魂冢”。阎锡山到台湾后,通过行政院拨新台币20万元在台北园山建“招魂冢”,阎锡山题了“先我而死”的匾,撰写了碑文和祭文。阎锡山把他们送上死路,又为他们高唱一曲挽歌来安慰他们的灵魂,这样的统治权术可谓是高人一等了。1949年5月18日,章士钊和邵力子在写给李宗仁的一封长信中,评论阎锡山逃离太原的行径时说:“夫阎君不惜其乡人子弟,以万无可守之太原,已遁去,而责若辈死守,以致城破之日,尸与沟平,屋无完瓦,晋人莫不恨之。”

阎锡山从太原逃到南京时,南京国民党政权也处于风雨飘摇之中,行将最后崩溃。随着国民党统治的崩溃,国民党统治集团内部各派系之间争权夺利的斗争也更加尖锐,特别是蒋介石集团和桂系李宗仁之间的斗争达到白热化程度。在这场斗争中,老奸巨猾的阎锡山表面上是以一个“和事佬”的身份出现在蒋李之间,实际上却完全是站在蒋介石的一边。因为他知道蒋介石仍然有力量,仍然掌握着中国的军政大权,李宗仁仍然不是蒋介石的对手。

4月23日晚,南京解放。这天早晨李宗仁乘“追云”号专机逃往桂林,阎锡山也乘陈纳德派的专机逃到上海,后又逃到广州。他仍然在为调解蒋李之间的矛盾而到处奔波,他两次飞台见蒋介石,又两次飞桂林见李宗仁。阎锡山企望着四分五裂的国民党各派重新团结起来,并把自己喻为这个团结的一座“宏桥”。但这个“败军之将”却缺乏回天之力,他的努力仍是枉费心机。

李宗仁名为总统,却无半点实权,蒋介石虽宣布“引退”,却仍掌握军政大权,二者矛盾根本不可调和。5月20日,“行政院长”何应钦因财政无着落,提出辞职,李宗仁本想推荐居正出任“行政院长”,来实现自己的计划,只因CC系和黄埔系反对,李遂改提阎锡山为院长,居然以200票对50票通过,很显然,阎锡山这个“败军之将”能担任“行政院长”是秉承了蒋介石的旨意。阎锡山的内阁名单上,大部分人马都是蒋介石夹袋中的人物。所以,他也不过是蒋介石的一个工具而已。阎锡山组阁后,许多人说,他是“跳火坑”。

阎锡山骂这些人“其愚不可及也”,并表示要“谋其事之所当为,尽其力之所能为,以图匡救中华民国于不坠。”看来阎锡山颇有点“志气”。可惜,他无法扶住行将倾倒的“中华民国”这座大厦。1949年12月8日,国民党在大陆再也找不到一块立足之地,逃到了台湾,从而也就结束了阎锡山在大陆的政治生涯。

阎锡山带领他的“政府”逃到台湾后，仍然梦想“光复大陆”，并为此制定种种计划方案。但是阎锡山的“壮志还未酬”，便被蒋介石黜免了“行政院长”职务。

这种情况的发生是必不可免的，因为阎锡山担任“行政院长”本来就是蒋李矛盾的产物，所以他的去留必然受到蒋李矛盾的影响。在国民党逃离大陆前夕，蒋李之间的矛盾已发展到公开决裂的地步，李宗仁拒绝了这个徒有虚名的代理总统职务，赴美就医。蒋介石在李宗仁赴美后，就操纵立法院恢复他的“总统”职务。蒋介石“复职”后，第一步便是加强安定内部的部署，对人事做出重大调整，他的亲信陈诚被任命为“行政院长”，阎锡山就这样被黜免。阎锡山受命于国民党在大陆覆灭之际，他为最后挽救国民党的统治真可谓殚精竭虑，呕心沥血，尽责尽职，因此一个外国记者称他是“激流里身负泰山的愚公”。蒋介石在1954年2月19日第一届“国民大会”的报告中也这样表彰阎锡山的“功绩”：“中央政府幸有阎院长锡山，苦心孤诣，撑持危局，……赖以不坠者，阎院长之功实不可泯。”

便是这个“激流里身负泰山的愚公”“苦心孤诣，撑持危局”，“功实不可泯”的阎锡山，仍然得不到蒋介石的信任和重用，结果还是被蒋介石罢黜官职，赶出权力机关。毕竟，阎锡山和蒋介石已是几十年的老冤家了，正像他自己所说：“东山的土地爷到西山就不灵了。”

阎锡山被罢黜“行政院长”职务之后，便迁住阳明山的菁山居住。菁山原是日本占领台湾时修建未完的一个农场，地区偏僻，交通不便，现代生活设施如自来水、电灯、电话都没有。为了避免炎热与台风的袭击，阎锡山叫人用石头筑起窑洞居住，并把它称作“种能洞”。阎锡山从太原逃到上海时，曾对他全家以后的去向做过安排：将他的继母和二儿媳送到台湾，在台北设立了“阎公馆”，将他的四儿子送到美国，在美设置了寓所，又派他的亲戚徐士珙到日本，在日本建立了巢穴，真可谓“狡兔三窟”。阎锡山被免职后，曾打算去美国或日本，蒋介石自然是不放心的。这样，阎锡山只好留在台湾菁山，直到终老。

阎锡山到台湾后，先后患有糖尿病、冠状动脉硬化、心脏病等多种病症。1960年5月，又患腹泻，不久发现腿部和脸部浮肿。5月21日，又患感冒，不能站立，不能说话。经医生诊断，认为已转成肺炎，情势严重，决定送台北台大医院治疗。阎在途中气绝，送台大医院抢救无效去世，终年78岁。

阎锡山病重及逝世期间，贾景德一直在其身边。据说，阎告贾说，他痛惜自己已不能追随蒋介石“回大陆去，而深感遗憾”。阎对其身后事遗嘱其家属六点：一、一切宜简，不宜奢；二、收挽联不收挽幛；三、灵前供无花之花木；四、出殡以早为好；五、不要放声而哭；六、墓碑刻他的思想日记第一百段及第一百二十八段。

阎锡山在遗嘱中命家属在他墓碑上刻的思想日记第100段和128段分别为：

义以为质，礼以行之，逊以出之，信以成之，为做事之顺道，多少好事，因礼不周，言不逊，信不孚，致生障碍者，比比皆是。

突如其来之事，必有隐情，惟隐情审真不易，审不真必吃其亏。但此等隐情不会是道理，一定是利害，应根据对方的利害，就现求隐，即可判之。

阎锡山为什么要把这两段思想日记刻在他的墓碑上呢？实令人费解。

阎生前，曾自作挽联数则，嘱家属在他死后，贴在指示处。其一贴在灵前为：“避避避，断断断，化化化，是三步工夫；勉勉勉，续续续，通通通，为一等事功。”横幕为:“朽去化欲。”其二贴在檐柱前为:“摆脱开,摆脱开,粘染上洗干净很不易;持得住,持得住,掉下去爬上来甚为难。”横幕为:“努力摆持”。其三帖院中为:“有大需要时来,始能成大事业;无大把握而去,终难得大机缘。”横幕为:“公道爱人。”其回帖院门为:“对在两间,才称善;中到无处,始叫佳。”横幕为:“循中蹈对”。后两副意思较明,对前两副,往吊者多莫名其妙,不解其意,颇多揣测。有人说:“阎一生喜弄玄机,临终还留此千古之谜,让人动脑猜。”

阎锡山病死后,台湾成立了以何应钦为首的治丧委员会。参加这个治丧委员会的有于右任、张群、李石曾、张道藩、谷正鼎、谷正伦等人。29 日入殓,蒋介石致祭,送了一块“怆怀耆勋”的匾额。随后葬于阳明山七星山之阳。

冯国璋：见风使舵 “北洋三杰”

【人物档案】

姓名：冯国璋

别 名：冯河间

字号：字华甫

生卒：1859 年~1919 年

籍贯：直隶河间县西诗经村（今河北省沧州河间市）人

信仰：佛教

毕业院校：北洋武备学堂

职务：北洋军阀直系首领、中华民国副总统、代总统。

冯国璋

主要成就：促使西南独立和陆荣廷攻击广州，逐驱袁世凯死党龙济光，同时，又劝说四川的北洋军与护国军停战，并且指使四川、湖南将军陈宧、汤芗铭通电拒绝袁世凯的命令，协助蔡锷反对帝制维护共和，发电劝袁退位，主动联络江西李纯、浙江朱瑞、湖南汤芗铭、山东靳云鹏等将军联名发出密电向各省将军征求收拾时局的意见，时称“五将军密电”。

评价：由书生而入军界，因军事学问而受重视重用。他身处战乱，历尽抗击外敌的战争，无论是中日甲午战争还是八国联军入侵的战事，他都亲自经历，亲眼看到作为战败国的中国，割地赔款、丧权辱国，付出了沉重的代价。

墓葬：有两座，一座衣冠冢在河北省沧州市河间市西诗经村东北，真陵墓在河间市半截河村西冯氏祖茔。

【枭雄本色】

1895 年袁世凯在天津小站练兵之时，延揽王士珍、冯国璋、段祺瑞 3 人委以重任，时称“北洋三杰”。然而北洋中人更有非常形象化的称呼：王龙、段虎、冯狗。

狗是两面性格的动物，“冯狗”亦有两面的意思：一是忠诚，即忠诚于北洋团体，忠实于袁世凯，二是善于迎合，善于讨主人欢心，同时善变，表现为心无主宰胸无定见。

冯国璋虽胸无主宰，然而善于见风使舵，使中取利，“北洋三杰”中，唯有他坐上了国家元首的宝座，尽管只是“代理”，但毕竟是叱咤风云的乱世枭雄。

【风云叱咤】

屡试不第　弃文就武

1859年1月7日(咸丰八年十二月初四),冯国璋出生在直隶河间县诗经村的一个农家。旧式农家儿子不外乎要求其光宗耀祖,而光宗耀祖的唯一捷径是科场功名。冯国璋一开始也是走这条道路。

冯国璋的父亲冯春棠,青少年时代也曾锐意科举,勤奋读书。但在一次考秀才的考场中,正要交卷时,被另一名考生弄污了试卷而引起殴斗,被主考除名,从此一蹶不振。不仅废弃学业,也不事农商,终日游手好闲,嗜酒滋事,把一份颇为殷实的家业给折腾败了,到冯国璋出世时,家境已日趋困难。

幸亏冯家尚有一贤妻良母勉强支持家门。冯国璋的母亲是河间孙申如之女孙钗。她不仅能纺织刺绣,善料理家务,并粗通文字。冯春棠靠着贤内助操持方未因家境窘迫而废辍儿子们的学业。冯国璋有胞兄三个。老大佩璋,早年也曾锐意功名,1877年(光绪三年)"恩贡考充八旗官学教习"。家业败落后常年经营戏班。老二蕴璋,邑庠生,1873年考取拔贡,候选州判。老三琥璋,文庠生。后曾以教书馆为生。冯国璋行四,乳名四儿。自幼乖巧聪明,很得父母喜爱。他五、六岁上即开始随父母识字。7岁入本村私塾(设在东诗经)就读。私塾开始学《百家女生》《千字文》《幼学琼林》等,后以"四书"为主要教学内容。冯国璋学习颇知努力,所学篇目大都能成诵,字也写得工整,深得教师和乡亲好评。在私塾念了大约五年,亲友们都说他知书达礼日后仕途有望,父母望子成龙心切,也就不顾家境困窘,又把冯国璋送到其外公家所在的毛公书院去读书。

冯国璋在毛公书院学习4年,在经史与算学方面下了不少功夫。1875年毛公书院举行考试,冯国璋成绩名列前茅。由于读书刻苦,又能尊敬师长善待学友,得到书院老师和学友好评。尤其是主授经史的吴震先生,特别喜爱他,认定其日后前程远大,便把亲妹妹吴凤许配给了他。

经过十年寒窗苦读,冯国璋虽然增长了不少学识,但对博取功名的敲门砖——做八股文却并不十分在行。有清一代府县一般三年举行一次录取秀才的考试,亦称岁考。1876年冯国璋于毛公书院毕业时恰逢河间科考,于是他首次下场应试。据说,这次岁试的作文题目是摘自《论语》中的一句话"子帅以正,孰敢不正"。冯国璋对"论语"这句话虽然早已背得滚瓜烂熟,破题、承题都没问题,但是要按八股文的格式就命题发表议论,却怯于平时缺少作文训练,不知如何扣题,只好东拉西扯,旁征博引。八股文章重在形式。冯国璋当然只有名落孙山的份。

自毛公书院毕业后冯国璋在家自学了几年。他读书虽称得刻苦,但在做八股文方面则一来未得名师指点,二来本人兴趣也不大,始终不甚入门。正如《冯氏家谱》所载"文童屡试不得志"。

屡考不中,使冯国璋深感仅靠在家自学实在难得仕进,便寻机再到更高级的学府求学,但苦于家贫,无力筹措盘缠与学费,一时难以实现。直到1881年,他得到了堂叔冯甘棠的一笔资助,才得以赴保定入莲池书院又学习了二年。

冯国璋在莲池书院虽然仍然未能深谙科举仕进的敲门砖——八股文,但眼界

大开，见识与才干亦增不少，为日后从其他途径进身发达打下一定基础。

为了维持家庭，冯国璋经一个在淮军的族叔介绍，到天津大沽口投了淮军。这样，冯家少了一个迂书生，却多了一个民国总统。

淮军是李鸿章建立的一支军队，随着李鸿章地位的显赫，淮军的势力也不断膨胀。为了训练新式军官，李鸿章在天津创办了北洋武备学堂，挑选淮军各营兵弁入学。冯国璋念过书，有一定的底子，得到统领刘洪的推荐，考上了北洋武备学堂第一期。同期同学有段祺瑞、梁华殿、王士珍、王占元等。

天津武备学堂的学制，最初定为一年，后因教学时间太少，完不成所设课程，又延长年限。第一期学员自 1885 年 9 月至 1886 年初陆续入校，于 1889 年 7 月方毕业，为时约四年。备尝贫困和科举不第之苦的冯国璋特别珍惜在武备学堂的学习机会。因在入武备学堂前已粗通文史，入校后他特别注重学习有关军事诸学，如天文、舆地、格致、测绘和西方的军事学理论。此外，对其他术业课程如行军、布阵、攻守和设营垒炮台等科目也都认真学习演练。由于其学习认真，"每试辄冠"。一期学员中深得中外教员好评的优等生，在炮兵科中首属段祺瑞与王士珍，在步兵科中就要属梁华殿与他了。后来，袁世凯编练北洋新式陆军，这几个人都得到重用。

1889 年夏冯国璋修完武备学堂步兵科全部课程，参加了该年的毕业考试，名列前茅。学堂的中外藉教员早已看中冯国璋踏实干练，口才亦佳，文史、术科各科成绩屡屡优等，遂将冯留校任教。冯国璋深知清军将领历来只倚军功升级发达，只作教习没有多大前程，因而并不愿留校。但当时急切之下也找不到一个适当的去处只好暂时留校，一面任教，一面寻找适当出路和靠山。

虽然冯国璋不安于武备学堂的教师工作，但他的教学工作还是很出色的。不仅讲授清楚，而且态度认真。他主授步兵科课程，不少涉及陆军的规范和条例，凡要求学员做到的，必自己先做到，"诸生帖然钦服"。

冯国璋是天津武备学堂的首期学员，毕业后又留校任教达四年之久，堪称北洋武备生的"大学长"。

冯国璋毅然弃文就武，并候机进入北洋武备学堂，为其日后发迹打开通路。

参加甲午战争　战功卓越

冯国璋在天津武备学堂任教习是胜任有余的，但他志高凌云，不愿久居教席，而急于去建功立业，升官发达。1893 年夏天，他经过一番活动，他转到淮军名将聂士成的帐下充当幕僚。

聂士成，字功亭，安徽合肥人，武童出身。早年即投入淮军，曾参加镇压捻军和太平军余部，累升至总兵。所部此时驻扎直隶芦台。

冯国璋在聂士成幕下很快就得到聂的青睐。他夏天初入聂部，入秋就得到一次表现才干的机会。1893 年秋，聂士成奉李鸿章之命，率队考察东三省中俄、中朝边境地区。聂在淮军诸将中，虽不似刘铭传精明强干，亦素以实干著称。他接到李鸿章之命后，立即亲自物色随行考察人员。此时冯国璋初到聂幕，聂对他并不了解，但冯在武备学堂在学期间，曾考取秀才，有"武校文生"之名，而聂的幕下正缺少年纪相当，又通文墨的幕僚，于是就命冯参加此次考察，专任注说。聂部考察队 1893 年 10 月 21 日从锦州出发，历时大半年，行程近万里，对所经山川、河流、口隘，尤其是兵家必争之地均用当时懂测量和测绘者用新法绘制成地图，再由冯国璋附以文字说明。实地考察结束后，考察队又将勘测考察所得汇编整理，编成《东游纪程》一书。冯国璋在考察中任劳任怨，对所负责的注说工作一字不苟，在编书工作中亦发挥很大作用，给聂士成以很好的印象，遂把负责筹办军械与粮饷的重任委任于冯。

此后不久，冯国璋再次得到表现自己出色的组织能力和踏实的作风的机会，这就是随聂士成率部赴朝参加甲午战争。李鸿章命聂士成随叶志超率功字营一部赴朝鲜，本来不是为与日军作战。1894年春，朝鲜发生东学道起义，朝政府无力镇压，遂要求清政府出兵"代戡"。开始，署理"总理各国事务衙门"，负责对外交涉的李鸿章不知日本人有何打算，对是否派兵入朝还有些犹豫，但后来得到其心腹、时任"驻朝总理交涉通商事宜"的全权代表袁世凯密报："日人盼华速代戡"，且"似无他意"的报告后，便匆忙奏派直隶提督叶志超率淮军一部入朝。6月11日，聂士成所部辗转乘船抵达朝鲜牙山，而日军大队早已抢先在朝鲜登陆。7月23日，侵朝日军占领朝鲜王宫发动政变，并攻掠清政府驻朝总理公署。两日后日本海军在牙山口外丰岛海面突袭中国由朝鲜返航的运兵船，正式挑起对华侵略战争。日本海军偷袭中国运兵船同时，其陆军也向牙山清军袭击，此时聂部早已见机移往成欢驿。此后日军主力又追至成欢驿逼战，聂部虽尽力英勇抵抗，但终因敌我力量悬殊，无法长期抵抗，只得退守平壤。9月15日，日军分四路进犯平壤，清军近二万人分路抵御激战数日，正当日军总攻平壤之际，叶志超提出突围北撤，左宝贵不肯听从，率部与日军先后激战于牡丹台和玄武门，后在恶战中中弹阵亡，叶志超即率军放弃平壤，仓皇撤逃，狂奔数百里，直至国境。平壤保卫战失败以后，聂部也随溃军退守奉天中朝边境，先与马金叙部共同防守虎耳山，后又退守摩天岭。在摩天岭，聂部充分利用有利地形，顽强抵抗，使日军几度受挫，并相机从日军手中接连夺回连山关、分水岭两要隘。但在全国战场上，清军在错误指导下大势已去。李鸿章为保存淮军实力，一味消极避战。聂部在摩天岭打了两个漂亮仗，反被李认为刺激了日军扩大侵略的胃口，千方百计把聂部调离前线。2月14日李给聂部连发电报，诡称"京畿海防万分吃紧"，催聂士成速率所部"星驰入关，以卫畿辅"。聂士成只得于三月初率兵回防。此时冯国璋已返天津。聂部在摩天岭得手以后，又与友军合力收复草河口。当时聂士成还想乘机扩大战果，但苦于本部兵力不够，于是便命冯国璋赴津领取辎重并向李鸿章请求，把留驻在芦台的功字营另一部悉数调往前线，李鸿章根本不考虑聂的请求，冯国璋也就只好滞留天津。

在主将聂士成带领下，冯国璋在甲午战争中也有很好的表现。他不仅克服重重困难，圆满完成为聂军办理辎重后勤的任务，并亲身参加克服连山关和分水岭的战役，率先士卒，深得主将与士兵好评。特别是在清军平壤大溃败之际，冯国璋一度与部队走失，与聂士成失去联系，仅率一卫兵以一骑渡过叆河。此时很多参战的中国部队都溃不成军，也有很多军官乘机以"走失"为名，逃离战场。但冯国璋恪尽军人职守，历尽险阻，返回聂部，继续参加抵御外侮的战斗。参加甲午陆战的湘淮军各部多数溃散，只有聂部屡立战功，威震辽东，主要原因当然首在主将聂士成领导有方，但与冯国璋"凡战术军储多资以擘画"也是分不开的。当时很多知情人都评论说，甲午陆战唯聂士成战功卓著，主要得力于其"知人"，幕下收罗了像冯国璋这样有胆有识的战将。令他们痛心的是，聂士成、冯国璋等在甲午陆战中的卓越

战功,不仅未得到应有的奖赏。李鸿章背地还大骂聂士成是"淮军败类",并把聂部调离前敌。在李鸿章心目中,聂部并无什么大功可言。冯国璋在此役中的军功,后由宋庆等保奏上去,也不过就得了个候补知县并加五品顶戴的虚衔。许多按照李鸿章旨意消极避战者所受赏赐倒更大一些。

投靠袁世凯　官运亨通

甲午战争失败后,李鸿章声望大跌。聂士成却升任直隶总督,当时驻日公使裕庚需一名军事随员,聂士成便推荐了冯国璋。日本一弹丸小国,在列强炮舰威胁下备受屈辱,经过明治维新后国力日益强盛,并打败了以前的宗主国。许多中国人都在探讨日本强盛的原因,并提出仿效日本进行改革。冯国璋随裕庚出使日本,乘此良机结识了一批日本军界人士,其中有后来担任日本士官学校校长的福岛安正,也有后来做了袁世凯军事顾问的青木宣纯。冯国璋还考察了日本的军事情况,编成了兵书数册,希望回国后藉此晋升。

1896年冯国璋从日本回国,即持了这几册兵书去见老长官聂士成。聂士成此时驻守天津芦台,参考德国军制编练新军。不知是什么原因,聂士成对此不感兴趣,但也不想埋没了这个老部下的企盼,便将兵书推荐给了正在天津小站练新军的袁世凯。

袁世凯出身于淮军,李鸿章对他十分器重,认为他"胆略兼优,能知大体",故袁世凯颇有"能干""知兵"的虚名。而后又得以接替胡燏棻主持小站练兵。袁世凯也是弃文从武,对军事并无多少知识,于是便四处托人留心军事人才。

聂士成不过是应付朋友之托和下属之求,没想到袁世凯见了这几本兵书拍案叫绝,大加赞赏,因而对冯国璋极为欣赏,感叹道:"军界之学子无逾公者,军界学子第一。"

投入袁世凯门下,对冯国璋来说不过是误打误撞,巧合而已,但却是冯国璋一生发迹的重要转折点。由于这几册兵书,冯国璋得到了袁世凯的重用,被任命为督操营务处帮办兼步兵监督,不久又升任督操营务处总办。据说北洋新军的兵法操典均由冯国璋一手编定,可见袁世凯对他的器重。

投身袁世凯,并成为袁的爱将,冯国璋自然官运亨通。1898年戊戌变法中,袁世凯因出卖维新派有功而升迁为工部侍郎,1899年又升为山东巡抚,镇压义和团运动,新建陆军也随之开赴山东,改称为武卫右军。由于地盘太大,武卫右军不足以分布山东全境,袁世凯乘机发展实力,命令冯国璋改编山东旧军,组成武卫右军先锋队二十营。这先锋队二十营在镇压义和团运动中立了大功,冯国璋自然也得到奖励,由补用知州升为补用知府。

1901年,袁世凯升任直隶总督兼北洋大臣和练兵处大臣,不久又加封太子太保衔,权倾一时。袁世凯上升后,为编练常备军,成立了军政司,袁自兼督办。军政司下辖三处,分别为兵备处、参谋处和教练处。兵备处总办刘永庆,参谋处总办段祺瑞,教练处总办冯国璋。袁世凯在奏折中说:"查有分省补用知府冯国璋,才具明通,谙练武备,堪以委任总办。"武卫右军这时改名为北洋新军,下辖三个协,协统便是王士珍、冯国璋、段祺瑞。

在袁世凯眼中,冯国璋是练兵的专家,因而在军事教育上对其大为借重。1903

年，袁世凯插手全国新军的编练，建议清政府设立练兵处。冯国璋以二品衔分省补充用任军令司副使，同时在保定督理北洋武备各学堂又兼任北洋陆军学堂和陆军师范学堂督办，主要负责学堂事务。冯国璋督理武备学堂，较之领兵为将，似乎少了不少威风，然而事实上实惠颇多，上可得到袁世凯的倚重，下又有众多门生，培植自己的势力。

跻身“北洋三杰”成“冯狗”

袁世凯在小站练兵，主要倚重的是三总部分人：一是亲朋故旧，像他的老朋友徐世昌、新朋友唐绍仪等。第二部分是淮军旧将。袁世凯的叔父袁甲三曾协助李鸿章办理淮军，可谓淮军元老。袁世凯弃文从伍，投的是淮军吴长庆部，而后不断得以升迁，倚借的是淮军创始人李鸿章。在李鸿章威信下降之际，袁世凯有意以淮军的面目出现，收罗了淮军将领，如姜桂题、张勋等。三是武备学堂的毕业生，这些人虽有军事知识和才能，却易受到排挤，因而正好网罗到新军收为己用。袁世凯首先从北洋武备学堂毕业生中物色了两个人，一个是梁华殿，一个是段祺瑞。梁华殿到了小站后不久，在一次夜间训练中掉入小河中淹死。

冯国璋、段祺瑞、王士珍是袁世凯在天津小站练兵时所倚重的人物。三人编成了袁世凯编练新军的章程《训练操法详晰图说》。如果说袁世凯是“北洋之父”，则三人为北洋大佬，并有“北洋三杰”的美名。据说这个称呼得之纯属偶然，但后来却流传颇广。有一天，冯、段、王三人正在操场上指导训练，一位日本教官经过，见三人威风凛凛，指导训练颇有法度，不禁赞道：“真乃北洋三杰也！”于是，“北洋三杰”的称呼不胫而走。

对于“北洋三杰”，北洋系统有形象化的称呼，即“王龙，段虎，冯狗”。

王士珍其人经历复杂，传闻颇为离奇。据说他并不姓王，原为朝阳镇总兵杨瑞生手下一马弁，不知其名，只知是河北正定人氏。一次，聂士成请杨瑞生推荐一批军事骨干，杨瑞生便拟了一个名单送给聂士成，不想名单中有一湖南湘潭人王士珍早已告老还乡。聂士成前来要人时杨瑞生灵机一动，把身边马弁冒充王士珍送给聂士成。这个马弁确实乖巧，深得聂士成喜爱，被送去北洋武备学堂深造，后来经武备学堂总办荫昌的介绍，到小站为袁世凯效力，充任督操营务处帮办兼讲武堂总教习。王士珍此人有野心却少魄力，既要权利又怕危险麻烦，常以“名士”自居，作潇洒状，在民国政坛上时隐时现，一时出来主持大局，一时又隐退还乡，仿佛“神龙见首不见尾”，因而称之为“龙”。

段祺瑞为安徽合肥人，性格坚毅，刚愎自用，蛮横粗暴，令人生畏。他毕业于北洋武备学堂后，被派到德国学炮兵，回国后也被介绍到小站，委为炮队统带兼随营学堂监督。因为性格如虎，因而称之为“虎”。

冯国璋被称之为“冯狗”，也有一番讲究。狗是两面性格的动物，“冯狗”亦有两面的意思，一是忠诚，即忠诚于北洋团体，忠实于老上司袁世凯；一是善于迎合，善于讨主人欢心，同时善变，表现为心无主宰胸无定见。因此，冯国璋被称为“北洋的一只狗”。

捞取政治资本　当选副总统

袁世凯一命呜呼之后,冯国璋与原各派反袁力量仍然保持着密切的联系,以图养成在段祺瑞与国民党及南方独立势力之间的第三势力。国会恢复以后,段祺瑞与原进步党梁启超等日益接近,而与属国民党的议员间矛盾日益尖锐。为了对抗段祺瑞的压迫,孙洪伊、吴景濂等积极推行"联冯制段"的策略,加紧拉拢冯国璋。国会复会后,首先审议1913年天坛宪法,国民系和研究系两派议员争吵得很凶,国民系议员从地方分权的立场出发,力主将省制加入宪法,而研究系议员则从维护和加强中央集权出发,坚决反对省制入宪。两派议员在所有问题上,几乎都无法一致,唯在推选冯国璋出任副总统问题上双方达成妥协。研究系议员虽因投靠段祺瑞而竭力与国民系作对,但在推举冯国璋为副总统问题上与国民系却无利害冲突,因他们既然拥段也要拉冯。段祺瑞本人则不愿放弃掌握实权的总理职位,无意当副总统,甚至内心还盼望把冯国璋拉到北京来做个空头副总统,再伺机削弱其实力。国民系各派除政学会外,都支持冯国璋当选副总统,孙中山、黄兴也表示赞同。10月30日,国会举行副总统选举,出席议员741人,冯以520票当选。国会的几个主要政团中,只有政学会投了反对票。

冯国璋被国会举为副总统,内心是欢喜的。袁世凯死后,段祺瑞以国务总理掌握内阁,他在中央政府一点名义都没有,对全国大政方针发表意见就显得有点名不正,言不顺。再者,副总统虽然没有实权,但属于国家副元首,地位崇高,往远看还有总统缺位时继任总统的机会。当然冯也绝不会舍江苏督军的实缺,去就副总统的虚位。何况他很清楚,北京政局正是暗流汹涌,总统黎元洪和国民系议员与段祺瑞和研究系议员之间矛盾日益尖锐,与其卷入,何如旁观,以坐收渔利。于是11月8日,冯国璋就在南京府邸宣布就任副总统,并在宁设立副总统办事机构。嗣后不久,冯还以副总统身份接见中外记者,大谈政治建设必须循序渐进等等,以示在政治上有所主张。从冯的讲话内容看,有较浓厚的改良主义味道,这一方面是由于冯本人在近年来也确实多少接受了一些近代民主宪政思想的影响,另一方面是此时梁启超已把研究系的大将林长民荐到冯府幕中。此后不久,冯就任命林为副总统秘书长,以代替胡嗣瑗。

1917年1月初,值冯国璋58岁生日(阴历十二月初四)之际,南北督军及各方代表麇集南京督军府,为冯祝寿。仅段祺瑞麾下就有靳云鹏、徐树铮、吴光新、曾毓隽、丁士源等五、六位大将到宁参加寿庆。当然,靳、徐等一行南下还别有他谋,寿庆活动尚未完全结束,倪嗣冲就把北洋各省督军代表邀到徐州,由张勋主持召开第三次督军团会议。第三次徐州会议的矛头不仅对着国民党人,而且还明显指向大总统黎元洪。会议提出解散国会、修改约法、改组内阁和总统府四项所谓解决时局的主张。对督军团的种种活动,冯国璋一直采取异常暧昧的态度,对一些无关紧要的小问题,有时也附和几句,但决不出头作恶人,对重大敏感问题则不表态,有时还拆台。冯对督军团采取这种态度当然不是偶然的,因为他已察觉到,段祺瑞和以梁启超为首的研究系政客虽表面不公开支持督军团,实际上暗中支持其反对国民党人和黎元洪。而梁启超与段祺瑞早已沆瀣一气。9月底,梁启超曾到南京活动,力劝冯与段祺瑞合作,压制由激烈分子(指国民党人)控制的国会,冯未做积极响应。

很明显,冯国璋力求在黎元洪与段祺瑞和国民系与研究系的矛盾中保持一种第三者的姿态。1月初,梁启超的私人代表张君劢又到南京拜晤冯国璋,推荐研究系的干将籍忠寅出任江西省省长。冯回答说此事很难办到,因国民党人也在运动谋取此职。言外之意,这一职务既非国民党人所能获取,进步党人也就不要作非分之想了。

段祺瑞当政不久,便和总统黎元洪在一系列的问题上发生激烈的争执,史称"府院之争"。"府"即总统府,指黎元洪一派;"院"即国务院,指段祺瑞一派。这是一场错综复杂的斗争,从国内政局的具体变化来看,它反映了国民党人与皖系军阀及追随者研究系政客的矛盾、黎元洪和段祺瑞及交通系政客个人之间的矛盾;从国际背景看,它还反映了当时美日争夺中国的矛盾。以冯国璋为代表的直系军阀势力在这场斗争中则一直竭力保持第三者的立场,回旋于两派之间,力图避开府院斗争。自1916年下半年,双方的说客就不断到南京游说冯,黎元洪与段祺瑞本人也不断给冯拍电报,与他商讨调解府院权限之争和徐树铮与孙洪伊之争的办法,他均不置可否。后因徐世昌出面调解,黎段矛盾一度有所缓和。但不久双方又因对德外交问题发生新的斗争。1917年2月初,美国先插手中国对德外交问题,鼓励中国政府宣布对德断交。日本寺内政府获悉这一情况后,也转而积极支持中国对德断交并参战,企图借此机会,进一步控制北京政府。日本寺内内阁的这一策略与段祺瑞图谋以参战名义解决扩军财源的方针一拍即合。美国则改变态度,转而支持反对中国参战的黎元洪和国民党议员(开始不包括政学会)。

在府院政潮因对德外交问题再度涌动时,各方面的力量更极力争取冯国璋。众议院益友社会首领吴景濂等曾亲自到南京向冯面陈对德外交问题。因此2月11日,冯国璋致电北京政府,主张严守中立。段祺瑞要达到对德宣战的目的,首先需要取得多数北洋督军们的支持,而冯国璋在北洋督军中地位最高,影响最大,于是段通过各种渠道向冯解释,并再三邀请其进京商讨。而冯国璋自就任副总统以后,一直还未得到在中央政府表现一番的机会,也就不顾胡嗣瑗等人的拦阻,于2月中旬起程进京。路经蚌埠、徐州、济南时,分别与倪嗣冲、张勋、张怀芝等交换了意见,23日进入北京,下榻于禁卫军司令部。冯国璋北上进京本为商讨对德外交问题,但到京以后,看到对德问题背后纷繁复杂的关系,既不愿得罪段祺瑞,也不愿使黎元洪难堪。由于对德问题牵动国内派系之争,冯对自己的利害得失,一时难以判断,便采取了敷衍的态度。表示北京之行主要目的在于调和府院之争,在京他发表的对时局意见称:"欲求对外一致,不可不先求内政刷新。"冯还以:"教育救国"为题,到中国大学等高等学府演讲,一时间赢得各界交口称赞。

3月3日,段祺瑞主持内阁会议通过内阁向国会提交的对德绝交谘文,请黎元洪用总统印后交国会表决,被黎以事关重大,还需谨慎为词而拒绝用印。段祺瑞一气之下于4日晚宣布辞职并离京赴津。这样就使表面上一度缓和的府院斗争骤然激化。

段祺瑞出走天津以后,黎元洪本想借机改组内阁,请徐世昌、王士珍分任总理和陆军总长,但徐、王二人敬谢不敏,婉言拒绝。冯国璋见北京城内段派势力正盛,只好劝黎元洪暂时向段妥协。2日后,北洋各省督军纷纷打来电报,要求段"力任艰难"。黎元洪怕激出事变,只好请冯国璋赴津劝段复职。段祺瑞见黎元洪在对德绝交问题上已妥协,又有冯国璋亲来劝驾,便与冯联袂回京。国会内国民系各派虽

多持反对参战立场,但各派反对段内阁对德方针的程度又有所不同。民友社不仅反对向德宣战,而且反对与德绝交,益友社和政学会则主张对德问题可做到绝交为止。由于益友社、政学会投了赞成票 3 月 10 日、11 日,众参两院分别通过对德绝交案。

北洋政府宣布对德绝交后,是否进一步参战问题又成为府院斗争的焦点。冯国璋一看段祺瑞决心已下,含糊表示,同意中央对德绝交的举措,便收拾行装,打道回南京任所。实际上当时使段祺瑞感到棘手的,不仅是国民党议员掀起的反对参战的强大舆论,还有多数北京督军并不理解他力主参战的用心。嗣后,段假借"军事会议"名义,把各省督军请到北京,说明参战并不要督军们领兵远征欧洲,主要是以此名义解决扩军军费。经段祺瑞亮出底牌,北洋督军们纷纷:"幡然变计",摇身成为力主参战的先锋。但冯国璋的态度始终不明朗。3 月中旬,他返回南京后,密电北洋各省说:"总理决心,加以外交趋势,绝德之举,非成事实",对参战一字不提,而在私下对周围官员则表示,对德问题"以断绝国交为限"。4 月 8 日,冯又致电黎元洪等,表示在京时赞成对德绝交,系调停府院,非出本心。16 日,他又故意把"英法失利,……宣战更宜持重"等内容的外交探报转给到京参加军事会议的北洋各省督军。

段祺瑞召集军事会议统一北洋派内部对德宣战的意见,冯国璋是段进行说服的主要对象,但冯极不愿意在此问题上充当刚愎自用的段祺瑞的配角,仅派代表与会,自己则以"身体欠佳"为托词,留在南京静观时局变化。对西南各省实力派,冯国璋则较明确地表示反对参战,4 月 30 日他在给朱庆澜的电报中说:"与其加入协约国,或反为条约所束缚,不如径与美一致进行。"

随机应变 放弃复辟梦

府院之争引起的北京政局的严重动荡,给辫帅张勋以可乘之机。1913 年和 1916 年他两次策动复辟清室的骚乱,且均未得手,也已大大鼓舞了蜷伏全国各地梦想复辟清王朝的遗老遗少。清朝复辟势力在北洋将领中瞩目的第二人,就要算冯国璋了。如前所述,冯在清末曾督办贵胄学堂,后又统领禁卫军,与很多满族亲贵和顽固派官僚都有良好关系。民国建立后,胡嗣瑗、潘若海等顽固派投入冯的幕府当然不是偶然的,事实上,冯国璋对复辟清王室也并非一直无所图谋。1916 年 6 月袁世凯病亡前后,复辟分子麇集徐州与南京。当时复辟分子与冯国璋商定由张勋以"保卫宫禁"安全为名,率辫军 20 营,冯军一旅先行进京,冯国璋并"济饷 40 万"。待张勋抵北京后,冯国璋再率军 5000 北上,"料理后路"。当时冯国璋给张勋的亲笔信说"用迅雷不及之手段","以兵力直捣北京"。后来,因北京外交使团明确表示支持黎元洪继任总统,段祺瑞和倪嗣冲又收买了张勋的部下,使张勋打消与冯合作的计划。而冯国璋也因众多部下反对复辟清室而变卦。

冯国璋就任副总统以后,逐渐摸清英美等国政府特别是日本寺内内阁对复辟清室的态度,便放弃了复辟清室的念头。

1917 年 5 月下旬,黎元洪与段祺瑞的政争达到高潮。黎在美国公使"允为后盾"的许诺下,毅然下令免去段祺瑞的国务总理职务。免去段祺瑞使黎元洪出了一口恶气,但黎却没有力量控制北洋督军团的行动。倪嗣冲,张作霖等相继宣告对北京政府“独立”。冯国璋知道倪等背后有段祺瑞、徐树铮的唆使，不肯与倪等取同样立场，而力主“调停”。但是由谁来“调停”呢？以实力论，当然应由他本人出面。但他已深知黎元洪一派背后只有国民党议员和欧美派政客摇旗呐喊，而段祺瑞这边则武有督军团、文有研究系与新交通系，搞不好陷进去拔不出来，所以就极力鼓动张勋出面调停。他知道张勋虽为督军团头面人物，但却另有一套复辟清室的打算。当时他亲笔致函张勋说，倪嗣冲在蚌埠宣布与中央脱离关系，山东、河南也不稳，形势险恶，只有你“老成硕望”可出面维持，并保证自己：“谨当追随其间，遇事总与我哥取一致行动”。张勋正想找机会到北京闹事，好乘机把宣统小皇帝再抬出来，就是顾及段祺瑞的势力太大，尚在犹豫不决，有了冯国璋撑腰，便踌躇满志地动作起来。

北洋各省独立后，黎元洪曾先后敦请徐世昌、王士珍出任总理，均遭谢绝。最后找到了李鸿章的侄子李经羲。李经羲在清末曾任云贵总督、在民初官场中也略有一些名声，所以到了袁世凯倒台还不甘寂寞，一直想寻机在政界出头露面风光一下，便答应了黎元洪的请求。不过李经羲也知道自己毫无实力，无法应付北洋督军团，便提出要张勋进京作李内阁的保护神。黎元洪走投无路，只得答应李经羲的要求。6月7日，张勋率所部辫军4300余人登车北上。次日张部辫军进入北京，张勋本人在天津又逗留了几天，想与段祺瑞、徐世昌再商量一下，不想段徐等却劝他暂不要搞复辟，日本人也出面阻止。在日本政府的干涉和段祺瑞、徐世昌等的劝阻下，张勋复辟清室的决心一度动摇，曾打算先把李经羲内阁扶植起来，观望一个时期再说。但是对李经羲内阁，除冯国璋别有用心地表示了一点“支持”，其他受段祺瑞操纵的北洋督军们根本不买账。张勋率兵进京，赶走了国民党议员，解散了议会，却得不到北洋同胞们的支持，又恼又急。只好孤注一掷，发动复辟。

张勋鲁莽地复辟清室，正中了段祺瑞的圈套。徐树铮等在第四次徐州会议上极力怂恿张勋放手去干，就是要假张勋之手驱逐国民党，解散议会，孤立黎元洪。现在张勋已把国会解散，小皇帝也请出来，使黎元洪权威丧尽，日后断难出面。段祺瑞想干而不敢公开干的棘手难题全由张勋解决了，那么张勋也就不再有利用价值了。于是张勋宣布复辟的次日，段祺瑞便赶到马厂，组织武力，讨伐张勋。冯国璋闻知张勋在京发动复辟的消息，虽并不感到十分震惊。但虑及自己曾公开支持张勋进京“调停时局”，又以“两害取轻”为辞，帮助张勋胁迫黎元洪下令解散议会，如今张勋闯下大祸，如果不及时洗刷自己，说不准日后被牵连进去。左思右想，知道此时不能再顾虑与张勋称兄道弟的“同袍之谊”，优柔寡断或含糊其词，都可能被张勋等咬上一口，酿成不堪设想的后果。于是他立即翻云覆雨，通电严斥张勋：“奉命入京，调停时局，忽以兵力包围清宫，逼勒清帝，擅行复辟”，表示要将“刻日举师问罪”，诛灭张勋。细读冯国璋与段祺瑞的讨张通电，就会发现一点共通之处，两人都极力为参与复辟的重要角色废帝溥仪及清皇室开脱，而把攻击矛头集中张勋一人。很明显冯国璋等迫于大势所趋是反对复辟早为人民唾弃的清王朝的。但作为先朝重臣，又怕被人们指骂为“忘恩负义”。当然，也并非仅冯、段如此，在这个问题上，几乎所有曾在清朝身膺重任的北洋将领如出一辙，没有例外。不过感情归感情，政治归政治。第二天(7月4日)，冯国璋在军署接见英国和日本领事时，明确表示：“中国的政体已走上了共和，不容许再有皇帝。”当英、日领事追问：“副总统既不赞成复辟，有何对策！”冯大声地回答：“只有打！打！打！”他在连喊三个

大字时，还捋起袖子，将拳头扬了三下，以示其决心。冯国璋本是沉稳谨慎之人，此次显得如此激昂果断，其急于洗刷自己与张勋暧昧关系的心情可见一斑。当时冯国璋虽急于出兵，扫平张勋，但自己的军队都在江苏，远水解不了近渴。于是他只得通过电报，就商于驻扎在保定的第三师师长曹锟。曹锟适被在京复辟的小朝廷授予直隶"巡抚"之职，尚在观望，一看风势不对，立即见风转舵，接受冯国璋的命令，参加讨伐张勋的军事行动。所部按照段祺瑞的指示，组编成讨逆军西路军。7月5日，冯国璋还在南京召集了有湖北、江西、浙江三省督军代表参加的军事会议，进一步商讨长江中游四省如何控制张勋辫军盘踞的徐兖地区及北伐诸事。幸得不久就传来讨逆军事进展顺利的讯息，免了冯国璋所部大动干戈。

张勋心里也清楚，他搞的复辟如果得不到南北军阀的有力支持，没有成功希望，所以在第一天事先准备好下达的'上谕"中，就特别授予冯国璋为两江总督，西南桂系头子陆荣廷为两广总督。后一看冯国璋并不"谢恩"，感到不妙，又加封冯为一等公、南洋大臣。谁想到这道上谕尚未下达，报纸上已刊出了冯的反复辟通电。对段祺瑞的声讨，张勋当时嘴上虽然声辩说，段祺瑞对复辟，"亦未拒绝"，但心里明白段总算是在天津还劝过他几句，对冯国璋、倪嗣冲等人，他则认为纯属背信弃义。4日，他首先致电参加第四次徐州会议的督军，质问倪嗣冲等：既由你们首先"揭出复辟宗旨，坚明要约"，现在复辟已实行为何又"意怀观望"。6日他又特别把矛头指向冯国璋和徐世昌，通电说：复辟的举动"同袍各省，多与其谋。东海（徐世昌）、河间（冯国璋）尤深赞许，'言使往返，俱有可征"。不过张勋也拿不出冯国璋参与复辟的有力证据。鼓动各省北洋督军赞同复辟的第四次徐州会议，冯国璋本人并未参加，仅派胡嗣瑗为代表到会观察。张勋的参谋长万绳栻见参加会议的徐树铮与倪嗣冲等赞成复辟，当场要与会者签名为信，据说胡嗣瑗代表冯国璋在一幅黄缎上签了名。但散会后胡未敢面见冯，而是跑到上海去密谋复辟去了。七月初当张勋在北京发动复辟以后，胡嗣瑗曾跑到南京，欲以三寸不烂之舌说动冯国璋参与复辟，但被冯拒之门外。况且，在张勋发动复辟前，冯国璋虽未直接劝谕张勋，但也间接向张表示不可莽撞。6月9日给张勋电报中说，熊希龄7日反对复辟通电，"实获我心"。希望张勋"正当解决"政局争端。11日他又专电张勋：请其务必"持调人态度"。

张勋的哀求与威胁当然是没有任何作用的。没有一个北洋督军愿意仅为"同袍之谊"而冒天下之大不韪，出面解救势在必亡的张勋。段祺瑞组织的东路军5日凌晨开始讨伐张勋的军事行动。奉冯国璋之命参加讨逆的曹锟第三师同日北上。7日讨逆军占领丰台，未经大的战斗就包围了龟缩城中的张勋"辫军"。随着军事上的失利，盘踞在北京城内的复辟集团很快瓦解。12日讨逆军分三路向北京城内的辫军发起总攻，张勋在外国人保护下逃往荷兰使馆。张勋复辟丑剧，只经历短暂时日，便以彻底失败而告终。

段祺瑞、冯国璋等玩弄伎俩，诱使张勋解散国会，逼迫黎元洪"归政"遭到以孙中山为首的国民党人的严厉谴责。7月4日，孙中山在致西南各省军政领导人的电报中指出，段祺瑞煽动北洋督军"独立"，罪在"谋叛"，而冯国璋"佯守中立，阴与周旋，兼为从中游说，迫胁元首，申请解散国会，实属通同谋叛。"

平定张勋复辟，使冯国璋、段祺瑞博得了新的政治资本，冯国璋坐上了代理大总统的职位，段祺瑞则自诩为"再造民国"的功臣，重登总理宝座。"北洋三杰"中，唯有王士珍列名复辟电报，政治上更加失意。

虚假客套　进京代理总统

黎元洪请张勋进京，原来想调停他与段祺瑞的矛盾，却想不到请了个"瘟神"，反弄得自己下不了台，无颜见中华民国国民，只得辞职了事。

黎元洪辞去了大总统，那么谁来当大总统呢？

对于这个极其敏感的问题，段祺瑞与冯国璋两派内部意见分歧。在段祺瑞的皖系，徐树铮一班人认为冯国璋手握重兵，如果加上总统的名义，有名有实，那就更加难以对付，因而主张由段祺瑞自己做总统，另一班人则认为冯国璋北上，既可以合理地解除黎元洪的职务，又可以调虎离山，把冯国璋从南京调到北京，置于自己的控制之下，自然更容易对付。思前想后段祺瑞认为冯国璋野心大，又有兵权，不易对付，不如由徐世昌来做总统，更容易控制些。

在冯国璋直系的内部，意见也不统一。陈之骥等一些人认为冯国璋不能离开自己经营这么多年的地盘和自己的军队，去北京做空头总统受制于人；而冯国璋的参谋长师景云等认为，冯不应当蜗居一隅，应乘现在中央无主的情况下，入主中央，名正言顺地扩大自己的权势。冯国璋自己则拿不定主意。

正当两派意见不一时，李纯、曹锟等将领，纷纷通电表示拥护副总统冯国璋北上就职。段祺瑞怕北洋内部在这个问题上又起风波，就派靳云鹏南下，劝冯北上。靳云鹏来到南京，力促冯段合作，以壮北洋声势，并向冯国璋表示段祺瑞此次组阁，一定服从冯国璋。

既有了李纯、曹锟等的拥护，又有了靳云鹏劝驾，兼之段祺瑞的保证，冯国璋决定北上就职，但他又提出条件，调江西督军李纯为江苏督军，为他看守南京老巢，提升第二十师师长陈光远为江西督军，接替李纯。段祺瑞原打算由心腹段芝贵接任江苏督军，见冯国璋坚决不放手，只得答应冯国璋的要求。同时作为交换条件，段祺瑞提出由段芝贵任京畿警备总司令，傅良佐为湖南督军，吴光新为长江上游总司令兼四川查办使，意在加强皖系在长江中上游的力量。这样，冯、段各有所失，各有所得，双方可谓"精诚合作"，皆大欢喜，达成了幕后交易。

7 月 29 日，冯国璋通电宣布，由于黎元洪"坚持引退，长此濡滞，则政令多歧，人心不定，进退维谷，负疚弥多。兹定于三十一日早至宁出发至京，亲适黄陂寓邸，固请复位，使国璋卸去代理职权，不胜大幸。"

8 月 1 日，冯国璋自己的亲信卫队抵达北京，当日上午就到东厂胡同黎元洪宅拜访黎，黎元洪也特地从法国医院赶回家等待冯国璋的拜访，两人见面，先是一番客套。冯国璋表示要请黎元洪复位，黎元洪则表示坚决拒绝，一个"恳请"一个"力辞"，两个配合得滴水不漏，终于唱完了这出戏。后来，黎元洪在冯国璋的帮助下，离开了北京去天津做生意去了，以后又不甘寂寞，被曹锟、吴佩孚请出，再作冯妇，又弄得灰头土脸，后悔不迭。

8 月 4 日，冯国璋通电宣布即日起北京行使代理总统职权。

北京政府表面上在冯、段合作的新体制下重新组成了。但是，这一体制仍是脆弱的，冯、段之间存在着不可调和的利害冲突，实际上处于对立的地位。冯国璋上台前二人在用人与地盘上的讨价还价已为新的府院之争埋下伏线。

“虎犬”斗法　失败下野

张勋复辟平定之后，冯国璋、段祺瑞二人瓜分了北京政权，一为代理大总统，一为内阁总理，形成了冯段体制。

冯段体制从一开始就存在着控制与反控制、架空与反架空的矛盾。冯国璋为了避免重蹈黎元洪的空头大总统的覆辙，加强自己的实力，除了在长江中下游布置巩固直系的势力外，又将自己直接统率的禁卫军扩大为两个师，其中以王廷祯为第16师师长，留在南京，与从江西调来的齐燮元的第6师一起作为巩固南京的主力。另外以刘询为第15师师长，率第15师移驻北京，并兼任总统拱卫军司令。这样，他在皖系控制的地盘中也有了自己的武装保护，做总统自然可以安心一些。

对于冯国璋的布置，段祺瑞也不甘其后，在打入川湖之后，段祺瑞又任命淞沪护军使节卢永祥兼任江苏军务会办。卢永祥是皖系一员，段祺瑞企图通过他打入冯国璋的根据地江苏地盘。

张勋复辟的事究其根由也是因对德宣战一事引发，复辟平定后，对德宣战再次提上日程。此时段祺瑞大权在手，而冯国璋也不愿一上台便与段祺瑞作对，加上此时国会已不复存在，因而宣战令得以发表。8月4日，冯国璋发布《大总统布告》，正式宣布对德国及其主要盟国奥地利宣战。这个布告由国务总理段祺瑞和各部部长汪大燮、汤化龙、梁启超、刘冠雄、林长民、范源濂、张国淦、曹汝霖副署发表。

对德宣战是冯段体制的重大外交决策，但主导者却是段祺瑞，冯国璋只是不坚持反对罢了。第一次世界大战后来以协约国胜利、德奥同盟国失败而告结束，中国虽未派兵参战，却也成了战胜国中的一员，段祺瑞非常得意，认为又为自己捞了一票。

段祺瑞的外交政策其实是内政，目的是借参战取得日本的借款，利用这些借款来扩充自己的实力，乘机建立自己的嫡系武装，改变总是以元老身份借重别人实力的状况。有了自己的嫡系武装，一则可以同西南方面作战，实现“武力统一”，二则可以增加与冯国璋及其他实力派争雄的砝码。

冯国璋在外交上可以迁就段祺瑞，在内政上却有自己的主张。段祺瑞一心想“武力统一”，而冯国璋早在护国讨袁时期就与西南方面保持着密切联系。梁启超、林长民以及西南军阀唐继尧、陆荣廷的代表是冯府的常客。而国民党人孙洪伊、唐绍仪等人，则将冯国璋视若盟友，冯国璋与西南及国民党方面一直保持联系，也是出于与段祺瑞争雄的需要。

段祺瑞重新组阁后，一直坚持不恢复国会，主张召集由他控制的临时参议院，这当然遭到国民党和西南方面的一致反对。由于国会问题，引起南北两方面护法与毁法之争。1917年7月，孙中山南下广州，通电全国，邀请国会议员南下护法，召开国会。8月，南下广州的国会议员召开非常国会，成立中华民国军政府。9月，选举孙中山为大元帅，唐继尧、陆荣廷为元帅。在护法军政府的号召下，以西南为中心的护法运动有了较大的展开。

面对护法运动的发展，冯、段各有不同的主张。冯国璋主张息事宁人，采取“和平混一”的政策，即与西南方面和谈，以维持西南现状为代价来换取西南方面对中央政府的承认；段祺瑞则因为自己是西南方面的攻击对象，故坚不与西南妥协，主张“武力统一”,以战争来解决问题。

段祺瑞的军事战略,是对湖南用兵以制两广,对四川用兵以制滇黔。1917 年 8 月 6 日,段祺瑞派心腹大将傅良佐为湖南督军。另一位皖系大将吴光新为长江上游总司令兼四川查办使,并调北洋第 8 师、第 20 师入湘。

湖南是西南的门户,西南方面对湖南的局势极为关切。当段祺瑞派傅良佐为湖南督军并调北洋军两个师入湘的命令发表后,陆荣廷就急电冯国璋,请他设法收回成命。冯国璋虽然主张“和平混一”的政策,但傅良佐任湖南督军是冯、段两人之间的一笔政治交易,用以换取李纯任江苏督军,因而他无法向段祺瑞启齿,便把陆荣廷的电报交给段祺瑞处理,把难题抛给了段祺瑞。段祺瑞根本不予考虑,便回电陆荣廷,坚持己见。

9 月上旬,傅良佐到达长沙。在去长沙之前,傅良佐特地绕道南京会见直系大将李纯,而后又跑到武汉会见王占元,目的是为了取得直系将领的谅解。傅良佐到任后,湖南省长谭延闿便辞去省长一职,并集中在湘南的军队,由第 1 师第 2 师旅旅长林修梅和代理零陵镇守使刘建藹率领,宣布独立。傅良佐则下令由第 8 师师长王汝贤、第 20 师师长范国璋为湘南正副司令,进攻湘南。

湘南争夺战,点燃了南北战争的导火线。为了对抗北洋军的南侵,陆荣廷在南宁召开两广援湘军事会议,组织两广护国军,由广西督军谭浩明为司令,率领五路大军,出兵援湘。南北两军在湘南摆开阵势厮杀。

南北战争,其实也是冯、段的权力之争。湘南战争爆发后,段祺瑞下令讨伐西南方面,要求罢免西南方面中心人物陆荣廷两广巡阅使的职务,而冯国璋则消极拖延,暗中与西南方面联络,处处阻碍段祺瑞。

然而,冯国璋自己也有顾虑,自己的地盘在长江一线,因而不敢大胆地提出自己的主张与段祺瑞对抗。段祺瑞也明白这一点,抓住冯国璋的弱点,不断对冯施加压力,迫使其让步。

在这种情形下,冯国璋需要一面在北京应付段祺瑞的强大压力,一面通过自己在外面的代表来表达其意志。当皖系准备大战一场时,直系的长江三督——湖北督军王占元、江西督军陈光远和江苏督军李纯联名提出了解决南北问题的四项意见:一、停止湖南战争;二、撤回傅良佐;三、改善内阁;四、整理倪嗣冲部。

长江三督的四项意见,是直系对皖系的第一次露骨的进攻。其第一、第二两项主张,旨在打击段祺瑞武力统一政策,使段的美梦破碎,第三项的矛头所向,是段内阁中的亲日派,以断绝段祺瑞的外交支持。

长江三督的背后,就是代理大总统冯国璋。长江三督的这一行动,确定给段祺瑞当头一棒,对于直系的进攻,皖系的回报是在前线暂时推迟全面进攻进划,并在北京对冯国璋施加重压。

至于怎么对付冯国璋,皖系内部也是意见纷纭。激进派主张发动政变来推翻冯国璋,或者干脆软禁冯国璋。一时间,北京城谣言四起,气氛紧张。冯国璋手边只有一个 15 师,真的打起来自然寡不敌众,明显要吃亏。段祺瑞罢免陆荣廷的命令早已送上,冯国璋一直以“大事化小”为借口,拒绝盖印。在段祺瑞的催促和皖系激进派政变的威胁下,冯国璋只好于 11 月 6 日将以下三道命令交印铸局发表:

一、调陆荣廷为宁威上将军,着即迅速来京;

二、特派龙济光接任两广巡阅使;

三、责成新任广东督军李耀汉严饬桂军开广西。

当天半夜，冯国璋越想越不甘心，派人将这三道命令从印铸局追了回来。第二天上午，段祺瑞没有见到这三道命令发表，气呼呼地跑到总统府，厉声呵斥冯国璋，讲好发表的三道命令为什么又不发表？冯国璋被逼无奈，只得再将命令交印铸局发表。

正当段祺瑞以主要精力对付冯国璋，前线却出了问题。

段祺瑞虽然力主"武力统一"，但他自己的嫡系武力却很有限。皖系的武力政策，往往要借用直系或者接近直系的军队。湖南前线将领第 8 师王汝贤、第 20 师范国璋均为直隶人，因乡谊与人事各方面关系，与冯国璋的直系更为接近。11 月 14 日，王汝贤、范国璋突然发出通电，主张停战议和，并且逼走了傅良佐。

前线将领请和，给主战派段祺瑞当头一棒。段祺瑞的政策已告失败，被迫在 11 月 16 日提出辞呈，同时发出通电，陈述其立场，暗中指责冯国璋对"武力统一"政策事先不反对，事后却指使前线将领停战撤兵，分化北洋集团，勾结西南势力。段祺瑞的通电，一则为自己辩解，二则煽动北洋派攻击冯国璋。

为了回击段祺瑞，冯国璋也发出密电，征求北洋各省对和战问题的意见。直皖两系纷争的白热化，使冯国璋去段之心日坚，便邀请徐世昌组织内阁。徐世昌在政坛上号称"水晶狐狸"，是个老滑头，一则不愿意直接与段祺瑞对抗，二则想利用直皖斗争来使自己来个渔翁得利，成为北洋的首脑，故而不愿为冯所用。冯国璋只好去找王士珍。王士珍胆小怕事，这个"北洋一条龙"最怕"北洋一只虎"段祺瑞，自然也不敢答应冯国璋。当此之时，直皖两派斗争激烈，胜负不明，一班政客们均想置自身于事外，待局势明朗后再作决定。

国内政客作壁上观，日本人却坐不住了。总统府日籍顾问青木中将和日本公使林权助警告冯国璋，表示日本政府不能坐视内阁变更而引起的纠纷，对冯国璋施加压力。

冯国璋面对日本人的威胁，不能不有所顾忌。他放慢了逐段下台的步伐，准备暂时先维持段祺瑞内阁总理的地位，同时也给段祺瑞一点脸色看看，解除了段的陆军总长职，派王士珍接任。

冯国璋虽欲逐段，但直皖两派势力相当，何况北京又非直系天下，冯国璋决策办事都很困难。在这关头，直系江苏都督李纯、江西都督陈光远、湖北都督王占元拉上了直隶都督曹锟于 11 月 18 日联名发表通电，主张撤兵停战，和平解决与护法军的问题。江西都督陈光远走得更远，干脆宣布保境安民，拒绝北洋军队假道江西开往湖南，要求停止川、湘两省的战争。

直系四督的通电，激怒了段祺瑞，11 月 20 日，段祺瑞再次提出辞职相要挟。冯国璋以为全面夺取北京政权的机会已经来到，下令准段祺瑞辞职，特任王士珍署国务总理，段祺瑞内阁倒台。

段祺瑞虽然辞去了国务总理之职，但王士珍依旧不敢接任，于是冯国璋又是组织军警代表请愿，又是亲自出马劝驾，总算把王士珍请了出来。然而，段祺瑞内阁的倒台，并未表明直系占了上风，双方较量还在紧张地进行。皖系的活动由段祺瑞在幕后指挥，徐树铮在台前指手画脚。

皖系一向以日本为靠山，其政治活动得到了日本政府的大力支持。段祺瑞、徐树铮策动山西、奉天、福建、安徽、浙江、陕西、黑龙江、上海、察哈尔、绥远，热河七省三区的督军、都统、护军使代表齐集天津，召开督军团会议，商讨对西南和战问题。与会代表一致主战，要求冯国璋下令讨伐湘、粤。主战派的督军团会议初步制定了分两路进攻湖南的计划：第一路推曹锟为主帅，率军由京汉路南下，经湖北进攻湘北；第二路以张怀芝为主帅，率军沿津浦线南下，经江西进攻湖南。

督军团会议是对直系的公然挑战，皖系之所以能造成这么大的声势，在于他们争取了直系实力派将领曹锟的支持。曹列名直系三督之电报，主动发起者为江苏督军李纯，曹锟虽然一开始不表示反对，后来见李纯成为各方面接洽的中心，心中遂生不满之意。徐世昌又对曹锟进行分化，告诫他要以北洋团体利益为重。曹锟本无政治头脑，便由附合主和派一跃为坚决主战派。曹锟的态度，成为直皖两派力量对比发生变化的关键。

皖系倚仗天津督军团，在实力和声势都占了优势。冯国璋虽然力主继续实行“和平混一”政策，但在政治和实力上都不占优势，心有余而力不足，遂一面宣布暂时停战，一面派私人代表王芝祥与李纯的高等顾问李廷玉同赴广西与陆荣廷谈判，准备解决了与西南方面的关系问题再腾出手来对付皖系。然而皖系却不让冯国璋喘气，加紧对北京政府施压，12 月 4 日，国务院任命曹锟为攻湘援鄂第一路总司令，张怀芝为第二路总司令。18 日，冯国璋被迫任命段祺瑞为参战督办，段芝贵为参谋总长。

此时，直系代表在广西与陆荣廷达成谅解，陆荣廷提出的条件是恢复国会、停止湘粤进兵和拥护冯国璋继任总统。一旦满足以上条件，两广便取消自主，冯国璋便发出停战布告，责成南北两军停战。

但皖系却不罢休，段祺瑞策动主战派将领再次在天津集合，反对恢复国会，要求冯国璋改变态度，下令讨伐西南。冯国璋没有办法，只得让步，由参谋部、陆军部办公处以奉大总统谕的方式向前线发出讨伐电令。

为解决冯国璋问题，徐树铮加紧策划，由临时参议院加速制定国会组织法和两院议员选举法，准备合法倒冯。冯国璋知道其中利害，便提出新的主张，即同时取消北方的临时参议院与南方的旧国会，按照原来国会组织法与两院议员选举法进行选举，产生新的政府与新总统。

对于冯国璋的主张，曹锟等 10 督军联名通电反对，要求以临时参议院代行国会职权，选举正式大总统。长江三督也毫不示弱，针锋相对地通电主张解散参议院。

冯、段的斗争再次达到高潮，又为摆脱受制于人的境地，冯国璋准备离开北京。1918 年 1 月 24 日，冯国璋与王士珍、段祺瑞、徐世昌一起讨论局势时，忽然一反常态，变成激烈主战派，表示西南方面欺人太甚，无法忍受，声称自己要亲自挂帅出征讨伐。随后，冯国璋率领拱卫军一旅，乘专车沿津浦线南下。

冯国璋亲征是假，不过是想逃出北京。然而皖系已经防到这一着，当冯国璋专车开到安徽蚌埠时，倪嗣冲便将车子截住，迫使冯国璋重返回京。

被迫回到北京的冯国璋被迫下达了讨伐西南的命令。皖系干将徐树铮又出关，以日本接济的军火为条件，换取奉系张作霖入关。得到了军火，张作霖迅速出兵入关，进逼天津，武力逼冯。

在此情形下，冯国璋不得不任命段祺瑞为内阁总理。段第三次组阁后，加快了合法倒冯的步伐。1918 年 8 月 12 日，安福国会成立，合法倒冯的时机成熟。

此时，局势又节外生枝，高唱主战的曹锟又变为主和，与长江三督相应和。为尽快倒冯，段祺瑞表示愿与冯同时下野，这样给了冯国璋一个面子。

9月4日，安福国会举行总统选举会，徐世昌当选为中华民国大总统。10日，徐世昌正式就职，与冯国璋行交接礼。

冯国璋与段祺瑞斗法失败，表示"返我林泉"，不再出山。段祺瑞表面上与冯同时下野，但仍以参战督办的名义，控制着中国政治。

死时未见"南北统"

冯国璋失权后，曾于1918年底至1919年清明，在津京两地共住了4个月零10天，其间也参与了一些政治活动，特别是关于推动和斡旋南北议和活动。到津第三天，冯国璋即主动拜访黎元洪，冯黎晤谈的主要内容，当然是如何斡旋南北和议。黎元洪原也想参加发起和平期成会，后终因仍与政治有牵连而作罢。12月14日，冯国璋接受了徐世昌入京磋商如何疏通南北意见的邀请。15日，他先与梁士诒、朱启钤等参加天津和平期成会预备会。会议通过了新旧国会同时取消，另组国民大会制定宪法解决国会总统问题等议案。18日，冯国璋乘专车由津入京。在火车上，他与同行的政界人士大谈自己对时局的看法。据当时京津沪大报报道，冯国璋在火车上的谈话称：南北和平是其去年就任总统时所抱的唯一政策，只是因当时时机不成熟，历经波折。徐世昌继任总统后，南北和议的时机好转，有成功的希望。而他本人与徐总统身份虽有朝野之别，但在此问题上，志同道合，只要有出力相助之处，一定本爱国之心全力以赴。值得注意的是，冯国璋在谈论中还提出，要想求得中国国内长久和平，根本解决则在设法打消各方军阀图谋扩充个人势力的野心，使掌握军队的人，"能发生一种觉悟，知武力不可恃，法律不可违，民意不可抹煞，勿凭借地位以逞私见"。

此次冯国璋在北京居住了3个多月，其间多次会见总统徐世昌和其他政界要人，并在各种公开场合表示赞成南北举行和谈。2月20日南北"和平会议"在上海举行，但至3月2日即因所谓陕西问题而中断。为此事冯国璋曾同政府有关人士接洽，并转托全国和平联合会的名流们向南方解释疏通，希望不致因陕西问题遂使南北和谈破裂。冯国璋此时虽尽力为徐世昌政府向南方疏通，但却拒绝了徐请其亲赴南方担任南北方之间的调解人的请求。因冯很清楚，在皖系控制着北方政局，特别是北方军队的情况下，徐世昌所搞的南北和议最终难得成功，自己赴南方担任南北调人，弄不好会落个有家难归的结果。4月3日，冯国璋抱着对时局的失望心情离开北京回家乡河间诗经村祭扫祖坟。

冯国璋自1918年的清明至本年9月赴天津小住，在河间故里居住近半年。乡居期间，冯囿于交通等方面的条件，基本未参加政治活动，主要精力放在经营家业并以休养为名静观时局变化。冯此次乡居时间较久，应说也有时局方面的原因，第一对于南北和议复会不久即破裂深感失望；第二由于徐树铮掌握的安福系仍很猖狂，长期居留北京没有安全感。9月初，在闻知内阁变动，靳云鹏代理内阁总理后，冯国璋方于该月7日由河间故里移居天津。冯在靳云鹏代理总理后方移居津京，是因为靳云鹏虽属皖系，但与徐树铮一向不睦，并不是安福系中人。而且靳云鹏与曹锟、张作霖都是儿女亲家，与直、奉、皖三系军人均有很深关系。因而冯认为，靳

云鹏出掌内阁总理,可能会有所作为。再者,天津有租界地,徐树铮不敢轻举妄动,安全方面也较有保证。

冯国璋移居天津后不久,听说第十五、十六两师中央拟划归陆军部管辖,而十六师为前清禁卫军所改编,其军饷待遇列入清室优待条件向由总统府军事处直接拨给。9月23日,徐世昌请冯国璋进京商议此事如何办理,为解除皖派军人对自己的戒心,冯于进京前特别向外界发表声明,此次进京"不过问南北和议"。

进京后,冯国璋多次到总统府拜会徐世昌,商讨第十五、第十六两师管辖的问题并兼及时局、内阁诸问题。10月14日徐世昌下令:第十五、十六两师仍由冯国璋节制,并恢复两师粮饷局,由冯自派人主办。在此期间,靳云鹏向冯国璋提出,由冯、段二人亲自出面,调和直皖二派的矛盾的建议。冯经反复考虑,同意试试看,但向靳明确提出,徐树铮不得参与此事。10月1日冯国璋到段府与段祺瑞晤谈。很快,报纸上刊登出"冯段交欢"的新闻。尽管冯段两人始终未撕破脸,公开闹翻,但二人心下恐都已清楚,直皖矛盾已深,不是两人见几次面就可以解决得了的。在北京期间,冯国璋仍未放松联络直系,11月中旬特派大管家张调辰(张夑元)即赴南昌、南京两地联络李纯和陈光远。

特别值得提出的是,冯国璋在其退位以后,三次提出召开国民大会以解决时局,乃至解决国会问题。最后一次就是12月12日。是日冯国璋通电各省,倡议召集国民大会解决时局。在组织国民大会前,可先行筹办外交后援会,再由该会推举代表,协商南北问题。不管冯国璋召集国民大会的出发点究竟主要是针对皖系的安福国会,还是南方的非常国会,还是两者均有,也不管其是否属于唱高调,就冯国璋这样一个掌权多年的军阀而言,能多次提出以国民大会来解决时局不能说不是其思想上的一个进步。12日这一天的下午,冯国璋又在徐恩元的陪同下,会见一位美国客人,严冬久坐受寒,当晚洗过澡后就病倒了。

按冯国璋自己所说,他的病开始并没什么,"怪自己没有介意"。冯本人一向笃信中医,所以冯家先延中医为其诊治,但一直不见好转,至21日中医束手,其三子家遇请来德国医生为其诊视。德国医生判定冯所患为伤寒。伤寒症本难治,加之冯已年老体弱,遂成不治。临危召张一麐等口授遗言给徐世昌,大意为:"和平统一,身未及见,死有遗憾,希望总统一力主持,早日完成。"同时还有遗电致南北各省长官:"愿内外同心,化除畛域,和平统一,务底完成。"冯国璋临死前,心中放不下的主要的事情仍是南北和平统一。

12月28日晚冯国璋病逝于北京地安门帽儿胡同冯宅。

1月24日总统徐世昌赴冯宅致祭,全体阁员陪祭。2月2日冯国璋的灵柩由北京帽儿胡同冯宅起杠,4日落杠安于冯氏家祠内。因当时冯国璋国墓尚未竣工,当月未举行葬礼,直至3月26日方由冯家出面办理场面隆重的安葬仪式,将冯氏灵柩入土。实际上,埋入墓内的灵柩并无冯氏遗体。装有冯氏遗体的灵柩,在移灵安葬仪式的前夜,由冯氏亲属和北京雇来的杠夫,悄悄埋在古洋河畔的黄龙湾冯氏祖坟里。

吴佩孚：秀才大帅 精通诡谋

【人物档案】

姓名：吴佩孚

外文名：Wu Peifu

别名：吴子玉、玉帅。

字号：字子玉

生卒：1874 年~1939 年

籍贯：山东蓬莱北沟吴家村人

毕业院校：北洋陆军速成武备学堂

服役军队：北洋第三师

参与战役：直皖战争、直奉战争、北伐战争。

信 仰：佛教 、道教 、儒教。

职务：直系军阀首领

主要作品：《循分新书》《正一道诠》《明德讲义》《春秋正义证释》。

吴佩孚

主要成就：一生饱读圣贤之书，人称儒帅。一生坚守三条信念：不敛财，不纳妾，失意后不进租界。他做官数十年，统治过几省地盘，带领过几十万军队，他没有私人积蓄，也没有田产，有清廉名。他还是亮相《时代》杂志封面的首位中国人，被《时代》杂志称为“Biggest man in China ”，中国最强者。

评价：先生托志春秋，精忠许国，比岁以还，处境弥艰，劲节弥厉，虽暴敌肆其诱胁，群奸竭其簧鼓，迄后屹立如山，不移不屈，大义炳耀，海宇崇钦。先生之身虽逝，而其坚贞之气，实足以作励兆民，流芳万古。（蒋介石）

墓葬：北京海淀区四季青乡红门村。其妻张佩兰于 1949 年 10 月 15 日病逝，即合葬于此墓内。

【枭雄本色】

吴佩孚早年曾考中秀才，后三入军事学堂，掌握了丰富的军事知识，对用兵“诡谋”十分精通，文武双全，时人称其为“秀才大帅”。

他善于捞取政治资本，多次倡言开国会，要求停止内战，甚至宣扬“四不”主义，欺骗民意。直皖战争中他采取以逸待劳随机应变策略，只打了 3 天就迫使段祺瑞通电辞职，被帝国主义说成是中国的“强者”。

吴佩孚虽精通诡谋，但在北伐军打击下几十万人马灰飞烟灭，赤手空拳发出了愿为“太平之民”的哀鸣，最后竟落了个死得不明不白的下场。

【风云叱咤】

抽烟闯祸走天涯

山东半岛上的蓬莱市，濒临渤海湾，自古多海市蜃楼的奇观，被称为人间仙境，是明代大军事家戚继光的故乡。到了近代，这里又出了一位叱咤风云的著名军事人物——吴佩孚。

1874 年 4 月 22 日（清同治十三年 3 月 7 日），吴佩孚出生在山东蓬莱市区。吴佩孚家境清贫，仅靠祖传的几亩土地和城里文风街开设的“安香”小杂货铺维持全家生计。吴佩孚排行老二，邻里都称他“小二子”，哥哥道孚早夭，实际上吴佩孚是老大。出生之时，因父亲吴可成崇敬本县抗倭名将戚继光，就引用了戚继光的字“佩玉”，为他取名佩孚，字子玉。

吴佩孚六岁即被送进东邻书塾读书，由于勤学不辍，加之天资聪颖，先生对之赞不绝口，夸奖他“惟子鹤立鸡群，不与群儿同流合污，自是可造之才。”吴佩孚在私熟的老师是著名的宿儒李丕森，因此，吴佩孚的古文有深厚的基础。除了老师李丕森的影响外，吴佩孚自幼喜读《三国演义》，《说岳全传》等书，崇拜关羽、岳飞及本乡民族英雄戚继光，故而思想保守，忠孝节义观念根深蒂固，但是又有一定的民族爱国意识。十四岁那年，因父亲病亡，家道中落，吴佩孚被迫辍学，而后为了谋取二两四钱银子的军饷以补家用，吴佩孚毅然从戎，穿上了水师营学兵的军装。然而就在这样艰苦的环境中，他始终没有放弃读《四书》，习八股。

1896 年，吴佩孚参加了科举，并顺利通过了县试和府试，进入了院试。主持院试的山东学政姚丙然出了“唯女子与小人为难养也”的考题，正中吴佩孚下怀，当场就把《四书集注》中的有关内容拼凑成文。姚学政对此文极为欣赏，在试卷上批了“亲切不肤，议论通澈”。这一年，22 岁的吴佩孚中了秀才。

中了秀才的吴佩孚洋洋自得，正欲科场得意、却不料因抽大烟闯了一场大祸，被逼得背井离乡，成为天涯沦落人。

登州是对外开放的通商口岸，其所属的大小城镇，烟馆林立，烟鬼遍街。吴佩孚也是其中老手。一日，他烟瘾发作，匆匆来到烟馆，可是“普通座”已无虚席，他就和伙计商量，想在“雅座”借抽几口，抽完就走。店里伙计便告诉他，有个“雅座”只有“翁爷”一人，正躺着瞌睡，要他去和翁爷商量。“翁爷”名翁钦生，是当地著名豪绅“八大家”中最有财有势的一个，在地方上举足轻重。吴佩孚熬不过烟瘾，便满脸挂笑地走进那间“雅座”。“翁爷”朦胧中听见响动，微睁双眼，见是吴佩孚，便懒懒地问道：“小二子干吗？”吴佩孚委婉地说明来意，话未说完，“翁爷”右腿一蹬，喝道：“滚！”吴佩孚气得脸色大变，拔腿就走。

蓬莱县既有“八大家”，又有“十虎”，“八大家”是地主豪绅，“十虎”却由十个不第书生组成，是一批兴风作浪的讼棍和文痞，官府对之奈何不得，连“八大家”也

对其惧怕三分。受辱不过的吴佩孚找到了“十虎”。“十虎”见秀才登门求救,受宠若惊,于是谋划一番。

不久,翁家给老太太祝寿,开设堂会。满城官绅,登门拜贺,酒足饭饱,大家津津有味地看戏。正乐在其中时,“十虎”率一班人,借拜寿之名,闯入厅堂。他们对男女同台演出,先是大呼小叫,继而拍桌摔椅,而后厉声喝止演出,接着大骂满座男女“违禁律”“助淫风”,宾客纷纷溜之大吉,堂会不欢而散。翁钦生怒火中烧,打听得是吴佩孚在其中作乱,遂亲赴县衙,嘱托县令查办吴佩孚。吴佩孚得知后,连夜逃往北京。这一年是1897年。

穷困潦倒　投笔从戎

吴佩孚连夜逃出蓬莱,一路上风餐露宿,硬是靠两条腿,由蓬莱逃到了北京,投奔他父亲的朋友在北京崇文门外巾帽胡同开“隆庆栈”的孙庭瑶。孙庭瑶答应让他白住店,但是饭食由吴佩孚自己想办法。这时已近年关,为了糊口,吴佩孚别无他法,只好在“隆庆栈”门口摆了个写春联的摊子,依靠写春联微薄的收入过着饱一顿饥一顿的生活。新年一过,写对联的生意日趋冷淡,日子更加难过。店主孙老头替他出个主意:“秀才念过经书,还是算命为好。”吴佩孚觉得此话有理,就从街上买了几本《河洛理数》《六壬大全》等书,关在房里仔细揣摩。几天以后,崇文门外多了一个卜卦算命摊,吴佩孚开始了他卜卦算命糊口的生涯。以后即使吴佩孚当上了“大帅”,他仍热衷于卜卦算命,他的卦卜得准不准自然无从得知了。不过,他给自己算的命似乎并不确切。吴佩孚自算可以活到120岁,结果66岁时候便咽下了最后一口气。

卜卦算命并非长久计,穷困潦倒的吴佩孚苦闷不堪。一天,吴佩孚与来京办货的堂兄吴亮孚在算命摊前巧遇。兄弟俩在小酒馆小酌一番,吴亮孚见他穷困不堪,便替吴佩孚出了个主意:“你在家乡就当过水师营的学兵,此时你既然进退维谷、无路可走,何不硬硬头皮,爽性走你往先走的老路,去投了军呢?”吴佩孚恍然大悟,一口干完杯中剩酒,毅然决定投笔从戎。临别时,亮孚再三嘱咐:“莫迟疑了,拆了摊子,快快从军去!”

1898年,吴佩孚应募投入了驻扎天津的淮军聂士成部。因为他个子不高,面皮白皙,身材消瘦,被派为管带的戈什哈,整天被人呼来唤去,实在不是个滋味,与他投军时的抱负大相径庭。

1900年,八国联军侵华。吴佩孚所在的武卫前军同八国联军激战于八里台,统帅聂士成英勇战死,所部溃散。这年,吴佩孚离开天津,赴唐山开平镇,准备投考专门培养军事人才的开平武备学堂。1901年,吴佩孚考取开平武备学堂。当吴佩孚学了一年多的时候,袁世凯决定将该学堂迁到保定,改名为“北洋武备学堂”,并规定,开平武备学堂的教官和毕业生一律到北洋武备学堂当教官或队长,而没毕业的要在北洋武备学堂从头学起,但也可直接去军队。吴佩孚想再从头学起,太不合算,所以决定再去当兵。因他没毕业,不能当军官,只好到天津陆军警察队当了一名正目(班长)。这下吴佩孚可吃了大亏,26岁的人了,功不成,名不就,有家不能回,仍然光棍一条,但他并没有因此而颓丧。中过秀才的吴佩孚总比那些斗大的字不识一升的大老粗办事机灵，且能说会道，再加遇上袁世凯扩编新军正是用人之际，所以很快吴佩孚就升任初级官（准尉），次年又升为二级初等官。这时，他听说袁世凯又在保定开办陆军速成学堂，修业一年即可去军队做禁习官，见习期满还可升哨长，他便设法进了这个陆军速成学堂，以及早弄张文凭。1904 年初学习结业后，吴佩孚被派往天津北洋督练公所参谋处工作，为陆军中尉。从此，他正式成为北洋系的一员。

死里逃生找靠山

日俄战争爆发后，他奉命参加日本在烟台组建的“芝罘特别班”，在日本情报处驻我国的情报首脑、袁世凯的私人顾问守田利远大卫的指挥下刺探俄国军情，助日作战。期间，他曾与一日本特务共同指使一个中国海盗，烧毁俄军的军火库和粮库，还为“特别班”找到了一个安全的撤退地点，为日本人立下了汗马功劳。因此，这之后，他更被重用。1904 年，他被派到东北搜集情报，可这次他却运气不佳，1904 年 10 月，当他携带一批情报去参加一次秘密会议时，被俄军抓获，俄国人看看他那满满一箱子地图、文件，便想在他身上大做文章，只要他肯承认是日本间谍，那么就可以证明清政府在日俄战争中没有采取中立，俄国就可以借机讹诈。故俄国人对吴佩孚又是威逼利诱，又是严刑拷打。吴佩孚当然知道其中利害，若说出来，那他自己也完了，所以他一口咬定自己是刚从军校毕业的学生，而且正在婚假中，东北之行完全出自个人的兴趣。这使俄军司令大为恼火，下令立即杀了吴佩孚。可恰在这时，哈尔滨的俄军情报部提出要提审吴佩孚，这样就要把吴佩孚押解到哈尔滨。死到临头的吴佩孚得知这一消息，眼睛马上亮了起来，他的白眼球一翻，便有了主意。在开往哈尔滨的火车上，他用一大堆香烟麻痹了押解的俄国兵，在火车转弯道时，他用大衣裹住身子，跳了下去，总算死里逃生。

1905 年 3 月，日本参谋总长大山岩侯爵亲自为吴佩孚受勋，将一枚“勋六等单光旭日章”佩在他的胸前，这大概是日本人给一个中国军官的最大荣誉了。但日俄战争结束，吴佩孚被调回保定北洋军后，并没有因此而得到重用。直到 1906 年 10 月因部队扩编，他才被任命为步兵第十一标第一营管带。这时，吴佩孚开始认识到要想迅速升迁，必须先得找个靠山。因为，此时北洋军阀集团中，已是派系林立，各派之间互相倾轧。吴佩孚刚调回北洋军时，在段祺瑞手下干事。可这个安徽人、后来皖系军阀的头子，当时不仅是有名的天津武备学堂的高才生，而且还留过德，所以他根本没有把吴佩孚放在眼里，只让他以原职充当一个没有实权的候差员。段祺瑞感兴趣的，当然是自己这派的亲信。

正当吴佩孚急于寻找靠山的时候，1907 年他所在的北洋第三镇被调往东北，先由凤山任统制，不久，就由很受袁世凯器重的、布贩子出身的曹锟接任，于是，吴佩孚便想方设法在曹锟面前表现自己。

东北地区“胡子”（土匪）横行，故清廷责成第三镇剿匪，但曹锟上任后，剿匪一事毫无进展。一次，他派去打土匪的一个团反中了土匪的埋伏，大败而归，气得曹锟又是叹气，又是跺脚。之后，他便向下官问谁有制服“胡子”的好办法。那些土匪既熟悉地形，又耳目灵通，所以每次不等官兵到，他们早已无影无踪，官兵遭土匪

伏击的事时有发生,所以,这种事躲都来不及,谁还愿往身上揽。因此,听了曹锟的问话,没有一人敢搭腔。吴佩孚一看机会来了,就挺身而出,说自己有办法对付“胡子”,并说愿亲自带兵去剿灭“胡子”,曹锟半信半疑地问:“你要带多少人?”吴佩孚回答说:“我只要一个营”,曹锟更加不信地问:“我派一个团都没能打过‘胡子’,你带一营人能行吗?”吴佩孚却非常坚定地说:“只要让我从各营中精选一营人,再给我20匹马,准行。”曹锟又问:“需多长时间才能将‘胡子’剿灭?”吴佩孚自信地说:“100天。”对吴佩孚的话,曹锟将信将疑,但既然无他人能行,不妨就让这个吴管带试一试。

吴佩孚的剿匪的确别具特色,他既不去捣土匪老巢,也不与土匪正面交战,只是派人在土匪的后面跟踪,使之无法胡作非为。当土匪气急败坏地掉过头来打他们时,官兵只抵挡一阵就撤走了;等土匪刚又要行动,他们就又在后面盯上了。得知真有“胡子”干起了坏事,吴佩孚的马队就及时赶到,予以歼灭。没多久,“胡子”感到吴佩孚有些神出鬼没,难对付,就给他起了个“吴小鬼”的绰号,两个月下来,“胡子”的头十分懊恼地说:“吴小鬼这个讨厌的家伙,一天到晚跟在咱们屁股后边转,害得我们两个月都没能做成买卖。我看,咱们不如先各自回自己村子去。”这正好上了吴佩孚的圈套,吴佩孚已对每个胡子的住址都摸了底,并分别在他们各家附近都派了侦探等着,所以回来一个“胡子”,他就抓一个,没多久,这里的土匪即被剿灭。这件事开始使曹锟对吴佩孚另眼相看了,但也仅此而已,直到1910年10月,辛亥革命爆发时,他还仍只是一个管带。但辛亥革命时,吴佩孚又找到了一个投机钻营的好机会。

投机钻营　成为直系军阀顶梁柱

武昌起义爆发后,吴佩孚所在的第三镇被派去镇压山西响应起义的革命军。当时吴佩孚是卢永祥的第一协炮三标的管带。这天深夜,曹锟亲自指挥部队登上火车开赴山西。吴佩孚和他的顶头上司刘标统同乘第一列火车。“我难道就只能当个管带?”躺在夜车上的吴佩孚思前想后,总也睡不着觉,他干脆起身下地看看火车到哪儿了。他摊开地图,用手电照外边掠过的站牌子,不禁心头一惊,怎么,不是火车要在井陉停车吗,可这井陉站都到了,火车却呼啸而过,他又瞄了一眼地图,心想再往前开,就要到娘子关前的平地了,革命军要是在那设下埋伏,后果不堪设想,其中一定有鬼,想到这儿,他急忙叫醒身边正睡得很香的士兵,带着他们去前面车厢找刘标统。

同情革命的刘标统早已将这次军事行动通知了山西革命军前敌总指挥姚以价。故姚在此设下伏兵单等曹锟入彀。本想夜间行车,不会被人发现,偏偏让吴佩孚看出了破绽。

当吴佩孚带兵闯入刘标统的车厢时,就见刘标统和他身边的人都身着崭新的革命军军服,吴佩孚便立即命令将他们逮捕,并马上命令火车退回井陉。所以,娘子关战役,山西革命军虽拼死奋战,但最终还是失败了。而吴佩孚却因此而立了一大功,感动得曹锟当即表示:“子玉(吴佩孚的字),这炮三标归你带了。”就这样,吴佩孚踏着革命党人的鲜血,爬上了标统(团长)的位子。

民国初年，作为袁世凯心腹的曹锟又得重用，他的第三镇被调入京畿，负责北京安全。1912 年，袁世凯企图制造不能南下就任临时大总统时，又选中了曹锟的第三镇，而吴佩孚更是充当了急先锋，是他首先率兵在北京朝阳门外东岳庙一带抢劫饭铺和水果摊点，随后第三镇的其他士兵便纷纷出动，为袁世凯大呼小叫，制造兵变，致使袁世凯的阴谋得逞。因导演并参加兵变有功，吴又被提升为由曹锟担任师长的第三师师部副长官。

尽管这样，曹锟也只觉得吴这个人鬼点子多，可以利用，并没有给他更多的厚爱。但一个偶然的事件却最终改变了曹锟对吴佩孚的看法，并最终确立了曹吴的“亲密”关系。1913 年，吴佩孚随第三师南下镇压孙中山领导的二次革命，到达湖南岳州。这天，湖南某团体开会，湖南都督汤芗铭与各军将领都出席了会议。身为师部副官长的吴佩孚代表第三师致辞。汤芗铭对吴的致词十分欣赏，认为吴是个不可多得人才。于是，当即向曹锟要吴佩孚。这时，曹锟想了想，感到吴佩孚还真是个宝贝，宝贝当然不能给了别人。为了使吴佩孚真正成为自己的亲信，曹锟开始重用吴佩孚。事后不久，曹锟就保荐吴佩孚做了第三师第六旅少将旅长，统领 6000 多人马。吴佩孚终于成为北洋军阀中数得上的大将。

1916 年，镇压护国运动时，吴佩孚又一次为袁世凯充当马前卒和打手。他率第六旅一路进军顺利，从援战泸州，到攻占兰田坝、太平场，为北洋系立下了汗马功劳。特别是后来又攻占了纳溪，对当时在军事上屡遭挫败的袁世凯来说，犹如打了一针强心剂，精神为之一振，袁世凯得到这一消息后，即下令对前线将士进行封赏，吴佩孚被袁特封为三等男爵，并晋升为陆军中将。

袁世凯帝制败亡后，吴佩孚被调回保定。战争使吴佩孚充分认识到军队的重要性。因此，这之后，吴佩孚四处招兵买马，收罗军事人才，几年后，他不仅恢复了因战争而损失惨重的第三师，而且又编练了 7 个混成旅，还使曹吴的军队成为北洋系的一支劲旅，为其以后在军阀中称雄打下了基础。

张勋复辟失败后，直系首领冯国璋当上了代总统。而皖系头子段祺瑞却以再造共和的“功臣”自居，对冯极不买账。这可把曹锟难坏了，他一方面慑于段祺瑞的势力，不敢冒犯，另一方面，他更不愿得罪自己一家子的冯国璋。曹锟左右为难之际，吴佩孚为其定谋设策：内助冯，外则顾全北洋派的面子，不公开反段。对此曹锟非常满意，于是，曹锟命吴佩孚随军驻汉口，代理第三师师长兼前敌总指挥，他几乎把自己的全部“家当”都交给了吴佩孚。从此，吴佩孚成了曹锟的心腹大将，成为直系军阀的顶梁柱。

“公然造反” 声望如日中天

袁世凯死后，段祺瑞以“北洋正统”领袖自命，他排除异己，援引同类，伪造民意，实行专制独裁统治。在军事上，他坚持武力统一的亡国之策，必以歼灭西南各省而后快。为此，1918 年他动用了直系精锐部队（主要是吴佩孚军）去湖南出战，以为这样即可保存皖系实力，又使直系主力远征西南，两败俱伤，他便可坐收渔利。就这样，1918 年段祺瑞操纵下的北京政府宣布，吴佩孚的第三师为南征第一路军。

2 月 6 日，吴率部出师湖南，血战长沙，攻占岳阳，以破竹之势直捣衡阳。他战

功赫赫，自以为湘督一席，唾手可得，但却只得一“常胜将军”绰号而已。段祺瑞竟任命征南战中没有寸功的皖系将领张敬尧为湘督兼省长，吴佩孚只白白做了一场督军梦。非但如此，段祺瑞还命张敬尧率4倍于吴的10万兵力，尾随吴后，以监视和争功，并借机继续扩大皖系势力和地盘。吴佩孚见段祺瑞在自己身后厚集兵力，暗中图己，咄咄逼人，无异于“螳螂捕蝉，黄雀在后”，所以打下衡阳，吴佩孚就再也不肯南进。并且，吴佩孚还于5月25日在耒阳公平墟与湘军谭延闿、赵恒惕的代表谈判，商定彼此各守疆土。

进驻长沙第二天，重新上台的国务总理段祺瑞给曹锟发去急电，一是命令吴继续追击，直捣两广；二是任命张敬尧为湖南督军兼省长。自己辛辛苦苦打下的地方却成了他人盘中的美食，吴佩孚越想越气，于是借口饷械供应不及时，按兵不动。

前线一停战，马上触动了段祺瑞的神经。于是放出风声，扬言要调曹锟为两湖巡阅使兼湖北督军，并晋授曹锟勋一位和一等大绶宝光嘉禾章一枚，授予吴佩孚勋三位和二等大绶宝嘉禾章一枚，犒奖攻克岳阳和长沙的吴佩孚部队各三十万元。然而，曹锟先是提出辞职，而后又请假上信阳鸡公山“养病”；接着，吴佩孚提出作战疲乏，要求部队回直隶休整。

曹锟与吴佩孚的一唱一和，段祺瑞大伤脑筋，于是离京专程到湖北犒师，劝阻曹锟辞职或请假。段祺瑞明白，在前线的吴佩孚是真正的打手，曹锟只是坐享其成而已。于是阴谋拉拢吴，册封其为“孚威将军”。

然而，吴佩孚要的是有权、有地盘的实职，对于段祺瑞的空头支票和空头衔毫不领情。

1918年6月，吴佩孚指使手下王承斌、同相文、肖耀南、张学颜、张福来五个旅长，向段祺瑞联名发了一份“请假”的电报。紧接着，又以第三师全体官兵的名义通电全国，扬言“兵疲将惫，不堪再战。”显然，吴佩孚“先战后和”的“战”已经结束，开始反戈倒击段祺瑞了。

8月7日，吴佩孚突然发表了一份致江苏督军李纯的“阳电”在电文里，吴佩孚直斥段祺瑞内阁，锋芒毕露，指责北京政府“误听宵小奸谋”，痛斥“武力统一”是“亡国政策”，从而公然倒段。8月21日，吴佩孚在衡阳又发表了致冯国璋的“马电”，请他颁布停战命令，并且高唱“文官不贪污卖国，武将不争地盘”的调子，而且声明自己“今生今世不做督军，不住租界，不结交外国人，不举外债。”

吴佩孚的举动自然是得到曹锟的支持。因为段祺瑞私下以副总统之位许给张作霖，使曹锟大为不满。于是在吴佩孚攻击段祺瑞之时，曹锟则接连不断向北京政府催索吴佩孚第三师的欠饷，并声称“不如此不足以平其气。”

9月4日，段祺瑞操纵的“安福国会”选举徐世昌为总统，冯国璋下台。吴佩孚根本不予承认，直接电告徐世昌：“公若就职，民国分裂乃由公始，师长等不敢为公贺，且将为民国吊。”

吴的通电，博得南方军阀谭诰明、谭延闿、岑春煊、唐继尧的一片赞扬，吹捧吴佩孚“大义凛然”。9月26日，由吴佩孚起稿，南方谭延闿、程潜、赵恒惕等17人和北方冯玉祥、张宗昌等12人联名发表通电，共请“冯代总统颁布停战命令，东海先生出任调人领袖，曹经略使长江三督帅及岑陆两总裁同担调人责任。”湖南前线的南北军阀联名电请下达停战命令，这是自有南北战争以来，南北军人同声反对北洋领袖的第一次。

段祺瑞接到电报后，又惊又怒，其喽啰更是惊呼："吴秀才公然造反了！"

1919年"五四"运动爆发，段祺瑞的亲日卖国政府成为众矢之的。吴佩孚抓住时机，一方面反对北京政府在"巴黎和约"上签字，主张取消中日密约，甚至表示在山东问题上可以用"相当之兵力，做最后之解决。"一方面又宣扬支持学生运动，历数曹汝霖、陆宗舆、章宗祥的卖国行动，主张"罢免惩办之"。吴佩孚通电声明用词慷慨激烈，闻者动心垂涕。当时正是"报端几无日不有吴氏之通电，且语语爱国，字字为民，吴氏之大名，遂无人不知。"

曹锟想当副总统的幻想破灭后，对段祺瑞的期望消失殆尽，于是从暗中支持吴佩孚直接出面反对皖系。他利用"东北王"张作霖和以"西北王"自居的徐树铮之间的矛盾，暗中与张作霖联络。1919年秋冬之间，由曹锟串联，河北、江苏、湖北、江西以及张作霖的东北三省共计七省反皖同盟成立了。这年12月，冯国璋病死，曹锟成为直系的新领袖，风云一时的长江三督也唯其马首是瞻。

有了曹锟的支持，加上"反皖七省同盟"的成立，吴佩孚更加肆无忌惮了。8月31日，他发出《救国同盟条约》，主张南北军阀勾结共同对付皖系，排斥孙中山镇压革命。1920年1月17日，吴佩孚上书北京政府要求"撤防北归"；20日，吴再次电请撤防。从1月到3月，吴佩孚"坚请撤防"的电报犹如雪片般地飞向北京。

一方面苦于没有足够军队接防，一方面害怕吴佩孚军队北归威胁自己的统治，段祺瑞授意北京政府采取拖的手段，能拖则拖，拖多久算多久。到了3月中旬再也无法拖下去的时候，段祺瑞再干脆命令曹锟，不许吴师撤防；同时以陆军部的名义令吴佩孚：在中央未有明令之前，不得自由行动。

然而，吴佩孚心中早有打算，根本不理段祺瑞这一手。3月，他与南方岑春煊的军政府商定：自己的部队开拔撤防时，由军政府秘密接济60万元；撤离的防地则由湘军接收。不久，张作霖和曹锟先后借做寿和追悼直军阵亡将士为名，在沈阳和保定召集"反皖同盟"的各省代表，秘密协商，最后取得了支持吴部撤防和解散安福系的一致意见。于是，吴佩孚的部队开始撤防北归。1912年时，吴佩孚是奉命"兵变"，而这次则是不令而行了。

当时，皖系军阀掌握中央政权，丧权辱国，丧尽民心，吴佩孚则借机攻击，顺势取巧，迷惑了不少群众。5月31日，吴佩孚到达武汉，一些青年学生手捧鲜花欢迎，称其为"革命将军"。吴佩孚则欣然受之，大言不惭地吹嘘自己是个"不问个人瘦，惟期天下肥"的人物。6月1日，吴佩孚鼓动如簧巧舌，发表了动听的演说，声称此次北上要解决三件事，一是打破日本人在北京的势力；二是破坏安福系；三是竭力使中国政治脱离军人的操纵。以这三件事看，吴佩孚不仅是民族英雄，更可以与段祺瑞的"再造民国"相比拟了。吴佩孚一路北上，一路声明不断，新意迭出。在郑州，他一方面为自己撤防北归开脱，"并无特别作用"，另一方面又威胁"若有人破坏大局，吴天职在，决不肯袖手旁观。"13日，他又发出一份更有迷惑性的电报，致电反皖各省召集国民大会解决一切问题。这个建议不但张作霖大光其火，就是曹锟也大摇其头，事实上，没有一个军阀赞同，就是吴佩孚自己其实也不赞成，不过是唱唱高调罢了。然而，这个电报在南方各省中得到人民团体的广泛响应，认为吴佩孚实在难得，识大体，知民意，顺潮流，一时间，吴佩孚声望如日中天。英帝国

主义的《字林西报》也出来捧场，对吴佩孚大加赞赏，认为“中国之治，为期或已不远。”

在直皖战争中大出风头

段祺瑞老谋深算，料到吴佩孚的撤防绝非单纯的撤防，于是做出一系列军事部署，准备先发制人。直皖战争一触即发。

6月22日，张作霖以“调解人”的身份到达保定。曹锟会同正在保定的江苏、江西、山东、河南、吉林、黑龙江、绥远、察哈尔等省的督军代表，与张作霖举行了秘密会谈，共同商定向皖系开战的大计。吴佩孚在会议上最为激进，认为当前内政、外交一团糟糕全由安福系掌政以及徐树铮跋扈所致。最后，会议签署了向北京政府发出的《最后通牒》，要求解散安福系，罢免安福系的内阁成员，撤销边防军和罢黜徐树铮等。

7月1日，曹锟和吴佩孚在保定发表声明，以直军全体将士的名义向皖系开战。7月6日，段祺瑞最后告知“调解人”张作霖：“罢免吴佩孚，万事皆休！”张作霖说：“这恐怕办不到吧？”段祺瑞咬牙切齿地说：“办不到也得办！你们办不到，我一定要办到！”而且极不耐烦地对张作霖说：“你回你的奉天，莫管我的事！”

7月9日，段祺瑞组成“定国军”讨伐曹吴，自任总司令，徐树铮为参谋长；同日，直系在保定组成“讨逆军”，曹为总司令，吴为前敌总司令兼西路总指挥。

7月14日晚，直皖战争爆发，双方以涿州至定兴的西路战斗最为激烈。开始，由于皖军从日本得到的优良武器和日本顾问的策划，处于优势。吴佩孚则采取避其锋芒以逸待劳随机应变的策略，命令直军逐步抵抗，逐步撤退。两天之内，直军退出了军事要地涿州，战况极为不利。

16日，西路战场风云突变。由于大雨滂沱，皖军大炮失去威力。当晚，吴佩孚亲率两个旅包围涿州。18日，吴佩孚投书涿州城内的皖军第二路军总司令曲同丰，请他前来议和。曲同丰曾是吴佩孚在武备学堂的老师，一方面考虑到自己身陷重围，处境不妙，一方面又认为他与吴有师生兼同乡之谊，吴佩孚不会将他怎样，于是在参谋的敦促下，偕同投书者前往吴佩孚处协商议和之事。不料，吴佩孚二话不说，将曲同丰拘禁，不论曲同丰如何叫喊，只是不理。主帅被扣，军心大乱，皖系守军开始后撤，吴佩孚趁机发起冲锋，当天便占领了涿州，并向长辛店追击。主帅临阵脱逃，群龙无首，西路皖军遂成乌合之众，纷纷溃败。

吴佩孚在西路战场的大捷，促进了奉军“协助”东路直军作战的行动。本来段祺瑞自恃有日本人的支持，加上张作霖的“中立”，对作战前途甚为乐观。13日，他接到张作霖发出的《派兵入关参加助直倒皖战争》的声明，才知道自己打错了如意算盘，慌了手脚。14日，段祺瑞压迫徐世昌发布“各军停战撤回原防”的命令，想推迟这场战争的爆发，但为时已晚。

张作霖命令张景惠的部队在北仓配合直军，联合向廊坊进攻，从而东路战场的形势发生了变化。天津附近直皖两军相峙的局势骤变。19日，东路皖军在直奉两军的南北夹攻下，溃不成军，在廊坊指挥作战的徐树铮落荒而逃，匿身于北京的日本使馆。

双方准备了足足两三年的直皖战争，只打了3天就成定局。7月18日，段祺瑞请求徐世昌下“停战退兵令”。19日，段祺瑞通电辞职。直皖战争，以皖系军阀的绝对失败而告终。

兵败汉口　西逃入川

1926年，南方的广东革命政府开始北伐。7月1日，广东国民政府发表了《北伐宣言》7日，国民革命军正式誓师北伐。而在此前，北伐的先遣队已开赴湖南。巩固北伐的前沿阵地。7月初，北伐军兵分三路进军湖南。在广大工农群众的热情支持下，北伐军一开始就占了优势，吴佩孚的军队被打得节节败退。7月12日，北伐军占领长沙。

这时，吴佩孚陷于南北两线作战、顾此失彼的困境中。直系内部的一些将领认为吴佩孚的老巢在湖北，南重于北，应抽身南下，将进攻南口的指挥权交给奉系。可是，吴佩孚即认为如果自己放弃进攻南口的指挥权，而南下主持湖北的战事，那京汉线北段的地盘，就会被奉军夺去，致使无法继续控制北京政权。因此，他不管南方的告急电报多么频繁，还是咬紧牙关发誓：“南口一日不克，本总司令一日不能南下。”同时，他督促孙传芳出兵，要求唐继尧援助，以缓南方形势。但是孙传芳为了避免卷入漩涡，对湖南战事采取了坐山观虎斗的态度。吴佩孚无可奈何，只得厚着脸皮，派其秘书长同奉军代表协商，表示愿意把北方军事完全交由奉军负责，自己则预备逐步抽出兵力，全力对付南方。从7月19日起，进攻南口的主力和指挥大权遂由奉军方面担任。8月14日，国民军因势单力薄，寡不敌众，被迫放弃南口。

北方的南口战役刚结束，南方战场上吴佩孚的“联军”已无法抵御北伐军势如破竹的攻势。8月22日，北伐军攻克湘北重镇岳阳，打破了吴佩孚固守待援的计划，使革命战争迅速推进到湖北境内。随后，又以风卷残云之势，接连攻克通城、崇阳、蒲圻等县，直逼汀泗桥。吴佩孚接到岳阳守军的十万火急电报后，立即命令齐燮元驻长辛店，行使总司令职权，指挥北方军事，自己则率军星夜南下增援。自此起吴佩孚在北方的势力一落千丈，部队逐渐瓦解。

8月25日，吴佩孚急匆匆赶到武汉，在查家墩司令部发布了“死守汀泗桥”的命令。汀泗桥为鄂南第一门户，地势险要，西、南、北三面环水，东面山崖耸立，只有南面有粤汉铁路可通，而铁路桥东，河深难渡，这是一个易守难攻的险要据点。自古以来，汀泗桥是兵家必争之地。为“死守汀泗桥”，吴佩孚迁司令部于贺胜桥，集重兵于汀泗桥，企图凭借汀泗桥的天险据守，求得一个暂时喘息的机会。同时，他不断发出电报，急调京汉线各部队星夜驰援。

8月26日，北伐军发起对汀泗桥的总攻击。直军尽力死守，吴佩孚亲率卫队到阵地督战，并组织八个大刀队，分八路监视各军，下令：“退却者，杀无赦！”凡遇临阵退却者，不分官兵，大刀队挥刀便砍。就在那一天，吴佩孚当场处决临阵退缩的中、下级军官达九名之多，因逃退被大刀砍掉脑壳的士兵不计其数。北伐军攻了一昼夜，进展不大。27日拂晓，作为预备队的叶挺独立团，被调来参加战斗。叶挺独立团进入阵地后，从右翼高山往下猛冲，第四军其他部队铁路两侧配合，吴佩孚

的军队在夹击下,被打得晕头转向,仓皇溃退。这时候,吴佩孚气得两眼血红,几近疯狂,亲自手持大刀随同大刀队一起举刀飞舞,转眼间砍杀其溃兵一百余人。然而,即使刀光闪闪,人头滚滚,也阻挡不了部下官兵的四散溃逃。当日上午,北伐军占领了汀泗桥,又乘胜追击,拿下了贺胜桥,打开了通向武汉的最后一道门户。

吴佩孚败退至武汉,紧闭城门,以守待援。他清楚地知道现在要守卫武汉,既无可用之兵,又缺忠心能战的将领,只得命令败兵加紧挖掘战壕,在当地构筑炮兵阵地,想凭借武汉的城垣和长江天险暂作守卫,以等待援兵的到来。吴佩孚为了表示自己"要与城共存亡",反复地对部下说:"我决不放弃武昌,我吴佩孚死在战场上比死在床上好。"为"死守武汉",吴佩孚不断发电报催促各方面迅速派兵来援。但是,京汉线上吴所属的各支部队,见势不妙,各怀鬼胎,虽经严电催促,却迟迟不来。杨森、袁祖铭忙于内部的争斗,无兵可派,孙传芳自感境况不妙,也按兵不敢动。因此,吴佩孚所有这些求援电报发出后,都像石沉大海,永无回复。在北伐军围攻武汉的这段时间里,吴佩孚已无兵可调,心里又急又气,无奈自己力不从心,只得借助吹牛来支撑局面。他在司令部召开的军事会议上竭力吹嘘自己的武力,仿佛只要他亲自督师,就可以一举歼灭北伐军。他还发出通电,谎称其击毙北伐军数万人,其部队已占领长沙等等。但吹牛似乎也并不能让吴佩孚苟延残喘,很快,在内外交困下,吴佩孚自知大势已去,于9月7日清晨,在一团卫队的护送下偕靳云鹗等人偷偷地从汉口逃往河南。被困在武昌城内的吴佩孚残部,在外无援军、内无弹粮、军心瓦解的情况下,成为瓮中之鳖。北伐军占领了武汉,这从根本捣破了吴佩孚的巢穴,断绝了吴佩孚的生命(因为吴佩孚的生存靠的是汉阳兵工厂和武汉之饷源),"可算从根本结果了吴佩孚"。从此,逃到河南的吴佩孚尽管一再收拾残兵败将,以谋反攻,但在国民军和北伐军的强大攻势面前,直系内部将领人人自危,拥兵自重,各找出路,吴佩孚好不容易收罗的残军,还未来得及同北伐军交战,就自行瓦解了。吴佩孚只得急匆匆地向西逃窜,堂堂的"讨贼联军"总司令吴佩孚此时是人枪两空,他自知大势已去,遂不能不重新计议新的出路。

吴佩孚在大势已去,天涯茫茫,四面楚歌,别无良策的情况下,只能于1927年6月,渡江南下,西逃入川,暂时投靠"子惠老弟"——杨森。在逃窜途中,他的一行人马,疲乏零乱,风声鹤唳,草木皆兵,行至灰店铺时,当地土匪误认是商队,企图抢劫,一枪将吴佩孚的秘书长击毙;再到太平店渡河之际,又遭到已改投冯玉祥的原部将张联陞的堵截,硬拼之下,吴佩孚仅率二百余残兵狼狈过江,连夜向南障逃窜。以后,他为避免沿途守军的截击,只得带领残兵败将,专拣土匪出没的荒僻小路逃跑,凡过一山寨,必先命士兵手持"吴佩孚"的大张名片,向盘踞一方的"绿林好汉"借路,幸亏"盗亦识货",一路尚通畅无阻。7月,他终于抵达巴东,由杨森迎至白帝城,以此暂作栖息之地。

赤手空拳　愿为"太平之民"

吴佩孚图谋东山再起之心不死。在白帝城他表面上喝酒赋诗,哀叹自己的失败,并不得不发出通电,声明今后"政治於否均非我知。"暗地里却另有打算,整日与亲信幕僚密议国内形势,策划于密室,并拟出一个东山再起的"计划"。不久,他在白帝城打出“孚威上将军”的旗号，搭起了“大帅行辕”的架子。这时，吴佩孚加紧勾结四川有旧交的军阀，向他们索取金钱和物质方面的馈赠，还不断派人出省，暗中联络原部下将领。在多方游说和四处拉拢下，他的残兵败将相继尾随而来，结果，竟先后收容了二千多人。流亡的靳云鹗派遣亲信前来，表示自己带领的三万人民愿听从吴的调遣，在北方统治已摇摇欲坠的张作霖，也命张作相代为转告：“公能督率川军，早日出征，则得之也。”表示了愿与吴佩孚再度合作，共挽危局的愿望。

吴佩孚入川托庇杨森意欲再起的野心，势必引起蒋介石的南京国民党政府的反对。汪精卫“七·一五”反革命政变后，由于国民党政府各政治集团的争权夺利，蒋、汪之间尚未合流，双方正各自加紧抢夺地盘，扩大势力。此时，四川各派军阀虽然名义上都已投靠南京国民党政府，但是实际上仍各自为政，独霸一方。蒋介石早已垂涎“天府之国”，只是力量有限，一时不能控制，现在吴佩孚入川，更使他担心四川因此而“独立”。于是蒋介石施用各种手段，来驱逐吴佩孚出川。首先，蒋介石从四川内部来发起讨吴活动。1927 年 8 月 20 日，中国国民党四川旅沪同志会首先发出通电，声讨吴佩孚。随后，成都又举行了颇有声势的“四川各界民众讨吴大会”，宣布吴佩孚历年祸国殃民罪恶三十条，“共讨吴逆”。其次，蒋介石设下调虎离山计，决定调杨森部队到湖北讨伐唐生智，以削弱吴佩孚所依托的杨森的实力，使吴佩孚在四川孤立无靠，难以立足。12 月，吴佩孚唆使杨森与武汉的唐生智联合攻蒋的阴谋败露，蒋介石干脆以南京政府名义，公布吴佩孚祸国殃民的事实，发出通缉吴佩孚的命令，要求四川军阀协助捉拿归案。

1930 年秋，中原大地风云飘零，蒋、桂、冯、阎的中原大战正在策划之中。野心勃勃的吴佩孚不甘老死林泉，乘机又跃跃欲试。他招揽了一批失意军人、政客，扩充了武装，联络了各方势力，又准备出川“调解”政争了。然而，蒋介石指使四川军阀刘湘派兵阻拦，只许吴佩孚一人经过，随同人员一律不得同行。吴佩孚刚刚举起的“孚威上将军”的“帅”旗未满一天，颓然倒下。1931 年 7 月，吴佩孚借游览山水之名，悄然离开成都，而后进入西北。他宣称，他与国民党是“鸟兽不可与同群”，准备招抚旧部，以图东山再起。

1931 年底，吴佩孚辗转逃至北平，寄居于“世侄”张学良之下，企图寻求张的支持。张学良对这位老世伯毕恭毕敬，安排了东四什锦花园胡同的大宅院为其寓所，每月送上四千元，然而见面却绝不谈国家大事。吴佩孚对张学良这种“敬鬼神而远之”的做法大失所望，说：“张学良这小子没出息，忘记了自己的国仇家恨，真是不忠不孝。”发牢骚之余却无可奈何，每日在家与手下仅有的“八大处”属员讲述《春秋》《易》《礼》的微言大义，一面又在住所设“正一堂”，早晚打坐参禅，扶乩念经。

枭雄归天　死得不明不白

1937 年 7 月 7 日，日本帝国主义发动全国侵华战争，吴佩孚又有复起的机会。日本帝国主义需要汉奸，需要傀儡来掩人耳目，“共建大东亚共荣圈”。而吴佩孚曾在中国政治舞台上显赫一时，有一定的影响力和号召力，何况，吴佩孚既与蒋介石有宿怨，又是坚决反共的先锋，自称“以均产主义来对付共产党所信奉的共产主义，以振兴礼教来扑灭共妻主义”，无疑是日本侵略者选择傀儡的合适人选。

日本侵略者与吴佩孚早有联络，或曾答应助他“武力统一”，或曾同意助他东山再起。“七·七事变”后，吴佩孚与日本人关系深化，联系密切，接触频繁。他一反过去抗日的姿态，多次向日本侵略者表示自己的“抱负”和“坚决反共”的决心，以期取得日本当局的青睐。

1937年底，伪华北临时政府组成，吴佩孚列衔“特高顾问”，每月“车马费”四千元，什锦花园吴寓也一改“门前冷落鞍马稀”的状况。吴佩孚也放出风声：“要是民意让我出来，那我倒是可以考虑的。”

日本人对吴佩孚也确实情有独钟，确定了吴为中央傀儡政府的拥立对象，精心制定了代号“吴佩孚工作”的计划，派出了大迫通贞、川本芳太郎等高级特务负责吴佩孚“出山”，同时又诱唆一批社会渣滓向吴佩孚发出所谓劝进信、拥戴电，促吴“出山”。

吴佩孚倒也不甘被人玩弄于股掌之上，他提出了“出山”条件，就是要有一支自己的军队和一个自己的政府。吴的这种态度，使日本侵略者进退两难，于是采取了“霸王硬上弓”的方法。1939年1月，汉奸组织“和平救国委员会”，聘请吴佩孚为“绥靖委员会”委员长。1月31日，按照土肥原布置，在吴佩孚住宅举行中外记者招待会，欲对吴施加压力，迫其就范。这一天，吴寓军警林立，参加招待会的记者达130余人。之前，军警散发了由土肥原机关拟定好的吴佩孚书面讲话稿，人手一份，中、英、日文字具备。然而，吴佩孚却抛开日本方面的讲稿，出其不意地发表即席讲话，公开表明了自己的态度，要做一个有实权的政府首脑。于是，在吴佩孚“出山”问题上，日、吴之间存在看很大距离。

经过一段时间的会谈，吴佩孚逐渐明白，日本人不过是利用他而已，而自己若一旦上当得到的不仅是“尸位素餐”，而且还有千古罪名，为四万万人所不齿。于是，这位自命“肩担道义安天下”，标榜今生“不结外人，不借外债，不住租界”，以抗倭英雄戚继光同乡而自豪的吴佩孚，终于表明自己的对日态度。

6月16日，日本内阁五相会议通过了汪精卫拟定的《收拾时局具体办法》，指示汪精卫与吴佩孚“折冲”。18日，大迫通贞在北平与吴佩孚再次进行会谈。大迫通贞开门见山地提出了“汪吴合作”的建议，可是吴佩孚却反复重申了他“出山”后应拥有的权限和地位，要求成为中国之元首，与天皇处于平等的地位，其所任命的各部总长，在进行交涉时，与日本各省大臣平等。在以后的多次会谈中，吴佩孚甚至振振有词地说：“试能与日本交涉不失中国主权，得以结束日中战争，固所企望，愿意听从。若与‘临时’、‘维新’两政权相似，寄人篱下，未敢从命出山，而决心抗战到底。”

在日本侵略者把主持“和平运动”的重心转向汪精卫后，吴佩孚对汪氏进行了更加激烈的抨击。9月、10月，汪精卫在主子的指使下，又连续几次发函，邀请吴佩孚参加伪政权，甚至提出“汪主政，吴主军，平分秋色”的方案。10月9日，吴佩孚在给汪的复信指出，汪组织政府，在重庆政府依然存在的情况下，属于非法，若听之任之，“有碍和约之履行，反之则西班牙殷鉴不远，而人民益将不堪其命，国家不幸中之尤不幸矣。”吴佩孚还公开表示：汪精卫已“在日军监督下组织御用政府之形成，到底不如老蒋在支那大众特别是中青年层中得人心。”吴佩孚的这种态度，使日本当局对他逐渐失去了兴趣和热情。

然而,吴佩孚的"学生"川本,仍不愿罢休。他怂恿日本侵华派遣军总参谋长板垣征四郎出面,拜会了吴佩孚,再一次劝诱"汪吴合作",共筹"新生之政权",使"中日战争的和平解决"。可是,吴佩孚却强硬地回答:"日本既需要和平,何不先行撤兵,向国民政府请和? 若办不到,何必找我!"吴佩孚的态度既然如此强硬,日本终于决定选择汪精卫而抛弃吴佩孚。日本帝国主义在侵华战争初期,把促使吴佩孚的"出山"看作是日本开展"和平运动"的头等大事。这项工作使日本当局花费了巨大的人力和物力,耗资3000万巨款,然而,到头来却是一无所得。日本当局对"吴佩孚工作"中止后,以前冠盖如云、车水马龙的吴公馆,又变得门庭冷落了。此时,吴佩孚已清楚地知道,自己最后东山再起的希望,已从"吴有办法"变成了"无有办法",只能闭门喝酒赋诗打发日子了。

1939年11月24日,吴佩孚吃午饭时,饺子馅里肉骨头渣子正好嵌入左边一只镶有金牙套槽牙的牙缝里,疼痛难忍。家人急忙请医院里牙医来寓诊治。医院派来的牙医是日本人伊东,当场就替吴佩孚拔去了这棵槽牙。但到第二天,吴佩孚牙疼不见好转,而且左颚高肿,浑身忽冷忽热。家人又从天津请来中医郭眉臣来诊治。吴服用了几剂汤药后仍不见效。以后又遍请名医诊治,可是吴佩孚左颚肿痛越来越剧,甚至连粥和水都难以下咽,渐渐地两腮尽肿,喉头发炎,神情也恍惚了。12月4日下午3时,"学生"川本芳太郎携领日本军医寺田及护士,由华北大汉奸齐燮元陪同来到吴宅。寺田稍做检查后,告诉川本这病非动手术去脓不可。川本不征求陪伴在一边的吴佩孚老婆的意见,竟自作主张地立即要寺田给吴佩孚动手术。齐燮元也在旁极力"劝慰"吴的家属,要他们放心。3时45分,对吴佩孚施行手术。但手术后,吴佩孚一直处于昏迷状态,当晚就断了气。

精明过人的吴大帅死得却不明不白,当时各方面传说纷纭。日本当局宣称:重庆方面害怕吴佩孚"出山",于是收买人设谋毒杀;重庆国民党政府则宣言:"吴佩孚将军之死,据各方调查,得悉吴并非因病致死,确系敌威胁利诱,迫其发表拥护新政府宣布,被吴拒绝,乘吴牙疾就医致死。"不管怎样,叱咤风云的吴佩孚的结局令人感慨万端。

不过,长于卜卦算命的吴佩孚怎么也不会料到自己死后会这么热闹。国民党《中央日报》予以头版大标题报道。蒋介石亲发唁电,表彰吴佩孚"精忠许国""大义炳耀"。而后,国民党行政、立法、监察三院院长和政府各部部长也纷纷致电哀悼,吹捧其"大节凛然,数年如一日","足为我国军人之模范","可为中国旧军人最后一个典型。"几天后,国民党最高国防委员会和政府分别决议,追赠吴佩孚为一级上将,其生平事迹,"存备宣付史馆。"

吴佩孚一生罪孽深重,给人民带来巨大痛苦和灾难,然而他与其他军阀如段祺瑞、曹锟、张作霖相比,多少有些不同。董必武曾对他作为分析:"吴佩孚虽然也是一个军阀,他有两点却和其他的军阀截然不同,第一,他生平崇拜我国历史上伟大的人物是关、岳,他在失败时,也不出洋,不居租界自失。……第二,吴氏做官数十年,统治过几省的地盘,带领过几十万大兵,他没有私蓄,也没置田产,有清廉名,比较他同当时的那些军阀腰缠千百万,总算难能可贵。"

孙传芳:处心积虑 臭名昭著

【人物档案】

姓名:孙传芳

别 名:孙馨远、东南王、笑面虎。

字号:字馨远

生卒:1885年~1935年

籍贯:山东省泰安府泰安县人

毕业院校:北洋陆军速成学堂步兵科、日本陆军士官学校

信仰:三爱主义

职务:直系军阀首领、安国军副司令、五省联军总司令。

主要成就:雄踞江南,统辖五省,成为直系领袖之一。

评价:纵观孙传芳的一生,只是北洋军阀统治时期的一个悲剧性人物。好战成性,是其一大特点;机警投机,是其另一特点。而关键在于北洋军阀的时代烙印,使他思想陈旧,拒绝接纳新思想和新事物,逆历史潮流而动,终于折戟沉沙,为大浪淘尽。此正是:其兴也勃焉,其亡也忽焉!(欧阳悟道)

孙传芳

墓葬:北京市海淀区香山南路北京市植物园东北侧,北临寿安山,南、东、西侧为绿化地,墓地周围松柏围绕。

【枭雄本色】

孙传芳山东泰安人。字馨远。先后毕业于北洋陆军速成学堂步兵科、日本陆军士官学校。在北洋陆军中历任师长、督理、闽浙巡阅使等职。1925年驱逐苏皖等地奉系势力,自称浙、闽、苏、皖、赣五省联军总司令,曾镇压上海工人第一、二次武装起义。同年冬,所部被北伐军打垮后投奔张作霖,任安国军副总司令、第一军团军团长,1927年8月率部渡江反扑,在南京龙潭被国民党军队击败。后在天津英租界居住,1935年11月被为父报仇的施剑翘用手枪击毙。

【风云叱咤】

自称是一个地地道道的军阀

泰安是一个风景秀丽,历史悠久的地方,“五岳之首”的泰山主峰坐落于境内。

1885 年 4 月 17 日,孙传芳诞生于泰安县城以东,距泰山约 40 华里的小村下乔庄。40 余年后,这个出生于动荡岁月的男孩,自封为东南五省联军总司令,独霸南方,风云一时。

据孙传芳的后人介绍下乔庄孙姓的情况,孙家是从孙传芳的祖父一代移居于此的。孙的祖父名叫孙振仑,是一个地道的农民,家境并不宽裕。孙振仑生了一个儿子,即孙传芳的父亲,名为孙育典。孙振仑一心想让儿子读书,希望将来能捞个一官半职。孙育典年轻时也勤奋读书,锐意进取,20 多岁时便考中秀才,后屡试不第,始终没考上举人,也就绝了当官这条路。于是做了一名私塾先生,以教书维持生计。

虽然教书的收入非常微薄,孙育典却对学生认真负责,管教起学生来也极为严厉。一些不肯规规矩矩听讲的顽皮孩子经常要受到他的呵斥,有时还要罚站或打手板。先生的用心当然是良苦,但没想到孙育典却因此而惹祸上身,引起了一场祸端,而他也因此一命呜呼。

事情是这样的:在孙育典任教的私塾里,有一个孙姓本家(孙维)的大舅的孩子就读。这个孩子在上课的时候不服先生的管教,孙育典便打了这个学生,但孩子的父亲,即那个本家的大舅却不依不饶,遂与孙育典扭打起来。孙育典是一介书生,怎能打得过擎天干体力活的农民,在扭打中,育典的发辫被揪下来一大缕。发辫被揪,对教书先生来说,当然太伤脸面,没了师道尊严,连做人的自尊也损害了。育典自认为是奇耻大辱,无法再见人了,因而羞愤成疾,不久便因伤寒而一命归阴。孙育典死的时候,孙传芳还是一个六七岁的孩子。

孙育典去世时,其长女、次女均已出嫁。长女嫁与商河的程姓人家,家里开了个钱铺,家境颇为宽裕。次女嫁给历城吕姓人家。

妻子张氏带着幼女和孙传芳,三人相依为命,只好依靠孙育典的堂兄弟们过活,尝够了寄人篱下的滋味。

后来终因忍受不了妯娌、堂婶的欺凌,遂携孙传芳及幼女投奔孙传芳的大姐程氏那里栖身。程家生活比较宽裕,在那里张氏母子三人的衣食不成问题,孙传芳的童年生活也算是又安定了下来。但在到了孙传芳十三四岁的时候,义和团运动又打乱了张氏母子的生活。

为了安全,张氏携子女迁省城济南暂居。

孙母在济南城内无亲无故,她在街上摆了一个茶水摊招揽顾客,又让在家乡练过几年武术的小女儿在茶摊旁边耍上几手拳脚,以吸引茶客。茶客或过路客人围观后,乞钱的任务自然就是孙传芳和他三姐俩人的事了。一次孙传芳在茶摊玩耍时,竟不小心把茶壶打碎。孙母见了,又疼又急,劈头盖脸地便把孙家的独苗、唯一的儿子结结实实地打了一顿。看着儿子鼻青脸肿的样子,孙母张莲芳的心也在抽泣。

光靠摆茶摊养活不了一家三口，张氏只好在摆茶摊之余，再找些缝缝补补的活计做。一次，张氏在替武卫右军营务处的兵士们洗衣时，偶然得知营务处有一位秀才出身的军官因夫人患疯癫症久治不愈，心里备感苦恼，正想找一个健康的姑娘为二房。这个秀才出身的军官便是王英楷。王英楷，山东人，幼时极爱读书，并考中了秀才，但后来也是屡试不第，没考中举人，自然是不能通过这条道走向仕途了。王英楷凭他秀才的学识进入了北洋武备学堂，成了袁世凯北洋军中的一员。

武备学堂毕业后，王英楷便成了武卫右军营务处的一名军官。张氏在得知王英楷想讨二房这件事后，便想到自己的三女儿，女儿虽不算漂亮，倒也还机灵，又是花季般的年龄，王英楷虽是军官，倒不是一介莽夫。如果自己的女儿能嫁给他，母子的生活也不再发愁了，出于这样一番考虑，张氏便托人从中说合。相见后，王英楷见孙传芳的三姐伶俐健康，欣然同意。这样，张氏和孙传芳便成为这位秀才军官的丈母娘和小舅子了。

孙传芳的三姐续弦给王英楷后，张氏母子也一同住进王家，由王英楷供给衣食。王饷银丰厚，衣食不愁，供养岳母和小舅子自然不成问题。王英楷见孙传芳人极聪明，头脑很是灵活，但年纪不小了却没读过几天书，便让孙同王家的子弟一起读私塾。这对于长期处于衣食无着状态的孙氏母子来说，自然是做梦也没想到的喜事了。

此时，孙传芳已经15岁，张氏为了向外人掩饰孙父的落魄及家世的萧条，遂将自己的儿子改名为孙传芳，并把籍贯由泰安改为山东历城县，以孙传芳二姐婆家所在的地方作了孙的出生地。

在孙传芳的三个姐、姐夫中，大姐家曾经为张氏母子提供了一段时期的衣食，三姐夫王英楷不仅养活了母子二人，而且为日后孙传芳的投军发迹打开了门路，王英楷可称是孙传芳人生道路上对其有知遇之恩的第一人。

1901年，直隶总督李鸿章病死，清廷授命袁世凯出任直隶总督兼北洋大臣。袁世凯偕部下离开济南往保定搬迁，王英楷也携家带口来到保定。保定府从变成总督衙门驻地后，渐渐地成为全国著名的培养军事人才的基地。北洋速成武备学堂、北洋陆军师范学堂、保定陆军军官学校等，犹如雨后春笋般地破土而出，将尚武之风吹向全国。

孙传芳随姐夫搬到保定时，此地的军事学堂尚在草创时期，当时袁世凯为了编练北洋军，决定先在保定东关外设一短期培训性质的练官营。孙传芳一听到练官营开办的消息，马上跑去求王英楷："姐夫！你荐我入营当学兵吧！"王英楷以目测壮丁的眼光看着站在面前的内弟，身材不高，瘦巴巴的，显然不是习武的材料。"你也想投军?"他漫不经心地问。不过，他还是拍拍孙传芳的肩膀："馨远，你这张嘴巴将来吃不了亏，好！你有这份心，我荐你，习武可不是光动嘴巴的事！"

就这样，17岁的孙传芳到练官营步兵科第三班当学兵。年底，经练官营总办冯国璋批准，他又被免试保送到陆军速成武备学堂。孙学习卖力，即便老母与世长辞也未敢在灵前多尽孝道，他的学科和操法每次考试都名列前茅。1904年，孙传芳作为高才生从武备学堂毕业了。这一年正赶上北京练兵处考选陆军学生派往日本留学，学堂选送40人去京应试，孙传芳自然是其中之一，经考试榜上有名。孙传芳第一次感受到别人对他的羡慕和恭维，心里不禁洋洋自得。

1909年3月，孙传芳作为日本陆军士官学校毕业生回国。回国后，他准备参加陆军部在北京主持的留日士官生考试。那时，王英楷已经升任陆军部右侍郎，正在北京的任上，而这次考试的副考官正是王英楷。孙传芳来到北京后自然是住在姐夫家里。对于考试的事，二人自然心照不宣，王英楷询问了孙传芳在东京求学的经历。

孙传芳1904年夏去日本，先在振武学校学习。振武学校是当时新设的一所学校，是专为留日学军事的中国学生设立的。每名留学生初到日本必须先在这里学习三年，毕业后还要以“士官候补生”的身份到日本的军队中实习一年，实习合格后才能升入日本陆军士官学校成为正式的士官生。所以孙传芳直到1907年底才成为陆军士官学校的第六期学生，他的同学中后来成名的军事将领有山西军阀阎锡山、湖南军阀赵恒惕、云南军阀唐继尧以及李烈钧、程潜、李根源等等。

后来成为孙传芳军师的蒋百里也是这里的学生，并曾获得第一名，由日本皇室亲自颁发证书。孙传芳在士官学校，还结识了一批日本军人。其中如冈村宁茨、板垣征四郎、土肥原贤二等，这些人后来都成为日本极端军国主义分子和日本侵华战争的主要战犯，对于这帮好战分子，孙传芳在留学时期却极力巴结，处处仿效，尤其与冈村宁茨过从更密，十几年后他称霸东南时，还特地以800大洋的月俸聘请冈村宁茨作他的私人军事顾问。他的军阀思想，正是在日本陆军士官学校灌输成型的。

那时，孙中山也正在日本倡导革命，孙传芳曾抱着猎奇的心情和同学一起去听过孙中山的演讲，他也乘兴报名参加了同盟会，但对同盟会的组织纪律、行动纲领一概不感兴趣，不过是赶时髦的挂名会员而已。

王英楷对孙传芳参加同盟会不以为然，不过幸好他只是好奇，如果真成了革命党，连他这个姐夫也跟着得遭殃。在考试之前，王英楷又勉励了孙传芳几句。自然，在考场上，因为有姐夫坐镇，孙传芳的心里特别踏实，发榜后顺利过关，被陆军部授予“步兵科举人”，并授步兵协军校。天津督练公所根据他的成绩派其到北洋陆军第二镇第三协第五标任教官。

孙传芳对自己去的第二镇可以说再熟悉不过了。这第二镇就是他姐夫王英楷1903年在保定以6000新练军为基础编制而成的，它在六镇中成立最早，是北洋派的基本武力，其统带、管带等各级军官大多是袁世凯从天津武备学堂网罗来的，武器装备也较其他镇优良，是一支袁世凯的嫡系部队。

孙传芳所去的第三协协统王占元，字子春，山东馆陶人，也是孙传芳的老乡，因排行第二，同僚私下常唤他“春二哥”，孙传芳一到第三协，便与这位协统一拍即合，成了忘年之交。

近代山东，除了烟台苹果莱阳梨外，还出产军阀。较闻名的有韩复榘，他原是西北军冯玉祥手下大将，后被蒋介石用白花花的大洋收买，于是不耐西北苦寒，辗转到山东。怎奈日本人对山东垂涎已久，于是日本炮弹刚落，韩复榘一退千里，蒋介石趁机拿他开刀，枪毙了事，以泄西安事变时他附和张学良给老蒋心中带来的郁愤。除了韩复榘，山东还出了个土匪军阀张宗昌。张宗昌曾对人说，“孙中山有三民主义，我张宗昌也有主义，就是三不知主义。”何谓三不知主义？一不知手下有多少兵，二不知家里有多少钱，三不知娶了多少姨太太，其昏庸愚昧至此！这两个军阀，都曾在山东称霸一时，因而为众人所知。

山东还有个军阀孙传芳。据说，广州国民革命军北伐之后，曾派张群到杭州劝他与蒋介石合作。会谈时，孙传芳说古论今，能言善辩，张群说他不过，便道：“我看

你不像一个军人，很像一个政客。”孙传芳听了这话愤然不悦，收起了笑脸回答道：“我不是政客，我最反对政客。我的儿子，也不让他当政客。政客全是朝三暮四、迎新送旧的妓女般的下流东西。我是一个地地道道的军阀。”

这番话，显然是反唇相讥，旁敲侧击地嘲讽张群。张群面红耳赤，无言以对。相较于其他大大小小的军阀为自己涂脂抹粉，不是说自己为民请愿，就是说自己救民于水火，甚至是共和元勋，乃至“再造共和”，孙传芳如此坦率地承认自己是个军阀，而且是个地地道道的军阀，殊为不易。这正是孙传芳的真实写照。

少年时代的孙传芳饱尝了寄人篱下的痛苦，这种痛苦给他留下了深刻的印象。这种人与人之间不平等的事实，使孙传芳认为：“今日中国只有两种人，一种是压迫人的，一种是被压迫的，没有第三种。我不能去当被压迫的。”这样一种信念，一直支持着孙传芳，以达到做“压迫人的”人上人的目的。

通过陆军部的考试，并任北洋陆军近畿第二镇第三协步队第五标教官后，孙传芳由贫寒子弟一跃为举人，成了大清朝堂堂的武官。然而，为了做“压迫人的”人上人，他还得继续钻营。

孙传芳身材矮小，其貌不扬，一副大脸总是笑容满面，让人觉得此人不难对付。但真正办起事来，那一对三角眼却令人胆战心惊，熟悉他的人称他为“笑面虎”。他为人精明强干，甚为敏感，喜欢看书，这一点与大字不识一筐的张宗昌不同，也绝对没有韩复榘那种自以为是的笑话，或许这也是他与秀才军阀吴佩孚交好多时的一个原因吧。平时孙传芳手不释卷，经、史、子、集多有涉猎，而且口才极好，颇为健谈，所以令蒋介石的说客张群甘拜下风。孙传芳对中国历代的兴亡盛衰，很有一番研究，说起来滔滔不绝，给人以饱学之士的印象。

孙传芳善于应酬，见人自来熟，交际甚广，这可能是他当年寄人篱下时，为了讨好主人而练就的功夫。因此，在军队中，他不仅深得上司欢心，也受到下级的推戴，与本协本标的人相处融洽。不仅如此，孙传芳也常去其他部队走动，和其他部队的军官也常来常往。

特别是和驻防在永平的第三协协统王占元之间的关系尤为密切，王占元对孙传芳颇为赏识，认为孙传芳足智多谋，日后对自己定有帮助。在孙传芳的军阀生涯中，如果说王英楷的养育使他脱离了困境，免受了饥寒之苦，并为他奠定了基础，铺平了道路的话，那王占元的提携则为孙传芳打开了方便之门。从此，孙传芳的前途和王占元紧紧地联在一起。

中华民国成立后，第二镇改为第二师，孙传芳改任第二师第二辎重营营长。1912 年，他随王占元到河南固始一带参加了对白朗农民起义军的围剿。1913 年，袁世凯派人刺杀了国民党人宋教仁，而后又罢免了国民党籍的柏文蔚、李烈钧、胡汉民三都督，二次革命随之爆发。由于国民党内部派别林立，意见分歧，反袁斗争遂告失败。这时，北洋军阀的势力扩展到了长江流域，镇压国民党人有功的王占元率领第二师进驻湖北，已被提拔为步兵第六团团长的孙传芳成了王占元的左右手，经常为王占元出谋划策。

1915 年，王占元署理湖北都督，孙传芳曾代理都督公署参谋长之职，等王占元于次年实任湖北都督后，孙传芳更受信任与倚重，升官为步兵第三旅旅长。孙传芳对王占元更加感激涕零。1917 年，孙传芳升为第二十一混成旅旅长，不久又晋升为湖北暂编第一师师长，其升迁之快，令同僚惊羡不已。

作为王占元的心腹智囊，孙传芳时常作为湖北的代表办理对外公务，甚至还代表督军检阅师、旅部队，在湖北大有一手遮天之势，许多欲走王占元门路的人，纷纷先拜晤孙传芳，求得孙传芳为其美言。1920年7月，在直皖战争中，王占元拘留了段祺瑞的亲信、长江上游警备司令吴光新。8月，孙传芳代替吴光新任长江上游警备司令，并将其军队整顿改编，扩充了自己的实力。

1921年夏，南北军阀之间又发生了湘鄂战争，孙传芳担任了鄂军前敌总司令和中路总指挥。双方在中路部署了主力部队，战斗异常激烈。从7月28日至8月5日，双方连续拼杀了八天八夜。由于死伤过半，援军又迟迟未至，孙传芳只好让部队退了下去。但是由于他的死战，湘军也伤亡两千多人，受创甚深。湖南军阀鲁涤平大吃一惊，说："孙传芳这小子比张敬尧厉害得多，我们事先完全没有估计到王占元手下竟有这样一个肯打硬仗的战将。"

孙传芳失利，王占元一筹莫展，连连向北洋政府告急，北洋政府于是派吴佩孚援鄂，吴佩孚奉命后，派萧耀南部入鄂。临行前，萧耀南向吴佩孚请示。吴佩孚抽着鸦片烟，半晌不出声，而后低声和萧耀南说了几句，萧耀南得令后便出发了。

原来，吴佩孚早就垂涎湖北这块膏腴之地，准备取王占元而代之，他让萧耀南借"援鄂"之名，行"驱王"之实。先让王占元与南方军阀拼个你死我活，等双方都无力进攻时，再出兵湖北名曰"援鄂"，其实借枪炮逼着王占元下台。

王占元看到吴佩孚的援兵，大喜过望，殊不料自己迎来的是催命符，在萧耀南的威逼下，王占元被迫下台。

老靠山垮了台，孙传芳不免有些惊慌失措。沉思之后，孙传芳有了新打算，那就是保存实力，投靠吴佩孚。见风使舵，附强凌弱，是每个军阀的拿手好戏，孙传芳自然也不例外。对于孙传芳的卑辞厚礼，吴佩孚开始心存疑虑，甚至想要解除他的兵权。孙传芳明白这一点，于是他以实际行动向新主子献礼，解除吴佩孚的疑忌。

当时，吴佩孚部队仍未准备好，幸而孙传芳在鄂南山区与湘军周旋，展开了拉锯战，打乱了湘军要在一周内攻下武汉的算盘，为吴佩孚争取了调兵遣将的时间，得到了吴佩孚的欢心。在武汉，吴佩孚召见他，对他说："馨远，王老头走了，咱们一块干吧！你带着第二师及其余军队开往宜昌去。"孙传芳受宠若惊，发誓要报答吴佩孚的提携。巧的是，吴佩孚也是山东人，不过出生于蓬莱市。吴佩孚相中孙传芳，或许有老乡惜老乡的感情吧。

这年8月28日，在吴佩孚的保荐下，北京政府任命孙传芳为长江上游警备总司令兼第二师师长，移驻宜昌。从此，孙传芳就紧紧追随吴佩孚了。

自称是地地道道的军阀的孙传芳，政治上是极其反动的。他极端仇视孙中山及其革命主张，为了反对"三民主义"，他胡乱编撰了一本叫《反三民主义》的书，炮制了"三爱主义"来反驳"三民主义"。所谓"三爱主义"，就是要"爱国家、爱人民、爱敌人"，用这样一驴唇不对马嘴的谬论来蛊惑群众，还大言不惭地自我吹嘘，他这本书完全驳倒了"三民主义"。

孙传芳口头上"爱人民"，可又坚决反对当人民公仆。他自有一套理论来解释，孙传芳这样说道："现在做官的自称是人民的公仆。凡是仆人没有一个好东西，不是赚主人的钱，就是勾搭主人的姨太太。我不是公仆，我是'民之父母'。天下父母没有不爱子女的，我爱人民如爱赤子，只有这样，才能真正为人民谋福利，做好事。"听他这番话就可以推断，孙传芳小时虽未作为仆人，但与仆人为伍倒是证据

确凿。

1926年,孙传芳在北伐军的沉重打击下,狼狈跑回南京。11月24日,上海工海工人阶级举行了第一次武装起义,这位“民之父母”闻之暴跳如雷,命令上海警备司令李宝章杀害了工人领袖陶静轩、奚佐尧等10余人。1927年2月19日,上海36万工人举行总罢工,并于22日举行第二次武装起义。孙传芳再次急令李宝章与各帝国主义的陆战队配合,血腥屠杀了工人、学生数十人。

孙传芳杀人有一套,搜刮也有一套。他主张办事要勒索,要钱财,要吃回扣,并声称:“现在做官的分为三种人:要钱而能办事的是好官,只要钱不办事的是坏官,办事不要钱的行不通,不能做官。”一通“官经”,不仅是旧中国腐败官场的高度概括,也是孙传芳自身做官的经验之谈。

孙传芳不仅政治上反动,而且满脑袋封建思想,称他为封建主义卫道士一点都不夸张。他曾干过一件轰动一时的蠢事,即下令禁止妇女穿旗袍和美术学校师生画模特儿。

当时,西欧人体模特儿的写生画法开始引入了中国美术教学和创作中,这本是一件好事,却触动了那些封建顽固派。他们以“正俗”的面貌出现,无端攻击锐意提倡这种引进的上海美专校长、蜚声中外的中国现代画坛大师刘海粟。刘海粟及一批画家不堪这种无知的指责,双方展开了十分激烈的论争,居然连“五省联帅”孙传芳都惊动了。

孙传芳问上海知县危道丰:“什么叫模特儿?”危道丰回答得通俗易懂:“就是光屁股的姑娘。”孙传芳一听,居然是光屁股的姑娘,大吃一惊,犹如五雷轰顶,口叼着雪茄烟,半天说不出话来:刘海粟等人全不顾纲常礼教,不仅有伤风化,简直是斯文扫地,这种有辱国学的行为居然发生在他的辖区之内,实在是奇耻大辱!于是孙传芳授意危道丰对刘海粟进行迫害。

对于妇女穿旗袍,孙传芳也有满肚子意见,认为穿旗袍露出两截臂膀,实在不堪入目,有伤风化。一时间,妇女都不敢穿旗袍上街。然而偏偏有人吃了熊心豹子胆,公然大模大样地穿着旗袍上街。五省联帅孙传芳居然也没有办法,此人是谁?

她就是孙传芳的夫人周氏,在去杭州灵隐寺烧香拜菩萨时,就偏偏和孙传芳对着干,大模大样地穿着旗袍招摇过市,孙传芳也无可奈何。于是,有人就以“孙传芳的两大禁令——旗袍与模特儿”为题写了一篇文章,发表在《小公报》上。文章揭露道:

照他的言论,仿佛对上海要进行若干善政,其实一样也没有做到,就和模特过不去,雷厉风行,非将美专封闭不可。以五省总司令赫赫权威,与几个受苦女子、无力文人刘海粟作对,以虎搏兔,胜之不武。……这次刘先生纵然被其征服,封禁模特儿,恐怕他的尊夫人援旗袍之旧例,给他来个反提倡,或者以身作则,本身先做个模特,给他一人看不算稀奇,还要供大家鉴赏。嗨,那才好玩得很,看孙大司令还维持旧礼教不?

文章嬉笑怒骂无所不用其极,孙传芳理屈词穷,恼羞成怒,只好又“胜之不武”,下令通缉刘海粟了。

借助援闽之际　占据福建

正在这时，江西代理省长刘世均和曲同丰前来拜会孙传芳，请孙传芳前往江西。原来，江西苦于张宗昌的骚扰，加上北洋军阀在江西盘踞多年，专搞鸦片，江西人民怨气沸腾。他们想让孙传芳带兵入赣，防止新督军蔡成勋入境，因为蔡成勋原为察哈尔都统，在察以广种罂粟闻名，所以江西人拒绝其到任。刘世均告诉孙传芳，只要他同意，就可以付给开拔费。

孙传芳正苦于受制萧耀南，难以发展，正好借机告之于萧耀南。萧耀南听了也正中下怀，去了心腹之患，且不费一文，何乐而不为？正当孙传芳高兴之时，入赣之事又告作废。因为刘世均向日商借钱未成，而新督军蔡成勋率领其第一师从平汉路南下履任了。孙传芳入赣夺蔡的计划遂成泡影，处在十分尴尬的地位，因为去鄂的话已说出口。

事情又有了转机。1922 年 12 月，吴佩孚派孙传芳为援闽总司令，驻赣的第十二师师长周荫人为副总司令，率部攻闽。

福建也是多灾多难，先是由直系的李厚基督政，而后被皖系的王永泉联合许崇智部驱逐，至此皖系控制了福建。失去了福建，直系的曹锟、吴佩孚闻之大怒，派驻赣的河南陆军第一师师长常德盛为援闽军总司令率部入闽讨伐。常德盛部进入闽北反而被王永泉击败，于是有了孙传芳、周荫人的入闽。

王永泉虽然控制了福建，打败了常德盛，然而手下并无多少人马。他收编了李厚基的散兵游勇以及各县的杂牌队伍，成立了 4 个旅，分别是：第一旅姜明经、第二旅张振华、第三旅刘春台、第四旅王永彝。听到孙传芳、周荫人率部入闽的消息，王永泉不胜忧惧，于是向浙江卢永祥求援，要求接济饷弹。卢永祥派儿子卢筱嘉来闽访问，答应援助子弹若干发。等到枪支运到了，王永泉却怒气冲冲。原来王永泉部队用的枪支是六五口径，而卢永祥接济的子弹却是七九口径，根本无法使用。

这时，孙传芳、周荫人已经大兵压境，王永泉部惊恐不安。旅长刘春台出了个主意，改拒为迎，与孙传芳通好，王永泉觉得此计甚妙。一可以解燃眉之急，二可以与北方交好，以除后患。于是派刘春台到江西南城拜见孙传芳，表示欢迎孙、周率军入闽，并转达了王永泉“愿竭诚听候驱策，戴罪立功”之意。孙传芳部队长途跋涉，自湖北到江西，染病甚多，战斗力大为减弱，孙传芳本就担心能否攻克王永泉，看到刘春台前来输诚，大为欣喜，立刻表示欢迎王永泉的变化。

1922 年冬，刘春台偕同孙传芳的参谋长白文贵返回福建，商定接济孙、周两部的饷弹，王永泉也公开宣布了改拒为迎的政策。1923 年 3 月，孙传芳、周荫人率军从杉关进入闽境，因为害怕王永泉言而无信，于是让周部为先锋，孙部殿后，步步为营，沿闽江一路东下，王永泉果然不负前约，毫无抵抗。孙传芳、周荫人不发一枪，不费一弹，进抵延平。稍事休息后，周荫人率十二师二十四旅孔昭同部驻扎闽北，居高临下以固后方。4 月初，十二师二十三旅李生春部进抵福州。几天后，孙传芳率第二师全部也趾高气扬地开入福州，在扼要地区布防。

孙传芳进福州时，王永泉授意福州各社团热烈欢迎，殷勤接待，孙传芳看到王永泉态度诚恳，极为满意。等到周荫人也进入福州后，孙传芳、周荫人、王永泉三人遂订金兰之契，拜为兄弟。这时，孙传芳告诉王永泉可以酌留一部分队伍驻在福

州，作为王的护卫，并表示愿与王永泉随时共襄军务。孙传芳的这一系列表现，使王永泉喜形于色，劲敌化为良友，从此可相安无事了。

3月20日，北京政府责成孙传芳督理福建军务善后事宜，任命王永泉为军务帮办闽南护军使，周荫人为闽北护军使，所部驻延平，至此，李厚基被逐后混乱了半年多的福建局势终于暂时稳定了下来，孙传芳和周荫人取得了为最后驱逐王永泉，使福建真正成为直系地盘而从容策划的时间。王永泉万万没有料到，自己改拒为迎，迎的不是嘉宾良友，而是"迎狼入室"。

王永泉在孙、周未到之前，分别派人接管全省税务，紧紧抓住财政大权，省长林森有职无权，萨镇冰继任后，也是一个空头省长。等孙传芳、周荫人进了福建，王永泉仍然抓住财权不放。王永泉部队的每月所领军饷，高于孙、周二部，加之这时全省财政非常紧张，孙、周极为不满，王永泉却蒙在鼓里。

王永泉投靠直系，徐树铮大惊，派前长江上游警备司令吴光新到福建游说。吴光新到了福州，对王永泉大加谴责，并召集其部下分别谈话，无非是要他们继续拥段，对抗曹锟、吴佩孚。吴光新找到孙传芳，劝道：

前年王子春（占元）对待我的那种行动，为的是什么？卖友求荣罢了，曾几何时，仍旧被人轰走。他毁我的时候，以为替曹吴立了功，可以保全禄位，结果如何呢？你们都是段督办栽培起来的，段督办有马厂起义恢复共和及对德宣战的勋荣，曹吴何人，岂能望其项背？现在段督办虽然下野，孙中山对他仍然尊重，东北军虽然退出关外，张作霖的实力还是存在的。孙、段、张即将结盟讨伐曹吴，共谋国是，直系消灭，旋踵间事，你等还替他卖什么力？王子春是一面镜子。你们可以思索一下。

孙传芳表面上与之虚与委蛇，暗地里请示吴佩孚。吴佩孚电授机宜后，孙传芳找到王永泉磋商，两人商定：由孙传芳随吴光新面见卢永祥，了解卢永祥对直系的计划，然后孙传芳回山东原籍招募新兵以扩大福建的实力。孙传芳走后，王永泉主持省内一切军务，同时要及时给孙传芳部发饷。

吴光新是段祺瑞的妻弟，平时气焰甚高，连徐树铮都对其忌惮三分。吴在福州20天，极力拉拢孙传芳，压制王永泉，使王永泉极为厌恶。王永泉怕孙传芳去浙江后与卢永祥联合对己不利，于是派程秘书赴南京勾结直系军阀齐燮元，请求齐燮元的援助，程秘书擅长辞令，面呈闽省地位之利害，使齐燮元为之动容，答应补充王永泉部之武器。

经齐燮元介绍，直隶督军王承斌答应卖给王永泉3个师的装备。3个师的装备，售价100多万元。王永泉想不到的是，把兄弟孙传芳也在盯着这批装备。

吴光新偕孙传芳到了上海，正准备约期与卢永祥会晤，孙传芳却不辞而别，乔装乘船北上，在保定、洛阳分别拜见了曹锟、吴佩孚，而后称病天津，闭门不出。这时福州盛传孙督理另有升迁，不复回闽，王永泉大喜，不料孙传芳突然返任，王永泉忐忑不安。孙传芳则向他哭诉吴佩孚如何排挤他，自己想要解甲归田，然而由于第二师的兄弟们情深义重，难以分别，以后只要有粮有饷，我什么都不管了。还向王永泉表示利用福建的地势，"只要我们合作，团结一致，把军队练好，自己造成一种势力，天下事也大有可为，何必仰人鼻息？"孙传芳的一番甜言蜜语，解除了王永泉的戒备，王永泉又掉进了孙传芳的陷阱。

这时候，曹锟贿选为大总统，直系势力蒸蒸日上。王永泉心怀疑虑，就派秘书朱伯房和参议姜廷荣到北京祝贺曹锟就任。曹锟让朱、姜二人去洛阳见吴佩孚。

见到吴佩孚，朱、姜二人代王永泉表达了悔过输诚的意思。不料吴佩孚将王永泉大骂一通，说："他到今天，还不知罪吗？靠这样犯上作乱的人，还能永远留下去吗？北方一个王永泉，南方一个沈鸿英，都是我准备要铲除的，你回去告诉他吧！"姜廷荣能言善辩，对吴佩孚说道："犯上作乱的人，确非铲除不可，不过王永泉是中央派往援闽的人员，并非李督军（厚基）的部属，且李在闽，久不理于人口，其去闽自有原因，不能专责王永泉。"

吴佩孚反驳道："李厚基是中央任命驻闽的大员，王永泉应受其指挥，而逞兵入省，改组政府，怎说不是犯上作乱？"姜廷荣针锋相对道："果如巡帅所言，那么，徐黎两总统无端离任，究竟是谁所逼，逼走总统的人算不算犯上作乱？黎总统赴津，且有拦车劫印的行动，这与王永泉驱李厚基的事件，孰轻孰重？"

吴佩孚理屈词穷，面红耳赤，半晌才徐徐言道："王永泉不派军人充代表，而派文人做说客。他的见解不错啊！我今有一上联，还没有下句，请你们给我对偶，如何？"姜廷荣推辞道："联句非我所长。"吴佩孚笑着说："聊资谈笑，绝无难客之意。"随后口占一联云："孝悌忠信礼义廉耻八维张矣。"朱、姜二人凝神细思时，吴佩孚说了下联："尧舜禹汤文武周孔一以贯之。"

姜廷荣趁机奉承道："这一联不独对仗工整，而且阐明了历朝革命的典型，如成汤革殷之命，周武伐纣代商，周公诛管蔡，孔子诛少正卯，无一非为国为民而甘冒一时之不韪，如果给他们加上犯上作乱的罪名，岂不太冤？"见姜廷荣还算识趣，吴佩孚言语之间对王永泉也客气了一点。

朱伯房和姜廷荣回到福州后，向王永泉陈述了吴佩孚的言行，劝他稍自收敛。谁知王永泉因孙传芳事事退让，正春风得意，哪里听得进去？他怎能料到，孙传芳对他已经开始动手了。

1924年2月的一天，孙传芳忽接密报，王永泉购买了王承斌3个师的装备，而后又接到海军马尾警备司令部马尾查验处报告，王永泉派人赴外省招募新兵分批来到马尾，已有五六千人。孙传芳的消息确凿可靠。原来还在周荫人部进驻延平之前，王永泉为榨取闽北十几个县土特产的巨额税收，并侦察周部的军事动态，特派其胞弟王永禄就任延平百货捐局局长之职。

孙传芳、周荫人为了麻痹王永泉，对此从未有过异议，并授意周部参谋长马克祥、副官长李胜奎各推荐一人到王永禄处。王永禄虽知其来者不善，但也不敢拒绝，分别委为科长、秘书。两人到差后，投王永禄嗜烟好赌之好，王与之日益亲密，无话不谈。两人于是趁王永禄打麻将之机，盗抄了王的密电本交给周荫人。这样，孙、周二人对王永泉订购枪械之事了如指掌。

孙传芳、周荫人证实了情报之后，认为王永泉招兵买马，扩充实力，意在伺机大举，于是商定利用当时上海报载江西军务督理蔡成勋地位不稳屡向北京政府告急的消息，决定声东击西，先退后进，除去王永泉。

2月下旬某日，孙传芳对王永泉佯称北京政府已电令他于3月上旬率部由闽北入赣协助蔡成勋，除留第二师卢香亭旅和第十二师李生春旅协助守备外，其余全部开拔。为了给王永泉灌迷魂汤，孙传芳还煞有其事地说："福建督理一职由帮办代理，入赣后如有他务，可以实任督理一职。"王永泉听后，自然喜出望外，为了使之更加逼真，孙传芳又向王永泉求援，说开拔费需75万元之多，望王加以筹措。王永

泉欣喜之际,不疑有他,向众人说道:"花费几个钱,将卧榻之旁打扫干净,岂不甚好?"

为了扫清卧榻,促孙入赣,王永泉命其弟王永彝向闽南各省田亩捐上暂借或暂增,凑足75万元。王永彝肆意征敛,造成惠安山腰乡大惨案。山腰乡在闽南泉州所属的惠安县内,该乡田亩大多种罂粟。每年分两期征收田亩税,每亩先征收3元,割浆时视丰歉再征收第二期。王永彝此次征税,贪得无厌,乡民愤怒之极,奋起反抗。王永彝不分青红皂白,将全乡人戕杀殆尽,犯下滔天罪行。

王永泉将孙、周的开拔费交齐后,孙传芳各部即向闽北移动。福州城防部队第二十三旅同时开拔,仅留少数卫队随李生春在省待命。孙传芳启程之前,将督署中家具大半带走,还嘱咐王永泉召集各部旅团长参加告别会。一番做作使王永泉深信不疑,遂设盛宴为孙饯行,以为送客之后,夙愿可偿了,老奸巨猾的孙传芳也神色自若地对王永泉及其部属表示惜别之情。

3月4日,卢、李两旅果然离开福州开往延平方向,王永泉又吃了一颗定心丸。当卢、李两旅开抵水口后,即奉孙传芳密令分散驻扎于水口上游的谷口、黄田、三都口等处待命,并严密检查邮电。孙传芳本人与卢香亭、李生春及率部先行到达的谢鸿勋,一起驻于樟湖坂。获悉王永泉的运械船队到达延平的准确时间后,周荫人派第十二师团长苏埏带全团队伍沿江布防截械,准备用交叉射击的火力封锁航道。

3月5日傍晚,王永泉的运械船队下驶,经过延平江面,周荫人特在护军使署设午宴欢迎负责押运的王永泉的副官丁树人。丁蒙此盛意,如释重负,餐毕即登船继续航行,并电告王永泉"械过延,请释注。"王永泉得电更加放心。

下午1时许,满载枪械的百余艘船驶经夏道附近江面,苏埏即派司号长在江边吹号命其停船,同时派副官将周荫人手令交给丁树人,声称因福州方面有战事,奉孙督办令扣留王帮办所购枪械,不准下运,否则以军事手段解决。丁则以未奉王帮办手令,拒绝所令。于是苏埏下令开火,丁树人亦命护送部队还击,苏埏部居高临下,且人多势众,交火3小时,丁树人身亡,丁部无力再战,护送的一营队伍伤亡过半,余部皆被俘虏。清点枪械,计三八式有盖步枪六千支,重机枪和迫击炮各数十尊,并有子弹、炮弹500余箱。

3月5日傍晚,周荫人电告孙传芳已在夏道截械成功,孙传芳闻之大喜,立刻下令卢香亭、李生春率部迅速奔赴福州,给王永泉杀了个回马枪。

当王永泉中午接到了丁树人的电报后,以为枪械可确保无虞运抵福州了,欣喜之余,准备次日大宴宾客。当晚7时,突接李生春电报:"伯川(王永泉字)帮办鉴,我公罪大恶极,请即离闽,以免糜烂地方。"王惊惶不知所措,又接到报告说枪械被周荫人所截,王永泉始知中计,但事情发生得如此突然,己方又缺乏准备,城内外只有海军陆战队司令杨砥中的一个团担任防务,等于是赤手空拳,除出走外,别无他策。于是拟了一个复文,说:"撄城而战,徒贻地方之害,愿接劝告,赴泉待命。"同时命参谋长杨杰在署办理交接,自己退往福清。

孙传芳得知后,即命周荫人率十二师二十四旅孔昭同部和第二师四旅谢鸿勋部,配山炮营、工兵营、辎重营等队伍在后猛追。王永泉在福清毫无喘息之机,又南逃至泉州,喘息方定,周荫人部前锋已抵泉州,王永泉欲据洛阳桥之险一战,但所属部队不听指挥。彷徨之间,其弟王永彝因无法应付部下索饷而化装逃走,工兵教导团团长吴大洪投附福建陆军第二旅旅长高义。

王永泉知势不可为，遂将部队交给杨化昭，准备出走。有人建议王赴日本领事馆避难，借外力保护出境，王永泉慨叹："前年李厚基出亡，就是这样做，曾几何时，我亦步其后尘，岂不为人所笑？"遂以重金购得渔船两艘，狼狈渡过乌龙江。其时天已拂晓，距岸里许见有军舰一艘，幸而未被发觉，始告脱险。而后王永泉先至厦门，再由厦门搭轮船悄悄去沪，转而北上天津，去做他的寓公了。

王永泉走后，杨化昭即率部退往安海，企图利用有利地形一战。周荫人命孔昭同和谢鸿勋分头迂回包抄，交战仅一日，杨化昭退往同安，与臧致平会同，臧自称闽军总司令，杨为副司令，共有1万余人，孔昭同、谢鸿勋分三路包围攻击，激战两昼夜，臧、杨败走漳州，辗转往浙江常山而去。至此，王永泉的部队除了随臧、杨退至浙江外，不是被歼，就是投降。

就在王永泉被迫出走的那天晚上，驻北京的代表朱伯房被国务总理孙宝琦召去谈话。见面时，孙宝琦一言未发即从书案上捡出一封电报交给朱看，电文是："大总统国务总理钧鉴冰密，今晨一时军务帮办王永泉出走，十时旅长卢香亭率队入城，居民安堵，市廛无恙，刻正整理一切善后，谨电奉闻，余续详。省长萨镇冰。"看毕，孙宝琦询问孙传芳、王永泉在福州相处的情况，说对于此次变故一无所知，希望朱伯房去天津王承斌处探清原委。次日，朱伯房到天津面见王承斌，叩问此事，王回答说，是洛阳吴佩孚所指使的。三天之后，王永泉的免职查办的命令发表了。

孙传芳积一年苦心，联合周荫人，终于以权诈的手段驱走了皖系的王永泉，这不仅使直系在福建站稳了脚跟，而且为其以后向外发展创造了条件。然而一山难容二虎，福建一省之地，有孙传芳，就不能有周荫人，有了周荫人，就不能有孙传芳。

孙传芳和周荫人同为日本士官学校第六期毕业生，在校时即结为兄弟。回国后，两人升迁都很快，孙不久为湖北督军王占元倚重，周则为江西督军陈光远器重，后来又同为直系吴佩孚青睐。湖北和江西处在长江流域，是军阀垂涎之地，局势动荡多变，孙、周处在相同的地理和政治环境中，又有保存自身，图谋自身发展的共同需要，二人互通声气，建立了亲密的关系。

有一事可作证明。1917年，周荫人在第十一师当旅长时，到湖南岳州作战，两个月没有音信，孙的老婆到庙里求神，为周占卜吉凶，可见私交之深！后来两人携手进军福建，合作赶走王永泉。在这一年多时间里，孙、周两人亲密不可分。然而，王永泉被驱后，孙传芳收其残部，并袭用第二十四混成旅的番号新建了1个旅，周荫人对此大为不满，周悻悻地对部属说："我在前边打先锋，他在后边扩充自家的实力。"于是他也如法炮制，同样收编王的残部并把收缴的军火装备截留下来，补充自己部队。孙传芳对此也甚为不满，但又不便翻脸，只好克制住满肚子的怨气。

周荫人回省，设临时行署于乌石山沈葆贞祠内。不几日，孙传芳派督署副官长张铭赍送来福建军务帮办兼兴泉永护军使的任命和关防并转达孙传芳的慰问之意。周荫人不待其诉说完，便严词正色道："兴泉永护军使何异于闽北护军使？至于帮办虚衔，本人更无兼任必要；入闽之初，既已先让王永泉，今又何必争此区区耶？请转陈馨帅收回成命。"看见周荫人怒气冲冲，张铭赍不敢多言，回去转告孙传芳。周荫人之所以拒绝不受，并非如他所述的那样要官职，而是认为自己在驱王永泉战役中亲冒矢石，战功显赫，而孙传芳仅向北京政府请派他为帮办，这与他的权位欲之相去甚远。因为帮办之职，仍受制于人，不能独据一省大权。

周荫人虽未任兴泉永护军使，但其驻留在闽南的部队，恃其权势，在各县催征各种捐税，扣留税款，甚至擅派县长、局长，不听督署命令。周荫人的骄狂，以及其部下的纵容和他拥有的实力，不能不让孙传芳大加戒备，然而为了不使矛盾激化，孙传芳并不公开自己的不满，以免对自己不利。

孙传芳是个野心勃勃的军阀，早就有向邻省扩张势力的野心。现在囿于福建一省之地，内不能调和与周荫人的关系，外不能施展抱负，若久留福建，难免与周荫人刀兵相见，而胜负之数未可估量。不如将福建让给周荫人，以获取周的支持，趁机向外扩张，等时机成熟，那就不是一省督军了，天下事大有可为啊！相较周荫人，孙传芳眼光确实高其一筹，没有局限于福建一省。

经再三考虑后，孙传芳向曹锟、吴佩孚力陈周荫人援闽以来的卓越功勋，保举他为福建军务督理，而自己愿为承担边防事务，以应对福建邻省的战略之需。1924年5月13日，北京政府免去了孙传芳督理职，任命周荫人为福建军务督理。6月24日，任孙传芳为闽粤边防督办。周荫人对此自然感激孙传芳的大度，而孙传芳就任闽粤边防督办则可造成志在夺粤的假象，使盘踞在浙江的皖系军阀卢永祥疏于防备，从而可抓住时机入浙。孙传芳让出福建督理一职表面上看损失颇大，其实一举数得，为日后当上五省联帅打下了基础。

就在孙传芳免职的两周后，即1924年5月26日，在福州东街三山座菜馆门口，孙传芳遇刺，险些丧命。行刺孙传芳的主谋人是当时福州著名的大流氓集团头子林寿昌。林寿昌，字奂村，福州英华中学肄业。五四运动之后，他利用学潮，纠集社会闲散青年，培植帮派势力，交结官吏，包办捐税，敲诈勒索，无恶不作。为谋炸孙传芳，他作了周密安排。先让手下重要头目郭则火制造炸弹，然后又纠合众多帮伙，把他们分成几个小组，各自分头行动。

炸孙传芳的是由王天锐、陈春弗、陈子由、陈炳麟等负责，其余人按组分布在各路口作掩护。他们选中了东街的三山座菜馆为行刺场所，因为孙传芳由督办公署出来到城内各地，必然经过东街三山座菜馆，林寿昌利用陈炳麟与店东张可淦是亲戚，经常约定几个人在馆内临街的房间里小酌聊天，借以侦察街上情况和逃跑路线。

一天，他们从省长公署秘书毛一丰、林梅生处得知，孙传芳将在5月26日应省长萨镇冰邀请，赴省长公署参加招待来榕的海军总刊令杜锡珪的宴会，于是决定趁机下手，并做了部署：由负责炸孙的人先行占据菜馆临街的房间，由陈子由、王天锐负责扔炸弹，炸弹装在圆柱形的小洋铁罐内，形状仿佛肉松罐头；陈春弗负责监视店内电灯总开关，一听到炸弹声即切断电源；陈炳麟负责监视通往泰山巷的后门，并应于事先的配好钥匙，电灯一灭就打开门，让大家乘暗走脱。同时布置一批人扮成行人模样，负责掩护王天锐等人事成后逃往南门。而且还在台江码头雇好小船，事成之后逃往马尾。

当晚8时左右，省长公署宴会结束，孙传芳等分乘两辆汽车返同督办公署，当时东街一带路窄人挤，汽车行驶缓慢。车到三山座门口，陈子由即将炸弹向第一辆汽车扔去，没有击中。王天锐见状，赶紧抓起另一枚炸弹投去，轰的一声，汽车中弹。他们以为孙传芳必然在第一辆汽车内，因此只对第一辆车投弹。由于炸弹爆炸力极小，虽击中汽车，坐在车里的卢香亭仅手指受点轻伤。坐在第二辆车中的孙传芳安然无恙，只不过受了一场虚惊而已。可怜菜馆对面摆水果摊的妇女被弹片击中，无辜送命。

陈子由掷弹后，惊惶失措，王天锐拉着他的手直奔后门，这时电路已被陈春弗切断，店里一片昏暗，两人摸索着到后门，不料陈炳麟一时惊慌，找不着钥匙。王天锐奋力把门砸开，众人趁乱逃脱。

电灯熄灭后，菜馆里一片混乱。惶惶之际，刑警及侦探赶到，他们先接好电线，然后包围了在场的人，抓了一批嫌疑犯，同时也在附近拘捕行人，被捕者超过 200 人。经审讯后，大部获释，唯有在东街口附近被捕的施卫民，因为无业整天徜徉于街头，警探早已注意，加上有人说他与王天锐相像，被拘留审查。然而虽经受了种种刑罚，实也说不出个子丑寅卯来。后来打听得行刺者是寿昌帮的人，而施卫民是帮外人，便报请孙传芳准释，并安插在省长公署财政厅为雇员，每月薪金 30 元，后来加至 60 元，直到 1934 年陈仪主闽时方被解雇。施卫民也可说是因祸得福了，也不枉受了一番皮肉之苦。

三山座菜馆因店的后门洞开，致使行刺人全部逃脱，店东张可淦被拘，后由省长萨镇冰说情被释。

林寿昌为什么要刺杀孙传芳呢？有的说林寿昌以刺杀孙传芳为代价加入上海流氓杜月笙帮伙。有的说是受王永泉指使，为王永泉复仇。有的说此事与闽北民军头子卢兴邦有关。林卢早有勾结，加之行刺者逃离福州，或受卢庇护，或受卢资助，卢不无嫌疑，但刺杀原因何在？

行刺孙传芳的主谋人林寿昌，以后在地方政治上很得意，得到了“福州唯一大哥”的地位，直到 1934 年 2 月被新任省府主席陈仪所杀，郭则火于 1928 年因绑票案被处决，王天锐于 1930 年在闽侯西乡被海军陆战队所捕杀。

虽然不知道寿昌帮为何谋杀自己，孙传芳对此也毫无兴趣，他把全部注意力都集中到了浙江方面。

浙闽苏皖赣五省联军总司令

上海人口集中，商业发达，是军阀政客眼中的肥肉。1924 年，齐燮元虽然身任江苏省督军兼苏皖赣巡阅使，却苦于这块肥肉被浙江的卢永祥吃了。而卢占据了上海，不仅经济上受益极大，政治上也有很重要的影响，上海成为卢永祥的生命线，他哪里肯放手。齐燮元则扬言：“上海是我们江苏省的一部分，一定要夺回。”卢永祥则针锋相对，声称：“上海是浙江的门户，一定要保持。”双方虎视眈眈，恨不得一口吞掉对手。

这时，王永泉的残余部队在杨化昭、臧致平的带领下进入浙江，江苏督军齐燮元以受其威胁为借口，向浙江发动进攻，挑起了江浙战争。

齐部以朱熙为主帅，以十九师、第六师为主力；卢永祥以陈乐山为主帅，以由福建逃往浙江的臧致平、杨化昭为主力，双方大战于沪宁沿线的黄渡、浏河一带。经过 40 余天的战斗，双方打得精疲力竭。

这时候，卢永祥突然后方告急，原来，孙传芳早已同齐燮元有夹击卢永祥的密约，所以以江浙战端初起，他就迫不及待地向吴佩孚请缨入浙。在得到吴佩孚的允许后，孙传芳以闽浙联军总司令的名义挥师北上，直指闽浙交界的仙霞岭。卢永祥不知齐孙之间的密约，把主力都集中在淞沪一线，后方空虚。

当孙传芳从背后摸上来时，他只好调地方杂牌军陈仪旅的张国威炮团去增援

仙霞岭,坐镇浙江屏障仙霞岭的防守司令张国威未战先降,大门洞开,替孙传芳当了向导。卢永祥惊惶失措,连夜召集陈乐山、郑俊彦、陈仪、夏超等军政要员商议,决定督办公署迁往上海,夏超担任杭州守备司令。卢永祥和浙江的地方军队陈仪、周凤岐、夏超等本来就貌合神离。现在张国威投孙并引孙军入浙,卢永祥大势已去,因此他们一个个坐山观虎斗。

孙传芳顺利通过了仙霞岭,居高临下,准备攻取杭州,他率领的1万多官兵个个身穿短裤,脚着草鞋,头戴斗笠,军容极为不整,被人们称为"饥军"和"花子军"。入浙后孙传芳为了打胜仗,玩了一个新花样,他给官兵发了一本《入浙手册》,并向士兵们煽动说,福建回不去了,只能前进,不能后退,只要纪律严明,就一定能够进入杭州。于是,无论是行军途中还是宿营、休息、吃饭,连、营长官都高声朗读这本小册子。士兵们都有"背水一战"之感,倘若进不去杭州,那就只有死路一条了。因此,这支"花子军"倒不敢那么胡作非为、扰害地方,军纪也好一些。

卢永祥的部将,如何丰林、陈乐山、郑俊彦、马鸿烈等,盘踞沪、杭将近十年,吸鸦片,玩妓女,赌钱打牌,敲诈勒索。平日则大批贩卖鸦片,搞轮盘赌,哪有心思想着打仗,加上一个个腰缠万贯,谁也不愿意冒着危险打下去,于是纷纷向卢永祥建议下野,以图东山再起。

卢永祥见腹背受敌,人心离散,知大势已去,只好通电下野。同时,何丰林、陈乐山、马鸿烈、臧致平、杨化昭等,也都溜之大吉。卢永祥临走时,派警卫团长马葆珩为淞沪宪兵司令,暂行维持地方治安。马葆珩连夜派人奔赴嘉兴、淞江、黄渡、浏河等前线,向双方说明卢已下野,请求停战,并派人来上海洽商善后事宜。

孙传芳知道齐卢之战为的是上海,他把卢永祥、何丰林赶走,当然不愿把上海让给齐燮元,齐燮元觉得赶卢不是自己的功劳,也不敢要上海,可是双方谁也不愿让对方得到上海这块肥肉。协商之后,决定把上海让给第三者,吴佩孚派来江苏增援的张允明为上海守备司令。

在杭州守备司令夏超的欢迎之下,孙传芳和平地进入了杭州城,这一天正是1924年9月25日。老天爷也太不给孙传芳的面子,孙传芳部队进入杭州城时,耸立在西子湖畔的雷峰塔轰然一声巨响,顿时倒塌了。杭城居民纷纷认为雷峰塔是因为孙传芳进杭州才倒掉的,因此,他进杭州不是好兆头。孙传芳不管这一套,他接管了卢永祥的部队第四师,以谢鸿勋为师长;原来卢永祥自兼的第十师,以郑俊彦为师长;臧致平和杨化昭部编为独立旅,以杨赓和为旅长;陈仪和周凤岐两师,仍为地方武装部队,也由孙传芳接管。

孙传芳在齐燮元和卢永祥的江浙战争中,坐收渔翁之利,不但轻易获得了物产丰富的浙江,而且收编了4个师,1个混成旅,增加了武装力量,为以后的五省联军打下了基础。1924年9月,孙传芳当上了闽浙巡阅使兼浙江军务督理,并被授予"恪威上将军"的称号。

江浙战争爆发后,奉系军阀为雪耻复仇,以援助卢永祥为名派兵入关,发动了第二次直奉战争。这次战争曹锟、吴佩孚失势,张作霖、冯玉祥控制了北京政权。张作霖为了扩大奉系军阀的势力范围,派张宗昌率师南下,卢永祥也跟着南下,到江苏找齐燮元算账。12月11日,北京政府下令免去齐燮元的江苏督办一职。1925年初奉军占领南京和上海,张作霖分别派邢士廉和杨宇霆坐镇。

奉军南下占据沪宁,孙传芳感到了威胁,1月11日与齐燮元组成了"江浙联军”,与奉系对抗,他派卢香亭率第二师进驻宜兴,谢鸿勋率第四师进驻松江。奉军得知孙传芳防备甚严,停止了南下。

段祺瑞与张作霖为了瓦解江浙之间的联合,任命卢永祥为苏皖宣抚使兼江苏督办,孙传芳为浙江督办,并宣布上海永不驻兵。这样,孙传芳看到自己的利益不但没有受到损害,反而得到承认,就不再参与齐燮元和卢永祥之争,把齐燮元抛到一旁不加理睬。看到奉系风头正盛,孙传芳决定向奉系靠近一些,派奉系将领杨宇霆的同学、浙江盐运使王金钰与奉系勾搭,并通过杨宇霆见到了张作霖。张作霖也有意拉拢孙传芳,便派邢士廉向他表示修好,停止向浙江进攻。张宗昌攻克上海以后,也拜晤了孙传芳,还结为把兄弟。由于奉系的分而治之,孙传芳的背信弃义,齐燮元势单力孤,被迫下台,重新上台的卢永祥则与孙传芳订立了江浙互不侵犯的“和平公约”,双方取得了暂时的妥协。

杨宇霆督南京,邢士廉督上海时,正是奉系入关的全盛时期。但是奉系纪律败坏,北方人当孩子哭闹时,甚至用奉军来代替老虎吓唬孩子。奉军到了江南,更是心醉神迷,到处敲诈勒索,吃喝嫖赌,奸淫妇女,与土匪无异,弄得怨声载道。江苏士绅张謇等到杭州游玩时,拜见孙传芳,流露出对奉军的不满情绪。孙传芳藉此大做文章,制造舆论,不久就形成了一个规模浩大的南京、上海等处士绅百姓抗议奉军暴行的游行请愿活动。奉军趾高气扬,根本不把这些放在眼里。

正当奉军纸醉金迷之际,孙传芳把自己从卢永祥手中接管的4个师、1个独立旅整顿一新,特别是把第四师、第十师的主要军官换上自己的人,又把李宝章的卫队团扩编为第九师,各部的重要军官,大多数是保定军校出身的青年军官,个个踌躇满志,准备大干一场。这时的孙传芳不再是当初进入浙江时的狼狈模样了,称得上是兵强马壮,孙传芳要对奉系动手了。

本来订了“和平公约”,相安无事,孙传芳为什么要发动战争呢?

原来,奉系军阀非但没有履行所谓的“和平公约”,从上海撤军,反而在帝国主义的怂恿下,趁“五卅运动”之机,把大批奉军开进了上海。同时,张作霖胁迫北京政府任命奉系大将姜登选为安徽督办,杨宇霆为江苏督办,显然,这是继续向东南扩张。东南是中国最富庶的地区,上海更是一个聚宝盆,据说光鸦片税一项的收入便可以养活三个师的部队。对这个聚宝盆,孙传芳早就垂涎三尺了,可是奉系竟然自食其言,不但不吐出这块肥肉,还想把整个东南据为己有,不能不让孙传芳重新考虑对策。

本来面对奉系的强大压力,孙传芳仍想以和为上。他向杨宇霆提出结盟,杨宇霆断然回绝,对来使说:“他干他的浙江,我干我的江苏,结盟干什么?”孙传芳大受刺激。杨宇霆自辅佐张作霖战胜了直系之后,以为功高望重,骄横不可一世,到南京,对旧的将领厉声呵斥。杨的作为,不仅部下有怨言,江苏士绅名流如苏北的张謇、黄以霖,苏南的唐文治等人十分不满。

孙传芳遂拉拢江苏的绅耆以及苏皖两地有力的将领,互通声气,联成倒杨的阵线。南通巨绅张謇也派代表来杭,与孙传芳订交,还送了一把扇子给孙,扇子上有张自写自题的一首诗,诗中把孙传芳比做用兵如神的孙武子。孙传芳还派总参议杨文恺去福建筹措军费,派人去张家口会见冯玉祥,联络国民军共同反奉,甚至还表示愿意同冯玉祥结为金兰之好。又去岳阳敦请吴佩孚任十四省讨贼联军总司令,讨伐奉系,报第二次直奉战争失败之仇。然后去南京策动江苏军务帮办陈调

元,陈因受杨宇霆压制也与孙传芳互通款曲。孙传芳现在万事俱备,只欠东风了。

1925年10月,孙传芳见奉军孤军深入,人地生疏,加之内部争权夺利,矛盾重重,认为自己和奉军一决雌雄的时机已经到来,便以长兴秋操为掩护,突袭江苏,发动了浙奉战争。他命卢香亭率二师由长兴进入宜兴、溧阳以攻句容,谢鸿勋率四师由淞江进攻上海,驱逐邢士廉,同时命令陈仪等部加以配合。

奉系南来的部队仅丁喜春、邢士廉等两个师,兵力极为单薄,驻守上海的是奉系军阀中的少壮派毕庶澄。这个翩翩少年,自从到了上海,就沉溺于灯红酒绿,声色犬马之中了,尤其与名妓富春楼打得火热,被她的一嗔一笑弄得神魂颠倒,哪里还记得守卫上海。10月16日,当孙传芳带着"花子军"摸进了上海时,奉军连个步哨也没放,而毕庶澄还在富春楼那里做着美梦呢!10月17日,临时执政段祺瑞命令孙传芳立即撤回原防,孙传芳哪里肯听?

杨宇霆见孙传芳来势凶猛,自己势单力薄,只得采取后退的办法,以缓解孙传芳的攻击,减少牺牲,命令邢士廉部撤出淞沪,自己则在南京观变。这时的杨宇霆仍不知陈调元已心生异志,还指望陈调元与其共进退。陈调元则佯称愿与杨宇霆生死共之,有人向杨告发陈调元与孙传芳早有勾结,杨宇霆置之不理。不久,陈调元派兵占领了电报局,控制了电信。

杨宇霆大惊失色,后悔自己太轻信陈调元。杨的参谋长臧式毅建议把丁喜春部开往城外,控制渡口,给自己留条后路,可以相机渡江,免得困死在城内,束手就擒。杨宇霆连声称好,连忙调军队移防城外,正在开拔之中,陈调元的第四师将出城的奉军全部截住,没有开拔的,也被包围缴械,并声称要活捉杨宇霆。杨宇霆慌忙同副官长化装走脱,而臧士毅、丁喜春等全部被扣。

卢香亭师由长兴进入宜兴,仅在蜀山打过一仗,很快地到了溧阳逼近句容。谢鸿勋师也顺利到达莘庄,听到邢士廉部撤退,立即进占龙华,向沪宁线伸展。等到杨宇霆北逃的消息传到,卢、谢二师遂同时进驻南京待命。这样,花子军又占领了南京,而孙传芳在鄂、皖、赣、苏的直系旧军人的鼓噪声中,连城也不进,渡江北上抢地盘去了。

孙传芳占领南京,立即召集卢香亭、谢鸿勋等主要将领开会。孙传芳志得意满地说:"我们胜利了。他们兵败如山倒,追得越快,战果就越大。"随即命令谢鸿勋率部队沿津浦路急追北逃的奉军,命卢香亭沿滓浦线东侧迎击张宗昌。

当邢士廉、杨宇霆、姜登选等纷纷溃逃时,张作霖大发雷霆,召集张宗昌、褚玉璞、施丛滨等重要将领商议。张宗昌深受张作霖提拔,又自恃有白俄军,自告奋勇请缨,愿率白俄军去收复南京。老将施丛滨也老当益壮,请张大帅派他率其四十七混成旅收复安徽。张作霖大喜,派施丛滨为安徽省善后督办,张宗昌为江苏省善后督办,并许诺给他们一批军饷和给养。张宗昌和施丛滨见张作霖同意他们出兵,而且许以高官,并在饷粮上资助,便连声告谢,回去布置军队。

张作霖说到做到,张宗昌、施丛滨等在北京领到了大批饷银和大批给养。特别是张宗昌,给白俄军领了一批活羊,还有大宗白兰地洋酒,大炮台香烟等名贵东西,专门供应这一大批白俄享用。

施丛滨经过几天的整顿补给后,就由兖州、泰安防地,先后开到蚌埠附近。但未等施部布防就绪,孙传芳的谢鸿勋师和卢香亭师两路大军成钳形攻势,把蚌埠东西南三面包围,并连夜向市区施军猛攻。施丛滨的部队本是缺少训练的老弱残兵,加之军饷积欠不发，兵无斗志，一遇到谢卢二军夹攻，纷纷溃退，谢卢二师很快占领了蚌埠。

张宗昌的白俄军，由济南沿津浦路东侧，掩护施丛滨向南急进。白俄军在张宗昌的纵容下，毫无纪律可言，到处奸淫烧杀。张宗昌不加禁止，鼓励他们说："你们只要能替我打仗，一切由我负责。"白俄军军纪如此废弛，哪里谈得上配合施从滨部作战？当施军进入蚌埠时，他们还在蚌埠以北地区为非作歹，施丛滨于是在蚌埠孤立无援，一触即退。

孙传芳占领蚌埠后，便要迎击一年前刚结拜的把兄弟张宗昌了。既是山东老乡，又是把兄弟，两人尚未见面，部队就已经热闹开了，何况还有白俄在其中助兴。

孙传芳命令李俊义旅马葆珩团迎击白俄军，因为一路连战连捷，马团官兵便有轻敌思想。先头尖兵孤军深入，一遇到白俄军，全队 50 余人被大队的俄军包围杀死。凶残的白俄军把孙部士兵挖眼睛，割鼻耳，甚至挖心作乐，令人不忍目视。卢香亭大队开到时，立即展开了激烈冲杀。

白俄个个赤膊作战，露出毛茸茸的胸膛，一手拿着白兰地酒瓶，喝得醉醺醺的，一手拿着上好刺刀的步枪，一面狂饮，一面冲杀，全不顾枪林弹雨，其凶狠有如野兽，几乎把马葆珩团击溃，马团副团长、营长多被打死，士兵伤亡更多，面对白俄的疯狂冲击，实在难以抵御，若不及时撤退，恐有全团覆没之忧。马葆珩立即命令步兵全线撤退，让开白俄锋芒，同时集中全团机关枪和大炮聚集火力猛力轰击，当即打死白俄 800 多人。

嗷嗷冲锋的白俄见马团后撤，顿时气焰更为嚣张，准备一举击溃马团。谁知半空里落下隆隆炮弹，机枪有如火舌般地朝他们射击，在酒精刺激下的白俄哪里知道躲藏，根本不理这一招，继续冲锋。等到同伴们像稻草一样纷纷倒下，血流成河，方才从梦中惊醒，连忙后窜。枪不要了，视如命根子的酒瓶也扔了。

然而他们身穿大皮靴，又笨如狗熊，根本跑不动，被马团士兵活捉了 300 多名。因为先头尖兵曾被白俄残杀，前线士兵为了给被害官兵报仇，就把怒气撒在白俄身上。白俄俘虏或被吊在树上活活烧死，或被吊在车站当活靶子打，这时的白俄军全无嚣张气焰，连连跪在地上求饶，等到旅、团长赶到，才制止了士兵的野蛮行为。

施丛滨部撤出蚌埠外，仍在蚌埠北坐着铁甲车督战，希望能挽回败局，向张作霖有个交代，不料，孙传芳已经派人抄了他的后路。谢鸿勋师上官云相团绕到了固镇桥以北，拆掉了铁轨，断了施军后退的道路，并从后面向施丛滨发动进攻。固镇以南马葆珩团，又挟消灭白俄军之威，猛攻施丛滨部。此时施部遭到孙传芳的腹背夹击，又得知白俄军已被消灭，自己是孤军被围，援兵无望，顿时军心大乱。

施丛滨看见挽回败局无望，急忙下令铁甲车开足马力向北疾驰后撤。铁甲行驶到固镇桥时被阻，在长达一里的桥面上，挤满了向北逃窜的士兵。施丛滨不忍心从自己部队的身上碾过去，又命令铁甲车南行。这一来一去，时间就来不及了。开不到十几里，大队孙军追杀过来，施丛滨只得又连声让铁甲车北进。到了固镇桥时，桥面上仍是密密麻麻的士兵，争先恐后地向北逃窜。

这时候，固镇桥以北的上官云相团正包围堵截奉军，奉军惨败之余，纷纷缴械投降；固镇以南的马葆珩团又争先恐后地追击奉军。施从滨见再拖下去，自己也跑不了了，在这生命攸关的时刻，他顾不得"爱兵如子"了，下令铁甲车开足马力，从士兵们的身上冲过桥去。铁甲车驶到之处，血肉横飞，惨声迭起，其悲惨之状，无法

用笔墨形容。孙传芳的部队随军文职人员过桥时,看到满桥血肉狼藉的样子,吓得不敢过桥,有的竟失声痛哭。

施从滨逃过固镇桥时,自以为可躲过这场劫难。哪知道铁轨已被上官云相团拆掉,铁甲车立即倾倒路旁,孙传芳的部队一拥而上,施从滨和随从人员全部被俘。当时施从滨已经七十高龄,须发皆白,着陆军上将军装,任张宗昌前敌总指挥、山东军务帮办兼奉军第四十七混成旅旅长。这位资格甚老的陆军上将神色自若,对围上来的孙传芳的士兵说:"你们辛苦了。"当下谢鸿勋派营长一名押送施丛滨到蚌埠总司令部见孙传芳,并写下了个报告给孙传芳,请他优待施从滨。

施从滨到了蚌埠,向孙传芳敬了一个军礼。孙传芳躺在烟床上一动不动,坦然受之,并笑着对施丛滨说:"施老,你好,你不是来当安徽督办的吗?你马上去上任吧!"说完,下令把施丛滨拉到车站南边的空旷地枪杀了。

孙传芳军队乘着屡战屡胜的声势,一直追击到徐州以北与山东交界的地区。在徐州车站夺得了奉军的补给列车总计150多辆,给养械弹不计其数,战果颇丰。孙传芳从袭击上海到击败奉军,仅仅费了一个多月的时间,就占领了两个省(江苏、安徽)和上海一市,东南富庶之地尽在掌中。这个胜利致使孙传芳得意忘形,儿戏般地枪杀了施从滨,逞一时之愤,却给自己种下了恶果。据孙传芳自己告诉亲信,他杀施是为了给邓如琢、陈调元等一个眼色看,使他们服从自己,不料这一枪却引起了在天津居士林致自己于死命的那一枪!

孙传芳这次胜利,威镇东南。福建周荫人,江西邓如琢,安徽陈调元、马祥斌等以及苏北地方势力的宝山、马玉仁、张仁奎等一致通电祝贺得意之余,一一复电感谢,并约他们到南京共商大计,召开浙闽苏皖赣五省联军成立大会。

11月8日,孙传芳在徐州大摆庆功宴,犒奖有功将士,庆功助威。11月23日,他由徐州凯旋南京,25日,在南京宣布成立浙闽苏皖赣五省联军,孙传芳任五省联军总司令兼江苏总司令,韩国均为江苏省长;卢香亭为浙江总司令,蔡朴为浙江省长;周荫人为福建总司令,萨镇冰为福建省长;陈调元为安徽总司令;邓如琢为江西总司令,李定奎为江西省长。号称兵马20万。

五省联军总司令孙传芳此时意态骄盈,不可一世。他为了装潢门面,站稳脚跟,极力拉拢江浙一带的知名人士和巨绅,聘请他们当顾问,其中有张謇、章太炎、蒋方震等,他还请了一个日本人当高等顾问,月薪800元,这个人就是孙传芳在日本留学时的老师冈村宁茨。

孙传芳在三年之内,由鄂入闽,由闽入浙席卷安徽、江苏,成了这个时期中国东南地区的实际统治者和直系军阀中最有实力的首领,做了五省联帅的孙传芳该算是达到以往要做"压迫人的"人上人的目的了吧。然而,孙传芳欲壑难平,打算捧出江苏巨绅张謇为临时总统,推翻段祺瑞执政府,由他取而代之控制北京政权。为此,他曾以出巡为名,亲往南通拜访张謇,张謇则搭起牌楼来欢迎孙传芳。这个时期,是孙传芳一生中声名煊赫、最为得意的时候,也是国共合作掀起革命风潮的时候。正当孙传芳做着黄粱美梦之际,革命的滚滚大潮很快把他从高峰卷下来,摔到浪底!

在佛堂被施剑翘杀死

1926年夏，北伐军进入湖南，占领长沙，使在北京指挥进攻南口冯玉祥国民军的吴佩孚首尾不能相顾。吴佩孚接二连三地向孙传芳发出“十万火急”“百万火急”“限即刻到”的电报，要他出兵侧击长沙，予以支援。为此，吴佩孚还专门派人到南京敦促。可是，孙传芳根本不管吴佩孚，以“保境安民”为由，按兵不动。

因为这时孙传芳的实力已经超过吴佩孚，不愿意听吴的指令了。更重要的是，孙传芳欲坐山观虎斗，等到北伐军与吴佩孚两败俱伤，他可以趁机收渔人之利。有人问他：“北伐军已经打到了湖南，吴玉帅深感有燃眉之急，我帅何以自处?”孙传芳淡然一笑，说：“党军负隅两广，正如麻绳子扭作一团，刀砍不入，火烧不断，如令他们由珠江流域伸到了长江流域，就成了一根绳子，由剪刀一剪就可以剪断，我们岂不省力得多?”

当有人提出如果坐视不救，恐怕将会同归于尽时，孙传芳大声斥责：“傻瓜！吴玉帅驻军两湖，我们不能开军队把他赶走，如今他要同党军硬拼，正如两虎相斗，不久两湖地盘就是咱们的了。”算来算去，孙传芳算的是两湖地盘，准备由五省联军扩大为七省联军，那时候，自己就是七省联帅了。

机关算尽太聪明，反误了卿卿性命。北伐军采取了各个击破的策略，在打败了吴佩孚之后，于1926年9月又分兵三路进入江西：一路由韶关攻赣南，一路由湖南进赣西，一路攻赣西北的修水、铜鼓。江西邓如琢急电孙传芳救援，孙传芳立即发布命令：令谢鸿勋率第四师由九江水陆兼程进驻瑞昌、修水、铜鼓，候令进攻武汉，卢香亭为援赣总司令，率第二师及郑俊第十师、杨赓和独立旅、彭德全混成旅马登瀛独立团，进驻南浔路，候令进攻长沙；孙传芳本人亲率周凤岐第三师、陈调元第六师、武鸣卫队旅等进驻九江，并以周凤岐为总预备队总司令兼卫戍总司令，陈调元为第五方面军总司令。

当蒋介石所部进攻江西时，孙传芳没有把蒋看在眼里，他总认为蒋不是他的对手，因此发布命令时，仍以两路进攻武汉为战略计划，他把联军总部不设在陆上而设在兵舰“江新”号上，就准备顺水路进武汉三镇。不料，附近的“江永”号被放火烧毁了，孙传芳疑心是来烧他的，便白天在“江新”号上办公，晚上则宿于“决川”号。

北伐军进攻吴佩孚时，孙传芳大唱“不愿与任何方面为敌”的高调，扬言“倘人不攻我，我决不攻人”。等北伐军威胁他的统治时，孙传芳便要求吴佩孚“团结起来，建立共同战线”，以革命军为敌。这时，张作霖也致电孙传芳谓：“玉帅新挫，武汉已失，东南半壁，全赖我兄支柱，弟以大局为重，微嫌小隙，早付东流”，孙传芳也立即表示捐嫌修好，并订立了“苏鲁和平协定”，规定孙军在徐州、鲁军在兖州的驻军都不得超过一旅。没有了后顾之忧，孙传芳便集中力量对付北伐军了。

1926年9月6日，孙传芳致电蒋介石，令北伐军“迅速撤退”，7日，又发出最后通牒，限令北伐军24小时内撤回广东。

谢鸿勋部队开到瑞昌后，修水、铜鼓两县已被革命军攻占，谢鸿勋本是联军的一名名将，但勇猛有余，智谋不足，毫无考虑就命旅长杨振东立即向修、铜进攻。北伐军见谢军声势浩大，主动退出修、铜，并在城内留下一部分便衣队混入居民家中。

杨振东见敌军惊惶逃跑，自己不战而胜收复两城，十分得意，他一面布告安民，一面电孙传芳告捷。谢鸿勋率师部人员进城时，受到了当地绅士欢迎，谢、杨自以为万事大吉。于是打牌的打牌，吸鸦片的吸鸦片，手下官兵也自寻其乐去了。

蒋介石留下的便衣队把情况报告给城外隐蔽的部队，计划好城内外发火为号，一齐发动围攻。当谢、杨躺在床上过烟瘾的时候，忽然听见杀声四起，知道有变，带领卫士拼命向城外逃。谢鸿勋在路上被流弹击中，又跌进河中，卫士赶紧把他扶上岸，经简单包扎后送往上海医治。由于身体较差，又流血过多，不治身死。谢鸿勋之死，给了孙传芳重大的打击。

由于江西邓如琢缺少训练，一遇到蒋军攻击，便四散逃窜，邓如琢对此十分烦恼。然而，他更担心的是孙传芳的联军一旦开进江西，就是把蒋介石部队赶走，江西也不是他邓如琢的地盘了。因此，邓如琢斗志涣散，等到蒋介石部队围攻南昌时，他狼狈出逃。

卢香亭率领援赣大军本想把总部设在南昌，以便听候孙传芳之命进攻长沙。哪知邓如琢贪生怕死，南昌被蒋军攻占，卢香亭只好把总部设在南浔南段涂家埠车站。乘蒋军立足未稳，他命令郑俊彦率第十师和杨赓和独立旅夜渡赣江，进攻南昌。蒋军装备远不如郑师，见郑师攻击甚急，连夜撤退。郑俊彦攻克南昌后，一面安民，一面命令杨赓和旅继续追击。杨赓和却把这一旅兵当作本钱，不愿拼命卖力。南昌占领后，孙传芳本来让邓如琢当江西总司令。邓如琢却打算，如今局势如此严重，胜败之数未可估量，何况胜了之后江西也不是自己的，何不带着钱去当寓公呢？于是坚决推辞，孙传芳只好命郑俊彦为江西省总司令。

蒋军在南昌虽然失利，但杨旅并未急迫，两军便在丰城附近胶着，战事时起时歇。蒋介石看清南昌的补给线是南浔铁路，要想夺同南昌，必先切断它的补给线，于是派程潜部的第六军，进攻牛行车站，激战数昼夜，被卢香亭的炮兵司令马葆珩所部炮兵击退。

谢鸿勋战死，邓如琢弃守南昌，孙传芳在兵舰上踱来踱去，郁郁不乐；而后传来南昌已被夺回，牛行再来捷报，孙传芳才精神振奋了些，于是催促郑俊彦相机进攻赣南，卢香亭乘胜追击，仍按原计划攻占武汉。

卢香亭不愿去武汉，他是身在江西，心在杭州，因为卢刚在杭州讨了个小老婆，对这个不死不活、打打停停的战争已经厌倦了。和蒋军交战十多次，都是蒋军被击败逃跑，卢香亭却命令追击部队不要离开铁路线50里以外，并多次集结军队讲话，说："不管你蒋介石有千条妙计，老子有一定之规，打跑了你，我们就回兵休息整顿。"这时的卢香亭，一心想回杭州与小老婆团聚，对孙传芳的计划，丝毫不感兴趣。

江西前线没有什么进展，孙传芳心急如焚，不料浙江后院又突然起火。

杭州警察厅长夏超，字定侯，浙江人，警察学校毕业。所部警察八千多人，都是新式武装，且经常亲自督练，认为这是他的政治本钱。孙传芳到九江去督师，就很担心夏超，怕他在后方捣乱，特派他为浙江省省长兼全省警务处长又兼杭州守备司令。

在中共杭州地委和国民党浙江省党部的发动下，夏超在国民党驻沪军事特派员钮永健、国民革命党总政治部主任邓演达的支持下，秘密联络地方派军人进行倒孙活动，酝酿浙江省独立。1926年10月16日，夏超自认为实力雄厚，更有地方士绅支持，在杭州正式通电，接受国民革命军的委任，任第十八军军长，并宣布浙江独立，倒戈反孙。

此时，孙传芳的主力在江西前线，后防空虚。在上海仅有宋梅村部1000多人、警察2000人。夏超独立后，令其所属的警察保安队8个营，携步枪七八千枝，开往嘉善一带布防，准备挺进松江，攻取上海。夏超还改编了浙江政务委员会，新的政务委员会以夏超、周凤岐、蔡元培、蒋梦麟、马叙伦等13人为委员，明确表示服从广州国民政府的领导。

后院起火，孙传芳急令宋梅村讨夏，进攻浙东的嘉善，并派李宝章增援上海。10月20日，夏、宋两军在嘉善一带激战，夏超战败。夏本人乘船出钱塘江往上海时，为宋梅村部捕获，经孙传芳电命把夏超就地处决，浙江独立遂告失败。

浙江独立虽然昙花一现，但却给孙传芳重大的打击，除了牵制孙传芳对江西的用兵外，同时加深了他与江浙地方派之间的矛盾。平息浙江事件后，孙传芳委任驻徐州第一师师长陈仪为省长，以收浙人之心，并派嫡系孟昭月为浙江总司令驻守杭州，浙江仍在孙传芳控制之下。然而，陈调元、王普、陈仪等将领均不满孙传芳的控制，暗自与革命军联络，或表示输诚，或投靠革命，孙传芳部已经出现了分崩离析的局面。

卢香亭总司令部电务处少校主任邱伟，保定军校六期毕业，原在浙江第一师担任电务处主任，卢军出发江西时，才由第一师调来。邱伟因感于孙军对地方部队的压迫歧视，积恨在心，当他随军开到南浔路时，设法与蒋介石取得联系，暗通情报。由于卢香亭在涂家埠的司令部房屋狭隘，电务处单独在一间独立的房子里，加上邱伟的助手华镇麟，也是邱的同乡，他们每到深夜，就把卢军的布防调动以及作战计划通报给蒋介石，蒋介石对卢军的一切行动、部署、计划都了如指掌。

孙传芳的部队官兵骄气普遍上升，特别是卢香亭，有一次蒋尊簋路过涂家埠，特意去看卢香亭。蒋是浙江宁海人，他与孙传芳、卢香亭以及蒋介石等都是日本士官同期学生。他以蒋介石的代表身份同孙传芳谈判孙蒋合作事宜。卢一见蒋尊簋便破口大骂蒋介石，弄得蒋尊簋啼笑皆非，无法下台。卢对炮兵司令马葆珩说："蒋尊簋这小子就是蒋介石派来探听我们军事消息的奸细。你同他到野外去玩玩，顺便把他干掉了。"马葆珩则劝他："两军交战，不杀来使。"蒋尊簋这才捡回一条命。

南浔铁路沿线孙军在零星战斗中拖了几个月，官兵都感到厌烦，斗志十分低落。许多官兵私下说："邓如琢真害死我们，不知哪天才能回到我们江浙去。"

一天拂晓，驻在乐化西面高山的彭德铨旅与蒋军发生战斗。乐化车站的部队立即派队前往增援，因援军偶尔走火，前方作战部队以为蒋军摸到了后面，便纷纷后退。援军军官高喊自己走火不要误会，前线部队仍然往下撤退。援军看此情况不但不制止，反而随着后退，不久便波及了整个旅，紧接着又波及卢香亭总部所占地涂家埠。卢香亭看到大量部队纷纷向东南撤退，既不打枪也不听命令，于是派人找邱伟发电询问，却发现电务处空无一人，设备亦被破坏。卢香亭无可奈何，悻悻地说："我们走吧，部队到鄱阳县集中待命。"

当夜，此种不战而退的影响波及整个牛行，部队整营整团地徒涉赣江东去。郑俊彦在南昌正着急与涂家埠失去联系，忽听得整批部队由牛行东撤，自己的第十师也有一部分逃窜，便误以为涂家埠已被占领，卢香亭全部溃退。涂家埠被占，卢军溃退，南昌已是孤城，无法再守，郑俊彦便命令部队撤回候令。

孙传芳明白部队后撤是因为久战厌烦，倘拖延不决，势必酿成全军覆没，因此

决定放弃江西、福建，命令卢香亭、郑俊彦由水陆撤回江苏、浙江。这时周荫人又致电孙传芳，因为受粤军东进威胁，加之地方势力卢兴荣、赖忠、高义也威胁周荫人。孙传芳便命令周荫人放弃福建，撤回浙西。

为了巩固杭州，孙传芳又让周荫人把总部移驻杭州，协助孟昭月维持浙江防务。孟昭月却醋意大发，以为周荫人来夺他的总司令一职，立即向孙传芳辞职，孙传芳知道发生了误会，一面安慰孟昭月，一面仍令周荫人驻在金华，一场闹剧才告一段落。

放弃闽赣后，孙传芳对军队进行大整编。由于掌握了邓如琢的部队，孙传芳仍有 14 个师 4 个独立旅，共约 20 余万人，分布在江浙皖三个省区和长江两岸的要冲地带。

整编后的孙军形势好转，但孙传芳仍然顾虑重重，他担心安徽的陈调元，因为陈调元是个有名的看风使舵的将军。他还顾虑白宝山、马玉仁、张仁奎三个镇守使，他们是老牌地方军，又是青洪帮头子，一旦被蒋介石收买，着实可怕。在这种种顾虑下，孙传芳决定了全面撤驻长江北岸的计划，并在松江召集了一个军事会议，宣布了联军为了与北方友军结成联盟，壮大实力，决定全部撤驻长江北岸。许多将领听到与北方结成友军，都感到不满，撤离了富裕的江浙，恐怕连军饷都会发生困难。孙传芳却不顾将领的意见，宣布北撤，总部驻在扬州。

孙传芳滞留扬州时，蒋介石曾派张群约杨文闿到南京洽谈孙蒋合作之事。蒋介石许诺，孙传芳只要挂上青天白日旗，进攻北京，可以就任国民革命军副总司令兼华北联军总司令。孙传芳以自己出身北洋军阀，与北洋军阀头子有千丝万缕的关系，何况现在已与张作霖实行合作，张作霖除给部分军饷外，还命山东张宗昌全力支援孙传芳抵抗。这样，孙蒋合作，虽经杨文闿、张群从中斡旋，终无结果。

孙传芳的联军无论在装备上，还是在军容军纪上，都比其他军阀要好些，苛捐杂税也要轻一些。孙传芳在江苏时期，还给江苏还了一笔四千万元的省债，是李纯、齐燮元两任拖欠的。而蒋介石部队就驻江浙，既要扩充军队，筹措装备，又要建立机构，发展组织，处处需要钱，事事离不开钱，各种捐税比孙传芳联军重一些。

江浙人士未受蒋介石的好处，反先尝到许多捐派之苦。一些社会上层人士或多或少与孙传芳有些来往，便组织了一个所谓的江浙人民代表请愿团，去蚌埠见孙传芳，陈述蒋介石的部队在江南如何无法无天，如何横征暴敛，以致十室九空，把蒋介石骂得个猪狗不如，把孙传芳吹得天花乱坠，请他早日渡江。孙传芳听说江南百姓盼他望眼欲穿，心中极其欢畅，安慰士绅，许诺："我一定渡江给人民除害，你们等着好消息吧！"

早在 1926 年冬，孙传芳在江西惨败之后，就调过头乞怜于张作霖。11 月，他先派人去济南和天津分别拜见了张宗昌、张作霖，取得了他们的谅解。11 月 18 日，孙传芳化装为一个商人，身穿灰布大褂，贴身别着两支手枪，由两名随从暗中保护，秘密乘上火车，直奔天津。到了天津，他以此行为了戒鸦片来掩人耳目，行踪极为诡秘。当张作霖在蔡家花园开会时，他单人赴会，突然出现在奉系文武大员们面前，使满座惊疑。

孙传芳向张作霖行礼，说："对不起大帅。"张作霖也忙说："过去的事不要提了。"于是孙、张二人化敌为友。在会上，孙传芳"披肝沥胆"，建议统一"讨赤"指挥，推举张作霖为总司令，并表示自己愿听张大帅驱使。话音刚落，奉军、鲁军等的将领齐声称赞他："真他妈够朋友！"30日，安国军成立，张作霖为总司令，孙传芳和张宗昌为副司令。张作霖答应张宗昌率直鲁联军南下支援孙传芳，并接济孙一大批军火。协议达成后，孙传芳返回公馆，这时天津街市上的报贩们正高声叫卖"孙传芳拜山"。

1927年秋，孙传芳听说国民党内部有变，蒋介石下野，便和参谋长孟星奎、秘书长万鸿图谈，决定发动6万大军进行敌前抢渡长江的冒险计划。这个决定，连经常碰头的蚌埠戒严司令马葆珩也不知道。

在集中命令下达后，孙传芳才跟马葆珩说："我们已决定大举渡江，收复江南，你们留在蚌埠吧！"马问如何渡江法？孙传芳说："洁卿（郑俊彦号）由浦口攻下关，占南京；俊卿（刘士林号），善侯（李宝章号）等由大河口攻龙潭，占南京；马玉仁等由扬州攻镇江，牵制上海方面敌军。"马葆珩因与李宝章自幼同学，又是好友，念其在福建作战时失去左臂，便对孙传芳说："善侯身体残废，倘有失利，更难应付，还是让我去渡江，让善侯留驻蚌埠吧。"于是李宝章率二师回蚌埠做戒严司令，马葆珩率第十一师即开大河口集中待命。马葆珩好好的戒严司令不做，激于义气代替李宝章渡江，结果险些丧命在长江里。

三路大军征集了一大批民船和少数小火轮，集中待命渡江，孙传芳怕海军头子杨树庄从中捣乱，就同杨协商，结果杨表示中立，既不助孙，也不援蒋。据说，孙传芳还送了杨树庄一大笔钱，在得到杨的保证后，孙传芳便下令渡江了，首先渡江成功的是刘士林。

大河口渡江总指挥刘士林接到命令后，派段承泽第九师、刘士林第十三师、崔景洼第十一师乘坐木船和少数小火轮渡江。船小浪高，北军又不习于乘船，有些船因士兵乱动而翻沉。事先保证严守中立的海军杨树庄被国民党重金收买，中途变卦。他派了三条兵舰到大河口江面乱窜，虽然不曾开炮轰击，但孙军的木船连大浪都怕，何况撞到兵舰上？渡江部队尚未与蒋军接触，便伤亡不少，江里到处是浮尸。到了离岸一里多宽的芦苇区，船只无法通过，士兵只好下船跋涉，背着二三十斤的装备，自然又淹死不少。躲在战壕里的国民党军队，以逸待劳，射击这批疲乏不堪的部队，有如打落水狗。但段、齐、崔三个师经过一天抢渡，终于击溃了国民党军的防线，占领了龙潭车站。

在龙潭车站，总指挥刘士林召集各师长开会。段承泽、崔景洼报告了战斗经过和伤亡情况，三个师伤亡半数以上，马葆珩师、上官云相师、陆殿臣师情况好些，伤亡一两千人不等。刘士林没打过什么大战，指挥能力差，看到伤亡这么惨重，只是连声说："我没有办法。你们说怎么办就怎么办吧！"上官云相主张打镇江，马葆珩则主张由龙潭沿着过去赶杨宇霆的老路进攻南京。两人争论不休，其余的则打瞌睡，一直到天亮仍未有统一意见。忽然前方报告，白崇禧率领部队从东南两面包围龙潭来了。于是大家决定由马葆珩师负责东面，上官师负责南面，陆殿臣师负责西面，其余三师休息整顿，支援各方。

战斗持续了一天，为了夺取一个山头，双方进行九次拉锯战。仅一个上午，马葆珩师一个旅长被俘，四个团长伤亡，营连长更不用说，有的营半天就换了两个营长，有的士兵半天中就提升为连长，战况之激烈可想而知。最惨的是送上木船的伤兵，在江面上被杨树庄的海军打翻，葬身鱼腹。抬伤员的担架队也上不去，即使上去了，伤员未抬下，担架队员先倒下了。

刘士林、段承泽、崔景洼、上官云相、陆殿臣认为大势已去，一个个地溜上事先准备好的小划子或小火轮，逃回了江北。只剩下一个马葆珩苦战，副官长王化甫跑来报告，刘士林跑了，电话断了，马葆珩心慌了，命令王化甫带一班卫队去龙潭车站看着。回来报告，不仅总指挥走了，各师长也都走了。马葆珩连忙命令手下各团后撤，自己带领几个人也往回溜。

兵败如山倒。孙传芳的部队蜂拥着抢船渡江，船少人多，有的船因失重心而翻，有的则因为人太多而被压翻，有的则被水中未上船的人扒翻了。侥幸上船的士兵又被海军开炮打翻的打翻，撞沉的撞沉，死伤无数。马葆珩的船因人多无法开动，这时岸上的追兵手提机枪大加扫射，马只好跳下江，向江心的一艘小船游去，谁知小船也翻了。马葆珩只得咬紧牙关拼命游，幸好旁边的刘国桢不时扶一下，托一下，终于飘过了长江。

到了北岸已是晚上九、十点钟，马葆珩看见路旁有一个庙，就走了进去，躺在廊下的稻草堆里睡觉了。哪知后房里，就睡着总指挥刘士林。刘士林身为渡江总指挥，既葬送了几万人的生命，又首先逃跑，因此不敢去见孙传芳，准备远走高飞。忽然看见马葆珩赤身裸体和两个军官盖着稻草睡觉，一时既惭愧又感动，便把自己骑的一匹黑马留下，带着亲信偷偷地走了。第二天一早，马葆珩看见一匹黑马，认得是刘士林常骑的，同时庙里人也说昨天下午刘士林就到庙里了。马葆珩也不多问，赤身裸体地骑着马去见孙传芳。

孙传芳在烟塌上一听马葆珩回来了，手端着烟枪就跑出来迎接。看见马葆珩的模样，孙传芳流着眼泪说："这里正准备着为你开追悼会，这好了，这好了！睡两天，快回天津休息吧！"并送马葆珩5万元，派专人陪送马葆珩去天津休养。

孙传芳军队这一次渡江，计阵亡淹死2万多人，缴械被俘1万多人，陆续归队的1万多人，是孙传芳最大最惨的一次失败。在战后一两年，每当春夏两季，列车经过龙潭车站时，旅客们仍感到死尸的臭味。

当龙潭抢渡成功时，国民党政府认为形势相当严重，仓皇撤走在南京的物资、档案等，满载物资及人员的汽车从南京到溧阳，绵延二三百里，南京秩序一团糟。

孙传芳失败后，国民党又宣传龙潭战役消灭孙传芳6个师，并决定把擒获的高级将领当众枪毙。许多孙军被俘官兵便溜到刑场去看，大卡车上五花大绑着七八个蒙面犯人，背后分别插着上官云相、马葆珩、段承泽等犯人招牌。官兵惊奇道："段师长、马师长、康旅长，都是有名的大胖子，怎么这么瘦了？"一些老兵都明白，这是国民党的宣传把戏。

龙潭大败后，在张作霖的支持下，孙传芳收拾旧部，以安国军副总司令的名义会合张宗昌进攻徐州。首先与蒋介石的贺耀祖兵团相遇，结果，贺耀祖兵团被孙军击溃，师长龚宪被击毙，炮兵旅长张基自杀。孙传芳乘胜准备收复徐州，谁知当晚接到郑俊彦、李宝章告急电报，冯玉祥部孙良诚、方振武军团袭占济宁。

马葆珩认为乘胜占领徐州，冯玉祥见局势大变自会撤军。孙传芳却不敢冒险，坚持没有后路则民心不稳，决定先夺取济宁再攻徐州。于是决定同师北上，留梁鸿恩师驻丰县。梁鸿恩是有名的梁马虎，大敌当前，他不做准备，不呆在司令部掌握情况，却跑到浴室里享受。正得意忘形之际，敌军已经把全师缴了械，并在浴室里把他活捉，他还莫名其妙呢。

孙传芳率军回到济宁附近，仅和冯军接触几个小时，便收复了济宁。冯玉祥把部队撤到济宁西方十里铺、金乡一线。孙传芳打算击溃冯军，再和张宗昌合攻徐州。谁知冯军战斗力极强，两军打得难分难解，在十里铺一带展开了拉锯战。

孙、冯两军激战七、八天，两军前线官兵都称对方是个好样的军队。冯军说："我们打了十几年内战，第一次遇着你们这个能打的军队。"孙军也说："我们打遍大江南北，第一次遇着你们这个坚硬的军队。"可惜的是，他们打的一直是内战。这时，张宗昌在津浦路战斗失利，12 个旅一起溃败。张宗昌未告诉孙传芳，便径直撤回济南。孙传芳得知后，认为自己后路空虚，无法单独支撑战局，便于夜间下令全线向济南方向撤退。

当孙传芳、张宗昌撤至济南时，蒋介石、冯玉祥都未跟踪追击，孙、张二人还在济南苟安了一段时期。孙传芳认为张宗昌是个浪小子，蛮不讲理，处处都要看张宗昌脸色行事。到了济南，济南是张宗昌的势力范围，他既害怕张宗昌军队叛变，危及自己的生命，又害怕张宗昌不辞而别，使自己困守孤城，束手就擒，同时也不敢先行逃跑。为了监视张宗昌的行动，他就派外甥程登科住在张宗昌总部，表面上说是与张保持联系，互通情报。

一天，马葆珩同参谋长司可庄由洛口桥防地去济南孙传芳总部，因为军务繁忙，午饭到两点多才开。几个人围着饭桌坐下，孙传芳拿起了一个白馒头，用手掰开往嘴里送，忽然手下报告程登科来电话了。听说张宗昌已经逃出了济南城，孙传芳的脸色顿时白了，把馒头往桌上一扔，说道："晓庵（马葆珩号），咱们一同走吧。"把帽檐往下一拉，孙传芳出了总司令部，骑着马几个人出了城。孙传芳怕济南军警和百姓知道他逃跑会形势大乱，弄得自己不能出城，便装作一副镇定自若的神情，策马慢行，与马葆珩乱扯些不相干的话。遇到了警察，孙传芳便假装问路，说是去南门白马山看队伍。

辗转到了北京，从张作霖处领到了大批军饷，孙传芳偕秘书万鸿图回到了总部河北省大城县，决定部队出关与奉军联合。而手下将领如马葆珩、李宝章等都是保定学生出身，对土匪出身的张作霖没有好感，不愿出关。何况说起来，蒋介石是孙中山一手扶植起来的，应属正统，不如投蒋。正在徘徊之际，阎锡山派副官长高荣达专车从天津找到马葆珩，高马二人在辛亥革命时回去山西参加革命，与阎锡山有些关系。于是一拍即合，郑俊彦、马葆珩、李宝章等投靠了阎锡山。不久，三人到北京饭店见了蒋介石，蒋介石大度地说："今后一切事宜都由阎总司令直接负责，一切都向阎请示办理。"至此，孙传芳的五省联军不复存在。

孙传芳在大城会议后，便偕同秘书长万鸿图和少数亲信出关，他久等部队不见出关，心里十分焦急，却又不敢亲自入关与部队见面，就派万鸿图带着 5 万元进关探听消息。万鸿图到天津后，知道部队已开抵宝坻一带，立即赶至宝坻，见部队已经挂旗投降，事情已如生米做成了熟饭，无法挽回，便把 5 万元交给部队，回到东北复命去了。

得知部队挂旗之后，孙传芳十分恼火，自己却不敢冒险入关劝说，便用高官厚禄来拉拢。他派遣许多亲信带着委任状和金钱到京张等地活动，结果委任状、金钱全被收下了，可谁也没有动静。白白花了钱仍无结果，孙传芳自然不甘心。在蒋介石命令四十七师（五省联军后被蒋缩编为四十七师）由京张线经过津浦线调驻陇海线时，孙传芳又派李宝章拿着委任状和金钱赶到济南去截部队，结果还是竹篮打水一场空。

1928年6月4日，张作霖在皇姑屯被日本帝国主义炸死，随后，孙传芳也逃到了沈阳。在客居东北期间，张学良对孙传芳颇为礼遇，在帅府专门为他设了一个办公室。孙传芳也每日必赴帅府办公，与少帅会晤，两人于军事、政治以及家庭琐事无话不谈。然而，两人的想法大相径庭，存在着严重的分歧。孙传芳想陈兵于冀鲁之间，侧身于张学良左右，觊觎关内，等待时机，一有风吹草动，马上借东北之势，逐鹿中原。

为此，他主张东北在外交上应采取"亲日联俄"的方针，对南京政府则采取不即不离、虚与委蛇的态度。孙传芳的"亲日联俄"，就是要投靠日本，割据东北。"英雄"所见略同，他的想法与奉系干将杨宇霆不谋而合。然而，孙传芳知道张学良与杨宇霆之间隔膜甚深，甚至相互仇视，他哪边也得罪不起。于是他处处小心，游离于张、杨之间，白天去帅府与张学良会面，晚上去和杨宇霆周旋。

张学良毕竟是有爱国心的军人，基于民族大义，他于1928年12月29日毅然宣布"东北易帜"，服从国民政府领导。这样，国民党政府便"统一"了全国。孙传芳听到了这个消息，大吃一惊，感到自己的前途无望了。更让他大吃一惊的是，1929年1月10日，张学良当机立断，枪毙了不服从他领导的杨宇霆、常荫槐。枪毙杨、常，孙传芳不禁有些兔死狐悲之感，但他老于官场变故，连连说："杨宇霆取死有道！"同时伸出大拇指称赞张学良："英雄！英雄！要想做出一番大事业，不杀几个人还行吗？杀得好！"然而，孙传芳内心却惴惴不安，害怕因为与杨宇霆有牵连而祸及其身，于是，以另一位夫人有病为名，仓皇出走大连。

1930年夏，蒋、桂、冯、阎之间的中原大战爆发，孙传芳认为自己东山再起的时机到了，便决定入关支持阎锡山，攻击蒋介石。为此，他专程去沈阳，劝说张学良同他采取一致行动。可是，张学良却反其道而行之，出兵助蒋，彻底打破了孙传芳东山再起的美梦。

1931年九一八事变后，孙传芳从大连迁至天津英租界居住。这时的孙传芳仍贼心不死，和靳云鹗搞什么国家主义派，希望在政治上取得地位。蒋介石对其嫉恨不已，准备对他采取行动。孙传芳也知道蒋介石的特务满天下，就假装在居士林打坐念佛作为掩护。

这时候，在蚌埠被他枪杀的陆军上将施从滨的女儿施剑翘正在筹划杀他为父报仇。蒋介石也通过陈调元部队的师长施忠诚（施丛滨的侄子）暗中帮助施剑翘。1935年11月13日，这一天秋雨绵绵，孙传芳的老婆不让他冒雨去居士林，靳云鹗却打电话来催，于是孙传芳赶到了居士林，他先到茶室喝了点茶，然后去打坐，听法师讲经说法。正入迷之际，坐在孙传芳身后的施剑翘掏出手枪，对其右耳开了一枪。孙传芳那肥胖的尸体瘫倒在太师椅上，施剑翘又开了两枪，孙传芳便一命呜呼了。一时间，施剑翘为父报仇刺杀孙传芳成为大街小巷的新闻，人人都称赞施剑翘是个忠孝双全的奇女子，而孙传芳则是遗臭万年的了。

孙传芳担任五省联军总司令虽只有几年时间，却搜刮积蓄了四千万元。他把四千多万都存在天津正金银行，当孙传芳被刺死后，正金银行就想吞掉这笔巨款，后经李宝章等出面交涉，经过两年多时间才交给孙传芳的家属。而孙传芳的子女们为了多占一些钱财，各不相让，弄得家庭之间乌烟瘴气，成为一时丑闻，这更是孙传芳始料不及的。

马步芳：西北恶狼　罪行滔天

【人物档案】

姓名：马步芳

马步芳

别名：马子香

字号：字子香

民族：回族

信仰：伊斯兰教

生卒：1903 年～1975 年

籍贯：甘肃省临夏州临夏县韩集镇阳洼山人

职务：西北军阀首领

评价：曾派兵“围剿”中国工农红军西路军、参与抗日战争。解放战争中积极参加反共内战，失败后逃往埃及，后出任台湾当局驻“驻沙特阿拉伯大使”，1975 年 7 月 31 日在沙特阿拉伯病亡。

墓葬：沙特阿拉伯国

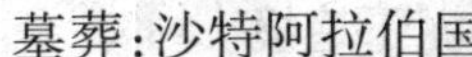

【枭雄本色】

马步芳自幼随父从戎，深知枪杆子是马家命脉，为扩充兵力，大量收罗盗匪，仿照国民军的军事训练整饬部队，中原大战爆发后成为马氏家族的主要代表，横行西北当上“青海王”。

他利用宗教家族势力、地域观念、民族纠纷、愚昧政策和镇压手段控制压榨青海及周边地区的各族人民，实行血腥的反动统治，甘心充当蒋介石门下恶狗，疯狂围攻堵截红军，犯下了滔天罪行。

1949 年，人民解放军进军西北，马步芳的势力土崩瓦解，被迫逃离大陆，于 1973 年客死沙特。

【风云叱咤】

随父从戎成少帅

马步芳1903年出生在甘肃省临夏州临夏县韩集镇阳洼山。字子香,经名胡赛尼。小时曾学过阿拉伯文,粗知《古兰经》,汉文程度相当于初中。

1915年,马步芳随父从戎,任甘边宁海镇守使署一等参谋,1918年任宁海巡防马队第一营帮带(即副营长)。1920年,任骑兵第十五营管带(即营长)。后改编为骑兵第一营,驻防巴燕戎。全部兵力为180余人,马180多匹。

为了扩充兵力,他在军队中设军士教导连,仿照国民军的军事训练,整饬部队,并大量收罗横行导河、循化一带的盗匪马忠义、唐万才和喇平福等人为部属。为解决军需供应问题,马步芳于1922年在化隆县内强行摊派"营买粮"150余石(每石900市斤)、草8万多斤。虽名曰"营买",实际是用军营中淘汰的老马和小菜牛以高价折抵,不及时值的一半。而且所摊派的"营买粮"又都是小麦、豌豆。农民倾箱倒柜,所有麦、豆悉数交纳,不足之数,勒令以青稞充抵。麦、豆一石,折合青稞1.5石抵交。催粮兵弁马哈三等到各乡鞭打棍逐,气势甚凶。民间流传:"不怕白雨(指冰雹)打光,只怕马哈三下乡。"以后兵额越增,军粮也愈加愈重,最高者竟达800余石。马步芳为筹集经费,还攫取隆务寺一带牧民的羊毛。把积存军粮的70%,勒令当地百姓运往该寺,以粮易毛,进行不等价的强制交换。并将掠夺来的部分粮食运往兰州贩卖,牟取暴利。其间复以每石16元的低价,向农民强购小麦500余石,转手以每石60元的时价,悉数卖给兰州太和粮店。经过这些残酷的掠夺压榨,化隆地区生产逐年下降,许多农户破产,田地荒芜。除少数地主、官僚外,多是家无隔宿之粮,身无遮体之衣,饥寒交迫,流离失所,生活濒于绝境。

马步芳还在甘都修建住宅一处,作为化隆县城和循化、隆务寺、拉卜楞、导河地区的联络点。他利用民族宗教关系,通过伊斯兰教新新派,把化隆所有回民地区的清真寺教长,统统改由自己的亲信充任。把一批地方上的恶霸、地主、讼棍、地痞,如城内的马应彪、马应海、周琏,西乡的韩发元、萧生林、马清,卡力岗的马如林,甘都的乃亥东等人,均加委为各清真寺的学董。把广大回民群众,控制在新新教统治之下。而对附近的藏民则施以欺骗与愚弄手段,首先将周围喇嘛寺院的活佛和牧主头人笼络过来,如夏群寺的德杨九买、支札寺的贡久以及孔夏隆等活佛。对于不服从者则予以翦除,如化隆舍仁百户巷欠、湎化的宗若加洛等,都先后被马步芳差人暗杀或放逐。

通过这些阴险手段,仅仅三四年时间,化隆县内的各族群众,不得不俯首于马步芳的淫威之下。马以区区营长身份,成了化隆的最高统治者。

1925年,国民军入甘,甘肃八镇的地方封建集团,受到很大压力。马步芳的父亲马麒为扩军自固,升马步芳为团长,嘱其开赴民和享堂,把守由兰州进入西宁的门户。在国民军次第翦除陇东镇守使张兆钾、陇南镇守使孔繁锦、河州镇守使裴建淮等地方实力派后,马麒感到势孤力单,无力与国民军抗衡。便嗾使其侄马仲英率众参加河州地方反抗国民军的战斗,马步芳则表示以死力相助,并出兵河州乩藏老家予以声援。未几，马仲英战败逃遁。马步芳立即率部返回化隆，并将马麒贮藏在乩藏的子弹五六千发和自己运到乩藏的子弹五六万发，星夜运回化隆、甘都。为掩盖这次支持马仲英反对国民军的行动，马步芳竟将自己派出联络马仲英的人员大马营杀死于黄河渡口，以灭口实。并扬言这次赴乩藏是追击变兵。还把骑兵4人，以不守纪律、煽动兵变的罪名，在化隆小教场用马刀砍死，悬头于城关道旁，制造烟幕。

1928年8月，孙连仲部进入西宁，马麒被迫交出军政大权，退居东关私邸。1929年1月，青海省政府成立，孙连仲认为马步芳尚窃据化隆，为了消除这一隐患，即派旅长高树勋，以清乡为名，率部赴化隆、循化。马麒获悉后，连夜派马万成抵化隆告知马步芳，嘱其相机行事。马步芳以乃父马麒尚在西宁，在孙连仲的掌握之中，若草率从事，恐为其所害。左思右想，唯有暂时俯首听令，再见风使舵，待机而作。于是，派代表率城乡各族头目远道候迎。2月上旬，高树勋率部队1800多人到达化隆。高驻于城内福音堂，电台设在城内小学，部队分驻于城关各寺庙、旅店及扼要处。马步芳对高树勋卑躬谦辞，执礼甚恭，将自己所属宁海军兵力、枪械、弹药和粮秣等簿册，送呈处理。并贿送全副鞍马100匹和鹿茸、狐皮等贵重礼物，以博取高的欢心。而自己则不分昼夜，伺候于高的左右。一听高的呼唤，即唯唯诺诺，表示服从，使高树勋改变了对马步芳的看法。马步芳觉察到自己已摆脱了险境，又进一步伪装忠顺，以取得高的信任，他力主严厉清乡，肃清匪类，博得高的赞许。在高树勋出发清乡前，马步芳暗地纠合城乡绅士头目马应彪、马应海、马生仓、马清、韩发元、冶老二、马柏龄和萧生林等20余人，密嘱随同部队清乡。所到之处，严防各族群众在高部面前说长道短。如高部询问，一定要回答说："由于马步芳团长极力维持，地方安谧如常。"并指示东西堡民团营长宋生林，逃往距县城60华里的红卡哇杨姓家藏匿，以免暴露他曾参与马仲英反抗孙连仲的活动。结果，清乡3天，只收缴土枪60余支，刀矛三四百件。后来，马步芳又跟随高树勋赴循化清乡，在路过乙麻木河沿时，将当地农民4人和小商贩2人诬称为匪，加以枭首，向高表示忠诚。高树勋返回化隆后，马步芳为进一步取得高的信任，假意标榜大义灭亲，揭露本家马优良、马朝佐、马步云曾在凉州围攻过孙部，应予严惩。高准其所请，派人先后将马步云、马优良、马朝佐3人捉获，押到西宁枪决。高树勋返回西宁后，以马步芳表现忠顺，呈请孙连仲委任马步芳为暂编第二十六师七十七旅旅长。马步芳见高有机可乘，更加表示顺从。对孙连仲委派的化隆县县长张振江，亦百般笼络，表示殷勤。

1930年，中原大战爆发，孙连仲、高树勋相继率部东下，马步芳部先被编为独立第九混成旅。不久，又被整编为第九军暂编第一师。

中原大战一结束，甘肃出现群龙无首的局面。于是，马麒，一方面举起拥蒋倒冯的旗号，将冯部一批官佐杀死。并急电蒋介石，表示拥戴，电文说："麒倾心南向，惟冯部来甘，遂致倾向之诚无由上达。冯部蓄意剪除异己，只得曲与周全而已。"另一方面，则先下手为强，乘机组织甘肃省保安司令部，马麒带着兵马进驻兰州，建立了骑兵暂编第一师；与此同时，马步芳在西宁建立了青海暂编第一师，并成立城防司令部。这就造成对甘青两省实际控制的态势。1930年8月，马麒死去，从此马步芳成为马代家族的主要代表，俨然为马家少帅。

充当蒋门恶狗　围攻堵截红军

1935 年,中国工农红军第一、四方面军越过雪山草地,迫近青海边境。蒋介石一面指挥国民党中央军尾追红军,一面严令青海军阀马步芳加以阻击。

这年 6 月,酷热难当。马步芳召集部属研究对策。会上,马步芳沉默良久,与会者面面相觑,不知所措。最后,马步芳才强打精神,指出:"团体已面临生死关头,大家必须团结一致,共患难、同生死。决不能把先人创下的业绩,在我们的手里断送掉。"

会后,马步芳令第一〇〇师参谋处长马寿昌拟定了三道防御方案。大体是由玉树经西康邓柯北向,再由石渠东南至普悟寺,入青海南部的塞来唐、白玉寺、素乎日麻、智清松多、甘南夏河、和政、临潭为第一线;由兴海大河坝,顺黄河经茫拉、曲沟、贵德、化隆、尖扎、循化、欧拉、齐克贡麻,直至新城为第二线;由湟源福海寺经西宁、互助、乐都、民和到永登的河嘴子为第三线。

7 月下旬,马步芳自西宁出发,到贵德后与马元海商定了反共防蒋的计策:基本部队保持原防,以免动摇根本,青南防务则尽量利用当地民团。随后到青甘交界处的黄河河防视察,勉励河南亲王衮噶环觉,以死力防守。并电蒋介石:"步芳亲赴川青边界之交,布置防务,第一道防线横贯有数千里之长,第二道防线纵横有 800 里之多,沿途召集蒙藏王公千百户,谕以严防红军,相机痛袭,防务巩固,堪以告慰。"

8 月初,部分红军的先锋已抵青海南部。7 日,马步芳致专函给蒋介石:"近据前防报告,红军分五路入青,第一路由甘孜西北进攻石渠;第二路由甘孜北面进攻果洛;第三路由甘孜东北进攻上那哇;第四路进攻下那哇;第五路进攻甘肃境。"蒋介石接电后,认为这是插手青海的最佳机会,便立即复电马步芳,令其集结主力于青海南部,所有西宁防务,派胡宗南所属杨德亮部填防。马步芳接电后顿觉事态严重,心中甚为烦闷,经过一番苦思冥想,决定由师部军法处处长丁元杰设谋,急电蒋介石称:"青海兵力足以应战,已有训练有素的壮丁 50 万人,步步设防,可保无虑。甘肃防务綦重,一旦力量削弱,我军侧背亦将受到威胁,实非万全之策。"复由马寿昌闭门造车,拟订了具体的战斗部署,电告蒋介石。蒋介石复电,令马步芳"负责全省防务,杨德亮部暂缓入青"。马步芳得电后,着实高兴了许久,紧锁的双眉得以舒展。

同时,为了加强反共宣传,马步芳于 1936 年 5 月 20 日恢复了已停刊三年的青海省政府机关报《青海日报》。由马步芳的新编第二军司令部参议陈秉渊任该报社社长及总编辑。复派省政府军事科长王振纲为"剿赤"宣传队长,以省政府和新编第二军司令部的 20 多名职员为队员,到甘肃临夏一带,向群众进行煽惑欺骗活动。

1936 年 10 月 26 日,红军第四方面军第五军、第九军、第三十军,经过长征北上。进入甘肃的先头部队,从黄河中游的靖远强渡,一举突破了马步青所属骑五师韩起禄旅的河防阵地,沿河西走廊节节推进。

蒋介石为堵击红军西进,急电马步芳星夜调遣大军,配合马步青的骑五师迎头堵击。马步芳当即调遣了青海南部边区警备司令部所属骑兵部队马彪旅、马元海旅、第一〇〇师骑兵马朴旅及马占成、马宗林、马秉臣三团等，约1.3万多骑，又配备了第一〇〇师第三〇〇旅步兵3000多人，任马元海为总指挥，赴河西作战。与此同时，马步青纠合所属骑五师韩起禄和马禄旅约3000多骑，还将骑五师步兵4500多人，都集结在前线。马步青派骑五师参谋长马廷祥为前敌指挥，妄图一举消灭河西红军。

红军渡河后，向景泰县境推进，该县所属的干柴洼、一条山、大拉排及附近的村镇，均被红军抢先占领。在一条山战斗中，前敌指挥马廷祥会同指挥马元海，在一高土房顶瞭望，窥察红军动态。红军阵地突然响起机枪，马廷祥躲避不及，应声倒地，顷刻毙命。随后，红军放弃一条山，转向西进。在古浪地区，与青马军队展开激战，双方均有严重伤亡。因红军西征的主要目的不是攻城夺地，遂即绕道河西重镇、马步青司令部所在地凉州继续西行。

马步芳、马步青兄弟为阻止红军西进，在河州郊区集结重兵予以堵截。他们将全部人马分成左、中、右三路。任马元海为总指挥，统率全军，并直辖中路军；任命马彪为骑兵总指挥，担任左路；任命马朴为骑兵副总指挥，从右侧绕道袭击红军。在凉州西四十里铺，红军第三十军与马元海指挥的中路军刘呈德和祁明山旅步兵团展开激战。马元海以"牦牛阵"式的人海战术，频繁冲击红军阵地，红军凭借地堡工事，以机枪扫射和炸弹阻击，致青马军队死伤八九百人之多。

12月初，红军占领永昌城。延至下旬，马元海始纠合部队及民团攻城，并有驻凉州的3架飞机助战。但红军以顽强的斗志，给各路敌军以迎头痛击，毙伤敌军600多人。28日晨二时许，围困永昌的青马军队发现永昌城内一片沉寂，经过侦探，知红军已经转移。但马元海却致电马步芳等称："攻克永昌城。"马步芳转报国民政府军事委员会邀功，强调："我军血战3天，攻克永昌。"复派出新编第二军司令部参谋长马德等以"青海省党政军代表团"名义，驰赴永昌进行慰劳。

到12月底，红军进击甘州，马元海统左中右三路大军进行追击。先后在山丹、大马营滩之间，及甘郡堡、沙河镇一带，将红军的后尾部队击溃。在甘州南乡的倪家营子，马元海指挥马彪、马朴及马禄等旅与红军第五军、第九军激战，致红军遭到重创，其两军主要领导人悉数壮烈牺牲。其余红军被迫向西转移。马家军将未及走脱的红军工匠和伤病人员，以及骆驼200多峰俘获。

1937年2月，西路军第三十军主力及第九、五军部分队伍，集结在甘州南乡各庄堡。马元海将全部兵力调集前来加以围堵，同时抽调驻防甘州城的第一〇〇师韩起功部，连同甘州的两个民团，轮番进攻红军驻地。经过反复冲击，红军损失惨重，被迫向龙首堡和西洞堡转移。马步芳为彻底消灭西征红军，从西宁抽调手枪团1500多人，还配属了新编的1个宪兵团，共约1300多人。迭经恶战，红军被迫再度向黎园口转移。从此，西路军进入荒僻的崎岖山路，时值冬令酷寒，加之人烟稀少，给养无着，且地形狭长，两面环山，为青马集团围堵西路军提供了有利的时机。到3月底，西路军除少数经戈壁沙漠进入新疆外，其余大部都被马家军击败。有5000多人被俘获，另有少数红军战士散入民间，或作帮佣，或作牧民，或作矿工。

在被俘的西路军战士中，命运最悲惨的当属女战士们。这些年轻活泼、充满热情和理想的女性们，尽管在参加革命时就做好随时献身的思想准备，但她们始终没

有想过有一天，她们会在一种求生不得、求死不能的状况下苟且度日。大多数被俘的女红军战士不是被马家军的军官们作为玩偶，就是被强制赏赐或分配给普通士兵作妻做妾。马步芳、马步青兄弟都在被俘的女红军战士中找了一名姨太太，他们还组织了一个供其行酒助兴、任意玩乐的“新剧团”，由那些年轻貌美、多才多艺的女战士组成。这些被俘的红军女战士，日后的命运大多极其悲惨。在围堵红军的战斗结束后，蒋介石论功行赏，将马步芳部改编为第八十二军，马步青部改编为第五军。

利用宗教信仰　染指西藏新疆

中国是一个多宗教多信仰的国家，阶级关系和阶级斗争的内容有些是以信仰与宗教的形式表现出来的。马步芳巧妙地利用着这一点。

马步芳在青海的统治，主要是利用伊斯兰教。当时，伊斯兰教分为新教派与旧教派，马步芳主要是利用新教派，反对旧教派。为此，在马步芳的官僚机构中，都设立礼拜堂，并由他的官僚机构委派阿訇。一批执掌大权的官员和亲信，如马融、马步康、马步勋和马振武，全是活跃的教徒，而且都是新教派的积极分子，连一些汉族的部属，也加入了伊斯兰教。为了利用宗教，马步芳等人提出“护国先要护教”“真主是我们的主宰”“天下穆民是一家人”等口号，甚至还有人提出：“胡大相助马主席。”总之，马步芳等人，千方百计融宗教于政治之中，达到为自己统治服务的目的。

为了加紧对青海的统治，马步芳也曾一度利用过藏族的佛教。并曾利用过佛教中不同教派的活佛和王公千百户，甚至，委任活佛为青海省政府或青海南部警备司令部的参议或谘议，有的还当上警备骑兵的团长。

马步芳为了将西藏纳入自己的统治之下，手段之一，也是在武力背景下，利用宗教。

1933 年，达赖 13 世去世，马步芳认为这是控制西藏的大好时机。为了达到这一目的，他采取了两个手段，先是在政治上、组织了由原青海省政府秘书长黎丹为首的“西藏巡礼团”。在长达 3 年的时间里，黎丹广交西藏上层分子，使西藏对马步芳的恶感大为消除。1937 年又利用达赖“转世灵童”的时机，借地利之便，实际上由马步芳代西藏佛教的黄教确定了一个亲马的达赖 14 世的人选，并从中向西藏勒索了 10 万银圆。所以，当 1939 年送达赖 14 世赴藏后，西藏佛教的黄教上层，同马步芳关系进一步密切起来。

1935 年，国民政府任命班禅 9 世为西陲宣化使，并组织了护送班子，以便将他从内蒙古送回西藏上任。马步芳又认为有机可乘，于是，先插入好友赵守钰为专使，将班禅的行动路线和日程控制起来，再假借玉树藏族千百户为名义，发出通电，要求班禅暂缓入藏。当班禅飞抵西宁，在塔尔寺讲经时，马步芳即纵使对面山上的士兵胡闹，以示侮辱，还将班禅仪仗队的枪支套购过来，并多次胁迫班禅向蒋介石为马家军索要军饷和枪炮。就在马步芳多方刁难之下，过了两年半，班禅才到玉树，一路劳累之外再加气恼，郁郁患病，终于在 1937 年 12 月圆寂于拉休寺。之后，马步芳又利用佛教的“转生”之说，大做文章。1941 年，由马步芳代西藏佛教，确定了班禅 10 世的人选，并将其安置在西宁的塔尔寺。从此，即正式劫持了班禅 10

世，为己所用，达8年之久。在中国，制造出利用并亵渎宗教的特大恶性事件。

马步芳，还对天山南北垂涎三尺，随时都想染指新疆，手段之一，仍是宗教信仰。1944年，统治新疆达10年之久的盛世才倒台后，蒋介石任命吴忠信为新疆省政府主席。马步芳同吴早在蒙藏委员会年代共过事，后来，又曾特别殷勤地在兰州接待过吴的小老婆，颇得吴之好感。吴走马上任新疆维吾尔自治区主席，感到自己力量不足，向国民政府请求调马步芳的部队入疆，以协助他维持局面。马步芳乘此之机，派马呈祥带骑兵5军开入新疆。为了能控制新疆，马步芳在刺刀的协助下，再次利用了宗教的力量。在马呈祥的军队里，连级以上的编制中，全配备上新教的阿訇，目的是，既可以控制军队，又可以控制新疆的伊斯兰教。马部到新疆之后，举起"保护民族宗教"的旗号，随即在新疆维吾尔自治区的伊斯兰教中寻找自己的工具，他先联络上伊犁的维吾尔人麦斯武德，并支持他当上新疆维吾尔自治区监察使，1947年又支持他当上新疆省政府主席。在此期间，马步芳等人，还拉出迪化清真寺教长马良骏为省监察使，并与哈萨克女王哈德万串通。在控制一部分宗教之后，马步芳便提出"武力统一新疆"的口号。马步芳的作为，果真是在左手抓着阿訇，右手握着刺刀的典型形象。1949年，马步芳更以西北军政长官的名义，电令马呈祥，负责处理全省军政事务。朝着攫取新疆的方向，迈出了关键的一步。

参加内战　土崩瓦解

抗战胜利后，蒋介石积极准备发动内战。在西北，蒋介石撤销了抗战时期的第八战区建制，改设国民政府主席西北行辕于兰州，将胡宗南部从甘肃东部的庆阳、西峰、宁县和正宁一带调往西安附近，另调马步芳部和马鸿逵部进驻陇东一带，作为反共的主力军。这时，马步芳所属八十二军，已整编为第八十二师，其子马继援任师长。

1947年3月下旬，马步芳部开始向陇东进发，4月上司，马继援率师部及直属部队到达兰州，除由市政府出面组织各机关、团体、学校、居民等在市郊沿公路两旁列队欢迎外，甘肃省主席郭寄峤亦设宴招待马部团级以上官佐，以示笼络。马继援表示坚决服从中央和西北行辕的命令，一定守住陇东，马继援部在陇东布防后，在5月25日，第一〇〇旅与解放军发生炮战。27日，解放军进攻合水，驻合水的马步銮骑八旅重兵器营营长马生智和甘肃保安等二团团长李鸿轩，向马继援连电告捷。马继援派马步銮率领旅直属部队和该旅第一团，由庆阳驰援，遭到解放军的猛烈炮击，损失惨重，马步銮的1个骑兵团被打散，铁维城连全部覆没，军马损失400多匹。为挽救败局，马继援派副师长马全义为总指挥，派高参韩有禄协同作战。令驻西峰镇的骑八旅第二团、驻宁县的一〇〇旅，分北、南两路，以解合水之围。在激战中，官兵伤亡320多人，战马损失200多匹，其他军用物资损失甚多。在太白乌垣的战斗中，马全义身负重伤，韩有禄继续指挥部队进行战斗，合水之围被解。马步芳在西宁闻讯，以初战告急，大事渲染，并派青海前民政厅长郭学礼，率歌舞团由西宁前往西峰镇、庆阳、合水等地慰劳。随后，马继援除令马生智营和李鸿轩团仍驻防合水外，又命一〇〇旅第二团留驻合水。同时派师部高参马仲福为合水县长。从此，合水成为马家军驻防陇东的前哨据点。合水战斗结束后，马步芳父子以所谓

“合水大捷”向蒋介石邀功请赏，并且在陇东战场和西宁先后举行了庆祝会和报告会。马继援还专程返回兰州、西宁，向西北行辕和马步芳报告合水战斗经过。

8月间，马继援率其主力部队一〇〇旅谭呈祥部、骑八旅、独立骑五团及师直属4个独立营，共8个团的兵力，向陕北户县子午岭进犯，企图一举包围解放军。但解放军主力转移阵地，马继援扑空后再未敢贸然追击，下令部队就地扎营休息。一面派少数骑兵搜索侦查，一面用报话机向马步芳报告情况。马步芳得报后指示马继援：“你赶快调头返回西峰镇，不要怠慢。你们已经深入到敌人的手掌里去了。这些地方，隔壁的胡宗南过去是从来也不敢去的，你们太冒险了。”通话毕，马继援即召集各部队军官开会，决定立即离开子午岭，迅速撤回原防地。

1948年4月起，先后又经历了长武、冉店桥、崔木源、户县、雷石家坪、镇原、屯子镇、马头坡、芦家岭等一带的战斗。自马继援率部进入陇东，历次战役，都是由马步芳从西宁用报话机直接指挥的。在此期间，马继援于长武指挥冉店桥骑兵与解放军进行战斗时，师部情报科送来解放军第一野战军副司令员赵寿山写给他的一封信。信中劝告马继援不要再上蒋介石的当，不要做他的牺牲品，即率部退防回青海，或归向人民解放军。应以全国人民的利益为重，将来全国解放，必有光明的前途。最后希望马继援“深思熟虑，把握时机，如果同意，请派员前来联系”等语。马继援接信后，不但未受感召，反而借题发挥，大做文章。除向蒋介石表白邀功，企图进一步得到信任外，又将来信大意电告马步芳。马步芳指示将信送给西北行辕。时“京沪中外记者西北战地访问团”到达西峰镇，马继援在记者招待会上狂妄地扬言：“赵寿山让我派人找他联系，我的确派人去了，所派的人是骑八旅和青保骑一团。但遗憾的是没有找见他，今后我还要派更多的人去找他。”

7月中旬，马步芳部与中国人民解放军第一野战军在泾渭河谷发生战斗，即西府战役。由于准备不足，解放军遭到严重伤亡。马步芳抓住时机，大肆鼓噪了一番。国民党中央还派慰劳团到达平凉一带慰问，随行的京沪记者团连同外国驻华记者100多人前往采访，大肆吹嘘其战绩。

在陇东期间，马步芳集团的实力有所增强。国民党中央为调动其进一步卖命的积极性，遂于1949年5月，任命马步芳为代理西北军政长官，7月正式任命。马步芳亦踌躇满志，跃跃欲试，大有独霸西北舍我其谁的气概。

1949年7月，人民解放军大举西进。马步芳派副长官刘任在静宁召开军事会议，商讨“保卫甘肃、控制西北”的军事部署。青、宁二马均派员出席，会议决定：宁马集团固守陇东、平凉，青海兵团与中央军周嘉彬、王治岐、黄祖勋等共守天水、陇西、定西等兰州外围地区，保卫兰州。妄图由青、宁二马协同作战，稳住战局。但随后不久，新编骑十四旅即全部被歼，旅长马成贤身受重伤。这时，卢忠良受命返回宁夏，静宁会议所决定的作战方案顿成泡影。

8月初，马继援率部退守定西。原计划利用这一带山高沟深的地形打阻击战，但马步芳确定在兰州打防御战，遂派副长官兼参谋长刘任携带坚守兰州的作战方案来到定西，召开军事会议进行讨论。会后，马继援派八十二军所属3个步兵师开往兰州准备防御工事。接着召集了军师负责人及作战参谋人员，对固守兰州作战方案作了仔细研究。随后，马继援会同马步銮、谭呈祥、韩有禄、马振武、马文鼎等，乘汽车循环山公路对几个主要阵地进行了勘察。并令侦察小组连夜将各处防御阵地既有的工事设施,及尚应补充修建的工事情况,做出详细报告,备作部署兵力的依据。

8月20日,兰州防御基本就绪。时解放军十九兵团已进入兰州市东南山区,第二兵团进入兰州皋兰山及沈家岭、狗娃山一带。当晚,解放军在东南西三面同时进行试探性的进攻,二四八师谭腾蛟团及八十二军直属特务营阵地被炮弹摧毁。双方激战一整天,解放军未能攻下一个阵地,但伤亡却很惨重。

马继援乘机来到战场,向士兵们吹嘘说兰州是“攻不破的铁城”,以振奋士气。解放军一野总部则决定停止攻击,总结经验教训,仔细察看地形,开展军事民主,讨论攻击战术,克服麻痹轻敌思想。中共中央军委亦及时来电,要求“集中3个兵团全力于攻兰战役”。彭德怀司令带头做了自我批评,并提醒广大官兵:马步芳、马继援都是反动透顶的家伙,他们就像输红了眼的赌棍,把最后一点赌注全押在兰州。困兽犹斗,对敌人切勿疏忽大意。并说:兰州这一仗打好了,西北可以早一点解放。打不好,让敌人跑掉了,我们就是对人民犯罪。兵团司令杨得志、政委李志民等也做了自我批评。

马家军也在总结经验,以求再战。马继援在皋兰山防地召集军事现场会议,说:共军初战受挫,但绝不会罢休,我们要有足够的重视,切不可掉以轻心。尽管围兰共军占有数量上的优势,但只要我们坚持战斗,争取宁夏兵团的积极配合,是能够击败共军的进攻的。并称:沈家岭和狗娃山东西有两条通往阿干镇和临洮的路,是兰州西南的门户。敌人很可能调整进攻方向,调集炮兵,进行突破。这时,马继援通过马步芳要求马鸿逵出兵配合兰州战役。但马鸿逵为泄青宁二马共争甘肃省主席的私愤,拒不出兵。

24日,临夏青马新编骑兵军,在解放军的猛烈炮火进攻下,四散溃逃。当日深夜,解放军发起全面进攻,并以重兵重炮,强攻沈家岭、狗娃山的一九〇师阵地。到25日下午,第四军首先攻占狗娃山,第六军攻克了南山最高峰营盘岭的主阵地三营子,六十三军攻占了另一个主阵地豆家山。六十五军于黄昏占领古城岭、马架山。至此,兰州的“钥匙”已全部掌握在解放军手中了。

皋兰山的主峰营盘岭,马家军之工事最强。当解放军第六军十七师五十团冲锋到第一道峭壁时,突破口未被炸开,马家军凭借钢筋混凝土暗堡拼死抵抗,几次爆破和攻击均未成功,这时七连指导员曹德荣挺身而上,抱起炸药包,趁着手榴弹升起浓烟之际爬到峭壁下,身贴崖壁,手托炸药包炸开了缺口,为部队的前进打开了通道。

在外无援兵,内部防守阵地一个个丧失的情况下,马继援在请示了马步芳后,决定将所部官兵撤出兰州市区,具体安排是:

一二九军军长马步銮在黄河铁桥负责指挥撤退。按一〇〇师、二四八师、新一师、三五七师的顺序,从晚上7时起依次按两小时的间隔撤退,以免过桥拥挤。一九〇师最后撤退。长官公署及附属机构、兰州市宪警部队均向河西撤退。八十二军所属各部队,全部由甘新公路经永登折向西南过浩门河到青海大通、门源集中。一二九师所属步兵旅及骑八旅、十四旅全由兰青公路经河口、享堂到西宁、上五庄、三角城等地集中待命。

25日晚,马步銮率领一个由参谋、军法人员组成的20多人的撤退疏导小组,由

一二九军副参谋长马生福担任组长，分布在铁桥沿线进行工作。晚7时开始撤退，马步銮在桥北西侧监视撤退直到天明。另派副军长韩得明住在河口，分导两军部队按上述路线全面撤退。但撤退命令发布后，各部队急不可耐地抢过黄河，一时秩序大乱。引起解放军第二兵团第三军第七师的注意，他们一面报告上级，一面发起追击。26日凌晨，攻占西关，抢占铁桥，堵死了敌军的唯一退路。经过巷战，解放军于当日中午肃清了城内残敌，越过铁桥占领白塔山，被马家军倚为固若金汤的兰州城宣告解放。青马主力基本上被消灭。

逃离大陆　客死他乡

马步芳于兰州被解放军占领前即已逃回西宁。为了安抚人心，欺骗属下，他声称自己决不离开家乡，同时令青海省政府秘书处编印《青海政情》及《青海民国日报》欺骗群众说："这次军队自陇东撤退，是在兰州稍事休整。把拳头收回来，才能有力地打出去。不是后退，而是前进的准备。"并接连多次捏造了在陇东"大捷"的消息，大量印发号外。另一方面，他又严密封锁前方作战不利的消息。

8月27日，已搬至广州的国民政府行政院长阎锡山，派徐永昌飞到西宁，与马步芳会晤，因兰州战事责任问题发生争吵。当天下午，马步芳借口向"中央"求援，携眷乘美国人陈纳德民航大队的飞机飞往重庆。

马步芳逃离西宁后，市面陷入混乱。马继援从兰州逃回后，见大势已去，也于30日与马步銮、高文远、赵珑等同机飞离西宁。9月5日，西宁解放，集结在上五庄、三角城、桥头镇等地的青马军残部官兵，向人民解放军投降，马步芳军事集团至此土崩瓦解。

10月，国民政府行政院第五十二次会议，以马步芳擅离职守，给予"撤职议处"的处分。不久，马步芳借口赴麦加朝觐，辗转来到埃及、沙特阿拉伯做了寓公。后经积极活动，当上了台湾的伪国民政府驻沙特大使。1973年，在沙特病死，终年72岁。

盛世才:变色龙术 独占新疆

【人物档案】

姓名:盛世才
原名:盛振甲
别名:新疆王、盛督办。字号:字晋庸
生卒:1897 年~1970 年
籍贯:辽宁省开原市盛家屯人
职务:新疆军阀
主要成就:建设新疆并夺取新疆政权,援助延安,维护国土。
评价:某同志昨天在会上述及盛晋庸同志在新省主政时惨杀民众一事。诸位同志,要知道新疆省在我国西北边陲,其面积十五倍于浙省,自民国成立以来,中央与该省之联系似断似续,无权过问,盛同志卒能运用其力,将新省奉献于中央,功在党国。诸位同志,要明了此旨,顾念大体,勿再责难往事……。(蒋介石在“国大”会议的讲话)
墓葬:台湾省台北

盛世才

【枭雄本色】

盛世才早年东渡日本学习军事,回国后怀着政治野心进入新疆,“一炮成功”当上“新疆王”。为了独揽军政大权,他动用“三把刀”铲除异己,甚至不惜杀害自己的亲弟弟!同时炮制“四·一二阴谋暴动案”,疯狂屠杀共产党人。

综观盛世才的一生,特别是盘踞新疆十二年期间,他费尽心机,上演了政治变色龙的一幕幕话剧:一会是共产主义、社会主义,一会是民族主义、爱国主义、民生主义,一会是联共党员,自封为被接纳的中共党员,一会又是忠诚的国民党员。但万变不离其宗,即永保其“新疆王”的宝座,排除一切派系,不使大权旁落,号令必由自出,要百分之百的独裁。

【风云叱咤】

东渡日本学军事

盛世才,字晋庸,辽宁省开原市盛家屯人,生于 1897 年 1 月 8 日。盛世才家属小地主家庭,但由于地亩少、人口多、家境并不好。

盛世才幼年正是中国甲午战后的忧患年代,他小学毕业后考入辽宁第五中学,中学毕业后,远赴上海吴淞中国公学专门部的政治经济科就读。上海是中国第一大都市,中外交通的商埠,在那里使盛大开眼界。

1917 年年已 20 周岁的盛世才在中国公学毕业,在亲友的资助下,东渡日本,进入明治大学,仍专门研究政治经济学。

日本东京是当时中国革命青年聚集的地方。在俄国十月革命胜利的影响下,中国知识分子最有活力的一部分,即青年学生首先举起了爱国的旗帜,主张废除卖国的二十一条,收回被日本夺取的山东省权利。学生爱国运动遍及全中国,东京的中国留学生自然也不例外,他们多次开会,决定一致回国以示抗议。当时盛世才被留日的辽宁同乡学生推举为同乡会代表回沪参加全国学生总会争回国土运动。

"五四"运动后,国家积弱,北方军阀横行。盛世才认为欲改造中国非从军事入手不可,文人空喊救国于事无补。于是他决心弃文就武,偕少数友人赴粤考入李根源(印泉)主办的滇军韶关讲武堂分校,开始他的军事生涯。韶关讲武堂是当时国内颇有名气的军事学校,造就了不少军事人才,校长李根源是粤赣湘边防督办。盛世才在该校分校第二期步兵科学习。步兵科着重步兵的指挥与战斗,战术仅学到团的战斗指挥,毕业后必须从当排长干起。盛世才毕业后,由校长李根源介绍到东北将领郭松龄部下当了一名排长。郭松龄当时在张作霖手下任第八混成旅旅长,是东北有数的名将。郭松龄很欣赏盛世才的才能,与其关系非同一般。经郭松龄介绍,盛世才同郭的部将邱宗浚的女儿邱毓芳结婚。不久盛世才升任中尉连副。

1920 年直皖战争后,直奉双方均在扩充势力,明争暗斗,直奉之战已不可免。在直奉未开战之前,奉方利用郭松龄关系派盛世才为代表,赴四川争取刘湘和宜昌方面的长江上游总司令孙传芳的合作。这是郭松龄对盛世才的器重。

盛世才充当奉军方面的对外联络代表,据说是张学良与郭松龄推荐的,主要是联络刘湘,因为刘湘是郭松龄在四川时的老同事。

盛世才告别张学良与郭松龄,动身去四川,抵达宜昌时,即前往晋谒孙传芳。孙传芳十分亲切、有礼地接待了盛世才。孙传芳认为四川对大局有举足轻重的作用,盛世才便顺着他的话头,尽量地恭维他,说宜昌的地位也相当重要。随后盛前去重庆,与刘湘会面,谈话颇为融洽。刘湘重视盛世才代表奉方前来联络。盛世才在四川逗留月余,商谈各事大致成功后,刘湘便派一名代表与盛同行。

但在盛世才赴四川联络期间,张作霖即以镇威上将军名义指挥东西两路军队入关,共六个梯队,二十一个旅,浩浩荡荡南下,不意一战败北。当时盛世才正从四川回宜昌,得此消息,不仅刘湘的代表溜走了,孙传芳亦拒见。盛世才在无可奈何之下,去找孙传芳的王副官长,请他报告孙传芳说有要事相告。王说:"好吧!因为总司令有病,看他见不见你?"过了一会,王出来后说:"请代表到上边客厅坐。"盛在客厅里坐了 5 分钟,孙传芳出来了,问盛世才:"有什么事?请说!"

盛看孙的态度与前大不相同,便说,此次奉军不幸打了败仗,但是东北不仅进可战,还是退可守的地方,而直军只能追到山海关为止,不能再进。方今天下大势,正是各方群雄逐鹿中原之时。并说:"馨帅(即张作霖)的学养、名望,将来亦是逐鹿中原之一人。东北地大物博,兵强马壮,凡有意逐鹿中原的人,将来借重东北的地方尚多,也就是借重张雨帅(张作霖字雨亭)的地方尚多。"

谈到此,孙传芳的态度才有所改变,他和颜悦色地问盛世才:“你是什么学校毕业的?”

盛世才回答说:“我是上海吴淞中国公学专门部政治经济科毕业,毕业后又留学日本,在留学期间由东北辽宁省同乡会选举我回国争青岛交涉,又参加上海全国学生联合总会;后来又弃文学武,考入广东省韶州云南讲武堂学校,当时的校长是粤赣湘边防督办李根源兼充的,我是李根源的学生。”

孙传芳称赞盛是文武双全之才,盛世才则向孙传芳表示:

“以我个人来说虽然是一个微不足道的人,但由于我是张雨帅的代表,所谓我个人事小,而得罪张雨帅之事大。在中国多事之秋,正由于馨帅有志于天下事,似更无得罪张雨帅之必要。”至此孙传芳对盛世才的态度更有所改善。

盛世才从宜昌回来,又一路受惊。多亏孙传芳帮助,将盛世才秘密送到一艘日本船上,日本船长又将盛世才安置在船长室里,路过汉口时有萧耀南的军队上船检查,但并未检查船长室。后来又换一开往上海的日本船,仍住在船长室里。盛安全到达上海后买船票到天津,始知张郭两旅长正向山海关退却。这已是1922年5月初旬的事。

这次盛世才虽未完成联络任务,但这是由于局势的变化。从此他更为东北当局器重,一度任东三省镇威上将军张作霖府警卫团上尉连长,后又升为中校参谋,并于郭松龄在奉天北大营所办军官教育班内受训,成绩优异。东北当局认为盛是一不可多得的人才,似有再受高等军事教育的必要,于是郭松龄征得张作霖同意,保送盛到日本陆军大学读书,一切费用均由东北当局提供。

盛世才进入日本陆军大学中国学生队第四期学习,是盛一生的一个重要转折。1925年,郭松龄举兵滦州公开反戈讨张,盛奉命回国在郭部任营长。后郭松龄兵败,盛世才便又潜赴日本读书。东北当局恨其附郭反张,取消盛世才公费,并要求日本当局开除其学籍,逐出陆军大学。但日本当局正利用中国军阀内部的矛盾对中国进行侵略,因此未理会奉方的要求。盛世才也就在此情况下,据说得蒋介石等人的资助,才得以完成学业。

怀着政治野心踏入新疆

盛世才在日本陆军大学毕业时,正是中国国民革命军北伐之时,盛世才回国后便在国民革命军总司令部中任作战科科长,工作十分尽力。北伐之后,盛世才调到国民军参谋本部工作。参谋本部是一个闲职机关,并没有什么重要的工作,盛世才便想去边疆发展。最初盛世才想去云南,后来有人说云南地方小,难于发展,不如新疆地方辽阔,大有可为,他这才决定去新疆。

当时的新疆局势动荡,在金树仁腐败统治下,民族暴动烽火遍野,特别是哈密的民族暴动使金树仁难以应付。金树仁欲整顿一下腐败的军队,以事镇压,但新疆缺乏军事人才,于是嘱新疆派驻南京办事处代表鲁效祖在南京物色一二名军事人才来新疆整顿军队。当时驻南京的新疆办事处前院住着国民政府秘书彭昭贤,彭系当时立法委员广禄所办俄文法政专科学校教务主任,于是由广禄介绍彭、鲁相识,谈及此事,彭说盛世才有志于去边疆工作,此人怀才不遇,甚为苦闷。鲁效祖闻盛世才系彭昭贤在东北郭松龄时代办军官教育班学生,非常高兴,即请盛世才赴新疆工作。盛世才后来回忆说:“当时(民国十八年)新疆维吾尔自治区主席金树仁

曾派有代表鲁秘书长效祖在京办事。新疆是我最希望去的理想地方，于是经国民政府秘书彭昭贤向鲁代表介绍我去新疆。我和鲁代表晤面后，彼此相谈甚好，鲁认为我是一个理想的军事家，如去新疆，则将来定大有造于新疆。”于是，鲁效祖于同年 4 月 29 日将盛世才简历电告金树仁，介绍其入新工作，说：“兹已物色一军事人才盛世才，现参谋本部第三科长，日本陆大毕业，辽宁人，才学卓越，堪可任用。”

5 月 12 日新疆接到此电。当时金树仁之军政大权完全揽在军务厅长其五弟金树信手中。鲁效祖介绍学历如此高的军事人才入新，将来如占有军事上的地位，金树信觉得于己不利，同时，盛世才又是鲁效祖介绍入新的，任事后必然加入鲁之派系，对其更不利，便建议金树仁阻止盛入新工作。金树仁便以其来历不明，要详细了解其历史，取审慎态度，否则有樊耀南刺杀杨增新主席的前车之鉴，非常危险为由，致电南京新疆办事处处长宫碧澄，令其调查盛世才的来历，说：“鲁代表介绍盛世才来新报效，其来历不明，请兄详为调查，以凭办理。至要。”

宫碧澄调查盛世才之历史后，复电说：“盛系日本陆大毕业，初任北伐军总部上校参谋，后调参谋本部上校科长，系东北军郭松龄系统，与军事最高当局不洽，久拟他往，由彭昭贤介绍愿入新工作，请核查。”

金树仁接此电后，在原电上批示“婉拒”两字。金树信的军务厅所拟回电大意为学历太高，无法安排，请予婉拒。鲁效祖接到此电，知为金树信从中作梗。而鲁效祖既已应允盛世才入新工作，现又说新疆方面不接收，颜面上过不去，尤其对彭昭贤颜面上过不去，于是，愤然对盛世才说：“不管金氏允许与否，且随我去，我有饭吃，你便有饭吃。”于是立即电告金树仁说明已聘盛世才，难以变动，并以辞职要挟。原电如下：“迪化省政府金主席：关于聘盛君事，已成定局，不能拒绝，该员系日本陆大毕业，久历戎行，经验丰富，确系军事人才，有人不用至为可惜。现效祖诸事难办，请辞去现职另选贤能，盼即电复。效祖世印。”

在这种情况下，金树仁不得不复电挽留鲁效祖，至于盛世才之入新与否请其定夺。盛世才后来说：“鲁认为当时的新疆正当整军经武之际，而金一定会欢迎我去；但结果是被金拒聘——金认为只要聘请一位初级军事人才就可以，不必聘请由日本陆大毕业的高等军事人才，致无法位置。鲁接电后很生气，于是乃电金辞职，请另派贤能。而金是很知道鲁的为人，于是不仅回电慰留，而且遵照鲁的意见聘请我到新疆去，于是拒聘的一场波折乃告平息。当一切都决定后，我乃一面准备去新疆，一面向参谋本部请长假，偕眷于民国十八年六月间离开南京。当我正和鲁代表准备动身时，苏俄和东北有了战争，西伯利亚铁路不通车，我乃等候了一年多，直等到十九年的双十节，我才偕眷和鲁代表坐西伯利亚铁路火车，经苏俄到新疆塔城，然后由塔城坐汽车到达迪化。”

鲁效祖之所以未即刻返新疆，一方面系投入大批金钱参加了扩大会议（即由阎锡山、冯玉祥联合汪精卫改组派和谢持、邹鲁西山会议派于 1930 年 8 月召开的国民党第二届中央扩大会议）；一方面静观时局演变，希望扩大会议成功。盛世才也随之到北平任教陆军大学等待鲁效祖一同入新。

鲁效祖参加扩大会议失败后，带盛世才由北平出发至东北再转西伯利亚铁路入新疆。

盛世才为人承鸷，权力欲和政治野心极为强烈，时时刻刻在窥伺时机。他曾对他的一个小同乡讲过，人不能作“既不能令，又不受命”的“绝物”；要想干“革命”，就得“能令”，取得“能令”的地位是革命的起码条件；尽管你“能令”的范围不大，你总可以找机会把它变大。具有这样强烈的政治野心的人，当然不甘寂寞，屈居于一个小小的作战科科长的地位。盛世才在参谋本部郁郁不得志，便应新疆金树仁之聘，携其家属假道西伯利亚到新疆图谋发展。

“一炮成功”走向“新疆王”之路

盛世才入新后，因为同金家无乡士裙带之祖，取得的依然是个备而不见用的参谋。可以想象，他当时的处境与入新前的“抱负”大相径庭。然而盛世才非但对现职毫无不满之处，而且兢兢业业诚恳服务，并借以韬光养晦之余，趁机观变以作永久之图。他曾对在新疆的朋友们说：“我决心忍受二十年的辛苦，干出一点事业来。”盛世才以其智谋深沉，识高见广，在迪化谦冲自抑，肆应周旋，获得全体同仁的好评，于是金树仁对他寄予信任，藩篱尽撤。1931 年，盛世才升任为新疆督办公署参谋处上校主任，继而兼任新疆军校战术总教官。

功夫不负有心人，用心良苦的盛世才终于时来运转。1931 年春，新疆的哈密维吾尔族农民在尧乐博斯及和加尼牙孜率领下掀起了东疆暴动，并引来了甘肃青年回民军阀马仲英入新。金树仁几次平叛不利，只好起用盛世才，任命为东路参谋长。盛指挥得宜，省军大胜，哈密之围被解。1932 年，盛再次被任命为“东路剿匪总司令”，从此开始正式掌握兵权。从 1930 年秋入新，至 1932 年夏出任东路总指挥，时间不足两年就掌握了兵权，从闲散虚衔的参谋，到参谋主任，参谋长以至东路军的总指挥，已成为当时新疆拥兵号令的最高军事首脑。盛世才的韬晦之计总算得到了报偿，自经开始了他的走向“新疆王”之路。

哈密事变使盛开始出人头地，“四·一二”政变则为他此后十年控制新疆开辟了道路。1933 年 4 月 12 日，迪化爆发了由省军政两界人士共同发动的推翻金树仁统治的军事政变。政变之日，盛正屯兵离迪化 30 里处的多拉泊，反金派因盛掌握兵权恐其回师助金多有不利，乃于政变当天派人通知政变情况，并建议盛暂缓回迪。与此同时，金树仁让盛火速回师迪化的命令亦达。此时此刻，盛已成为举足轻重的人物，似乎新疆政局整个命运均操在盛世才一人之手。

盛世才审时度势，认为这正是“时势造英雄”的良机，岂肯放过，乃毅然回师迪化，13 日晨占领迪化城东北制高点，“一炮成功”。经过深思熟虑，决定倒向反金派一边，调转炮口，直轰金树仁部。至此，金树仁的反攻希望彻底破灭。可以说，盛的行动成为“四·一二”政变迅速取胜的关键。

盛世才在迪化“一炮成功”叛金决断为他日后登上“新疆王”的宝座铺平了道路，但他仍面临着许许多多的争权挑战。倒金派的主要人物陈中等主张废除督办制，实行军事委员会制；而野心勃勃的盛世才岂能让到手的果实旁落他人？于是在讨论会场密布军队，荷枪实弹，以威势压人。在这种情况下，原议实施军事委员会会制之议被压制，刘文龙和巴平古特均强调新疆所处地位以及当时政局的需要，认为军事统一于督办，主张仍恢复督办制。而在这种剑拔弩张的气氛中，督办一职自然非盛不可。这样，盛世才从枪杆子里窃取了新疆政权，而在他向南京中央当局报告时却说：“民意难违，辞不获已，勉为其难。”

为了安抚人心，盛世才当选后即当众宣布：彼系军人，决不干政，民政方面由刘

文龙(当时省主席)主持,实行军民公治。但后来的军事证明,盛不但干政,而且控制大小一切事务,对人有绝对的生杀予夺之权,所以"新疆王"的称号是当之无愧的,野心家是永远没有满足的。

动用"三把刀"　独揽新疆军政大权

盛世才虽然用狡诈的手段篡夺了"四·一二"政变的果实,夺得了政权,但他的地位并不稳固。就整个新疆地盘而言,还处于四分五裂状态。马仲英雄踞东疆,张培元割据北疆,南疆自成一体;加之南京国民党政府窥视新疆已久。在此四面楚歌之际,盛世才采取了外依苏联,内肃异己的政策,从而使其政权从动摇到巩固,进而发展。

关于内肃异己,主要体现在盛世才登台后,动了"三把刀":一刀消灭了"四·一二"政变的发动者,把政变果实独自吞掉;一刀消灭了与他政见对立的刘文龙等人,把省政府放在自己的指挥之下;一刀消灭了东北军和归化军首脑,统一军权于一身。

盛世才夺取政权后,急切地希望得到南京国民政府的首肯,以便名正言顺号令全疆。而南京方面则迟迟不予承认,反盛势力也正欲与盛世才一决雌雄,得到新疆的统治权。而陈中等人便是这场治理中的牺牲品。

1933 年 6 月 10 日南京方面派来了以黄慕松为首的宣慰使团抵新,使团包括党务、民政、军事、建设、教育、宗教、交通运输等方面人才。这使双方斗争达到白热化程度。黄慕松刚到迪化,即向盛世才提出两条要求:一是立即停止讨马军事行动,和平解决双方矛盾;二是取消督办制,改组为军事委员会,仍以盛为委员会长。盛世才掌权新疆已为既成事实,岂肯轻易放弃。他对"取消督办制"的答复是"俟大局平定后再行商酌"。他对"停止讨马军事行动"的答复是就在 6 月 10 日的黄抵新的当日,与黄作短暂会晤后,即率东北军和归化军开拔赴阜康迎战马军。12 日在紫泥泉激战,因天骤冷,马军皆着单衣,不胜寒,损失很大,败退至吐鲁番、鄯善一带,以图异日再起。盛曾命陈中率军追击,命李笑天驾机轰炸溃军,二人借故不执行。这便成为日后盛除杀二人的理由之一。

盛世才击败马仲英后,威势大振。6 月 15 日致电蒋介石,指责马仲英助长新乱,涂炭新疆,现已被击溃,请蒋指示机宜。盛世才以为他在军事上的胜利,能获得中央承认他在新疆的统治地位。不料次日蒋即复电:"一切新省善后,应秉黄宣慰使,勿懈勿骄。"这明确表示,黄慕松仍是"太上皇",盛还须听他的。这又进一步刺激了盛的抗拒心理。

更有甚者,在组织军事委员会及其人选的问题上,黄不顾盛的反对,硬要把盛的死对头张培元、马仲英、和加尼牙孜任军委会委员,以盛为委员长。他们之间的矛盾很难调和,盛的委员长也很难当下去。所以这此棋很清楚,南京政府要利用这三个实力人物牵制盛世才,以保新疆军事局面的平衡。

在省府内部,黄慕松也有所活动,极力拉拢刘文龙和"四·一二"政变的核心人物陶明樾、陈中、李笑天等,逐步组成一个反盛核心。他们均因在争权斗争上,处于盛的下风,心怀不满。陶在新多年,深知盛的内幕,他常以此优势出入宣慰使署,到处为黄联系事务,深得黄的依赖。陈中、李笑天亦常与陶密谋机宜,并向黄报告近日军事动态。这种政治上的微妙集结,自然被盛的耳目侦知。"动招疑忌,其危机已伏于不自知矣。”

盛世才已经认识这股反对他的暗流正在扩大，尤其他得到破译的黄慕松打给南京政府关于取消督办制以及如何控制新疆的密电后，决定立即下手摊牌。盛于6月19日放弃追击马仲英部的计划，班师回省，于6月26日在督办公署东花园召开临时紧急会议。当陈中、陶明樾、李笑天前来与会，踏上通往东花园的南便门时，便被盛预先布置好的卫兵擒捕；不容分说，立即曳入园内枪杀了（地处黄慕松卧室一侧）。当会场听到枪声后，盛世才便取出了陈中诱惑他的部下卢毓麟、马得山两团长谋叛的密函（实际上是捏造的），声色俱厉地说：“陶明樾、陈中、李笑天三人，阴谋推翻现政府，显有谋叛行为，业已置之于法。”这就是所谓的“诱乱信件案”，或称“二次政变”。盛还炮制了一份所谓阴谋组织成员名单。此后，黄慕松等人亦遭软禁，正可谓“昔日座上客，今日阶下囚”。迫于盛的压力，黄于6月28日电告南京：“查临时督办盛世才，临时主席刘文龙，辛苦维持，业经数月，拟请中央即予实授，庶名位即正，责任更专，有裨时局。伏祈鉴核，迅赐发表，以定人心。”

于是，南京政府正式任命盛世才为省府委员兼边防督办，黄慕松才被放回南京。这样“四·一二”政变后南京政府与盛世才争夺新疆统治权斗争的第一个回合的较量，以南京的挫败告终。而盛世才利用“诱乱信件案”滥杀“四·一二”政变的核心人物，这一刀不仅显示了其手段的毒辣，也充分暴露了盛不惜用一切阴谋诡计来达到夺取权力的目的。可怕的是盛世才就这样第一次开了“杀戒”之后，便是连续11年的屡开“杀戒”，而且越来越残酷，规模越来越大。

盛世才“一刀”杀死“四·一二”政变核心人物之后，省主席刘文龙便成了其眼中钉、肉中刺。当他名正言顺地坐上了“新疆王”的宝座，以前欺骗众人的“军民分治”的诺言已弃之脑后，心里想的却是“自己杯中之羹，岂能让他人分享”。为实现其军政一把抓的目的，便是铲除绊脚石——刘文龙。

在“诱乱信件案”中，刘文龙就已被编进了盛的黑名单。尤其在以后的诸多问题，二者的分歧越来越深，例如：与马仲英议和问题，引进苏联红军入新的问题。最终，盛世才举起了第二把“杀刀”。

1933年12月底，盛世才诬陷刘以“谋害督办，颠覆政府”的罪名，拖出省府，押回刘公馆囚禁。盛代刘拟电稿，称病辞职，迫刘签字，呈报中央。所谓：“谋害督办”，实际是将省府卫队队长颜廉施以酷刑，屈打成招说刘文龙要谋刺盛世才，并以此定案。盛还诬刘与张培元、马仲英是三角同盟的首领，主要任务是阴谋倒盛。说张、马在于积极准备军事力量，夹攻省城；而刘的任务在于拉拢全疆各界人士加入三角同盟，以便日后攻城时做内应。这些诬陷竟使刘文龙有口难辩。此后，刘被囚于私宅，其眷属亦不得外出，男不得娶，女不得嫁者十余年。后又将刘公馆改为第二监狱，置百余犯人于其中。从1939年起，又驱赶刘到马号居住，竭尽侮辱之能事。

盛世才搞掉刘文龙之后，以一向唯唯诺诺的财政厅长朱瑞墀作主席。后又以绰号“草包”的迪化行政长李溶作主席。从此，新疆军政大权便全部落入盛世才一人之手。

“四·一二政变”，盛世才在“一炮成功”的僵持阶段时，幸东北军及时参战，方击退金树仁部众的反攻，打破了他们重返迪化政坛美梦。东北军的支持加强了盛的控制力，其后在多次的盛马大战中，东北军听从盛的指挥，尽力支持盛的安排，屡建功勋。可见东北军对于盛世才成其“霸业”起着不可低估的作用，然权欲极强的

盛世才，对东北军力量的存在仍旧耿耿于怀，他极力想笼络他们为己所有。然而东北军来自不同省份，属于不同部队，成分也较复杂，要想把东北军完全掌握在自己的手中并非易事。于是盛世才采取了分化瓦解、编造冤案等种种卑劣手段，以期实现自己的目的。1933 年 10 月，正当迪化为马仲英部队包围之时，盛世才就在省城内采用突然袭击的方式，于 12 月 10 日召开紧急军事会议，借口达坂城与马军战斗失败是东北军不服从他的命令，图谋不轨，将失败责任完全推到郑润成、杨耀钧（吉林自卫军参谋长）、应占彪（自卫军旅长）身上，说他们是“散军纪、谋叛乱”，当场将郑、杨、应等东北军高级将领逮捕下狱。不久，又以请客方式逮捕了东北军其他将军领如苏国（救国军参谋长）、徐国光、姚华等 14 人。这些东北军将领被捕时均有详细口供。起初，他们一致强调达坂城一役的失败是盛的指挥失当，绝不承认临阵脱逃，阴谋不轨。后来盛以逼供的方式，把他们的罪名越提越高，说成参加三角同盟组织，谋杀督办，夺取政权。口供堆积如山，应占彪宁死不屈，非常感人。他们被关在特别监狱，窗上钉上厚毡，冬日洒上冷水，结成厚冰，室内阴暗潮湿，不到一年均死去。盛世才在逮捕东北军将领的同时，对中下级军官极力拉拢，馈赠金钱，召见谈话，用“将来一道打回老家去”等等漂亮话来诱惑他们。并提升了自己军团长蒋有芬、黑龙江救国军营长孙庆麟等中级军官控制东北军。这样盛世才不仅拉拢了东北军，而且分散瓦解东北军的实力。东北军高级将领的被捕以及后来被害，均未引起该军战士异动，说明盛世才使用阴谋诡计手腕的成功。但是后来盛世才仍然以“阴谋暴动”的罪名先后将蒋、孙以及刘斌、王孝之等高级将领一一捕杀。盛世才这种毒辣的手段令人发指。这些忠诚于祖国，坚决抗日的爱国将领、将军，当年没有壮烈牺牲在东北抗日战场上，没想到经过万里跋涉，借道新疆，却莫名其妙地死在盛世才的屠刀下，盛世才对东北军“先用后杀”的政策，再一次暴露了其阴险毒辣的本性。

在整肃和控制了东北军以后，盛世才又开始处置归化军。归化军都是白俄军官和自苏联逃到新疆的士兵。经过新疆政府的整训，战斗力相当强。在推翻金树仁的统治时，是他们首先发难；在反对建立军事委员会代替督办制<用法不当>以及拥护盛世才的临时督办中，以巴品古特为首的归化军是最坚决的。后来在盛世才的率领下，他们在东疆与马仲英部多次激战，使盛世才获得“常胜将军”之名。归化军很有战斗力，对盛的命令都很遵从。但当盛投靠苏联后，归化军继续在新疆就为苏联所不容。所以，1934 年 12 月，在苏军驻新代表包国宁的坚持下，盛对其老战友、归化军首领巴品古特进行了清洗。盛世才又以突然袭击的方式，将归化军首领巴品古特、安东诺夫、格米里肯等人逮捕，冠以联系马仲英、通敌的罪名，不久即枪决。

归化军和东北军都受到盛世才的同等对等——“先用后杀”。突然袭击是盛世才惯用的伎俩，盛世才承袭了新疆老军阀传统的排除异己的做法，也继承了旧中国封建统治阶级的一切权术诡诈。更为狡猾的是，他运用了许多迷惑人的口号和外衣，即使许多人认为被他逮捕处死的功臣是罪有应得，而盛本人却成为维护新疆统一、和平的“英雄”。

反苏反共　投靠国民党

1941 年 6 月 22 日，德国法西斯突然进攻苏联。同年 9 月至 1942 年 2 月，苏联首都莫斯科被德寇围攻,苏联卫国战争处在最困难的时刻,正是在这种形势下,盛世才改变了他多年叫喊的亲苏政策,他对准备重新启用的"十大博士"直言不讳地说:"现在我的政策变了,要改信三民主义,如果你们能随我入国民党,我可以放你们,个个官复原职;如果不然,那你们就回去,哪一天放你们就不得而知了。"显然,盛世才已把继续维持新疆独裁统治的赌注压在了国民党蒋介石身上。这样,蒋介石终于盼来了控制新疆的时机,提供这个时机的不是别人,而是盛世才。

盛世才投靠国民党,为能得到蒋介石的宽大而深受感动,他上书表忠心:"决心放弃马克思主义,信仰三民主义,誓愿竭诚拥护中央,忠实钧座(指蒋介石),此可谓初期表明思想之转变与行动之转变。"以蒋介石为首的国民党从未放松图谋新疆。1937年上海"八一三"事变后,西北绥靖主任朱绍良曾向蒋介石提出辞去原职,蒋介石回答:"不但不能辞,而且要做长期打算。你放走了盛世才,有责任收服盛世才。新疆问题一日不解决,你一日不能离开西北。"可见,蒋介石一直在等待着插手新疆之时机的到来。

由于盛世才政策的变化,国民党便乘机向新疆全方位进军,重点是政治上渗透,而关键是在军事上控制。

在政治上,国民党一面派大员与盛世才频繁接触,采取封官拉拢等手段,让盛死心塌地反苏反共到底;一面不失时机地派大批人员入疆,从党务、政务、外交等方面逐步取代盛世才的势力。

为国民党势力进入新疆,国民党第八战区司令长官朱绍良先后5次出关到迪化。盛世才称"朱长官逸民将军五次出关中,随着他每次出关任务的不同,而有不同的收获"。

开初,朱绍良是受盛世才之邀请而出关的,1942年6月28日,盛世才给重庆蒋介石发特急密电,电文的第三条是"除请派翁(文灏)部长速乘专机来新外,并盼望派朱司令长官一民兄与翁部长一同来新。因朱司令长官系职旧日长官,又系职之旧友,交谊甚厚,如能派朱司令长官同翁部长同时来新,对于交换意见与解决一切问题,更属容易。同时职有许多重要问题需与朱司令长官一民兄面商,并请其回兰后赴渝报告钧座"。7月3日,朱绍良首次出关从兰州飞迪化,翁文灏、毛邦初等随行。盛世才在督署东花园设宴为之洗尘。朱与盛经过一个星期的密谈,谈话内容,主要涉及盛世才与苏联、中共的关系。7月11日,朱绍良飞渝,向蒋介石报告新疆详情。

7月20日,朱二次出关,从重庆飞迪化,传达国民党中央对新疆的旨意,盛世才极为感奋。蒋介石有手谕给盛世才,朱绍良转告盛:"关于其既往一切,委员长不但原宥,且均为之负责。"

为了控制新疆,8月15日,蒋介石亲临兰州,之后又到嘉峪关、西宁。8月19日,朱绍良携盛世才函到兰州见蒋介石。8月29日,宋美龄代表蒋介石到新疆安抚和拉拢盛世才,随行者有吴忠信、朱绍良、梁寒操、吴泽湘等,朱绍良第三次到迪化。宋一行受到盛的隆重接待。宋美龄对盛世才讲了四点:(1)调派甘肃境内政府军由兰州进驻安西、玉门,牵制在哈密俄军;(2)委派新疆外交特派员,将外交权收归中央;(3)肃清新疆共党;(4)着俄军退出新疆等项。盛世才表示:"矢志拥护中央,尽忠党国,绝对服从领袖。"8月31日,宋美龄等带着盛世才致蒋介石的专函返至嘉峪关。

宋美龄等在迪化除在政治上收买盛世才外,还谈及军事、外交、反苏、反共等内

容。盛表态遵照指示，切实奉行。果然，当宋美龄一行离开迪化后半个多月，盛世才就向中共驻新人员下了毒手。中共人员被软禁、逮捕和屠杀。

9月30日，朱绍良陪伴美国总统罗斯福的特别代表威尔基从新疆飞往兰州、成都、重庆。11月6日，朱绍良第四次进新疆。12日利用在重庆参加国民党五届十中全会之机，向蒋介石报告新疆近况。28日蒋介石任命盛世才兼任第八战区副司令长官，至此，盛世才被划归朱绍良的战区统辖。

1943年1月9日，国民党中央的特派员梁寒操率队飞抵新疆迪化，朱绍良也乘此飞机第五次入新。朱绍良为国民党图谋新疆立下了汗马功劳，真“可谓边疆大吏中之首功者”。盛世才归顺国民党，被蒋介石称之为“国民政府自成立以来最大之成功”。从此，盛世才在新疆的权力就逐渐被国民党所取代。

国民党得到盛世才的服从、尽忠承诺后，便策划向新疆派遣外交、党务、政务、军事、特工、金融、文教等各类人员，这些人将成为国民党控制新疆，进而取代盛世才势力的骨干力量。1942年年底，重庆集中了数百名青年接受进疆前的训练。还有五千余人前往登记愿意到新疆，官方宣扬进疆人员要效仿张骞、班超，“献身边疆，开发大西北”。

盛世才深恐新疆维吾尔自治区党部成为国民党的一统天下，要求增加执行委员，结果将盛的部下民政厅长李英奇、建设厅长李溥霖、教育厅长程东白、政治干部训练主任何耿光（何语竹）均被加派为委员。程东白、李博霖以有行政职务为理由提出辞职。辞职照准。改派宋念慈、刘永祥为委员。国民党又派陈涛、刘世泽、杭炎甫、于涤心到新疆工作。陈涛任秘书、刘世泽任组训科长、杭炎甫任宣传科长、于涤心任会计室主任。后又调当地人赵季平任总务科主任。

1月16日，国民党新疆维吾尔自治区党部举行宣誓典礼仪式，梁寒操监誓，朱绍良出席。1月22日，边防督办公署特别党部成立。盛世才兼任特别党部特派员，邱毓熊任书记长，汪鸿藻、柳正欣、张凤仪是执行委员。梁寒操、朱绍良在省党部和特别党部成立会上分别讲了话，其内容无非是装模作样地抬举盛世才并吹嘘国民党。盛世才则在会上发表长篇炫耀自我、吹捧国民党、诋毁唯物史观的讲话。

在经济领域，国民党经济部工矿调整处处长林继庸调往新疆任省府委员兼建设厅长。林出发时带了一批公路、水利等方面的工程技术人员。还有一批教授、教师、医生、新闻工作者等也相继陆续进入新疆。

国民党图谋新疆的另一手段是严密控制意识形态，在文化思想领域大肆传播国民党的宗旨、党义之类，宣扬蒋介石的反苏反共法西斯言论。

国民党将控制新疆的外交放在极重要的位置。宋美龄在新疆与盛世才见面时，谈到的条件之一就是要由国民党委派新疆外交特派员，吴泽湘便充当了外交特派员角色，在迪化建立了外交署。

国民党早就策划要以军队控制新疆，把军事视为图谋新疆之关键所在，“中央军之入新，表示新疆真正属于国民政府”。

1941年吴忠信出巡青海，他劝说马步芳把河西走廊交给国民党驻防。马步芳为自身利益，对吴忠信的劝说心领神会，亲自到重庆向蒋介石表忠心，愿意让出河西走廊。次年春，蒋介石即派嫡系胡宗南部队进驻河西走廊，从而控制了从内地通往新疆的通道。

1943年4月，朱绍良以第八战区的名义调六个徒手新兵团，由陈俊率领入新交给盛世才训练。对此,盛世才心中很恐惧,将其分散到几个地区训练,而将带兵的军官安置到办公厅或训练机关工作,不让他们掌握兵权。

同年9月,朱绍良又派所属十八混成旅入新。旅长徐汝成率队,下有两个团。一是刚组建不久的新兵团,团长马平林,一是夏禹卿的团,乘70辆卡车开入新疆。十八混成旅至哈密与尚未撤走的"红八团"形成对峙。双方为避免冲突进行了交涉,先后达成11条协议。"红八团"撤走后,十八混成旅驻防哈密。

该年秋末,朱绍良在武威成立第二十九集团军总司令部,以李铁军为总司令,侯声为参谋长。后来总部移到酒泉,1944年春进驻新疆哈密。

在外交方面国民党一方面将美、英势力引入新疆,于1943年先后在迪化建立了英美领事馆;一方面迫使盛世才与苏联彻底决裂。盛世才只好按照国民党的旨意与苏联交涉。盛世才说:"与苏俄决裂的一切重担,都须由我一人来负,因为我是新疆维吾尔自治区主席。"

盛世才称,1942年10月5日,他向苏联驻迪化总领事递交了一份备忘录,向苏方提出:"除苏俄外交官员,可给予在新疆居留之自由外,其他在新疆的一切苏俄人——包括军事顾问人员、军事教官、财政厅及建设厅之苏俄顾问、技术专家、工程师、医生,红军驻哈密的第八团整个部队,阿尔泰与伊犁区的锡矿人员与探测人员等——都应在三个月内,一律撤离新疆维吾尔自治区。"递交备忘录一事是否属实,尚需进一步考证。对待苏联的态度,盛世才已言听计从于国民党,他说,"我过去的政策,是对苏俄友好,可是现在,我必须遵照反俄的路线"。

1943年2月9日,蒋介石电令盛世才,有关驻哈密红八团问题,依照拟定计划办理。3月16日,盛世才会见督署军事顾问瓦西里也夫,提出了红八团撤离问题。4月15日,苏联驻迪化总领事普希金通知盛世才:(1)将驻哈密红八团撤回苏联;(2)驻扎哈密飞行队亦完全调回苏联;(3)飞机制造厂(农具制造厂)亦决定取消,并于最近将所有工人及技术管理人员物资机器等,一并由新疆运回。

盛世才秉承蒋介石旨意,由亲苏变为反苏。1943年6月16日,苏联驻华大使潘友新致函蒋介石,提出:"新省当局对于苏联商业机关之活动,百般作梗。""根据新疆省政府之请求,苏联政府对该省卫生、地方经济发展以及道路建设等,曾予以多年之帮助,然而最近苏联各专家在新省所处之环境,实令人不能忍受。苏联政府不能同意新省当局类似之行动,故不得已而采取如下之决定:(1)撤销迪化飞机厂,将新省苏联工人职员及技术人员,以及苏联设备运回苏联;(2)停止独山子油矿及炼油工作,召回各专家,并将自有设备运回苏联;(3)停止苏联驻新省商业机关之活动;(4)召回在新之其他苏联专家。新省当局对于苏联政府上项决定之实行,有时不惜采取无理及粗暴之手段,企图阻碍。"苏联各类人员撤走时,遭到盛世才和国民党的种种刁难。

唾骂声中逃离新疆

盛世才为取得国民政府的信任与谅解,在屠杀中共工作人员的同时,又采取了一系列排斥苏联在新势力的措施,引起了苏联对盛世才的极大不满。

当时世界反法西斯战争尚在紧张进行之中,作为反法西斯的同盟国中、苏、美、英理应团结一致,尽量消除内部的分歧与摩擦,因此美国总统罗斯福派副总统华莱

士来华，由阿拉斯加经苏联西伯利亚、中亚于1944年6月18日到达迪化，以了解新疆的局势。当华莱士到达迪化机场时，盛世才夫妇，蒋介石的代表王世杰，外交部参事郭斌佳，新疆监察使罗家伦，外交部新疆特派员吴泽湘，国民党新疆维吾尔自治区党部书记长黄如今，新疆督署参谋长汪鸿藻及美国大使馆参事、苏联驻新疆总领事、美国领事、英国领事等到机场迎接，盛世才自然给予极周到隆重的接待。华莱士于20日到达重庆，向蒋介石建议改善中苏关系，并指出盛世才是中苏关系改善的一大障碍，同时盛世才对抗中央的一系列举动也为国民党中央所觉察。

盛世才投蒋后，国民党各方面势力陆续打进新疆，直接威胁到盛世才"新疆王"的宝座。过去盛自封为新疆的"伟大领袖"，现在则被蒋介石所取代，过去他可以事事独断专行，现在党政军几方面都有国民党的势力在制约他。尤其是国际形势风云变幻，苏联击退德国法西斯的进攻，变得更为强大。盛世才想要继续保其"新疆王"的宝座，似乎只有再次投靠苏联，驱逐国民党势力出新，才能重温昔日专制独裁的美梦。盛世才从1944年3月起即深居简出，暗中策划另一次的政治投机，施展变色龙的故伎，企图从白变"红"。

每当盛世才要发动一次大逮捕之前，必有一段较长时间不会客、不参加公共集会。这样既有利于他阴谋布置和炮制案情，又易于蒙蔽群众。他之所以深居简出，是为了防止"阴谋暴动"或"暗杀"，企图使人相信"阴谋暴动案"确有其事。这是盛世才多年搞阴谋诡计的一条重要规律。

1944年2月以后，盛世才就一反常态不出席省党部和省政府的例会，也不参加一般公共集会。黄如今等已有预感，担心反复无常的盛反苏亲蒋的政策又在变化，可能又会出现一次新政变。果然，从4月17日开始，盛先从地方高级官员开刀，省府秘书长刘效藜，教育厅长程东白，省党部委员何耿光，《新疆日报》社长宋念慈和副社长郎道衡等10余人先后被捕。这些人大都是盛的老同乡或老同学，他们曾先后去重庆中训团受训，准备另寻出路以摆脱盛的控制，被视为亲蒋派。盛既要反蒋亲苏，自然要清洗他们。其中"十大博士"大都是三进三出的人物了。这些人被扣上的罪名是受苏联和中共指使，组织反盛团体"阴谋暴动，推翻现政权。"以此株连许多教育界人士。

8月11日夜，盛世才开始动手逮捕重庆来的国民党高级官吏，为首的是省党部书记长黄如今和省府建设长林继庸（故称黄林案），还有省党部委员童世奎、张志智、林伯雅等等百余人。接着又逮捕了几个部队的师长。次日上又逮捕一些教师、学生和少数民族上层人士，如维吾尔族大阿訇乃孜尔。这就是所谓的"八月事变"，是盛世才下台前的第三次大清洗，株连者达800人。

盛世才为"黄林案"炮制的罪名是：黄、林均系混进国民党内的共产党，派遣入新之后，伺机暴动。暴动的首脑是国民党中央宣传部长梁寒操，他1943年初来迪化期间即与苏联驻迪化总领事达成协议，暴动由苏联总领事馆领导，由黄、林负责指挥，由省党部委员张志智等负责组织，以国民党在新人员为骨干，策动地方人士，企图一举推翻盛政权。

事变发生后，盛世才分别向蒋介石和斯大林通报案情。对蒋的报告中称被捕的人员都是共产党，企图阴谋暴动。但对斯大林的报告，则称这些人是日本间谍或蓝衣社员（即蒋介石的特务）。盛发动"八月事变"的行动后，莫斯科方面并无做进一步表示，致使盛的步法大乱。并把盛给斯大林的报告转给了重庆，盛世才的两面派的阴谋彻底暴露,使得蒋介石决心解决盛世才的问题。

当时国民党中央为防止盛世才突变,已对盛世才采取严密的军事措施,对迪化已形成军事包围形势,哈密、奇台、吐鲁番、迪化老满城均有中央军,并已调哈密胡文思团星夜驰赴迪化,而盛世才的部队多在阿山,调动不便。朱绍良以国民党中央政府的命令为据,以两人旧谊来谈判,盛在无可奈何的情况下,只能就范。但盛也经过几个日夜的思考,又召集几次家庭会议,才决定服从国民党中央调遣。8 月 21 日朱绍良偕盛世骥回到重庆,向蒋介石报告与盛世才谈判经过。8 月 29 日国民政府即下令:

(一)新疆省府委员兼主席兼新疆边防督办盛世才呈请辞职,情词恳切,盛世才准免本兼各职。此令。

(二)新疆维吾尔自治区边防督办公署裁撤,此令。

(三)农林部长沈鸿烈另有任用,沈鸿烈应免本职,此令。

(四)特任盛世才为农林部部长,此令。

(五)任命吴忠信为新疆省政府委员,此令。

(六)任命吴忠信兼新疆省政府主席,此令。

(七)新疆省府主席吴忠信未到任以前,所有主席职务派朱绍良暂行兼代,此令。

新疆边防督办公署裁撤后,所有驻新各部队归军事委员会直辖,该署应办事宜,改归新疆维吾尔自治区省保安司令部接办。朱绍良就任新疆省政府代理主席职。

盛世才于 1944 年 9 月 11 日在万人唾骂声中匆匆离新飞渝就任农林部长,并在 9 月 23 日《新疆日报》上分别登载《告全省军民同胞书》《告全省党政军各界同仁书》及《告全省武装同志书》,仍在为自己脸上贴金,为其炮制多年的“阴谋暴动案”辩解,仍坚持诬陷那些冤案中的无辜,可谓无耻之极。

当时任新疆维吾尔自治区社会处长的顾耕野说:我承吴礼卿先生挽留,担任新疆维吾尔自治区社会处长,主办救济出狱及被难眷属兼筹发还所谓逆产的案件,内有一卷,关于前财政厅长陈德立案,陈已被杀,其家属请求发还财产,奉吴主席批交社会处查明呈复,再行核办。我详细翻阅该案,检出附件没收财产表一纸,计开钻石九百九十粒,钻石背心(为罗曼诺夫皇室历代传家之宝,大典时,皇后佩带)一件,羚羊角八副、美金、英镑及其他财产计一百二十余种,表下署名逆产委员会委员长李溥霖,副委员长乌云珠旁边注一行小字云:钻石背心、钻石、羚羊角、美金、英镑等面交督办手,盖章。这种仅有卷宗而无赃物的案子,当我持卷往吴谒主席,吴公一看,把舌头都吐出来了。

1945 年 7 月,新疆民众掀起讨盛浪潮,迫于舆论压力,国民政府撤了他的农林部长的职务,责成法院查办,盛以重金行贿,此案不了了之。

抗战胜利后,盛世才一度出任武汉行营高参。1949 年逃往台湾后,曾被蒋介石任命为“总统府”国策顾问,1970 年 7 月 13 日,盛世才病死于台北,结束了其罪恶的一生。

杨森：杂牌军阀　独掌重庆

【人物档案】

姓名：杨森

外文名：Yang Sen

别名：淑泽、伯坚。

字号：字子惠

生卒：1884 年~1977 年

籍贯：四川广安县龙台寺人

毕业院校：四川陆军速成学堂

职务：重庆军阀、国民革命军陆军二级上将、贵州省主席。

主要成就：二次革命、护国战争、抗日战争。

杨　森

评价：既有早年讨袁护国 。炮击英舰、保护朱德、陈毅、胡志明的正义之举，又有勾结吴佩孚破坏革命、制造"平江惨案"和积极追随蒋介石打内战的斑斑劣迹 。在国民党军阀中，以妻妾成群，儿女众多而出名.他公开的妻妾有 12 位，子女共有 43 人，其荒唐畸形的婚姻分外引人注目，在人世间蒙上千古之谜 。

结局：1949 年，杨森由成都离川赴台，后病逝于台北，是民国时期四川军阀中最后一位去世的将领。他一生追求洋气和新潮，同时还是民间秘密组织袍哥会的一名舵主。

【枭雄本色】

辛亥革命后，四川大乱，军阀层出不穷。他们或投机革命，或拥兵自重，或荼毒生民，给人民群众带来了无穷痛苦，给国家经济造成了惨重破坏。这些杂牌军阀中的枭雄人物就是人称"川蜀耗子精"的杨森。

杨森早年就学于四川陆军速成学堂，后来投机革命加入同盟会参加护国运动。北伐战争时担任军长之职。宁汉分裂时，杨森一方面与武汉国民政府虚与委蛇，另一方面又同北洋余孽暗行勾结，蒋介石政权巩固后，他拥蒋反共进攻红军，成为蒋介石宠信的杂牌军阀之一。西南解放前夕他独掌重庆党政大权，蒋介石政权土崩瓦解后被迫逃往台湾。

杨森在民国期间以妻妾多而闻名，世人称他夫人成“连”，子女成“营”。

【风云叱咤】

投机革命 混迹行伍

辛亥革命后，四川大乱，军阀层出不穷。刘湘、刘文辉、杨森、邓锡侯等都是川人皆知，风云一时的军阀。他们或投机革命，或拥兵自重，或荼毒生民，总之在中国现代史上留下深深的足迹。

杨森，又名杨淑泽、杨伯坚，字子惠，四川广安县龙台寺人。杨森生于1884年2月20日（清光绪十年农历正月二十四日），活了96岁。其父杨廷安，为邑武庠生；母吴氏，生杨森兄弟姐妹共五人。他是老大，老二淑身（懋修），曾任川军唐廷牧师的旅长，后任杨森部第四师师长，老三淑实（传三），任杨森部第九师军需处处长。两个妹妹后来都嫁给杨森的部属。母吴氏对杨森兄弟三人管教甚严。

杨森幼时在其伯父杨廷襄所教的家塾读书，他思维尚敏捷，能琅琅背诵《古文观止》,《八家诗选》等，并能涉猎四书五经。平时还浏览时务新书，逐渐知道中西学术及世界大势。杨森的父亲有意叫他习文，但杨森见伯叔兄弟习武的多，常在闲暇时跟他们习武。骑射杂技，皆能渐臻熟练。一天适逢端午节，学堂放假，他与伯叔兄弟较量骑射，大显身手，为伯叔兄弟所不及。这事被他的父亲知道，假意申斥他，杨森默察乃父并不是真发怒，反露出笑容，感到乃父喜欢他若能兼资文武，不患儿子将来不出人头地。

广安当时有个紫金书院，为甄陶人才的中心。自清朝廷宣布维新变法后，即改为紫金小学，但一切规模，半仿书院旧规。半采学校新制，兼具温故知新的功用。其编组分甲乙两班上课，校长为翰林院编修胡骏（葆生），教师有经学彭治平，文史周璧卿（二人均举人），以及四川乡试解元蒲殿俊（伯英）等。授以经史及中外时事、史地、格致、算术等科，尤重治专经，杨森所专治者为诗经，并将经中鸟兽草木祭器等分为二十类。杨森每次考试，都能名列前茅。同学中有副榜聂不承，秀才周建侯、李春帆等。

杨森嗜好运动，他在紫金书院肄业时，回家仍从伯叔兄弟习驰马试箭和诸般武艺。因院考落第，认为既学书未成，犹可学剑，以补亡羊之牢。

不久，顺庆（今南充）府中学创办，在广安应选新生计24名。该县考选，系按每3年入秀才额数，杨森中试，由广安县官费保送。该校监督为四川状元骆成骧之父骆腾焕，四川乡试亚元熊寿（沅孙），教习是自日本宏文师范毕业归来之张澜（表方）、罗纶。所授科目为国文、修身、史地、理化、日文、体操、算学、美术、音乐等。所授科目，悉遵学部学制。他在同学中友好的，有陈抱一、黄绶、王缵绪、熊剑铄。

杨森在顺庆中学毕业后，恰好清廷下令准备训练新军。在四川设立陆军部陆军速成学堂，初步招考入伍生，名叫弁目队。省里派新自日本士官毕业之周骏（吉珊）到顺庆，就中学中四年级学生选考。杨森所考学科皆及格，但体格检查的，以身矮高度不够，考官欲不录取，经周骏口试，并向杨说明身矮不能录取之意。于是杨森奋然说：“我方年幼，所以高度不够，稍长数年，即魁梧奇伟异于常人矣！哪能以

我幼小身体稍矮，阻我从军报国之远志。”周骏闻而奇之，即决定录取。后来杨森对周骏感恩戴德地说：“我一生事业得小有成就，与此一段经过，不无重大关系。吉珊先生和我有知遇之感，培植深思，没齿不忘。”

四川速成学堂设置于成都北较场。监督为部堂兼管巡抚事锡良，提调为贺论奎。当时杨森在学校中，与同学何畴、鲜英（特生）、刘镛、谢秉钧等友好。此外，还有刘湘、唐式遵、潘文华、王缵绪等。这些人后来以刘湘、杨森为首，成为四川军阀速成系集团的核心人物。

杨森在速成学堂时，经同学饶国梁、秦俊杰（两人均为黄花岗烈士）介绍，参加孙中山领导的同盟会。

1909 年（宣统元年），杨森在速成学堂毕业后，被派在成都附近凤凰山新军第三十三混成协当排长（尉级军职）。由于他对士兵训练认真，注意内务整洁，在一次检阅时，杨森排不但成绩优异，而且全排无病兵。1910 年（宣统二年）春，杨森晋升为陆军第十七镇第一营右队队官。

1911 年，腐败的清王朝宣布“铁路国有”政策，引起了全国人民的激烈反对，形成了轰轰烈烈的保路运动，其中以四川的保路运动最为激烈。当时四川成立了保路同志会，并推举蒲殿俊为会长，进行了有力的斗争。满清王朝为了镇压四川保路运动，准备从武汉调新军入川，从而导致了武昌起义。

武昌起义，四川群起响应，宣布独立，并成立了大汉四川军政府，四川立宪派首领蒲殿俊为都督。1911 年 12 月四川民军发生兵变，蒲殿俊和副都督朱庆澜被迫逃走。“大汉四川军政府”军事部长尹昌衡以平息兵变为名，赴凤凰山军营，召集新军六十三标统周骏，队长宋学皋及六十五标队官杨森入城，围攻四川总督府，擒杀清四川总督赵尔丰。

接着，“大汉四川军政府”进行改组，尹昌衡为都督，罗纶为副都督。以周骏为军务部长，将川军改编为三个师，第一师由宋学皋任师长，杨森被调升宋学皋师张邦本团任第二营营长。此时，北洋政府任命张澜为川北宣慰使，设使署于顺庆。张澜着手配一个团为宣慰使卫队，以鲜英为队长，辖两个营，指调杨森（一个营）任使署护卫事宜。张澜将使署成立就绪后，便办川北团练传习所，叫杨森任所长。杨以本身营长职务所羁，难以分担此任，于是介绍他少年时同学，云南讲武堂毕业的杜纯一当助手。

一槽难容二马。杨森、张邦本性格桀骜，相互间格格不入。同时，在第十七镇时，杨森为队官，张邦本是排长，杨森更对张很不服气。杨森常驻顺庆，他与张邦本虽是上下级关系，但杨森不受节制，使张邦本深为不满。1913 年夏初，张邦本调杨森归还建制，张澜以宣慰使署无人护卫，把调令扣押；张邦本误认为杨森抗令，派卫队上尉差遣刘湘赴顺庆，明为协助杨森，暗地里却在驻顺庆、岳池、邻水的三个连里活动，拉拢排长潘佐、杨国桢等人，大挖杨森的墙脚，终于把这三个连拖走了。此时杨森势单力薄，无力量跟张邦本较量，只得干瞪眼。接着张邦本以杨森“抗拒命令”为由，报请周骏（已接替宋学皋为第一师师长）将杨森撤职，另委派刘湘接替营长职务。而张澜的川北团练传习所也在此时结束。杨森感到前途茫茫，走投无路，索性把跟着自己的一个连下令解散，枪支弹药分散给广安、保宁（今阆中）、岳池三个县团防，把妻子谭继贞和儿子杨汉忻、杨汉烈送回广安老家去了。

杨森把事情安排妥当，来到成都寻找出路。事有凑巧，四川陆军第三师师长孙兆鸾，要创膘一个军士队，杨森经人介绍，到该队任教育长，他总算找到一报效的地方。不料时舛运蹇。不久，周骏打电报给孙兆鸾，说杨森在第一师任营长时，有盗卖枪支和吃空额的事情，请孙将杨森押解重庆究办。川省都督胡文澜，亦下令通缉。孙兆鸾同情杨森，不忍将杨森送交周骏，馈赠杨盘缠，叫他脱离第二师，另谋出路。杨森彷徨无依，只好在成都南门外一家鸡毛店里权且藏身。杨在徘徊中，想到胡文澜的模范团团长王陵基（方舟），是自己在速成学堂时的老师，不免悄悄去走一遭，碰碰运气。因杨森在四川速成学堂受训时，王陵基从日本士官学校毕业回来，在速成学堂当日文翻译和分队长。正因有这点关系，王也颇念旧情，就把杨森收留下来。

贩运烟土　任职云南讲武堂

1913年夏，窃国大盗袁世凯倒行逆施，暗杀革命党人宋教仁。孙中山先生从日本归来，发动讨袁的第二次革命，江西都督李烈钧、安徽都督柏文蔚、广东都督胡汉民、湖南都督谭延闿、福建都督孙道仁，以及四川驻防重庆的陆军第五师师长熊克武和杨庶堪等纷纷响应，宣布独立。

袁世凯为扑灭四川敢于和他对抗的力量，除电令四川都督胡文澜派兵“讨伐”外，又电令贵州都督唐继尧派滇、黔军入川协助胡文澜“会剿”。王陵基奉胡文澜令，率部向重庆进攻；杨森这时别无他途，只得跟随王陵基出发，到了合川，杨森就悄悄跑去重庆，投在熊克武麾下，参加反袁运动。

唐继尧奉袁世凯令后，派滇军师长叶荃和混成旅长兼前卫司令黄毓成，率滇、黔军入川围攻重庆。熊克武为稳住重庆，在军、事部署上以主力去夺取上游重镇泸州，然后西向成都。但滇、黔军逼近重庆，很快就击溃熊克武留渝部队。熊在泸州的主力，因众寡悬殊，旋即失败。9月17日滇军黄毓成率部攻占重庆时，杨森被俘。一天，黄毓成视察俘虏，集合全部俘虏讲话，问道：“你们当中是军官的向前五步！”俘虏们没一个敢动，唯独杨森挺胸而出，迈出五步，立正向黄毓成道：“报告司令官，我是少校营长杨森！”杨森身体壮实，声音洪亮，态度坦然，面无惧色。黄毓成见他精明强悍，颇有胆识，就把他带回司令部委为副官。

不久，黄毓成与川军周骏、王陵基争夺防区、税收，9月21日，川、滇军在重庆发生巷战，时值唐继尧准备回云南，于是电调叶荃、黄毓成率部回黔，杨森也只得跟黄毓成撤走。杨森在行军途中，起早摸黑，背着背包打前站，跑得路，吃得苦，黄毓成大为赏识。

1913年底，黄毓成率部到达贵阳，云南都督蔡锷已奉调进京，遗缺由唐继尧继任。

1914年初，黄毓成随唐继尧回昆明，旋被解除兵权，任督署高等顾问闲职。于是杨森只好留在黄家当食客。

四川同盟会员但懋辛的妻弟周官和，吴行光、彭林甫，系熊克武部属，因参加反袁，被川督胡文澜通缉，逼得东奔西逃，辗转来到昆明。吴行光、彭林甫与杨森是速成同学，到昆明后，找杨森设法掩护。杨去找黄毓成的参谋邹若衡帮助，邹便出面

在城内水晶宫为吴行光等租的住房。一月后的一天，房主探知吴行光等来历，密报了警察厅，警厅当即将吴等逮捕。昆明警察厅长李家修，是唐继尧的步兵第二团团长，扬言要严办吴行光等四人。杨森、邹若衡得知，向黄毓成求援。黄说："我不找李家修说情，你们拿我的名片去会他。"邹若衡持黄的名片去警厅，因黄毓成失势，李家修不把黄毓成放在眼里，不买账。杨森、邹若衡又找黄毓成商量办法，认为滇军步兵一团团长邓泰中(和卿)，步兵七团团长杨蓁(映波)，两人均系国民党在云南的主要人物。他们打算去请邓、杨两人出面说情，但又顾虑邓、杨不肯。商量结果，以请邓泰中、杨蓁吃饭为名，将两人灌醉，再提此事。黄毓成即派人去请邓、杨，他俩来后，黄毓成、杨森殷勤劝酒，待邓泰中、杨蓁醉眼朦胧时，他们才用话相激，说出吴行光、周官和等四人是国民党员，在四川参加反袁逃到昆明，被李家修扣押，并说李家修目空一切等等。

邓泰中、杨蓁听了果然大怒，杨蓁道："非把四人要出来不可。看李家修敢如何!"邓、杨即离席策马到警察厅，李家修打官腔说："这件案子，我可以直接报告陆军部。"杨蓁气愤地斥责李家修道："你是想用四人的鲜血染红你的官阶吗?"邓泰中接着大声吼道："要办先办我，人，你非放不可!"继后杨蓁说："只要你将四人送出河口就行。"李家修见邓、杨态度强硬，这才软下来，说："袁世凯耳目甚多，恐唐将军责怪。"杨蓁说："如唐将军责怪，由我与和卿承担。"李家修不得已，只好向唐继尧请示后，派人将吴行光、周官和等四人当晚从昆明送出河口。

杨森由于黄毓成的关系，结识了许多滇军军官。云南盛产鸦片，所谓"云土"，远近驰名。杨森为谋生财之道，伙同一些军人贩运鸦片，因之染了"阿芙蓉"癖好。

1915 年 1 月，黄毓成推荐杨森在云南讲武堂任队长，得与许多滇军军官交上朋友，从此杨森逐渐在滇军中活跃起来。

打死恩人　川军之中露头角

1917 年 8 月，北洋军阀段祺瑞解散国会，孙中山在广州组织护法政府，委派熊克武在四川督军，杨庶堪(沧白)为四川省长。云南督军唐继尧亦宣称"护法"，并组织"靖国军"，自为靖国军总司令。熊克武就任四川督军并为四川靖国各军总司令。这时，唐继尧趁机扩充部队，将驻叙府、泸州的滇军六、七两个师，改编为靖国军第一、二两军。第一军军长由顾品珍担任，第二军军长由赵又新担任，赵以杨森为该军参谋长。接着唐继尧还派部分黔军入川，配合滇军驱逐北军和川军刘存厚。继又委派黄毓成为入川滇军靖国军总司令兼第四军军长。黄率部入川，驻防叙府。顾品珍、赵又新俱受黄毓成指挥。黄遂令调杨森为总部参谋长，又趁兼叙府城防司令的杨杰离任时，委杨森兼任叙府城防司令。

不久，滇军与熊克武部将北军击走，迫使刘存厚撤出成都。

第一纵队长杨杰回叙府后，见杨森在滇军中被重用，又夺了他叙府城防司令，怀恨在心。一天，杨杰侦知杨森在家吸食鸦片，即派所部营长周永钧率士兵十余人闯入，不由分说，将杨森拘捕，并没收烟具作为佐证。还准备叫杨森自端烟具游街示众，加以羞辱。杨森写信给黄毓成求救，信为黄的内弟朱丽东所得，朱则以黄毓成名义，指令周永钧将杨森释放。黄毓成知道后，深恐事态扩大，危及杨森安全，派人护送他去泸州，回任赵又新的参谋长。杨森经这次风波，下狠心戒绝了鸦片烟。

靖国滇军入川之战中，川军刘存厚部攻打泸州，守泸州外围五顶峰、学士山高地的又是赵又新部的杨如轩团。杨团见川军势弱，正准备反击，杨森自告奋勇前去劝降。不久回来说："接洽不成"。而刘存厚的援军尾随而至，发起攻击，杨如轩丢失了五顶峰、学士山阵地，迫使赵又新放弃泸州。杨如轩向赵控告杨森通敌，贻误战机。赵又新却不予追究，还将新编的1200余人的混成团，交给杨森直接指挥。

赵又新部重占泸州后，即将部队开往隆昌、富顺。川军赖心辉侦知泸州空虚，率3000余人由江安经纳溪偷袭泸州。杨森率部由石洞镇回救，在纳溪之棉花坡迎头将赖部击溃，泸州转危为安，于是杨森在滇军中获能战之名。

由此赵又新对杨森愈加信任。赵部在驻防泸州期间，一次赵又新派杨如轩去自流井和罗佩金联系。杨如轩返泸前夕，罗佩金叮嘱说："回去向赵军长说，绝不能重用杨森，更不能叫他带兵！"走时，罗再次叮嘱杨如轩说："你要劝赵军长用人要慎重！"杨如轩回泸州后向赵如实转述，赵又新听后，冷冷地说："我知道！"

滇军中有些高级军官，以杨森身为川人而居滇军要职，颇为不满，每逢宴会看戏，常点《张松献地图》《取成都》等戏目，借以讥讽杨。杨森常不终席告退，却不露半点怒容。杨森虽不堪于滇军生活，但凡事小心谨慎，对人和颜悦色，甘受"胯下之辱"，以暂存栖身之地。

1918年初，泸州南岸土匪峰起，赵又新委派杨森为泸州靖国清乡司令兼军部独立团团长，又拨张凤春营和招安的杨士林营，充实杨森实力。杨森在"清乡"中，采取"剿抚兼施，以抚为主"的手法，招安了永宁县的关子久、王凤岗两股土匪，编入自己的队伍，于是实力大增，泸州附近地区也渐趋安宁，颇得赵又新好评。同时杨森在泸州修建"泸庐"，作久住状，更取得赵又新的信任。

1918年8月，唐继尧诡称"北伐"，召开五省（川、滇、黔、鄂、豫代表）联军会议于重庆。唐继尧想把持四川兵工厂和厘税，遭到熊克武和川人拒绝，唐、熊矛盾日趋尖锐。唐继尧回云南后，积极部署倒熊克武军事，于1920年3月发出"马"（21日）电，以靖国军总司令名义，免去熊克武的四川靖国各军总司令职，四川天空又密布战云。

赵又新为策动川军第二师师长刘湘倒熊克武，派杨森去合川劝说刘湘。杨森奉命后却另有打算，他到合川，便向刘湘表白自己是"身在曹营心在汉"。这时，对川局有影响的张澜，大声疾呼"川人治川"，杨森是张澜的学生，自然也起呼应作用。同时，赵又新命杨森策动刘湘，这就给杨森转投川军以驱逐唐继尧创造了条件。杨森返回泸州后，刘湘送去一些枪支弹药，明虽表示倾向滇军，暗则加强杨森部队的实力，待杨倒戈。

唐继尧倒熊克武战事爆发，刘湘又请赵又新派滇军驻隆昌支援，赵即派杨森率独立团并加配机枪前往。杨森如虎添翼，将队伍带到隆昌，马不停蹄地开往安岳，和刘湘之许尧卿旅会合。杨森到安岳即指派张凤春营和他的团部驻扎在城内一个庙里，又指定有滇军的一个营和王凤岗营驻在离城九里的地方。一切安排妥当，杨森就跑到许尧卿的旅部，佯称被扣，许旅立即包围城内外的滇军，迫令缴械。其中营长杨士林不从，大骂杨森忘恩负义，不该背叛赵又新。杨森恼羞成怒，将杨士林杀害。杨森转投川军后，还谬托知己，写信给赵又新说什么"我为川人，今以川人治

川,舍公而去。今后两军开战,若遇公在,森当避之,不与公战,以报知遇之恩。”等等。

赵又新接杨森的信,憨态可掬地将信遍示部属,说:“我若为川人,亦当如是。”对杨森毫无怨恨之词。

杨森脱离滇军后,熊克武委杨为第九混成旅旅长。刘湘又拨第八团团长王缵绪归杨森节制,同时抽调铜梁、大足等县部分团练充实杨森的部队。

这时川军第六师师长石青阳、第七师师长颜德基、靖国军援鄂第一路副司令卢师谛等加入倒熊克武行列。川军第五师师长吕超,因被唐继尧委为四川靖国各军总司令而宣布倒熊。

5 月初,倒熊军会攻成都,熊克武部三面受敌,退守保宁(今阆中)。熊部第一师但懋辛、第二师刘湘、第九混成旅杨森等,相继集结保宁。吕超和滇军进入成都。

熊克武为鼓励士气,委但懋辛为四川陆军第一军军长,刘湘为第二军军长,刘成勋(字禹九与刘湘、刘文辉同乡,有“大邑三刘”之称)为第三军军长,杨森为第九师师长。同时派代表去汉中劝说刘存厚,并组织靖川军,久困汉中的刘存厚欣然同意。熊克武以刘湘为靖川军前敌总司令,分路攻取成都、重庆。熊克武、刘存厚还相约,在战争未决定胜负之前,两人都不做督军。

吕超的第五师原是熊克武的基本队伍,该师的中下级军官,对吕超奉孙中山命与唐继尧联合甚为不满。团长何光烈宣布脱离吕超,熊即委任何为第五师师长,吕超这时实际上是个光杆司令。川军第三师师长向育仁徘徊观望,遭到该师旅长邓锡侯的反对,熊即委任邓锡侯为第三师师长,取代向育仁。这样,熊克武的实力大增,并在刘存厚的配合下,1920 年 8 月份三路进击滇军,合围成都,战局大变。吕超随滇军向东大道撤退,两军大战于龙泉山,此即川、滇军中有名的“龙泉驿之战”。

杨森熟知滇军情况和各部作战能力,因此在龙泉驿之战中,他以长击短,身先士卒,奋勇登山,率全师涌进。杨森虽三处受伤,但仍率部猛攻。滇军终于不支败退,杨森率部穷追不舍。滇军第一军军长顾品珍,争于回云南倒唐继尧,无心恋战,率部退资中、内江后,即从泸州上游渡江,撤回云南。因此,杨森得以在 72 小时内,追了 500 余华里,直抵泸州对岸小市。

泸州和小市隔沱江相望,江面搭有浮桥,只有少数滇军守护。赵又新此时尚不知顾品珍已率部在上游渡江撤走,而赵部第八团团长李如瑾、警卫营营长叶光国和城防司令李谦,都是赵的同乡,平时骄横跋扈,临战松懈无备。杨森的前锋便衣队得以顺利通过浮桥,直扑赵又新军部(泸州城西盐务局),将大门前赵的杏黄旗投掷在地。杨森的追击部队紧跟着通过浮桥,冲进城内,李如瑾、叶光国和李谦已逃之夭夭,未遇任何抵抗。赵又新军部的卫兵见川军涌来,才鸣枪后撤。

赵又新这时正横陈榻上抽大烟,闻枪声后仓皇奔上城墙,缒城而下。赵又新身体肥胖,缒城时脚胫跌伤,行动更加迟缓,由弁兵搀扶着走。杨森部击毙卫兵,进入军部,见赵的卧室榻上烟灯犹明,知赵又新离去不久,随即追上城墙。滇军出城,泸州民团即登上城楼,见 4 个弁兵扶着一个穿黄呢子军服的胖子军官,在城外官山坟墓中艰难逃走,便开枪射击,赵又新和四个弁兵应声倒地。杨森赶到,赵还在缓慢喘气,杨立即派人将赵抬回盐务局。

杨森跟到盐务局,见以前的老上级赵又新只剩下一口气,看到这种情况,自己感到不好意思，连声叫喊："军长，我对不起你，请军长放心。"赵又新努力睁开了眼睛，看了一眼杨森，一言不发，带着一肚子的悔恨离开了人世。杨森拼命挤出了几滴眼泪，亲自准备棺材，并命赵又新的亲属把赵又新的尸骨运到云南安葬。杨森为了堵众人的嘴，授意幕僚，写了一副挽联：

夺主厌喧宾，从来论事诛心，毕竟伊谁推祸首；

私恩殉公义，回忆深情夙昔，不忍将军上断头。

打死了恩人为川军立了军功，杨森逐渐为川军将领所重，显露头角。

丧师失地　率领残部出夔门

1920年10月底，滇、黔军及倒熊克武的吕超等被赶出四川后，四川暂时出现稳定局面。

自1918年孙中山离广州，南方政府已成垮台之势，熊克武就任政学系头子岑春煊军政府任命的四川督军，这时已无所隶属了。而刘湘、杨森则暗与北洋军阀政府眉来眼去，一、二两军的矛盾已出现端倪，熊克武为避免两军火拼，通电辞去四川督军之职。刘湘则于1921年7月任川军总司令兼任四川省长。

杨森自率第九师进驻泸州后，占有川南富庶之区，自兼川南道尹，集军民财政于一身。他在任川南道尹期间，大谈"时新""进步"，延揽人才，提出"建设新川南"的口号，并在泸州兴办学校，修筑马路和体育场，设立兵工厂，意欲"一展宏图"。他聘请卢作孚任道尹公署教育科长，还成立了泸县民众教育馆及图书馆。任命王德熙任川南师范学校校长，恽代英为教务主任。恽代英又介绍共产党人和进步人士李求实、刘元安、穆济波、唐际盛、卢斌、伍降霄、秦德君、胡兰畦等在泸州搞教育工作。1922年5月，恽代英在泸州马克思社会主义研究会基础上建立了社会主义青年团组织，泸州充满着革命的气氛。

此时，刘湘、杨森的第二军占有川南和上川东富饶之地，把持了成都的兵工厂和四川盐税。熊克武、但懋辛领导的第一军仍驻防下川东，情况并没有什么改变。熊克武借响应湖南军阀赵恒惕倡议的"联省自治"为名，主张出兵"援鄂"，企图稳定四川内部，并向外发展。但到1921年8月，一、二两军联合组织"援鄂"军之时，刘湘却不表态，实是拒绝。熊只得让刘湘任川军总司令兼援鄂总司令，以第一军军长但懋辛任副总司令兼左翼总司令，8月中旬，援鄂军出发，第一军走长江南岸，第二军走长江北岸，沿江而下夹攻宜昌。一天，驻防泸州的杨森，将唐式遵打来的电报给范崇实（刘湘原派驻吴佩孚处代表）看，电文说："我军东下，势如破竹，前锋已到秭归，宜昌指日可下。"杨森正为刘湘这次出兵未点他的将而懊丧，范崇实于是哄骗杨森说："大好时机被刘湘耽误了，打败仗是肯定的，要急谋补救；反之，第二军在四川生存都成问题，连你也站不住脚！"范崇实继又宣扬吴佩孚（北洋直系军阀）过去的武功和他的海军威力，并预料这次战争损失最大的是北岸唐式遵所率的第二军主力，第一军走南岸还可以全部退还。范崇实又以危言对杨森说："假若第一军回师关闭夔门，夺取重庆，第二军在川内外就该消灭！"范崇实并献策说："如今你赶紧派代表与吴佩孚先接头，利用你未加入战斗序列的机会，先拉上私人感情。川军若胜，你率第九师顺流而下，会师武汉；若川军战败，即由你出面讲和，不让第一

军去出面。这样既可以保全第二军,你还可以继承刘湘的位子,因为刘湘要负战败责任而下台的,这就叫一箭双雕之计"。

杨森听了大喜,时逢杨的同乡胡仲实要回北京,便托他带信和照片去见吴佩孚。杨森要范崇实代笔,在他的公馆"泸庐"将信写好。杨森的照片大多是穿军装的,并且都显示雷公嘴形象,他是很避讳这一生理上的缺陷的。杨森翻来找去,最后选出一张身着猎服,手里拿着一根皮鞭的照片,这是他早晨跑马时拍摄的。这张照片送给吴佩孚却发生了妙用,后来,吴的政务处长白坚告诉范崇实:"吴大帅认为杨森的照片是'执鞭随蹬'的表示!"从此杨森被吴佩孚看中。

9月2日,援鄂军乘胜分三路进攻宜昌:北路刘湘指挥费东明旅由兴山进攻;中路唐式遵指挥李树勋、潘迴两旅由秭归进攻;南路但懋辛指挥第一军的两个旅由距宜昌30里的南沱进攻,第二混成旅张冲部已攻近距宜昌二十里的南津关。当援鄂军兵临宜昌城下之日,湖南战事已经结束,但吴佩孚的主力部队和杜锡硃的海军兵舰还在湖南,急切不能开赴宜昌。于是,日、英、美帝国主义出面帮助吴佩孚,先由三国兵舰水兵登陆,以保护侨商为名,掩护北军码头阵地;次由三国驻宜昌领事出面"调停"。三国领事于9月5日到夔府见唐式遵,吴佩孚还派了原四川陆军第一师师长周骏为代表回去,诡称言和,唐式遵受骗,电令部队缓攻。因此攻宜昌的部队自9月5日起进入休战状态,给了吴佩孚调兵派舰的时间。吴率领第八师及第二十三师、二十四师各一旅,第三师一团,又令杜锡硃率海军"湖鹗""楚同""楚振""楚泰"号舰上驶宜昌。在吴佩孚完成从水陆攻打川军部署时,日、英、美领事宣告夔门"调停无效"。接着9月14日至16日,吴佩孚乘"楚振"舰督战,与川军激战三天。川军因无大炮回击吴的海军,于9月16日放弃宜昌,退守珠宝山。自9月18日至27日,双方又经十天的激战,南岸第一军部队向巴东退却,北岸第二军部队向秭归撤走。川军战败,刘湘于12月12日派张梓芳(必果)为代表到宜昌接受吴佩孚议和条件,并与孙传芳讲好了收束军事的办法,12月19日,刘湘电令援鄂川军撤回川境。

川军"援鄂"失败,熊克武、刘湘等互相推诿责任,刘湘不得不将第二军军长职让给杨森,于1922年5月14日辞去四川各军总司令职,退居幕后,因之第一、二军的矛盾日益尖锐。此时杨森野心勃勃,遂与刘湘密谋,将第九师从泸州调往重庆,积极备战,企图先消灭第一军,进而囊括各军以统一四川。但是,熊克武、但懋辛领导的第一军也并不弱,要想一口吃掉却是不容易的。

杨森为了消灭第一军不惜借助外力,他同吴佩孚相勾结,引吴为外援。杨森也曾派人同但懋辛谈过,表示愿意共同执掌四川,但懋辛以为杨森居心叵测而没有谈成。杨森于是命令所部进攻第一军。于是集中兵力于重庆两岸,分水陆两路对第一军实行突袭。第二军部队3万余人,号称11个旅,杨森于7月8日乘轮东下,指挥二军部队,潜袭一军第一师喻培棣部所驻之忠县。刘湘的第二师师长唐式遵部,则进袭一军驻开县张冲之混成旅。但懋辛侦查出刘、杨的图谋,苦于电话不通,于是令一个善泅水的士兵持书送至第一师。第一师师长喻培棣即率所部向梁山退去。偷袭忠县之二军抵忠县时,竟是一座空城。杨森扑了空,知第一军早有准备,调第三混成旅和饶国华团由垫江向梁山前进,企图截住万县一带的第一军部队的退路,于是第一、二两军之战正式展开。

熊克武看到与刘湘、杨森领导的第二军合作已不可能,而且随着事态的发展,同第二军不免一战。同时见川军中其他各部因刘湘、杨森把持盐税和兵工厂,对刘湘、杨森不满,熊克武在这种情势下乃回到成都,联络第三军军长刘成勋、川北边防军总司令赖心辉,以及第三师师长邓锡侯、第二十一师师长田颂尧等,组成"省联军"对付刘湘、杨森。同时迭电各军,指斥刘湘为戎首,又用武力逼走占据成都兵工厂的杨森部王兆奎旅。

杨森自恃骁勇,又有吴佩孚做靠山,自信有必胜把握。他率王兆奎旅和杨天骅宪兵大队和唐式遵、李树勋(樾森)等部,集中全力分道追击一军喻培棣、余际唐、张冲等主力,企图将第一军一举歼灭,但喻培棣等部已主动撤退至梁山。杨森为激励士兵为他卖命,还发出《告二军将士书》,其中有:"田横五百,尚强海岛;少康三千,启夏中兴。本军有七十营之众,岂有不能消灭长衫军人乎!"讥笑熊克武、但懋辛为文人掌军,不堪一击。其骄傲轻敌,溢于言表。

杨森率部于8月9日下午进达梁山西部,遭到第一军掩护部队的激烈抵抗。傍晚,杨森入梁山城,城内无一军队伍,又扑了个空。原来喻培棣、余际唐、张冲等为暂避其锋,已将部队撤离梁山。而在西郊抵抗的一军后卫部队,在抵抗三小时之后,也绕城撤走,并主动放弃绥定、渠县等县,向顺庆撤退。

杨森以将勇兵精,骄傲轻敌,认为第一军不堪一击,会望风逃遁,乃驱疲惫之兵,分路穷追不舍。当第二军王兆奎旅一路追至大竹锦屏铺之佛耳岩时,遭到一军的伏兵痛击,该旅王子久团全部被歼。李树勋旅一路追到渠县附近,一军主力已转移到杜家岩。第一军二混成旅一团团长刘伯承,率部自顺庆向杜家岩增援时,第一军即调整部署,实行全线反击,以刘伯承为第一路指挥官。刘伯承为挫二军锋芒,组织部队夜袭,李树勋部在夜幕中不辨敌我,自相厮杀,刘伯承乘势发动猛攻,一军全线亦立即出击,李树勋部覆没,李本人仅以身免。唐式遵师向绥定追击的先头团,又遭一军围歼。杨森的第九师也士气不振,一触即溃,纷纷缴械投降,杨森只得率残部向重庆溃退。第一军攻克了渠县、绥定、梁山、大竹、万县。

第二军在杜家岩全线溃败,成都"省联军"邓锡侯、陈国栋,蓝世钲旅等部,由东大道直趋重庆;赖心辉部直下泸州,夺取杨森第九师防地后,向重庆进击。驻宜宾的川军第一旅旅长刘文辉、原奉刘湘密令去重庆驻守,当他率部赶到永川时,知第二军已一败涂地。这时,邓锡侯、陈国栋已率部到达永川。刘文辉和邓锡侯拉保定陆军军官学堂同学关系,取得妥协,刘文辉于是顺风使舵,转身参加了"省联军"。

当杨森率第九师残部急退到重庆时,邓锡侯、赖心辉部的前锋已到巴县老关口。杨森为稳住重庆,将他的司令部设在白市驿,所有兵力都调往老关口前线,哪知邓锡侯迂回到青木关,他本人率一团奔袭白市驿,杨森的参谋长马嗣良、秘书长熊煜与秘书主任杨裕昆等人,于邓锡侯部打进司令部大门时才发觉,慌忙从后门仓皇逃遁。杨森被围困在老关口前线,正在进退两难时,王陵基率部自涪陵兼程驰援,才把邓锡侯打退,将杨森从老关口接应回重庆。

杨森退回重庆,在浮图关一带设置电网,冀图死守,并派人去洛阳向吴佩孚求援。8月6日,浮图关防线被赖心辉部突破,杨森率少数部队穿城乘轮船往下川东逃窜。刘湘则于战乱中逃到南岸日商所开办的又新丝厂躲避;继后刘文辉率部返回宜宾原防时,刘湘就随刘文辉溯江西上,径回大邑原籍,将部属交给杨森率领。

杨森带着残部逃往川东，当时下川东一带也多被第一军占领。杨森奔至夔府（今奉节），正碰上北洋军阀吴佩孚派来支援的部队，杨森十分高兴，便命令手下人反守大城寨（距奉节30里）收容部队准备反攻。同时在城中设宴款待北军，是日突然大雨滂沱，风雨交加。这时，川中名将刘伯承指挥的追击部队，以一个连的力量，攻入城内。顿时，城内一片大乱，杨森于仓皇之中奔向江岸，乘竹筏渡到南岸，搭小火轮逃往湖北宜昌。这时川军第二军所余不足一个派，经收容退到湖北建始，利川一带。

投奔吴佩孚　卷土重来入成都

杨森逃到湖北宜昌，不甘心失败，命令部将李树勋统率整补，自己亲往洛阳见吴大帅吴佩孚。此时吴佩孚正值权力的巅峰，踌躇满志。见杨森来，自然心中高兴，他正要在川军中找位得力的代理人，吴佩孚任命杨森为陆军第十六师师长。在吴佩孚和湖北督军肖耀南的支持下，杨森派手下人胁迫原川汉铁路负责人，把储存在汉口银行的路款提取了100万元，作为军费。北洋军阀吴佩孚，曹锟志在武力统一全国，决定派杨森回川，充当武力图川的先锋。

1922年8月，川军各部首领在成都开军政联席会议，推川军第三军军长刘成勋为川军总司令兼省长，并解除军团制。为防吴佩孚侵川，委但懋辛为川东边防督办，以赖心辉为川南边防总司令，驻防泸州以策应重庆。11月刘成勋宣布改编部队，所辖第七师师长陈国栋，自行用武力强编不属于他的独立旅何金鳌部（原为二军之混成旅），陈、何两部发生武装冲突，何金鳌被击败退逃乐至。刘成勋电令解除陈国栋师长职务，责陈国栋擅自行动，不服从命令；派其师长蓝世钲，旅长张成孝率部由成都经东大道赴永川，收编陈国栋师。陈国栋不从，于是联合对刘成勋不满的驻重庆的第三师师长邓锡侯，策动驻资中的第二十二师师长唐廷牧，协同出兵对付蓝世钲、张成孝两部。刘成勋得报乃电请但懋辛、赖心辉出兵援助。

川军内讧，邓锡侯、陈国栋、唐廷牧又联络川边镇守使陈遐龄，第一混成旅旅长刘文辉、屯垦司令彭远耀、第二十一师师长田颂尧、第十师师长刘斌等出兵合围成都，川战再次爆发。吴佩孚乘川东防务空虚时机，大举图川，他除助杨森回川外，令北军第八师师长王汝勤、施宜镇守使赵荣华为援川军正、副总司令，率北军第八师两个混成旅，与黔军袁祖铭率五个混成旅进兵川东；令川边镇守使陈遐龄出兵援助杨森；又令北军第七师师长吴新田率部与前四川督军刘存厚由陕南进兵川北，并以杨森为前敌总指挥。吴佩孚还以熊克武等“割据国土，糜烂地方”为由，通电“援川”。当时杨森除自兼第九师师长外，重新率第二军的唐式遵第二师，任后楷、李树勋、施增荫等混成旅；还辖有：川东清乡司令潘文华、第一游击司令吴绍文、第二游击司令雍光耀、特遣司令罗伯膏、川南清乡司令龚达、第一旅旅长李远鹤、第二旅旅长蔡时敏等部。

1923年2月21日，孙中山先生自上海遣石青阳、宋辑先入川，以熊克武为四川讨贼军总司令，熊意存观望，并未就职。及至刘成勋被推为川军总司令兼省长，熊克武这才在成都成立讨贼军总司令部。其兵力为一军第一师喻培棣，第六师余际唐，第二混成旅张冲，第三混成旅王丽中，第八混成旅郑英，第五师何光烈之一部。

新任讨贼军第一军军长石青阳，辖汤子模、周西城、贺龙等师旅。第二军军长吕超，辖彭远耀、吕镇华部，并以赖心辉为前敌总指挥，其部有魏择民、黄毓英、何丽生、甘德明、刘丹五、马昆山等。而刘成勋则与讨贼军成败相依。

1923 年 2 月 15 日，杨森部由利川偷渡磨刀溪、箭竹溪袭取万县。2 月 19 日刘存厚率部进驻绵阳。当杨森率部由施南、利川向万县进攻的时候，驻忠县石宝寨的第一军第六师独立旅旅长杨春芳倒戈投杨森，并率部向万县移动。驻万县的第一军第二混成旅旅长张冲知杨春芳倒戈，恐后路被切断，急退梁山，杨森随即占领万县。

杨森占万县后，3 月 14 日与刘存厚、陈遐龄、邓锡侯、田颂尧、刘斌、陈国栋、唐廷牧、刘文辉、彭远耀等联衔通电讨伐熊克武。第一军方欲调驻达县之余际唐师规复万县，殊驻宜宾之第一混成旅刘文辉，忽率部漏夜向成都推进，与邓锡侯等的联军袭踞成都。

驻重庆的第一军回援成都，须将东路敌军击溃，才能西进，故令二混成旅和三师之一部集结顺庆，驰赴东路夹击敌军，被阻邻水，不能应期。而杨森率部直扑重庆，一军遂弃重庆，北趋遂宁。杨森兵不血刃就占领重庆。熊克武、但懋辛、赖心辉进入成都。

杨森占领重庆后，得北军和黔军之助，即率部西上，直趋简阳，企图越龙泉山夺取成都。同时以一部占领淮州，掩护主力进击扼守龙泉山的赖心辉部。杨森部团长杨天桦部夜袭茶店子中弹毙命，队伍纷乱，赖心辉部乘势出击，杨森率部退走简阳。此时第一军一部从北道直趋乐至，夹击杨森，杨腹背受敌，退至隆昌、荣昌、泸州一线与第一军和赖心辉部相持。

熊克武的第一军虽将杨森暂时击退，但凭一军与边防军之力，绝难取胜。因此熊克武向唐继尧求援。在这之前，唐继尧已由广西回云南击毙了顾品珍，又助贵州刘显世驱逐袁祖铭，自称滇黔军总司令。唐继尧为控制四川，为实现他“西南王”野心，派胡若愚率 16 个团经贵州援熊克武。由于滇军入川，战局又为之一变。杨森率部退守重庆。邓锡侯、陈国栋两部也由川北撤至江北，固守桃子垭，从侧面守卫重庆。

杨森、邓锡侯等见战局危殆，联名请在大邑的刘湘出山，统驭反熊克武等的各部川军，刘湘遂由大邑到宜宾乘轮东下。这时围攻重庆的第一军、边防军和滇军，同据守重庆之浮图关、江北之桃子垭的杨森、袁祖铭、邓锡侯等部展开攻防战。第一军和赖心辉等部仰攻浮图关 23 日不下，伤亡很大。但懋辛于是率部北渡嘉陵江，袭据守浮图关杨森等之背。重庆南岸之滇军胡若愚部，川军第五师之秦汉三旅，黔军周西城师之一部，六师余际唐一部，刘成勋属之蓝文彬旅等，统山余际唐指挥，次第由嘉陵江上游土沱等北渡，与据守桃子垭之邓锡侯、陈国栋等激战两昼夜，将邓等击溃。困守重庆之杨森、袁祖铭、赵荣华率部向万县逃跑。刘湘正好乘轮到重庆，未及登岸就顺流东下万县。

刘湘、杨森等人逃到万县，吴佩孚极为震惊，严令杨森及北军不得再退，戴罪立功，进行反攻，同时委派刘湘为四川善后督办。而这时，联军北路之田颂尧部乘虚进攻成都，刘成勋打电报给熊克武，调东路军以固城防，熊令第一师余际唐全部及第五师之秦汉三旅北上。而东路追击杨森仅有周西城，汤子模部。其余各部停兵

不前了。1923 年冬天,刘湘、杨森等部进行反攻,第一军接连失败,退到川北。刘湘、杨森再次进驻重庆,四川局面为之一变。

在潼川(今三台)督师的熊克武、但懋辛认为杨森等西去淮州攻成都,与赖心辉合力袭击杨军后背时机成熟,只派第二混成旅鲁平州团守中江、潼川道上的建林驿;但东大道的赖心辉部却按兵不动。刘湘、杨森和袁祖铭到淮州后,决定杨森率部进击潼川,他的先头部队王缵绪旅,向第一军鲁平州团冲击,鲁团猝不及防,退走绵阳。王缵绪率部直奔潼川,先收买守潼川城外的部队,然后攻入城内。熊克武、但懋辛发觉时,杨森部已攻入军部,熊、但仓促缒城而逃,并在沿途收拾残部,不分昼夜,经绵阳奔成都。此时一军饷尽援绝,又马不停蹄地经仁寿径走川南。第三军刘成勋势孤力弱,只得撤出成都,退驻新津。

刘湘、杨森等进入成都后,刘湘即率唐式遵和李树勋旅,配合袁祖铭的黔军追击第一军。熊克武、但懋辛这时已无抵抗力量,率残部由南川退入贵州,继经湖南辗转去广东。

杨森进入成都以后,他以第二军军长名义兼管四川民政,大权在握,有傲视西南之概。到此,刘湘、杨森、田颂尧就成了北洋军阀吴佩孚在四川的代理人。

进攻红军　赔了家底又折兵

正在四川军阀彼此混战不休的时候,中国工农红军已成星火燎原之势。1932 年 12 月中旬,中国工农红军第四方面年由陕西越过大巴山,并于 12 月 12 日解放了通江县城。1933 年 7 月 7 日接着解放通县城。1 月 23 日,红军通过一番艰苦的努力,建立了川陕革命根据地。川陕革命根据地的建立,使蒋介石和四川军阀大为震动。

1932 年 11 月底,刘文辉、田颂尧结束了成都巷战。1933 年 1 月 28 日,田颂尧就任蒋介石所委任的川陕边区"剿匪"督办职。田颂尧以高冠吾(后任汪伪政权江苏省主席)为总参议。蒋介石发给田颂尧子弹 100 万发,军费 20 万元。田颂尧随即把他在川西参加四川军阀混战的部队东调。2 月中旬,田颂尧兵分三路,向川陕革命根据地红军开始进攻。

杨森部的第二十军在川北改编以后,逐渐恢复了元气,共有 6 个混成旅,共约二万余人。蒋介石为了控制杨森所部先后派罗象翥、刘幼甫、史良、徐去惑到杨森部任政治部主任,灌输反共教育。

此时,红四方面军采取了"收紧阵地,诱敌深入"的作战方针,等待有利时机,集中兵力反击敌人,先后主动撤出通江、南江、巴中三县城。田颂尧部于 3 月间占领南江、巴中,5 月初占领通江后,口出大言,说什么胜利"不过指顾间事",颇为得意。5 月下旬,红军展开全面反攻;经十余日激战,粉碎了田颂尧部的三路进攻,恢复了通南巴地区,还扩大了革命根据地。

1933 年 7 月 7 日,蒋介石任命刘湘为"剿匪"总司令,命其统率四川军阀各部围剿江军。但是当时刘湘和刘文辉的混战还没有结束。杨森又害怕遭到打击,龟缩不前,力图自保。

在此之前,刘文辉部退守岷江,刘湘打败刘文辉称霸四川已成定局。杨森于是到成都面见刘湘,表示拥戴。刘湘为统治四川,玩弄以神治军的鬼把戏,他要杨森叩头拜刘神仙(从云)为师。杨森说:“我妈死了我都没磕头,对刘老师我行三鞠躬礼不行吗?”到拜师那天,邓锡侯、李家钰等慑于刘湘势力,将杨森拉了去。刘从云昂然坐在太师椅上,各路大小军阀站在他的面前,一齐下跪。杨森也只好跪下,跟着大家叩头。返回时邓锡侯问杨森:“今天有何感想?”杨森气急败坏地说:“今天是我最大的耻辱,我为我的几万人(指二十军)拜佛!”杨森返回渠县,集合所部少校以上军官讲了这件不光彩的事,痛恨刘湘欺人太甚。

当张国焘、徐向前率红四方面军进入川北时,杨森为另找出路,欲联合红四方面军以保存实力。他以旅长夏炯为代表,秘书杜重石为随员,邀请红四方面军代表,深夜在夏炯旅部所驻地的岳池公园里秘密谈判。通过谈判,两军达成互不侵犯协议,在红军与刘湘作战时,夏炯给红军后勤支援。当时夏炯向红四方面军赠送了各种军需物资,其中有子弹 6 箱,军服 2000 套及帽、鞋、袜、毛巾、皮带、水壶、医药品等。另外还将两支德造 20 发快慢机手枪,送给负责与杨森谈判的红四方面军主要负责人陈昌浩等。之后,又派团长李麟昭到巴中得胜山(今平昌县北得胜乡)和红四方面军联系,要求与红四方面军成立联军,其人事、经济方面杨森要独立,红军方面只能派政工人员到二十军,作战双方统一指挥。红四方面军则要求杨森部改编为红军。由于双方条件相距甚远,协议未能达成。

红军利用四川军阀内部矛盾重重,相互观望之际,就集中红军兵力,从 8 月中旬起到 10 月底,发动了仪陇、南部、营山、渠县、宣汉、达县等战役。仪南战役打退了川军田颂尧等部,并夺取了南部境内的盐井,解决了根据地军民吃盐的问题。仪南战役后,革命根据地发展到仪陇以南的地区。

杨森对红军的进攻,由北而南采取纵深梯形部署。他以第二混成旅分布于营山以北巴中县属之玉山场、鼎山场等地,作为突向川陕革命根据地的据点。其余各旅部署于佛楼寺、营山城以南、蓬安城以北的徐家场等地。两个混成旅则驻广安、岳池、南充一线。他的军部设广安。

1933 年 9 月 22 日夜,红九军七十三师冒雨穿过荒僻的山径,直插至玉山场、鼎山场背后,次日攻占杨军一些险要阵地。红三十军正面攻击玉山场,红四军十一师则采取两面迂回战术,压缩包围杨军于鼎山场。在红军强大压力下,杨军纷纷溃逃。24 日,红军已推进至营山以北 60 里地区。此时杨森着了慌,为了确保营山、渠县、蓬安,除令第一混成旅,第二混成旅残部及第五混成旅据险防守外,又急调第三混成旅由南充增援蓬安,第五混成旅两个团向营山集中,加强防守。

29 日夜,红三十一军以一个团的兵力,夜袭佛楼寺,像把尖刀直播杨森的第一混成旅后方,打死了第一团团长程栋梁,俘虏了第三团团长雍寿康,守军从梦中惊醒时已被打死不少,30 日,红军攻下佛楼寺、杨家寨后,又向营山进攻。杨军第一混成旅旅长杨汉忠知道他的两个团遭红军夜袭时,心胆俱裂,急忙逃跑,而在前线阵地的两个营还蒙在鼓里,直到当天黄昏,才知道后面的部队都跑光了,吓得骨软筋酥,也跟着撒腿就逃。等到到了渠县城,旅、团官兵和其他部队会合时,相互间只面面相觑而已。

10 月中旬至下旬,红军又发起宣(汉)达(县)战役,在地方武装的配合下,击败了刘存厚部,占领了宣汉、达县、万源三城,并将刘存厚多年经营的兵工厂、被服厂、

造币厂的全套设备缴获,使川陕根据地向东扩展了300余里。至此,通、南、巴与川东游击区连成一片,威胁合川、重庆。

在宣达战役之前,1933年10月4日,刘湘就任"四川剿匪"总司令一职,设总部于成都,下辖6个总指挥。杨森任第四路军总指挥兼二十军军长。6路指挥共有兵力约110个团,20余万人,另有飞机18架。刘湘狂妄地宣称,要在三个月肃清川陕边区红军。为防止红四方西军渡嘉陵江南下,蒋介石的军事委员长成都行辕召开川军各路头目的军事会议。会后,杨森星夜驰回顺庆。

1933年11月1日,刘湘指挥的六路围攻开始。第五路王陵基部和第六路刘邦俊部在开县城西至开江城北一线同红四方面军展开激战。11月中旬,杨森部罗德润旅、夏炯旅、杨汉域旅分别由周口(今蓬安县城)、渠县和花桥(营口市境)出动,齐向营山城进攻,遭到红九军等部的英勇狙击,伤亡颇重。随后,红军主动撤离营山县城。21日,杨森率部进入营山,将军部移驻城内。当杨汉域旅继续北犯至凤凰寨时,红九军集中兵力,以猛烈的火力进行反击,将杨汉域旅击溃,直追至营山城下,歼杨旅近两个团。这时,夏炯、杨汉域感到处境困难,又恐蒋介石、刘湘乘机惩处,在这进退维谷之际,只能同红军就地相持。夏炯与杨森密议:为了保存实力,应派人与红军联络,要求"双方不打",让红军集中兵力去同第五路的王陵基、范绍增部作战。于是,杨森派夏炯旅部副官长王一鹗潜赴通江,会见了张国焘、陈昌浩,达成了"双方互不进攻"的秘密协议。陈昌浩派徐秘书到夏炯旅部负责联络。此后数月内,红军同杨森部的前线无战事。

1934年11月,红军为集中力量沉重打击来犯川军,主动紧缩阵地。杨森见前线形势发生变化,认为红军可能吃不消了,又迫于蒋介石、刘湘之命,悍然撕毁了"双方互不进攻"的协议,连忙命手下进攻红军。

自从1933年12月至1934年4月底,川军六路向川陕红军发动了三次总攻。红四方面军根据反三次围攻的经验,仍然采取"收紧阵地,诱敌深入"的方针,昼防夜袭,大量歼灭敌人,主动撤出仪陇、宣汉、达县等地。结果川军在三次总攻中,损失达3万人以上,也无法达到摧毁川陕革命根据地和消灭红军的目的。

随着战争旷日持久,川军内部矛盾也随之发展,各路军阀貌合神离,彼此观望。刘湘在计绌力穷下,竟求助于他顶礼膜拜的高等顾问、江湖术士、号称"神仙"的刘从云。发表刘从云为"剿匪"总司令部前方军事委员会委员长,代替他指挥各军。红军为集中优势兵力打击敌人,主动撤出逼江。刘从云于是洋洋得意,吹嘘是他"占卜有灵",发出"36天消灭红军"的狂言。8、9两月,红军大举反击,将北起广元、南至阆中的嘉陵江东岸地区全部收复。四川军阀第一、二、三路围攻部队溃逃至嘉陵江以西,第四路杨森部退至营山、渠县地区,刘从云见势不妙,逃之夭夭。四川军阀奉蒋介石之命,对川陕革命根据地历时10个月的六路围攻,至此彻底破产。

1935年春,中央红军长征进入四川境内,杨森看到蒋介石派薛岳率大军追击红军,同时还看到蒋介石派了贺国光率"参谋团"和"康泽"率领"别动队"来川,行一石两鸟之策,借四川军阀消灭红军,同又利用红军势力来削弱四川军阀,对四川军阀进行宰割。杨森意识到,如果继续固守川北几县重地,是没有出路的,决定抢先一步投靠蒋介石。这正中蒋介石下怀。

蒋介石于是下令,将杨森部原有的6个混成旅,改编为3个步兵师,番号为陆军一三三师，师长杨汉域；第一三四师，师长夏炯；第一三五师，师长刘席涵。仍以杨森为二十军军长。蒋介石许杨森部出川每月补助军饷10万元。

1935年4月，杨森奉蒋介石令，率部由川北移泸县，取道高县、庆符、筠连，至云南盐津。杨军先头部队到达贵州毕节，企图沿川黔边境堵截西进北上的中央红军。同时，以一个师开赴大渡河，阻击红军主力。杨森本人则率其余部队在雅安待命。此时，杨森为保存实力，又玩弄两面派手法，既要投靠蒋介石，又慑于红军的强大力量，害怕在阻击红军中把部队拼光，自己垮台。为了给自己留条后路。于是杨森授意他侄子杨汉忠出面与朱德总司令联系。万一被蒋介石察觉，也有回旋余地，把责任推到杨汉忠身上，还可在蒋介石面前说情。因此杨汉忠派人给朱总司令送去信函和该部的联络信号、番号等，要求红军在长征中互不侵犯。这时国民党三十六军周浑元部先到雅安布防，紧接着薛岳率部赶去。蒋介石令杨森率部在荥经县黄土坡由北向南布防，堵击中央红军。当杨森部到达黄土坡时，杨汉忠接到朱总司令的回信。内容是：

汉忠师长吾侄勋鉴：

来函悉。吾侄深知兔死狗烹，鸟尽弓藏，殊堪嘉许。按照来意，饬敝部先头部队与贵军切取联系。专复顺颂勋绥

朱　德顿首

杨森接到信后，立即同手下人商量，决定对朱德说话要算数。同时，怕朱德的信落入蒋介石特务手中成“通共”的把柄，叫何泽霖背后烧毁。中央红军由南向北路经荥经县黄土坡时，杨森命杨汉忠让路，朝天放枪，让红军通过。杨森派出的西路部队仅与红军小有接触。中央红军主力部队胜利通过川滇边境。杨森于是把部队全部集结于雅安，以一个师假装尾追，杨森则率其部跟在后面。此时红军主力已越夹金山，大小金川向懋功等地前进。6月中旬，中央红军和红四方面军在夹金山胜利会师了。

因气候严寒，杨森部溃散官兵冻毙饿死很多，3天才收容完。赓即奉蒋介石令开到洪雅整编。

1934年8月，当第四路军杨森部被红军击败后，在休整期间，杨森与红军秘密协商及同红军交换物资等情况，已被刘湘侦知。刘湘对杨森加以“私通红军”的罪名，密令他的“剿匪”总预备军总指挥潘文华以武力解决杨森部。在刘湘“剿总”任参谋的杨森老部下姜仲雍得悉后，将上述消息密告杨森。杨急电他的驻南京代表罗象翥，多次向蒋介石报告刘湘要加害杨森的情况。蒋介石出于分化川军，于1936年春，将第二十军调至川南宜宾一带，脱离刘湘控制。此后，杨森进一步投靠蒋介石。

手握重庆党政大权　土崩瓦解逃台湾

1946年6月，蒋介石撕毁停战协定，挑起内战，疯狂地进攻解放区。杨森当时名义上虽然脱离了军职，但是二十军实际上仍是他的资本。正如杨森所说的：“我能够当贵州省主席，还不是靠二十军的枪杆子！没有这些枪杆子，就不会有省主席给我当。”

1946年秋，杨森的第二十军驻湖南衡阳、长沙、株洲一带，当时在蒋介石统一编制的命令下，第二十军整编为二十师，师长杨干才，副师长王铁麟，参谋长陈德邵。一三三旅旅长陈亲民，副旅长景嘉谟、肖传伦；一三四旅旅长伍重严，副旅长李介立、朱泰安。部队整编完后，蒋介石就于1946年10月令该师开往山东临城，受当时驻驿县的整编第二十六师师长马励武指挥，担任滕县以南沙河到韩庄间维护铁道交通任务。不久，马励武的整编第二十六师在峰县被中国人民解放军第三野战军所歼灭，马励武被俘，顾祝同命整编第二十师，一三三旅旅长陈亲民率部进入沂蒙山区受李仙洲指挥，该旅在沂蒙地区作战半年中，对解放区的生产破坏很大。

1948年11月初，国民政府国防部将整编师恢复成军的编制，杨森的部队番号仍为第二十军；11月下旬，蒋介石电调第二十军到京浦线参加淮海作战。1949年2月15日，第二十军调往安徽芜湖，受第七绥靖区司令张世希指挥，担任芜湖，鲁港，三山街等大江南岸的防守任务。此时强大的中国人民解放军积极准备抢渡长江，蒋家王朝大厦将倾，一片惊慌。在渡江战役中，第二十军全部被歼。杨森多年来倚为翻云覆雨的资本顿时烟消云散。

1948年4月3日，国民政府明令杨森任重庆市市长。当时杨森原是想当四川省政府主席的。当他的秘书长李襄从南京打电话告他说："中央决定谷正伦回贵州任省主席，王陵基回四川任省主席，惠公你调重庆任市长。"杨森早年任过四川督理，很想再回四川执掌政权，他立即在电话中叫李襄面陈"极峰"（指蒋介石），设法和王陵基对调，由他回任四川省主席。李襄各方努力运动后，复电说："业已内定，无法变更。"杨森这才去重庆走马上任。

不久，国民党重庆特别市党部主任委员龙文治病死，蒋介石委派杨森兼任。杨森手握重庆党政大权。1949年国民党政权面临土崩瓦解，蒋介石又特委杨森兼任重庆卫戍总司令。杨森的地位更加煊赫，对蒋介石也更加忠心效命。

人民解放军渡过长江以后，如秋风扫落叶之势进攻国民党残余武装。蒋介石此时梦想再次屯集西南三省，以四川作为反共的根据地。杨森作为重庆市市长更为蒋介石所倚重。为了歼灭国民党在四川的武装力量，中共中央命令刘伯承、邓小平率领的第二野战军从湘西入川，同时命令贺龙率领第一野战军翻越秦岭从川北入川，两军夹攻，迅速歼灭国民党在四川的残余武装。

11月16日，人民解放军解放重庆东南屏障的彭水县城，重庆震动。

在四川翻云覆雨几十年的杨森在人民解放军的隆隆炮声中仓皇而去。他的余部二十军由他的儿子杨汉烈继任军长。在大势所迫的情况下，杨汉烈率部在四川金堂起义。四川其他军阀纷纷阵前倒戈，投入到人民的怀抱。

1949年12月18日，杨森和孙震等从成都市凤凰山机场乘飞机到海口。19日，顾祝同令空军副司令派专机，送杨森等转逃台湾。杨森等下午5时到达台北，8时，蒋介石就接见了他和孙震。蒋介石一见杨森就说："你保卫反共基地重庆有功，因你几十年剿共名声太大，所以我派飞机把你接到台湾来，共谋反共复国大业。"蒋介石设宴为杨森洗尘。还拨台北市长春东路225号的日本式花园洋房1幢，厨师1人，司机兼勤务员1人给他，每月还另发给他台币1万元。

1950年4月，蒋介石任命杨森为台湾"总统府"上将国策顾问、"总统府"战略顾问委员会战略委员。蒋介石知道杨森爱好体育，1960年又安排他任"中华全国体育协进会”理事长(后为名誉理事长),兼“台湾奥林匹克运动会”理事长。

杨森到了台湾以后,由于多年来跟老蒋跟得比较紧,所以没有遇到多少冷遇。到了台湾以后,杨森上蹿下跳,积极活动,又捞名又捞钱,名利双收,日子过得十分滋润。直到1977年5月才去世,享年96岁。

荒淫无度　妻妾成“连”子女成“营”

在旧军阀中视女人如玩物,妻妾成群者比比皆是,但是其中的冠亚军要数张宗昌、杨森两人。杨森有正式的老婆和姨太太共12人,子女43人,其中男21人,女22人。其余的非正式的姨太太和私生子有多少,杨森自己可能都不知道。据说,杨森的妻子儿女之多,夫人可以成“连”,子女可以成“营”。

杨森的结发妻子张氏,在他入四川陆军速成学堂时病死。他对其妻弟张元培很是关心,把这个游手好闲的纨绔子弟安插在他的军部任军需官。

杨森续弦为谭正德,于1908年结婚。谭正德,广安人,生大儿子汉忻和二儿子汉烈。杨汉烈早年在北平就读,后来一直追随杨森在军中任职,与国民政府兵役署长程泽润(四川隆昌市人)的五女程淑雪结婚。杨汉烈是二十军最后一任军长,四川解放前夕率部在金堂起义,新中国成立后,任甘肃省人民政府参事室副主任,甘肃省政协副主席,第五届全国人大代表。

三姨太刘谷芳,云南禄丰人。杨森于1913年随滇军将领黄毓成到昆明,在温泉为黄监工修造别墅。当时刘谷芳的父亲刘柱卿在温泉开茶馆,见杨森勤俭能干,遂将长女谷芳许他。后来杨森权势日隆,刘柱卿任杨森驻汉口、成都办事处长和代表。刘谷芳生有5个子女。

四姨太田蘅秋,阆中人。1920年杨森部驻阆中时,瞟见田蘅秋长得漂亮,托刘湘的炮兵团长白义普去田家说媒。当时田家经营“保宁醋”,家道小康,不愿女儿给人家当姨太太,但慑于杨森权势,于1921年春,其母忍痛将田蘅秋送到泸州嫁给杨森。不久田父因此气愤而死。田蘅秋生子女7个。1949年10月四川解放前夕,田蘅秋带着全部细软逃往香港,后定居台湾。

五姨太肖邦琼,泸县人,杨森随滇军驻防泸州时,肖家住在南门外杨森公馆隔壁。肖邦琼的父亲肖竹轩,曾在滇军中任杨森团部秘书。杨森见肖邦琼长相不错,于是由一个熊姓下属,从中拉线,千方百计地劝说肖家把女儿嫁给杨森为妾。肖邦琼曾在泸州当过教师,颇受杨森喜爱。肖邦琼生子女5个。

六姨太陈顺容,又名凤英,广东人。原是三姨太刘谷芳的丫头,15岁时被杨森收为姨太太,生子女5个。

七姨太曾桂枝,贵州毕节人。是杨森一次在路上拣的一个小姑娘,带回家后,杨森交给同事邹璧光收养。桂枝聪明伶俐,颇有姿色,后送还杨森,给三姨太刘谷芳当丫头,取名杨家桂。14岁被杨森收为姨太太。在万县时,杨森聘请了一位音乐教师教她的音乐,以后又送她到上海、北京等地读书,学习外语。曾桂枝年轻漂亮,又有文化,杨森极为宠爱。曾在上海读书时,与同学陈某过往甚密。杨森当时正败退渠县,得知曾桂枝在上海有“越轨”行为,即写信叫她返回,临别时陈某向曾桂枝请求,请杨森帮他在四川找个职业,曾桂枝满口答应。陈送她一个戒指,曾桂

枝当即戴在手上,并随身带回两人的一些相片。回家后曾桂枝和陈某继续书信往来。杨森偷看了她的相片和信函,便假惺惺地对曾桂枝说:“给你那位同学写信,叫他来,我给他事做。”并答应委陈某为县教育局长。陈某接信,高高兴兴离沪来川。行至渠县附近乌水滩鲤鱼桥,杨森派人将陈打死。杨森又叫两个马弁送曾桂枝乘船到鲤鱼桥迎接陈某,曾桂枝到桥边,一只脚刚刚踏出船,身后面的马弁喊了一声:“曾太太,对不起!军长的命令!”开枪将曾打死。杨森叫他的侄儿杨汉印,肖邦琼的哥哥肖寿眉,用石头捆在这两人尸体上,沉入渠河。把陈某所穿西装、行李等赏给肖寿眉。当地人哀怜这对情侣无辜遭惨死,将鲤鱼桥改称“苦鸳鸯桥”。此事还牵连到田颂尧的一个家庭教师,杨森怀疑是他从中牵线,也派人去把他杀了。事后,杨森向当时四川某军阀谈起,认为此事系由跳舞引起,于是他的结论是:“只能自己同别人的妻子女儿跳舞,自己的老婆女儿千万不能同别人跳舞。”曾桂枝生有2女。

八姨太汪德芬,成都人。其父原系成都某中学教师,后在广安任杨森军部秘书。1930年,汪德芬被迫嫁与杨森时年仅15岁。她到杨家后继续在广安中学读书,并由杨的军部音乐顾问姜芸丛、闵德新教汪学钢琴。1932年12月13日,杨森派秘书张晋才由广安护送汪德芬到上海进国立音乐学院学音乐。毕业后回成都,在杨森办的天府中学当校长。她凭借杨森的权势,当过国民党的国大代表,一直住在成都。汪德芬生有子女4个。

九姨太蔡文娜,泸县人。她原在泸县的女子中学读书,有“校花”之称。由杨传云的老婆撮合,先将蔡文娜送到资州与杨森同居,然后带回广安,年仅14岁。蔡文娜到广安后继续在当地读书,当时杨森住在泸县,蔡同教她英文的男家庭教师要好,被杨森知道了,把她接到泸州,准备处死。由于其他姨太太代蔡求情,杨森用皮鞭重重打了蔡一顿,并要田蘅秋作保,才算了结。随后,蔡文娜到成都华西大学社会学系攻读,经常同一些外国人往来,打网球、听音乐,只是不敢公开参加舞会。到四年级时,同一位常在一起打网球的口腔系同学吕某相爱,蔡文娜准备毕业后同吕一道去美国。事为肖寿眉侦知,向杨森密告,杨打电报叫蔡文娜寒假回重庆。蔡文娜回到重庆的当天,杨宴请外国人,蔡文娜当翻译,并同看川戏,一切如常。回家后,杨森发现她手上的大钻戒没有了,严词追问。蔡见事已如此,只好向杨直言,并请求同杨离婚,给她一条生路。杨森既不表态,也不露声色。第二天晚上,杨却派他的二十军大队长杨汉印,在蔡的卧室里把她打死了。据说,当杨汉印进入她房间时,蔡文娜已上床就寝,还喊了一声:“汉印,你要做啥?”接着就听见枪响。蔡文娜被打死后,杨森还叫众妾去看,都吓得发抖。蔡文娜的尸体用被盖裹了丢到“渝舍”网球场旁边的枯井里。事后,杨森找出了吕某用英文给蔡文娜写的信,杨森叫人翻译给他听。听后立刻又派人去杀害吕某,但吕早已乘飞机逃往印度转赴美国了。蔡文娜的姐姐蔡文琪到重庆,见了杨森问道:“我妹妹呢?”杨森说:“跑了,跑到英(阴)国去了!”杨森又说:“你的丈夫我准备委他当县长!”蔡文琪感到杨言不由衷,又许久未接到妹妹的信,知其被害,哭着走了。陈兰亭的妻子房芝兰对蔡文琪说:“你赶快离开这,不然杨森要铲草除根!”蔡文娜生有2子。

十姨太郑文如,重庆人。原在重庆南岸裕华纱厂做工。1945年杨森任贵州省主席时,原二十七集团军军医杨正宜(后来当了贵阳市医院院长)和郑文如的母亲是远房兄妹。杨正宜为了巴结杨森,就把郑文如带到贵阳,先在医院里打扮好,然后由杨森的副官王联奎用汽车将她送到杨森公馆,收为姨太太,从此杨正宜当了处长。郑文如后因病失宠。重庆临解放时,杨森把她交给速成同学鲜英。新中国成立后郑与一个工人结婚。郑文如生子女 2 个。

十一姨太胡洁玉,广安人。她是杨森老家仆人胡应忠的女儿。到重庆读书住在杨家,当时年仅 14 岁,杨森的子女都喊她胡妹妹,却被 60 多岁的杨森看中了。胡应忠竭力反对,把她带回了广安。杨森又亲自驱车到广安把她接到重庆,入国立女子师范学校读书。胡应忠气极了,再也没回到杨家。杨森逃跑台湾时,把胡洁玉带往台湾。到台湾后,又送她去美国麻理工学院读书,1959 年毕业,现在是核物理教授。

十二姨太姓张,台湾人,是杨森逃往台湾后快 90 岁时娶的。

除上述 12 个妻子和姨太太外,杨森还到处寻花问柳,有所谓的尼姑太太(泸县人)、苗族皇后(贵州人),还有投其所好的部属为他找的临时小宠等等。总之,妻妾众多,杨森在川军将领中堪称第一,至于子女有多少,连他都搞不清楚。有次杨森到飞机场为薛岳送行,突然有个十一、二岁的小孩到机场拦住他的汽车,说是杨森的九少爷,由广安来,杨森如堕五里雾中,只得叫人给他一些钱,派人把他送回广安。

杨森还编了一套娶妾的论据,他说:“我是一个爱前进的人,我也要找一个爱前进的伴侣。所以,随着时代前进,我的伴侣中有小脚的,有半大脚的,还有大脚的;论文化,有不识字的,有小学生,中学生,大学生。这样,时代前进,我前进,我的伴侣也前进!”杨森为了在子女面前掩饰他不断娶妾的行径,曾对儿子杨汉渝说:“父亲老了,身边总要有个贴身人侍候,你们的妈妈都一天到晚忙着照看自己的娃娃,哪有空管我,我只好另娶一个算啰!”

杨森的姨太太们相互间不免争风吃醋,勾心斗角。当她们心烦意躁时,就在自己亲生儿女身上出气。所以儿女们对这个家庭,都感到沉闷窒息,无温暖。又眼见姨太太们有的被惨杀,有的被逼疯,堂堂的“杨公馆”,白天一片纷乱,哭哭啼啼,吵吵嚷嚷,晚上气氛阴森恐怖。所以儿女们都希望自己赶快长大,远走高飞。

张宗昌：混世魔王　风流将军

【人物档案】

姓名：张宗昌

张宗昌

别名：狗肉将军、混世魔王、三不知将军、五毒大将军、张三多。

字号：字效坤

生卒：1881 年~1932 年

籍贯：山东掖县（今莱州市）人

职务：山东军阀、直鲁联军总司令。

主要作品：《效坤诗钞》

评价：张宗昌之挥霍无度，穷奢极欲，也可以说是超群绝伦、名冠同僚。他搜刮来钱财并不用来发展近代企业，而是奢侈享乐，或是进行战争。时人惊呼："张宗昌在鲁时，每年开支，比前任督军，多至二十余倍！"张宗昌其人，可以说是吃、喝、嫖，赌、抽大烟，五毒俱全。他之豪赌，实是惊人，一掷数千元，毫无吝色。民国十六年（1927 年）他在督署与几个妓女打牌，赌注是全年的教育经费（110 万元）；有人向他缴了 20 万元之经费，他竟一夜输了个净光。

结局：1932 年由日本回国，潜居天津租界。同年 9 月 3 日，被山东省政府参议郑继成枪杀于津浦铁路济南车站。

【枭雄本色】

张宗昌，这个横行一桶大军阀，与其他军阀相比，有其不同寻常的发家史。他本是家乡遭人唾弃的浪子，凭着一股狠劲闯关东，在险象环生的动荡年月，悟出了混世之道，赢得了周围人的叹服，又从东北到江南，为奉军开路，不愧为见风使舵的高手。投靠陈其美、冯国璋、曹锟、张作霖。虽遇重重困难，却能凭着一大帮讲义气的哥们和自己"事到万难需放胆"的信条，过关斩将，最终得到张作霖的信任，在山东拥有了自己的地盘和十几万人马。

张宗昌还表现出浑和狠的特点。所谓浑，即没有文化，做事荒唐，丑态百出，成为世人笑柄。所谓狠，集中表现在摧残妇女、残害人命和对山东人民的疯狂搜刮。

人们说：张宗昌在山东统治时，“人命不如鸡命”，“天升高了三尺”。

张宗昌的一生，祸国殃民，遭到万人唾骂。同时，他的一生又是粗、浑相伴，奇闻迭出，着实令人捧腹。

【风云叱咤】

儿不嫌母丑的张宗昌

清入主中原以后，白山黑水之间的各个部落氏族，纷纷相率入关，东北地区反而形成了一大片空虚地带。或由于避祸，或由于逃荒，年富力强的山东大汉与燕赵男儿，便成群结队地携带妻儿，远走关外谋求发展，就像是闽、粤人上下南洋一样，抱着无穷的希望，向渺不可知的命运，进行坚毅的挑战。

大约在乾隆年间，胶东张家在族长张秉孝的率领下，辗转来到哈尔滨附近的珠河地方定居下来，该地倚山面水，土地肥沃，冬季虽然滴水成冰，但是春风解冻以后，百花怒放，蜂蝶飞舞，一直到夏天和秋天，都是适宜耕种的气候。张氏族人胼首胝足，开辟出一望无际的田园，种大豆，植高粱，饲骡马，养鸡猪，家道逐渐丰隆起来，提起珠河张家，清代嘉庆、道光年间，在关外一带，还是小有名气的。

张家传到了张克东这一代，忽然动起了“学而优则仕”的念头，埋头寒窗，苦读诗文，立志在学问上痛下功夫，以期从笔砚中走出青云之路。

一来是太平军在南中国闹得不可开交，清廷弄得焦头烂额，穷于应付，再是爱新觉罗皇朝，对东北人士总有些难以启口的成见，认为这些人大都是满清入关后乘机侵占了他们的老家，而且也都是些桀骜不驯的刁民，因此在科举上有意无意之间就会尽量予以排斥。有清一代，东北人士出类拔萃，但位居要津的实在寥寥可数。

既然在科举中找不到出路，又不愿拐回头来从事农业耕作，遂一不做二不休，干脆乱搞一通，凡包揽诉讼、为害乡里、吃喝玩乐的勾当，全是张家子弟的拿手好戏。同治年间张家出了个张万富，身强体壮，面目黧黑，人称“黑熊”者，居然干起杀人放火的胡匪来了。

张万富不但把祖先辛勤经营的家业散尽败光，并且在一次胡匪火拼阵仗中全军覆没，身受重伤，多亏他的大脚老婆，背负着他连拖带拉冲出重围，眼见东北地区再也没有他们容身之地，于是隐姓埋名，逃往关内。

整整花费了一年多时间，夫妻两人相依为命，病病歪歪地逃到了山东掖县的大竹家庄，才算是歇下脚来。这时已到了光绪初年，外国人的势力大举向东北地区伸展，张万富受伤后，由于得不到足够的医药照顾，变成残废，东山再起的心愿，已经被眼前的事实无情地逐渐否定，甚至日常生活也难以维持，昔日的老虎威风早已随风而逝，此刻仅仅是一只窝囊透顶的病猫了，不久便去世了。

张万富死后，他的大脚老婆认识了王先生，一个是孤男，一个是寡妇，两颗心也随着炉火热了起来，水烧开了，分享两大碗泡饼之后，围着炉火谈得很投机，当天晚上这个大脚婆娘，便带着张宗昌搬来同住。起初还不好意思，对人只说是他们的远房伯伯，王先生蛮喜欢这个摇头摆脑的小孩子，时常带在身边到处走动，张宗昌也就跟前跟后的伯伯长，伯伯短地叫个不停，一家三口，十分和睦。

张宗昌生就一副强健的身手，十二三岁便跟着继父一伙人打杂帮闲，由于身体棒，个儿高，胆子大，又腿长善走，索性在红白喜事中担任危险的“铳手”，专门放铳来镇魔驱邪。在旧式的迎亲行列或出殡队伍，最前列由三位或四位身强力壮的小伙子，扮成武士模样，手执火铳，腰挂火药葫芦在前面开道，遇到大树、悬岸、石桥或村落，都会点燃火铳，连放三声，震慑邪魔鬼怪，壮声势以显威风。

放铳的小伙子，不仅要有些胆量，而且要有足够的体力，因为这种工作无论何时都可能发生危险，单只是那呛人的火药气味与震耳欲聋的声响就够使人魂飞魄散的了。等到第三铳放完，又得装填火药，浪费偌大工夫，远远地落在众人后面，必须飞快地跑到前头，如此一来，就不是一般人所能胜任的事了。

在放铳的生涯中，张宗昌很快地便长大成人了。十七八岁的年轻人，正是躁动不安的年纪，好勇斗狠，惹是生非，他娘管不了他，继父也拿他毫无办法，幸亏在衙门里当捕快的孙二麻子看上了他，替他补了个名字，这样，张宗昌摇身一变，居然成了官差人物。整天忙着抓坏人，逮强盗，还挺像一回事，但他毕竟是一个胸无点墨、缺乏教养的人，未必能够事事都明辨是非，有时难免仗势欺人，因而也引起了不少人的怨恨，他们恨不得他一头栽到阴沟里命丧黄泉。

张宗昌的母亲姓侯，一说姓顾，系同乡肖古庄（今肖韩村）人。侯氏身高、脚大、力壮，村人称之“侯大脚”，她生性风流，好逸恶劳。

俗话说，儿不嫌母丑，狗不嫌家贫。张宗昌为人粗鲁，打小没过过好日子，但却是难得的孝子，对老母俯首帖耳。他的字“效坤”，效意同“孝”，而“坤”者，八卦中乾为父，坤为母，即效敬母亲之意。据说张宗昌曾一度随寡母沿村乞讨，有一天母子俩走进邻近的村庄，孩子们看见侯大脚脚如蒲扇，群起围观，嘴里还唱着顺口溜：“大脚片，臭烘烘，走路跟一群绿头蝇；大脚片，满街扭，一脚踩死只老黄狗。”张宗昌一听，气愤之极，便大打出手，一群顽童被打得落荒而逃。

不一会儿，几个妇女跑出来，气哼哼地叫着：“讨饭的‘大脚’，纵容儿子打人，别让她跑了！”侯氏知道不妙，只得低声下气地赔礼道歉。张宗昌对其母所受凌辱，看在眼里，记在心里，他当土匪、当军阀以后始终拳拳不忘。

1925 年，张宗昌当上了山东督办，上任后的第一件大事就是派他的副官到老家去找侯大脚，副官连夜赶往掖县祝家村。村里人说：“‘大脚’这人早不在村里，十多年前改嫁，嫁给外乡的一个木匠，到外地谋生去了，不知现在何地。”副官不敢怠慢，赶紧按这个线索寻找，一直找了一个多月，终于在离老家几百里外的诸城县境内一间破烂的小房子里，找到了侯大脚，同她在一起的还有一个瘦男人。

副官向“张太夫人”报了她儿子的喜讯及自己的来意，满以为她会激动得晕过去，岂料这位太夫人不但毫无喜色，反而面现戚容，似有难言之隐。副官急了，再三询问，大脚才吞吞吐吐说：“宗昌离家后，我一人日子没法活下去，要不是身边这位贾先生，我早见阎王去了。昌儿这孩子混好了，接我去享清福，我哪能忍心撇下贾先生，一人去享福呢？有心带贾先生一起去吧，又怕宗昌嫌俺丢人，想来想去还是不去的好。”

副官听她这一说，倒也在理，但找到老太太，又不把她接回去，如何向张督办复命？可如果自作主张，替张督办带回一个木匠、野老太爷，岂不更难交差？最后只得回济南向张宗昌如实报告。张一听大怒，骂道：“混蛋，老子无能，把俺老娘撇在家里，人家姓贾的替俺养活老娘，还不应该感谢人家吗？你为什么不把那姓贾的和老娘一起接来？明天你赶快再去一趟，我写封信你带去。”随即命手下人叫来一位秘书，张念道：“儿宗昌不孝，自己出外流浪，撇下娘一人在家受苦，真是罪该万死。现在好了，儿已经做了很大的官，和从前的八府巡抚一般大，儿也有钱了，有一辈子花不完的钱，请娘带那位姓贾的大恩人一同来享清福吧。等您到来时，儿再向您当面请罪。”

秘书照原话写下，就叫副官把信读熟，带到诸城县，命他当面念给老太太听。副官遵命，当天赶往诸城，侯大脚听了儿子的信后，方才放心。不几日，她带着那个姓贾的木匠大模大样地到了济南。张宗昌把两人接进督署，安置在后院。张宗昌说话算话，他对姓贾的木匠不仅没有歧视，还给他封了一个副官的名义，命他掌管内宅的一切事务，除侯大脚外，任何人不敢冒犯他。

不久，贾家之子，即张宗昌的同母异父兄弟找到济南督办府，想求一官职。他知道张宗昌不好说话，便请母亲说项。侯大脚问他想当什么官，他想了想戏里唱过“灭门知县”的台词，便说：“儿愿做灭门知县”。侯大脚说：“我就与你哥说去。”张宗昌听了母亲的转告，果然满面怒容，跺着脚说：“看我不灭他的门！”母亲生气道：“你不为他谋知县位，我便随他父亲再一起去讨饭好了！”张宗昌见母亲发怒，便打电话将铜山知县招来，耳语说：“今有要事委屈你一下，请你马上把知县大印交出来，他日必有厚赏。”知县哪敢不从，遂交出印信，而贾子也就乐颠颠地跑去上任了。

1926 年重阳节过后的第二天，是张宗昌母亲的 70 岁寿诞。当时张宗昌正以直鲁豫皖防御总司令的身份，率领大军镇守徐州，防堵孙传芳的五省联军北上，战事正处在胶着状态，但张宗昌为表示孝心，仍把老夫人接来，在徐州花园饭店进行庆寿活动，一时军政要员及其眷属云集徐州，好不热闹。

一个个给老夫人拜寿之后，寿筵大开，海陆杂陈，其中有一道干果桂圆，老夫人这天特别高兴，顺手抓来就往嘴里送。老夫人的牙口好，三下两下便把壳和核一起嚼碎，但咽不下去，只好又吐了出来。女眷们最易注意细微情节，大家看在眼里，在脸上露出了不屑一顾的表情，老夫人觉得太失面子，以后端上来的菜肴，也就不敢贸然品尝了。

筵席散了以后，老夫人闷闷不乐，张宗昌问来问去，才明白是这么回事，于是好说歹说，答应明天一定替她老人家找回这个面子。

第二天，由张宗昌设席答谢，前一天的原班人马再次应邀而至，席上也有桂圆这道菜，不过是先叮嘱厨师将壳剥好，涂上肉桂粉，看上去也是圆圆的土黄色颗粒，与昨天的没多大区别，老夫人用手抓起来便吃，一面嘟囔着：“这种做法才对嘛，那连壳往桌上端的，真是小地方的饭馆，没见过大世面！”言下之意，表示筵席上吃桂圆，本来就是应该这样的吃法。张宗昌的这一招还真灵，把在座的女眷唬得一愣一愣的，男士们还不知怎回事呢？

张母侯氏先居大连，后移住北平，1932 年 9 月张宗昌被刺毙命后，几近疯狂。她一度出家为尼，后又返回原籍，以曾改嫁，无颜再到祝家村，仍居其娘家肖古庄，1934 年，侯氏病卒。坟地选在 10 里外的姚家沟，她的葬礼十分隆重，葬前 20 天，全村 200 余户人家即全出动张罗准备。到出殡时，国民党山东省政府主席韩复榘又派王琦（张宗昌旧部）带 20 余名士兵为侯氏送葬。

殡葬之期，自肖古庄至姚家沟，沿途尽设庐殿、茶殿，一里一设。庐殿（灵棚）系跨道而设，内供猪头、香箔、火纸，灵柩每至一棚，人们即停灵吊祭。茶殿（茶棚）则设于道旁，备送灵人停灵时休息用茶。其殡葬场面，为世人所罕见。侯氏死后，其生前所居两个大院中之浮财，很快被其内侄糟蹋殆尽。

拎着两个抬筐投奔奉张

张宗昌幼年时，曾由其姑母资助，师本村塾师祝修德读书，大字也能识得几个，但仅读一年即辍学。十二三岁时，助其继父掌饶钹，农忙时也随其父出外打短工。十三四岁时，到回乡杲村武葆钧的黄酒馆内当了小伙计。

张宗昌长大成人，身材魁伟，膂力过人，且性情粗野，胆大好斗。他殴斗滋事，在邻近村是出了名的，特别是在酒馆当小伙计时，更是常常与人殴斗。老板武葆钧看到这个小伙计老是给自己惹麻烦，便想将他辞退，又不便明讲，于是就时常给张宗昌谈起下关东之事，说关东是块宝地，去了就能发财。而当时胶东一带，去关东谋生者不乏其人，也确实有人在那里发了财。老板的话果然生效，张宗昌遂结束了4年的酒馆小伙计生涯，下关东闯荡去了。

大约在1900年（张宗昌18岁），张宗昌与本村人祝欣德结伴下关东。他们先步行到龙口，准备由此搭船过海去东北。但因路费太少，只好在码头上扛了3个月的包，又挣了一些钱，这样才勉强过海到了东北。

据说张宗昌到东北后，曾在营口一家“宝棚”为赌棍帮闲，在吉林三道沟矿区当矿工，又曾在哈尔滨一带淘过金，在镖局当过镖手，还曾参加过日俄战争。总之，到处闯荡，整日与扒手、小偷、胡匪为伍。其间，张宗昌一度同乡与贾氏完婚，后又到东北。

在哈尔滨张宗昌与掖县同乡程国瑞等7人合伙抢劫了一家俄人夫妇所开之钟表店，杀死店主，将钟表变卖，购置枪械，然后流落北满当了胡匪。多年的闯荡生活，使他养成了广交好友、不吝金钱的脾性，因此，很快地在胡匪中树立了威信，特别是在客居此地的山东同乡中更是如此。这段胡匪生涯，使他练就了一手好枪法和娴熟的马技，这些都为他以后起家打下了基础。几年后，他洗手不干，伙同程国瑞等辗转流落到海参崴，在华商总会当上了门警小头目。

当时的海参崴，人口约有一二十万。虽系俄属，但人口的五分之三是华侨，其中大半又来自山东省，而且他们大都是在二三十年前由关内到关外以各种渠道致富又来此经商定居的。他们除经营一般商业外，还经营饭馆、烟馆、戏院、妓院、赌场之类的行业，而华商总会即是这些华商们组织的一个社会团体，会长是双合盛号大股东张某。那时，东北胡匪横行，华商多受其害，但俄国军警对于一般着蓝衫垂长辫的华人分不出什么良莠，匪民混杂，盗匪难缉。于是，华商总会只好呈准当地官厅自置门警，门警的主要职责是护伴该会的会计员按月到各会员商家去收取月捐，化成便衣，巡捕中国盗匪及协同俄警缉查与胡匪有涉的大小盗案。

张宗昌身高力大，胆壮敢为，深谙胡匪的行踪，缉案颇为得力顺手，深得华商总会的垂青，他又善于巴结逢迎，在与俄警的接触中学会了不少俄语，与俄警的关系也日益密切。以此之故，当地的小商走贩们都不时地来报效他，托庇于他，不久，他就成了海参崴一带中国下流社会中炙手可热的人物。

他自以为有权势，包娼，包赌，包庇一切戏园、烟馆，似乎这样做可以使老板们免除一切飞来横祸。天长日久，张宗昌进一步地作威作福起来，戏园中的好座必须留给他；新到的妓女须由他享受“初夜权”；一切走私和非法生利的小本营业，他也可以抽头分红。总之，这时候的张宗昌，正如伪满皇帝溥仪所指出的，“竟成了海参崴流氓社会的红人，成了包娼、包赌、包庇烟馆的一霸。”

后来张宗昌督鲁时，有一次召开高级军官会议，中间休息时，军官们各自炫耀自己是某某大学毕业的。张宗昌只读过一年私塾，有些自卑，但又不甘心让人瞧不起，情急之下，便拍案而起，气冲冲地说：“他娘的，俺张宗昌是绿林大学毕业的！”

口上这么说虽然解气，但张宗昌私下里对没有大学文凭一直耿耿于怀。1925年他督鲁伊始，即创办了山东大学，这本是件好事，但他似乎只为出一口恶气。学校虽有董事会，但实际上直属于他本人。1928年2月，他自兼校长，并到校训话，满口污言秽语，不堪入耳。他说：“俺张宗昌识不了几个大字。操你姊，今天轮到咱当校长了。没有多说的话，人家欺负咱的子弟，咱要操他妈，还不答应他。”

1911年辛亥革命后，张宗昌看到革命风暴席卷全国，清王朝的衰败已经成为定局，而革命有可能成功，于是就押了投机革命的赌注，与革命党人取得联系，与另一胡匪头目刘玉双一起，率胡匪百余人前往上海参加光复军。到上海后，他窃取了本来属于刘玉双的骑兵团团长一职，逼得刘玉双含恨而死。

1913年7月爆发二次革命，张宗昌所在师奉黄兴之命，在蚌埠一带阻击冯国璋、张勋部。经过激战，张宗昌的骑兵团被打散，他本人也被打伤了胳膊。二次革命失败了，见风使舵的张宗昌赶紧转了舵，他通过冯国璋夫人周道如的表叔李重禄介绍，迅速投靠了冯国璋，从此开始军阀争斗的生涯。

张宗昌先被委任为江苏省军官教育团监理。在此期间，接受了袁世凯40万元贿赂，派其爪牙程国瑞召集凶手，刺杀了他当年任光复军团长时的上级陈其美。1917年8月，冯国璋进北京代理大总统，由于张宗昌是个彪形大汉，马技娴熟，枪法高明，便任命他为自己的侍从武官长。后来，为培植将才，扩充势力，任命张宗昌为江苏省第六混成旅旅长。张宗昌接令后，立即赴南京招兵买马，组建部队，不足一个月，就召集了包括旧部属、军大毕业生、各绿林匪帮在内共6000余人。

但仓促成军的第六混成旅，还未实行正规训练，就被派去参加湖南战役，阻挠护法运动，结果被打得溃不成军。北洋政府派来督战的执法处长闻讯大怒，欲将张宗昌逮捕法办，以肃军纪。张宗昌急忙拜托冯国璋的亲信向冯国璋求情，冯国璋念及张宗昌原为自己的手下，于是准令张宗昌戴罪立功。幸亏湖南督军张敬尧的支持，补充了装备粮饷，张宗昌收拾残部，重整军容，终于得以转败为胜，不仅免了死罪，还荣升为师长。

可惜，好景不长，1919年12月28日，冯国璋病死，张宗昌失去了靠山，而湖南此时掀起了驱张运动，赶走了张敬尧。张宗昌见势不妙，忙退出湖南，移驻江西，部队粮饷没有着落。兵多饷少，他多次赴京领饷都领不到，只好骚扰地方，引得怨声载道。江西督军陈光远对他驻江西，深感不安，欲除之而后快，对他软硬兼施。先是笑脸相迎，投其嫖赌之所好。

张宗昌看中了一个走钢丝的马戏团女演员，陈光远不惜重金为他买到，送给他

做九姨太。然后，当张宗昌沉醉于与九姨太寻欢作乐时，陈光远趁机以张宗昌自行向地方索饷危害百姓为名，派重兵将其部包围，并缴械，将其人员遣散。这时，张宗昌才大梦初醒，方知中了美人计，忙化装逃离江西。

逃到北京后，张宗昌住在石老娘胡同。在北京，他索到了陆军部的欠饷20万元现款，他用这笔款，买了重礼去贿赂曹锟，以便投靠。眼看好事将成，但是不巧，此事被吴佩孚得知，从中作梗，20万元做成的美梦一下成了泡影，害得张宗昌好不沮丧。走投无路的张宗昌，一气之下投奔了张作霖。

当时，张作霖权力正盛，在日本人的支持下，控制了东三省，成为大军阀之一，张宗昌经好友焦子静介绍投奔了张作霖。

据说，张宗昌去奉天投靠张作霖时，带去了一种别具一格、独出心裁的"礼物"。当他与张作霖密谈时，对张作霖说："远道来投，特敬献礼物，请赐收纳。"等拿来"礼物"一看，却是两个抬筐，而无扁担。张宗昌这"礼物"是有寓意的：表明他愿为张作霖的事业效力，用抬筐去挑土，但须付以扁担——权柄，才能有效用。张作霖也颇悟其意，当下决定收留他。一度落魄的张宗昌又有了重新崛起的可能，所缺的只是时机了。

张作霖虽然收留了张宗昌，但开始时并没有重用他，只让他当了个宪兵营长，但张作霖认为，张宗昌虽是不学无术的败军之将，但他愿来投靠，就不能太亏待了他，故他对张宗昌仍待之以礼，拿出足够的经费，供其吃喝玩乐。

有一次，张宗昌和张作霖手下的将领玩牌九赌博。一夕之间，他把所带来的10万元钱全输光了，心里自然很不快活。张作霖听说此事之后，为了安慰他，便把那天晚上和张宗昌赌博的人全找来，他亲自帮着张宗昌和大家一起再赌。那些将领们见老帅兴致如此之高，也都不好拒绝。开赌后，张作霖如得了好牌，便亮出来喊"通吃"，牌不好时，张作霖便不亮牌，却也大喊"通吃"。就这样，张作霖很快便帮张宗昌赢了近20万元，不但把前天输的钱捞了回来，还赚了不少。

不过，赢是赢了，输家当然不服气。张作霖也知道，第二天，他又把那些输钱的人找来，坦率地对他们说："效坤乃好汉，当世豪杰，系远道邀来做客者，你们将他的钱一吃而尽，斩了他的兴致，置我的情面于何地呀！因此，我要帮他赌。我之所以不亮牌，就是要把你们赢得的不义之财收回还他。"听张作霖这么一说，大家明白了大帅的苦心，也就不再计较了。这虽是一件小事，却足以说明张作霖对张宗昌的照顾确实周到细致。

也正因为如此，张宗昌尽管只当了一个营长，对张作霖却并无怨言。他虽然一向傲慢，在张作霖面前却服服帖帖，一见张作霖就叩头。

俗话说，养兵千日，用兵一时。张作霖获悉高士傧、卢永贵作乱，就想起了张宗昌。张作霖对部下说："张宗昌花了我好几十万元，让他去打高士傧吧！"但是，谁都知道，张宗昌手下只有一个营，而高士傧、卢永贵却有好几千人。故不少人认为，张宗昌以一个营从去迎战几千人，岂不是以卵击石？不料，张宗昌虽然兵力不多，却打了胜仗，很快平定了高士傧、卢永贵的反叛。

原来，卢永贵手下的胡匪头目，几乎都是当年为沙俄修筑中东铁路的工人，且多数来自山东掖县或黄县，不是张宗昌的老乡，就是他的老相识。他们一听张宗昌带了兵来，很多人都不愿打，纷纷投奔张宗昌。因此，尚未正式交战，卢永贵的部队就垮了,张宗昌不战而胜,高士傧和卢永贵落荒而逃。

6月3日,高士傧、卢永贵等人逃至中俄边境珲春时,被高的旧部逮捕。张作霖接到报告后,于6月5日命令张宗昌将高士傧、卢永贵就地正法,张宗昌乘机收编溃兵,成立了3个团,大大扩充了手下的兵力。张作霖十分高兴,升任张宗昌为吉林防军第三旅旅长兼绥宁镇守使。

在成功地讨伐了高士傧、卢永贵之后不久,一部分原沙俄的白匪军因受苏俄红军的沉重打击,纷纷越境逃到中国来。他们不但带有步枪、机枪,还有大炮。由于张宗昌懂点俄语,白俄军队便请张宗昌收编他们。这真是天大好事,他不但将近万名白卫军收编过来,还将一部分有技术的白俄官兵编成了工兵和铁甲部队。这在当时的中国军阀军队中,还是十分罕见的兵种。张宗昌由此进一步扩充了自己的实力,成为奉军中的一支重要力量。

东三省陆军整理处成立后,张学良和郭松龄负责全军的整训工作,张宗昌所属部队人数虽不少,但成分很杂,犹如一群乌合之众,纪律很差。奉军整训开始后,张宗昌也不得不按规定对所部进行训练。可是,由于张宗昌不重视,不肯动真格的,故训练了一年,部队面貌仍无根本改观。

一次秋操演习,正逢下着大雪,深达数尺,这时庄稼已经收割完了,地里泥泞不堪,条件十分恶劣。演习后,张部士兵许多人受了伤。张宗昌看后,心里很不高兴,休息时,一边喝着烧酒,一边发牢骚:“他妈的,这是哪龟孙的计划,弄得我们这样。”他话音未落,正巧郭松龄忽然推门进来。

郭松龄是奉系的新派实力人物,这次演习的校阅委员会的成员。听到张宗昌的牢骚话,立刻绷起脸来问张宗昌:“你在骂谁?”张宗昌忙说:“对不起,这是我的口头语,并不是指骂谁。”郭松龄听到这儿“啪”地一拍桌子,指着张宗昌的鼻梁骂道:“我造你妈!这也是我的口头语。”一句话骂得张宗昌的脸由红变白,在场的人们都以为一向专横跋扈的张宗昌一定会发作起来。

可是,没想到,张宗昌定了定神,又换上一副笑脸,对郭松龄说:“郭二大爷,您造俺妈,您就是俺的亲爸爸,没说的。”一句话说得郭松龄消了气。郭松龄走后,张宗昌为了挽回自己的面子,对在场的人解释说:“我虽然叫他爸爸,反正他不是我爸爸。”又担心郭松龄记恨此事,特地请李景林去劝解。但郭松龄还是把张宗昌带兵不严的事报告了张作霖,张作霖一听来了火,传令单独召见张宗昌。

听说大帅召见,张宗昌不敢不来。他怀着忐忑不安的心情走进大帅府老虎厅,嬉皮笑脸地说:“老爷子,宗昌来了。”不料,张作霖见他如此随便,把眼一瞪,厉声说道:“妈拉个巴子,跟我过家家玩哪?出去!重新进来!”经这么一训斥,张宗昌才想起军风军纪,只好立正,向后转,开步走,回到门外,然后大声说:“报告!张宗昌到!”在得到张作霖允许他进来的答复后,张宗昌才进来,向张作霖敬了军礼,并以立正姿态听他训话。

张作霖首先指着张宗昌的鼻子问道:“效坤,你一年要花我多少钱?”“报告,一百八十万。”张宗昌答。“我拿这么多钱,养活你们,你们也得给我争点气啊!他妈的,你那群土匪队伍就不能整顿整顿吗?”张作霖连训带骂地说。张宗昌辩解说:“大帅,宗昌正在整顿。”“整顿他妈个蛋!听说你们种大烟都忙不过来。这回秋操演习,看看你的队伍咋样!要是还不像话,到时候可别怪我不客气。去吧!”听张作

霖这么一揭老底，张宗昌不敢再辩了，低头连说几个“是”字，然后，敬过军礼，退了出去。张宗昌回去后，果然不敢怠慢，玩命似的对其所部整训了一番。秋操校阅时，他的部队仍比不上其他部队，但毕竟有了一定改观。

1924年9月，第二次直奉战争爆发，张宗昌在大战中大显身手，大战以奉军胜利告终。张宗昌立下了首功，一改以往寄人篱下的窝囊相，成了举足轻重的奉系大军阀。同年11月张作霖派他率军南下，扩大地盘，以“鲁人治鲁”为借口，逼段祺瑞任命张宗昌为山东督军。从此，张宗昌成了独霸一方的混世魔王。

张宗昌的“三不知”

张宗昌的军队，在北洋军阀中很具典型性。首先，他的部下数量多而不确。从番号上看，最盛时达30多个军，从数量上看，说有20万人，这只是大约数字，并非确数，也不固定如此，今天成立一个“军”，明天又组建一个“支队”，成立了又裁撤，裁撤了又重建，编制不一，兵额不齐，张宗昌自己也不知其军队到底有多少，其实别人也闹不清他究竟有多少军队。

张宗昌的部队，不仅士兵任意添革，而且官佐也随意委任，极其芜杂繁多。老百姓曾以歌谣讥之，张初到山东时，世上有歌谣曰：“副官满街走，差遣多似狗”；过了一些时候，歌谣则变为：“参谋满街走，副官多似狗”；又过了一些时候，歌谣又变为：“司令满街走，参谋多似狗”。歌谣如此，其官佐之繁杂可想而知了。

于是，社会上又流传着张宗昌有“三多”，即“徒手之兵比有枪之兵多，官佐比士兵多，姨太太比太太多”。张宗昌不知其兵有多少，任意委革，突出地反映了他治军之荒唐。

第二，张军成分极其复杂。军队中，土匪、游民、地痞、流氓、恶棍、无赖等占有很大比重。张宗昌是奉系军阀，奉系头目张作霖就是胡匪出身，奉军中多有胡匪，张宗昌与奉张是一脉相承，而且有过之而无不及。张宗昌也系胡匪出身，在其成军过程中又不断收容土匪。他从海参崴南下时，率领的就是一帮胡匪；到上海后吞并了刘玉双部胡匪；投降冯国璋后，在徐州附近收容了褚玉璞匪部；平定高、卢叛乱时，又俘获了大批胡匪；及至入关，南下上海，尤其是督鲁后，更是不断地招募和收编散匪和股匪，更为突出的是，张宗昌还拥有一支白俄部队，这在北洋军阀中是绝无仅有的。

散居在东北各地难以为生的白俄军人，陆续前来投效者有千人以上。为此，苏联驻华大使加拉罕在张宗昌督鲁前就曾多次提出抗议。1925年2月，加拉罕照会北京临时执政府外交部，略谓：此项反苏联之白党军队，影响中苏两国人民之友谊，助长中国内乱，应即停止招募白党，从速解除白俄军队武器，立予遣散，以符中俄协定。但是，张宗昌在临时执政府的包庇下，非但对此置之不理，反而在督鲁后变本加厉地招募白俄人。他多次派人或白俄军官前往哈尔滨、奉天、天津等地，招募十六七岁的白俄青少年入伍。

1925年10月，孙传芳发动浙奉战争，作为奉军打手的张宗昌立即披挂迎战，带着白俄军在徐州与孙军交了火。张宗昌率领的白俄军本来就军纪散漫，凶猛如兽，杀人如麻，这次张宗昌对他们更加放纵，还特地为白俄军准备了大量的羊肉、白兰地和大炮台烟。交战中，白俄军一手拎着白兰地，一手提着上着刺刀的步枪，一面狂饮，一面冲杀。孙军的先头部队50余人因轻敌急进，被白俄军包围，作了白俄军的俘虏，被惨无人道的白俄军挖掉眼睛、割下鼻子、摘去心肝，然后全部杀死，施尽其凶暴。

1927年5月1日，张宗昌竟请准内务部按《国籍法》为白俄兵正式入籍注册。张宗昌以白俄兵性憨善战，每逢作战，总是令驾驶铁甲车的白俄军担任前锋，以壮军威；在济出巡，也往往以白俄军作前导，借以炫耀威风。

此外，张宗昌还有一支童子军。张令其子张济乐专募10余岁的儿童入伍，曰"幼年学兵"，编组为"幼年学兵团"，约2000余人，以张济乐为团长，在济南南营驻防，张特地从国外定制短小兵枪以充军实。童子军的待遇（服装、饷银）也很优厚，他们在训练时，常唱"我家有个胖娃娃"等儿歌，人们遂呼之为"娃娃队"。张军成分复杂，五花八门，充分表明了这支部队是一群乌合之众。

第三，张军士兵待遇极差。由于军队数量极多，而军饷又筹集不及，因而军饷、军服往往欠发，有时竟拖几个月不发一分钱（白俄兵例外）。部队欠饷，士兵生活十分之苦。时人这样披露说："宗昌搜刮之民脂民膏，多为其私人享用，军队则多不发饷。士兵失去信心，战多失利。一次为鼓励军心计，筹款发饷，但粥少僧多，所筹之款不足分配，遂改每兵只发五角。兵士领饷后语人：'再给张宗昌打五角钱的仗。'军人的饭食粗粝得不堪下咽，衣服旧烂不足蔽体，鞋袜穿破不得挂脚。"

部队生活既苦，战斗力自然就差，所谓"雄兵百万，无饷即散"。兵变、结伙逃散、散而为匪之事屡有所闻。所以在张宗昌督鲁时期，匪聚而为兵（被张宗昌收编）、兵散而为匪（自散或被张宗昌遣散）是普遍现象。当然，军官们待遇要好得多，但军官们多为张的同乡。人们形容说："会讲掖县话，便把马刀挂；学会掖县腔，能把师长当。"

1928年4月，"北伐军"二期"北伐"，兵进山东。张宗昌退至德州，犹思背城一战，负隅顽抗。他召集残部，亲自点名发饷每人发大洋6元，并亲自讲演，请各位老乡帮忙，说时声泪俱下，借以激励士气。数万残兵败将，为大洋所动，摩拳擦掌，大有愿为其拼命之慨。因为这些士兵多不见饷，即便见饷也是七折八扣的废纸，向与大洋绝缘，而今居然有幸领到6块"袁大头"，真是喜出望外，拿了大帅的钱，自然要为大帅拼命大干一场了。

不料就在这天，吴俊升突然来到德州与张宗昌商议军事。"吴大舌头"（吴之绰号）和"张大个子"两个"大"人物在专车上密议已罢，余兴未尽，乃叫了几个土娼到专车上玩乐一气。事后，每人给大洋100元。这班土娼从来未见过如此多的钱，如今骤然大发"洋财"，得意非常，逢人便说，遇人就讲，很快就被当作当地头号新闻四下传开了。

这股风自然也很快吹到士兵的耳朵里，于是，军心顿时大变，适才那种好似注射了吗啡针的气力雪融冰消。大家议论纷纷，骂声不绝："咱们卖命的，倒只到手6块钱，她们卖×的，一下子就是100块。咱们的命不是命呢？×他的奶奶，谁再给他卖命，谁就不是人，是小舅子！"一唱百和，谁也不肯再干了，所以"北伐军"一到，张部顷刻瓦解。

第四，张军军纪特别败坏。张宗昌的部队，正由于有以上几个特点，再加上训

练无素，军纪极为败坏。张宗昌征兵拉夫，收抚土匪，改编其他军阀的军队，往往是兵到之后就去打仗，很少进行严格的训练。张宗昌的部队在其所到之处，烧杀淫掠，无恶不作，他们对老百姓实行“三光”“二翻”“一空”政策。

“三光”是：鸡鸭猪羊被杀光、骡马牛驴被拉光、门窗橱柜被烧光（当木柴）；“二翻”是：翻箱倒柜、翻挖墙脚和房内的砖地，看有无值钱的东西；“一空”是：东西能拿的拿走，不能拿的甩出去，致家家户户室内空无一物。总之，举凡他们经过的地方，均被其抢掠一空。部队形同土匪，所以老百姓称“兵匪不分”“兵匪一家”。

军队随时随地向地方索钱要饷，随时随地向老百姓敲诈。军人购物，从不掏钱，不论坐什么车，从不买票，如向其要钱，轻则臭骂以“妈拉巴子”，重则施以一顿毒打。用他们的话说就是“‘妈拉巴子’是免票，后脑勺子是护照，归里坐车也不拿票（钱）。”

张宗昌的白俄部队尤其凶残。据揭露，“白俄人性多喜饮酒，醉后在街上高歌，或打伤人，或奸淫妇女，警察不敢过问，否则饱警察以老拳。”“彼等除操演外，无所事事，终日酗酒狂歌，动辄强奸幼女，或老太婆。每于下乡剿匪时，所过之村。百姓悉数逃避一空。某次，一老太婆竟为轮奸而死，实令人闻之发指。……每年至圣诞节，‘大鼻子’必狂欢庆祝，演剧歌舞。有一次，记者混入见有最特别之节目，即将中国旧式足妇女所着之红绣小鞋多只，引线联穿之，披于胸前，束于腰间，丁零当啷，且歌且舞，意甚得然，诚奇舞也。”由于张军到处抢掠，无恶不作，百姓们哀怨地唱出这样的歌谣：“张宗昌，坐山东，山东百姓受了坑；不怕雨来不怕风，怕的是兵来一扫清。”

张宗昌出行，十分威风。每逢出门，必令人在3点钟前净街，督署前之大马路，特用净水淋洒，并禁绝车马行人，街道两边，军警林立，剑拔弩张，这比着专制皇帝出巡行跸还要威严。张宗昌既出，坐车（骑）前以白俄骑兵作前导，耀武扬威；坐车（骑）后随一二十辆大卡车，车上满载卫兵，个个手托手提机关枪，面向外巡视；在空中还有两三架飞机，左右盘旋，随行护卫。张在大街上行走，不得有任何干扰，人人“肃静”，个个“回避”，哪怕是鸡狗挡道，也势必不容。

最有意思的可能是张宗昌部队的军歌，多以《三国演义》中的故事编成。歌词唱道：“三国中，有个曹阿瞒，亲自去出征，领兵八十单三万”；“三国战将勇，首推赵子龙，长板前早英雄；还有张翼德，当阳桥上横，喝断了桥梁两三空”，等等，滑稽透顶。

张宗昌生性好色，妻妾盈门，他的姬妾多至数十人，开军阀界之新纪录。各人之身世，非出自青楼之人，即被强抢之民女。张宗昌之铁蹄广踏于奉、鲁、直、京、津、苏、皖、赣、宁、沪诸地，铁蹄所至，随时随地地霸占民女，随时随地地纳妓为妾，凡与他发生了关系之女子，愿从者可从，愿去者也听便，“今日吊臂而来，明天洋洋他去”。

张对她们，中意者即长留，不中意时即废弃，或是赠予马弁，或是听从改嫁，甚或毙之以灭口。张宗昌督鲁后，贵为一省之主，一班曾与他有过关系之女子（多系妓女），贪其富贵，如蝇逐臭，纷纷来投，皆自称是其姬妾，而他的接待处也不辨真伪，“兼容并蓄”，因此种种缘故，这便造成了他的“姨太”多而乱的局面。

首先是多，多到几十人，朱德曾形容说：“作为一个镇压革命的刽子手，张宗昌以他的五十名不同国籍的姨太太（按：据说有外国人）而自豪；他有一次走入北京一家外国大使馆的屋顶花园，后面真的跟着一队姨太太，鱼贯而入。”

其次是乱，他的姨太太很不固定，来而复往，去旧迎新。因此张宗昌的姨太太究竟有多少，究竟是张姓李氏，谁也搞不清楚，就连他自己也是糊里糊涂，有时干脆排队编号，或以产地称之，如苏州夫人、杭州夫人、天津夫人……凡是出美女的著名省市，他都要选一位美女在他的“后宫”。外国籍的也不少，如高丽太太、日本太太、白俄太太、南洋太太……肤色不一，服饰各异。

张宗昌的姨太太中最出名的是大姨太太袁素娥和七姨太孔氏。袁氏系张宗昌在东北时所纳，实际上是他的太太，人称“大袁”（伊妹也是张宗昌之妾，人称“小袁”），生子女多人，最为得势。

孔氏是张的姨太太中貌最美的一个，当时济南各家照相馆门外，都是上悬张宗昌的放大照片，下悬孔氏的放大照片，尽人皆见。孔氏也是最受宠的一个，不仅生活奢侈还干预政事，常驻省长公署，掌管省长印信。据《民国日报》揭露：山东之省长，人皆知为林宪祖，实则做省长者，系张之七姨太——孔姑娘，林宪祖只能支政务厅长薪水，省长薪金，是孔姑娘之脂粉费，省长及政务厅长之实权，孔姑娘自操之，故即以老七为事实上之山东省长。

张宗昌的姨太太，同张宗昌本人一样，生活也极奢侈，每个姨太太均配有副官1人，护卫2人，汽车2辆，杂役无数。张宗昌最宠爱的七姨太买一只毛狗，花去3000块大洋。这只狗专门派有“狗奴”看护，以牛肉、牛奶、鸡蛋作饲料。七姨太裱糊一座楼房，竟花去五六千元，一双珍珠鞋价值四五千元。张宗昌的姨太太，除大部分集于济南之处，尚有分住在京、津、奉等地者，因闹不清其姓氏，张宗昌则将她们编成号。住在奉天的第24号宠妾，有一只心爱的哈巴狗在街上被板车轧死，她大施淫威，除将板车夫抓来毒打一顿外，又强命其为狗买棺殓葬，出“狗殡”。

张宗昌拥有众多的妻妾，恣意地寻欢作乐，卜昼卜夜，其荒淫成度，无以复加，与封建时代的荒淫腐朽的帝王毫无二致。朱德揭露说：“这个人能够在床上搂着姨太太或是抱着一个姨太太放在膝头上接见外国外交官员。”时人更揭露说：“昌藏娇之屋，恒置秘戏图若干册，其中百怪千奇，姿态万种，男性悉着蒙古装，做若干怪状，想见其荒淫之甚，亘古罕有其匹也。昌淫乱天成，虽在战场，仍姬妾成群载以偕行，性欲一动，不管山岭水涯，狂风暴雨，必泄其欲乃可。故娇姿弱质，多遭残害，致娼恶疾不已；甚焉者，竟身葬沙场，血流原野。其残暴不仁，有如此者！”

张宗昌荒淫至此，而其内眷也是男盗女昌，淫乱不堪。姨太太的副官，实际上是她们的“面首”。你张宗昌既然是“得陇望蜀”，她人岂不可“红杏出墙”？于是，与马弁偷情、与车夫通奸之事更是屡屡发生。张宗昌妻妾满屋，势难一视同仁，姨太太间又勾心斗角，争风吃醋。大姨太得势专横，盛气凌人，七姨太宠夺专房，自鸣得意，其余人等自是眼红心妒，因而时时祸起萧墙，乃致演出惨剧。有一姨太太，因对袁素娥妒恨，乃诱其女张春娇（张之长女）与汽车夫通奸，致珠胎暗结。事为张宗昌所知，遂亲自将那个姨太太和车夫枪决。其女羞愧难当，无地自容，不数日也暗吞烟膏自杀身亡。

张宗昌更贪猥下流，无廉无耻。他不仅肆意糟蹋跟随他的女子，而且还时常物选美色，强奸民女，只要见到美色，就像是猎人见到猎物，必欲猎之而后止，从不顾

忌一切。被糟蹋之妇女,弱者忍辱而苟生,强者自杀以全节。张宗昌之此类兽行,罄竹难书。时人已有种种揭露,为不失其文韵,更重史实,特就中转录几节,以宣其恶。

"一次,宗昌兽性大作,醉心时髦女性,遂生一计,美其名曰'参观某女校',实为选妾问题。宗昌至校,大放厥词。讲后大分其钞票,每生二十元,以博人欢心。但无人坠其术,遂扫兴而归。"

"有一次,昌在辛庄慰劳官兵,命各学校、各机关赠送许多手巾、胰子、鞋等物,又命各女学校学生亲手拿东西与士兵,以买彼等之欢心。又时常召集女学生到督办署开会,开会都在夜间。每开一次会,须第二天早晨始得返校。其玩弄女学生至于此极。"

"民国十三年春,宗昌带领奉军下江南,驻节江宁。一日游公园,邂逅陈氏姊妹,饶有姿色,当饬侍从兵士,劫之同营,同奸之。翌日访诸其家,敬拜如新亲,然陈宅遭此凶残,半推半就,不敢拒也不愿认,只好赧颜酬应而去。一时传遍满城,所有妇女,均相戒不敢露面,以避其锋。后在北京,显宦庄某、袁某等妻女均遭此劫。"

"昌督鲁时,曾一度至北平,途遇女子,即掳掠上车以去,越数日乃放还,一般女学生及闺秀,遭其蹂躏者,不计其数,北平城中顿成恐怖之域。有袁某者,家有二女,年届破瓜,娟美冠一时,昌闻之截劫回家。袁某为国务院秘书也,亟托王怀庆求情,昌终不可。迨达其目的后一月,始释长者归,而少女则至今未知下落也。"

"昌曾赴北平趋谒张作霖,十多天未回济南,外间遂盛传张宗昌犯罪已被张作霖枪决,后探悉因抢夺良家妇女被监禁几日。事因昌在天津某戏院看戏时,见一女子颇有姿色,当时因人多不能下手。及闭院,女子回家,昌即派马弁跟随其后,认定门号,嗣即派队抢去。不料此女乃奉军某团长之女,该团长闻知大怒,即在张作霖处告昌一状。张作霖即刻将昌监禁,并责骂昌胡作乱为。昌竟答曰:'报告大帅,女子大了不能不嫁人吧?她能嫁给我张宗昌当督办的,命运也算不错呀!'"

"山东财政厅长×××氏……闻张宗昌督鲁消息,惊异不知所之,颇不安于位,复思恋栈,兼筹保全之法。由×××氏之夫人小姐到督署贺喜,兼致殷勤。谁料人面兽心之'长腿将军',竟于不客气之中一体全收,畅其兽欲者三日夜,始放行归家。×××氏全家羞愤难当,遂悄然赴津,做其绿头巾之寓公生活。"

非但如此,即使清室遗贵、北洋元老的女眷,若要被张宗昌看中,也不能幸免。1926年,张宗昌率直鲁联军入京。一天,清室某王公的儿媳到某市场购物,被张宗昌遇见,张见其貌美,即将其拥入汽车抢走。某王公托人找到京师卫戍总司令王怀庆,请其设法营救。王当晚就去见张,先与他联谊,然后将话转入正题。经王再三恳请,张宗昌才答应将该女放回。

在北京的北洋"三杰""四老"之一王世珍,有一侄女,姿容娟秀。张宗昌听说后,即派人将该女劫持到石老娘胡同住宅,强行奸污。王这时已无实力,辗转无策,后经托人向张求情,张才将该女送回。临行,他还送女3000元作为"遮羞钱",并无耻地说:"女大当嫁,留在家里干什么?"张宗昌之丧心病狂,令人发指。他到处鼓吹"礼义廉耻",而他则是一个最无廉耻的地道的衣冠禽兽!

有时张宗昌对姨太太的态度也颇为达观,姨太太愿意走的,很少阻拦。他任山东督办时,他的一个姨太太同他的副官眉来眼去,勾搭成奸,时间长了,终于被张宗昌发觉。一日,张宗昌把那位副官和与他通奸的姨太太叫到自己的密室里。两人知道事已败露,吓得直冒冷汗。张宗昌问道:“你们两人真的相好吗?”两人战栗失色,不敢出声。张又说:“你们不要害怕,如果真的相爱的话,我会成全你们的。”

一听“成全”两字,预感死到临头,两人拼命地磕头求饶。张宗昌嘀嘀一笑,取出3000元钱,说:“你们结婚后有钱生活吗?给你们3000块钱够你们过两年吧?”两个跪着求饶的人早已魂飞魄散,简直不敢相信自己的耳朵。还是张宗昌的姨太太了解张的性格,知道张宗昌不是在开玩笑。她赶忙又磕了个响头说:“够了!够了!谢谢大帅大恩。”张宗昌厉声说道:“你们今天夜里就给我离开此地,到乡里过日子,不许在济南胡闹。”两人千恩万谢,带着所有私蓄和张宗昌给的3000块钱,连夜离开了济南。

九一八事变后,张宗昌住在北京铁狮子胡同。一日,他忽发豪兴,设宴招待新闻界,共设25席,每席坐记者5人,空一人。然后从内室引出25位年轻女子,每席坐一人作陪。张宗昌大言不惭地说:“外面都说俺老张爱女人,不错,我确好色,我今天把25名如夫人叫来和大家见见,千万别见怪。外面骂我也是这个,实则我只有这个短处,可是我的长处多着呢,谁又晓得?”

张宗昌的资财中,不动产自不必说,金钱也是不可胜数。他挥金如土,从不吝啬,每当单独召见其部属时,必定馈赠钞票。他从口袋里掏出一叠钱来,向对方一扔,随口说道:“拿去花吧!”到底有多少,他从不点数,运气好的,得到的可能全是10元一张的钞票,运气不好的,可能是一元一张的。

张宗昌督鲁三年,天灾人祸不断。

1927年夏,济地大旱,滴水未落,田间庄稼几乎枯死,收成无望。于是,张宗昌下令全城居民禁屠,门前插柳,家设龙王神位向天祈祷,并亲赴龙王庙参拜祈雨。但龙王并不赏脸,仍不下雨。张发怒,即以手击龙王面数掌,以儆其不听话。越数日,依然晴天和日,毫无雨意。张大怒,即对人说:“限三日再不下雨,必与老天宣战!”三日过后,天仍不雨,他果然在千佛山、张庄兵营等处架起大炮向天猛轰,以泄其对天之怒。

张宗昌在山东这个“独立王国”的地盘上,自订法律,自行收税,巧立名目,横征暴敛,对劳动人民进行敲骨吸髓的压榨和剥削。时人说得好:张宗昌督鲁将近四年(按:实为三年)的工夫,无日不在尽量搜刮中。搜刮的方法,除正赋外,或是加捐,或是勒派,今天想多少钱,就下条子叫几个县摊派,钱花完了就完事。那时山东人民真在水深火热之中,其痛苦实为全国之冠。张宗昌设立的捐税项目,有正式名称的即达六七十种之多,主要有下面一些:

田赋:据山东省财政厅报告,“自张宗昌莅任起,至离鲁止,征收之丁漕及特附捐,其有账可查者,按照正额计算,有征至民国二十八年(1939年)以上的。”有的史家评论说:“连年军事,预征粮、漕之风甚盛,或派垫军费,或勒提钱粮,民间咸感有田之累。”

契税:指买卖或典当房田所纳之税。

牙税:对牙行(经纪人)所征之税。

当税:对当铺所征之税。

牲畜屠宰税、烟酒税、矿税、盐税、奢侈税、宴席税、货物落地税、印花税、邮局包

裹税、营业牌照税、禁烟税、渔船税、青菜税等。

还有一些奇特的捐：

盐税"讨赤"捐：该捐自1928年3月起，在鲁、直两省开征。办法是增加盐税的2.5%，全年可收入180万元。

房铺捐：张宗昌以整理济南路政为由，自1925年10月1日起，设房捐局，在济南开征房铺捐。办法是，每亩征捐100元，初定分4年缴纳，于每年1月份缴纳粮税时一同缴纳；旋又改定限3日内缴纳，逾期加10倍处罚。1928年2月，因军事紧急，张宗昌下令在济南、青岛、烟台、龙口等地征收房捐，税额因房屋大小而异，并定一次征收1个月至4个月的房捐，计分三等，甲等收4个月，乙等收3个月，丙等收1个月，限两月内缴齐，全部征收可得300万元。

烟酒特捐：该捐自1925年8月13日起开征。办法是，对输运入鲁之烟酒，于过第一道关卡时，按价值百抽十。

茶叶特捐：张宗昌以茶叶为消费品之一种，自1928年2月起，照烟酒之例，对输运入鲁之茶叶，于经过第一道关卡时，按价值百抽十，名为军事善后茶叶特捐。

富绅捐：该捐自1925年11月起开征。办法是，先调查富绅姓名、地址及财产概数，填具表格，然后按财产多少征收。

驻军给养费：地方驻军给养，由当地各区摊派收。办法是，距驻军地点15华里以内者，月纳京钱3串文，此为下等；距10华里以内者，月缴京钱5串文，此为中等；距5华里以内者，月纳京钱7串文，此为上等；各等并附纳草60斤、小米60斤。

营房捐及驻军营房费：营房捐，纳捐建营房，一般是，农民每纳地丁银1两，附加捐1元8角。1925年7月24日，张宗昌又令各县担任驻军修筑营房费，规定大县35000元，中县25000元，小县15000元，限一月内缴纳一半，两月内一律解清。

军鞋捐：纳捐做军鞋，一般是，农民每纳地丁银1两，附加捐3角。1925年8月24日，张宗昌又电令各县做送军鞋，规定大县3000双，中县2000双，小县1000双。

军械捐：纳捐购军械，一般是，农民每纳地丁银1两，附加捐1元。

车捐：张宗昌以修济南济洛(口)等马路为由，自1926年8月5日起开征此捐，并在济南、洛口、新城设3个捐局分别征收。捐分三等：甲等为汽车捐，每辆车容1至5人者，每月纳捐5元、临时捐5角；每辆车容6至15人者，每月纳捐10元、临时捐6角；每辆车容16至25人者，每月纳捐15元、临时捐1元；货车每载重1吨，每月纳捐5元，其余以此类推。乙等为地排车、马车、大车、轿车捐，每辆车每月纳捐1元、临时捐5角。丙等为人力车、小车捐，每辆车每月纳捐3角、临时捐2分。

集市摊捐：各地集市摊贩，均纳此捐。

地亩特捐：1925年7月16日，张宗昌发出布告，征收此捐，上、下两忙并征，共得款700余万元。

修张宗昌生祠捐：张宗昌在大明湖畔为自己修建生祠，令民纳此捐。

修张宗昌铜像捐：张宗昌在大明湖畔为自己铸造铜像，令民纳此捐。

慰劳将士费：张宗昌有时慰劳为其卖命的官兵，令民纳此费。

货车特捐：1926年7月1日，张宗昌下令对胶济铁路征收货车特捐，每车收75元，名曰"兵士犒赏费"。

食盐加价：自1926年10月1日起，张宗昌实行食盐加价，规定每盐1斤，加价

1分。每包(400斤)计加价4元。

车票加价:1926年4月18日,张宗昌下令,津浦路客车票实行加价,规定头等票每张加洋2角,二等票每张加洋1角,三等票每张加洋5分,令到即行。

税收加比较二成:1925年6月,张宗昌饬财厅令各厘金税局,自7月1日起,一律加比较二成,征解不力者,即行严惩。

加征厘金:张宗昌为筹补积欠商款,决定自1928年3月1日起,加征厘金的十分之一。

祝寿扣薪:1927年2月10日,张宗昌为其父祝寿,打着"移赈"的幌子,大扣军政各界人员薪水,少者扣三成,多者扣五成。此可视为"祝寿捐"。

娼捐:凡娼家,无论乐户或妓女,一律纳此捐。

戏捐:凡文化娱乐团体(如剧团等),一律纳此捐。民间若演戏,也要纳此捐。

人口捐:无论男女老幼,一律按人头纳捐。

锅头捐:无论城乡,一律按锅头(生烟做饭者)纳捐,每个锅头纳800钱。

狗捐:民间养狗,一律纳狗捐,每只狗纳洋5角,后又改为每只狗每月纳洋6元。纳捐后,给一小牌,上书"警察厅"字样,挂在狗颈上,表示该狗已纳过捐;若狗颈上无此牌,即视为未纳捐,警察发现,则予以枪杀。是以"在济南市每见数百只狗拉出郊外掩埋。"

鸡捐:民间养鸡,一律纳鸡捐,若不纳捐,立予严惩。

最为滑稽的则是粪税。张宗昌设有"金汁行",对大粪实行官卖,官卖大粪的"金汁行"纳此捐。大粪官卖后,一班子老妈和佣妇甚为愤恨。因为此等权利,素归她们所有,一旦改为官卖,她们便失其生计,多者每月损失一元,少者也损失几角。女佣愤恨之余,乃召集数十人与张宗昌之粪夫为难,展开了一场别开生面的"粪战"。一时屎尿满街,臭气熏天。张宗昌闻悉大怒,即刻派军警前来弹压,大粪风波始告平息。老百姓曾编出歌谣讥骂道:"张宗昌,坐济南,也要银子也要钱;鸡纳税来狗纳捐,谁要不服就把眼剜。""张宗昌,来济南,人来税,狗有捐,一个锅头八百钱。"也有人写出对联嘲讽之:"自古未闻粪有税,而今除却屁无捐"。

被韩复榘暗杀于火车站

张宗昌督鲁之初,正赶上青岛日本纱厂工人反抗日本资本家虐待工人,在共产党领导下举行罢工。由于张宗昌刚刚督鲁,工人们对他的反动面目还未看清,在第三次大罢工兴起时,曾推选请愿团,举着"青岛工人请愿团欢迎张督办"的旗子,去向他请愿。工人们哪里想到,此时,张宗昌正坐在其日本主子的宴席桌旁,听从主子的吩咐呢。

在日本人的授意下,张宗昌凶相毕露。他首先镇压了罢工风潮,捣毁了工会,然后,逮捕了中共四方区支部书记李慰农和《公民报》主笔胡信之等20余人;还逮捕了去北京请愿,揭露张的罪行的伦克忠;对他们施以酷刑,李的臂部肌肉被打脱落,伦被打得"骨折臂断,体无完肤",深灰色的破衣服都被汗水、血水浸透,白净的脸庞变成了灰黄色,但他们都坚贞不屈,最后被秘密杀害。

张宗昌镇压了工人运动后,又在全省制造白色恐怖。通令各县严禁一切集会,

违者即以军法处置。严密封锁消息，钳制舆论，唯恐他的罪恶传布于外，特地将各报社、通讯社记者传至督署，明目张胆地威胁道："我今天请你们大家来，没有别的话说，就是你们报上登载我的消息，只许说我好，不许说我坏，如果哪个说我坏，我就以军法从事！"

在张宗昌的淫威下，人民失去了通信自由。张宗昌常派军警检查邮件，发现可疑物品或字句，立即将人逮捕严刑审问。山东大学学生王理，因信件中有不明显字句，遂将其捕到执法处严刑拷打，皮开肉绽。王理的父母就这一个儿子，经各方运动想见儿子一面，也不允许，结果由于狱中秽陋又不卫生，王理全身伤痕腐烂，又加之惊吓，竟冤死牢内。

1928 年 2 月 1 日，张宗昌到山东大学训话，歇斯底里地进行了反共反革命的叫嚣。他说："俺是你们的校长，你们要靠俺出来，你们不好好念书，闹革命，注意你们的脑袋！""山东为圣贤桑梓之邦，礼义发源之地"，"学生须安心求学，一切政治运动均须俟诸学成之后。""救国须以国家主义为前提，所有共产等一切学说务当绝其根株。"张宗昌究竟要将山东大学引向哪里，是十分清楚的。

张宗昌更反对中国共产党。1927 年 8 月 1 日，张宗昌在"乡老会议"开幕式上所说"决不容赤化共党流行地方"，"以讨赤为唯一宗旨"云云，就再明白不过地表明了他的反共立场和反共决心。张宗昌经常耸人听闻地发布反共的训令或布告。1926 年 4 月 30 日，他向其部属发一训令说："过激邪说，为害甚深，……惟国家经一次政变失败，野心人物之思想行动，往往与大局同时变迁，潮流所经，乃至牵至全国各社会，……影响世道人心甚大。"

1927 年 12 月下旬，共产党人发动陵县农民举行暴动。暴动以于家集为中心，周围几十个村庄近 2000 名农民都参加了斗争。农民喊出了"抗捐抗税""均地均粮"等口号，张贴出"一切乡村政权归农民协会""杀死日本走狗张宗昌"等标语，这次暴动被张宗昌镇压下去。

张宗昌在京罪恶尤为昭著，以反对"赤化"为名，野蛮地对学校进行搜查，凶残地对进步人士进行迫害。早在天津时，张宗昌即设立了"直鲁联军密探处"，设明、暗稽查员各 100 人，专事查拿"赤党"及"捣乱分子"。入京后，张会同各军又设立了"反赤联合办事处"，利用此机构和其他反动机构进行各种反革命、反进步的罪恶勾当。瞿秋白当时曾指出："反赤的直鲁联军，一到京津便摧残工会和农民协会，搜查大学，禁止思想学术的自由，枪杀主持正论的新闻记者。"

4 月 27 日，张宗昌以"扑灭赤化"为名，派军队搜查国立学校 9 处。5 月 4 日，张宗昌等为"严拿宣传赤化及主张赤化者"，派军警搜查中国大学、中俄大学、北京大学、北京师范大学、女子师范大学等校。据报道："凡较进步的左倾的教职员均视为犯有赤化嫌疑，闻被列名通缉者至四百人之多。"张宗昌一伙更武力查封进步报馆数家，并残酷地杀害了《京报》主笔邵飘萍和《社会日报》主笔林白水。

张宗昌到山东不久，市上就流行了"切开亮亮"，"听听电话"两句谚语。"切开亮亮"，是把人头当作西瓜，切开晒晒太阳；"听听电话"，是把人头挂在电线杆上，远看去好像在那里听电话一样，令人毛骨悚然。真可谓是杀人魔王！

他还妄图加害已故的革命先行者孙中山。1927 年，他去北京开会，以"孙中山停柩的地方太好，是以南军屡次告捷"为由，向张作霖建议焚烧孙中山遗体，"以绝后患”,他的主意得到了张作霖的极力赞同。在此之后,奉军多次骚扰,围搜停厝孙中山灵柩的北京西山碧云寺。只是由于守灵的卫士在极度困难的情况下将灵柩转藏于水泉山洞中,孙中山的灵骨才免遭灾难。

张宗昌不仅敌视中国革命,也敌视苏联。他收容被苏联红军击败的白俄部队,与反对苏俄革命的帝俄余孽谢米诺夫保持同盟关系,他倒台后,又与谢米诺夫订立了攻守同盟,以共同“反赤”。

另外,还有一明证,这就是他在1927年3月无理地扣押鲍罗廷夫人。鲍罗廷,苏联人,1923年3月来华,任共产国际代表和孙中山的顾问,后随国民政府迁至武汉。对于鲍罗廷对中国革命之作用,张宗昌当然晓得。1927年初,张宗昌的直鲁联军开抵南京,对抗北伐军。3月1日,有一苏联商船“列宁号”去汉口路过南京,鲍罗廷夫人与苏联外交人员3人也搭此轮去武汉。张宗昌的白俄部队发现后,无理地将商船扣留,并扣留了鲍罗廷夫人及苏外交官3人。

张宗昌闻悉,大喜过望,当即接见鲍夫人。他诡称:“现在战争正起,去汉口多有不便,请暂不要去,俟战事平定,定当送往汉口。”随后(6日),他即派人将鲍夫人等4人押送济南。对此,苏驻华大使馆曾先后于5日、10日提出抗议,但张宗昌置之不理。张宗昌扣押鲍罗廷夫人,除蓄意反苏外,还有其不可告人的政治阴谋,那就是将鲍夫人留作人质,以向鲍罗廷进行要挟。

3月中旬,他派代表去武汉,求见鲍罗廷。代表对鲍说:“贵夫人现在张司令之处,张司令派我来与顾问商谈,请顾问主张南北和平妥协,并驱除共产派,然后张司令送还夫人。”

对张宗昌的这种卑劣行径,鲍罗廷十分气愤,严词拒绝了他的无理要求,当即表示:“还送夫人是我一个人的事,革命是中国民众的事,若因我的夫人一个人,而废弛中国民众的革命,那是办不到的,那是完全成了反革命。况且我一个苏联人,也没有代表中国民众的权力。”

结果使张宗昌的代表丧气而返。当时,国内和国际上的舆论,都纷纷指斥张宗昌之非,并发出了营救鲍夫人的强烈呼声。在舆论的压力下,张宗昌虽未逞其奸,但他也不敢加害鲍夫人,5月2日,只好将鲍夫人及苏联3名外交人员释放。

张宗昌祸国殃民,将人民打入灾难的深渊,人民求生不得,求死不能,对张宗昌简直痛恨到了极点,恨不能抽其筋,扒其皮。从城市,到乡村,从工厂,到学校,到处都可听到对张宗昌的咒骂声,怒斥声,怨声载道,民怨沸腾。乡村老百姓无以泄其愤,往往用传统的迷信方式对张宗昌这个魔鬼进行诅咒,咒其早死,盼其早亡。张宗昌连连出战,而每战,百姓无不咒其战败或阵亡。

1927年3月,张宗昌的军队曾被北伐军战败于长江(南京),落水溺死者无计其数,人们遂引以为庆,痛快地称之为“下饺子”。自此以后,“下饺子”即成为人民咒张战败的隐语。广大民众更将一腔怒火编为民谣,以这个传统的、朴素的、通俗的武器对张宗昌进行痛骂和诅咒。

1928年,国民党各派政治势力经过一番明争暗斗,又重新“联合”起来。2月,蒋介石与冯玉祥、阎锡山在开封商讨旨在消灭奉鲁军的二期北伐计划。商定蒋介石、冯玉祥、阎锡山、李宗仁分别任四个集团军总司令。网军联合北伐,首先集中兵力解决山东。

4月30日,北伐军三面围了济南,张宗昌让出商埠交给日军接防,然后在日军护送下逃出。张宗昌逃走后,日军便在城内外布置了防御工事。5月1日,北伐军攻入济南后,日军制造了济南惨案。借口交涉署门发现日兵尸体,将山东交涉员蔡公时及署内全体职员捆绑起来。蔡公时用日语抗议,被日军割去耳、鼻,挖去舌、眼,然后用机枪扫射,蔡公时等17人惨死。而后连续几天在济南进行大屠杀,广大人民遭难者无数。这是日本帝国主义的罪恶,也是张宗昌对山东人民犯下的又一罪行。

1928年6月4日,皇姑屯一声巨响,张作霖上了西天,这一下张宗昌成了丧家之犬。一边为张作霖摆设灵堂,穿孝哭祭,一边恳请张学良准许他把军队调到关外,但张学良嫌他的兵多是土匪,且与日军关系密切,拒绝他出关。并劝他自找出路,或接受收编,或给资遣散。军官每人50元,士兵每人10元,并聘张宗昌为奉天军事顾问,月薪3万元。但张宗昌嫌钱少了,回绝了。于是张学良密电蒋介石,张宗昌的直鲁军听凭蒋介石处置,奉不过问;又致电张宗昌,“在外患险恶,全国服膺三民主义的情况下,我兄弟倘使举措不检,不持为亡国之罪人,亦且为人民公敌。人格所关,在此一着,惟兄图之。”但张宗昌置之不理。

张宗昌拒绝收编后,率部退驻滦州,紧接着白崇禧率北伐军到胶东,对张宗昌形成包围圈。张宗昌孤立无援,无奈只得弃军逃走,化装成赶大车的,逃往滦河口,乘小渔船渡到大连。看东山再起无望,于1930年夏赴日本别府。

1931年,九一八事变爆发后,日本帝国主义为扩大侵华成果,急欲扶植侵华工具,于是想到了张宗昌,张宗昌虽希望东山再起,但要他帮日本人侵华,出面当汉奸,冒天下之大不韪,他还有顾虑。斟酌再三,他决定借故回国,渐渐地他脱离了日本人。

回国后,张宗昌高唱他不是“张帮昌”,侈谈抗日,频频接待来访,答记者问,大谈国事国难,对记者说:“国人今日只有义务,绝无权利,本人过去想好而未做好,甚感惭愧。”就在张宗昌侃侃而谈时,有个人冷眼旁观,暗藏杀机,他就是当时山东的土皇帝——韩复榘。

韩复榘看到张宗昌回国后到处招摇,断定张宗昌想重返山东,东山再起。韩复榘决定要除掉这个心腹之患。1932年7月,韩复榘偕张宗昌的旧部下石友三到北平会晤张宗昌,与张宗昌结拜兄弟,并约张宗昌重游济南,张宗昌欣然答应,很快即来到济南,但不久就接到母亲来电,准备离鲁赴京。

韩复榘与正住泰山的冯玉祥密商杀张方案,决定由原冯军将领郑金声养子郑继成去刺杀张宗昌。郑金声于1927年11月被张宗昌杀害,郑继成早就发誓要为先父报仇,如今机会来了,郑继成欣然领诺,带领自愿前往的陈凤山等人埋伏在济南车站,伺机行动。

1932年9月3日午后,韩复榘在石友三寓所设宴为张宗昌饯行,并令其诸师长、厅长作陪。席间,对张又有许多恭维之词。韩比张身材高大、膂力过人,深恐届时张有抵抗能力,乃即殷勤劝酒,妄图将张灌醉。据报载,当时他们共饮白兰地、啤酒各20瓶。宴会既罢,张宗昌一行遂乘车赴车站,而韩复榘则假借有要事去办未去车站,仅派石友三、程希贤等人代为送行。

张宗昌所乘火车系平浦202次快车,上车后即入预定之208号头等客厅车。

他虽多吃了酒，但并没有醉，上车后仍同送行的人谈笑周旋，并与新闻记者进行畅谈。他说："烟潍公路去沙河的道路不通，家母病又颇重，故中止扫墓。"又说："余对过去的事，自己认错。"嗣又大谈时局及国难问题，他说："关于大局，本人认为非团结不能救国。能团结，虽失东北，终能收回，否则，东北纵能收回，亦不免亡国。本人向来主张主权在民，大家赞成者颇多。东北事变后，日本约本人出头，并予多少便利，本人不但不干，并且毅然返回。日人复以政府通缉相恫吓，本人即表示，情愿在中国被杀，亦不做外人傀儡。在平时，曾与张群、杨杰说起此事，皆表示赞成，并邀本人赴南京一行，本人正准备前往。"

这是张宗昌对中国抗日问题的又一次公开的表态。他现下主张"团结救国"，固可称道，但所说他"向来主张主权在民"，则纯粹是自我粉饰。他从来没有主张过，也从来没有实行过什么"主权在民"，他实行的完全是封建专制主义，是孤家寡人政策。

张宗昌高谈阔论，洋洋自得，万没想到，他已死到临头。火车定午后6点25分开车。临开车前3分钟，送行的人下车，张宗昌起座至车门口与众握手告别。这时，郑继成、陈凤山就站在车下的东北面。见张宗昌出来，身着灰色大褂的陈凤山即举枪高喊："我打死你这个王八蛋！"但枪未响。张见有刺客，说声不好，急忙避入餐车。他本带来新式德国造手枪多支，但随身所带一支在饯行宴会上，他赠给了石友三，其余几支则全锁在手提小皮包内，也不及取出，他赤手空拳，只好逃避。陈换上新子弹，尾随追上餐车。张已到餐车一头，欲启门而出。陈又开一枪，未中。张遂启门逃下车去。

在车上，张的承启官刘怀周曾将陈抱住，但陈很快又挣脱了身，继续追击张宗昌。在车下的郑继成见张逃下，也向张开枪，但未击中要害。张的随员有匣枪四、手枪一，这时都一齐开了枪，子弹横飞，形势紧急。郑继成本欲随同陈凤山一起去追击张，又恐张的随员从背后暗算，乃避立站台台柱后面待敌。果然，刘怀周从车上冲出，他开枪击陈，未中，复开一枪，适陈脚下被石绊倒，子弹从其头上飞过。此时郑在台柱后马上向刘怀周开枪，击中小腹，刘应声倒地。陈凤山从地下爬起来继续追张，郑继成也从其背后赶来。

就在这时，四面枪声大作，一齐向张宗昌射击。当张跑到第3站台北面之第7股道上时，郑击一枪，击中张左脊背，子弹从前胸穿出，陈击两枪，一中张左额角，子弹从右下颈穿出，一中张左眼下，子弹从脑后穿出，张宗昌遂倒在血泊中。陈赶到张眼前，恐张未死，又向其头部开了两枪。这时，张宗昌之随员从背后赶来，向郑继成开枪，郑隐身台柱后予以还击，将张之随员打伤3人。张之随员遭创，又见张被打死，遂四散逃走。

郑又跟踪追赶，追至车站客厅，不见踪影始停追。旋即返回站台，便赴铁甲车前之执法队，慨然自首。车上士兵闻郑继成为凶手，即将郑按地以枪托乱击。幸程希贤赶到，方喝止了士兵，但郑腿部已伤，旋即被拘。郑继成站在站台上高呼曰："我名郑继成，郑金声是我叔父，我过继给他为儿子。我杀死张宗昌，一为革命增光，二为党国增荣，三为山东和全国除害，四为我父报仇！"当时车上乘客均报以热烈的掌声，对郑深表赞赏。更有一青年乘客走下车来，竖起拇指大声赞郑说："郑先生，您真是大英雄，大豪杰，中国不亡者即在于此！"

混世魔王张宗昌被刺毙命,大快人心,消息不胫而走,人们纷纷到车站围观,一时聚有数千人之众。张宗昌的秘书长徐晓楼出50元交与程希贤,请其招人抬走张宗昌。程用手高举着50元钱对众宣称:“谁愿意抬走张督办,可得洋50元。”但是,民众均投以鄙视的目光,异口同声地“500元也不抬,5000元也不抬!”无一愿为者。

程又以带有乞求的口气对众说:“张督办也是你们山东老乡呀!难道你们不看在老乡的面上吗?”这句话非但未起效用,反而更激起了民众的愤恨,人们索性七嘴八舌地对张宗昌大骂起来:“什么他娘的老乡,他是杀人的魔王,欺压老乡的民贼!”民众既不愿为,最后,还是由山东当局授命驻站军警将张宗昌抬进了济南日本医院。但是,张宗昌早已气绝,无救。

张宗昌死后,山东当局为之购棺装殓。但是,全城棺木铺一听是为祸国殃民的张宗昌购棺材,均不肯出售。张罗此事的程希贤东奔西走,求爷爷告奶奶,费尽口舌,几经周折,好不容易才购得一口。所以他曾对郑继成开玩笑说:“绍先(郑之字),你杀了我的爹了!”郑愕然问:“怎么了?”程说:“你把张宗昌打死,没有人收葬他,连鞋子、衣服、棺材也买不到。经我多方设法,才找得一口棺材,白替他做孝子。你看,你不是杀了我的爹吗?”

9月4日,张尸装殓(山东当局为张购棺办丧计用费六七百元),旋移柩皖新街安徽乡祠。张宗昌虽饮弹身亡,然公愤难消,一班民众又群起而动,酝酿火烧其灵柩,以泄愤恨。安徽人民闻知张柩停在安徽乡祠,更为不满,纷纷来电来函提出抗议。其中一函写道:

报载张宗昌在济被郑枪杀,停尸安徽乡祠等讯,不胜愕异。张宗昌之生平及其被杀事实,盖棺已有定论,凶手郑继成之供词,光明磊落,悲壮动人,不失为燕赵豪侠之士,社会已极注意。安徽乡祠,何等庄严之地,而为张某停尸,特此函达贵会,询问借用之理由,以表乡人之异议。真相不明,舆论可畏,敬希查照见复为荷。

安徽乡祠执事人鉴此情势,担心本乡祠受累遭损,便连忙致张宗昌之亲属,令其速行移柩他处,否则,张家须出资赔偿一切。

呜呼!张贼生前举国声讨,狼狈亡命,死后万民唾弃,尸无安适,其篡其孤可谓极矣!

张宗昌死讯到平,张母哀痛欲绝。张子济乐更呼天吁地,欲入济南为父报仇,被其母袁氏所阻乃止,9月7日晨又图自杀,遇救未遂。其后,张母乃急派王金钰来济料理丧事。11日,王金钰用一铁闷车将张柩运至北平。张家经与张学良、万福麟、张作相、潘复等会商,将张宗昌安葬于香山。

郑继成刺杀张宗昌,本是由韩复榘导演的,故郑自首后,山东当局又接连演出了几场“审郑”“判郑”和“放郑”的滑稽戏。南京方面蒋介石、陈立夫也分电国民党山东省党部,袒护郑继成。蒋“庚电”(8日)曰:“刺张犯宜俟法院判决后,如科罪过重,再援特赦条例办理,庶于国法舆情,两能兼顾也。”陈“佳电”(9日)曰:“杀张之郑继成,无论如何,应得保全生命,因张为刺先烈陈英士先生之凶犯,而郑之叔父又为革命而牺牲者,法律不外人情也。”至1932年1月,郑继成终被特赦。

张宗昌死后,他的灵柩由济南运到北平后,即暂厝于地安门外广化寺。这个寺设有乩坛,乩坛装有乩笔,问卜吉凶的人均从乩笔所写的字上断定。当张宗昌灵柩停厝的次日,寺僧与术士三人沐浴洁身,焚香设祭,祝天拜神,而后开坛。乩笔在沙盘上写了如下字：

我乃张宗昌也，速请吴子玉（吴佩孚）及吾子济乐、宁乐来。

僧人见了大惊，急报于张宗昌家中。少顷，吴佩孚和张宗昌二子至。二子立即向张宗昌灵柩叩头。吴佩孚也施礼。乩笔继而书道：

我生平杀人万千，此次被刺，死亦无憾。郑继成总云为其父报仇，亦我自己不慎，望大家万勿以我死为憾，并望玉帅转告同人，遇事以我为戒，更嘱济乐、宁乐不可以报仇为志，以免冤冤相报，永无了期，尔等祖母，代我尽孝。

吴佩孚等见了乩语，分明像是张宗昌在说心里话一般，无不惊叹不已。吴又向张宗昌施礼道："张将军请放心，一定按你的话去做，你家中一切，子玉必时时关照。"

张宗昌死后显灵留谶语的事，迅速在北平传开。人闻之，也少不了感慨。还有人赋诗一首，以示此事，诗云：

沙盘乩笔走如风，数语寥寥感叹中，
浩劫茫茫休作孽，死后忏悔是英雄。

有人问：张宗昌真的死后忏悔了吗？今天看来，所谓乩语，无疑是子虚乌有的骗人鬼话。那怎样冒出了这样一件荒唐事？诘其事实真相，必定是张宗昌生前的亲朋好友，想到张生前作孽太多，便买通了庙中僧人，编了这么个鬼话，欲盖弥彰，以一"忏"而了之。然一忏是决不能掩其有目共睹的罪恶的。

韩复榘：少年赌徒独霸山东

【人物档案】

姓名：韩复榘

别名：土皇帝、山东王、“韩青天”

字号：字向方

生卒：1890 年~1938 年

籍贯：河北霸县胜芳镇东台山村

职务：山东军阀、山东省政府主席。

主要成就：促进山东发展教育事业，为山东模范新乡村开了先河。

评价：山东境内津浦线的防务即由韩负责，但韩复榘并无意在山东久留，与敌人周旋，而是急切求退，保留实力。（梁漱溟）

结局：与蒋介石多次发生矛盾，后因不听国民政府命令，擅自撤离山东战场被蒋介石在开封诱捕并治罪，审判后被戴笠特务暗杀，终年 47 岁。

韩复榘

【枭雄本色】

韩复榘（1890~1938）河北霸县胜芳镇东台山村人，字向方。1910 年入北洋陆军第二十镇。辛亥革命时参加滦州起义，失败后还乡。1912 年后在冯玉祥部递升至师长。1926 年投晋军商震部。同年 9 月冯玉祥五原誓师后复归冯部，任援陕军第六路司令。1927 年任第二集团军第六军军长、第三方面军总指挥。1928 年任第二集团军暂编第一师师长、第二十师师长、河南省政府主席。1929 年叛冯投蒋。1930 年任讨逆军第三军团总指挥，后历任山东省政府主席兼全省保安司令等职。抗战爆发后，任第五战区副司令长官兼第三集团军总司令，负责指挥山东军事，承担黄河防务。当日军进攻时，不战而弃山东。后又与刘湘等人密谋倒蒋。1938 年 1 月被蒋介石以丧师失地罪名处决。

【风云叱咤】

在家乡混不下去的赌徒

韩复榘，字向方，1890年生于直隶省霸州市东台山村。他一家祖祖辈辈生活在中亭河畔，世世代代书香门第。他的曾祖父名曾太，祖父名应征，皆是读书人。父亲名世泽，字静源，也在26岁时中了秀才，执教于乡村私塾。《霸县新志》载：静源"年二十六乃得为博士弟子，教授于乡，诲人谆谆无倦。"韩家到韩世泽时，家道虽有中落，但仍算富有，至少可自给自足。韩世泽一家在中亭河圈有30多亩耕地，家中还有6间平房，及磨、碾、小型农具和一头牛，可谓"小康之家"。

韩世泽先娶妻胡氏，不久胡氏病故，没有留下儿女。继娶李氏，同为霸县人，当时22岁，在村中颇有贤惠之名。《霸县新志》提道：李氏"奉老慈幼"，"晨起操作，暇则课督子女"，可见与一般农村妇女稍有不同。

韩世泽在本庄收了几名蒙童，散馆后，照料一下田地，春华秋实，闭门赏菊，倒也十分欢快。

1890年夏天，河北平原中部遭到了一场百年不遇的水灾，大雨接连不断地下了七八天，永定河、大清河、拒马河变成了奔腾无羁的野马。瓢泼大雨使水势猛涨，山洪夹着狂风，狂风催着山洪从西北山区倾泻而下，冲决着坚实的堤坝。霎时，辽阔的原野，散落的山庄，变成了一片汪洋。

大清河北面的台山村，家家墙坍屋漏，景况十分凄惨。老天无情，阴云密布，几天过去了，仍然看不出有风停雨住的趋向，困居在高处的人们，挣扎在死亡线上，任凭山洪冲刷着。他们愁眉不展地闷坐在暂时还没被淹没的高处，看着地里那遭灾的庄稼，祈祷老天爷、海龙王开恩，退下水，保住众人，保住活命的粮食！

在村东头有一处较大的宅院，是私塾先生韩世泽的住宅。此刻，韩世泽正在摇曳的油灯下同弟弟韩洁亭共谋生计。韩世泽紧皱着眉头说："这连日暴雨，若是再不停歇，水势还会剧涨，酿成大灾，人畜将毁于旦夕。唉！可这个时候，你嫂子偏偏又要临产……唉！这个孩子恐怕也是孽障投生，罪畜转道啊！"韩洁亭忙安慰他："小侄在此时出生，兴许是个不凡的人物。俗话说得好：龙从云、虎从风么。"

突然，一道耀眼的闪电撕开夜幕，把屋内外照得通明，接着一声沉雷在屋顶上炸开，昏暗的小油灯竟被震灭了。就在这时，从里屋传来一声响亮的婴儿啼哭。韩世泽兄弟俩闻声而起，只见韩洁亭的媳妇飞奔而来："大哥，大喜啦，是个吃'兵粮'的！"韩世泽也是一阵兴奋："哎呀，我韩家门倒是有福，男丁兴旺哇！"

在这个沉雷闪电的雨夜出生的，便是后来做过八年山东省土皇帝的大军阀韩复榘。

韩世泽比较迷信，他对算命先生的话信以为真。那还是韩复榘刚过周岁的时候，四邻八舍纷纷提酒携浆，兴冲冲登门贺喜。这静源先生自然乐不禁口，接礼纳彩，连道："同喜、同喜。"又催家人忙准备酒宴。正一片喜气应酬，忽然墙外铜锣一声，院门中走进一位算命先生。此人五旬年纪，高身材，细腰背，大头骨，满脸青灰色。头上一顶油污毡帽，身上棉袍多有皱褶，露出满口黑黄不齐的牙齿，惹得韩世泽摇头垂首，顿生不悦。

说起来，这位算命先生也算韩先生的一个旧相知，幼年时也曾同窗描红写仿，其后又相伴提篮求举应试。光阴似箭，两人都进入知天命之限，韩世泽操鞭掌教学会了养家糊口，而此公却家境败落，又染了一身恶习，无可奈何，只好提铜锣游乡，凭一张说破天的利嘴，吃这玄学六爻的行业，偶尔村镇茶棚相遇，旧友也说今道古，谈得投机。值韩世泽手头宽裕，也多少相赠几文，聊表同窗之谊。

可此公这时来访，韩世泽心中却有些怏怏不快了。一怕被他冲了喜气；二怕扫了众乡邻的兴头；其三，当众与这类人叙情话旧，自觉脸上无光。心中这样想，可嘴里却不能这么讲。亲朋看出此中尴尬，有人掏出几枚碎钱上前拦道："包涵，包涵，家中正忙，请先生上街中茶棚里消乏去吧！"

算命相士把目光一扫，笑道："此言差矣！方士岂是登门求舍吗？闻听贵子喜辰，愿以不才之术，拜看贵相公之福禄造化。静源兄，你看可否啊？"

来客中有不知细情的，讥笑道："算卦的，看你一副穷酸相，肚中有何能耐？胡言乱语，不怕挨打吗？"

客中有位忠厚老者，见相士衣衫褴褛，面有饥色，心中不忍，上前排解道："江湖人看出眉眼高低，家主正忙，岂是闲话场合？我加赠几文，走了罢了！"

相士面色一红，双手接过钱来，道声"多谢"，眼一闭，转身说道："人情世态，世态人情，九五不在其位，徒有满地小人。可惜！可叹！村夫俗眼懂得什么？"

客人们一听，喧闹起来："好狗头，白白受礼还敢骂人，休走？迎出贵子来，今日定要看看他的手段！"

韩世泽见众人哄闹起来，生怕滋惹是非，又怕过度伤了老同窗的心，遂挥手命家妇将婴儿抱出，请相士落座。两颗眼珠直在对方脸上打转，心中忐忑，不知他将说出何种胡话来。

相士面迎婴儿审视片刻，问了生辰，口中喃喃，忽然把手一扫，笑道："好——！"躬身对韩世泽施一礼，"静源兄，莫怪方士今日轻狂，新贵时辰赶得好，福禄裹身，紫气缭绕，你这个老太爷的高位做定了！这杯酒不能不讨。"

韩世洋脸露喜气却又半信半疑，忙拉过相士问道："仁兄，方才您一席高论，敢不是恭维我吧？"

"岂有此理，你我知交多年，何事敢存欺瞒之念？"相士面露愠怒，扶正头上毡帽指着婴孩侃侃而言："众高邻请看：新贵天圆地方，隼高目朗，眉有青彩，功挟三山，正与易书象传应合。不是一品当朝之貌又是什么？怪不得，怪不得！"方士连连惊叹。

一席话，惊得众人恭敬，众公热眼全扑在婴孩身上，皆想在脸上寻出颗灵通宝玉来。突然，新贵哇哇啼哭起来。相士微微笑道："好大嗓音，果然是龙吟虎啸！静原兄，由此而下十五载，新贵将命显初动，而立之年定福禄临身。那时，一切应验，便知在下今日之占绝非胡云了。"说毕，飘然要走，众人岂能答应，推拉着齐入席中。

韩世泽满面春风，当下踱起老太爷的方步，催家人重摆酒席，拉相士坐了上位。酒毕又赠厚赏，此事才算了结。由此，韩世泽视儿愈发如掌上明珠，百依百顺，恣意娇惯。冬去春来，此子已到读书的年龄，韩世泽择一吉日，为其取名曰：复榘；取字：向方。意思是恢复法规，增强法制。给儿取名，显露了他对混乱世道的不满，也寄托了对孩子成才的期望。

光阴荏苒，日月如梭，转眼韩复榘已经七八岁了。他聪明伶俐，在父亲的戒尺下，读书用功，十分逗人喜爱，成了家人的宝贝疙瘩。韩世泽对他格外寄予厚望，一心想让儿子好好读书，走科举的道路，将来能金榜题名，光宗耀祖，使门楣生辉，实现他那梦寐以求、终身未竟的仕途理想。

“水淹三年丰”，这几年又风调雨顺，渐渐地，韩家的日子越来越好了。韩复榘的两位哥哥复森、复懋都能下地干活，粮食满仓；姐姐也能帮助母亲料理家务，编编织织搞些副业，不缺钱花。韩复榘不像同龄的孩子要去割草、放羊、拾柴禾，只需读书就行。每天，他跟着父亲去上学，回家后还常常在严父的敦促下，挑灯夜读。由于他天性聪颖，学习领悟甚快，父母更把他捧为掌上明珠。

但是，韩复榘生性好动不好静，他还不懂得读书的目的，也不十分珍惜读书的良机，更弄不懂父亲常常向他讲的那些科举、功名、仕途之道。每每感到读书太乏味，枯燥沉闷，便向往更活泼、更丰富的热闹场景。因此，常常瞅家人不在时，就溜出去和村子里的孩子们一道下河摸鱼，上树逮鸟。他喜欢恶作剧，常常干些往井里撒尿，往粮食里掺沙子的“乐事”。同别的孩子斗殴打架时不要命，但从不吃亏，出手迅速，眼快手狠，常常把别人打得鼻青脸肿，七窍出血，而自己则虚张声势，大哭大闹，说自己受了欺侮。遇到打不过的，他会调兵遣将，找来更大的孩子给他出气，而他自己则坐山观虎斗。

因此，他时常闯祸，被邻居或别的孩子告状上门，遭到父亲的责骂训斥，不得不一遍遍地聆听那些什么“万般皆下品，唯有读书高”“仕途仕途，志士之途”等训导。母亲往往因为心疼儿子，为其辩解几句，又必然引起韩世泽的勃然大怒，可在父母为儿子的调皮而激烈的口角时，韩复榘却又乘机溜出去玩耍。父亲的说教，在他幼小的心灵里播下了升官发财、轻视劳动的种子；家庭环境，特别是兄长，母亲的溺爱，使他养成了娇纵任性的脾气。

在韩复榘十岁那年，中国发生了庚子之乱。这次动乱给韩家带来了极大的影响，使韩复榘的生活道路发生了根本的变化。

河北霸县是外国侵略者吞食、奴役的目标之一。许多外国传教士来到这里，勾结清朝官员，用各种手段残害人民，因而，常常引起当地农民和传教士之间的纠纷。同全国一样，这里的县府又总是镇压和屠杀人民讨好侵略者。

当义和团运动在山东、河北等地发展壮大，波及霸县时，当地许多有识之上也设坛练拳组织团伙，烧教堂、赶教士，给予侵略者及帮凶以沉重的打击。特别是霸县属河北腹地，为京、津、保三角地带。地处幽燕故地，远古时就是中国北方门户，宋代大将杨延昭就曾在这里草桥关屯兵抗辽。许多英雄豪杰、名人志士都出在这里，民风一向剽悍尚武，好义勇为。义和团起义队伍里，就有许多是霸县农民。

韩复榘有个叔父名洁亭，早年应召参加京奉铁路的修筑，后来成为小工头，与洋人监工打过交道，学会几句英语和法语，回乡后常在村民中炫耀，并流露出对洋人生活方式的羡慕之情。1900 年，义和拳在山东、河北一带兴起，波及霸县。洋人成为民众打击的目标，与洋人有关系的人也常受牵连，象韩洁亭这样的人，就被当地拳民视为“二毛子”，自然成为打击对象。

这年夏天，东台山村拳民十余人手持大刀片，趁黑将韩家宅院团团围住，韩洁

亭当场被捉住砍了头，韩世泽较机警，闻风而逃，李氏小臂被砍破，不顾伤痛，领着韩复榘和幼子连夜涉过中亭河，逃到邻村赵家，在草堆中躲藏起来，幸免于难。韩复榘的祖母杨氏年老跑不动，藏在磨坊中，拳民们将韩家庭院付之一炬，杨氏被活活烧死。

经此一劫，韩家元气大伤，直到义和拳被镇压后，一家人才返回乡里，韩世泽仍靠教书养家糊口，常常是“家无隔夜粮”。当时韩复榘只有十余岁，也过了一段苦日子，并力所能及地做些打草、拾柴、拣粪之类的农活。

韩世泽不甘心让自己的子女断了“书香”，便利用职业之便，让“小四儿”入塾旁听。有时家中实在困窘，韩复榘便白天出去打柴，晚上挑灯夜读。功夫不负有心人，韩复榘后来虽然被迫辍学，但毕竟粗通文墨，以此为功底，再加上以后不间断的练习，及至其发迹，竟练得一手绝活，两手皆能写字，左右开弓，字迹潇洒自如。民间传统和绘画中韩复榘的形象只是一个赳赳武夫，身高臂长，满脸凶相，其实是不确切的。韩复榘的许多军令和文稿都是自拟的，他甚至能当场吟诗，不过他的诗作比起字迹来可要拙劣多了，甚至令人发笑，如传说他在观赏了大明湖后，“诗兴大发”，随口吟出一首“传世之作”：

大明湖，明湖大，
大明湖里长荷花，
荷花上面有蛤蟆，
一戳一蹦跶。

韩复榘12岁时与其三哥一起做了新郎，因为弟兄俩同时娶亲可以省下一笔开支。新娘子姓高，名艺珍，字淑德，时年14岁，为霸县辛庄乡北庄头村人。虽然家境也较清苦，但与韩家也可称得上“门当户对”，因为她的族叔高步瀛是当时北京师范大学著名的古文字教授。小夫妻新婚宴尔，尚属“少年不识愁滋味”，恩爱有加。韩复榘成为山东省主席后曾将霸县城关小学扩建为中学，并在校内造了两座教学楼，一座以自己的名字命名为“向方楼”，另一座即以其妻之名命名“淑德楼”，可见两人感情还算不错。

天长日久，洞房花烛的兴趣消失了。繁重而无休止的农活，俭朴而清寒的日子，忍受着节衣缩食的贫苦，忍耐着重体力的劳累，韩复榘越来越感到生活黯淡无光，变得意气消沉、无精打采，兼受当时社会恶习的影响，他逐渐养成了好逸恶劳、放荡不羁的习性。当时，台山村赌风甚盛，开有几家赌场。

韩因厌倦劳动生产，变得游手好闲，自然也就混进了靠投机取巧侥幸发财的赌场。总是输多赢少，甚至每赌必输，没有多久就落得个债台高筑。起初，他还背着家人偷赌，后来因为越赌越输，讨账的人找上门来。父母得知后对其严加训教，其妻也婉劝哀求，但韩已嗜赌如命，不思改悔，并且时常把高艺珍的首饰和衣物窃出当卖入赌，成为一个不务正业的无赖。

韩静源看到自己的儿子越来越走下坡路，甚为忧愤。他不能忍受身边豢养一个败家子，就想到县城为儿子找个正当的职业，使之脱离台山这个环境，并望其逐渐改邪归正，图个前程。

1905年韩复榘进县城当差后，虽然只是一名书吏雇员，但每日出入威严的县衙门，对于官风官道日渐领悟，很快熟悉了官场权术来路，更加沉浸于嫖赌淫逸的糜烂生活。每日摇摊、推牌九、玩婊子、抽大烟、敲诈勒索,甚至与一帮无赖结伙到尼姑庵与尼姑们鬼混。特别是赌场的引力,对于韩复榘来说已成了摆脱不掉的诱惑。正如所有的赌徒,一旦上瘾,越输便越要赌,以企望在下一次捞回所亏,以致万劫不复一样。韩复榘也是了再借,借了又输,恶性循环使他丧失了理智,每月收入全数送入赌场还是不够亏空,债台一天高过一天,弄得声名狼藉。这种赌博的习性,后来演化成对于割据和独裁的嗜好,终于酿成冥顽不化的悲剧结局。

1909年冬,韩复榘在赌场又输了十几吊钱,累积往年所欠,他已负债百吊。年关来到,讨债的人陆续找上门来。韩回乡请求乡邻筹借款项,只得到冷淡地拒绝,因为谁也不会平白无故地帮这种忙。从韩处得不到偿还,债主们索必找到衙门里,向他的保荐人和老师王佐舟催讨。王既不能改变韩复榘放荡成性的恶习,也不肯替他偿还债务,为不给自己丢脸,决计打发韩另谋生路。

1910年春节期间,王佐舟在家设宴招待韩复榘,向他交代了"人走账清""三十六计,走为上计"的妙法,韩当即应承。王资助了他两吊钱,其妻高艺珍变卖了一部分嫁妆,筹集了一些路费,韩复榘奔赴东北寻找大哥韩复森谋生而去。此后,"韩复榘失踪"的消息不胫而走,成了霸县赌场、酒楼中的一件谈资新闻。20岁出走,成为韩人生历程的一个转折,从此他开始了近30年的戎马生涯。

韩复榘的离家出走,令父亲韩世泽十分伤心,倒不是伤心见不着儿子,只是伤心儿子太不争气,令自己在村中无颜面。韩世泽在家中辛辛苦苦攒下一些钱,替韩复榘还了赌债,又看着孙子从会爬到上学,这一晃便是十年。

1925年,任第一师师长的韩复榘衣锦还乡,韩复榘骑着枣红马,前边卫队开道,雄赳赳、气昂昂地回到了霸县台山村。这次回乡,实现了韩复榘光宗耀祖的夙愿。一个从小不安分的人,一个不孝之子,升腾到这样一个位置,老父韩世泽十分高兴,早早站在村口,迎接着儿子的归来。

韩复榘归来,自对父亲十分尊敬,父亲韩世泽也表示原谅他过去的荒唐行为。俗话说"一俊遮百丑",韩复榘衣锦还乡,自然可以令人忘却过去的一切了。由于韩世泽对本村乡亲十分友好,再加之韩复榘这次返乡对父老百姓也有恩惠,所以韩复榘离开台山村的时候,村里的人都出来送行,有钱的乡绅还为韩复榘派了骡马轿车,浩浩荡荡地一直送到北京。

韩复榘成为山东省主席,成为一方土皇帝后,就派人把父亲从老家接来同享天伦之乐。

韩复榘与蒋介石"斗法"

1929年10月,蒋冯战争爆发,韩因自己的部队刚刚恢复元气,不愿参战,既不支持冯,也不支持蒋。同年底,蒋介石与唐生智的战争爆发,起初,他见阎锡山、石友三等都助唐反蒋,他也采取了拥唐反蒋的态度,但当阎等因蒋的拉拢而改变态度,使唐生智陷入孤立时,韩复榘则转而反唐,并被委任为讨唐北路军总指挥。讨唐战事一结束,他就派亲信到太原去向阎锡山表示亲近,提出拥阎主持北方大局,联合反蒋,还邀阎去郑州面谈。

阎锡山认为韩情真意切,当即拨给他手提机枪500支、军饷40万元,表示合作

的诚意，并马上派部队去河南。但几天后，当阎锡山来到郑州时，韩复榘却密谋将阎锡山扣留。由于河南地方军阀刘春荣向阎告密，阎闻讯后连夜逃走，韩的计划才落了空。这又是怎么一回事呢？原来他又被蒋介石收买了，再加上他发现阎锡山对他也采取戒备的态度，便认为，阎锡山不能共事，于是就来了个180度的大转变，几天的功夫，就由拥阎而反阎了，以致阎逃掉后，他又立即准备联蒋、联冯的西北军讨阎。

正在这时，1930年春，蒋、冯、阎等新军阀的中原大战开始了，韩复榘拥蒋反阎，他因不愿与冯军直接交战，请求开往山东抵御晋军。蒋介石怕他与冯接触再投冯，便准其请。

4月中旬，韩复榘被委任为第一军团总指挥，负责整个山东方面的防务。为了稳住韩，蒋介石采取了两个措施，一是派亲信蒋伯诚到韩处监军，名为军事联络员。二是对韩以山东相许，以换取其积极作战。5月10日，蒋亲偕曾是韩的老上司的陆军署长曹浩森到济南与韩会晤。会晤期间，在蒋介石的授意下，曹对韩说："蒋总司令对于向方兄确实很倚重，这次，只要向方兄好好地干一下，将来山东还不是你的吗？山东比河南就好多了。"听了这话，韩当即表示要"好好干"。

战争一开始，韩复榘就蓄意保存实力，致使其部连连败退。为了避免首当其冲，他后撤时不南撤，而是让出津浦路，向东撤退，直撤至胶东一带，这使蒋介石大为头痛。期间韩部一度四面受敌，处境危险，韩连电蒋介石增援，蒋介石却见死不救。因此，当韩复榘退到益都时，就对阎锡山的使者公开表示"只要人家不打我，我也保证决不打人。"而对冯玉祥、石友三让他共同反蒋的来电，他也并未回绝。其实这时，他是想静坐观战，等待时机，压根就没想为蒋介石搭上自己的老本。到8月份，胜负逐渐明显的时候，他的部队作战才积极了一些。到9月份，蒋介石胜局已定的时候，他则立即命令部队积极作战，以多占些地盘，并且，他还于20日发表"号电"，进一步表示他拥蒋的真诚。

11月，中原大战结束，冯玉祥惨淡经营20余年的西北军彻底瓦解，冯玉祥宣告引退，阎锡山下野。蒋介石则取得了绝对的胜利，达到了剪除异己的目的。对这一切，韩复榘似乎都不十分关心。他最关心的是蒋介石是否对他说话算数，急不可待地盼望着山东省主席的委任令。然而，蒋介石却迟迟不发这个委任令，因韩在战争中，蓄意保存实力，表现不好，而对任命韩当山东主席一事表示犹豫。但这时，曹浩森却在蒋面前极力为韩说情，蒋介石考虑，为集中力量对付阎锡山等军阀中的老字号，现时仍有拉拢韩的必要，韩还有可以利用之处，便做出了最后的决定。这样韩复榘继石敬亭、孙良诚、陈调元之后，当上了山东省的第四任主席。

野心与时势，终于把韩复榘抬上了土皇帝的宝座。

1930年9月5日，南京政府决定，任命韩复榘为山东省政府主席。12日正式颁布了任命令，韩复榘早就等不及了，当他得到准确消息后，没等任命令下来，9月9日，就带着亲信李树春等去济南府接任视事。11日下午3时，在珍珠泉省政府礼堂宣誓就职。

这时，韩复榘不管山东这块肥肉是否烫嘴，只管往嘴里塞。他想，反正这块肥肉我是吃定了。然而，蒋介石可没想让他舒舒服服地。蒋先是想让自己的亲信安插到省府里，以牵制韩，可韩却把原来在河南的人马全都搬了来，谁都不肯让步。

最后，蒋介石还是插进了一个何思源任教育厅长，而韩保荐的教育厅长人选张钺，被挤了下来。韩复榘颇为不快，自己的亲信，不带个"长"字怎么能成。于是他异想天开地来了因人设寺，在省政府中又另设了个"参议厅"，让张钺当了"参议厅"厅长，开全国各省政府机构设置之先例，韩蒋间的第一个矛盾就这样解决了。

此后，韩复榘与蒋介石之间的矛盾日益激烈，特别是在军队问题上。南京政府只准韩复榘编两个甲种师，一个乙种师，一个手枪团，并一律划为地方部队。韩复榘根本不听他那套，他不仅保留了原来的3个师，而且还陆续扩编了两个师和1个旅，并改编了各路民团6万人。

蒋介石见韩目无国府，一意孤行，便把原来答应的按月供给的军饷60万扣住不发，到1931年9月，积欠韩部军饷100多万，虽经多次交涉，仍不能彻底解决。韩复榘毫不示弱，不经国府同意，就大刀阔斧地派人接管了南京政府在山东的中央税务机构，赶走了盐运使，烟、酒印花税局长、税警局长及中央财政部特派员等一大批税务官，将所收税金全部扣下，不交南京一文。

当有人问韩复榘："你不怕把老蒋惹火了吗？"他把胸脯一拍理直气壮地说："军队是中央的军队，应该用中央的钱。想让我掏腰包，没门！"韩复榘接管税收这手果然很灵，南京得知后，马上主动派人前来磋商。因为，当时中央在各省的税收机关统由财政部直接派人经管，倘若山东一省例外，他省也纷纷效仿，那问题可就非同小可了。所以，蒋介石得知此事后，虽气得暴跳如雷，但也只好把这口气忍了。此后，南京每月都及时给韩复榘发饷，不再拖欠。

蒋介石不会善罢甘休，当时驻防烟台的原十七军刘珍年部，在他的指使下，不仅不听韩的指挥，还多次制造事端，对韩挑衅，还对韩的部属进行分化瓦解，企图扩大地盘，夺取济南。对此，韩复榘岂能不管。1932年9月，他强行发动了驱除刘珍年的争夺地盘的军阀战争。韩复榘进攻刘珍年，采取"先斩后奏"，阳奉阴违的办法。战争爆发后的第二天，他才向南京通电告之，列数刘之罪行，声言自己"为解除人民痛苦起见，誓当驱逐此獠，以救民命。"

战争猝发，蒋介石事先毫未闻悉，得知后，连忙向韩、刘发出命令，叫双方立即停止军事行动，"静候中央处置"。但韩复榘既决意驱逐刘珍年，不达目的，怎肯罢休。他隐匿南京电文，令军队继续向前进兵。对于韩复榘的兼并行动，蒋介石调两路大军援刘攻韩。恰在此时，由于蒋介石同张学良之间矛盾激化，张在北平发出一个援韩通电，并在实际上支援韩一个炮兵团。蒋介石鉴于事态扩大，很可能引起全国军阀的大混战，才被迫停止了自己的军事行动，对于韩复榘挑起的山东战事乃转为和平调停。

蒋介石派蒋伯诚赴鲁调停，韩复榘表面应承愿意停止自己的军事行动，听候中央处理，还向蒋介石声明此次行动本是"应胶东人民之请命，兼为国家弭此乱源，仓促间，实出万不得已"，甚至要求"自请处分"。但就在韩"自请处分"的当天，他继续派兵乘虚攻占烟台，又委派了胶东8个县的县长。刘珍年的地盘仅剩栖霞、莱阳、掖县、牟平等4县。

为达独霸山东的目的，韩复榘处心积虑地行使各种计策，不但暗暗派兵强占领地，而且还派省府委员张钺赴庐山谒蒋，表面上请求中央"谅解"，实际要求把刘珍年部从山东调出，在南京政府态度不明的情况下，韩军坚持继续强攻。韩还发表

《致胶东父老书》,声称:“一日不去刘,良心所不安;已下除刘万分决心,决不半途中止。”

为给蒋介石增加压力,同时为自己的行为辩护,韩复榘假意真诚,向南京政府和社会发出辞去省府主席的电请,同时更加猛烈地发起对刘珍年残部的围攻。刘见自己在鲁大势已去,也只好电呈南京,表示愿意调离原境。国民党政府被迫明令照准,刘部由海道全部撤走,韩复榘完全实现了独霸山东的野心。

韩复榘又胜利了,他更容不得其他任何一种势力染指山东。于是一不做,二不休地向山东省国民党党部开了刀。在这之前韩已赶走了一个山东省国民党负责人,继任的张苇村比他的前任更坏,是一个极端反动的国民党右派,专以陷害进步人士和捕杀共产党人为能事,中共“一大”代表,山东共产党的创始人之一邓恩铭,就是这个张苇村在法庭上当面指认,后来惨遭杀害的。

这次来到山东后,张苇村更加猖狂地屠杀进步人士和共产党人,不要说被人检举,对国民党的黑暗统治稍有微词,或看本进步书,也可能会遭杀身之祸,就连这时也同样反共的韩复榘,也觉得有些过分了。特别是他暗地里刺探韩的军事情报,向南京方面报告,并暗中挑拨离间,分化韩的力量,这使韩不能容忍,伺机除害。

当时,济南一寡妇有一儿一女,儿子被张以革命罪逮捕,正上中学的妹妹救兄心切,去向张求情,张见此女美貌,提出如能与她同宿一夜,可放其兄。但张奸宿后,仍将那男青年枪毙了,母女羞愧悲愤,双双自缢而死。此案发生后,韩见杀张的机会来了,便马上布置了一番。

1935 年元月 2 日傍晚,韩复榘下令组织的“提灯游行大会”进入了高潮,济南游乐场进德会,灯火辉煌,人山人海,人声嘈杂。韩复榘指派的提灯会负责人张苇村,在给机关公务员训话之后,准备去委员室,他按着以往的老路线走着。

当张苇村走出吵闹的提灯会场,来到格外寂静的孔雀亭旁的小松树林时,忽见一时装“女郎”从旁边闪过,好色的张苇村,见此“女郎”紧跟不放。张在前,他的卫兵当然被落在了后边。当走近孔雀亭时,眼见就要追上那“女郎”,正欲上前与她攀谈,突然从小树林下闪出三个穿灰色大褂戴毡帽的人来,紧接着就听“啪、啪、啪”枪声大作,先是卫兵应声倒地,而后张苇村也倒在了血泊中,显然,他当场毙命。随即 3 个刺客及乔装成女郎的那位便扬长而去。

韩复榘以调查张被害一案为由,派手枪团查抄了国民党省党部,并抓了一些人,还以此将特务谌峻岑勒死在狱中。可谓党同伐异,一箭双雕。

期间,1933 年秋,韩复榘还以请客为名,将张宗昌从北京请来,又派人在济南火车站,暗杀了这位企图东山再起,重新获取山东地盘的老军阀,还解决了与东北军的矛盾。这样,他终于坐稳了“土皇帝”的宝座,至少暂时,没有人敢来与他争山东这块地盘了。

韩复榘当上山东省主席后,1931 年 6 月,又被选为国民政府委员。1932 年 1 月,被任命为北平政务委员会常务委员。8 月,又被任命为军事委员会北平分会委员。

韩蒋“斗法”的结果,表面上看来,韩复榘是胜利者,但终究胳膊拧不过大腿,蒋介石一直把韩复榘看作眼中钉,肉中刺,终究不会放过这条时而温驯时而翻脸咬人的狗,最后在开封将其诱杀。

蒋介石诱杀韩复榘

山东地处华北要冲，日本对山东的侵略由来已久，及韩复榘主鲁，它则妄图利用与韩的特殊关系，加紧将其侵略势力向山东渗透。韩到山东不久，就下令解散反日会，取缔反日宣传，他布告全省，说救国“务要镇静”，“如有召集会议以及张贴标语等项事情，必须经省党部及省政府先行审查允准，方得举行。”在实际上，韩也多次镇压爱国运动。这些，都是为日本人所欢迎的。同时，韩经常说，“日本人不喜欢山东驻中央军”，“日本不让山东驻中央军”，可见日本人曾向韩提过这种要求。而韩在山东对国民党蒋介石的势力大打出手，驱逐蒋收编的刘珍年部，不允许中央军进驻山东，凡此，又都是日本人颇为中意的。

1931 年九一八事变后，在全国抗日浪潮的压力下，韩复榘以舆论攸关，也曾作了一些“抗日救国”的表示。如，提倡国货；1932 年 4 月 8 日，成立了“山东救国集款委员会”，自兼主席，并表示该会“以收集人民自由乐输款项，慰劳救国将士为宗旨”；1932 年，在上海发生一·二八事变，十九路军抗战期间，发出通电，谓：际此外侮频仍，国难当头，凡属军队，均当为国效死，此间第三路军全体将士，誓愿始终追随蒋总司令后，枕戈待命，赴汤蹈火，在所不辞云云。当时，日本人在山东的走私和贩毒活动十分猖獗，对此，韩有时也令缉查，贩卖毒品的日商在下边县里也有被活埋处死的。

对于韩复榘的这些举动，日人颇能谅解。日本当时的政策是拉住韩要整个的山东（如抓住山东，他们即可在整个华北地区取得主动）。因此，他们在山东吃“小亏”并不向韩提什么抗议，平时对韩也没有什么零星要求，几年来在山东也没搞什么军事行动。实际上他们对韩抱有极大的期望，并逐步对山东进行经济和政治渗透。

日本人既看中了韩复榘，便想方设法对韩进行利诱。1935 年 2 月间，为攫取胶济路侧一矿藏，日驻济领事西田即向韩提出一个由日方开采这个矿的合同，要韩签字。但出卖矿藏，事关重大，韩怕引起国人反对，未敢答复。日人不甘心，则又玩弄其卑鄙的伎俩。当由驻济武官花谷从日本弄来两个美貌的歌妓，安置在商埠一家日本妓馆里，妄图用美人计诱惑韩复榘在合同上签字。

一天晚间，花谷秘密请韩到妓馆去吃酒。韩乘车到妓馆后，仅留下一名随从副官，其余的人连同汽车都打发回去。但时过夜半，韩尚无归。省府承启处长焦子龙和省府参议韩多峰担心韩在那里出事，便想出了一个为他解脱的办法，然后赶赴妓馆。他们赶到后，只见韩在两个妓女的陪伴下已喝得烂醉。他对韩多峰说：“秀、秀岩（韩多峰的字）你、你怎么也来了？坐下吃酒吧。”韩多峰则谎报说：“不能再喝了，南京来了十万火急的电报，立等复电，清主席赶快回去吧。”说着就令随从将韩架到汽车上拉走了。韩在车上还唠叨：“这是干什么！这是干什么？”花谷等日本人也无可奈何。

此后，花谷等日本要人仍不断出入韩复榘的办公室，进行秘密商谈。1935 年《何梅协定》签订之后，韩复榘与日本人的关系有了一些变化。是年年底，日本人策动“华北五省自治”，此后数次拉拢韩复榘参加“自治运动”。

1935年11月,日本一面派关东特务机关长土肥原赴平催宋哲元宣布“独立”;一面则派天津司令多田骏飞济晤韩,邀韩去北平参加冀察鲁三省“自治”的商谈。11月22日,日本松井大将突然到济,并带来一大型歌舞团。他偕驻济领事西田在龙洞别墅与韩密谈,劝韩脱离中央,参加“华北五省自治”,同时建议韩派人到东北去参观伪“满洲国”的情况。1936年3月,日本新任第十二师团留守师团长土肥原奉命回国,特道经济南晤韩,商议山东“自治”问题。6月,日驻济领事馆邀韩赴宴,要韩表态参加“华北自治运动”。

在“山东独立”问题上,韩复榘如同张作霖在东北所做的那样,表面上一度应承下来,但由于部属反对,事后又百般推托。他也怕当了汉奸会被时人和后人唾骂,因此,他没有上日本人的当。多田骏邀他去北平开会,他借故不去参加;川越之挑拨,他没有盲从;松井到济,他一面竭力应酬,在进德会举行盛大联欢会,在龙洞宴请松井,但另一面,他对松井的要求却没作具体答复;对土肥原的要求,也置之未理;至于日领事馆请他赴宴,他更是提高了警惕。

他知道此去日人定有所求,行前就带上了自己的手枪,并在联合办公室对他的军队部属说:“把十五声的重迫击炮运来,我若十二点不回来,你们就往里打。”又转过来对厅长们说:“这种迫击炮需要架在卡车上,打仗没有大用处。”其意是说,用它壮声威还是可以的。韩去后,参谋长刘书香果然从辛庄兵营将几门重迫击炮运来,并围着日本领事馆转了几遭,以示韩有准备,并给韩助威。日领事在宴会上要韩参加“华北自治”,但韩仍是敷衍塞责,不置可否。

花谷恼羞成怒,以拳击桌,借酒破口大骂:“什么中日亲善,全是瞎说!中日不会亲善的,如果要想亲善,只用一个字就行,那就是‘打’!一打就亲善了。甲午年中国打败了,庚子年中国打败了,中国光绪皇帝和西太后跑到西安,割地赔款,可见只有打才能亲善,要知道中国人的性情是什么样的。”韩复榘气得脸色铁青,当即转身离席。

当时蒋介石真的担心韩复榘会投靠日本人,所以对韩复榘的态度也好多了,他向派驻山东的教育厅长何思源打听韩复榘的思想动态,何思源汇报说:“韩复榘绝无问题,他也是爱国的,请委座放心。”何向韩转达了蒋介石的担心,韩复榘回答说:“我已知道了,我决不会跟日本人搞到一块,这你是知道,你们总该放心。”他还说:“要我韩复榘当汉奸,他娘的瞎了眼!”

日本人做了最后一次努力去争取韩复榘。1937年6月的一天,已担任华北驻屯军参谋长的花谷又去和他有着“深厚友谊”的韩复榘那儿胡搅蛮缠,要韩出面领导“华北自治”。韩被缠不过,不胜其烦地说:“好了好了,此事好说,我还有公事,您先回去吧!”花谷自以为得逞,满心欢喜,回天津向上司报功去了。第二天,驻济南日本领事西田和中将特使板垣请客,酒过三巡,韩复榘已略有醉意。板垣见时机已到,便把“华北五省三市自治”的议案放到韩的面前,要他当场签字。

“我……我不会写字”,韩复榘一边继续喝酒吃菜,一边推挡塞到他手里的笔。“什么?你不会写字怎么当主席?”板垣半是嘲讽半是生气地质问。不料韩复榘却哈哈大笑着站了起来,双手端起象牙筷子作机枪扫射姿势,口中还“嘟嘟”地响个不停,然后说道:“我就会这个,我就是凭这个当了主席!”西田领事见气氛不对,忙将话题引回主题,软硬兼施地说:“只要你答应带头自治,我们就让你照样当你的主席。你今天如不答应，恐怕走不出这个房间了。”

韩复榘也仗着酒气回答说：“你们不打我，我也不打你们。今天如果不让我出去，我的军队就会马上将你们团团围住，打死你们，一个不留！”日本人说：“我们日本有很多飞机，只需一会儿就把济南炸平！”韩复榘站起身来，把筷子向天上一指：“我有高射炮，能把飞机打下来。”边说边晃晃悠悠地向领事馆门口走去。西田只好自己下了个台阶，握了握韩复榘的手说：“你今天喝醉了。”

自以为大功告成的花谷闻知此讯后羞怒万分，又从天津赶来，喝得醉醺醺地独自闯进韩复榘的办公室，逼着韩表明他对“华北五省自治”的态度，“不然的话”，他掏出手枪对准韩复榘说，“我今天就跟你拼命！”韩复榘盯着这个浪人出身的日本军官，心想日本鬼子真是无赖又无耻。他指了指椅子对花谷说：“你坐下，我来给你最后的答复。”趁花谷就座的一刹那，韩复榘一把夺过他的手枪，怒斥道：“八格牙鲁！自治不自治我也当不了家，你们有本事找蒋委员长商量去，关我屁事！你给我滚出去！”花谷觉得再也无脸见人了，当场拔出佩刀要剖腹自杀，这时卫兵冲了上来，将他押送回日本领事馆。

此后，韩复榘对日本人的态度就很明朗了。其实他虽然没有公开反对，但对日本人策动华北自治是抱敌对态度的。

1935 年，天津市长萧振瀛为其母做寿，曾给韩发来请帖。但韩竟故意批上“送挽联一副”，并说：“死在眼前，还做寿呢！”张自忠继任天津市长后，曾赴日本参观，回国后经青岛过济南。他走后，韩向其僚属讽刺张，说他是“朝日归来”。1937 年 5 月，北平形势已很紧张，宋哲元以“修祖坟”为名，避居原籍山东乐陵。22 日，韩与宋会于商河县城西之茅家寺。归来后，韩曾对其部属说：“宋明轩真草包，在北平抵不住，躲到山东来。”

但一旦真的与日本人干起来，韩复榘比谁都草包。

7 月 13 日，平津失陷。日军进攻上海，八一三事变发生，中国开始了全面抗战的新时期。蒋介石在南京的国民政府受到严重威胁，遂组织最高统帅部，自任海陆空军大元帅，并在全国划出 6 个战区。第五战区负责津浦线南段苏鲁方面的作战，司令长官开始由蒋自兼，10 月中旬后易以李宗仁。韩复榘的第三路军，加上东北军于学忠的第五十一军和沈鸿烈的青岛守备队与第三舰队编为第三集团军，由韩复榘任总司令，于学忠、沈鸿烈任副司令。蒋令韩指挥山东军事，并承担黄河防务。后来，当日军南犯时，韩又被委派为第五战区副司令长官。

多年来的军阀割据，养成了韩复榘惜军如命的本性，这决定了他不可能在抗战中积极主动，苟安、消极、退却、逃跑势不可免。因为如果损失了军队，意味着他将失去一切，所以，任何利益的抉择都将以保护自己的实力作为前提，在他是不可更改的原则。蒋介石对于杂牌军和其他军阀部队，一向采取制造机会利用机会加以消灭或鲸吞，更使韩复榘加重了戒备心理和消极防务的回避抗战行为。

9 月，冯玉祥被蒋介石任命为第六战区司令长官，担任津浦线冀察方面的作战，率鹿钟麟、石敬亭在冀鲁交界处的桑园设立指挥部，指挥宋哲元、冯治安的第一集团军等部。由于华北局势日益吃紧，蒋介石命令韩复榘拨两师归冯指挥。但韩为保存自己的军事力量，又加上对于蒋介石和冯玉祥的双重戒备，当冯赴济南交涉此事时，遭韩拒绝。后来，战争的形势进一步恶化，经蒋介石再次电催，他才不得不

派曹福林的第二十九师和展书堂的第八十一师协同冯玉祥作战,但态度始终是消极的。

日军攻陷沧州后,逼山东省境,冯曾要韩将他协助作战的两师开到德州一带集中,支援前线作战,同时蒋介石也电饬韩部移师进援,但韩置若罔闻。最后,冯只得自己退守德州,由于力量不足御敌,德州失陷。在此整个国土都面临遭敌抢占的时候,韩不但不援冯,还下令在他统治的势力范围内,为"保境安民",不准"客军"(冯所指挥的宋部)入境,致使冯的抗敌力量陷入危机的困境。

后来,他在下级官兵的一再呼吁下,才率手枪旅和特务队渡过黄河,同冯玉祥一起到前线督战。冯指挥曹、展二师克复德州、桑园并一路北进,直指沧州、马厂。由于韩本人的军事行动不顺,在济阳险些送命;正值展师乘胜追击日军之时,他却下令限时撤回,导致日军重新反扑南犯,并很快逼近黄河北岸。敌军占据鹊山之后,开始炮轰济南。

对于韩复榘的消极抗战态度,保存实力以占据地盘外,韩复榘对蒋介石不信任,也为其中一个不可忽视的因素。抗战爆发后,曾向南京大本营要来一重炮团,内有美造卜福斯山炮两门,以加强黄河防务。但是,10 月中旬,蒋介石却因南京吃紧又将重炮团调回。对蒋的这种做法,韩十分恼火,曾破口大骂。在韩的理解上,南京的吃紧与济南的吃紧没有什么区别,蒋介石在抗战中可以保存自己,我韩复榘也同样要保存自己,而且你蒋介石可能正是想利用日本人的力量来消灭我韩复榘。所以,在炮兵调走之日,虽然展书堂师收复德州正欲北进,韩却下令召回。

日本侵略军在南路于 12 月 13 日攻占南京之后,决定北路强攻济南。从 12 月中旬开始,日军即在黄河北岸不断增兵,炮击和飞机侦察轰炸接连不断。这时,韩复榘也早就拟好了逃跑计划,等待着日军的最后渡河,并且在一个月前就开始为自己的撤离做出了各种准备。他以"焦土抗战"为名,派兵将省政府及各厅处、高等法院、兵工厂、"进德会"、日本总领事馆、前总督署、济南电灯公司、章匠和博山矿区等建筑设施,统统焚烧炸毁。中国、交通等各银行,各面粉公司,各大纱厂及其他各大仓库,均被韩军抢劫一空。

12 月 22 日清晨,日军开始从门台子渡黄河。24 日晚,一辆流线型防弹汽车,从西门开出济南城,绕商埠直趋白马山车站,车中的主人就是在这块土地上曾经任意宰割人民七年之久的韩复榘。到了白马山,他马上又换乘早已准备好的钢甲车,逃向泰安。当蒋介石发来十万火急的电报,命令他不得放弃济南,这时他已经到达泰安。28 日,韩复榘得悉济南失陷和日军南进的消息,仍继续逃跑。蒋介石和李宗仁都发来电令,要他坚守泰安,控制津浦线,阻止日军南犯。这时,韩已撤退到济宁。韩军的接连逃跑,致使徐州以北津浦线空虚。坐镇徐州指挥的李宗仁,曾责问韩复榘为何放弃泰安,韩的回电是:"南京已失,何守泰安?"

韩复榘坐视国土沦丧,不战而逃,几天之内,山东大半沦入敌手。1938 年 1 月 1 日,日军攻占泰安,4 日,占领曲阜、兖州,此后,开始兵分两路,直趋徐州。李宗仁在韩撤逃济宁后,令其守住城池,以掩护扼守徐州的第五战区的左翼。但韩军士气消沉,韩本人无心用兵,8 日晨济宁即失陷。韩向李回电说:"榘不能守济宁,如榘不能固守济南然。"韩复榘逃到济宁后,布防完毕,就去了巨野。济宁失守,所部也依次开赴巨野、曹县。

按韩的意图，是要撤到豫西南、鄂北山区，以避日军锋芒，保存兵力，割据地盘。但到鲁西南后，河南所驻第一战区部队阻断了他的退路，故而他只能暂驻巨野、曹县，伺机而动。在整个抗战始终，韩复榘的指导思想是："虽然对日战争是全面的抗战，要打到底，中国一定要胜利。不过，我们要最后参战。只要我们有自己的军队，到哪里都可以自立。"可见，指望他能在抗战中起到什么积极的作用，只能是痴心妄想而已。

韩复榘的再三退逃，使战局形势不断恶化，造成社会各界的不满，遭到舆论的谴责，同时也更加激怒了蒋介石。韩在前几年曾多次激烈地反蒋，与南京政府分庭抗礼，引起蒋的嫉恨，欲杀不能；退守鲁西南后，韩又与四川军阀刘湘密谋，自己割占华中，并共同倒蒋。蒋介石获悉韩的阴谋，新仇旧恨交织在一起，正逢韩违令逃跑，罪不容诛，遂坚定了非杀韩不可的决心。

1938 年 1 月 10 日，韩复榘办公室的电话铃声响了，他拿起电话，好一会才说："噢，委员长啊！"其实，他拿起话筒一听是蒋介石就有些慌了，他想把电话马上挂上，可又想知道现在蒋介石想怎么样，就改变了主意。只听蒋介石在电话里说："我决定明天召集师长以上官佐在开封开个会，请向方兄带同孙军长等务必要到开封见见面。"韩复榘自知，他几次抗旨违令，有小辫子让人抓，就不想去开会，他怀疑蒋介石没安好心。其部下也多认为蒋阴险毒辣，居心叵测，劝他不要去。

可韩复榘又一转念，认为有部将们一同去，又有一营手枪卫队乘钢甲车护送，还怕什么。而且，他想他与刘、宋等的倒蒋活动就要付诸实施，蒋的开封会议，不过是入川前又想对前线众将拉拢一番，姓蒋的也长不了了，没什么可怕的。这时，他还突然想起前天晚上做的自己骑着大白马飞快地向西奔驰的梦，迷信的韩复榘认为，这梦预示着西边定有好运气在等着他。于是，他打消了一切疑虑，决然就行。他甚至在去往开封的路上一直得意扬扬。

11 日下午，韩复榘按时往南关袁家花园赴会。这时，袁家花园已布满了军警宪兵及特务人员。韩下车后往里走，在第一道门口左旁的房门上，贴有"随员接待处"的字条，于是韩的卫兵们就被留在了这里。韩同别部与会将领一路谈笑地来到"副官处"，又看到那里有个通知："奉委座谕，今日高级军事会议，为慎重起见，所有入会将领，不可携带武器进入会议厅，应将随身自卫武器，暂交'副官处'保管，给予临时收据，俟会议完毕后，凭收据取同。"韩复榘见别人纷纷解枪，便不疑有诈，自己也跟着解下了随身所带的两支手枪。交给副官处，然后，进入会场。

与会者有 80 多人，蒋介石主持会议并首先训话，接着，程潜和李宗仁分别报告第一、第五战区的战况。完后，蒋介石宣布散会。既没点名批评韩复榘，也没让他当场难堪，韩复榘总算松了口气。然而，就在众将领纷纷离去之际，刘峙对韩说："请韩主席稍等一会儿，委员长有话要对你讲。"这时，韩的部下及其他与会将领均已离开会场，会厅里静悄悄地，只剩下了密密麻麻的宪兵、特务，两个卫士来领韩复榘了。

此时，韩感到事情不妙，但已悔之不及，只好跟着卫兵走。走到大门口的一汽车旁时，卫兵拉开了车门说："请韩主席上车。"这时，韩复榘再也憋不住了，他大叫道："这不是我的车，我的车呢？传令兵！"但已无人回答他，走进来的却是先前站在四周的宪兵特务。乌黑的手枪都对准了他，两个卫兵也同时掏出了手枪，并毫不

客气地说:“你被捕了,少废话,快上车!”“我有什么罪?”他几乎是在大叫了。这时等在一旁早已发动并满载宪兵的汽车开动了,他们押着韩复榘径朝汉口方向驶去。

1月19日,蒋介石特组织了高等军事法庭,准备审韩,他任命军政部长何应钦为审判长。

1月22日下午2时,何应钦开庭审问:

何:“黄河天险你为什么不守?”

韩:“我兵力不够。上海那么重要,且有60多个师的实力,你们怎么不守?”

何:“那么,为什么济南、泰安又随便放弃?”

韩:“南京国之首都,总理陵寝所在,你们为什么又随便放弃?”

何:“为什么收缴山东民枪?”

韩:“补充部队武装不足。”

何:“你为什么派购鸦片毒害百姓?”

韩:“经费你们不给,只好用以充军饷。”

何应钦问到这里笑着说:“好罢,向方你喝酒吧。”韩复榘拿起桌子上的那瓶白兰地,给自己斟了一杯,慢慢地喝着。

第一次审问就这样结束了。

初审就是终审。1月24日晚7时,蒋介石的两个特务上楼对韩复榘说:“何部长请你谈话,请跟我们走。”并问韩:“家里有没有事?你写信,我们可以给你送去。”韩说:“我没有家。”遂起身下楼,他以为真的是何应钦找他谈话。但当他走到楼梯上时,发现院子里布满了荷枪实弹的军警。他感到情况不妙,便机警地说:“我脚上的鞋小,有些挤脚,我回去换双鞋再去。”就在他回头上楼刚要迈步的一刹那,特务们朝他开了枪。他身中7弹,其中头部中2弹,当场毙命。

主鲁七年来,韩复榘曾多次激烈地反蒋,与南京政府分庭抗礼,蒋介石对他十分痛恨,欲杀而不能;抗战到来后,蒋又得韩密谋将己置于死地的密报,新仇旧恨交集在一起;韩复榘又抗旨不遵,不战而逃,适又罪不容诛,为蒋杀韩找到了理由。就这样,韩复榘终没能斗过大独裁者蒋介石,并最终死在了他的手里,年仅48岁。

诛杀韩复榘引起极大震动,这对坚定抗日决心,遏制投降有很大作用。

特别提示:

本书在编写过程中,参阅和使用了一些报刊、著述和图片。由于联系上的困难,和部分作品的作者(或译者)未能取得联系,对此谨致深深的歉意。敬请原作者(或译者)见到本书后,及时与本书编者联系,以便我们按照国家有关规定支付稿酬并赠送样书。

联系电话:010-80776121　联系人:马老师